Petra Hoffmann
Weibliche Arbeitswelten in der Wissenschaft

Petra Hoffmann, Historikerin und Soziologin, ist an der Humboldt-Universität zu Berlin zum Dr. phil. promoviert worden.

Petra Hoffmann

Weibliche Arbeitswelten
in der Wissenschaft

**Frauen an der Preußischen Akademie der Wissenschaften
zu Berlin 1890-1945**

[transcript]

Gedruckt mit Unterstützung der FAZIT-STIFTUNG Gemeinnützige Verlagsgesellschaft mbH.

Bibliografische Information der Deutschen Nationalbibliothek
Die Deutsche Nationalbibliothek verzeichnet diese Publikation in der Deutschen Nationalbibliografie; detaillierte bibliografische Daten sind im Internet über http://dnb.d-nb.de abrufbar.

Umschlagkonzept: Kordula Röckenhaus, Bielefeld
Umschlagabbildung: Handbibliothek Deutsches Wörterbuch (Quelle: Archiv der Berlin-Brandenburgischen Akademie der Wissenschaften, Fotosammlung, Grimm-Deutsches Wörterbuch, Nr.7)
Lektorat & Satz: Petra Hoffmann
Druck: Majuskel Medienproduktion GmbH, Wetzlar
ISBN 978-3-8376-1306-3

Gedruckt auf alterungsbeständigem Papier mit chlorfrei gebleichtem Zellstoff.
Besuchen Sie uns im Internet: *http://www.transcript-verlag.de*
Bitte fordern Sie unser Gesamtverzeichnis und andere Broschüren an unter: *info@transcript-verlag.de*

INHALT

Einleitung
7

I. Die Wissenschaftsorganisation Akademie
27
1. Die Preußische Akademie der Wissenschaften als
Gelehrtengesellschaft
27
2. Zuwahlpolitik
32
3. Frauen als Preisträgerinnen und Ehrenmitglieder
43

II. Die Forschungsarbeit der Akademie
55
1. Wissenschaftliche Unternehmungen als Akademieaufgabe
55
2. Wachstum und Ausbau der Forschungsarbeit (1890-1945)
65
3. Neue Arbeitsteilungen und
Organisationsformen der Forschung
73
4. Die innerbetrieblichen Verhältnisse
der Unternehmungen
82

**III. Zwischen Tradition und „moderner" Weiblichkeit:
Ehefrauen und Töchter**
111
1. Professorenfamilien, bürgerliches Familienmodell und
Rollenwandel der Frau
111
2. Zugänge
120
3. Arbeit
130

4. Anerkennungserwerb
144

IV. „Ständige Elemente" in der Wissenschaft: technische Assistentinnen und mittlere Angestellte
161

1. Die technische Assistenz im Wissenschaftssystem
161

2. Zugänge
169

3. Situation in der Arbeitswelt
191

4. Berufliche Anerkennung und Wege von mittleren Angestellten
212

V. Universitäre Sozialisation und außeruniversitäre Berufschancen: Wissenschaftlerinnen an der PAW zu Berlin
231

1. Karriereoptionen im deutschen Wissenschaftssystem
231

2. Zugänge
241

3. Die Arbeitswelt der Wissenschaft
257

4. Wege von Wissenschaftlerinnen und wissenschaftliche Anerkennung
298

Zusammenfassung
341

Dank
349

Tabellenverzeichnis
351

Abkürzungsverzeichnis
353

Quellen und Literatur
355

Anhang
395

Namenverzeichnis
401

Einleitung

An der Wende zum 20. Jahrhundert vollzogen sich Umbrüche in der Wissenschaft und im Geschlechterverhältnis. In den beiden Jahrzehnten vor dem Ersten Weltkrieg erlebte Deutschland eine tiefgreifende Umwandlung, wobei der „soziokulturelle Durchbruch der Moderne" erfolgte.[1] Die Veränderungen in der Gesellschaft, Arbeit, Kultur, Politik, Wissenschaft und Öffentlichkeit wurden reflektiert und in der Kunst, Literatur, Architektur und Wissenschaft rezipiert. Neuen Disziplinen wie der Soziologie und der Psychologie verhalf der Wandel sogar zum Durchbruch. Als Leitbegriffe des theoretischen Denkens begegnen Formalisierung, Berechenbarkeit und Regelhaftigkeit; mit den Begriffen Rationalisierung und Differenzierung wurde von Soziologen der Wandel zur modernen Gesellschaft beschrieben. Es ging um die „Beherrschbarkeit der Welt durch Zergliederung und Berechnung", durch Arbeitsteilung bis hin zur Aufgliederung einzelner Arbeitsverläufe. Der Rationalisierungsprozeß ließ sich in vielen gesellschaftlichen Bereichen beobachten, aber die Veränderungen im Bereich der Arbeitsorganisation wurden besonders häufig diskutiert, weil sie zu den folgenreichsten Entwicklungen gehörten und weil in der Arbeitswelt die verschiedenen Entwicklungslinien zusammenliefen.[2]

Veränderungen fanden auch in der Arbeitswelt der Wissenschaft statt. Forschungswachstum sowie eine starke disziplinäre und berufliche Ausdifferenzierung waren zentrale Merkmale der Wissenschaftsentwicklung.[3] Die Umbrüche in der Wissenschaft versuchten Zeitgenossen um 1900 mit den Schlagwörtern Organisation und Arbeitsteilung zu erfassen. Adolf von Harnack (1851-1930, OM 1890) sprach davon, es gelte, den Großbetrieb der Wissenschaft zu organisieren, und Wissenschaft müsse in konzentrischen Kreisen angeordnet werden.[4] Wachstum und Ausdifferenzierung der Forschung blieben nicht ohne Auswirkungen auf die Binnenstrukturen der Wissenschaft. Moderne Forschung wurde zunehmend durch Be-

---

1 Peukert 1987, S. 11; Nolte 1996, S. 283.
2 Heintz 1993a, Kapitel 4, bes. S. 154, 157f., 161.
3 Stichweh 1994, S. 15-51.
4 Harnack 1905, S. 194.

triebsförmigkeit gekennzeichnet und war auf der sozialen Ebene an neue Trägerschichten gekoppelt. Mit dem Experten und dem Spezialisten prägten neue Forschertypen das Bild der Wissenschaft; mit der wissenschaftlich-technischen Assistenz differenzierte sich ein neues Berufsfeld heraus. Auch die männliche Welt der Wissenschaft bröckelte. Wie kaum ein anderer Bereich galt die Wissenschaft als eine Männerdomäne, die für Frauen nur zögerlich geöffnet wurde. Noch kurz vor der Jahrhundertwende hielt eine knappe Mehrheit deutscher Universitätsprofessoren die männliche Exklusivität der Wissenschaft für notwendig.[5] Gegen Widerstände erstritten Frauen ihren Zugang zur Wissenschaft. Als ihnen kurz nach der Jahrhundertwende ein Aufenthaltsrecht in der Wissenschaft zugestanden wurde, änderten sich ihre Teilnahme- und Anerkennungsmöglichkeiten grundlegend.[6]

Die Aufgabe dieser Studie ist es, den Einbeziehungsgrad von Frauen in die Wissenschaft und Forschungsverwaltung im frühen 20. Jahrhundert zu erforschen und einen Beitrag zur Geschichte von Frauen sowie zur Erhellung der Geschlechterbeziehungen in der Wissenschaft zu leisten. Mich interessiert, in welchem Ausmaß die Geschlechterdifferenz abgemildert wurde beziehungsweise die enge Koppelung von Wissenschaftlichkeit und Männlichkeit fortbestand. Die Fragestellung wird für einen konkreten Ausschnitt des Wissenschaftssystems verfolgt. Im 20. Jahrhundert wurden Frauen nicht schlechthin in die Wissenschaft einbezogen, sondern in Organisationen und deren Einheiten, zum Beispiel Institute.[7] Organisationen sind „Kristallisationspunkte für viele, eine moderne Gesellschaft prägende soziale Prozesse", sie erlauben es individuellen Akteuren, sich zu koordinieren und haben somit Prägekraft.[8] Durch sie werden in Form von Arbeitsverträgen, Arbeitsbedingungen und Arbeitskontexten die spezifischen Rahmenbedingungen für die Berufsverläufe von Wissenschaftlern und Wissenschaftlerinnen sowie des wissenschaftlich-technischen Personals wesentlich bestimmt; auch die soziale Ungleichheit wird durch Organisationen geprägt. In Gegenwartsanalysen ist das bereits untersucht worden, in einer geschlechter*geschichtlichen* Perspektive nicht. Exemplarisch wird in dieser Studie die Situation von Frauen an der Preußischen Akademie der Wissenschaften zu Berlin erforscht.

Die seit dem 18. Jahrhundert bestehende Preußische Akademie der Wissenschaften zu Berlin war im engeren Sinne eine Gelehrtengesellschaft, die von gewählten und ausschließlich männlichen Mitgliedern repräsentiert wurde. Im weiteren Sinne war die Akademie

---

5   Kirchhoff 1897; Hausen 1986.
6   Wobbe 2002a, 2003a.
7   Heintz 2001a.
8   Allmendinger/Hinz 2002a, S. 10.

eine *außeruniversitäre* Wissenschaftsorganisation und wurde als solche zuallererst durch ihre *wissenschaftlichen Unternehmungen* bestimmt. Das waren Forschungsprojekte, die vorrangig auf die Herausgabe von Editionen, Inschriftensammlungen und Wörterbüchern gerichtet waren. Hier, im Bereich der Forschungs*arbeit*, eröffneten sich Zugangsmöglichkeiten für Frauen. Meine These ist, daß die Einbeziehung von Frauen sehr eng mit dem Wachstum und dem Wandel der Forschungsarbeit zusammenhing. Als um 1890 an der PAW die wissenschaftliche Großforschung aufgenommen wurde, erfolgte damit auch der Übergang zu einer mehr „betrieblichen" Organisation der Forschungsarbeit, d.h. die innerbetrieblichen Strukturen der Unternehmungen veränderten sich, der Personalbedarf stieg und das Nachfrage- und Rekrutierungsmuster wandelte sich. Arbeitskräfte wurden marktvermittelt rekrutiert, konnten aber auch familial vermittelt gewonnen werden.

Ein erster inhaltlicher Aspekt der Studie betrifft die *Geschlechterdifferenz in Modernisierungsprozessen*. Im Laufe des 19. Jahrhunderts hatte sich im Zusammenhang mit dem Auseinandertreten von Beruf und Familie die Vorstellung der „natürlichen" Wesensverschiedenheit von Männern und Frauen entwickelt und die Geschlechterdifferenz als ein universelles Ordnungsprinzip durchgesetzt.[9] Zwar blieben die kulturell tief verankerten Vorstellungen zunächst bestehen und verloren erst längerfristig ihre prägende Wirkungskraft,[10] doch die scharfe Geschlechtertrennung geriet mit der Modernisierung und Demokratisierung der Gesellschaft allmählich ins Wanken.

Die Modernisierung der Gesellschaft am Beginn des 20. Jahrhunderts wird schon seit längerem nicht mehr einseitig als eine lineare Aufwärtsentwicklung, sondern als ein längerfristiger Prozeß gesehen, der auch Konflikte und Irritationen in sich bergen konnte. Es sind die Wechselbeziehungen von Modernisierungstendenzen und dem Beharrungsvermögen von Traditionen ins Blickfeld gerückt und untersucht worden.[11] Die Jahre von 1890 bis 1945 lassen sich als eine Übergangszeit von Frauen in die Wissenschaft beschreiben. In dieser Phase war vieles möglich, sie konnte von Uneindeutigkeiten und Unsicherheiten geprägt sein. Das Pendeln von Frauen zwischen Familie und Beruf scheint *ein* Ausdruck für die bestehenden Ambivalenzen zu sein.[12]

Im Bildungsbereich kam es zur Abmilderung gravierender Unterschiede. Mit dem Wandel von Ausbildung und Berufseinstieg gewannen Frauen an Boden und konnten den Vorsprung der Männer

---

9 Hausen 1976.
10 Hausen 1993a, 1997.
11 Wehler 1995, 2003.
12 Hausen 1994; Frevert 1988 (Einleitung).

auf den Gebieten Bildung und Beruf verkürzen.[13] Doch die Verschiebungen im Geschlechterverhältnis wurden vielfach als eine Bedrohung wahrgenommen. Generell spielten Differenzvorstellungen damals eine größere Rolle als heute, wo eher die Gleichheit zwischen Männern und Frauen betont wird. Um Unterschiede aufrechtzuerhalten, konnte es zu neuen Grenzziehungen kommen.[14] Augenfällige Grenzziehungsprozesse fanden in der Arbeitswelt statt.

Ein zweiter inhaltlicher Aspekt der Studie ist daher die *Arbeitswelt der Wissenschaft*. In der geschlechtsspezifischen Arbeitsteilung hat die Historikerin Karin Hausen die Ursache für die Geschlechterdifferenz schlechthin gesehen. Ihr zufolge sei das Prinzip der geschlechtsspezifischen Arbeitsteilung und Arbeitsbewertung ein flexibles und anpassungsfähiges Strukturierungsinstrument, das immer wieder dafür sorge, daß Frauen die prestigeärmeren Tätigkeiten zugewiesen werden, sie sich in nachgeordneten Positionen wiederfinden und die Männerdominanz aufrechterhalten werde.[15] Auch von soziologischer Seite ist in empirischen Untersuchungen vielfach belegt worden, daß in der Arbeitswelt Ungleichheit fortbesteht, sich deren Reproduktionsmechanismen aber verändert haben. Die Soziologin Bettina Heintz vermutet, daß in der Wissenschaft auch nach dem Abbau formaler Barrieren strukturelle Grenzen fortbestanden, die in ihrer Wirkung tendenziell Männer begünstigten: die Arbeit von Frauen werde häufig anders bewertet, die wissenschaftliche Laufbahn sei vornehmlich auf männliche Sozialbiographien zugeschnitten, Wissenschaft und Forschung werden überwiegend familienfrei organisiert.[16]

In neueren Studien wird auf die Bedeutung von Interaktionsbeziehungen hingewiesen und argumentiert, daß sich über Interaktionen grundsätzlich bestehende Hintergrunderwartungen einschreiben lassen und insofern das wissenschaftliche Tun und Handeln nicht geschlechtsneutral sei.[17] So werden Frauen eine größere Familienorientierung und ein geringes berufliches Engagement unterstellt, Männern dagegen eine lebenslange Berufsorientierung und Karrierewünsche. Das Forschungshandeln verweist somit unmittelbar auf die Einstellungen von Akteuren und kann als ein Gradmesser für den Geschlechterrollenwandel und den Wandel von Einstellungen in der Gesellschaft gelten. Mit Blick auf die Situation von Frauen an der PAW interessieren Zuweisungsprozesse in der Arbeitswelt, Förderbeziehungen und Aufstieg in der Wissenschaft.

---

13 Frevert 1986; Blossfeld 1991.
14 Wobbe 2008, S. 71.
15 Hausen 1993a, S. 50-56; Hausen 1997.
16 Heintz 1998.
17 Ridgeway 2001; Heintz 2001a, 2008.

Neben dem Forschungshandeln beeinflussen auch Organisationsstrukturen die Situation von Frauen in der Wissenschaft und stellen eine weitere Ebene für das Fortbestehen von Geschlechterungleichheit dar. An der Akademie sind die organisatorischen Rahmenbedingungen durch den Wandel des Arbeits- und Berufsfeldes und die nicht abgeschlossenen Verberuflichungsprozesse um 1900 im Fluß. Erst in einem längeren Prozeß kommt es zur (Wieder-)Aufrichtung von Regeln, indem Zugangsregeln gesetzt werden und normative staatliche Vorgaben an Bedeutung gewinnen. Die PAW hat die spezifischen Merkmale einer außeruniversitären Forschungsorganisation. Sie besitzt kein Promotions- oder Habilitationsrecht, die Beschäftigungsverhältnisse im Bereich der Forschungsarbeit sind tendenziell befristet und insbesondere bei Wissenschaftlern als Qualifikationsphase angelegt.[18] Außeruniversitäre Wissenschaftsorganisationen und ihre Mitarbeiter sind daher in hohem Maße auf das Zusammenspiel mit den Universitäten angewiesen. Für die PAW ist das genauer zu untersuchen.

Schließlich interessieren die internen Organisationsstrukturen der Akademieprojekte. Die „Arbeitssysteme" (zum Begriff s. Kapitel II.4.6) selbst stellten die spezifischen Rahmenbedingungen dar, durch die Karrieren ihre Prägung erhielten.[19] Die Größe und Zusammensetzung der Arbeitsgruppen variierten. Die innerbetrieblichen Verhältnisse waren oft unternehmensspezifisch. Unterschiede bestanden in den Arbeitskontexten und im Formalisierungsgrad. Für die Gegenwart sind empirische Analysen zum Einfluß von Organisationsmerkmalen (Größe, Formalisierung u.ä.) durchgeführt worden, jedoch ohne bislang zu eindeutigen Ergebnissen zu gelangen, welche Bedingungen die Situation von Frauen in der Wissenschaft günstig beeinflussen.[20] Angenommen wird, daß sich Frauen weniger diskriminieren ließen, wenn formale Strukturen bestanden.

Ein dritter Untersuchungsaspekt ist die *Integration von Frauen in der Wissenschaft*, wobei im Anerkennungserwerb ein wichtiger Indikator für die Teilhabe und den Verbleib von Frauen in der Wissenschaft gesehen wird. Das Tun eines jeden Wissenschaftlers und einer jeden Wissenschaftlerin ist auf das Erreichen wissenschaftlicher Anerkennung gerichtet.[21] In der Wissenschaftssoziologie wird darunter die spezifische Belohnungsart verstanden, durch die Wissenschaftler motiviert werden und die ein Wissenschaftler von seinen Kollegen für seine Beiträge zum Erkenntnisfortschritt erhält, wobei unterstellt wird, daß sich das Ausmaß der beruflichen Aner-

---

18 Allmendinger/Fuchs/Stebut 1999, S. 99; Allmendinger/Stebut/Fuchs/Brükkner 1999, S. 197f.

19 Lüchauer 2002.

20 Heintz 2001a, 2008; Matthies/Kuhlmann/Oppen/Simon 2001.

21 Felt/Nowotny/Taschwer 1995.

kennung in der Wissenschaft nach dem Grad richtet, in dem diese Beiträge den Relevanz- und Gültigkeitskriterien der Fachkollegen entsprechen.[22] Das Anerkennungs- und Belohnungssystem in der Wissenschaft ist abgestuft. Als Zeichen der Anerkennung gelten Titel und Stelle, Aufstieg und Reputation, Integration in der wissenschaftlichen Gemeinschaft, einen Namen zu haben und zitiert zu werden, Ehrungen sowie Einladungen zu Vorträgen.[23] Von zentraler Bedeutung ist der Aufstieg in Führungspositionen und in ein das Wissenschaftssystem repräsentierendes Spitzenamt. Inhaber von Gipfelpositionen im deutschen Wissenschaftssystem sind auf jeden Fall die Universitätsprofessoren, insbesondere die der höchsten Kategorie: die Ordinarien. Mit ihrer Berufsstellung ist nicht nur ein hohes Einkommen und Prestige verbunden. Sie genießen auch eine hohe gesellschaftliche Wertschätzung. In allen modernen Gesellschaften wird das soziale Ansehen einer Person ganz wesentlich von seiner Berufsstellung bestimmt.[24]

Im Wissenschaftssystem nehmen Frauen oft keine Schaltstellen ein. Wie kaum ein anderes Thema berührt die Frage nach der Anerkennung von Frauen in der Wissenschaft das Wissenschaftssystem selbst, seine Normen und Postulate, die lange Zeit harmonisiert worden sind. Hier hat auch die kritische Geschlechterforschung angesetzt, deren Kritik sich vor allem auf die sogenannte Universalismusnorm bezieht, wonach soziale Merkmale wie Rasse, Geschlecht, Religion, Nationalität bei der Beurteilung von Leistungen und Erkenntnissen nicht relevant sein sollen.[25] Die Frage, ob und inwiefern Frauen wissenschaftliche und berufliche Anerkennung erwerben können, kann als eine Prüfung für das Wissenschaftssystem und seine Normen gelten.

Literatur- und Forschungsüberblick: Seit Mitte der 1990er Jahre gibt es im deutschsprachigen Raum starke Bemühungen, die Geschlechter- und die Wissenschaftsforschung sowie die Wissenschafts- und die Gesellschaftsgeschichte näher zusammenzubringen.[26] Ausgangspunkt von geschlechtersoziologisch orientierten Gegenwartsstudien ist die anhaltende Untervertretung von Frauen in Spitzenpositionen des Wissenschaftssystems beziehungsweise der

---

22 Fuchs u.a. 1988, S. 42. In gegenwärtigen soziologischen Forschungen wird Anerkennung in der Erwerbsarbeit (Holtgrewe/Voswinkel/Wagner 2000) und in Paarbeziehungen (Wimbauer 2005) untersucht. In dieser Studie befasse ich mich ausschließlich mit wissenschaftlicher Anerkennung.

23 Lüchauer 2002.

24 Hradil 2002, S. 210.

25 Felt/Nowotny/Taschwer 1995, S. 59ff.

26 Felt/Nowotny/Taschwer 1995; Heintz 1993b, 1998; Trischler 1999; Schriewer/Keiner/Charle 1993; Hausen/Nowotny 1986; Bleker 1998 (Einleitung); Meinel/Renneberg 1996; Tobies 1997, 2008; Wobbe 2002, 2003.

in allen wissenschaftlichen Organisationen nach oben hin abneh-
mende Frauenanteil. Jedoch wird heute nicht mehr von der Selbstverständlichkeit geschlechtlicher Zuschreibungen ausgegangen,
sondern danach gefragt, unter welchen Bedingungen soziale und
geschlechtliche Ungleichheiten fortbestehen können oder abgemildert werden. Dabei wird der Blick auf die Arbeitswelt, auf Organisationsstrukturen, Disziplinen und die Wissenschaftskultur gerichtet.[27] Relevant für das Thema dieser Arbeit sind die empirischen
Studien zur Situation von Wissenschaftlern und Wissenschaftlerinnen in den außeruniversitären Instituten der Max-Planck-Gesellschaft[28] und der Wissenschaftsgemeinschaft Gottfried Wilhelm Leibniz (WGL)[29]. Zudem ist in einer disziplinär-vergleichenden Perspektive für Fallbeispiele untersucht worden, unter welchen Bedingungen
personalisierende Beurteilungen in sachbezogene Interaktionspro-
zesse einfließen können.[30]

Mit der ungleichen und ungleichzeitigen Einbeziehung von
Frauen in die Wissenschaft hat sich schließlich der interdisziplinäre
Arbeitskreis „Frauen in Akademie und Wissenschaft" an der BBAW
befaßt, der auch diese Studie maßgeblich inspiriert hat. Mit der von
ihm vertretenen Perspektive von „Wissenschaft als Arbeitssystem"
richtete der Arbeitskreis seine Aufmerksamkeit vornehmlich auf die
Situation von Frauen in der Arbeitswelt der Wissenschaft, wobei die
von Frauen geleistete Arbeit, ihre Repräsentation und Anerkennung
ebenso in den Blick geraten wie die organisatorischen Rahmenbedingungen und disziplinären Kontexte. Dieser Ansatz läßt sich auf
die Erforschung historischer Zeiträume anwenden und eignet sich
dazu, die Frage der ungleichen und ungleichzeitigen Einbeziehung
der Geschlechter in die Wissenschaft zu diskutieren.[31]

In historischer Perspektive wurden richtungsweisende Ansätze
zur geschlechtsspezifischen Arbeitsteilung schon in den 1970er
Jahren diskutiert und die Annahme entwickelt, daß Familie/Haus-
arbeit und Beruf/Erwerbsarbeit als getrennte Sphären konzipiert
und geschlechtlich konnotiert wurden.[32] Empirisch konnte mittlerweile belegt werden, daß die Sphären im frühen 19. Jahrhundert
weniger scharf voneinander getrennt waren als im späten, wo die
Geschlechterdifferenz ein universales Ordnungsprinzip darstellte.

---

27 Heintz 2001a; Neusel/Wetterer 1999; Wetterer 1999; 1995, 1992; Krais
   2000; Heintz 2001; Allmendinger/Hinz 2002; Wilz 2008.
28 Allmendinger/Stebut/Fuchs/Hornung 1998; Allmendinger/Fuchs/Stebut
   1999; Allmendinger/Stebut/Fuchs/Brückner 1999; Wimbauer 1999; Ach-
   atz/Fuchs/Stebut/Wimbauer 2002; Stebut 2003.
29 Matthies/Kuhlmann/Oppen/Simon 2001.
30 Heintz/Merz/Schumacher 2004, 2007.
31 Daston/Wobbe 1999; Daston/Hausen/Wobbe 2000; Wobbe 2002, 2003.
32 Hausen 1976; Bock/Duden 1977; Rosenbaum 1982.

Das hat zur Modifizierung, aber nicht zur Infragestellung der Grundannahmen geführt.[33] Das Phänomen der Spaltung der Arbeitswelt in Männer- und Frauenberufe, Männer- und Frauenarbeitsplätze sowie Männer- und Frauentätigkeiten ist in empirischen Studien hinreichend belegt.[34] Die Hypothesen aus der Segregationsforschung wurden bislang nicht explizit auf die Erforschung der Geschichte von Frauen in der Wissenschaft bezogen.

Die Geschichte des Frauenstudiums ist gut dokumentiert.[35] In den letzten Jahren hat sich die Erforschung von Berufsübergängen als ein Themenschwerpunkt herauskristallisiert, wobei sich deutlich mehr Studien mit der Situation von Frauen in akademischen Berufen befassen als in der Wissenschaft und die Probleme beim Übergang in die Berufe stärker herausgestrichen werden, als daß die Integrations- und Karrieremöglichkeiten berücksichtigt werden.[36] Die historischen Forschungen über Frauen in der Wissenschaft konzentrieren sich häufig auf Universitäten, wobei die berufliche Randstellung von Wissenschaftlerinnen im Universitätssystem mit Blick auf die Zugangsprobleme von Frauen zur Hochschullaufbahn diskutiert wird. Wissenschaftlerinnen durften sich zwar ab 1918 habilitieren, doch blieben für sie nach bisherigen Kenntnissen wenig transparente Sonderkonditionen und Ausnahmeregelungen bestehen.[37] Als eine Zäsur für Frauen im deutschen Universitätssystem gilt das Jahr 1933, vor allem mit Blick auf die mit dem politischen Systemwechsel eingeführten Studienbeschränkungen für Frauen und rassistischen NS-Gesetze, die zur Vertreibung jüdischer Wissenschaftlerinnen von den Universitäten und zum Abbruch gerade begonnener Karrieren führten.[38] In jüngeren Studien werden nunmehr auch jene Frauen stärker berücksichtigt, die während des Nationalsozialismus ihre Positionen behielten, ihre beruflichen Laufbahnen fortsetzen konnten oder eine wissenschaftliche Karriere be-

---

33 Budde 2000; Hausen/Wunder 1992; Habermas 2000; Hagemann/Quataert 2008.

34 Exemplarisch Cockburn 1988; Gottschall 1990, 1995; Hausen 1993, 2000; Krell/Hausen 1993; Lüsebrink 1993; Winter 1994, 1998; Nienhaus 1995; Budde 1997; Heintz/Nadai/Fischer/Hummel 1997 (mit einem Überblick über die Verlaufsformen von Segregationsprozessen); Lenz/Nickel/Riegraf 2000; Krais/Maruani 2001; Wetterer 2002.

35 Budde 2002 (Forschungsüberblick); für die Friedrich-Wilhelms-Universität zu Berlin: Ausstellungsgruppe an der HUB/ZiF 2003; Vogt 2007.

36 Kleinau/Opitz 1996; Huerkamp 1996, Häntzschel/Bußmann 1997; Glaser 1992; Heindl/Tichy 1990; Dickmann/Schöck-Quinteros 2000; Tobies 1997, 2008; Lohschelder 1994; Schlüter 1992; Brinkschulte 1994; Auga/Bruns/ Harders/Jähnert 2010.

37 Wobbe 1996; Häntzschel 1997; Marggraf 2002; Altenstraßer 2010.

38 Timm 1992, 1996; Huerkamp 1994, 1996; Vogt 2007.

gannen.[39] Die Situation von Frauen in der Wissenschaft beziehungsweise die Auswirkung der NS-Zeit auf die beruflichen Werdegänge von Frauen wird sich so insgesamt differenzierter beurteilen lassen.

Viele Studien sind zwar in disziplinärer Perspektive geschrieben, aber vergleichende Überlegungen zum Zusammenhang von Disziplin, Frauenanteil und Karrierechancen fehlen beziehungsweise haben bislang nicht zu eindeutigen Ergebnissen geführt.[40] Die Neuheit von Disziplinen, Fachgebieten und Arbeitsfeldern schien die Zugangs- und Berufsmöglichkeiten von Frauen zu begünstigen. So konnten sich im frühen 20. Jahrhundert für Frauen in der Soziologie günstige „Gelegenheitsstrukturen" eröffnen.[41] Auch für die Genetik traf das zu, die überwiegend als ein Teilgebiet der Zoologie und Botanik betrieben wurde und als neues Fachgebiet bei vielen Biologen anfangs noch kein hohes Ansehen besaß.[42] Die Wahl eines bestimmten Forschungsgebietes hing zudem davon ab, ob Frauen Mentoren hatten. Empirisch ist belegt, daß es für Frauen häufig schwierig war, Mentoren zu finden und gefördert zu werden.[43]

Die wissenschaftshistorische Geschlechterforschung hat sich vor allem in ihrer angelsächsischen Tradition mit den wissenschaftsinternen und wissenschaftsexternen Einflußfaktoren auf Wissenschaftlerinnenkarrieren, mit wissenschaftlicher Anerkennung und auch mit der Arbeit und den Leistungen von Frauen befaßt.[44] Der Zugang von Frauen zur Wissenschaft wird unter den Aspekten Wissenserwerb und Ausbildung, Zugang zu Institutionen, Arbeitsmitteln, Instrumenten, technischen Apparaturen und Ressourcen diskutiert. Für englische Fallbeispiele ist ein disziplinspezifischer Zugang zur Wissenschaft festgestellt worden. Unabhängig von ihrer eigenen formalen Ausbildung leisteten Frauen regelmäßig und kontinuierlich wissenschaftliche Arbeit in den klassifizierenden und beschreibenden Disziplinen wie Astronomie und Botanik, wohingegen dies für sie in anderen Disziplinen erst möglich wurde, nachdem sie formale Ausbildungsabschlüsse vorweisen konnten.[45]

---

39 Berger 2007; Vogt 2007, 2008; für die Zeit nach 1945: Schlüter 1996; Maul 2002; Budde 2003; Zachmann 2004.

40 Hahn 1994; Wobbe 1997; Honegger/Wobbe 1998; Tobies 1997, 2008; Meinel/Renneberg 1996; Brinkschulte 1994; Costas 2001, 2002; Harders 2004, 2010.

41 Wobbe 1997.

42 Deichmann 1997, 2008, 1992.

43 Schultz 1991; Tobies 1997a, 2008a.

44 Rossiter 1982; Abir-Am/Outram 1987; Pycior/Slack/Abir-Am 1996; Kohlstedt 1999; Schiebinger 2000, 2002.

45 Ogilvie 1996; Shteir 1987; Creese 1991; Creese/Creese 1994.

Die verstreuten Hinweise deuten auf eine Separierung von Frauen in der Arbeitswelt der Wissenschaft hin. Tätigkeiten mit hohem Routineanteil wie Abschreiben, Rechnen, Katalogisieren und Ordnen sind als „Frauenarbeiten" in der Wissenschaft identifiziert worden. Der US-amerikanischen Wissenschaftshistorikerin Margaret W. Rossiter zufolge sei die von Frauen geleistete Arbeit schlechter sichtbar und werde häufig unterbewertet.[46] In einer ironisch gemeinten Anlehnung an den „Matthäus-Effekt"[47] in der Wissenschaft hat sie unter dem Begriff „Matilda-Effekt" das Phänomen beschrieben, daß wissenschaftliche Leistungen eher Männern zugeschrieben werden und festgestellt, daß die Leistungen von Männern anders anerkannt werden als die von Frauen.[48] Renate Tobies zufolge wählten Naturwissenschaftlerinnen oft spezifische Forschungsgegenstände. Sie waren in schlecht bezahlten und prestigearmen „Hilfestellungen" tätig, führten Geschick und Sorgfalt verlangende Meß- und Routinearbeiten aus, zum Beispiel in astronomischen Recheninstituten, und wurden bevorzugt für Literaturrecherchen und bibliographische Arbeiten eingesetzt.[49] In der Chemie standen Frauen nicht alle Berufsmöglichkeiten offen. Im Bereich der Grundlagenforschung waren Chemikerinnen häufiger vertreten als in der anwendungsbezogenen Industrieforschung. Sie nahmen oft niedere und schlechter bezahlte Stellen als Laborantinnen oder „Techniker" an und wurden von Firmenleitungen auf „frauenspezifischen Positionen" untergebracht, etwa in Literatur- oder Patentabteilungen von Betrieben. Dort führten sie die als unattraktiv und prestigearm geltenden „Papier-Arbeiten" aus.[50] Daß sich Frauen eher für theoretische und seltener für experimentelle Arbeiten entschieden, erklären einige Autorinnen mit den Zugangsschwierigkeiten für Frauen zu den mit teuren wissenschaftlichen Geräten ausgestatteten Arbeitsplätzen.[51]

Die Frage nach dem Einfluß von Ehe und Familie auf Wissenschaftlerinnenkarrieren hat im Zusammenhang mit dem sogenannten Produktivitätsrätsel Bedeutung erlangt, als nach einer Erklä-

---

46 Rossiter 1980.

47 Der Wissenschaftssoziologe Robert K. Merton (1985 [1968]) hat erstmals das Phänomen beschrieben, daß Wissenschaftlern, die eine hohe Reputation haben, für ihre wissenschaftlichen Beiträge mehr Anerkennung erhalten als unbekanntere Kollegen für gleichbedeutende Leistungen und daß die Beiträge anerkannter Wissenschafter eher wahrgenommen werden als die von weniger bekannten Forschern. Diesen Effekt der Positionserhöhung hat Merton „Matthäus-Effekt" genannt.

48 Rossiter 2003 [1993].

49 Tobies 1997a, S. 52ff., 2008a.

50 Johnson 1997; Wiemeler 1996.

51 Abir-Am/Outram 1987 (Einleitung).

rung für die von Jonathan Cole und Harriet Zuckerman in einer Gegenwartsanalyse festgestellten geringeren wissenschaftlichen Produktivität von Frauen gesucht worden ist. Bis heute wird kontrovers diskutiert, ob sich die größeren familiären Belastungen von Frauen tatsächlich auf ihre Produktivität auswirken oder nicht.[52] Auf die ambivalente Rolle von Ehebeziehungen ist hingewiesen worden: Sie können Frauen einen Zugang zur Wissenschaft eröffnen, ihre wissenschaftliche Arbeit aber auch beenden.[53] Verheiratete Wissenschaftlerinnen scheinen Beruf und Familie leichter miteinander vereinbaren zu können, wenn ihr Partner ebenfalls in der Wissenschaft tätig ist, was damit begründet wird, daß Wissenschaftler für die wissenschaftliche Arbeit der Partnerin mehr Verständnis aufbringen würden und sie außerdem gemeinsam arbeiten können.[54]

Mit Blick auf Forschungslücken ist festzustellen, daß die wissenschaftlich-technische Assistenz nur wenig Beachtung in der Wissenschaftsforschung fand und die Verberuflichungsprozesse im nichtakademischen Bereich bisher kein Forschungsgegenstand waren. Das gilt aber nicht durchweg. Innerhalb der historischen Professionalisierungsforschung ist die Geschichte von Ingenieuren und Technikern, die nach Peter Lundgreen oft nur im Zusammenhang mit den akademischen Professionen zu verstehen ist, untersucht worden.[55] In der Angestelltenforschung ist die Entstehung von Angestelltenfunktionen im Zusammenhang mit Prozessen der innerbetrieblichen Differenzierung und Arbeitsteilung erforscht worden.[56] Frauen in Angestellten- und Technikberufen bilden einen bevorzugten Gegenstand in den Segregationsstudien, aber die Wissenschaft ist in dieser Perspektive bislang nicht untersucht worden.

Durch die Beschränkung auf Wissenschaftlerinnen ist m.E. die Komplexität des Übergangs von Frauen in die Wissenschaft zu wenig erforscht. Über das vielschichtige Zusammenspiel von Familie auf der einen Seite und Beruf/Wissenschaft auf der anderen ist wenig bekannt, obwohl es in der deutschsprachigen Geschlechterforschung anschlußfähige Ansätze dazu gibt.[57] Anfang der 1990er Jahre hat Ingrid Gilcher-Holtey die Diskussionen um die Modelle ‚moderner' Weiblichkeit im Heidelberger akademischen Milieu beschrieben und auf das Phänomen aufmerksam gemacht, daß im frühen

---

52 Einen guten Überblick hierzu bietet Schiebinger 2000, S. 66-71; Cole/Zuckerman 1991; Long 1990; Schultz 1991; Wimbauer 1999; Leemann 2005.

53 Ogilvie 1996; Lindsay 1998; Jahn 1996.

54 Abir-Am/Outram 1987 (Einleitung); Tobies 1997a, S. 38ff., 2008a; Pycior/-Slack/Abir-Am 1996; Fölsing 1999; Satzinger 1998; Vogt 2000.

55 Lundgreen/Grelon 1994; Görs 2002; Zachmann 2004.

56 Kocka 1969, 1981; König/Siegrist/Vetterli 1985.

57 Hausen 1986, 1988, 1994; Panke-Kochinke 1993; Habermas 2000; Mommertz 2002.

20. Jahrhundert Frauen auch informal in die Wissenschaft einbezogen sein konnten.[58] Größere empirische Studien zur informalen und formalen Einbeziehung von Frauen in die Wissenschaft sind in der Folgezeit aber nicht entstanden. Konzeptionelle Überlegungen hat Theresa Wobbe unter dem Aspekt Generation und Anerkennung diskutiert.[59]

Ein weiteres Desiderat der historischen Forschung sind die außeruniversitären Berufs- und Karrieremöglichkeiten. Zwar ist das wissenschaftshistorische Interesse an der Geschichte außeruniversitärer Organisationen in den letzten Jahren gestiegen.[60] Im Vergleich zu Hochschulen und Universitäten[61] sind außeruniversitäre Wissenschaftsorganisationen sowie die Verflechtungen von universitärer Sozialisation und außeruniversitären Karrierechancen bislang wenig erforscht worden.[62] Die Geschichte von Wissenschaftlerinnen an der Kaiser-Wilhelm-Gesellschaft und der Berliner Universität hat Annette Vogt umfassend untersucht. Danach fanden Naturwissenschaftlerinnen gute Berufsmöglichkeiten in den Instituten der Kaiser-Wilhelm-Gesellschaft und konnten dort Abteilungsleiterinnen werden, was auf die Neuheit der Organisation, noch nicht verfestigte Strukturen sowie wenig ausgeprägte Hierarchien zurückgeführt wird.[63] Genetikerinnen begannen zum Beispiel ihre Berufslaufbahnen oft nicht an Universitätsinstituten, sondern am Institut für Genetik an der Landwirtschaftlichen Hochschule Berlin und an den damals neuen biologischen Instituten der Kaiser-Wilhelm-Gesellschaft.[64] Entschieden sich Frauen für neue und noch wenig akzeptierte Forschungsgebiete, bestand für sie jedoch eine erhöhte Gefahr, in eine Außenseiter-Rolle oder Nischenposition abgedrängt zu werden.[65]

---

58 Gilcher-Holtey 1992.

59 Hahn 1994; Honegger/Wobbe 1998, Wobbe 1994, 2000, 2008.

60 Trischler 1999; Lundgreen/Horn/Krohn/Küppers/Paslack 1986; vom Bruch/Müller 1990; Szöllösi-Janze/Trischler 1990; Ritter 1992; Szöllösi-Janze 1996; Vierhaus/vom Brocke 1990; vom Brocke/Laitko 1996; Kaufmann 2000; vom Bruch/Kaderas 2002; Szöllösi-Janze 2002; vom Bruch/Gerhardt/Pawliczek 2006 sowie Einzelveröffentlichungen aus dem Forschungsprogramm „Geschichte der KWG im Nationalsozialismus".

61 Exemplarisch Riese 1977; Ringer 1987 [1969], Schwabe 1988; Schmeiser 1994; Baumgarten 1997; Rüegg 2003; im Kontext der sozialhistorischen Bildungsforschung: Conze/Kocka 1985; Siegrist 1988; Lundgreen 2000.

62 Cahan 1992; Harwood 2000, 2002; Johnson 1997; Vogt 2007.

63 Vogt 1997a, 1997b, 1999a, 2007, 2008.

64 Deichmann 1997, S. 227.

65 Rossiter 1982; Deichmann 1997; Johnson 1997, S. 263; Tobies 1997a, S. 54ff; Abir-Am/Outram 1987, S. 10 weisen darauf hin, daß Forscherinnen in Außenseiterpositionen oft weniger stark auf traditionellen Theorien beharren, andere Fragen stellen und andere Methoden anwenden.

Zur Geschichte der PAW liegen mit der von Adolf von Harnack zum 200jährigen Jubiläum im Jahre 1900 verfaßten Akademiegeschichte[66] und mit dem in den 1970er Jahren von einem Autorenkollektiv unter der Leitung von Leo Stern publizierten dreibändigen Werk, das den Zeitraum zwischen 1900 und 1945 behandelt,[67] zwei bereits ältere, faktenreiche und quellennahe Standardwerke vor, die sich für einen schnellen und umfassenden Überblick über die wissenschaftlichen Unternehmungen der Akademie eignen. Von den Veröffentlichungen zur Geschichte einzelner Akademieprojekte[68] ist die Habilitationsschrift des Althistorikers Stefan Rebenich über Theodor Mommsen und Adolf von Harnack hervorzuheben, in der die von ihnen geleiteten Akademieprojekte mitbehandelt werden und zudem für die KVK die Einführung der Dauerstelle für einen wissenschaftlichen Beamten ausführlich dargestellt wird.[69]

Eine von der BBAW zum 300jährigen Akademiejubiläum im Jahre 2000 eingesetzte interdisziplinäre Arbeitsgruppe „Berliner Akademiegeschichte des 19. und 20. Jahrhunderts" hat die Ergebnisse in drei Sammelbänden publiziert.[70] Relevant für das Thema dieser Studie sind vor allem die ersten beiden Bände über die Akademie im Kaiserreich, in Krieg und Diktatur (1870-1945). Für die Forschergruppe unter der Leitung von Jürgen Kocka stand die Geschichte der Gelehrtengesellschaft im politischen und wissenschaftlichen Kontext im Zentrum. Insbesondere nach 1870 hatte sie sich in einem sich rasant verändernden wissenschaftlichen Umfeld neu zu positionieren. Der Wandel des Wissenschaftssystems, disziplinäre Differenzierung, Segmentierung und Spezialisierung, wurde zur zentralen Herausforderung für die Akademie, die sie nach Ansicht der Autoren nur partiell bewältigte und mit deutlichen Prestige- und Funktionsverlusten verbunden war.[71] Der Akademieforschung ist indes kein zentraler Stellenwert beigemessen worden. Beiträge über die Forschungsarbeit bleiben kursorisch und beruhen selten auf empirischen Forschungen.[72] Das starke Interesse an den Akademiemitgliedern teilt die jüngste Akademiegeschichtsforschung mit der

---

66 Harnack 1900.
67 Hier zit. als Grau 1975; Schlicker 1975; Grau/Schlicker/Zeil 1979; vgl. auch Grau 1993.
68 Siegmund-Schultze 1993; Krömer 1995; Krömer/Flieger 1996; Dückert 1987; Fuhrmann 1996; Erman/Grapow 1953; Grapow 1950; BBAW 1999, 2000a, 2001a, 2001b, 2002a, 2002b, 2004; Schipper 2006; Schmidt 2009.
69 Rebenich 1997.
70 Kocka 1999; Fischer 2000; Kocka 2002.
71 Kocka 1999 (Einleitung); Hohlfeld/Kocka/Walther 1999; Fischer/Hohlfeld/ Nötzoldt 2000.
72 Neugebauer 1999; Rebenich 1999; Dainat 2000; Poser 2000; Boehm 2000; Hohlfeld 2000.

traditionellen Akademiegeschichtsschreibung. Mit der Arbeitsform der wissenschaftlichen Unternehmungen und dem praktischen Forschungshandeln hat sich bislang kein Forschungsprojekt ausführlich beschäftigt, was vermutlich auch daran liegt, daß die Unternehmungen nicht als ein Ort innovativer Forschung gelten und das Modell der von Kommissionen geleiteten Unternehmungen nicht dem Ideal der modernen institutsförmig organisierten Forschung entspricht.

Methodisches Herangehen: Bei der Akademieforschung handelte es sich vorwiegend um eine Arbeit an und mit Texten, die sich am Schreibtisch erledigen ließ. Auf den Gebieten der Botanik und der Zoologie wurde auch empirische Feldforschung durchgeführt. Experimentelle Laborforschung wurde in keinem Akademieprojekt betrieben. In der Wissenschaftsforschung hat in den letzten Jahren die Annahme einer *Disunity of Science* Verbreitung gefunden, womit gemeint ist, daß zwischen und innerhalb von Disziplinen große Unterschiede bestehen können.[73] Wer heute beispielsweise Biologie studiert, kann sich auf Stammzellforschung spezialisieren oder auf Ornithologie. Beide Arbeitsgebiete unterscheiden sich erheblich voneinander: im ersten wird experimentelle Laborforschung betrieben, im zweiten vorwiegend empirische Feldforschung. Von den spezifischen Konstellationen und Kontexten werden disziplinäre Kulturen, Kommunikationsformen, die Arbeitsorganisation und Praktiken bestimmt sowie Berufsverläufe in der Wissenschaft geprägt. An diese Überlegungen anknüpfend, stellt sich die Frage nach den Einflußfaktoren auf die Situation von Frauen in der Wissenschaft beziehungsweise nach den Bedingungen, unter denen die Geschlechtszugehörigkeit relevant wird. In der Perspektive von Wissenschaft als Arbeit wird daher die Organisation der Akademieforschungsarbeit untersucht, wobei die Akademieprojekte die zentralen Untersuchungseinheiten darstellen.[74]

Das Ansetzen bei einer tiefen Analyseebene (Arbeit, Tätigkeiten) war der einzige Weg, um etwas über Frauen an der Akademie herauszufinden. Die wissenschaftlichen Unternehmungen wurden als

---

73 Galison 1996; Heintz/Merz/Schumacher 2004.

74 Im weiteren Sinn kann der methodische Ansatz zu den „Studies of Work" gerechnet werden. Diese beschäftigen sich mit den beruflichen Tätigkeiten und Arbeitsabläufen und „konzentrieren sich darauf, in der genauen Beschreibung eines Arbeitsvollzuges zu bestimmen, worin die für diese Arbeit spezifischen Kenntnisse und Fertigkeiten bestehen." (Bergmann 1991, S. 270) Einen Schwerpunkt bildet die Analyse von (natur-)wissenschaftlicher Arbeit, daher werden die „Studies of Work" insbesondere in der qualitativen Wissenschaftssoziologie rezipiert und diskutiert. Vgl. Amann/Knorr-Cetina 1991; Knorr-Cetina 1988; Felt/Nowotny/Taschwer 1995; Heintz 1993b, 1998; Rheinberger 2006.

Gebilde mit Struktur und Funktion aufgefaßt, ihre innerbetrieblichen Verhältnisse und das praktische Forschungshandeln analysiert. Gefragt wurde im einzelnen nach Praktiken des Ordnens, Teilens und Bewertens von Arbeit; nach der Ausdifferenzierung von Funktionen; nach unternehmensspezifischen Arbeitskontexten und hierarchischen Abhängigkeiten; nach Beschäftigungsverhältnissen, Förderbeziehungen sowie Aufstiegs- und Karrieremöglichkeiten. Das Vorgehen ermöglichte, bislang „unsichtbare" Formen der Mitarbeit als Bestandteil institutionalisierter Forschung zu beschreiben und lieferte die empirische Grundlage, um die ungleiche und ungleichzeitige Einbeziehung von Frauen in die Forschungsarbeit der Akademie diskutieren zu können.

Das empirische Material wurde im Rahmen des bei der BBAW bestehenden interdisziplinären Arbeitskreises „Frauen in Akademie und Wissenschaft" erhoben. Am Beginn der Untersuchung war über Frauen an der Akademie nur wenig bekannt.[75] Aus dem Mitgliederverzeichnis der Akademie ließ sich leicht entnehmen, daß Frauen unter den Akademiemitgliedern nicht vertreten waren. Mit hoher Wahrscheinlichkeit wurden sie aber im Bereich der Forschungsarbeit vermutet. In einer Vorstudie habe ich zunächst eine grobe Sichtung der in den *Sitzungsberichten* und im *Jahrbuch der PAW* abgedruckten Jahresberichte der Kommissionen vorgenommen.[76] Danach zeichnete sich bereits ab, daß zwischen 1890 und 1945 schätzungsweise 200 Frauen als Mitarbeiterinnen in zwei Drittel aller Unternehmungen der Akademie vertreten waren. Acht wissenschaftliche Unternehmungen wurden daraufhin genauer erforscht. Für die Auswahl war ausschlaggebend, daß erstens Frauen darin vertreten waren und zweitens ein möglichst breites Spektrum der Forschungsarbeit repräsentiert sein sollte.[77] Von acht weiteren Unternehmungen ließen sich die internen Verhältnisse sekundäranalytisch ermitteln,[78] so daß die empirische Studie insgesamt auf der

---

75 Ihre Namen waren weitgehend unbekannt, und in der Sekundärliteratur gab es nur verstreute Hinweise. Grau 1975; Schlicker 1975; Grau/Schlicker/Zeil 1979; Zeil 1989.

76 Durchgesehen wurden die Jahrgänge 1880-1943.

77 Die Recherchen zu den Unternehmungen Deutsches Rechtswörterbuch, Geschichte des Fixsternhimmels, Nomenclator animalium generum et subgenerum, Das Tierreich und zur Trinil-Expedition sind von mir durchgeführt worden; die Recherchen zur Orientalischen Kommission und zum Ägyptischen Wörterbuch von Gerdien Jonker (Jonker 1998, 2002); zum Deutschen Wörterbuch von Leonore Martin (Martin 1998).

78 Das sind die Projekte Griechische Christliche Schriftsteller (KVK), Jahrbuch über die Fortschritte der Mathematik, Leibniz-Edition, Handschriftenarchiv, Hessen-Nassauisches Volkswörterbuch, Das Pflanzenreich, Burdachs Vorhaben Vom Mittelalter zur Reformation sowie Wieland-Ausgabe.

Kenntnis der innerbetrieblichen Verhältnisse von fünfzehn wissenschaftlichen Unternehmungen und einer wissenschaftlichen Expedition basiert.

Der empirische Befund über die Frauen an der PAW erforderte eine differenzierte Betrachtungsweise. Nach ihrer Rekrutierung und Zugangsweise, nach ihrer Vorbildung und ihren unterschiedlichen Aufstiegs- und Karrierechancen wurden die Frauen von mir in drei Gruppen eingeteilt, und zwar erstens in weibliche Familienangehörige, die Ehefrauen und Töchter von Gelehrten, zweitens Büro- und technische Angestellte und drittens Wissenschaftlerinnen. Bei der Auswertung des Befundes standen drei Aspekte im Vordergrund. Erstens wurde der Zugang von Frauen zur Forschungsarbeit untersucht, wobei nach dem Wissenserwerb, den Arbeitsorten, dem Rekrutierungsmuster und den Einstiegspositionen gefragt wurde. Der Zugang zu Ressourcen und Arbeitsorten entschied darüber, ob und in welchem Ausmaß Frauen an der Wissenschaft teilnehmen und sich integrieren konnten, d.h. in welchem Grad sie in das Wissenschaftssystem einbezogen wurden. Zweitens wurden die Arbeit und die Leistungen von Frauen in der Wissenschaft untersucht. Darunter wurden die konkreten Tätigkeiten und die an zeitgenössischen Arbeitsbewertungen orientierte Bewertung der Arbeit von Frauen, das Publikationsverhalten, die Beschäftigungsverhältnisse und die Förderbeziehungen gefaßt. Drittens wurden die Wege von Frauen und Strategien des Anerkennungserwerbs untersucht, wobei es um die Repräsentation von Leistungen und die Anerkennung*möglichkeiten* ging.

Der Untersuchungszeitraum der Studie ist begrenzt. Seit den 1890er Jahren nahmen Frauen an der Forschungsarbeit der PAW teil, und zwar zuerst Familienangehörige und Bürohilfsarbeiterinnen mit einer formalen Berufsausbildung. Vereinzelt wurden vor der Jahrhundertwende auch Wissenschaftlerinnen einbezogen, das waren US-Amerikanerinnen und deutsche Frauen, die im Ausland studiert hatten. Regelmäßig waren sie in den Akademieprojekten aber erst nach 1908 vertreten, nachdem Frauen an preußischen Universitäten das Immatrikulationsrecht erhalten hatten. Das Untersuchungsende wird mit dem Jahr 1945 gesetzt. Im Krieg wurden die Arbeiten in den meisten Unternehmungen eingestellt, die Arbeitsmaterialien in Kisten verpackt und an verschiedenen Orten ausgelagert.[79] Auf Befehl der Sowjetischen Militäradministration in Deutschland wurde 1946 die ehemals Preußische als Deutsche Akademie der Wissenschaften zu Berlin unter veränderten politischen Rahmenbedingungen wiedereröffnet.[80] Die politischen Sy-

---

79 Nötzoldt 1997.
80 Hartkopf/Wangermann 1991, S. 467-472, Befehl Nr. 187 des Obersten Chefs der Sowjetischen Militäradministration und Oberkommandierenden

stemwechsel wurden in dieser Studie nur am Rande mitberücksichtigt und die Jahre des Nationalsozialismus nicht übermäßig hervorgehoben. Nach den bisherigen Kenntnissen stellte das Jahr 1933 keine deutliche Zäsur auf der Arbeitsebene der Akademie dar, und die Forschungsarbeit wurde von den politischen Veränderungen nur wenig beeinflußt.[81] Aber auch an der Akademie verloren im Nationalsozialismus Mitarbeiter und Mitarbeiterinnen aus politischen oder rassistischen Gründen ihre Arbeitsaufträge, vermutlich jedoch in einem geringeren Ausmaß als an anderen Wissenschaftseinrichtungen. In einigen Fällen erwies sich die Akademie sogar als eine schützende „Nische", in der Wissenschaftler relativ unbehelligt forschen konnten.

Quellen und Kapitelübersicht: Im weitesten Sinne wurde eine Inhaltsanalyse schriftlicher Dokumente vorgenommen, wobei veröffentlichte und unveröffentlichte Textquellen verwendet wurden. Die veröffentlichten Quellen umfaßten die Jahresberichte der akademischen Kommissionen, aber auch die Vorworte und Einleitungen der Akademiepublikationen, also von Wörterbüchern, Editionen und Nachschlagewerken. Die in den *Sitzungsberichten der PAW* publizierten Jahresberichte der akademischen Kommissionen gaben Aufschluß über die inhaltliche Konzeption der Projekte, die Organisation von Arbeitsabläufen und den Arbeitsstand. Obgleich sie vermutlich auf der Zuarbeit von leitenden Mitarbeitern basieren, handelt es sich um selektive und ergebnisorientierte Berichte aus Sicht der Unternehmensleitung, die mit dem Arbeitsprozeß oft kaum etwas zu tun hatte.

Auf unveröffentlichte Quellen aus den Beständen des Akademiearchivs wurde ausgiebig zurückgegriffen, und zwar auf Kommissionsakten und Arbeitsstellenunterlagen sowie auf Akten zu Beamten- und Angestelltenangelegenheiten. Quellen dieser Art befinden sich teilweise auch bei den Akademie-Forschungsstellen und wurden in beschränktem Umfang ebenfalls benutzt. Diese Archivalien wurden bislang selten für größere monographische Studien herangezogen und ausgewertet. Relevant waren Schriftstücke, die Hinweise auf die Organisation wissenschaftlicher Forschungsarbeit lieferten: Denkschriften, Protokolle von Kommissionssitzungen, Instruktionen für Mitarbeiter, Richtlinien für Tätigkeiten, Arbeitsverträge sowie Tätigkeitsberichte. Ergiebig waren Abrechnungsunterlagen

---

der Sowjetischen Besatzungstruppen in Deutschland zur Wiedereröffnung der Akademie v. 1. Juli 1946; s. auch S. 464, Schreiben des Präsidenten der Akademie an den Magistrat der Stadt Berlin v. 27. Dezember 1945 über die im Plenum beschlossene Namensänderung in „Akademie der Wissenschaften zu Berlin". Zu institutionsgeschichtlichen Aspekten: Kocka/Nötzoldt/Walther 2002, S. 366ff.

81 Walther 2000; vgl. hierzu Kapitel I.2.2, II.2.2, V.4.1.

und Haushaltsbücher. Insgesamt ließ sich auf dieser Quellenbasis das „Innenleben" beziehungsweise die Arbeitsgeschichte von Unternehmungen rekonstruieren. Das Material gestattet einen Einblick in die innerbetrieblichen Strukturen der Unternehmungen, in die Arbeitsorganisation, Hierarchien, Beschäftigungs- und Absicherungsverhältnisse. Auf dieser Quellenbasis können Arbeit und Mitarbeiter aufeinander bezogen werden und Fragen nach der Arbeit und Anerkennung von Frauen diskutiert werden. Da sich Personalakten nur bedingt heranziehen ließen, wurden verstreute Informationen über die Mitarbeiterinnen in den Unternehmungen auch aus den Kommissions- und Arbeitsstellenunterlagen entnommen. Der im Akademiearchiv aufbewahrte Bestand an Personalakten ist übersichtlich.[82] Personalakten sind in der Regel nur für Mitarbeiter im Beamten- und im Angestelltenverhältnis geführt worden. Für die mit Honorar- und Werkaufträgen beschäftigten Mitarbeiter und Mitarbeiterinnen bei den akademischen Kommissionen gibt es keine.

Personalstatistische Quellen gibt es für den Untersuchungszeitraum nur wenige. Ein Verzeichnis der Akademiemitglieder und der Preisträger ist publiziert worden.[83] Aber nur für einen Teil der Mitarbeiter liegen Personalverzeichnisse vor. Eine Auflistung der wissenschaftlichen Beamten bei der PAW bringt Amburger.[84] Die Mitarbeiter im Beamten- und Angestelltenverhältnis wurden in den *Sitzungsberichten der PAW* namentlich aufgeführt, die darüber hinaus Beschäftigten aber nicht. Durch das Fehlen von vollständigen Personalstatistiken und Namenverzeichnissen sind der Interpretation des Befundes über die Frauen an der Akademie Grenzen gesetzt; die Rolle der Männer bleibt blaß. Mit dem Erscheinen des *Jahrbuchs der PAW* (1939-1943) wurden erstmals Organigramme abgedruckt, die einen Einblick in die Positionsstrukturen von Unternehmungen sowie die vielfältigen Beschäftigungsverhältnisse von Mitarbeitern bei der PAW vermitteln und eine vergleichende Gegenüberstellung der Unternehmungen erlauben. Außerdem läßt sich für diese Jahre die Gesamtzahl der Mitarbeiter und Mitarbeiterinnen bei den Kommissionen einigermaßen zuverlässig angeben, und es können Aussagen über die Mitarbeiterstruktur der PAW insgesamt getroffen werden. Aufgrund der Quellenlage ist das für den gesamten Untersuchungszeitraum jedoch nicht möglich.

Die Darstellung ist in fünf Kapitel gegliedert. Im Kapitel I wird die Preußische Akademie der Wissenschaften als eine primär durch ihre gewählten Mitglieder repräsentierte Gelehrtengesellschaft vor-

---

82 Für den Zeitraum 1812 bis 1945 gibt es ca. 250 Personalakten, darunter von 56 Frauen. Von diesen waren 24 als Mitarbeiterinnen bei den akademischen Kommissionen beschäftigt.

83 Hartkopf 1992.

84 Amburger 1950, S. 170-172.

gestellt und die Nichtaufnahme von Frauen vor dem Hintergrund ihrer Zuwahlprinzipien diskutiert. Das Kapitel II widmet sich der Forschungsarbeit, die in den wissenschaftlichen Unternehmungen durchgeführt wurde. Wachstum und Ausbau der Forschungsarbeit im späten 19. Jahrhundert führten zu neuen Arbeitsteilungen und Kooperationsformen und zu einem Wandel der innerbetrieblichen Verhältnisse. Die Arbeit in den Unternehmungen wurde zunehmend von Mitarbeitern geleistet, die nicht gleichzeitig als Mitglieder der Akademie angehörten. Seit der Wende zum 20. Jahrhundert waren auch Frauen unter ihnen vertreten. Das Kapitel III befaßt sich mit der Teilnahme von weiblichen Familienangehörigen, von Professorenfrauen und -töchtern, an der Forschungsarbeit der Akademie. Das Kapitel IV beschäftigt sich mit der Situation von mittleren (Büro-)Angestellten und technischen Assistentinnen. Das Kapitel V untersucht Berufsmöglichkeiten und Karrierechancen von Wissenschaftlerinnen an der Akademie.

I. Die Wissenschaftsorganisation Akademie

1. Die Preußische Akademie der Wissenschaften als Gelehrtengesellschaft

1.1 Zweck und Aufgaben

Die Preußische Akademie der Wissenschaften war nach ihren Statuten aus dem Jahre 1881 eine Gelehrtengesellschaft „zur Förderung und Erweiterung der allgemeinen Wissenschaften, ohne einen bestimmten Lehrzweck".[1] Ursprünglich hatte die nach den Plänen von Gottfried Wilhelm Leibniz (1646-1716) im Jahre 1700 gegründete „Churfürstlich Brandenburgische Societät der Wissenschaften", die seit 1812 „Königlich Preußische Akademie der Wissenschaften" und von 1918 bis 1945 „Preußische Akademie der Wissenschaften" hieß, umfangreiche wissenschaftliche Aufgaben zu erfüllen, wobei sie sich auch von praktischen Erwägungen und dem Gedanken der Nützlichkeit leiten ließ. Die Berliner Akademiegründung war im Kontext einer breiten Akademiebewegung erfolgt, als im 17./18. Jahrhundert weltweit Akademien als eine Form der Organisation der Wissenschaft entstanden, darunter die Leopoldina in Halle (1652), die Royal Society in London (1660), die Académie des Sciences in Paris (1666) und die Accademia dei Lincei in Rom (1603).

Akademien waren zumeist Trägerinnen der Wissenschaft in einem umfassenden Sinn. Eine Beschränkung auf die *Förderung* der „reinen" und zweckfreien Wissenschaft setze sich an der Berliner Akademie im 19. Jahrhundert durch, und zwar als eine Folge der veränderten Forschungslandschaft. Mit der Gründung der Berliner Universität (1810) wurde auch die Akademie im Jahre 1812 reorganisiert.[2] Das Humboldt-Modell bezog Gymnasium, Universität und Akademie aufeinander und konzipierte die neue Universität als Lehr- und Forschungsstätte, die bereits bestehende Akademie als reine Forschungsstätte ohne Lehraufgaben. Ihr wurden jedoch mit

---

1 Hartkopf/Wangermann 1991, S. 127-143 [128], Statuten der Königlich Preußischen Akademie der Wissenschaften zu Berlin v. 28. März 1881, § 1.
2 Harnack 1900, Bd. 1.2; Grau 1993, S. 134-137.

der Universitätsgründung wichtige Forschungsgrundlagen entzogen, indem etwa das Observatorium, der Botanische Garten und die Bibliothek in die neue Universität eingegliedert wurden, so daß die Akademie weitgehend ohne eigene Forschungskapazitäten auskommen mußte.[3] Das Ansehen der Akademie bestimmten daher vor allem die Einzelmitglieder mit ihren individuellen Arbeiten.[4]

Die PAW war seit 1830 in zwei ranggleiche Klassen gegliedert, in die physikalisch-mathematische und die philosophisch-historische. Diese Struktur blieb bis 1945 bestehen. Den Klassen standen jeweils zwei auf Lebenszeit gewählte Sekretare vor, die zusammen die Akademieleitung bildeten. Die Gelehrtengesellschaft setzte sich aus einer begrenzten und in den Statuten genau festgelegten Anzahl von Mitgliedern verschiedener Kategorien zusammen. Die Akademie im engeren Sinne bildeten die Ordentlichen Mitglieder (OM), die ihren Wohnsitz in Berlin hatten. Ihre Anzahl betrug 54 im Jahr 1881 und wurde später auf 60 (1900), 67 (1911), 70 (1913) beziehungsweise 76 (1935) erhöht.[5] Auswärtige Mitglieder (AM) waren den Ordentlichen Mitgliedern gleichgestellt. Ihr Status wandelte sich automatisch in den eines OM um, sobald sie ihren Wohnsitz in Berlin nahmen. Weil davon aber kaum jemand Gebrauch machte, wurde 1881 ihre zulässige Höchstzahl von 32 auf 20 vermindert. Korrespondierende Mitglieder (KM) waren außerhalb Berlins wohnende Gelehrte, „mit denen die Akademie in näherer wissenschaftlicher Verbindung und Mitteilung zu stehen" wünschte, bei denen aber nicht zu erwarten war, daß sie ihren Wohnsitz in Berlin nahmen. Ihre Anzahl war auf 200 begrenzt. Ohne zahlenmäßige Beschränkung konnte die Akademie Ehrenmitglieder (EM) wählen. Als Ehrenmitglieder konnten Personen aufgenommen werden, die „sich durch Interesse für wissenschaftliche Forschungen auszeichnen und geeignet erscheinen, dieses Interesse durch Förderung der Bestrebungen der Akademie zu bethätigen."[6] Die Mitglieder kamen regelmäßig zu Sitzungen in den Klassen und im Plenum zusammen. Mit Ausnahme von Festsitzungen fanden sie unter Ausschluß der Öffentlichkeit statt.

Die akademischen Aufgaben und Arbeitsformen bestanden traditionell im fächerübergreifenden Mitgliedervortrag, im Stellen und Beurteilen von Preisaufgaben sowie in der Beratungstätigkeit, d.h. im Anfertigen von Gutachten über wissenschaftliche u.a. Gegenstände. Zu diesen Aufgaben kam Anfang des 19. Jahrhunderts die Durchführung von wissenschaftlichen Unternehmungen als neue

---

3   Harnack 1900, Bd. 1.2; vom Bruch 1999b.
4   Grau 1988, S. 174.
5   Hartkopf 1992, S. XXII.
6   Hartkopf/Wangermann 1991, S. 127-143 [132], Statuten der Königlich Preußischen Akademie der Wissenschaften zu Berlin v. 28. März 1881, §21 Abs. 1 und 2.

akademische Arbeitsform hinzu. Seit 1881 hatte die Akademie außerdem „rein wissenschaftlichen Zwecken gewidmete Stiftungen zu verwalten oder bei deren Verwaltung mitzuwirken, sowie endlich durch Ertheilung von Preisen Forschungen auf bestimmten Gebieten anzuregen oder zu begünstigen."[7]

Die ihr zugewiesenen Funktionen prägten das Selbstverständnis der PAW und ihrer Repräsentanten. Die Akademie hielt sich selbst für eine maßgebliche Instanz, die zur Beurteilung und Anerkennung wissenschaftlicher Leistungen berufen war. Sie sah sich als oberste Hüterin der Einheit der Wissenschaft und als Hort der „reinen und zweckfreien" Wissenschaftspflege. Diese Ansprüche kollidierten jedoch zunehmend mit der Wissenschaftsentwicklung im letzten Drittel des 19. Jahrhunderts, deren Motor die PAW nicht war. Sie stand vor neuen Herausforderungen und hatte sich in einem veränderten wissenschaftlichen Umfeld neu zu positionieren.[8]

1.2 Die Gelehrtengesellschaft um 1900: Marginalität und Behauptung

In seinem Beitrag *Die Organisation der Wissenschaft* (1906) benannte das führende Akademiemitglied Hermann Diels (1848-1922, OM 1881) eine Reihe von Gründen, weshalb die Assoziation der Akademien ihrem Anspruch nicht mehr ganz gerecht werden könne, „eine Integration der so stark verästelten Einzelwissenschaften zu einem Universalkorpus darzustellen".[9] So haben Fachkongresse an Bedeutung gewonnen, und die Rolle der Akademie bei der Verteilung von Reputation und Anerkennung sei geschrumpft, namentlich seit die Nobelstiftung (1901) große naturwissenschaftliche Entdeckungen honoriere. Gerade sie habe der Akademie sehr rasch die Kompetenzen entzogen, herausragende wissenschaftliche Leistungen auf diesem Gebiet zu würdigen. Überlebt seien Preisaufgaben als Instrument der Wissenschaftsförderung; man habe an ihnen nur darum noch festgehalten, um ein wirksames Druckmittel für den Forscher in der Hand zu haben, eine Aufgabe zu einer bestimmten Zeit beenden zu müssen und nicht „auf unendliche Zeit" zu verschieben. Selbst in den Akademiesitzungen finde „eine gelehrte Erörterung" nicht mehr regelmäßig statt, zudem seien die Mitglieder überaltert. Das Korrespondentennetz sei zwar nach wie vor weltweit gespannt, aber die Korrespondierenden Mitglieder würden nur noch selten wissenschaftliche Mitteilungen an ihre Akademien richten. Einen

---

7   Hartkopf/Wangermann 1991, S. 127-143 [138], Statuten der Königlich Preußischen Akademie der Wissenschaften zu Berlin v. 28. März 1881, §40.

8   Hohlfeld/Kocka/Walther 1999.

9   Diels 1906, S. 624.

Grund dafür sieht Diels darin, „daß die Ehre, zum korrespondierenden Mitgliede weltberühmter Akademieen erwählt zu werden, wie eine hohe Ordensdekoration an die jedes Mal ältesten Vertreter der verschiedenen Nationen verteilt zu werden pflegt."[10] Schließlich würden auch die wissenschaftlichen Unternehmungen keine „wirklich großen Effekte" erzielen, weil die meisten Akademiemitglieder ihre Kraft dafür nicht uneingeschränkt zur Verfügung stellen können.[11]

Diels' Ausführungen lassen die Akademie als eine altmodische, überalterte und lebensferne Gelehrtenstätte erscheinen, die kein Ort der Innovation und von bahnbrechenden Forschungsaktivitäten mehr zu sein schien. Sein Beitrag belegt indes auch, daß von den Mitgliedern die Veränderungen im wissenschaftlichen Umfeld der Akademie wahrgenommen wurden. Insbesondere die institutionelle und funktionale Ausdifferenzierung des Wissenschaftssystems – die Fragmentierung des Wissens, disziplinäre Differenzierung und berufliche Spezialisierung –, wurde zur zentralen Herausforderung für die Akademie.[12] Aufgrund ihres traditionellen Selbstverständnisses und ihres Wissenschaftsideals war sie jedoch darauf nur unzureichend vorbereitet, sah sich vor kaum zu überwindende Organisationsprobleme gestellt und konnte die neuen Herausforderungen nur partiell bewältigen. Ihre Stellung im Wissenschaftssystem konnte die PAW zwar behaupten, aber mit deutlichen Funktionsverlusten, die vor allem von den Mitgliedern als dramatisch empfunden wurden.[13] Insbesondere nach der Gründung der Kaiser-Wilhelm-Gesellschaft (1911) und dem raschen Aufstieg ihrer Institute wurde die Akademie von der Magistrale an die Peripherie des Wissenschaftssystems gedrängt. Zwar bemühte sich die PAW aktiv um Überwindung ihrer Randstellung. Doch scheiterten letztlich die Reformversuche, da kaum eine der Forderungen umgesetzt wurde.[14]

Exemplarisch ist die *Denkschrift der PAW über die Erweiterung ihrer Tätigkeit* (1930)[15], in der die Akademie die Errichtung von eigenen Forschungsinstituten forderte und eine Ausdehnung ihrer Mitgliedschaft anstrebte. Sie forderte zwölf neue, nicht fachgebundene Stellen für Ordentliche Mitglieder, deren Inhaber sogar erstmalig von ihrer Residenzpflicht in Berlin entbunden sein sollten.[16] Ferner

---

10 Diels 1906, S. 623f.
11 Diels 1906, S. 627f.
12 Kocka 1999; Fischer 2000.
13 Hohlfeld/Kocka/Walther 1999.
14 Laitko 1999; Nötzoldt 2000; Fischer/Hohlfeld/Nötzoldt 2000.
15 Hartkopf/Wangermann 1991, S. 301-310; vgl. Nötzoldt 2000.
16 Der Hintergrund für die Bereitschaft der Akademie, in einem zentralen Punkt von ihrer bisherigen Zuwahlpraxis abzuweichen, war „kein oder nur ein geringes Interesse" von Ordinarien der Berliner Universität an den Arbeiten der Akademie. (Hartkopf/Wangermann 1991, S. 308f. [309]).

wollte sich die Akademie davon befreien lassen, Preisausschreiben zu stellen und die dafür vorgesehenen Mittel vielmehr nach freiem Ermessen zur Förderung der wissenschaftlichen Arbeit von jüngeren Gelehrten verwenden. Schließlich sollte die nicht mehr zeitgemäße und zudem im Ausland häufig mißverstandene Bezeichnung der geschäftlichen Leiter der Akademie als „Sekretare" durch die Amtsbezeichnung „Präsident" ersetzt werden, weil das ihrer tatsächlichen Funktion besser entspräche.

Obgleich im 20. Jahrhundert die Maßgeblichkeit der Akademie in vielerlei Hinsicht bezweifelt wurde, eine ganz zentrale Funktion büßte sie erstaunlicherweise nicht ein: die Akademie blieb über den gesamten Zeitraum hinweg eine „Akkreditierungsstelle für wissenschaftliche Leistungen und Rangfolge".[17] Mit der Preisverleihung und der Mitgliedschaft standen ihr zwei Mittel zur Verfügung, um wissenschaftliche Leistungen anzuerkennen. Viele Wissenschaftler empfanden auch im 20. Jahrhundert die Aufnahme in die Akademie als etwas Ehrenvolles und als etwas, das sie vor anderen auszeichnete. Akademiemitgliedschaften kamen „Adelsstandserhebungen für wissenschaftliche Verdienste" gleich und unterstrichen die Zugehörigkeit von Wissenschaftlern zum Establishment.[18] Seit ihrem Bestehen nahm die Berliner Akademie insgesamt 3500 Mitglieder auf, davon zwischen 1787 und 1945 etwa 1700. Sie erhielten die Auszeichnung „mit der Würde, den Privilegien und den Ansprüchen, welche dem Stand der Akademiemitglieder zustehen", so heißt es im Mitgliederdiplom.[19] Stets bedeutete die Wahl in die Akademie zugleich eine *Auswahl*, nämlich der vermeintlich besten und angesehensten Forscher. Um eine Mitgliedschaft in der Berliner Akademie konnten sich Wissenschaftler nicht bewerben. Nur Akademiemitglieder selbst konnten die Aufnahme neuer Mitglieder beantragen. Bereits in der ersten Hälfte des 19. Jahrhunderts waren schriftlich begründete Wahlvorschläge („Laudationes") eingeführt worden, in denen die Antragsteller die wissenschaftlichen Leistungen der vorgeschlagenen Kandidaten schriftlich darzulegen hatten. Die Aufnahme neuer Mitglieder erfolgte nach dem Selbstergänzungsprinzip und in einem besonderen geheimen Wahlverfahren.[20]

Was für eine Zuwahlpolitik betrieb die Gelehrtengesellschaft? Von welchen Faktoren wurden die Zuwahlentscheidungen beeinflußt? Beide Fragen sind für das Thema dieser Studie insofern relevant, als die Zuwahlpolitik ein Gradmesser dafür ist, wie die Akademie auf den Wandel des Wissenschaftssystems reagierte und sich

---

17 Hohlfeld/Kocka/Walther 1999, S. 447.
18 Stagl 1994, S. 45.
19 Zit. nach Hartkopf 1992, S. XXXIIf.
20 Zum Aufnahmeverfahren und zur Wahl durch Kugelung vgl. Hartkopf 1992, S. XXIX.

Neuem gegenüber öffnete. Die folgenden Abschnitte befassen sich daher mit den Zuwahlprinzipien der Gelehrtengesellschaft und mit der Repräsentation von Frauen auf der Mitgliederebene der PAW.

2. Zuwahlpolitik

2.1 PARITÄT, INTERNATIONALITÄT, MÄNNLICHKEIT

Die Aufnahme neuer Mitglieder erfolgte überwiegend disziplingebunden. Seit 1838 waren die Stellen für Ordentliche und Korrespondierende Akademiemitglieder in Fachstellen aufgeteilt.[21] In den darauffolgenden Jahrzehnten wurde die Fachstelleneinteilung in größeren Abständen modifiziert und der Wissenschaftsentwicklung angepaßt. Die genaue Verteilung der Fachstellen auf die einzelnen Wissenschaftsgebiete kann den zwei nachstehenden Tabellen entnommen werden.

Tabelle 1: Stellenplan der Ordentlichen und Korrespondierenden Mitglieder der philosophisch-historischen Klasse

	OM (1884/1913)	KM (1914)
Philosophie	2	7
Klassische Philologie	4	22
Geschichte	3	17
Deutsche und andere neuere Philologie	3	10
Kunstwissenschaften	2	8
Orientalische Philologie	3	17
Rechts- und Staatswissenschaften	1	9
Freie Stellen (1881)	9	
neue Stellen (1900)	3	
neue Stellen (1906)	2	
neue Stellen (1913)	3	
		10 Freie Stellen
Insgesamt	35	100

Quelle: Grau 1975, Bd. 2, S. 161,Tab. 3 u. Tab. 4, S. 175; Hohlfeld/Kocka/Walther 1999, S. 426f.

---

21 Hartkopf 1992, S. XXI.

Tabelle 2: Stellenplan der Ordentlichen und Korrespondierenden
Mitglieder der physikalisch-mathematischen Klasse

	OM (1884/1911)	KM (1901)
Physik	2	10
Chemie	2	10
Mineralogie/Geologie	2	10
Botanik	2	10
Zoologie	2	10
Anatomie/Physiologie	2	10
Mathematik*	6	30**
Freie Stellen (1881)	9	
Technik (1900)	3	10
neue Stellen (1906)	2	
KWI-Direktoren-Stellen (1911)	3	
Insgesamt	35	100

Quelle: Grau 1975, Bd. 2, S. 141, Tab. 1; Bd. 1, S. 224;
Hohlfeld/Kocka/Walther 1999, S. 426.

*Genau: „Wissenschaften, die früher zur mathematischen Klasse gerechnet wurden", vor allem Mathematik, Astronomie, Geophysik, Geographie.
**Mathematik (10), Astronomie (10), Geographie/Geophysik (10).

Bei der Zuwahl von neuen Mitgliedern wich die Akademie traditionsgemäß nicht vom Prinzip der Klassenparität ab. Wie sehr davon die Zuwahlentscheidungen beeinflußt wurden, ließ die verzögerte Wahl neuer Mitglieder deutlich werden. Die physikalisch-mathematische Klasse erhielt 1911 drei neue Stellen, um die Direktoren der neugegründeten KWI zu wählen. Sie besetzte diese Stellen aber erst, nachdem 1913 auch die philosophisch-historische Klasse drei neue Stellen erhalten hatte.[22] Das starre Festhalten der Akademie am Paritätsprinzip behinderte in gewisser Weise eine ungehinderte Öffnung der Akademie für die Entwicklung der Wissenschaften im späten 19. und frühen 20. Jahrhundert. So wurden neue technische und naturwissenschaftliche Wissenschaftsrichtungen nur begrenzt an der Akademie repräsentiert. Vor allem in der physikalisch-mathematischen Klasse blieb der Disziplinenkanon stabil.[23] Allerdings unterschied sich die Mitgliederstruktur der Akademie nicht wesentlich von der Ordinarienstruktur der Philosophischen Fakultät der Berliner Universität, die bis zu ihrer Teilung 1936 auch die mathe-

---

22 Hohlfeld/Kocka/Walther 1999, S. 418.
23 Hohlfeld/Kocka/Walther 1999, S. 427; zur Vertretung Naturwissenschaftler an der Akademie: Hohlfeld 2000, Harwood 2000, Technikwissenschaftler: König 1999.

matisch-naturwissenschaftlichen Fächer umfaßte. Akademie und Universität waren in dieser Hinsicht sehr eng aufeinander bezogen. Auf den Lehrstuhlausbau reagierte die PAW mit einer Erhöhung ihrer Stellenanzahl und konnte auf diese Weise mit der Veränderung der Ordinarienstruktur mithalten.[24] Jedoch hatten die Universitäten selbst Probleme, auf die Herausforderungen des Wissenschaftssystems, auf das Wachstum und die Ausdifferenzierung der Forschung seit dem späten 19. Jahrhundert zu reagieren. An der Universität wurden längst nicht mehr alle neuen Disziplinen und Fachgebiete über Ordinarien repräsentiert. So konnte nicht mehr jeder junge Wissenschaftler damit rechnen, jemals auf ein Ordinariat zu gelangen, wenn das von ihm vertretene Fachgebiet lediglich durch ein Extraordinariat an der Universität repräsentiert war.[25]

Eine gewisse Flexibilität bei der Zuwahl neuer Mitglieder hatte sich die Akademie durch die sogenannten Freien Stellen verschafft, die nicht fachgebunden vergeben wurden. Jede Klasse verfügte seit 1881 (1884) über jeweils neun Freie Stellen. In der philosophisch-historischen Klasse wurden 1914 sogar Fachstellen bei den KM gestrichen und in Freie Stellen umgewandelt. Dadurch hatte die Akademie Möglichkeiten, um auf aktuelle Trends in der Wissenschaftsentwicklung flexibel reagieren zu können. Sie konnte entweder Vertreter neuer Disziplinen aufnehmen oder die Anzahl der Vertreter von etablierten Disziplinen erhöhen, für die keine freien Fachstellen mehr zur Verfügung standen. Die innere Gliederung der Akademiestellen in Fachstellen und Freie Stellen erlaubte tendenziell eine Anpassung an das sich verändernde Wissenschaftssystem, jedoch scheint die Akademie diese Möglichkeit nur verhalten genutzt zu haben. Vertreter von neuen Disziplinen fanden nur schwer Aufnahme in die Akademie, was auf bestehende Vorbehalte in der Gelehrtengesellschaft gegenüber einer zunehmend spezialisierten naturwissenschaftlichen Forschung zurückzuführen ist und darauf, daß sich die Akademiemitglieder Neuem gegenüber nur recht zögerlich öffneten.[26]

Keine der beiden Klassen schöpfte die zulässige Höchstzahl für Akademiemitglieder voll aus. Von je 35 Stellen für Ordentliche Mitglieder waren beispielsweise Anfang 1924 in der philosophisch-historischen Klasse 30 und in der physikalisch-mathematischen Klasse nur 26 Stellen besetzt.[27] Ein noch größeres Problem stellten die

---

24 Hohlfeld/Kocka/Walther 1999, S. 427; zur Lehrstuhlentwicklung an der Berliner Universität s. Baumgarten 1997.

25 vom Bruch 1984.

26 König 1999; Harwood 2000; Hohlfeld 2000. Untersuchungen zur Rolle der Freien Stellen bei der Zuwahlpolitik fehlen. (Hohlfeld/Kocka/Walther 1999, S. 428.)

27 SB PAW 1924, S. If., Verzeichnis der Mitglieder der AdW am 1. Januar 1924.

offenen Stellen in der Kategorie der Korrespondierenden Mitglieder dar (vgl. Tabelle 3). Zeitweise waren in der physikalisch-mathematischen Klasse bis zu 40 Prozent der Stellen nicht besetzt, die philosophisch-historische Klasse hatte am Ende der Weimarer Republik fast 30 Prozent offene Stellen.

Tabelle 3: Anzahl der Korrespondierenden Mitglieder in der physikalisch-mathematischen und in der philosophisch-historischen Klasse 1901-1932 (jeweils am 1. Januar)

	1900/1	1905	1910	1915	1918	1924	1933
Phys.-math. Klasse (100)	95*	79	72	70	60	67	62
Phil.-hist. Klasse (100)	80**	76	72	76	66	68	71

Quellen: Grau 1975, S. 109, 110, 111, 224; Schlicker 1975, S. 157, 175, 322, 336.

*am 1. März 1901; **am 1. März 1900

Bei der Wahl von Korrespondierenden Mitgliedern waren die traditionellen Beziehungen der PAW zu anderen Wissenschaftsorganisationen oder zu Wissenschaftlerdynastien oft ausschlaggebend; Saturiertheit stellte das wichtigste Auswahlkriterium für ihre Aufnahme in die Akademie dar.[28] Internationalität steigerte das Ansehen der Akademie und wurde mit der Aufnahme von ausländischen Korrespondenten unterstrichen. Eine Beschränkung für die Zuwahl von Ausländern gab es nicht. In der ersten Dekade wählten beide Klassen mehr ausländische als deutsche Korrespondenten (vgl. Tabelle 4). Innerhalb der Akademie war man allerdings uneins, wer zu den deutschen Korrespondenten zu rechnen sei und wer nicht. Der Umgang mit den Kollegen aus Österreich, die als Ausländer gezählt wurden, war umstritten. Wegen des Wissenschaftsboykotts und der Isolation Deutschlands im und nach dem Ersten Weltkrieg ging die Aufnahme ausländischer Mitglieder zeitweilig zurück, was sich bei den Naturwissenschaftlern deutlicher widerspiegelte als bei den Geisteswissenschaftlern.

---

28 Hohlfeld/Kocka/Walther 1999, S. 432.

Tabelle 4: Verhältnis zwischen den Wahlen ausländischer und deutscher Korrespondierender Mitglieder (1900-1932)

	1900-1910	1911-1917	1929-1932*
	N=123	N=41	N=31
Phys.-math. Klasse	32:23	6:12	16:6
Phil.-hist. Klasse	38:30	13:10	4:5

Quellen: Grau 1975, S. 110f., 225f.; Schlicker 1975, S. 322, 336.

*Zuwahlen vom 1.6.1929-1.1.1933

Nicht nur strukturell waren Akademie und Universität in Berlin eng miteinander verbunden, sondern auch personell. Die Ordentlichen Mitglieder der Akademie besaßen das Recht, Vorlesungen an der Berliner Universität und seit 1838 an allen preußischen Universitäten zu halten. Die Ergänzung des Mitgliederbestandes der Akademie erfolgte in der Regel durch Universitätsprofessoren der höchsten Kategorie und im 20. Jahrhundert auch durch Direktoren von Kaiser-Wilhelm-Instituten. Etwa vier Fünftel der Ordentlichen Mitglieder waren Inhaber von Ordinariaten der Berliner Universität.[29]

Das Sozialprofil der Akademie veränderte sich kaum. Die ausschließlich männlichen Akademiemitglieder stammten meist aus dem Bildungsbürgertum und hatten ein humanistisches Gymnasium besucht.[30] Inhaber von Spitzenpositionen im Wissenschaftssystem wurden bevorzugt in die Akademie gewählt, wobei der Anteil der Universitätsprofessoren bis 1945 unverändert hoch blieb. Aufgrund des relativ hohen Durchschnittsalters der zwischen 1870 und 1919 aufgenommenen Mitglieder war die Akademie eine Ansammlung von grauen Eminenzen.[31] Hinsichtlich ihrer Einstellung und ihrer Anschauungen stimmten sie tendenziell mit dem von Fritz Ringer beschriebenen Gelehrtentypus des Mandarins überein.[32] Das traf auch auf die Naturwissenschaftler unter den Akademiemitgliedern zu, die nach Jonathan Harwood überwiegend Generalisten waren. Seit den 1880er Jahren gab es Veränderungen im Sozialprofil und im Selbstverständnis von Naturwissenschaftlern – unter den Forschern trat der Spezialist hervor.[33] An der Berliner Akademie

---

29 Hohlfeld/Kocka/Walther 1999; Fischer/Hohlfeld/Nötzoldt 2000.

30 Fischer/Hohlfeld/Nötzoldt 2000, S. 519, Tabelle: Soziale Herkunft der Akademiemitglieder u. Tabelle: Schulbildung der Akademiemitglieder.

31 Daston 1999, S. 81, Abb. Durchschnittsalter der von 1870 bis 1919 pro Jahr in die Berliner Akademie aufgenommenen Mitglieder.

32 Harwood 2000. Ringer zufolge wird der Gelehrtentypus des Mandarins vorwiegend von Geisteswissenschaftlern repräsentiert und ist charakterisiert durch eine tendenziell wertkonservative Einstellung und den Anspruch umfassender Bildung (Ringer 1987 [1969], 1993).

33 Harwood 1993a, 1993b, 2002.

zeigte sich dieser Trend nicht. Sie repräsentierte ein relativ homogenes akademisches Milieu. Im Kaiserreich und in der Weimarer Republik blieb sie ein „Ort der Mandarine" (Harwood), bevorzugte einen bestimmten Wissenschaftlertyp und zeigte Zurückhaltung bei der Wahl von Spezialisten, Außenseitern und Vertretern neuer Fachrichtungen aus den Natur- und Technikwissenschaften.[34]

Harwood zufolge war dies vor allem auf die Ressentiments der Akademiemitglieder gegenüber spezialisierter Forschung zurückzuführen. Sie widerspiegelten sich in der verzögerten Wahl des Bakteriologen Robert Koch (1843-1910, OM 1904, Nobelpreis für Medizin 1905) und auch im Falle des Genetikers Erwin Baur (1875-1933), Direktor KWI für Züchtungsforschung, der jedoch noch vor seiner Wahl unerwartet verstarb. Die hochspezialisierte und anwendungsbezogene Forschung beider Wissenschaftler kollidierte mit den Aufnahmekriterien einer am Ideal der „reinen" Wissenschaft orientierten Gelehrtengesellschaft, und sie fanden demzufolge keine oder nur mit Verzögerung Fürsprecher unter den Akademiemitgliedern.

2.2 „ARISIERUNG" UND AUSRICHTUNG NACH DEM „FÜHRERPRINZIP" IM NATIONALSOZIALISMUS

Während die Universitäten 1933 sofort ins Visier nationalsozialistischer Bestrebungen gerieten, blieben die Akademien von tiefgreifenden Maßnahmen zunächst verschont, und die Geschäfte schienen mit akademischer Ruhe ihren gewohnten Gang zu gehen.[35] Das Kultusministerium regte 1933 aber die Überprüfung der Akademiemitgliedschaft von Albert Einstein (1879-1955, OM 1913) und Konrad Burdach (1859-1936, OM 1902) an. Beide hatten besondere Akademiestellen inne und bezogen ihre Gehälter von der Akademie.[36] Albert Einstein kam im März 1933 mit dem freiwilligen Rücktritt von seiner Akademiestelle einer vorgesehenen Überprüfung seiner Mitgliedschaft zuvor.[37] Erst im Zusammenhang mit Plänen des Reichserziehungsministeriums, die Akademie in eine Reichsakademie umzuwandeln,[38] kam es zu äußeren Eingriffen in die Autonomie der Gelehrtengesellschaft.

Im Oktober 1938 forderte Reichsminister Rust die PAW auf, ihre Statuten „entsprechend den Grundanschauungen, auf denen das staatliche und geistige Leben der deutschen Gegenwart beruht",

---

34 Harwood 2000; Hohlfeld 2000, König 1999.
35 Walther 2000, S. 90; Hammerstein 1999.
36 Ausführlicher dazu Hohlfeld/Kocka/Walther 1999; Grau 1993.
37 Grau 1993, S. 229ff.; zur Polemik gegen A. Einstein vgl. Walther 2000.
38 Nötzoldt 2000.

umzugestalten.[39] Besonderen Wert legte der Reichsminister auf die Durchführung des „Führerprinzips", die Festlegung der Reichsbürgerschaft für Ordentliche Mitglieder, die Ausweitung der „räumlichen Beschränkung hinsichtlich des Kreises der ordentlichen Mitglieder den heutigen Verhältnissen entsprechend" sowie darauf, daß die Wahl aller Akademiemitglieder seiner Bestätigung unterliege. Das Plenum billigte den von einer beauftragten Kommission vorgelegten Statutenentwurf Mitte Dezember, wobei in allen wesentlichen Punkten den Anweisungen des Ministers Folge geleistet wurde. Im Anschluß an ihren Bericht an das Ministerium vom 22. Dezember 1938 traten die vier auf Lebenszeit gewählten Sekretare – Max Planck (1858-1947, OM 1894), Heinrich Lüders (1869-1943, OM 1909), Ernst Heymann (1870-1946, OM 1918) und Ludwig Bieberbach (1886-1982, OM 1924-1945) – von ihren Ämtern zurück.[40] Eine vom REM und Ernst Heymann verordnete und vom Plenum beschlossene, partiell auf das „Führerprinzip" zugeschnittene, neue Satzung trat 1939 in Kraft. In ihr wurde die Reichsbürgerschaft als Voraussetzung für die Akademiemitgliedschaft festgeschrieben.[41]

Bereits im Vorfeld waren in ungerechten „Säuberungsaktionen" Mitglieder jüdischer Herkunft oder politisch Andersdenkende mit dem Ziel überprüft worden, sie zum Verlassen der Akademie zu bewegen. Da gewählte Akademiemitglieder nicht wie Beamte oder Angestellte entlassen oder gekündigt werden konnten – eine Akademiemitgliedschaft erlosch durch Tod des Mitglieds oder durch seinen Austritt –, wurden „unliebsam" gewordene Mitglieder zum sogenannten freiwilligen Selbstaustritt aus der Akademie gezwungen. Die betreffenden Mitglieder legten ihre Ämter selbst nieder, kamen so ihrer Überprüfung zuvor und umgingen den Ausschluß aus der Akademie. Das betraf den bereits erwähnten Albert Einstein. Wegen seiner jüdischen Herkunft trat 1933 Fritz Haber (1868-1934, OM 1914) als Direktor des KWI für physikalische Chemie zurück und kam so seiner als unehrenhaft empfundenen Entlassung zuvor.[42] Aus der Akademie trat er jedoch nicht aus. Seine Akademiemitgliedschaft erlosch, als Haber im Januar 1934 in Basel verstarb. Auch den Ägyptologen Adolf Erman (1854-1937, OM 1895) bewahrte nur sein Tod 1937 vor dem Ausschluß aus der Akademie. Im März 1938 wurde der Mathematiker Issai Schur (1875-1941, OM 1921) von

---

39 Hartkopf/Wangermann 1991, S. 438f., Erlaß des Reichsministers f. Wissenschaft, Erziehung und Volksbildung v. 8. Oktober 1938. Zur Entstehung und Durchsetzung des Akademiestatuts 1939 vgl. Grau 1993, S. 239-244.

40 Hartkopf/Wangermann 1991, S. 443, Erklärung der Sekretare der Akademie v. 22. Dezember 1938.

41 Hartkopf/Wangermann 1991, S. 144-150 [146], Satzung der PAW in Berlin (genehmigt durch Erlaß v. 8. Juni 1939), § 5.

42 Szöllösi-Janze 1998, S. 644ff. [656]; Hammerstein 1999, S. 91.

seinem Kollegen Ludwig Bieberbach scharf angegriffen und denunziert. In einem unter den Mitgliedern der Kommission für die Weierstraß-Ausgabe zirkulierenden Schreiben wunderte sich das Kommissionsmitglied Bieberbach, „daß Juden noch den akademischen Kommissionen angehören".[43] Erzwungenermaßen trat Issai Schur aus der Kommission aus und legte wenig später auch seine Akademiemitgliedschaft nieder.

Das Vorgehen gegen die jüdischen Akademiemitglieder wurde im Zusammenhang mit der Satzungsänderung verschärft. Unmißverständlich verlangte der Reichsminister für Wissenschaft, Kunst und Volksbildung im Oktober 1938, „daß die ordentlichen Mitglieder der Akademie soweit sie Nichtarier sind, aus der Akademie ausscheiden. Ich würde es daher begrüßen, wenn den wenigen nichtarischen Mitgliedern in geeigneter Form nahegelegt werden würde, ihre ordentliche Mitgliedschaft niederzulegen."[44] Neben dem erwähnten Issai Schur legten der Kunsthistoriker Adolf Goldschmidt (1863-1944, OM 1914) und der Latinist Eduard Norden (1868-1941, OM 1912) daraufhin am 12. Oktober 1938 ihre Mitgliedschaft nieder und wurden aus der Mitgliederliste gestrichen. Aus Protest gegen den Ausschluß jüdischer Mitglieder legte der sowjetische Physiker Abram F. Joffé (1880-1960, KM 1928) seine Akademiemitgliedschaft nieder.[45] Im November 1938 verlangte das Ministerium auch die Entfernung derjenigen Mitglieder, die im Sinne der NS-Gesetze als „jüdische Mischlinge" und als „jüdisch versippt" galten.[46] Der Vorsitzende Sekretar der Akademie, Max Planck, verschickte „an sämtliche reichsangehörige, ordentliche, auswärtige, korrespondierende und Ehrenmitglieder" einen von ihm selbst entworfenen Fragebogen.[47] Der Historiker Otto Hintze (1861-1940, OM 1914), der Nationalökonom Max Sering (1857-1939, OM 1914), der klassische Philologe Felix Jacoby (1876-1959, KM 1930) und der Pharmakologe Hans Horst Meyer (1853-1939, KM 1920) verließen daraufhin die Akademie. Weitere vier außerhalb Deutschlands lebende „nichtarische" Mitglieder wurden mit Zustimmung des Plenums zwischen 1939 und Ende 1942 aufgrund der NS-Gesetze aus der Mitgliederliste der Akademie gestrichen: der Chemiker Richard Willstätter (1872-1942, OM 1914, EM 1916, AM 1926), der italienische Mathematiker Tullio Levi-Cività (1873-1941, KM 1929), die Physiker Max Born (1882-1970, KM 1929) und James Franck (1882-1964,

---

43 Siegmund-Schultze 1998, S. 69f.; Walther 2000, S. 92.
44 Hartkopf/Wangermann 1991, S. 438f., Erlaß des RMfWEV v. 8. Oktober 1938.
45 Für diese und folgende Angaben Walther 2000, S. 96-98 u. Hartkopf 1992.
46 Hartkopf/Wangermann 1991, S. 441f., Erlaß des RMfWEV v. 22. November 1938.
47 Walther 2000, S. 94f.

KM 1929). Nicht entschieden wurde über den 1936 in die USA emigrierten klassischen Philologen Werner Jaeger (1888-1961, OM 1924, AM 1936) und den dort tätigen Anthropologen Franz Boas (1858-1942, KM 1920). Beide Gelehrte wurden in den Mitgliederverzeichnissen nicht mehr genannt. Aus politischen Gründen wurde außerdem 1940 der Physiker Erwin Schrödinger (1887-1961, OM 1929, AM 1933) gestrichen.

In der NS-Zeit verlor die PAW insgesamt 16 Mitglieder jüdischer Herkunft oder politisch Andersdenkende durch Austritt beziehungsweise Streichung. Zwar hatte das Ministerium die Mitgliederüberprüfungen gefordert, doch die Gelehrtengesellschaft erfüllte gehorsam alle ministeriellen Anforderungen und antisemitischen Vorgaben und leistete keinen Widerspruch geschweige denn Widerstand. Nennenswerte Proteste und akademische Kollegialität gegenüber „Nichtarien" gab es nicht, wie Peter Walther feststellt.[48] Ihren jüdischen und politisch verfolgten Mitgliedern bot die Akademie keinen Schutz. Darin unterschied sich die Preußische Akademie der Wissenschaften kaum von den übrigen deutschen Wissenschaftsakademien.[49] Als Anfang 1939 die neue Akademieleitung die Geschäfte übernahm, war die PAW nicht nur „arisiert", sondern auch soweit paßfertig, daß das Plenum ihre im Ausland lebenden „nichtarischen" Mitglieder aus der Mitgliederliste strich, was deren Ausschluß gleichkam. Rechtfertigende Gründe für dieses Verhalten lassen sich nicht finden. Das Instrumentarium der Streichung aus dem Mitgliederverzeichnis wurde akademieintern eingesetzt und erscheint als eine Art Selbstreinigung der Akademie von innen heraus.

Von 1933 bis 1945 wählte die PAW insgesamt 65 Ordentliche und 106 Korrespondierende Mitglieder.[50] Nach wie vor wurden Inhaber von Spitzenpositionen aufgenommen, also Universitätsprofessoren und KWI-Direktoren, darunter Hans Stille (1876-1966, OM 1933, seit 1932 Professor für Geologie an der Universität Berlin und Direktor des Geologisch-Paläontologischen Instituts und Museums), Max Hartmann (1876-1962, OM 1934, 1921 Honorarprofessor an der Universität Berlin, 1914 Abteilungsleiter, 1933 bis 1955 Direktor des KWI für Biologie), Nicolai Hartmann (1882-1950, OM 1934, 1931 Professor für Philosophie Universität Berlin), Johannes Stroux (1886-1954, OM 1937, 1935 Professor für klassische Philologie Universität Berlin und Direktor des Instituts für Altertumskunde), Werner Heisenberg (1901-1976, KM 1938, OM 1943, 1927 Professor für Physik Universität Leipzig, 1941 an der Universität Berlin und zugleich Direktor des KWI für Physik), Wolfgang Schadewaldt (1900-

---

48 Walther 2000, S. 98.
49 Scriba 1995.
50 Grau/Schlicker/Zeil 1979, Tabellen 1 und 2, S. 152f.

1974, OM 1942, 1941 Professor für klassische Philologie Universität Berlin). Die Wahlen entsprachen überwiegend der akademischen Tradition, die traditionellen Zuwahlprinzipien wurden beibehalten. Ihre wissenschaftliche Reputation stellte nach wie vor das entscheidende Kriterium für die Wahl von Gelehrten in die Akademie dar, wenngleich in den Jahren der NS-Diktatur auch ihre politische Einstellung und das von ihnen vertretene Fachgebiet bedeutsam waren.[51] Nur in Einzelfällen wurde davon abgewichen, etwa bei der Wahl der Rassenhygieniker Eugen Fischer (1874-1967, OM 1937-1945) und Otmar von Verschuer (1896-1969, OM 1943-1945).[52]

Aus politischen Gründen wurde in einigen Fällen die Wahl von im Plenum gewählten Mitgliedern nicht vom Ministerium bestätigt, zum Beispiel die des Chemikers Max Volmer (1885-1965, OM 1934) und des Volkskundlers Adolf Spamer (1883-1953, OM 1938). Der bürgerlich-national eingestellte Spamer war anfänglich zur Zusammenarbeit mit den Nationalsozialisten bereit, fiel aber 1936 „in Ungnade", obwohl er im gleichen Jahr eine ordentliche Professur an der Berliner Universität erhielt. Seine Wahl in die Akademie wurde 1938 auf Betreiben des NS-Volkskundlers Harmjanz wegen „mangelnder politischer Qualifizierung" nicht vom REM bestätigt.[53] In beiden Fällen beschloß das Plenum 1946 ihre rückwirkende Mitgliedschaft.

Die Internationalität der Akademie ging vermutlich in den Jahren des Nationalsozialismus gegenüber dem Kaiserreich und der Weimarer Republik zurück. Im September 1935 forderte der Reichs- und Preußische Minister für Wissenschaft, Erziehung und Volksbildung die Akademie zur „Zurückhaltung bei der Ernennung von ausländischen Gelehrten" auf.[54] In den Jahren vor dem Krieg wählte die PAW dennoch mehr ausländische als deutsche KM (Tabelle 5). In der Akademiesatzung von 1939 wurde die Zahl der ausländischen Mitglieder auf höchstens 50 pro Klasse beschränkt.[55] Inwiefern diese Bestimmung für die Zuwahlpraxis relevant war und restriktiv wirkte, müßte genauer untersucht werden. 1939 bis 1945 wurden deutlich weniger ausländische Korrespondenten gewählt als zuvor, und das Verhältnis zwischen den ausländischen und den deutschen neu zugewählten Mitgliedern kehrte sich nahezu ins Gegenteil um. Aber bereits vor 1939 waren nie mehr als jeweils 50 ausländische KM pro Klasse in der Akademie vertreten und die zulässige Höchstzahl von

---

51 Schlicker 1975, S. 150; Grau 1993; Walther 2000.
52 Winau 1995, S. 79.
53 Jacobeit 1987, S. 303f.; Lixfeld 1991, S. 117.
54 Hartkopf/Wangermann 1991, S. 437, Weisung des RuPrMfWEV v. 30. September 1935.
55 Hartkopf/Wangermann 1991, S. 144-150 [146], Satzung der PAW in Berlin (genehmigt durch Erlaß v. 8. Juni 1939), § 5.

100 wurde nicht mehr erreicht. Die Stellenauslastung bei den Korrespondierenden Mitgliedern war tendenziell rückläufig (Tabelle 4). Am Ende der Weimarer Republik waren in der physikalisch-mathematischen Klasse nur 62 von 100 Stellen besetzt, davon 35 mit ausländischen und 27 mit deutschen Mitgliedern. In der philosophisch-historischen Klasse waren 71 von 100 Stellen besetzt, davon 38 mit ausländischen und 33 mit deutschen Mitgliedern.[56]

Tabelle 5: Verhältnis zwischen den Wahlen ausländischer und deutscher Korrespondierender Mitglieder (1933-1945)

	1933-1938 N=55	1939-1945 N=51
Phys.-math./math.-naturwiss. Klasse	15:9	8:10
Phil.-hist. Klasse	20:11	11:22

Quelle: Grau/Schlicker/Zeil 1979, S. 155

Der traditionelle Wahlmodus, wonach neue Mitglieder einzeln und per Wahlantrag vorzuschlagen und in den Klassen sowie im Plenum geheim zu wählen waren, wurde weitgehend beibehalten. Abweichend davon wurden im März 1939 insgesamt 13 Ordentliche Mitglieder im Block aufgenommen. Die Blockwahl verstieß gegen die Festlegung, in der Übergangszeit bis zur Bestätigung des neuen Akademiestatuts – sie erfolgte erst im Juni 1939 – keine neuen Mitglieder zu wählen.[57] Die sogenannte Listenwahl war politisch motiviert. Sie sollte vordergründig der Verjüngung der Akademie dienen, tatsächlich aber die neue und noch nicht bestätigte Akademieleitung stärken.[58] Nach den 1939 angenommenen Statuten oblag die Leitung der Akademie einem Präsidenten, der bei der Führung seiner Amtsgeschäfte von einem Vizepräsidenten und zwei Sekretaren unterstützt wurde.[59] Als Sekretare der neuen Akademieleitung wurden der Mathematiker Ludwig Bieberbach (OM 1924) und der Ägyptologe Hermann Grapow (1885-1967, OM 1938) gewählt. Zum kommissarischen Präsidenten der Akademie ernannte der Reichserziehungsminister den Mathematiker Theodor Vahlen (1869-1945, OM 1937-1945), zum kommissarischen Vizepräsidenten den Juristen Ernst Heymann (OM 1918), der als einziger auch der alten Akademieleitung angehört hatte. Der Orientalist Helmuth Scheel (1895-1967) wurde als wissenschaftlicher Beamter in die neu zugeschnit-

---

56 Schlicker 1975, S. 322, 336. Die Angaben beziehen sich auf den Stand am
    1. Januar 1933.

57 Grau 1993, S. 244.

58 Walther 2000; Grau/Schlicker/Zeil 1979, S. 153f.

59 Hartkopf/Wangermann 1991, S. 144-150 [146], Satzung der PAW in Berlin
    (genehmigt durch Erlaß v. 8. Juni 1939), § 7.

tene Funktion des Verwaltungsbeamten berufen, die jetzt die Bezeichnung Direktor bei der Akademie und Professor trug.[60] Außer Ernst Heymann gehörten alle Mitglieder der neuen Akademieleitung der NSDAP an.

Als nachgeordnete Behörde des Wissenschaftsministeriums erfüllte die Akademie pflichtbewußt alle Vorgaben und ließ Eingriffe in ihre Autonomie widerstandslos über sich ergehen. Nach Einschätzung des Akademiehistorikers Conrad Grau war es aber nicht gelungen, die Akademie durchgängig im nationalsozialistischen Sinne umzugestalten.[61] Die PAW erwies sich auch in den Jahren der NS-Diktatur als eine traditionsbewußte Gelehrtengesellschaft. Bei der Zuwahl neuer Mitglieder wurden die traditionellen Standards überwiegend aufrecht erhalten; Wissenschaftlichkeit rangierte vor politischer Zuverlässigkeit.

3. Frauen als Preisträgerinnen und Ehrenmitglieder

3.1 ANERKENNUNG WISSENSCHAFTLICHER LEISTUNGEN

Als der Nobelpreis für Physik 1903 gemeinsam an Antoine Henri Becquerel (1852-1908, KM 1904), Pierre (1859-1906) und Marie Curie (1867-1934) vergeben wurde, erhielt erstmals eine Frau für ihre wissenschaftliche Leistung den Nobelpreis. Die Wahl von Frauen in die Wissenschaftsakademien war indes noch nicht angezeigt. An der Preußischen Akademie der Wissenschaften blieben die Wissenschaftsmänner vorerst unter sich. Keiner Wissenschaftlerin wurde vor 1945 die Ehre der Akademiemitgliedschaft zuteil. An auszeichnungswürdigen wissenschaftlichen Leistungen fehlte es nicht. Auch Präzedenzfälle hatte es schon gegeben, und Ehrenmitglieder konnten Frauen werden.[62] Warum wurden im frühen 20. Jahrhundert keine Wissenschaftlerinnen in die Akademie gewählt? Ich möchte dazu den Blick auf die Kernphysikerin Lise Meitner (1878-1968) und den Chemiker Otto Hahn (1879-1968) lenken. Beide Wissenschaftler verband eine langjährige gemeinsame Forschungsarbeit auf dem Gebiet der Radioaktivität. Sie entdeckten mehrere radioaktive Elemente und legten ihre Entdeckungen in vielen gemeinsamen Publikationen nieder. Mitte der 1920er Jahre stiegen Lise Meitners Veröffentlichungen zu Themen von radioaktiven Prozessen bis zu

---

60 Hartkopf/Wangermann 1991, S. 444, Erlaß des RMfWEV v. 24. Dezember 1938. Ihre Ernennung erfolgte „kommissarisch" und war zunächst bis 15. Juli 1939 befristet. Eine endgültige Besetzung der Ämter erfolgte bis 1945 nicht.

61 Grau 1993, S. 244.

62 Schiebinger 1993; Hartkopf 1992; Vogt 2003.

kosmischen Strahlen auf rund zehn Artikel pro Jahr an.[63] Von der Fachwelt wurden beide Wissenschaftler für ihre Forscherleistung geschätzt und anerkannt.[64]

Im Jahre 1924 wurden Lise Meitner und Otto Hahn zum ersten Mal für den Nobelpreis für Chemie vorgeschlagen. Lise Meitner erhielt 1928 zusammen mit der französischen Chemikerin Pauline Ramart-Lucas den Ellen-Richards-Preis in den USA. Die Richtlinien für diesen Wissenschaftspreis waren damals gerade an die der Nobelpreisstiftung angelehnt worden in der Hoffnung, den Preis damit zu einem „weiblichen Nobelpreis" aufwerten zu können.[65] Die Preußische Akademie der Wissenschaften würdigte die wissenschaftlichen Leistungen des Forscherpaares ebenfalls, und zwar auf eine bemerkenswert unterschiedliche Weise. Sie wählte 1924 Otto Hahn als Ordentliches Mitglied und zeichnete im gleichen Jahr Lise Meitner mit der Leibniz-Medaille in Silber aus. In ihrem Wahlantrag für Otto Hahn wiesen die Chemiker Fritz Haber und Wilhelm Schlenk (1879-1943, OM 1922, AM 1935) sowie die Physiker Max von Laue (1879-1960, OM 1920), Albert Einstein und Max Planck darauf hin, daß Otto Hahn „seine Stellung in der Wissenschaft den Arbeiten zu verdanken (hat), die er seit 1905 auf dem Gebiete der Radioaktivität veröffentlicht hat."[66] Sie würdigten seine wissenschaftliche Entdeckerleistung – durch seine Arbeiten waren zehn radioaktive chemische Elemente bekannt geworden – und wiesen an zentraler Stelle auf die gemeinsame Arbeit mit Lise Meitner hin. Um auch ihre Leistungen bei der Erforschung der Strahlungsphänomene und der Radioaktivität anzuerkennen, schlugen Max von Laue, Max Planck und Albert Einstein die Physikerin Lise Meitner für die Verleihung der Silbernen Leibniz-Medaille vor.[67]

Otto Hahn, der 1924 zum II. Direktor am KWI für Chemie ernannt worden war, entsprach den Wahlkriterien der Gelehrtengesellschaft scheinbar besser als Lise Meitner, die zwar seit 1917 ihre radiophysikalische Abteilung am KWI für Chemie leitete,[68] aber keine Spitzenposition im Wissenschaftssystem hatte. Die Differenz in bezug auf die formale Position beider Forscher läßt sich auf die unterschiedlichen Verläufe ihrer wissenschaftlichen Werdegänge und auf die Diskriminierung von Frauen in der Wissenschaft zurückfüh-

---

63 Rife 1992, S. 154; Sime 2001.

64 Ein in der öffentlichen Wahrnehmung nach 1945 gezeichnetes Bild von Lise Meitner als „Professor Hahns Assistentin" haben die Biographien über Lise Meitner von Rife 1992 und Sime 2001 revidiert.

65 Rossiter 1982, S. 306; Rife 1992, S. 154f.; Sime 2001, S. 145.

66 Physiker über Physiker, S. 238f.; Chemiker über Chemiker, S. 196f.

67 ABBAW, II-V-135, Bl. 147, Sitzung v. 31. Januar 1924; Schlicker 1975, S. 277.

68 Vogt 2007, 2008.

ren. Lise Meitner ging nach ihrer Promotion 1906 an der Universität Wien nach Berlin, um bei Max Planck zu studieren. In der preußischen Hauptstadt besaßen Frauen aber noch nicht einmal das Immatrikulationsrecht an der Universität. Das erhielten sie bekanntlich 1908/1909, das Habilitationsrecht sogar erst 1920. Die formalen Barrieren für Frauen im deutschen Wissenschaftssystem beeinflußten daher Lise Meitners wissenschaftlichen Werdegang nachhaltig.

Ihr fast gleichaltriger Kollege Otto Hahn hingegen war 1901 an der Berliner Universität promoviert worden, hatte danach seine Forschungen an dem von Emil Fischer (1852-1919, OM 1893) geleiteten Chemischen Institut der Universität Berlin fortgesetzt und sich 1907 habilitiert. Nach dreijähriger Privatdozentenzeit wurde er 1910 zum außerordentlichen Professor an der Universität Berlin ernannt. 1912 wechselten Otto Hahn und Lise Meitner, deren Arbeitsbeziehung im Jahre 1907 begonnen hatte, an das neugegründete Kaiser-Wilhelm-Institut für Chemie. Wenig später wurden beide zu Wissenschaftlichen Mitgliedern der Kaiser-Wilhelm-Gesellschaft ernannt, d.h. sie wurden in der KWG gleichberechtigt behandelt. Für ihre wissenschaftlichen Verdienste erhielt Lise Meitner 1919 den Professorentitel, 1922 habilitierte sie sich in Berlin, 1926 wurde sie zur außerordentlichen Professorin ernannt.[69] Die wissenschaftlichen Werdegänge beider Forscher zeigen, daß Otto Hahn die Sprossenleiter im Wissenschaftssystem viel schneller empor kletterte als seine Kollegin Lise Meitner, für die als Frau im frühen 20. Jahrhundert eine reguläre wissenschaftliche Laufbahn nicht vorgesehen war. Frauen konnten zwar eine wissenschaftliche Forschertätigkeit ausüben, aber ihre wissenschaftlichen Leistungen nicht in beruflichen Aufstieg umsetzen.

Die 1907 gestiftete Leibniz-Medaille war eine sehr hohe Auszeichnung der PAW, die jährlich während der öffentlichen Akademiesitzung am Leibniztag vergeben wurde.[70] Sie wurde in Silber verliehen „als Anerkennung für verdienstvolle wissenschaftliche Arbeiten, zum Beispiel eine besonders wertvolle Veröffentlichung, eine erfolgreiche Forschungsreise und dergleichen" und in Gold „als Anerkennung für Zuwendungen an die Wissenschaft, sei es durch Überweisung von Mitteln für allgemeine oder näher bestimmte wissenschaftliche Zwecke an die Akademie oder andere gelehrte Körperschaften oder Institute des preußischen Staates, sei es durch Errichtung oder erfolgreiche Unterhaltung von Anstalten innerhalb des preußischen Staatsgebietes, die für wissenschaftliche Forschung bestimmt sind".[71] Nur drei Frauen wurden mit diesem Wis-

---

69 Vogt 2008, S. 128-131.
70 Grau 1992; Preisträgerverzeichnis in: Hartkopf 1992, S. 426ff.
71 Zit. nach Grau 1992, S. 272f.

senschaftspreis ausgezeichnet: 1912 Elise Koenigs für ihr wissenschaftsförderndes Engagement; Lise Meitner und 1932 die Medizinerin Agnes Bluhm (1862-1943) für ihre Forschungen auf dem Gebiet des Alkoholismus. Für Wissenschaftlerinnen war diese Auszeichnung die höchste Form der Anerkennung, die ihnen die PAW zuteil werden ließ; sie stellte eine Art Ersatz für die Akademiemitgliedschaft dar. Ein Passus im Statut der Auszeichnung besagt:

„Die Verleihung der Medaille ist auf solche Fälle beschränkt, bei denen ihrer Beschaffenheit nach eine Anerkennung in der sonst üblichen akademischen Form durch Zuwahl zum Kreise der Akademie oder durch Erteilung stiftungsmäßiger Preise oder Stipendien, oder durch Verleihung der Helmholtz-Medaille ausgeschlossen oder weniger angezeigt erscheint."[72]

Eine Zuwahl in die Akademie konnte aus unterschiedlichen Gründen nicht erfolgen, wissenschaftliche Leistungen allein waren nicht ausschlaggebend. Da die zulässige Höchstzahl für Akademiemitglieder statuarisch festgelegt war und die Aufnahme ganz überwiegend disziplingebunden erfolgte, d.h. vom Stellenplan der Akademie abhing, war eine Zuwahl in die Akademie zunächst einmal ausgeschlossen, wenn keine Mitgliederstellen frei waren. 1924 war das jedoch nicht der Fall. Obgleich Physiker an der Akademie häufiger vertreten waren als andere Naturwissenschaftler, hätte die Physikerin Lise Meitner durchaus in die Gelehrtengesellschaft aufgenommen werden können. Es fehlen aber Hinweise darauf, daß diese Möglichkeit ernsthaft erwogen wurde.

Für die Auszeichnung von Lise Meitner mit der Leibniz-Medaille hatte sich namentlich Max Planck eingesetzt und bei der Vorberatung der Vorschläge in der physikalisch-mathematischen Klasse nachdrücklich darauf hingewiesen, „daß Frl. Meitner, obwohl als Privatdozent in einer akademischen Stellung befindlich, dennoch keinerlei Aussicht besitze, in eine planmäßige Professur berufen zu werden."[73] Die Antragsteller kannten die Situation der Ausgrenzung von Frauen in der Wissenschaft wegen ihrer Geschlechtszugehörigkeit, glaubten aber, dies nicht ändern zu können und zogen eine Auszeichnung in der „üblichen Form" gar nicht erst in Erwägung. Gegen eine milde Form war jedoch nichts einzuwenden, und ein Wissenschaftspreis wie die Leibniz-Medaille bot sich als ein Ersatz für die angeblich unmögliche Akademiemitgliedschaft von Wissenschaftlerinnen geradezu an. Zur Änderung der Zuwahlpraxis waren die Akademiemitglieder mehrheitlich nicht bereit. So bestanden Ressentiments nicht nur gegenüber Spezialisten, wie Jonathan Harwood festgestellt hat, sondern auch gegenüber Frauen.

---

72 Ebd.
73 ABBAW, II-V-135, Bl. 150f., Sitzung v. 14. Februar 1924.

Die PAW war damals nicht die einzige Wissenschaftsakademie, die keine Wissenschaftlerinnen aufnahm. Weder die Royal Society in London noch die Akademie in Paris hatten damals Frauen unter ihren Mitgliedern. Die Royal Society wählte erstmals 1945 mit Kathleen Lonsdale und die Akademie des Sciences 1962 mit Marguerite Perey eine Frau. Nur ganz wenige Wissenschaftsakademien hatten im frühen 20. Jahrhundert weibliche Mitglieder. Der Petersburger Akademie der Wissenschaften gehörten die Mathematikerin Sofja Kowalewskaja (KM 1889) und Marie Curie (KM 1907) an. Von den Akademien im deutschsprachigen Raum hatte vor 1945 lediglich Göttingen Lise Meitner (1926) als Mitglied aufgenommen. In der Leopoldina waren zu Beginn des 20. Jahrhunderts acht Wissenschaftlerinnen vertreten, darunter Gräfin Maria von Linden 1902, Lise Meitner 1926, Cécile Vogt 1932 und Marie Curie 1932. Die Kaiser-Wilhelm-Gesellschaft ernannte vor 1945 drei weibliche Wissenschaftliche Mitglieder (Lise Meitner 1914, Cécile Vogt 1919, Isolde Hausser 1938).[74]

In der zweiten Hälfte des 20. Jahrhunderts veränderte sich die Situation allmählich, wenngleich Frauen noch immer selten in den Wissenschaftsakademien vertreten waren und sind. Die 1946 als Deutsche Akademie der Wissenschaften zu Berlin wiedereröffnete Akademie, die sich als Rechtsnachfolgerin der Preußischen Akademie der Wissenschaften verstand, wählte 1949 mit Lise Meitner (KM 1949) die erste Wissenschaftlerin. Während der nationalsozialistischen Diktatur in Deutschland war Lise Meitner wegen ihrer jüdischen Herkunft diskriminiert und 1938 zur Emigration gezwungen worden. 1933 hatte man ihr aufgrund des „Gesetzes zur Wiederherstellung des Berufsbeamtentums" die Lehrbefugnis entzogen. 1937 war sie aus der Leopoldina-Mitgliederliste gestrichen worden.[75] Obwohl Lise Meitner nicht wieder nach Deutschland zurückkehrte, schlug die berühmte Physikerin die Wahl in die Berliner Akademie nicht aus. Neben ihr nahm die DAW im Jahre 1950 zwei Forscherehepaare auf, die Atomphysiker Irène Joliot-Curie (1897-1956, KM 1950)[76] und Frédéric Joliot-Curie (1900-1958, KM 1950)[77] sowie die

---

74 Vogt 2003, S. 161, Tabelle 1, S. 175, Tabelle 2.

75 Gerstengarbe/Hallmann/Berg 1995, S. 174.

76 1918 Präparatorin am Laboratorium des Radiuminstituts in Paris, 1925 Leiterin der Arbeiten am Institut, 1934 Prof. an der Faculté des Sciences in Paris, gemeinsam mit Frédéric Joliot-Curie Leitung des Radiuminstituts, 1935 Nobelpreis f. Chemie mit Frédéric Joliot-Curie (Hartkopf 1992).

77 Diplomingenieur an der Schule f. Physik und f. technische Chemie in Paris, 1925 Ass. am Radiuminstitut in Paris, 1932-1935 zugleich Leiter der Forschungen des französischen Nationalfonds f. Naturwissenschaften, 1935 Nobelpreis f. Chemie mit Irène Joliot-Curie, 1936 Prof. f. Kernchemie am Collège de France in Paris, gem. mit Irène Leitung des Radiuminstituts,

Hirnforscher Cècile Vogt (1875-1962, EM 1950)[78] und Oskar Vogt (1870-1959, EM 1950)[79]. Mit der Althistorikerin Liselotte Welskopf-Henrich (1901-1979, OM 1964) berief die Berliner Akademie 1964 erstmals eine Frau als Ordentliches Mitglied.[80] Bis zu ihrer Abwicklung im Jahr 1990 wählte die Akademie der Wissenschaften der DDR insgesamt 18 Wissenschaftlerinnen.[81] Der Berlin-Brandenburgischen Akademie der Wissenschaften gehören gegenwärtig 32 weibliche Mitglieder an. Das entspricht bei 338 Mitgliedern einem Frauenanteil von 9,5 Prozent.[82]

3.2 ANERKENNUNG WISSENSCHAFTSFÖRDERNDER LEISTUNGEN

Wissenschaftsförderndes Mäzenatentum honorierte die PAW mit Ehrenmitgliedschaft und mit Preisen. Als private Spenderinnen von bedeutenden Geldsummen für Akademieprojekte traten zwei Frauen hervor und erhielten dafür hohe Anerkennungen. Zum 200jährigen Akademiejubiläum wurde Marie Elisabeth Wentzel (1833-1914) gemeinsam mit sieben weiteren Persönlichkeiten als Ehrenmitglied in die PAW gewählt.[83] Marie Elisabeth Wentzel war die Witwe des 1889 verstorbenen königlichen Baurats Hermann Wentzel. Nach seinem Tod verwaltete sie ein beträchtliches Vermögen. 1894 ließ sie bei der PAW die Hermann und Elise geborene Heckmann Wentzel-Stiftung errichten, um einen Wunsch ihres verstorbenen Gatten zu erfüllen und um ihres 1878 verstorbenen Vaters, Carl Justus Heckmann, zu gedenken.[84] Das Stiftungskapital betrug 1,5 Millionen Goldmark. Für die unter ständiger Finanznot leidende Akademie war die Wentzel-Heckmann-Stiftung von großer Bedeutung. „Oft genug ist in akademischen Kreisen die Klage laut geworden", so Theodor Mom-

---

1944 Leiter des Centre National de la Recherche Scientifique, 1946-1950 Hoher Kommissar f. Atomenergie in Frankreich (Hartkopf 1992).

78 Dr. med., 1919 Wiss. Mitglied KWI f. Hirnforschung der KWG; nach Vertreibung 1937 Mitarbeiterin im Institut f. Hirnforschung u. allgemeine Biologie in Neustadt/Schwarzwald (Vogt 2008, S. 195-198).

79 1919 Dir. KWI f. Hirnforschung der KWG, 1921 zugl. Dir. des Instituts f. Neurobiologie Univ. Berlin, nach Vertreibung 1937 Dir. des Instituts f. Hirnforschung u. allgemeine Biologie in Neustadt/Schwarzwald (Pasternak 2004, S. 11-15).

80 Koch 1994; Stark 2005.

81 Hartkopf 1992, eigene Auszählung.

82 BBAW, Referat Information und Kommunikation, E-Mail-Auskunft v. 03.Mai 2010, Mitgliederstand November 2009.

83 Grau 1975, S. 18; Zeil 1989; Hartkopf 1992; Vogt 2003, 2007.

84 Dunken 1960. M. E. Wentzels Wirken war nicht auf die PAW beschränkt. Sie spendete große Teile ihres Vermögens für künstlerische, soziale und andere wissenschaftliche Einrichtungen in Berlin. Vgl. Henning 1996.

msen 1895, „daß [...] unsere materiellen Mittel nicht ausreichen, und es haben aus diesem Grunde wieder und wieder berechtigte Wünsche unterdrückt, zukunftsreiche Pläne unausgeführt bleiben müssen".[85] Bestimmungsgemäß flossen die Mittel der Stiftung in die Förderung von wissenschaftlichen Unternehmungen.[86] 1896 bewilligte das Stiftungskuratorium erstmals 5000 Mark für die Bearbeitung des Deutschen Rechtswörterbuches und 10000 Mark für die Herausgabe der von Adolf von Harnack geleiteten Ausgabe der Griechischen Christlichen Schriftsteller. Beide Akademieprojekte finanzierte die Wentzel-Heckmann-Stiftung mit mehr als einer Viertelmillion Mark.[87]

Zweifellos spielten die Verdienste von Marie Elisabeth Wentzel als Stifterin eine entscheidende Rolle bei ihrer Wahl zum Ehrenmitglied. Begründet wurde ihre Aufnahme mit der „Verpflichtung dankbarer Anerkennung, welche [dieser] Akademie der Frau Wentzel gegenüber durch deren großartige Stiftung erwachsen ist."[88] Vorgeschlagen wurde Marie Elisabeth Wentzel von einer Jubiläumskommission, die eigens zur Vorbereitung der Akademiefeierlichkeiten im Jahre 1900 eingesetzt worden war. Diese Kommission beschloß in ihrer Sitzung am 16. November 1899, daß von den beiden Sekretaren der physikalisch-mathematischen Klasse, Wilhelm von Waldeyer (-Hartz) (1836-1921, OM1884) und Arthur von Auwers (1838-1915, OM 1866), gemeinsam mit den dieser Klasse angehörenden Mitgliedern Wilhelm von Bezold (1837-1907, OM 1886) und Franz Eilhard Schulze (1840-1921, OM 1884) noch am gleichen Tage in einer anschließenden Klassensitzung der Antrag für die Wahl von Marie Elisabeth Wentzel zum Ehrenmitglied eingebracht werden solle.[89] Die sogenannte kleine Wahl in der Klasse hatte die Funktion, die Kandidatin auf satzungsgemäßem Wege vor die entscheidende Abstimmung im Plenum zu bringen. Daß der Wahlvorschlag für Marie Elisabeth Wentzel von der physikalisch-mathematische Klasse eingebracht wurde, lag vermutlich daran, daß der Astronom Arthur Auwers damals Kuratoriumsvorsitzender der Wentzel-Heckmann-Stiftung war. Vor der Wahl entspann sich in der Klasse eine Diskussion über die Kandidatin. Das Sitzungsprotokoll vermerkt:

---

85 Zit. nach Dunken 1960.

86 Hartkopf/Wangermann 1991, S. 349-356, Hermann und Elise geborene Heckmann Wentzel-Stiftung, Statut v. 23. August 1894.

87 Dunken 1960.

88 ABBAW, II-III-130, Bl. 61.

89 ABBAW, II-XIII-1, Bl. 107, Sitzung der Jubiläums-Kommission v. 16. November 1899.

„Bei der Discussion über den Vorschlag Frau Wentzel-Heckmann zu wählen, macht Herr Munk[90] darauf aufmerksam, dass nach [Abs.] 4 § 21 der Statuten die Ehrenmitglieder das Recht hätten, an den Sitzungen der Akademie Theil zu nehmen und bei den öffentlichen Sitzungen in den Reihen der Akademie Platz zu nehmen; sicherlich habe bei Festsetzung der Statuten der Gedanke ferngelegen, dass Frauen Mitglieder der Akademie werden könnten. Die Herren Klein, Virchow und Fuchs sprechen sich entschieden gegen die Wahl der Frau Wentzel-Heckmann aus, wesentlich aus denselben Gründen, die Herr Munk geltend gemacht hat; sie beantragen, dass ihr Widerspruch in das Protokoll aufgenommen werde. Hr. Munk will sich nicht principiell gegen die Wahl von Frauen zu Mitgliedern der Akademie entscheiden; nur müsse er dessen sicher sein, dass eine solche Wahl sich mit den Statuten vertrage; er beantragt, dass die juristischen Mitglieder der Akademie die Angelegenheit vor der weiteren Behandlung prüfen möchten."[91]

Auf Antrag von Hermann Munk wurde das Sekretariat ersucht, „die Wahl von Frauen zu Mitgliedern der Akademie im Allgemeinen auf ihre statutenmässige Zulässigkeit zu prüfen, insbesondere auch mit Rücksicht auf die beantragte Wahl der Frau Wentzel-Heckmann".[92] Nachdem die Akademieleitung mitgeteilt hatte, sie erblicke in den Statuten keine Behinderung einer Wahl von Frauen und auf den Präzedenzfall Katharina II. von Rußland (1729-1796, EM 1767) verwies, wählten die Mitglieder der physikalisch-mathematischen Klasse die Kandidatin mit 18 weißen und drei schwarzen Kugeln in der Sitzung am 30. November 1899.[93] Ohne weitere Diskussion wurde Marie Elisabeth Wentzel am 21. Dezember 1899 im Plenum als Ehrenmitglied in die Akademie gewählt.[94]

Auf dem Ölgemälde *Die letzte Sitzung der Akademie in ihrem alten Heim*, das der Berliner Hofmaler William Pape (1959-1920) Anfang des 20. Jahrhunderts anfertigte, ist auch Marie Elisabeth Wentzel zu sehen.[95] Wie oft sie von ihrem Recht Gebrauch machte,

---

90 Hermann Munk (1839-1912, OM 1880), 1869 Prof., 1897 Prof. f. Physiologie Univ. Berlin, seit 1876 zugl. an der Tierärztlichen Hochschule Berlin u. Vorstand des Physiologischen Laboratoriums. (Hartkopf 1992)

91 ABBAW, II-V-126, Bl. 146-153 [152], Sitzung der phys.-math. Klasse v. 16. November 1899.

92 ABBAW, II-V-126, Bl. 146-153 [153], Sitzung der phys.-math. Klasse v. 16. November 1899.

93 ABBAW, II-V-126, Bl. 154-157 [156], Sitzung der phys.-math. Klasse v. 30. November 1899.

94 ABBAW, II-III-130, Bl. 60, Wahl v. 21. Dezember 1899; Bl. 65 u. Bl. 66 Kaiserliche Bestätigung der Wahl v. 5. März 1900. – Im Plenum wurde Wentzel mit 30 weißen und 6 schwarzen Kugeln gewählt.

95 Eine farbige Abbildung des Gemäldes findet sich bei Grau 1988, S. 220; Abb. mit Legende bei vom Brocke/Laitko 1996, vor S. 1. Das Ölgemälde stellt vermutlich die öffentliche Friedrichssitzung am 29. Januar 1903 dar.

an den Akademiesitzungen teilzunehmen, ist nicht bekannt. Sie war ein aktives wie einflußreiches Mitglied im Stiftungskuratorium und genoß als Mäzenin ein hohes Ansehen in der PAW. Zu ihrem 80. Geburtstag am 20. März 1913 fanden sich die Sekretare der Akademie, Hermann Diels, Gustav Roethe und Wilhelm Waldeyer – Max Planck hatte sich entschuldigen lassen –, „unter Anlegung der Amtskette im Gesellschaftsanzuge zur Gratulation" in Wentzels Wohnung ein und überreichten eine „Blumenspende".[96] Als Marie Elisabeth Wentzel 1914 starb, hielt der angesehene Theologieprofessor Adolf von Harnack die Grabrede auf dem Dorotheenstädtischen Friedhof in Berlin.[97] Bis heute hat die Mäzenin einen festen Platz im Gedächtnis der Akademie. Die von ihr begründete Stiftung besteht noch und wird von der BBAW verwaltet.

Neben Marie Elisabeth Wentzel wurde mit Elise Koenigs (1848-1932) eine weitere Mäzenin mit einer hohen Ehrung bedacht. Die aus einer angesehenen und wohlhabenden rheinischen Fabrikantenfamilie stammende Frau förderte Forschungsarbeiten der PAW mit materiellen Zuwendungen und wurde 1912 mit der Leibniz-Medaille in Gold ausgezeichnet, nachdem sie dafür bereits ein Jahr zuvor erfolglos vorgeschlagen worden war.[98] In der Ansprache von Hermann Diels am Leibniztag der PAW heißt es: die Goldmedaille werde für die Vollendung der kritischen Ausgabe des Neuen Testamentes vergeben, die Professor Hermann Freiherr von Soden mit Unterstützung junger Gelehrter jetzt fast zu Ende geführt habe. Die beträchtlichen Mittel, die zur Beschaffung und Durcharbeitung des Riesenmaterials erforderlich waren, „sind der opferwilligen und einsichtsvollen Freigiebigkeit einer Frau zu verdanken, deren Name bei der Preisverteilung genannt werden muß, so sehr ihr bescheidner Sinn jeder lauten Verkündung ihrer stillen Wohltaten widerstrebt."[99] Namentlich erwähnt wurde Elise Koenigs in den Berliner Tageszeitungen, die über die Preisverleihung berichteten, über ihre Person aber nichts mitgeteilt.[100] An der Akademiesitzung hatte die Preisträgerin selbst nicht teilgenommen. Ungewöhnlich war das nicht. Der Mäzen

---

Das war die letzte Festsitzung im alten Akademiegebäude vor seinem Abriß. 1903 bezog die Akademie ein Ausweichquartier in der Potsdamer Straße und kehrte im März 1914 in den Neubau am alten Ort zurück. Das Original ist nach 1947 verschollen. Eine verkleinerte Reproduktion von 1925 hängt heute im Eingangsbereich zum Archiv der BBAW.

96   ABBAW, II-V-176, Sekretariatssitzung v. 20. Februar 1913.
97   Henning 1996.
98   Grau 1975, S. 196, Fußnote 8.
99   SB PAW 1912, Bd. 2, S. 583-586 [585], Ansprache von H. Diels.
100 Vogt 2003, S. 164ff.; Vogt 2007, S. 58f.

James Simon war auch nicht persönlich anwesend, als ihm 1907 die Leibniz-Medaille in Gold verliehen wurde.[101]

Marie Elisabeth Wentzel und Elise Koenigs waren nicht mit eigenen wissenschaftlichen Leistungen hervorgetreten, sondern hatten durch ihre außergewöhnlich großzügigen Spenden große Verdienste um die Förderung von Akademieprojekten erworben. Diese Art der Forschungsförderung besaß für die Akademie einen hohen Stellenwert, so daß sie das Engagement der Frauen auf höchster akademischer Ebene würdigte. Marie Elisabeth Wentzels Wahl als Ehrenmitglied zeigte, daß die Aufnahme von Frauen in die Akademie möglich war und die Akademiestatuten das zuließen. Daß vor 1945 weibliches Mäzenatentum mit einer Mitgliedschaft anerkannt wurde, nicht aber herausragende wissenschaftliche Leistungen von Frauen, unterstreicht die enge Koppelung von Wissenschaftlichkeit und Männlichkeit auf der Mitgliederebene der PAW.

Resümee

Die Preußische Akademie der Wissenschaften zählte angesehene Forscher und Gelehrte des In- und Auslandes zu ihren Mitgliedern. Eine Mitgliedschaft in der Gelehrtengesellschaft galt als Auszeichnung für wissenschaftliche Leistungen und wurde von Wissenschaftlern hochgeschätzt. Auf der Mitgliederebene der PAW war im 20. Jahrhundert ein breites Disziplinenspektrum vertreten und somit auch ein größerer Ausschnitt des Wissenschaftssystems präsent. Mit einer geschickten Zuwahlpolitik gelang es der PAW, auf die disziplinäre und institutionelle Ausdifferenzierung der Forschungslandschaft zu reagieren. Die vorhandene Flexibilität bei der Zuwahl von Mitgliedern wurde aber nicht immer vollständig ausgeschöpft. Vertreter neuer Disziplinen fanden nur schwer Aufnahme, weil sich die PAW aufgrund ihres traditionellen Selbstverständnisses und ihres starren Festhaltens an einem überlebten Wissenschaftsideal diesen gegenüber nur zögernd oder gar nicht öffnete.

Die Akademie erhielt höchst eigene Vorstellungen aufrecht, *welche* wissenschaftlichen Leistungen sie für anerkennenswert hielt und auszeichnete. Bevorzugt wurden die Inhaber von wissenschaftlichen Spitzenpositionen, insbesondere Ordinarien und später auch KWI-Direktoren, gewählt. Mit Einschränkungen blieben die traditionellen Standards und Zuwahlprinzipien auch während des Nationalsozialismus bestehen. An der PAW dominierte der von Ringer beschriebene Gelehrtentypus des Mandarins. Das Sozialprofil der Mitglieder wandelte sich bis zur Jahrhundertmitte nicht. Exklusiv blieb die Akademie auch in anderer Hinsicht: Sie war eine von Männern repräsentierte Gelehrtengesellschaft.

---

101 Grau 1992.

Eine Akademiemitgliedschaft von Frauen war nicht grundsätzlich ausgeschlossen. So wurde eine Frau als Ehrenmitglied aufgenommen, weil sie mit großzügigen Geldspenden prestigereiche Forschungsprojekte förderte. Wissenschaftlerinnen wurden aber in der ersten Hälfte des 20. Jahrhunderts nicht in die Akademie gewählt. Das lag weniger an ihren fehlenden oder nicht auszeichnungswürdigen wissenschaftlichen Leistungen, sondern an der von der PAW betriebenen Zuwahlpolitik und an den Ressentiments der Mitglieder gegenüber Wissenschaftlerinnen, die sich ebenso restriktiv auswirkten wie die Vorbehalte gegenüber Spezialisten. So bestand auf der Mitgliederebene der Gelehrtengesellschaft die enge Koppelung von Repräsentation der Wissenschaft und Männlichkeit fort.

II. Die Forschungsarbeit der Akademie

1. Wissenschaftliche Unternehmungen als Akademieaufgabe

1.1 Merkmale der Akademieforschung

Die Forschungsarbeit an der Preußischen Akademie der Wissenschaften wurde in den wissenschaftlichen Unternehmungen durchgeführt. Dabei handelte es sich um größere, zweck- und zielgerichtete Forschungsprojekte, wie Quellensammlungen, dokumentarische Erfassungsarbeiten, Inschriftencorpora, Werkausgaben bedeutender Akademiemitglieder sowie Wörterbuchprojekte. Die Durchführung von wissenschaftlichen Expeditionen und die Bearbeitung von Expeditionsmaterial zählten ebenfalls dazu, wenn sie von den bei der Akademie errichteten Stiftungen finanziert wurden, wie der Humboldt-Stiftung, der Jubiläumsstiftung oder der Wentzel-Heckmann-Stiftung.[1] Die Begriffe ‚Unternehmung' und ‚Unternehmen' wurden an der Akademie weitgehend synonym gebraucht. Hermann Diels sprach Anfang des 20. Jahrhunderts von ‚Folgeunternehmungen' und betonte dadurch, daß es sich mitunter um die Neubearbeitung älterer Projekte handelte, manchmal sogar um die Fortsetzung der Tätigkeit antiker Akademien.[2]

Heute werden im Rahmen des von der Bund-Länder-Kommission koordinierten Akademieprogramms rund 170 Akademievorhaben gefördert. Die Berlin-Brandenburgische Akademie der Wissenschaften betreut rund 30 wissenschaftliche Traditionsunternehmungen und ist die größte außeruniversitäre Forschungseinrichtung mit geisteswissenschaftlichem Profil in der Region. Derzeit sind 126 Wissenschaftlerinnen und Wissenschaftler sowie 21 wissen-

---

1 Vgl. Hartkopf 1975; Grau 1993; Simon 1999.
2 Diels 1906, S. 626. Zur geschichtlichen Entwicklung von geisteswissenschaftlichen Gemeinschafts- und Kollektivunternehmungen vgl. Lehmann 1961 [1956].

schaftlich-technische Mitarbeiterinnen und Mitarbeiter in den Vorhaben beschäftigt.[3]

Im 19. Jahrhundert führten innerakademische Entwicklungen dazu, daß die Durchführung wissenschaftlicher Unternehmungen, d.h. von größeren Arbeitsvorhaben, die ein einzelner allein nicht leisten konnte, zur Pflichtaufgabe gemacht und in den Statuten festgeschrieben wurde. In den 1881 angenommenen Statuten hieß es: Die Akademie hat

„wissenschaftliche Unternehmungen ihrer Mitglieder oder anderer Gelehrter zu fördern, insonderheit solche, für welche die gemeinsame Thätigkeit verschiedener Gelehrter nöthig erscheint, sowie solche, welche durch ihren Umfang, ihre Dauer oder ihre Kostspieligkeit das Eintreten der Akademie erfordern."[4]

Zur bevorzugten Trägerin zeitintensiver und kostspieliger Prestigeprojekte wurde die Akademie aus einem weiteren Grund. Traditionsgemäß galten Akademien als Garanten für Kontinuität. Vor allem die Kontinuität der Leitung, die „forterbende und vermehrende Erfahrung der Körperschaft", habe sich über den Wechsel der Zeiten und Personen hinweg als Vorteil bei der Durchführung der Großunternehmungen erwiesen und sich auch an der PAW vielfach bewährt, so Hermann Diels 1906.[5]

In den Akademieprojekten wurde eine vorwiegend historisch-philologische Grundlagenforschung[6] betrieben, deren Schwerpunkte in den Bereichen der historisch-kritischen Editionsphilologie, in der Lexikographie sowie in der klassifizierenden und beschreibenden Naturforschung lagen. In den wissenschaftlichen Unternehmungen wurde keine laborwissenschaftliche oder experimentelle Forschung betrieben.[7] Ein wesentliches Merkmal der Unternehmungen war ihr Projektcharakter. Die Vorhaben galten prinzipiell als abschließbar, waren nicht als Dauereinrichtungen angelegt und in ihren Aufgaben, Zielen und Methoden feststehend. Die Arbeit war auf die Her-

---

3 http://www.bbaw.de/bbaw/Forschung (24.04.2010) sowie E-Mail-Auskunft BBAW, Referat Information und Kommunikation v. 03. Mai 2010; ältere Angaben bei Simon 1999, S. 108 u. S. 166, Fußnote 1; BBAW 2000a.

4 Hartkopf/Wangermann 1991, S. 127-143 [138], Statuten d. Königlich Preußischen Akademie der Wissenschaften zu Berlin v. 28. März 1881, §40.

5 Diels 1906, S. 626f.

6 Der Begriff Grundlagenforschung wird hier im Sinne zweckfreier akademischer Forschung verwendet. Es ist keine Auftragsforschung, d.h. eine unmittelbar Anwendungszwecken dienende Forschung.

7 Forschungsinstitute und Laboratorien unterhielt die PAW nicht. Finanziell förderte sie aber experimentelle wissenschaftliche Vorhaben einzelner Forscher. Mit diesen sogenannten unterstützten Unternehmungen hat sich bislang kein Forschungsprojekt befaßt.

stellung und Publikation von Katalogen, Editionen, Wörterbüchern und Kompendien gerichtet.

In der Sammlung *Griechische Inschriften/Inscriptiones Graecae*, dem ältesten Akademieprojekt, wurden bisher 51 Einzelbände beziehungsweise Faszikel veröffentlicht, in denen 50.000 Inschriften erfaßt und für die wissenschaftliche Benutzung erschlossen sind.[8] Vom *Corpus Inscriptionum Latinarum* liegen heute 17 Bände in mehr als 70 Teilen in Folioformat mit ca. 180.000 Inschriften sowie 13 Ergänzungsbände mit Tafeln und speziellen Registern vor.[9] Das *Ägyptische Wörterbuch* erschien von 1926 bis 1963 in 13 Bänden. Zwischen 1897 und 1940 haben rund 80 Ägyptologen des In- und Auslands einen Großteil aller damals bekannten Texte erfaßt, auf über 1,5 Millionen Belegzetteln dokumentiert und lexikalisch geordnet archiviert.[10] Das *Deutsche Wörterbuch* brachte es bis zu seinem vorläufigen Abschluß 1961 auf insgesamt 32 Bände. Es enthält rund 70.000 Textspalten mit etwa 350.000 Stichwörtern.[11] In der von Adolf Engler (1844-1930, OM 1890) begründeten Reihe *Das Pflanzenreich* wurden 96 Bände bis 1930 publiziert.[12] Die Ergebnisse der astronomischen Erfassungsarbeit *Die Geschichte des Fixsternhimmels* wurden von 1922 bis 1965 in 48 Bänden veröffentlicht. Dabei handelt es sich um einen für die Erforschung der Eigenbewegung von Sternen notwendigen „Katalog der Kataloge", in dem rund 1.000.000 Einzelangaben aus etwa 450 Sternkatalogen zusammengefaßt worden sind.[13] Nur wenige Unternehmungen waren als reine Erfassungs- und Archivprojekte konzipiert, wie die Inventarisierung der deutschen Handschriften des Mittelalters (1903), deren Aufgabe es war, die verstreut in Bibliotheken, Archiven und in Sammlungen liegenden Handschriften aufzunehmen und zu beschreiben, nicht aber einen umfassenden Handschriftenkatalog zu veröffentlichen.[14]

Ein Vollständigkeitsanspruch wurde für fast alle Akademieprojekte erhoben. Als der Altertumsforscher Theodor Mommsen (1817-

---

8 http://www.bbaw.de/bbaw/forschung/Forschungsprojekte/ig/de/ueberblick (24.04.2010); ältere Angaben bei Rebenich 1999, S. 224. – In dieser Studie werden die Namen von Unternehmungen kursiv gesetzt, wenn sich die Ausführungen auf die Publikationen beziehen. Andernfalls sind die Projekte bzw. Arbeitsstellen gemeint, wobei auf eine Hervorhebung ihrer Schreibung durch Anführungszeichen o.ä. verzichtet wurde.

9 http://cil.bbaw.de/dateien/forschung.html (24.04.2010); vgl. auch BBAW 2001a, S. 18.

10 http://aaew.bbaw.de/dateien/information/einfuehrung.html (24.04.2010); vgl. auch BBAW 1999, S. 19f.

11 DWB, Quellenverzeichnis 1971; Dückert 1987.

12 Lack 1990.

13 Herrmann 1975, S. 55f.

14 Riecke 1999; Pensel 1965.

1903, KM 1853, OM 1858) im Jahre 1847 in einer Denkschrift seinen Plan zur systematischen Sammlung aller lateinischen Inschriften darlegte, hieß es darin:

> „Zweck des C.I.L. ist, die sämmtlichen lateinischen Inschriften in eine Sammlung zu vereinigen, sie in bequemer Ordnung zusammenzustellen, dieselben nach Ausscheidung der falschen Steine in einem möglichst aus den letzten zugänglichen Quellen genommenen Text mit Angabe erheblicher varietas lectionis kritisch genau wiederzugeben und durch genaue Indices den Gebrauch derselben zu erleichtern."[15]

Im Zeitalter von Differenzierung und Segmentierung der Wissenschaften bestand innerhalb und außerhalb der Akademie das Bedürfnis nach solchen Arbeiten, gewissermaßen als Reaktion auf eine ständig wachsende und zunehmend spezialisierte Wissensproduktion, auf deren fortschreitendes Auseinanderdriften und die Probleme der „unbewältigten Mannigfaltigkeit". Die enzyklopädisch ausgerichteten Projekte sollten Ganzheit vermitteln. Das entsprach dem ästhetischen Ideal und war eine funktionelle Bedingung, um die Reproduktion und Evolution der Disziplinen zu ermöglichen.[16] Die Arbeit an Enzyklopädien hatte sich stets mit dem Widerspruch zwischen der sachlich bedingten Langwierigkeit solcher Vorhaben und dem schnellen Tempo der Produktion neuer Forschungsergebnisse auseinanderzusetzen. Tendenziell bestand die Gefahr, daß eine Enzyklopädie bei ihrem Erscheinen schon veraltet war. Bis zum Aufkommen elektronischer Speichertechnik war das Buch konkurrenzlos. Im 20. Jahrhundert wurde „ein Schwanken zwischen Tendenzen der Resignation infolge des raschen Veraltens von Enzyklopädien und enzyklopädischen Neuanläufen nach abstrakteren, stärker verallgemeinerten Ordnungsprinzipien" beobachtet.[17] Charakterisieren läßt sich die Forschungsarbeit der Akademie als eine projektförmige und nicht dauerhaft institutionalisierte, als eine kollegiale und nicht individuale, schließlich sogar als eine tendenziell teamartige und weniger einzeln durchgeführte Arbeit. Da die projektförmige Forschung eher in den Natur- und Sozialwissenschaften als in den Geisteswissenschaften verbreitet ist und dort auch arbeitsteilig verstanden wird,[18] kommt es auf die Betrachtungsweise an, ob man die Akademieprojekte als Vorreiter heutiger Forschung sehen will oder als gegenläufigen Trend in den Geistes-

---

15 Harnack 1900, Bd. 2, S. 522-540 [523f.], Über Plan und Ausführung eines Corpus Inscriptionum Latinarum von Theodor Mommsen, Doctor der Rechte (Januar 1847); Harnack, Bd. 1.2, S. 908.
16 Laitko 1991, S. 24.
17 Laitko 1991, S. 25.
18 Weingart u.a. 1991, S. 315.

wissenschaften. Fest steht, daß die von der Akademie in den Unternehmungen betriebene Forschung dem damaligen Akademieideal entsprach. Lorraine Daston zufolge verkörperten gerade die Akademien das Prinzip der Kollegialität, wohingegen Individualität als Ideal moderner Forschung schlechthin im 19. Jahrhundert galt.[19] Mit kritischem Blick auf die wissenschaftlichen Unternehmungen der Akademie behauptete der klassische Philologe Hermann Diels, Sekretar der philosophisch-historischen Klasse und Mitglied mehrerer akademischer Kommissionen, in seinem bereits erwähnten Beitrag *Die Organisation der Wissenschaft* (1906), daß „wie das Dichten und Bilden, so auch das Forschen im innersten Wesen individuell sein muß."[20] Es gebe heute auf allen Gebieten der Kunst und Literatur Zwillingswerke und wie alle Enzyklopädien setzten auch die Unternehmungen hundert Hände in Bewegung.

„Aber daß eine ganze Akademie oder auch nur eine ihrer Kommissionen ein wirklich epochemachendes wissenschaftliches Werk durch gemeinsame Arbeit zustande gebracht hätte, davon gibt es meines Wissens kein Beispiel. Selbst wo geniale Forscher mit beinah unumschränkter Vollmacht in den Akademieen schalten und walten durften: ihr Eigenstes und Bestes haben sie nicht in den Akademieschriften oder gar in den großen Serienfolianten niedergelegt. Das geniale Werk liebt die Einsamkeit. [...] Daher bleibt der Großbetrieb der Akademieen selbstverständlich auf Unternehmungen gerichtet, deren Methode und Ziel feststeht, die aber Ausdauer, Kenntnis und vor allem reiche materielle Mittel zur Ausführung verlangen. Was auf diese Weise zustande kommt, ist in der Regel nicht selbst Wissenschaft der höchsten Potenz, sondern vor allem Mittel zum Zweck, Erleichterung und Sicherung der von hier aus weiter Strebenden, Logarithmentafeln für die höhere Wissenschaft."[21]

In formaler Hinsicht wird ein wissenschaftliches Unternehmen von mir als definiert angesehen, wenn erstens zu seiner Durchführung und Kontrolle eine aus Akademiemitgliedern bestehende Kommission gebildet, zweitens aus staatlichen oder Stiftungsmitteln regelmäßig ein Geldbetrag bereitgestellt und drittens über die Verwendung der Mittel und den Fortgang der Unternehmung einmal jährlich Be-

---

19 Daston 1999, S. 76; Schönert 1993, S. 385 faßt unter *Kollegialforschung* „unterschiedliche Konstellationen von Forschungskooperationen", die sich zum einen innerhalb der jeweiligen Disziplinen durch arbeitsteiliges Vorgehen, durch Überschreiten der lokalen und regionalen Begrenzungen von Forschungsaktivitäten sowie durch Überführung von hierarchisch-institutionell organisierter Mitarbeit in selbstbestimmte Zusammenarbeit von (mehr oder weniger) gleichgestellten Forschenden ergeben; zum anderen ist damit die interdisziplinäre Zusammenarbeit gemeint.

20 Diels 1906, S. 627.

21 Diels 1906, S. 627f.

richt vor der Akademie erstattet wurde.[22] Letzteres geschah traditionsgemäß in der öffentlichen Festsitzung der Akademie am Friedrichstage. Seit der Statutenerneuerung im Jahre 1881 war die PAW verpflichtet, an einer der drei öffentlichen Festsitzungen über ihre wissenschaftlichen Unternehmungen und über die mit der Akademie in Verbindung stehenden wissenschaftlichen Unternehmungen und Stiftungen Rechenschaft abzulegen.[23] Wegen der wachsenden Anzahl der Unternehmungen und der ausufernden Länge der Berichte beschloß sie jedoch Anfang des 20. Jahrhunderts, die Jahresberichte nur noch in schriftlicher Form einzufordern, während in der Sitzung selbst lediglich über eine Unternehmung jeder Klasse durch ihre jeweiligen Leiter ausführlicher gesprochen wurde.[24] Die Arbeitsberichte wurden in den Akademieschriften veröffentlicht. Der erste größere Bericht über akademische Unternehmungen erschien 1880 in den Monatsberichten der Akademie.

1.2 ZUR GESCHICHTE DER WISSENSCHAFTLICHEN UNTERNEHMUNGEN

Die Arbeitsform der wissenschaftlichen Unternehmungen wurde an der PAW im frühen 19. Jahrhundert installiert. 1815 beantragte der erst 30jährige klassische Philologe August Böckh (1785-1867, OM 1814) bei der historisch-philologischen Klasse, einen Corpus aller antiken Inschriften herauszugeben und mit den griechischen zu beginnen.[25] Damals glaubte man, die Sammlung griechischer Inschriften „durch ein planmässiges und vereintes Bestreben [...] in einer mässigen Zeit und mit leicht zu übersehenden Anstalten und Arbeiten" erreichen zu können. Die Kosten wurden mit je 1.500 Talern für die nächsten vier Jahre veranschlagt. Die Bearbeitung des Corpus Inscriptionum sollte durch eine „Deputation" (Kommission) erfolgen, der alle fünf Mitglieder der historisch-philologischen Klasse angehörten und die einmal wöchentlich zusammentrat. In den zu protokollierenden Versammlungen habe jedes Mitglied schriftlich

---

22 Mit Dank folge ich der Definition von Rainer Hohlfeld, Peter Nötzoldt und Peter Th. Walther.

23 Hartkopf/Wangermann 1991, S. 138, Statut 1881, §38, Abschn. 4. Die Jahresberichte über die wissenschaftlichen Unternehmungen erstattete die Akademie bis 1918 in der öffentlichen Festsitzung am Geburtstag des jeweils regierenden Herrschers, nach dem Niedergang der Monarchie in der Festsitzung am Friedrichstag. Die Berichte erschienen im Jahre 1881 in den MB PAW, ab 1882 in den SB PAW und ab 1939 im Jb. PAW.

24 SB PAW 1937, S. XXVI, Ansprache von M. Planck.

25 Harnack 1900, Bd. 1.2., S. 668 u. Bd. 2, S. 374-378, Antrag der historisch-philologischen Klasse, ein Corpus Inscriptionum zu unternehmen, concipirt von Böckh, redigirt von Buttmann, v. 24. März 1815.

anzuzeigen, „was es [...] an seinem Theil der gemeinschaftlichen Arbeit geleistet" habe.[26]

Die Zusammenführung von isoliert und einzeln arbeitenden Akademiemitgliedern zu einer organisierten Zusammenarbeit war an der Akademie damals neu.[27] Die Vertreter der neuen Arbeitsform sahen sogar den Hauptzweck (!) einer staatlich finanzierten Gelehrtengesellschaft darin, Unternehmungen zu machen, die kein einzelner machen könne. In dem von Buttmann redigierten Antrag, den die historisch-philologische Klasse in die Akademie einbrachte, hieß es: „Der Hauptzweck einer Königlichen Akademie der Wissenschaften muss sein, Unternehmungen zu machen und Arbeiten zu liefern, welche kein Einzelner leisten kann; theils weil seine Kräfte denselben nicht gewachsen sind, theils weil ein Aufwand dazu erfordert wird, den kein Privatmann daran wagen wird."[28] Die Pläne stießen zunächst auf Widerstand in der Akademie, doch in den 1838 angenommenen Statuten wurden die wissenschaftlichen Unternehmungen erstmals als neue akademische Arbeitsform festgeschrieben.[29] Das stellte eine Erweiterung ihrer bisherigen Arbeitsformen dar, die traditionell im Mitgliedervortrag, im Verfassen von Abhandlungen und in der Beurteilung von Preisaufgaben bestanden hatten. Zugleich leistete die Akademie mit ihrem Bekenntnis zu den Unternehmungen einen erfolgreichen Beitrag zur Neubestimmung ihrer Funktion in einem veränderten wissenschaftlichen Umfeld. Denn mit der Universitätsgründung in Berlin (1810) hatte die Akademie nicht nur ihre wissenschaftliche Monopolstellung in der Stadt verloren, ihr waren – wie erwähnt – auch die Forschungskapazitäten entzogen und der Universität einverleibt worden. Die wissenschaftlichen Unternehmungen verhalfen zu Anerkennung und internationalem Ansehen und trugen dazu bei, die Rolle der PAW in einem erstarkenden Preußen zu festigen.

Nach eher bescheidenen Anfängen bestimmte seit Mitte des 19. Jahrhunderts der Altertumswissenschaftler Theodor Mommsen wesentlich die Entwicklung und den Ausbau der wissenschaftlichen Unternehmungen an der Akademie. Mommsen wurde 1853 von der Akademie für das Corpus Inscriptionum Latinarum (CIL) verpflich-

26 Harnack 1900, Bd. 2, S. 379-382, Niebuhrs Punkte zum Entwurf des Planes zur Ausarbeitung eines Corpus Inscriptionum, v. 6. Juni 1815.

27 Grau 1975, S. 154ff.

28 Harnack 1900, Bd. 1.2, S. 668 u. Bd. 2, S. 374-378 [375] Antrag der historisch-philologischen Klasse, ein Corpus Inscriptionum zu unternehmen, concipirt von Böckh, redigirt von Buttmann, v. 24. März 1815.

29 Hartkopf/Wangermann 1991, S. 104-127 [115f., 120], Statuten d. Königlich Preußischen Akademie der Wissenschaften zu Berlin (31. März 1838), bes. §§ 44, 62. Zur anfänglichen Ablehnung der Unternehmungen an der Akademie vgl. Grau 1993.

tet. In seiner akademischen Antrittsrede (1858) führte er aus: Die klassische Philologie liefere durch „wissenschaftliche Organisation" ihre Resultate, wie die Naturwissenschaften und die neuere Geschichte. „Es ist die Grundlegung der historischen Wissenschaft, daß die Archive der Vergangenheit geordnet werden."[30] Mommsen selbst hat mit dem CIL „ein kaum zu überbietendes Muster großartiger wissenschaftlicher Organisation geschaffen" und galt vielen als die Seele des „Großbetriebes" der Wissenschaften in Deutschland.[31] Die von ihm geleiteten Projekte beruhten auf planvoller und systematischer wissenschaftlicher Organisation sowie auf Arbeitsteilung.[32] Stefan Rebenich zufolge sicherte Mommsen den Erfolg „seiner" Unternehmungen vor allem durch drei Dinge: individuelle Arbeitsleistung, organisatorische Kompetenz und breite personelle Unterstützung.[33] In diesem Sinne wirkte Mommsen fast ein halbes Jahrhundert lang an der PAW, seit 1874 in der einflußreichen Position eines Sekretars der Akademie. Unter seiner Ägide wurden die Altertumswissenschaften zu einer Kernwissenschaft an der PAW ausgebaut.[34] Eine derartige Forschungsarbeit war damals konkurrenzlos, sie setzte Zeichen und war richtungsweisend.

Nach der Reichsgründung 1871 erhielt die PAW die Mitverantwortung für zwei große selbständige Reichsinstitute. Das Archäologische Institut in Rom wurde eng mit der PAW verbunden und zwar in der Weise, daß die philosophisch-historische Klasse der Akademie die Mitglieder der Zentraldirektion des Archäologischen Instituts wählte. Außerdem hatte die PAW das Recht, zwei leitende Mitarbeiter (Sekretäre) für die wissenschaftlichen Arbeiten in Rom vorzuschlagen.[35] In ähnlicher Weise wurden auch die Monumenta Germaniae Historica mit der PAW verknüpft. In die sich 1875 in Berlin konstituierende Zentraldirektion entsandten die Akademien zu Berlin, Wien und München je zwei Vertreter.[36] Die enge Verbindung zu den beiden großen Einrichtungen bedeutete einen Funktionsgewinn für die PAW, stärkte ihren Einfluß und entsprach ihrer im Kaiserreich beanspruchten Vorrangstellung, im Zentrum der Macht und des aufstrebenden Deutschen Reiches.[37] Die finanzielle Ausstattung entsprach dem jedoch keineswegs. Zwischen 1809 und 1864 war der Akademieetat in Höhe von 20.000 Talern nicht erhöht worden. Für wissenschaftliche Zwecke konnte die Akademie im Jahrzehnt

---

30 MB PAW 1858, S. 393-395 [395], Antrittsrede v. 8. Juli 1858.
31 Diels 1906, S. 626.
32 Rebenich 1997, S. 55ff.
33 Rebenich 1997, S. 93.
34 Rebenich 1999.
35 Harnack 1900, Bd. 1.2, S. 994.
36 Harnack 1900, Bd. 1.2, S. 995.
37 Grau 1993; Hohlfeld/Kocka/Walther 1999.

vor der Reichsgründung jährlich nur zwischen 1.500 und 3.000 Taler ausgeben. Damit aber ließ sich der nach 1850 begonnene „Umschwung des wissenschaftlichen Betriebes" nicht mehr bewältigen.[38] 1873 schilderte die Akademie ihre Lage in einem Memorandum[39] und erreichte eine Etaterhöhung auf 36.000 Taler im Jahr 1874, wodurch der für die wissenschaftlichen Unternehmungen zur Verfügung gestellte Betrag mehr als verdreifacht werden konnte.[40]

Am Leibniztag 1874 hielt Theodor Mommsen – auch unter dem Eindruck der Etaterhöhung – eine programmatische Akademierede, in der er das Verhältnis von Staat und Akademie bestimmte und den Führungsanspruch der PAW im Kaiserreich deutlich machte:

„Alle die wissenschaftlichen Aufgaben, welche die Kräfte des einzelnen Mannes und der lebensfähigen Association übersteigen, vor allem die überall grundlegende Arbeit der Sammlung und Sichtung des wissenschaftlichen Materials muss der Staat auf sich nehmen, wie sich der Reihe nach die Geldmittel und die geeigneten Personen und Gelegenheiten darbieten. Dazu aber bedarf er eines Vermittlers; und das rechte Organ des Staats für diese Vermittlung ist die Akademie. Sie wird in den meisten Fällen geeignete Vertreter des Fachs in sich selbst finden, zu denen nach Umständen Nichtakademiker hinzutreten können; sie wird in ihrer Gesamtheit Männer von allgemeinem gelehrten Interesse und Geschäftskunde zählen, die neben den eigentlich Sachverständigen an der Leitung solcher Unternehmungen zu betheiligen von unschätzbarem Werth ist. Sie wird ihre Schranken erkennen und nicht meinen die Initiative des wissenschaftlichen Schaffens im höchsten Sinne des Wortes entbehrlich machen oder auch hervorrufen zu können; aber sie wird treue Arbeiter ermitteln, die da, wo es die Natur der Sache verstattet, dem genialen Forscher den Weg bahnen und ihm es überlassen ihn zu finden wo nur er es kann. Sie muss die Schutzstatt der jungen Talente, die Vertreterin derjenigen Forscher werden, die noch nicht berühmt sind, aber es werden können. Wirken wir in diesem Sinn, so wirken wir im Sinn von Leibniz. [...] wirken wir aber auch recht im deutschen Sinn. [...] so sind zusammenfassende Unternehmungen, die den Kreis der eigenen Nation überschreiten, bisher nur in Deutschland gelungen, und unsere Akademie hat ihren wesentlichen Theil daran."[41]

In den Jahren nach 1874 erfuhr die akademische Forschungsarbeit einen Aufschwung und eine Erweiterung.[42] Dem ersten umfassenden Akademiebericht über die Unternehmungen im Jahre 1880 ist zu entnehmen, daß die Berliner Akademie der Wissenschaften Aktivitäten auf verschiedenen Arbeitsfeldern entwickelt hatte. Sie besaß für die Inschriftenkunde „das Privilegium", übernahm im Bereich

---

38 Harnack 1900, Bd. 1.2, S. 982.
39 Ausführlich dazu Hohlfeld/Kocka/Walther 1999.
40 Harnack 1900, Bd. 1.2, S. 998, Fn 1; Hohlfeld/Kocka/Walther 1999, S. 421.
41 MB PAW 1874, S. 449-458 [456f.], Rede am Leibniztag v. 2. Juli 1874.
42 Harnack 1900, Bd. 1.2, S. 1004; SB PAW 1896, Festrede von H. Diels.

der Altertumsforschung außerdem die Herausgabe der Aristoteles-kommentare (1874) und der PIR I-III. Mit der Herausgabe der Staatsschriften Friedrichs des Großen und seiner politischen Korrespondenz wurden an der Akademie erstmals Arbeiten auf dem Gebiet der neueren, insbesondere preußischen Geschichte begonnen. Auf naturwissenschaftlichem Gebiet betreute sie Werkausgaben bedeutender Mathematiker, in der Astronomie führte sie das von Bessel begonnene Sternkarten-Projekt zu Ende und ließ darüber hinaus eine Reihe von Spezialuntersuchungen auf dem Gebiet der beschreibenden Naturwissenschaften und der Erdkunde durchführen. Die Humboldt-Stiftung förderte Expeditionen nach Brasilien und Südafrika. Mit Unterstützung der PAW bereiste Eduard Sachau Mesopotamien, arbeitete Ernst Curtius über Athen und forschte Otto Hirschfeld über das südliche Kleinasien. Kurzum: Durch die Dotationserhöhung erhielt die PAW zum ersten Mal die Möglichkeit, „nicht bloss einzelne Gelehrte bei ihren Forschungen zu fördern, wie dies bis dahin fast ausschliesslich geschehen war, sondern auch grössere Unternehmungen und Berufungen hervorragender Männer aus eigener Initiative und im Wesentlichen auf eigene Verantwortung herbeizuführen."[43]

Um 1890 wurden ‚Großwissenschaft' und ‚Wissenschaftsorganisation' zu Schlüsselbegriffen der Akademieforschung, inspiriert von einer damals verbreiteten Organisationsrhetorik, bei der ‚groß' und ‚Organisation' zwei positiv besetzte Schlagwörter darstellten.[44] Der in Analogie zur Großwirtschaft gebildete Begriff ‚Großwissenschaft' wurde an der Berliner Akademie vermutlich im Zusammenhang mit der Wahl des Theologen und Kirchenhistorikers Adolf von Harnack zum ersten Mal verwendet. Auf dessen akademische Antrittsrede im Jahr 1890 hatte Theodor Mommsen erwidert: „Auch die Wissenschaft hat ihr soziales Problem; wie der Großstaat und die Großindustrie, so ist die Großwissenschaft, die nicht von einem geleistet, aber von einem geleitet wird, ein notwendiges Element unserer Kulturentwicklung, und deren rechte Träger sind die Akademien oder sollten es sein."[45] Wenige Jahre später benutzte Adolf von Harnack die Formulierung „Großbetrieb der Wissenschaft" und meinte damit eine organisierte, in „konzentrischen Kreisen" angeordnete und sich immer weiter ausdehnende Forschung.[46] Großwissenschaftliche Forschung betrieben an der PAW Theodor Mommsen, Adolf von

---

43 MB PAW 1880, S. 311-323 [315], Öffentliche Sitzung zur Vorfeier des Geburtsfestes Sr. Majestät des Kaisers und Königs, [Die wissenschaftlichen Unternehmungen der Akademie unter der Regierung Kaiser Wilhelms I].

44 Laitko 1999, S. 150-155.

45 SB PAW 1890, S. 792; vgl. Grau 1988, S. 250; Rebenich 1997; Irmscher 1984, Laitko 1999.

46 Harnack 1905, S. 194.

Harnack, Hermann Diels, Paul Fridolin Kehr (1860-1944, OM 1918) und Gustav Roethe (1859-1926, OM 1903). Sie verstanden sich als Wissenschaftsorganisatoren, wobei die Akademie für sie nur ein Wirkungsfeld neben anderen darstellte.[47]

Eine Vorreiterrolle spielte die PAW mit ihren altertumswissenschaftlichen Großprojekten. Obgleich sie in ihre Forschungsarbeit investierte, konnte die PAW mit den Entwicklungstendenzen in der Wissenschaft insgesamt aber nur schwer Schritt halten. Denn die wissenschaftliche Forschung fand zunehmend in Dimensionen statt, für die der Akademie die Mittel fehlten. Die Abschnitte zwei und drei skizzieren den Ausbau der Akademieforschung zwischen 1890 und 1945 und problematisieren das Modell der von Kommissionen geleiteten Unternehmungen. Das war die spezifische Organisationsform der Projekte, die oft entwicklungshemmend wirkte und die Forderung nach Gründung von Instituten laut werden ließ. Ein längerer Abschnitt vier befaßt sich mit dem Wandel der innerbetrieblichen Verhältnisse in den Unternehmungen.

2. Wachstum und Ausbau der Forschungsarbeit (1890-1945)

2.1 ZUNAHME DER WISSENSCHAFTLICHEN ARBEITEN UND SPEZIALISIERUNG (1890-1932)

In den 1890er Jahren und im frühen 20. Jahrhundert wurden zahlreiche wissenschaftliche Unternehmungen gegründet oder einige bereits bestehende Projekte von der PAW übernommen. So wurde zum Beispiel das 1896 von der Deutschen Zoologischen Gesellschaft begonnene Unternehmen Das Tierreich ab 1900 von der PAW fortgesetzt. Bedeutend länger arbeitete man schon am Deutschen Wörterbuch. Die Brüder Grimm hatten das Werk angefangen, dessen erster Band 1854 erschien. Bis zur Übernahme durch die Akademie 1908 existierte das Grimmsche Wörterbuch als ein Verlagsunternehmen ohne einheitliche Leitung und ohne eine zentrale Redaktion.[48] Auf die Zunahme der Akademieforschungsarbeit verweisen die Arbeitsberichte der Unternehmungen in den *Sitzungsberichten der PAW*. 1881 wurde über zehn akademische und mit der Akademie verbundene Unternehmungen und Stiftungen berichtet, im Jahr 1900 über 22 und 1910 über 29. 1930 wurden 48 Forschungsprojekte aufgelistet, zu deren Betreuung mehr als 20 Kommissionen

---

47 Vgl. dazu exemplarisch Rebenich 1997; Esch 1998; Judersleben 2000.
48 Braun 1987, S. 147.

eingesetzt worden waren.[49] Die Unternehmungen und Kommissionen der PAW sind in der Tabelle A.1 im Anhang aufgelistet. Nach ihrer disziplinären Zuordnung bildeten die altertumswissenschaftlichen Projekte einen Schwerpunkt. Im letzten Drittel des 19. Jahrhunderts kamen historische, kirchengeschichtliche, nach 1900 neuphilologische, insbesondere germanistische, und orientalistische Unternehmungen hinzu. In den Naturwissenschaften knüpfte die PAW an traditionelle akademische Forschungsgebiete an und förderte Arbeiten auf den Gebieten der Astronomie, systematischen Zoologie und Botanik sowie Mathematik.

In ihren wissenschaftlichen Unternehmungen bekannte sich die Akademie sowohl zur disziplinären Differenzierung als auch beruflichen Spezialisierung und wich damit im Bereich der Forschungsarbeit vom ansonsten streng gepflegten Paritätsprinzip ab. Eindeutig dominierten die geisteswissenschaftlichen Vorhaben, die naturwissenschaftlichen Projekte machten rund ein Viertel der Akademieforschung aus. Die PAW förderte auch auf dem Gebiet der Naturwissenschaften nur solche Projekte, die sich im Rahmen des Kommissionsmodells durchführen ließen. Denn sie verfügte nicht über die geeigneten Ressourcen für die mit einem großen technischen und finanziellen Aufwand betriebene experimentelle respektive Laborforschung, die das Bild der naturwissenschaftlichen und medizinischen Forschung im 20. Jahrhundert prägte.

Insgesamt konnte die PAW in den Bereichen, in denen sie eigene Forschungsarbeiten durchführte, durchaus Spitzenpositionen behaupten.[50] Die Akademiepublikationen standen im Ruf bester philologischer Tradition und besaßen ein hohes internationales Ansehen, auch weil die in Editionen und Lexika niedergelegten Ergebnisse eine „längere Verfallszeit" hatten.[51] Erkenntnisfördernd blieb die PAW auch auf dem Gebiet der von ihr vorrangig betriebenen deskriptiv-beobachtenden Naturforschung.[52] Tonangebend war sie aber am ehesten auf dem Gebiet der philologischen und historischen Grundlagenforschung geblieben, weil sie hier traditionsgemäß über langjährige Erfahrungen und Kompetenzen verfügte. Noch heute gilt etwa der Thesaurus linguae Latinae als eine Sozialisationsinstanz für den wissenschaftlichen Nachwuchs im Bereich der Latinistik.[53] Die Altertumswissenschaftler bildeten nicht nur die größte Gruppe unter den Mitgliedern der philosophisch-historischen Klasse, sie hatten häufig auch ihren Arbeitsschwerpunkt an der Akademie und nahmen selbst aktiv an den Unternehmungen teil. Auf die Alter-

---

49 MB PAW 1881; SB PAW 1900, 1910, 1930.
50 Hohlfeld/Kocka/Walther 1999.
51 Dainat 2000, S. 191.
52 Hohlfeld 2000.
53 Krömer 1995a.

tumswissenschaften entfielen die meisten Projekte (Tabelle A.1 im Anhang) und Mitarbeiterstellen bei der PAW vor 1945.

Durch die Konzentration auf Kernbereiche wurde in der Akademieforschung nicht mehr die Gesamtheit der Wissenschaft repräsentiert. Ihrem Ideal, die Wissenschaften umfassend zu vertreten, konnte die PAW somit auf dem Gebiet der Forschungsarbeit nicht mehr voll gerecht werden. Auch spiegelte die Akademieforschung die unterschiedlichen disziplinären Entwicklungen nicht mehr vollständig wider, so daß die Relevanz der Akademieforschung oft als nicht (mehr) richtungsweisend beurteilt und in Frage gestellt wurde. Vor allem die naturwissenschaftlichen Unternehmungen standen unter einem erheblichen Konkurrenzdruck, und es bestanden im Umgang mit diesen Projekten große Unsicherheiten. In Krisenzeiten, etwa nach dem Ersten Weltkrieg und in der Inflationszeit, erschienen die Vorhaben schnell als überflüssig. Unter dem Vorwand zu hoher Kosten und mit dem Hinweis auf ihre Langwierigkeit, auf Publikationsverzögerungen und Absatzschwierigkeiten galten sie zudem aus unternehmerischer Sicht als wenig rentabel. Naturwissenschaftliche Unternehmungen wie die Geschichte des Fixsternhimmels und Nomenclator animalium generum et subgenerum wurden in den 1920er Jahren evaluiert. Dazu wurden Denkschriften niedergelegt und Stellungnahmen von internen und externen Gutachtern eingeholt.[54] In beiden Fällen entschloß sich die PAW zur Fortführung der Unternehmungen, jedoch mit der Maßgabe, diese möglichst bald zu beenden.

Die philologischen und historischen Akademieprojekte wurden, obwohl auch sie gelegentlich Gegenwind zu spüren bekamen, nicht in Frage gestellt, aber sie mußten sich an ihren Postulaten messen lassen.[55] Auf die innerdisziplinären Entwicklungsverläufe schien die Akademieforschung kaum einen Einfluß zu haben, was vermutlich daran lag, daß die Kommissionsstruktur mit ihrer Schwerfälligkeit und Unflexibilität nur sehr begrenzte Möglichkeiten bot, um auf neue Entwicklungen zu reagieren geschweige denn zu agieren.

Mit dem Ausbau der wissenschaftlichen Unternehmungen stiegen die Ausgaben. Etwa ein Drittel des gesamten Akademieetats, der um die Jahrhundertwende ca. 260.000 Mark betrug, wurde für die Finanzierung der Forschungsprojekte bereitgestellt.[56] Obgleich

---

54 ABBAW, II-VII-21, Bl. 182, G. Müller, Denkschrift betreffend die Fortführung der „Geschichte des Fixsternhimmels" [1922]; ABBAW, II-VII-37, Bl. 126-129, R. Hesse an Sekretariat der PAW, Antrag auf Fortführung des „Nomenclator animalium generum et subgenerum" v. 13. Oktober 1937; vgl. dazu auch Bl. 145 Zirkular v. November 1937 u. Bl. 157 Kommissionsprotokoll v. 2. Dezember 1937.

55 Vgl. Dainat 2000.

56 Hohlfeld/Kocka/Walther 1999, S. 422.

vor dem Ersten Weltkrieg die Akademieforschung hauptsächlich aus Akademiemitteln finanziert wurde, gewannen ab 1880 die bei der Akademie errichteten Stiftungen an Bedeutung, insbesondere die Wentzel-Heckmann-Stiftung.[57] Indem die Akademie zur Mischfinanzierung ihrer Forschungsarbeit überging, folgte sie dem Trend und dem Vorbild anderer Forschungseinrichtungen.[58] Nach gewaltigen Einbrüchen infolge von Finanzkrise und Inflation zu Beginn der 1920er Jahre, bei der die Akademie fast ihr komplettes Vermögen verlor, war sie zudem nach 1924 auf Zuschüsse des preußischen Staates und Fördergelder der Notgemeinschaft der Deutschen Wissenschaft unbedingt angewiesen.

Im Jahre 1924 flossen 17,61 Prozent der Akademieausgaben in die akademische Forschung, Ende der 1920er und Anfang der 1930er Jahre rund ein Fünftel, 1936 sogar 43,37 Prozent.[59] Bis zum Beginn des Zweiten Weltkrieges stiegen demnach die für die wissenschaftlichen Unternehmungen bereitgestellten Mittel an, was u.a. durch die Umschichtung von Personalmitteln und die seit 1936 erfolgte Inanspruchnahme von Zuschüssen des Reiches für einige Projekte, die dem NS-Regime besonders wichtig erschienen, ermöglicht wurde.[60] Rechnet man die Personalausgaben für wissenschaftliche Beamte und sonstige Mitarbeiter in den Unternehmen dazu, die 1932 etwas weniger als die Hälfte der Gesamtausgaben der Akademie ausmachten, dann standen den Forschungsvorhaben de facto mehr Gelder zur Verfügung.[61] Dennoch nahm sich die vorwiegend geisteswissenschaftliche Akademieforschung, die ohne aufwendige technische Apparaturen, teure Instrumente und Geräte auskam, insgesamt bescheiden aus. Das läßt sich im direkten Vergleich mit dem Forschungsetat der KWG veranschaulichen: Während Anfang der 1930er Jahre die gesamten Einnahmen der PAW etwa zwischen 500.000 und 600.000 Reichsmark betrugen, lagen die der KWG bei mehr als vier Millionen Reichsmark.[62]

---

57 Fischer/Hohlfeld/Nötzoldt 2000, S. 538, Tabelle 7, Stiftungen der PAW und Stiftungsvermögen.

58 Burchardt 1975; vom Bruch/Müller 1990; für KWI: Witt 1990.

59 Fischer/Hohlfeld/Nötzoldt 2000, S. 528-539, bes. S. 535, Tabelle 6.

60 Fischer/Hohlfeld/Nötzoldt 2000, S. 532. Reichszuschüsse erhielten seit 1936 die Unternehmungen Deutsches Wörterbuch, Athanasius-Ausgabe und Atlas des deutschen Lebensraumes in Mitteleuropa.

61 Im Jahre 1930 – dafür liegen valide Angaben vor – betrugen die Ausgaben für Akademiemitarbeiter insgesamt 187.598 RM, das entspricht 58,77 Prozent aller Ausgaben für Besoldung und Personalausgaben. (Berechnet nach Fischer/Hohlfeld/Nötzoldt 2000, S. 535).

62 Fischer/Hohlfeld/Nötzoldt 2000, S. 533, Tabelle 4.

2.2 DIE WISSENSCHAFTLICHEN UNTERNEHMUNGEN 1933-1945

Nach 1933 wurde die Forschungsarbeit fortgesetzt, wenngleich einzelne Unternehmungen in die Interessensphären staatlicher Behörden einbezogen wurden und dies dazu führte, daß etwa die Arbeiten am Klimakundeatlas und die ozeanographischen Forschungen eingestellt wurden.[63] Die wissenschaftlichen Unternehmungen arbeiteten nach einmal festgelegten Arbeitsprogrammen und waren mit ihrer vorrangig auf Materialerschließung ausgerichteten Grundlagenforschung „paßfertig mit jedem politischen System."[64] Da sich die von Kommissionen geleiteten Unternehmungen einer raschen Umgestaltung nach dem „Führerprinzip" entzogen, erwies sich die Organisationsform nach 1933 sogar als ein Vorteil; formell wurden die Forschungsprojekte der Akademie nicht attackiert.[65] Der anscheinend ungestörte Fortgang der Arbeiten in den Unternehmungen wurde jedoch mit der Ausrichtung der Akademie nach dem „Führerprinzip" 1938/39 unterbrochen, als es zu Zugeständnissen und zur partiellen Neuausrichtung einzelner Unternehmungen kam und jüdische Mitarbeiter und Mitarbeiterinnen zum Ausscheiden gezwungen wurden.

Der Kommissionsvorsitzende des Jahrbuchs über die Fortschritte der Mathematik, Ludwig Bieberbach, verband seinen Neujahrsgruß 1938 an den Jahrbuch-Schriftleiter Helmut Grunsky (1904-1986) mit dem Wunsch:

„Möchte es Ihnen im Neuen Jahr vor allem nun endlich beschieden sein, die Juden aus Ihrem Mitarbeiterstab loszuwerden. Die Durchsicht der bisher erschienenen Hefte des Jahrgangs 1936 – von Heften früherer Jahrgänge will ich im Augenblick nicht reden – zeigt eine große Zahl an Juden vergebener Referate. Es sind zu viele, als daß ich eine zwingende Notwendigkeit einsehen könnte. [...] Ich betone erneut, daß Sie den Referentenstab nach den Richtlinien zusammensetzen müssen, die seit dem 30. Januar 1933 für jeden Deutschen verbindlich sind. Sie laufen jedenfalls Gefahr, daß Ihr Handeln als mangelnder politischer Instinkt ausgelegt werde. Was soll ich im Falle eines kürzlich von auswärts an mich herangetretenen Angriffs auf die Akademie sagen, der man es zum Vorwurf macht, daß sie [die Akademie] noch immer beim Jahrbuch jüdische Referenten beschäftige?"[66]

Personelle Einschnitte und Eingriffe waren auf eine „Arisierung" der Mitarbeiterschaft ausgerichtet. Nicht nur Kommissionsmitglieder

---

63 Grau/Schlicker/Zeil 1979, S. 284; Hohlfeld 2000.
64 Walther 2000.
65 Boehm 2000, S. 415 für die historischen Akademieprojekte.
66 L. Bieberbach an H. Grunsky v. 11. Januar 1938, abgedruckt in: Siegmund-Schultze 1993, S. 217.

wurden zum Austritt aus der Akademie gezwungen, sondern auch langjährige Mitarbeiter bei den Kommissionen verloren aus rassistischen oder politischen Gründen ihre Arbeitsaufträge und wurden so aus der Akademie vertrieben. Auf leitende Mitarbeiter wurde Druck ausgeübt, in diesem Falle auf den Mathematiker Grunsky, der selbst wenig später das Unternehmen verließ. Nach ihm wurde die Schriftleitung des renommierten *Jahrbuchs über die Fortschritte der Mathematik* in die Hände des Mathematikers und überzeugten Nationalsozialisten Harald Geppert (1902-1945) gelegt.[67] Bislang ist das ganze Ausmaß der Vertreibungen an der Akademie noch nicht erforscht worden. Es sind lediglich Einzelfälle bekannt, die teilweise gut dokumentiert sind. Nach bisherigen Kenntnissen wurden nachweislich mindestens 20 Mitarbeiter und Mitarbeiterinnen entlassen, zwangspensioniert oder massiv bedrängt.[68]

In der Akademiesatzung 1939 hieß es: „Die Akademie pflegt die Wissenschaft. Es ist ihre Aufgabe, im Bereich der Forschung dem Deutschen Volke zu dienen, deutsche Art und Überlieferung in der Wissenschaft zu wahren und die Weltgeltung der deutschen Forschung zu fördern."[69] Im erstmals 1939 herausgegebenen *Jahrbuch der PAW* wurden die Unternehmungen in einer neuen Reihenfolge präsentiert: Gegenüber den bis 1938 ausgegebenen *Sitzungsberichten der PAW* traten in der Präsentation die altertumswissenschaftlichen Unternehmungen eindeutig zurück. An erster Stelle rangierte die Leibniz-Edition, an zweiter die Deutsche Kommission, gefolgt vom Atlas des deutschen Lebensraumes in Mitteleuropa, der Geschichte des Deutschtums im Ostraum, der Preußischen Kommission, der Sammlung der deutschen Inschriften des Mittelalters und der Neuzeit (bis 1650) und dem Wörterbuch der deutschen Rechtssprache. Damit traten jene Bereiche hervor, die sich mit den wissenschaftspolitischen Präferenzen der Nationalsozialisten deckten.

Zum Prestige- und Vorzeigeprojekt der Akademie schlechthin avancierte die Leibniz-Ausgabe. 1939 wurde die Kommission aufgelöst und neu gewählt. In ihr übernahm der Akademiepräsident Theodor Vahlen den Vorsitz selbst. Sogleich erfolgte die Neuausrichtung des Arbeitsprogramms, das sich bisher vorwiegend auf die Bearbeitung der philosophischen Schriften von Leibniz konzentriert hatte. Nun wurde die Erschließung der mathematischen und naturwissenschaftlichen Arbeiten von Leibniz in den Vordergrund gerückt. Diese Teile des Leibniz-Nachlasses waren tatsächlich vernachlässigt worden, obwohl sie von Anfang an zum Programm gehörten. Daß deren Bearbeitung nun forciert betrieben wurde, sei

---

67 Siegmund-Schultze 1993.
68 Grau/Schlicker/Zeil 1979, Neugebauer 1999, Boehm 2000, Dainat 2000, Poser 2000, Thiel 2000, Rebenich 2001 und eigene Recherchen.
69 Hartkopf/Wangermann 1991, S. 144, Satzung der Akademie 1939, §1.

eindeutig politisch motiviert gewesen, so Hans Poser. Im Zusammenhang damit wurden langjährige Mitarbeiter und Mitarbeiterinnen ausgebootet und mußten die Akademie verlassen.[70] In der Deutschen Kommission waren die Leitungsfunktionen traditionell Akademieleitungsmitgliedern vorbehalten. Nach dem Tod von Gustav Roethe, der bis 1926 als Akademiesekretar gewirkt hatte, wurden sie aber nicht mehr von Germanisten eingenommen, sondern vom Juristen Ernst Heymann (Vorsitzender) und vom Indologen Heinrich Lüders (Stellvertreter), der das auch nach seinem Rücktritt als Akademiesekretar 1938 blieb. „Inhaltlich stehen die deutschen Forschungen voran", so Hermann Grapow im Jahre 1940.[71] Die Aufwertung der Germanistik im Nationalsozialismus war aber „eher symbolischer Art" – nach der Einschätzung von Holger Dainat folgte die Akademieforschung alten Idealen.[72] Bei den Geschichtsunternehmungen wurden ebenfalls Zugeständnisse gemacht. Laetitia Boehm wies darauf hin, daß sich die Mitarbeiter beim Projekt Sammlung deutscher Inschriften des Mittelalters und der Neuzeit einer dem „Dozentenlager" ähnlichen Mitarbeiterschulung unterziehen mußten.[73] Vorhaben wie der vom Geographen Albrecht Penck (1858-1945, OM 1906) geleitete Atlas des deutschen Lebensraumes in Mitteleuropa (1930) und das von Albert Brackmann (1871-1952, OM 1925) geleitete Projekt Geschichte des Deutschtums im Ostraum (1924) wurden aufgewertet, konzeptionell verändert und den politischen Verhältnissen paßfähig gemacht. Sie wurden als „Ostforschung" zwar in die Raumordnungspläne der Nationalsozialisten einbezogen, in der Praxis wirkte sich das aber kaum aus, denn im Unternehmen Geschichte des Deutschtums im Ostraum wurden mangels geeigneter Mitarbeiter keine neuen Aufgaben begonnen.[74] Die nach 1938 konzipierten Unternehmungen waren in der Regel politisch motiviert. So lag der 1941 unter Vorsitz von Eugen Fischer (OM 1937) eingesetzten Kommission zur Erforschung Weißafrikas eindeutig eine rassistische und expansionistisch-kolonialistische Konzeption zugrunde. Dieses und andere Projekte kamen jedoch über die Planungsphase nicht hinaus und wurden letztlich wegen massiver Personalprobleme nicht realisiert.[75] Insgesamt sind hierzu weitere detaillierte Untersuchungen wünschenswert, die das Bild vom „ungestörten Fortgang der Akademieforschung" in den Jahren 1933 bis 1945 präzisieren und sich mit dem nach 1945 an der

---

70 Poser 2000, S. 385-387; Grau/Schlicker/Zeil 1979, S. 288-292.

71 Grapow 1940, S. 36.

72 Dainat 2000, S. 188f.

73 Boehm 2000.

74 Jb. PAW 1939, S. 55.

75 Walther 2000, S. 117.

Akademie gepflegten Mythos der Unbelastetheit kritisch auseinandersetzen.

Erstmals wurde nach 1933 der Versuch gemacht, in den Unternehmungen experimentelle Forschung durchzuführen. So wurde die Ernest-Solvay-Forschungsstelle (1938) für die physikalischen Arbeiten der beiden Physiker Peter Debye (1884-1966, KM 1920, OM 1936) und Hans Geiger (1882-1945, OM 1937) gegründet.[76] Auch die 1939 auf Initiative des Biologen und KWI-Direktors, Fritz von Wettstein (1895-1945, OM 1935), geplante Gründung einer Arbeitsgemeinschaft Evolutionsforschung war teilweise auf experimentelle Forschungen ausgerichtet. Evolutionsbiologie stand damals im Zentrum genetischer Forschungen. Unter Federführung der Akademie und in Verbindung mit der Kaiser-Wilhelm-Gesellschaft sollte eine Zentralstelle für experimentelle und biogeographische Evolutionsforschung aufgebaut werden. Das Ziel des Gemeinschaftsprojektes von Biologen, Geographen, Geologen, Meteorologen und Paläontologen wurde in breit angelegten „Arbeiten zur Erforschung der Mikro- und Makroevolution der Organismen", in der „Einführung neuer Methoden und Arbeitsrichtung in die Evolutionsforschung" und in der „Organisation des Sammelns und der wissenschaftlichen Bearbeitung von tierischen und pflanzlichen Objekten für die Evolutionsforschung" gesehen.[77] Wegen des Krieges und aus politischen Gründen kam das Vorhaben nicht über seine Anfänge hinaus. Die distanzierte Haltung von Kommissionsmitgliedern gegenüber dem Nationalsozialismus habe „der Akademieleitung nicht die Gewähr dafür [geboten], daß sie das neue Unternehmen in der von ihr vertretenen politisch-ideologischen Richtung führten."[78]

Im Zweiten Weltkrieg mußten die Unternehmungen weitere Einschnitte hinnehmen. Mit Kriegsbeginn wurden viele männliche Mitarbeiter zur Wehrmacht eingezogen, was zur Verstärkung der Personalprobleme führte, denn die Akademieprojekte waren bereits durch politisch motivierte Entlassungen geschwächt worden. Hinzu kamen technische Probleme wie Papiermangel und Druckschwierigkeiten. Das erst 1939 gegründete *Jahrbuch der PAW*, welches die *Sitzungsberichte der PAW* ablöste, erschien ab 1944 nicht mehr. Im Herbst 1943 begann die Akademie mit der Evakuierung beziehungsweise Auslagerung von Bibliotheksbeständen, Archiven und Arbeitsmate-

---

76 Grau/Schlicker/Zeil 1979, S. 301-303.

77 Zit. nach Grau/Schlicker/Zeil 1979, S. 313.

78 Grau/Schlicker/Zeil 1979, S. 312f. [313]. Der im April 1939 von der mathematisch-naturwissenschaftlichen Klasse eingesetzten Kommission gehörten die OM Max Hartmann (Vorsitzender), Ludwig Diels, Richard Hesse, Alfred Kühn, Hans Stille, Wilhelm Trendelenburg, Fritz von Wettstein an sowie als außerakademische Mitglieder Friedrich Seidel, Nikolai W. Timoféeff-Ressovsky und Karl Eller.

rialien. Durch Bombenangriffe wurde das Akademiegebäude schwer beschädigt. Viele Mitglieder und Mitarbeiter verließen die Stadt. Zwei Jahre vor Kriegsende waren in knapp der Hälfte der etwa 50 Unternehmungen die Arbeiten eingestellt worden, in den übrigen wurden sie mit wenig Personal zwar fortgeführt, schritten aber nur langsam voran, druckfertige Manuskripte wurden so gut wie keine hergestellt.[79] Nach dem Krieg wurden die Arbeiten in den Akademieprojekten fortgesetzt. An der 1946 als DAW wiedereröffneten Wissenschaftsakademie bildeten die Unternehmungen etwa ein Drittel ihrer insgesamt 33 wissenschaftlichen Einrichtungen.[80]

3. Neue Arbeitsteilungen und Organisationsformen der Forschung

3.1 INTERAKADEMISCHE ZUSAMMENARBEIT UND GROSSWISSENSCHAFT

Im Bereich der akademischen Forschungsarbeit eröffneten die überregionalen Zusammenschlüsse von Akademien seit den 1890er Jahren neue Optionen der Kooperation und Arbeitsteilung auf nationaler und auf internationaler Ebene. 1893 wurde das Kartell deutschsprachiger Akademien gebildet, 1899 die Association internationale des Académies (IAA) gegründet.[81] Die PAW gehörte der IAA seit ihrer Gründung an, trat dem Kartell aber erst 1906 bei, obwohl sie an seinem Zustandekommen maßgeblich beteiligt gewesen war. Vermutlich trat die PAW aus „gekränkter Eitelkeit" nicht sofort dem Kartell bei, weil ihr dort die beanspruchte Führungsrolle nicht zugebilligt wurde.[82] Das Zustandekommen der überregionalen Zusammenschlüsse wurde ganz wesentlich von dem Wunsch bestimmt, gemeinsame größere Arbeitsvorhaben durchzuführen und finanziell abzusichern.[83] Vom Kartell der deutschsprachigen Akademien, dem die Akademien in Göttingen, München, Leipzig, Wien und Berlin angehörten, wurden beispielsweise der Thesaurus linguae Latinae und das Ägyptische Wörterbuch getragen. Mit der IAA standen die Leibniz-Ausgabe und das Corpus Medicorum Graecorum in Verbindung.

Zu einem Symbol großwissenschaftlicher Zusammenarbeit wurde der Thesaurus linguae Latinae. Eine vom Breslauer Philologen Martin Hertz (1818-1895) ausgearbeitete Denkschrift (1891) hatte

---

79 Jb. DAW 1946-1949, S. 45ff., J. Naas, Bericht über die Arbeit der Akademie seit 1. August 1946.

80 Nötzoldt 1997, S. 126.

81 Hierzu zuletzt ausführlich Gierl 2004.

82 Grau 1993; Grau 1999; Laitko 1999.

83 Grau 1993, S. 191; Laitko 1999; Schroeder-Gudehus 1999; Gierl 2004.

der PAW zur Stellungnahme vorgelegen und war von Theodor Mommsen positiv begutachtet worden.[84] Aber erst durch den Kartell-Zusammenschluß der deutschen Akademien wurde dem Thesaurus-Projekt der Weg bereitet.[85] In einer gemeinsamen Tagung von Vertretern aller fünf deutschsprachigen Akademien des Kartells im Haus des Berliner Gelehrten Hermann Diels wurde der ThlL im Oktober 1893 aus der Taufe gehoben.[86] Seine Laufzeit wurde auf zwei Jahrzehnte konzipiert, und es wurden Kosten von jährlich 50.000 Mark veranschlagt.[87] Mit den damals auf eine Million Mark geschätzten Gesamtkosten war das Thesaurus-Projekt teurer als alle bis dahin geförderten wissenschaftlichen Unternehmungen. Ohne die Übernahme der Kosten durch die Trägerakademien wäre das Unternehmen nicht zustande gekommen, und es erwies sich als ein wesentlicher Vorzug, daß die Projektfinanzierung auf die Akademien des Kartells aufgeteilt werden konnte. Der im Jahre 1893 aus je einem Abgesandten der Trägerakademien sowie kooptierten Einzelmitgliedern gebildeten Kommission gehörten als Gründungsmitglieder Hermann Diels (1893-96 Vorsitzender) und Ulrich von Wilamowitz-Moellendorff (1848-1931, KM 1891, OM 1899) als Vertreter der PAW, Friedrich Leo (1851-1914, KM 1906) als Vertreter der Göttinger Akademie, Otto Ribbeck (1827-1898, KM 1896) als Vertreter der Sächsischen Akademie, Eduard Wölfflin (1831-1908) als Vertreter der Bayerischen Akademie und Wilhelm von Hartel (1839-1907, KM 1893) als Vertreter der Wiener Akademie sowie als Einzelmitglied Franz Bücheler (1837-1908, KM 1882, AM 1899) an. Die Arbeiten am Thesaurus begannen 1894. In Göttingen (1894-1899) und München (seit 1894) wurden Arbeitsstellen eingerichtet, die jeweils von einem Direktorium (1893-1899) geleitet wurden, ehe 1899 das Material und die Arbeiten in München zusammengeführt wurden und ein „Generalredaktor" die Leitung der Arbeitsstelle übernahm.[88]

Ein Beispiel für die damals erst wenig erprobte und mitunter schwierige Zusammenarbeit der Akademien auf internationaler Ebene ist die Leibniz-Edition (1901). In ihrer ersten Versammlung 1901 beauftragte die IAA in Paris die beiden französischen Akademien, Académie des Sciences morales et politiques und Académie

---

84 SB PAW 1891, S. 671-689, M. Hertz/Th. Mommsen, Gutachten über das Unternehmen eines lateinischen Wörterbuchs; wieder abgedruckt in: Krömer 1995, S. 127-144.

85 Krömer 1995a, S. 16.

86 Krömer 1995, S. S. 157-161, Ed. Wölfflin, Protokoll der Berliner Konferenz v. 21./22. Oktober 1893.

87 SB PAW 1891, S. 671-689 [689], M. Hertz/Th. Mommsen, Gutachten über das Unternehmen eines lateinischen Wörterbuchs; wieder abgedruckt in: Krömer 1995, S. 127-144 [143].

88 Krömer/Flieger 1996, S. 181ff. Personenverzeichnis 1893-1995.

des Sciences, sowie die PAW in Berlin mit der Vorbereitung einer wissenschaftlich vollständigen Leibniz-Ausgabe.[89] Obschon es bereits einige Leibniz-Ausgaben gab, war das Bedürfnis nach einer von Fachwissenschaftlern erarbeiteten philologisch-kritischen Ausgabe vorhanden. Die ins Auge gefaßte chronologisch und wissenschaftlich vollständige Ausgabe erforderte umfangreiche Vorarbeiten, denn der Leibniz-Nachlaß war in ganz Europa verstreut. Zunächst wurden alle Handschriftenbestände erhoben und verzeichnet. Daraus entstand ein handgeschriebener Katalog aller verfügbaren Leibniz-Handschriften von 75.000 Zetteln in Folio, die aus Kostengründen nicht vollständig publiziert wurden.[90]

Ab 1907 wurde die interakademische Leibniz-Ausgabe im Namen der IAA von den genannten drei Akademien ausgeführt. Die Akademien in Paris betrauten als Direktoren den Mathematiker Henri Poincaré (1854-1912, KM 1896) und den Philosophen Emile Boutroux (1845-1921, KM 1908-1916). Die PAW setzte 1907 eine klassenübergreifende Kommission unter der Leitung von Max Lenz (1850-1932, OM 1896) ein, der Wilhelm Dilthey (1833-1911, OM 1887), Adolf von Harnack, Reinhold Koser (1852-1914, OM 1896), Max Planck, Erich Schmidt (1853-1913, OM 1895), Hermann Amandus Schwarz (1843-1921, OM 1892) und Carl Stumpf (1848-1926, OM 1895) angehörten. Die Arbeitsaufteilung zwischen den Akademien wurde dahingehend verabredet, daß in den Zuständigkeitsbereich der Pariser Akademien die Herausgabe der mathematischen, erkenntnistheoretischen, logischen, naturwissenschaftlichen, medizinischen, juristischen und naturrechtlichen Schriften fiel. Die PAW übernahm die Herausgabe der politischen, staats- und volkswirtschaftlichen, der historischen und philologischen Schriften, der ethnologisch-geologischen Protogaea, dazu jener Schriften, die sich auf die Organisation der wissenschaftlichen Arbeit in gelehrten Gesellschaften und anderen Anstalten bezogen, sowie der gesamten Briefe und Denkschriften.[91] Mit der „speziellen Leitung" dieser Arbeiten wurden auf französischer Seite Albert Rivaud (1876-1955) und auf deutscher Seite Paul Ritter (1872-1954), ein Schüler von Max Lenz, betraut.

Die Leibniz-Edition steht exemplarisch für die damals neue interakademische Zusammenarbeit. An ihrer Unerprobtheit wird aber deutlich, daß die neuen Arbeitsteilungen durchaus brüchig und instabil waren. Brigitte Schroeder-Gudehus hat daher zu Recht vor einer zu großen und vorschnellen Idealisierung dieser neuen Koope-

---

89 SB PAW 1907, Bd. 2, S. 617-623, Bericht von W. v. Waldeyer über die Entstehung und Entwicklung des Planes; SB PAW 1908, Bd. 1, S. 92-95, Bericht von M. Lenz; Schepers 1999, S. 293.

90 Poser 2000, S. 379.

91 SB PAW 1907, Bd. 2, S. 622, Bericht von W. v. Waldeyer.

rationsformen gewarnt;[92] so führte der Erste Weltkrieg zum Ende dieses Projektes, weil nationale Vorurteile nicht überwunden werden konnten. Die Leibniz-Ausgabe wurde nach dem Ersten Weltkrieg ohne französische Beteiligung von der PAW allein verwaltet.[93]

Ebenfalls unter der Schirmherrschaft der IAA stand das Projekt Corpus Medicorum Graecorum (1901), dessen Ziel in der textkritischen Edition von Schriften bedeutender griechischer (und lateinischer) Mediziner der Antike bestand. Der Plan für dieses Unternehmen ging aus der persönlichen Freundschaft zwischen Hermann Diels und dem dänischen Gelehrten Johan Ludvig Heiberg (1854-1928, KM 1896) hervor und wurde als ein Gemeinschaftsunternehmen der PAW, der Königlichen Gesellschaften der Wissenschaften zu Kopenhagen und der Sächsischen Akademie der Wissenschaften zu Leipzig realisiert.[94] Die Projektoberleitung oblag einer von der Assoziation gewählten autonomen Kommission, der neben Diels (Berlin, Obmann) und Heiberg (Kopenhagen) auch die Gelehrten Johannes Ilberg (1860-1930) für die Sächsische Akademie, Theodor Gomperz (1832-1912, KM 1893) für die Akademie in Wien, Friedrich Leo für die in Göttingen, Ingram Bywater (1840-1914, KM 1887) für die in London und Karl Krumbacher (1856-1909) für die Bayerische Akademie in München angehörten. Auf der Grundlage eines von der Kopenhagener Akademie und der PAW aufgenommenen Handschriftenkatalogs antiker Ärzte wurden die Arbeiten so aufgeteilt, daß die drei Akademien den griechischen Teil bearbeiteten und das Kuratorium der bei der Universität Leipzig bestehenden Puschmann-Stiftung den lateinischen Teil übernahm.[95] Für ihren Arbeitsteil setzte die Berliner Akademie eine aus Ulrich von Wilamowitz-Moellendorff und Hermann Diels bestehende Kommission ein. Der Berliner Privatdozent und Diels-Schüler Johannes Mewaldt (1880-1964, KM 1924) wurde zum Redakteur des CMG ernannt.

---

92 Schroeder-Gudehus 1999.
93 SB PAW 1921, Bericht von Erdmann; SB PAW 1922, Bericht von C. Stumpf, S. LIf., Neuer Plan der interakademischen Ausgabe; Poser 2000, S. 381-383.
94 SB PAW 1908, S. 95f., Bericht von H. Diels; SB 1922, Bericht v. H. Diels; Irmscher 1984.
95 Abhh. PAW, phil.-hist., 1905, III., S. 1-158; 1906, I., S. I-XXIII u. S. 1-115; 1907, II., S. 1-72, H. Diels, Bericht über den Stand des interakademischen Corpus medicorum antiquorum und Erster Nachtrag zu den in den Abhh. 1905 und 1906 veröffentlichten Katalogen: Die Handschriften der antiken Ärzte, I. und II. Teil.; BBAW 2004.

3.2 KOMMISSIONEN UND INSTITUTE ALS ORGANISATIONSFORMEN DER FORSCHUNG

Die interakademisch organisierten Vorhaben basierten wie die von der PAW allein betriebenen Projekte auf dem Kommissionsmodell. Diese Organisationsform bildete den gleichbleibenden strukturellen Rahmen der Forschungsarbeit. Für die Kernbereiche akademischer Forschung wurden nach 1900 sogenannte Fachkommissionen gebildet: die Deutsche Kommission (1903), die Orientalische Kommission (1912), die Kommission für Griechisch-römische Altertumskunde (1921), die Preußische Kommission (1923), die (Spanische) Romanische Kommission (1927/36) und die Slawische Kommission (1932). Die 1891 gegründete Kirchenväter-Kommission (Kommission für die Herausgabe der griechischen christlichen Schriftsteller) wurde 1940 in Kommission für spätantike Religionsgeschichte umbenannt. Ihnen waren jeweils mehrere Unternehmungen zugleich unterstellt. Die Deutsche Kommission betreute 1939 insgesamt 16 Unternehmungen und war damit zur größten Kommission an der PAW geworden.[96] Zu ihren Arbeitsvorhaben zählten die Inventarisierung der literarischen Handschriften deutscher Sprache bis ins 16. Jahrhundert (Handschriftenarchiv), die Deutschen Texte des Mittelalters, die von Konrad Burdach geleiteten Forschungen zur neuhochdeutschen Schriftsprache (Vom Mittelalter zur Reformation), das Deutsche Wörterbuch, außerdem Mundartwörterbücher und weitere Editionsprojekte.

Sie dienten gemäß dem Programm der Kommission *einem* Ziel: der Erforschung der deutschen Sprache und Literatur. Die Aufgaben waren immens, das Unternehmensziel war allgemein formuliert; wann es erreicht sein würde, blieb offen und unbestimmt.[97] Nach Gustav Roethe, dem Kommissionsvorsitzenden, lag es „im Wesen der Organisation [akademischer Arbeit], [...] daß sie Aufgaben angreift, die unter einheitlicher Leitung doch von einer Vielheit betrieben werden und die den ersten grundlegenden Leiter überleben können."[98] Von einer Abschließbarkeit in einem überschaubaren Zeitraum war hier keine Rede. Angesichts der allgemein gehaltenen Zielvorgabe war es sogar möglich, das Programm ohne größere

---

96 Jb. PAW 1939, S. 31-33.

97 In Analogie zum Thesaurus linguae Latinae sprach Gustav Roethe vom Thesaurus linguae Germanicae, konkretisierte aber diesen Gedanken zu keinem Zeitpunkt. Vermutlich schwebte ihm ein Vorhaben gigantischen Ausmaßes vor, bei dem das Deutsche Wörterbuch lediglich eine Vorstufe und die Mundartwörterbücher „Trittstufen" bilden sollten. Später wurde Roethe deshalb „mangelnder Realitätssinn" vorgeworfen und nach seinem Tod der Gedanke nicht mehr erwähnt. (Hübner 1937; Judersleben 2000).

98 Roethe 1913, S. 48.

Schwierigkeiten endlos zu erweitern und neue Unternehmungen einzugliedern. Eine grundlegende Reform erfuhren dabei weder das Programm noch die Kommissionsstruktur.[99] Insgesamt führte das nicht nur bei der Deutschen Kommission zu Problemen, weil Form und Inhalt beziehungsweise der Rahmen und die Aufgaben immer weniger zusammenpaßten. Dieses Mißverhältnis wirkte sich auf die Situation der bei den Kommissionen beschäftigten Mitarbeiter und Mitarbeiterinnen aus, worauf in den Kapiteln IV und V näher eingegangen wird.

Die Deutsche Kommission wurde als eine „geschlossene Einheit" gegründet. Dagegen entstand die Kommission für Griechisch-römische Altertumskunde „aus einer Reihe verschiedener Kommissionen, die nur zufällig alle aus denselben Mitgliedern zusammengefaßt ist."[100] Die Bildung von Fachkommissionen stellte eine Zentralisierung und Bündelung von Ressourcen dar und trug vor allem zur personellen Entlastung der Akademiemitglieder selbst bei. Denn die Befreiung von unnötigen Mehrfachmitgliedschaften und damit verbundenen Kommissionssitzungen bedeutete für die Akademiemitglieder wenigstens einen Zeitgewinn. Vermutlich ließ sich auch tatsächlich die Arbeitsorganisation effizienter gestalten, wenn disziplinär zusammengehörende Unternehmungen wie Abteilungen einem einheitlichen Leitungsgremium unterstellt wurden.

Indem die PAW an der Organisationsform der von Kommissionen geleiteten Unternehmungen festhielt, folgte sie dem Akademieideal und habe sich dabei vom Gedanken der fächerübergreifenden Kooperation der Akademiemitglieder leiten lassen, so der Akademiehistoriograph Adolf von Harnack. Er selbst hat mit Blick auf den in den Akademiestatuten 1881 neu gefaßten Passus über die wissenschaftlichen Unternehmungen darauf hingewiesen, daß diese Fassung nicht ausreiche und es dieser Paragraph sein werde, „den die fortschreitende Entwicklung der Akademie ausgestalten muß."[101] Diese Formulierung ließ Zweifel an der Kommissionsstruktur als der einzigen Option für die Organisation von Forschungsarbeit aufkommen. Der Passus über die Forschungsarbeit in den Statuten hielt grundsätzlich auch die Möglichkeit für andere Organisationsformen an der PAW offen.[102]

Seit der Jahrhundertwende wurde das Bedürfnis nach Dauereinrichtungen offen artikuliert. Zur Einrichtung von Dauerstellen für Mitarbeiter bei den Kommissionen äußerte sich vermutlich erstmals 1898 Adolf von Harnack gegenüber Theodor Mommsen, wobei

---

99   Dainat 2000, S. 177.

100   ABBAW, II-IV-15, Bl. 39.

101   Harnack 1900, Bd. 1.2, S. 1006.

102   Walther 1999; vgl. dazu Hartkopf/Wangermann 1991, S. 138, Statuten 1881, §40.

es nicht nur um die personelle Absicherung der Unternehmungen ging, sondern auch um deren Institutionalisierung.[103] Als die philosophisch-historische Klasse zum 200jährigen Akademiejubiläum drei neue Mitgliederstellen „vorzugsweise für deutsche Sprachwissenschaft" erhielt, forderte die Akademie beim Preußischen Kultusministerium die Einrichtung eines akademischen Instituts mit Stellen für „Hilfskräfte", um eine planvolle und organisierte germanistische Forschung zu installieren, wie sie an der Akademie im Bereich der griechisch-römischen Altertumskunde seit langem durchgeführt und auf dem Gebiet der altchristlichen Kirchengeschichte angefangen wurde.[104] In einer unter Federführung von Karl Weinhold (1823-1901, OM 1889) und Erich Schmidt ausgearbeiteten Denkschrift hieß es: Die Akademie erblicke „in der Besetzung der neuen Stellen für deutsche Sprache die nächsten Ausgangspunkte zwar für große wissenschaftliche Unternehmungen", aber sie glaube und hoffe, „dieselben werden ihren künftigen Herd in einem akademischen *deutschen Institut* finden, das der Mittelpunkt für die Erforschung des ganzen deutschen Lebens in Vergangenheit und Gegenwart sein wird."[105] Wenige Jahre später forderte die PAW im Zusammenhang mit der Gründung der Orientalischen Kommission erneut eine „Anstalt" mit mindestens zwölf Mitarbeiterstellen.[106]

Die Akademie bejahte Institute nicht nur als eine Organisationsform von Forschung, sondern forderte mehrfach ihre Einrichtung ein, nicht zuletzt unter dem Eindruck des raschen Aufstiegs der Kaiser-Wilhelm-Institute, die in der Berliner Forschungslandschaft die Überlegenheit des Forschungsinstituts augenfällig hervorhoben. Die Institute waren mit Stellen ausgestattet und boten Wissenschaftlern berufliche Alternativen außerhalb der universitären Laufbahn. Demgegenüber war die Kommissionsstruktur unflexibel, um auf Veränderungen des Wissenschaftssystems reagieren zu können.[107] Die in den Akademieprojekten geleistete Forschungsarbeit war starr an die Umsetzung der einmal festgelegten Arbeitsprogramme gebunden, so daß auch die Gefahr bestand, zentrale Funktionen

---

103 Rebenich 1999, S. 210f.

104 SB PAW 1905, Bd. 1, S. 694-707 [694-697], Generalbericht über Gründung, bisherige Tätigkeit und weitere Pläne der Deutschen Kommission. Aus den Akten zusammengestellt; Zur Gründung der Deutschen Kommission vgl. Roethe 1913; Judersleben 2000.

105 SB PAW 1905, Bd. 1, S. 694-707 [695], Generalbericht über Gründung, bisherige Tätigkeit und weitere Pläne der Deutschen Kommission. Aus den Akten zusammengestellt. Nachdruck verlieh die Akademie ihrer Forderung zugleich in einem Immediatgesuch an Seine Majestät v. 22. Juni 1900. Auszug ebd., S. 695f.

106 Grapow 1950; SB PAW 1923, S. XXVIII-XXXV, Bericht von Ed. Meyer.

107 vom Brocke 1999, bes. S. 144-147.

an konkurrierende Einrichtungen zu verlieren. Hochschulfreie berufliche Alternativen wurden zudem damals in den großen wissenschaftlichen Bibliotheken und Museen eröffnet und stellten eine Konkurrenz für die Akademie dar.

In ihrer *Denkschrift über die Erweiterung ihrer Tätigkeit* aus dem Jahre 1930 sprach die PAW offen aus, daß sie Aufgaben sehr unterschiedlicher Art durchführte und manche von ihnen nicht abschließbar waren.[108] Zum einen betreute sie Projekte, „deren Ziele fest begrenzt sind und die daher in absehbarer Zeit gelöst werden können", wie die Leibniz-Ausgabe, die Acta Borussica, die Geschichte des Fixsternhimmels, die Dialektwörterbücher und das Wörterbuch der deutschen Rechtssprache. Zum anderen unterhielt sie Projekte, „deren Vollendung [...] sofort die Fortsetzung der Arbeit in erweitertem Umfange bedingt" (Ägyptisches Wörterbuch, Deutsches Wörterbuch), die „überhaupt fortlaufend sind" (Biographisches Jahrbuch, Jahrbuch über die Fortschritte der Mathematik, Deutsche Literaturzeitung) oder wegen ihres Umfanges „in absehbarer Zeit nicht vollendet werden können" (Das Tierreich, Das Pflanzenreich, Sammlung der griechischen und lateinischen Inschriften, griechisches Münzwerk, Arbeiten der Kirchenväterkommission, Corpus Medicorum Graecorum, Ausgabe der Texte zur Geschichte des römischen und kanonischen Rechts im Mittelalter, Forschungen im Bereich der Orientalistik). Weiter hieß es:

> „Zur Organisation und Überwachung dieser Arbeiten hat die Akademie bisher Kommissionen aus der Zahl ihrer Mitglieder ernannt. Für die Bearbeitung hat sie in immer wachsendem Maße außerakademische Mitarbeiter herangezogen, teils fest angestellte wissenschaftliche Beamte, teils vorübergehend oder auch dauernd beschäftigte wissenschaftliche Hilfsarbeiter. Die Akademie ist der Ansicht, daß an der Organisation durch die Kommissionen festgehalten werden muß für solche Unternehmungen, die beschränkteren Umfanges sind oder die voraussichtlich in einer bestimmten Zeit zum Abschluß gelangen. Dagegen hält sie es für richtig, für dauernde umfassende Unternehmungen die Form des Instituts zu wählen, an dessen Spitze ein von der Akademie aus ihren Mitgliedern gewählter Direktor steht. Ein ebenfalls von der Akademie aus ihren Mitgliedern oder außerhalb der Akademie stehenden Gelehrten gebildeter Ausschuß sollte ihm als wissenschaftlicher Beirat zur Seite stehen. Die Akademie glaubt, daß durch diese Form nicht nur eine straffere und einheitlichere Organisation der Arbeit verbürgt, sondern auch die stete Fortführung des Unternehmens gesichert wird. Auch werden die Bestrebungen der Akademie nach außen hin deutlicher hervortreten; das Institut sollte für die gesamte Gelehrtenwelt den Mittelpunkt der Forschung auf dem Gebiete, dem es gewidmet ist, bilden."[109]

---

108 Hartkopf/Wangermann 1991, S. 301-310.
109 Hartkopf/Wangermann 1991, S. 303.

Teilweise an ihre früheren Forderungen anknüpfend, beantragte die Akademie beim Preußischen Ministerium für Wissenschaft, Kunst und Volksbildung daher, erstens: bestehende Kommissionen umzuwandeln und jeweils ein Institut zu begründen für griechisch-römische Epigraphik, für Geschichte der Wissenschaft im Altertum, für Patristik, für buddhistische Forschung und ein Deutsches Institut; zweitens: die Angliederung von bestehenden Instituten wie dem Astrophysikalischen Observatorium und dem Preußischen Meteorologischen Institut an die Akademie und drittens: die Begründung eines Forschungsinstituts für theoretische Physik.

Die Bemühungen der Akademie, eigene Institute zu errichten beziehungsweise Kommissionen in dauerhafte Institute umzuwandeln, scheiterten an finanziellen und strukturellen Gründen.[110] Holger Dainat hat für die Akademieforschung auf dem Gebiet der Germanistik zudem die „mangelnde Ausstrahlung geisteswissenschaftlicher Kollektivforschung auf ein größeres Publikum" und der fehlende Rückhalt für eine solche Forderung in der Öffentlichkeit mit zu den Gründen gezählt, an denen die Schaffung eines Forschungsinstituts für deutsche Sprache und Literatur gescheitert sei.[111] Äußerlich wurde die Organisationsform der von Kommissionen geleiteten Unternehmungen nicht verändert. Die Kommissionsstruktur wirkte jedoch mit ihren starren Rahmenbedingungen oft hemmend. „Die innere Organisation der Akademie", so Arthur Hübner (1885-1937, OM 1932) mit Blick auf die Deutsche Kommission, erschwere die freie Entwicklung der Unternehmungen. „Das Unternehmen steckte in der Deutschen Kommission; die Kommission steckte in der historisch-philosophischen Klasse; die Klasse war die eine Hälfte der Gesamtakademie: schon rein geschäftsmäßig konnte das zu Hemmungen führen. Aber nach dem Aufbau der Akademie gab es keinen anderen Ansatzpunkt."[112]

Die akademischen Kommissionen stellten lockere Verbünde dar, die in den Projektvorbereitungsphasen wichtig waren, aber oft nicht geeignet waren, die Unternehmungen straff zu organisieren und effizient zu leiten.[113] Die Bewältigung der umfangreichen Aufgaben führte unterdessen in den Forschungsprojekten zu einer mehr betriebsförmigen und arbeitsteiligen Organisation der Forschungsar-

---

110 Hohlfeld/Kocka/Walther 1999; Fischer/Hohlfeld/Nötzoldt 2000; vom Brocke 1999, S. 146 weist darauf hin, daß von der Forschung noch nicht hinreichend untersucht und schlüssig geklärt worden sei, warum der PAW Forschungsinstitute versagt blieben und unter Ausnutzung der Kompetenz der Akademie, aber unabhängig von ihr mit der KWG eine neue Trägergesellschaft von Forschungsinstituten ins Leben gerufen wurde.

111 Dainat 2000, S. 185.

112 Hübner 1937, S. 6f.

113 Grau 1988; Hohlfeld/Kocka/Walther 1999; Walther 1999.

beit. In den Unternehmungen bildeten sich die allgemeinen Merkmale des arbeitsorganisatorischen Wandels ab.[114]

4. Die innerbetrieblichen Verhältnisse der Unternehmungen

4.1 ZENTRALISIERUNG VON MATERIAL UND ARBEIT AN EINEM ORT

Am Ende des 19. Jahrhunderts war die für das frühe 19. Jahrhundert charakteristische enge Verbindung von Wohn- und Arbeitsstätte zur seltenen Ausnahme geworden und wurde bestenfalls als eine Übergangslösung angesehen. Für das astronomische Unternehmen Geschichte des Fixsternhimmels wurde bei seiner Gründung im Jahre 1900 beispielsweise ein „Rechenbureau" im neuen Akademiegebäude Unter den Linden beansprucht. Der Neubau stand damals zwar definitiv fest, doch das alte Akademiegebäude war noch nicht einmal abgerissen und bis zur Einweihung des neuen im Jahre 1914 sollten noch Jahre vergehen. Die Kommission für den Fixsternhimmel beschloß daher, bis zur Fertigstellung des neuen Akademiegebäudes „das Bureau miethweise, und zwar in Hinsicht auf die wegen der Materialanhäufung nothwendige fortlaufende Beaufsichtigung, wenn es nicht in einem sichern öffentlichen Gebäude sollte eingerichtet werden können, in Verbindung mit der Wohnung des Beamten zu beschaffen."[115]

Das Rechenbüro wurde vorläufig in der Friedenauer Wohnung des wissenschaftlichen Beamten eingerichtet, wo drei mit der Wohnung verbundene Räume als Materialdepot und Arbeitsbüro dienten.[116] Es wurden vier Schränke aufgestellt und ein vierzölliger Refraktor, den der Beamte für die Sternenbeobachtung anschaffen ließ.[117] Wegen des schnell anwachsenden Zettelmaterials bedurfte es bald eines fünften Schrankes. Die Wohnung wurde zu klein und das Büro 1903/04 schließlich nach Berlin verlegt. Im Orientalischen Seminar der Universität in der Dorotheenstraße hatte die Akademie für das astronomische Unternehmen einige Räume angemietet. Von

---

114 Merkmale des arbeitsorganisatorischen Wandels sind nach Kocka 1969, Kocka 1981 und Heintz 1993a: Aufgliederung der Arbeit und Arbeitsteilung, Zentralisierung, Formalisierung, Standardisierung, Routinisierung und Nivellierung von Handlungsvollzügen, Ausdifferenzierung von Funktionen und ein verändertes Muster der Arbeitskräftenachfrage.

115 ABBAW, II-VII-21, Bl. 29, Specialinstruction für den wissenschaftlichen Beamten.

116 SB PAW 1902, S. 54ff., Bericht von A. Auwers.

117 ABBAW, II-VII-21, Bl. 36, F. Ristenpart an die akademische Kommission für die GFH v. 30. April 1901.

dort erfolgte später der Umzug in den Akademieneubau Unter den Linden.

Das Akademiegebäude beherbergte auch die Deutsche Kommission, die altertumswissenschaftlichen Unternehmungen, die Kirchenväterkommission und die Orientalische Kommission. Das zum Gebäudekomplex Unter den Linden/Dorotheenstraße gehörende Akademiegebäude war eng mit der Königlichen Bibliothek (der späteren Preußischen Staatsbibliothek) und mit der Universität verbunden. Der gesamte Komplex stellte ein wissenschaftliches Ballungszentrum in der Mitte Berlins dar. Nur wenige Fußminuten entfernt wurden im Zoologischen Museum und Institut der Universität in der Invalidenstraße die beiden von Franz Eilhard Schulze geleiteten zoologischen Unternehmungen Das Tierreich (ab 1900) und Nomenclator animalium generum et subgenerum (ab 1912) untergebracht; im Botanischen Garten das von Adolf Engler begründete Unternehmen Das Pflanzenreich (ab 1900). Hierin widerspiegelt sich die enge institutionelle und auch personelle Verknüpfung zwischen Akademie und Universität. Schulze und Engler leiteten als Akademiemitglieder wissenschaftliche Unternehmungen und waren zugleich Direktoren von Universitätseinrichtungen.

Da die Akademie keine eigenen Forschungsinstitute besaß und mit der Gründung der Universität ihre Sammlungen an die Universität verloren hatte, siedelte sie ihre wissenschaftlichen Unternehmen gezielt dort an, wo Fachkompetenzen, Material- und Personalressourcen bereits konzentriert waren, und zwar im Umkreis von Universitätseinrichtungen, Museen und wissenschaftlichen Bibliotheken. Für das Deutsche Rechtswörterbuch wurden anfangs Räume in der Universitätsbibliothek Heidelberg angemietet. In späteren Jahren zog das Unternehmen in das Gebäude der Juristischen Fakultät in der Augustinergasse um.[118] Beim Ägyptischen Wörterbuch und bei der Orientalischen Kommission bestanden enge Verbindungen zu den Berliner Museen. Die dort lagernden zahlreichen unbearbeiteten Funde hatten ja überhaupt mit den Anstoß für die Gründung der Orientalischen Kommission an der PAW gegeben.[119] Durch die Nähe zu Universitätsinstituten beziehungsweise zu anderen wissenschaftlichen Einrichtungen war es möglich, bereits vorhandene personelle und materielle Ressourcen zu nutzen, einschließlich Spezialbibliotheken und Sammlungen. Dem Jahrbuch über die Fortschritte der Mathematik wurden beispielsweise sämtliche Zeitschriften aus dem Mathematischen Seminar der Universität zur Verfügung gestellt.[120] Die Akademie betrieb damit eine frühe Form von „Outsourcing", was ökonomisch sinnvoll und effektiv war. Vor allem

118 Lemberg/Speer 1997.
119 Grapow 1950; Erman/Grapow 1953.
120 Biermann 1988.

der Zugang zu Sammlungen und Bibliotheksbeständen war für die Akademieforschung wichtig. Daher verwundert es kaum, daß es in der Nähe von Instituten der Kaiser-Wilhelm-Gesellschaft nicht zur Ansiedlung von akademischen Unternehmungen kam. Sowohl die geisteswissenschaftlichen als auch die klassifizierenden und deskriptiven naturwissenschaftlichen Akademieprojekte boten keine Anschlußmöglichkeiten zu den überwiegend experimentell ausgerichteten naturwissenschaftlichen und medizinischen Forschungen in den KWI.

Die von den Unternehmungen beanspruchten Räume dienten als Aufbewahrungsorte für die Belegsammlungen und als Arbeitsstätten. Umfangreiche Zettel- und Materialsammlungen wurden in fast allen Unternehmungen angelegt, auch beim Astronomieprojekt GFH, wo die aus den Katalogen entnommenen Koordinaten von Sternen in einem ersten Arbeitsschritt auf Zettel eingetragen wurden. Riesige Belegarchive, die für die Forschung von unschätzbarem Wert waren und sind, erwuchsen aus den Wörterbuchunternehmungen. 1908 wurde für das DWB eine Zentralsammelstelle in Göttingen eingerichtet, die 1913 schon etwa 1,8 Millionen Belegzettel beherbergte.[121] Dem Archiv des DRW wurden bis zum Beginn des Ersten Weltkrieges etwa eine Million Belegzettel einverleibt.[122] Die Anhäufung immer größerer Materialmengen steigerte den Wert der Sammlungen und ließ sie zur „Dauereinrichtung" werden. „Das Archiv wird fortdauern" – so Gustav Roethe über das Belegarchiv vom Deutschen Rechtswörterbuch –, „auch wenn das [...] Wörterbuch erschienen ist."[123] Da oft Jahrzehnte vergingen, bis die Publikationen erschienen, mußten die Materialsammlungen für die Forschung zugänglich gehalten werden. So nahm ihre Bedeutung für den wissenschaftlichen Auskunftsverkehr zu. Das Erteilen wissenschaftlicher Auskünfte wurde zu einer neuen und wichtigen Funktion der Belegarchive. Es förderte den wissenschaftlichen Austausch und die Kommunikation unter zumeist hochspezialisierten Wissenschaftlern, trug aber leider nicht zur größeren öffentlichen Wahrnehmung der Akademieforschung bei.

Anfangs erfolgte die Materialaufbewahrung getrennt von der Materialverarbeitung. Um eine Materialsammlung herum differenzierten sich jedoch häufig verschiedene Tätigkeits- und Zuständigkeitsbereiche aus. So erhielten die Belegarchive ihre zweite Funktion, nämlich als Arbeitsstätte. Arbeitsbüros entstanden gewissermaßen „um die Zettelkästen herum". Der Funktionswandel vom Materialdepot zur Arbeitsstätte ließ sich gut an den Wörterbuchunterneh-

---

121 Lochner 1913; Braun 1987, S. 130.

122 Lemberg 1996b, S. 112, Tabelle 1.

123 ABBAW, II-VIII-246, Bl. 17-18, G. Roethe an E. von Künßberg v. 9. April 1921.

mungen beobachten. Beim ThlL wurden bereits 1903 Material und Arbeit an einem Ort zentralisiert.[124] Ähnliche Entwicklungen vollzogen sich 1918/20 beim DRW und 1930 beim DWB.[125] In allen drei Fällen erfolgte die Zusammenführung der Arbeiten aus Effizienzgründen und Rentabilitätserwägungen. Beim DRW hatte sich die alte Praxis der Arbeitsaufteilung, d.h. die Wörterbucheinträge auswärts erarbeiten zu lassen, als umständlich und unzweckmäßig erwiesen. Daher „hatten die Erfahrungen beim Versenden der Zettel, beim Auskunftgeben an die Mitarbeiter, Durchsehen der Manuskripte usw. den Gedanken nahegelegt, die ganze Arbeit in Heidelberg zusammenzufassen."[126] ‚Archiv' wurde namengebend beibehalten, war aber zumeist dreifach konnotiert wie das Wort ‚Thesaurus', das um 1900 beim ThlL erstens das monumentale Wörterbuch bedeutete, zweitens die Werkstätte (Thesaurusbüro), in der das Wörterbuch ausgearbeitet wurde und drittens das Zettelarchiv, in dem der gesamte lateinische Sprachschatz aufbewahrt wurde und für Spezialuntersuchungen zur Verfügung stand.[127]

Mit der Zentralisierung von Material und Arbeit an einem Ort spiegelte sich ein allgemeiner Trend in den Wissenschaften wider: Im Laufe des 19. Jahrhunderts verlagerte sich die Forschungsarbeit von der Wohnung des Gelehrten in die Institutionen. Institute, Laboratorien, Seminare, Museen und Bibliotheken beherbergten nicht nur die Sammlungen, die technischen Apparaturen und Geräte, sondern wurden zu Arbeitsorten der Forscher.[128] An der PAW war die Zentralisierung mit einem Wandel der internen Organisation von Forschungsarbeit verbunden.

4.2 Aufgliederung und Bewertung von Arbeit

Die Bewältigung umfangreicher Forschungsarbeiten zog eine stärkere innere Segmentierung der Arbeit nach sich. Die innere Arbeitsteilung vollzog sich in den wissenschaftlichen Unternehmungen der Akademie ähnlich wie bei Wirtschaftsunternehmungen. Effizienzkriterien waren auch in der Wissenschaft ausschlaggebend, und es spielten Rentabilitätserwägungen und die Erhöhung der Produktivität eine wichtige Rolle. Erste Angaben zur Arbeitsorganisation und zur Umsetzung von Arbeitsprogrammen wurden in den Planungsphasen von wissenschaftlichen Unternehmungen gemacht und zu-

---

124 Krömer 1995a.
125 SB PAW 1926, S. XXIII-XXXII, Bericht von E. Heymann; Künßberg 1932; Hübner 1930, S. 84ff; SB PAW 1933, S. XXVIIff., Bericht von A. Hübner; Braun 1987.
126 Künßberg 1932, S. XIV; SB PAW 1926, S. XXVIII, Bericht von E. Heymann.
127 Krömer/Flieger 1996, S. 3.
128 Riese 1977.

meist in Denkschriften und Prolegomena niedergelegt. Danach bezog sich die Aufgliederung von Arbeit in den meisten Akademieprojekten zuerst auf die zeitliche Abfolge einzelner Arbeitsschritte, zum Beispiel Sammeln, Bearbeiten, Drucken, Publizieren. Die zeitlichen Arbeitsabläufe waren in allen Projekten relativ ähnlich. Bei den meisten lassen sich ganz grob eine das Material *vorbereitende* und eine das Material *verarbeitende* Arbeitsphase unterscheiden. Über die Herstellung des Deutschen Rechtswörterbuchs heißt es beispielsweise:

„Die Vorbereitung und Ausarbeitung des Werkes wird in zwei scharf zu sondernde Abschnitte zerfallen: 1. die sammelnde Thätigkeit, das Zusammenbringen des zu verarbeitenden Materials. Sie besteht hauptsächlich in dem Excerpiren der Rechtsdenkmäler und der Nebenquellen (d.h. der mittelbaren Erkenntnisquellen des Rechts, der gelegentlich sogenannten Profanquellen). Urkunden und Nebenquellen werden nur in sachgemässer Auswahl excerpirt. Ungedrucktes Material systematisch heranzuziehen wird nicht beabsichtigt. [...] 2. die verarbeitende Thätigkeit, darin bestehend, dass auf Grundlage des gewonnenen Materials die einzelnen Wortartikel abgefasst, in gehörige Ordnung und in gegenseitige Beziehung gebracht werden."[129]

Zu Beginn der Arbeiten am DRW 1897 wurden für die Materialsammlung acht Jahre und für die Artikelausarbeitung vier Jahre veranschlagt. Doch schon die Belegsammlung dauerte länger als geplant und wurde erst um 1914 offiziell abgeschlossen. Die anfängliche scharfe Trennung der Arbeitsschritte haben spätere Lexikographen beim DRW kritisch beurteilt. Sie habe sich in der Praxis nicht konsequent durchhalten lassen, daher verlaufen Exzerption und Artikelausarbeitung heute vielfach parallel.[130] Auch bei der inhaltlichen Konzeption des Wörterbuchs seitens der Kommission wurde „relativ großzügig verfahren und vieles blieb ungeklärt". Die sprachlichen und lexikographischen Aspekte standen nicht im Vordergrund.[131]

Arbeitsaufgliederung bedeutete neben der zeitlichen auch die praktische *Zerlegung* des gesamten Arbeitsprozesses in größere und kleinere Segmente und in Einzeltätigkeiten. Diese Zerlegung des Arbeitsprozesses erfolgte unternehmensspezifisch. Bei den aus Monographien bestehenden Reihen wie *Das Tierreich, Das Pflanzenreich*, aber auch beim *Nomenclator animalium generum et subgenerum*, wurde das gesamte Material systematisch aufgeteilt und mit Ar-

---

129 SB PAW 1897, S. 86f., Bericht von H. Brunner.

130 Vgl. Lemberg 1996a.

131 Speer 1994, S. 173. Außer zeitlichen wurden aber keine konzeptionellen Korrekturen im hier betrachteten Zeitraum vorgenommen. Zur Reform 1971 s. Dickel/Speer 1979, S. 23ff.

beitsaufträgen an Spezialisten vergeben.[132] Lediglich für die redaktionelle Bearbeitung der Monographien wurden Arbeitsbüros mit einem kleinen Mitarbeiterstab benötigt und eingerichtet. Ähnlich verfuhr man bei den philologischen Editionsprojekten, indem Editionsaufträge an zumeist auswärts arbeitende Wissenschaftler vergeben wurden. Bei den Wörterbüchern waren die Arbeitsabschnitte wegen der dort vorherrschenden stärkeren internen Arbeitsteilung zumeist kleinteiliger zugeschnitten, begrenzt und konkret. Materialsammlung und oft auch die Materialbearbeitung erfolgten personell in einem deutlich größeren Ausmaß als bei den Editionsprojekten und zumindest am Anfang getrennt voneinander.[133]

Insgesamt ließ sich eine Vielzahl einzelner Tätigkeiten in den Akademieprojekten identifizieren: Sammeln, Exzerpieren, Lemmatisieren, Lexikographieren, Verzetteln, Ordnen, Bibliographieren, Abschreiben, Übersetzen, Kollationieren, Edieren, Referieren, Rechnen und Beschreiben. Unterschiede bestanden im Schwierigkeitsgrad, im Prestige und in der Bewertung der Tätigkeiten. Der Anteil von Routinearbeiten in den Unternehmungen war hoch, obwohl es sich oft um sehr spezialisierte Tätigkeiten handelte. Diese konnten nach Vorschriften und Instruktionen leicht erlernt werden. Routinisierte Wissenschaftsverfahren wurden bei astronomischen Berechnungen sowie beim lexikographischen Verzetteln angewendet.[134]

Nach dem Grad ihrer Komplexität wurden die Tätigkeiten von mir in hochkomplexe, komplexe und einfache eingeteilt.[135] Hochkomplexe Tätigkeiten waren Aufgaben mit hoher Entscheidungs- und Handlungskompetenz, zum Beispiel konzeptionelle und leitende Tätigkeiten sowie Führungsaufgaben mit Anweisungsbefugnis. Zu den komplexen Tätigkeiten wurden die wissenschaftlichen Arbeiten im Kernbereich der jeweiligen Unternehmungen gezählt, zum Beispiel Edieren, Lexikographieren, Referieren und Beschreiben. Diese Tätigkeiten setzten eine wissenschaftliche Qualifikation voraus. Einfache Tätigkeiten fielen häufig massenhaft – gelegentlich auch sporadisch – an, zum Beispiel das Sammeln von Belegmaterial und das Exzerpieren für Wörterbücher. Zu den einfachen Tätigkeiten im Bereich der Wissenschaft zählten ebenso die monotonen mechanischen Arbeiten wie Abschreiben, Ordnen, Rechnen sowie Arbeiten, die handwerkliche Geschicklichkeit oder (Finger-)Fertigkeiten verlangten, wie Verglasen, Konservieren, Photographieren usw. Diese Tätigkeiten konnten ohne Schwierigkeiten aus dem komplexen Arbeitsprozeß ausgegliedert werden. Sie galten als Neben-, Zu-

---

132 Exemplarisch für das Nomenclator-Projekt vgl. Schulze 1913.
133 Exemplarisch für das DWB Braun 1987; Martin 1998.
134 Vgl. für die orientalische Philologie Jonker 2002, 1998.
135 Inspirierend waren Wiswede 1980; Kocka 1981; Roth 1990.

oder Anfängerarbeiten und ließen sich vorwiegend in den wissenschaftlichen Randbereichen lokalisieren.

Ein wesentliches Merkmal einfacher Arbeiten war ihre leichte Quantifizierbarkeit. Das widerspiegelte sich in der Arbeitsbewertung und ist anhand der überlieferten Abrechnungsunterlagen am Bezahlmodus und an der Bezahlhöhe nachprüfbar. Beim Deutschen Rechtswörterbuch erhielten die Exzerptoren niedrige lohnähnliche Honorare, die nach einem von der Kommission festgesetzten Preis pro Exzerptzettel berechnet wurden. Beim Astronomieprojekt Geschichte des Fixsternhimmels wurden die für das Heraussuchen und Eintragen von Sternpositionen beschäftigten sogenannten Rechner wie die Exzerptoren bei Wörterbüchern nach Stück, d.h. nach der Anzahl der von ihnen „erledigten" Sterne, oder nach Arbeitsstunden bezahlt. (Vgl. Kapitel IV. 3.1)

Schwieriger als die Beschreibung ist eine Erklärung der Arbeitsbewertungshierarchie. Mit Sünne Andresen/Maria Oppen/Dagmar Simon wird davon ausgegangen, daß in der Wissenschaft die Hierarchisierung von Arbeit vor dem Hintergrund bestehender Definitionen von Kern- und Randbereichen erfolgte.[136] In der Akademieforschung gehörten alle auf die Entdeckung und Erforschung von Neuem im engeren Sinne ausgerichteten Tätigkeiten wie das Entschlüsseln von Hieroglyphen, das Edieren und das Lexikographieren zu den wissenschaftlichen Kernbereichen, während Vor-, Neben-, Zu- und Nacharbeiten eher zum Randbereich zählten. Der Komplexitätsgrad der Tätigkeiten reduzierte sich von oben nach unten, da sich die Auf- und Ausgliederung von Arbeit, d.h. Arbeitsteilung, von oben nach unten vollzog.[137] Tendenziell ließen sich somit auch in den wissenschaftlichen Unternehmungen einfache und mechanische Arbeiten leicht ausgliedern und dafür „Menschen wie Maschinen" einsetzen.[138] Minimalqualifikationen für das Ausführen einfacher Tätigkeiten in den Unternehmungen waren die Kenntnis des Alphabets und der Zahlen, das Beherrschen des Lesens und Schreibens sowie der vier Grundrechenarten. Alle darüber hinaus notwendigen Spezialkenntnisse ließen sich durch innerbetriebliche Schulung erwerben.

In die Arbeitsbewertung flossen bestehende Prestigeunterschiede zwischen den Tätigkeiten beziehungsweise Aufgabenbereichen ein. Führungsaufgaben wurde ein größeres Prestige zugeschrieben als einfachen Aufgaben. Das Prestige von Tätigkeiten war von mehreren Faktoren abhängig: vom Anteil an Kopf-/Handarbeit – also davon, ob es mehr auf Fähigkeiten ankam oder auf Fertigkeiten und Geschicklichkeit –, vom Status der Kommunikationspartner, von

---

136 Andresen/Oppen/Simon 1999, S. 60.
137 Kocka 1969; Kocka 1981.
138 Heintz 1993a, S. 164.

der Neuheit des Forschungsthemas und von Maschinennähe.[139] Diese Kriterien eignen sich auch dazu, Prestigeveränderungen über einen längeren Zeitraum bei den akademischen Langzeitvorhaben zu erfassen. Als das DRW neu war, galt das Abfassen von Wörterbucheinträgen beispielsweise als eine prestigereiche Tätigkeit und wurde nur von Universitätsprofessoren quasi in ihrer Freizeitbeschäftigung ausgeführt. Später wurde die Artikelausarbeitung an Wissenschaftler delegiert, die weder der Akademie noch der Kommission angehörten. Die Wörterbuchherstellung wurde zu einer ziemlich spezialisierten wissenschaftlichen Tätigkeit, gekennzeichnet von Einseitigkeit und Routine. Sie wurde betriebsförmig in der Heidelberger Arbeitsstelle betrieben und ließ den Wissenschaftlern wenig Gestaltungsspielraum und brachte ihnen nur wenig Anerkennung ein. Die Artikel wurden nicht mehr namentlich gekennzeichnet, die wissenschaftliche Leistung ging in die „Kollektivleistung" ein, der einzelne Mitarbeiter konnte keine Autorschaft mehr erlangen und somit seine wissenschaftliche Leistung nicht mehr vor der Öffentlichkeit vertreten. Dieses Beispiel veranschaulicht, daß das Prestige von Tätigkeiten in hohem Maße vom Arbeitskontext abhing und Wandlungen unterliegen konnte.

Hinweise auf die Unterscheidung von Kern- und Randbereichen in der Wissenschaft finden sich schließlich auch im zeitgenössischen Sprachgebrauch. So sprach der Altertumsforscher Theodor Mommsen von wissenschaftlicher und mechanischer Arbeit und assoziierte damit zugleich Lust und Last. In seiner Denkschrift über das CIL hoffte er, namhafte Gelehrte zur Mitarbeit am Projekt gewinnen zu können. Sie würden „mit Vergnügen sich bei diesen Arbeiten betheiligen [...], wobei sie den ganzen inschriftlichen Apparat, den man jetzt so mühsam zusammensuchen muß, fertig geliefert erhalten und nur mit ihren sonstigen Forschungen auf diesem Gebiete zu combiniren haben; wobei ferner ihre Arbeit keineswegs in der Masse des Corpus untergeht, sondern ein selbstständiges wissenschaftliches Werk bleibt."[140] Versprach die intellektuelle wissenschaftliche Arbeit Anerkennung und Belohnung, so traf das auf die mechanische Arbeit nicht zu.

„Beim ersten Beginn des Unternehmens wird man gegen fünfzehn Foliobände zu zerschneiden haben, um nur die Grundlage der Arbeit zu gewinnen. Diese wesentlich mechanische Arbeit, der jeder Gymnasiast vollkommen gewachsen ist, dem Herausgeber aufzubürden, wäre eine übel verstandene Sparsamkeit; es würden kostbare Jahre darüber verloren gehen, während die ganze Sache in einer Stadt wie Berlin in drei Monaten gemacht sein kann und so weniger kosten wird, als wenn man den Herausgeber jahrelang dafür besoldet. In ähnliche Fälle

---

139   In Anlehnung an Heintz/Nadai/Fischer/Hummel 1997, S. 125.
140   Harnack 1900, Bd. 2, S. 536.

wird man oft gerathen; die Schreiberei und der bloss mechanische Theil der Arbeit ist natürlich keine Kleinigkeit bei einem Wiederabdruck von vielleicht 80.000 Steinen. Es wäre daher dem Herausgeber möglich zu machen, in jedem Stadium der Arbeit die Anordnung ausgedehnter Hülfsarbeiten von der vorgesetzten Behörde zu erlangen."[141]

Vorbereitende Arbeiten waren am Beginn eines jeden Projektes unerläßlich, sie verlangten Ausdauer und Geduld, sie führten aber in der Regel nicht zu wissenschaftlicher Anerkennung. Für Wissenschaftler besaßen sie nur geringe Attraktivität und wurden eher als lästig empfunden. Theodor Mommsen zögerte beispielsweise nicht, einfache und mechanische Ordnungsarbeiten von seinen Kindern erledigen zu lassen. (vgl. Kapitel III.1.1)

In dieser Studie orientiere ich mich an der in den Abrechnungsunterlagen greifbaren zeitgenössischen Arbeitsbewertung. Eine Um- oder Neubewertung von Arbeitsplätzen nehme ich nicht vor. Die kritische Auseinandersetzung mit den Problemen zeitgenössischer Arbeitsbewertungen ist jedoch notwendig. Ein erstes betrifft die tendenzielle Unterbewertung von Tätigkeiten in der Wissenschaft: Das Exzerpieren beispielsweise galt lange Zeit als eine lediglich mit Verfahrensproblemen belastete Tätigkeit und wurde geringgeschätzt. Man glaubte, das Exzerpieren „willigen Helfern" überlassen zu können. Tatsächlich aber ist aus der heutigen Sicht von Lexikographen

„die Exzerption zu historischen Wörterbüchern keineswegs zu den Hilfsarbeiten etwa in Form von Verzettelungsaktionen zu zählen [...], die jeder leisten kann, der eine gewisse Lesekompetenz für historische Texte besitzt. Exzerption ist vielmehr eine wissenschaftliche Tätigkeit, die neben einer ausgeprägten Verstehenskompetenz für historische Texte eine umfangreiches philologisches und linguistisches Wissen erfordert sowie die Fähigkeit, dieses Wissen in der Praxis anzuwenden."[142]

Die Anforderungen scheinen also offenbar höhere gewesen zu sein, als dies gemeinhin angenommen wurde und sich in der damaligen Arbeitsbewertung ausdrückte.

Die Kritik betrifft zweitens das in der Literatur unter dem Stichwort *Geschlechtsabzug* diskutierte Problem der generellen Unterbewertung von Frauenarbeit und die Tatsache, daß die zeitgenössischen Arbeitsbewertungssysteme nicht geschlechtsneutral waren.[143] Die Vorstellungen vom männlichen Ernährerlohn und von weiblicher Zuarbeit wurden in die Arbeitsbewertungssysteme im-

---

141 Harnack 1900, Bd. 2, S. 539.
142 Lemberg 1996a, S. 84 u. 88.
143 Krell 1994; Hausen/Krell 1993; Jochmann-Döll/Krell 1993; Schirmacher 1979 [1909]; Salomon 1997 [1906]; Sürsen 1920.

plantiert und drückten sich in der Unterbezahlung von Frauen aus. Generell wurden Frauen geringer entlohnt als Männer, und ihnen wurde auch bei gleichwertigen Leistungen stets weniger Gehalt angeboten. Im weiteren Sinne gehört dazu auch das von Margaret Rossiter als *Matilda-Effekt* beschriebene Phänomen der systematischen Unterbewertung der Beiträge von Frauen in der Wissenschaft.[144] Dies wird zu berücksichtigen sein, will man die Leistungen von Frauen in der Wissenschaft angemessen beurteilen.

4.3 VERÄNDERTES MUSTER DER ARBEITSKRÄFTENACHFRAGE

Mit der Zunahme des Umfangs der wissenschaftlichen Arbeiten stieg auch der Arbeitskräftebedarf. Am Ende des 19. Jahrhunderts wurden im Bereich der akademischen Forschungsarbeit bedeutend mehr Arbeitskräfte nachgefragt als jemals zuvor. Empirisch wurden von mir drei größere Bereiche identifiziert, in denen Arbeitskräfte benötigt wurden: erstens im Bereich der Materialsammlung und Materialvorbereitung, zweitens im Bereich der Materialverarbeitung, drittens im Bereich der Koordination und Materialverwaltung. Im Bereich der *Materialsammlung* war bei fast allen Unternehmungen die Nachfrage nach Arbeitskräften sehr groß. Vor allem bei den Wörterbüchern erforderte die Sammlung von Belegmaterial in der ersten Arbeitsphase eine breite personelle Unterstützung. In Fachzeitschriften und in Seminaren wurden hierfür zahlreiche Mitarbeiter geworben. Beim DRW belief sich die Anzahl der Materialsammler auf 250, beim DWB sogar auf etwa 350.[145] Sie lieferten mit ihrer Arbeit den Grundstock für die Wörterbücher, wurden später aber zumeist nur summarisch als „unzählige Helfer" und „Beitragslieferanten" erwähnt. Auch beim Astronomieprojekt GFH war in der ersten, knapp zehnjährigen Arbeitsphase der Bedarf an Arbeitskräften für rein mechanische Schreib- und Rechenarbeiten groß. Insgesamt 35 Personen – das war die Hälfte aller Mitarbeiter beim Fixsternhimmel bis 1945 – beteiligten sich am „Ausziehen und Eintragen von Sternörtern", d.h. sie ermittelten aus älteren Katalogen die Sternpositionen und übertrugen die Koordinaten auf besondere Zettel.[146]

Ähnlich groß war der Bedarf an Arbeitskräften im Bereich der *Materialverarbeitung*. Zahlreiche Editoren wurden bei der Kirchenväterkommission oder beim Projekt Acta Borussica verpflichtet. Die Kommission für die Leibniz-Ausgabe beschäftigte Bandeditoren und sogenannte Manuskriptsichter. Am Unternehmen Das Pflanzenreich nahmen ca. 100 Mitarbeiter teil, am Projekt Das Tierreich beteilig-

---

144 Rossiter 2003 [1993].
145 Künßberg 1932; Martin 1998.
146 ABBAW, II-VII-26 (Haushaltsabrechnungen).

ten sich 42 Zoologen mit unterschiedlichen Spezialisierungen. Beim Thesaurus linguae Latinae wurden von 1893 bis 1995 ca. 300 Artikelverfasser, 27 Büroangestellte, 12 Etymologen, 5 Romanisten, 84 Fahnenleser und ca. 230 Materialsammler gezählt.[147] Am Deutschen Wörterbuch waren bei seiner Fertigstellung 1960 insgesamt 118 Personen beteiligt.[148] Allein im 1927 herausgegebenen Jahrgang des *Jahrbuchs über die Fortschritte der Mathematik*, das in Kurzreferaten über Neuerscheinungen auf mathematischem Gebiet berichtete, waren von 185 Referenten 4.600 Arbeiten aus etwa 110 Zeitschriften und aus etwa 610 Nonperiodika referiert worden. Seit dem Erscheinen des Jahrbuchs 1871 habe sich, so der Kommissionsvorsitzende Ludwig Bieberbach, innerhalb eines Zeitraumes von 60 Jahren die mathematische Jahresproduktion verfünffacht und der Stab der Referenten verzwölffacht.[149] Alle Referenten seien selbst „vorwärtsstrebende Forscher, die nebenamtlich über ihnen nahestehende Fragen referieren", so Bieberbach weiter. Frei und auswärts arbeitende Gelehrte zu verpflichten, war die übliche Form der Mitarbeit in den Akademieprojekten und in der ersten Hälfte des 20. Jahrhundert noch weit verbreitet. Zugleich aber wurden nach 1900 zunehmend auch hauptamtliche Mitarbeiter mit Präsenzpflicht in den Arbeitsstellen (quasi im „Innendienst") beschäftigt.

Eine völlig neue Nachfrage nach Arbeitskräften entstand im Bereich der *Koordination und Materialverwaltung*. Die Arbeitskräftenachfrage im Bereich der Materialverwaltung war neuartig und kam im Zusammenhang mit der veränderten Arbeitsorganisation der Forschungsprojekte auf; sie war aber deutlich geringer als in den beiden anderen Bereichen. Mit der Zunahme des zu bewältigenden Materials gewannen die Arbeiten im Bereich der Bestandspflege und -verwaltung an Bedeutung. Dabei konnte es um eine leitende und selbständige Aufgabe für einen Wissenschaftler im Koordinationsbereich handeln oder um eine technische Assistenztätigkeit, die eine qualifizierte berufliche Ausbildung erforderte. Mehrheitlich handelte es sich um Ordnungs-, Sortier- und Schreibarbeiten jeglicher Art, die in den Unternehmungen oft als sogenannte Zu- und Nebenarbeiten firmierten. In den stärker arbeitsteilig organisierten Unternehmungen wurden dafür regelmäßig spezielle Funktionsträger eingesetzt. Bei der GFH wurden Rechner und Schreiber beschäftigt, beim Das Tierreich bibliographische Hilfsarbeiterinnen, bei der Reichszentrale für naturwissenschaftliche Berichterstattung arbeiteten Photographen, ebenso bei der Orientalischen Kommission und außerdem eine Konservatorin. In den Akademieprojekten ließen sich häufig nur ein oder zwei Funktionsträger dieser Art nachwei-

---

147 Krömer/Flieger 1996, S. 181-221.
148 Dückert 1987, S. 178-180, Tabelle 3.
149 SB PAW 1930, S. XXXIf., Bericht von L. Bieberbach.

sen. Lohnte die Beschäftigung eines eigenen Funktionsträgers aus Rentabilitätsgründen nicht, erledigten zumeist Studierende oder Promovenden diese Tätigkeiten.

Mit dem Übergang zur betrieblichen Arbeitsorganisation stieg nicht nur die Arbeitskräftenachfrage, sondern veränderte sich auch das Nachfragemuster in den Unternehmungen. Mitarbeiter mit unterschiedlichen Fähigkeiten, fachlichen Kompetenzen und Fertigkeiten wurden benötigt. Vom Arbeits- und Ausbildungsmarkt für Wissenschaftler wurden jüngere Wissenschaftler, Habilitanden, Promovenden und Studierende gewonnen sowie vom Arbeitsmarkt für Angestellte Personen mit einer beruflichen Ausbildung, etwa einer kaufmännischen oder bibliothekarischen. Darüber hinaus wurden wie im 19. Jahrhundert Arbeitskräfte auch familial rekrutiert, aber nur in geringem Ausmaß.

Zum ersten Mal wurden im größeren Ausmaß Mitarbeiter beschäftigt, die nicht zugleich Akademiemitglieder waren. In den späten 1930er Jahren wurden schätzungsweise 200 Mitarbeiter und Mitarbeiterinnen regelmäßig und dauerhaft bei den Kommissionen beschäftigt. Damit war die PAW im 20. Jahrhundert nicht mehr nur eine Gelehrtengesellschaft, sondern eine moderne Wissenschaftsorganisation geworden, die mit der Rekrutierung von Mitarbeitern und der Übernahme von Personalverantwortung für nachrangig Beschäftigte neue Aufgaben zu erfüllen hatte. Die Anfänge der Personalpolitik liegen in dieser Zeit. Auch die Rolle der Kommissionen war neu zu überdenken.

4.4 KOMMISSIONEN ALS „STRATEGISCHE SPITZE"[150]

Für die Leitung, Beaufsichtigung und Durchführung der Akademieprojekte wurden akademische Kommissionen eingesetzt. Diese wurden in der Regel von einer der beiden Klassen gewählt. Die Kommission für die Leibniz-Ausgabe setzte sich aus Mitgliedern beider Klassen zusammen. Der fächerübergreifende Kooperationsgedanke spiegelte sich in der interdisziplinären Zusammensetzung der Kommissionen wider. Der Kommissionsvorsitz oblag in der Regel dem Initiator eines Unternehmens. Größe und Zusammensetzung der Kommissionen waren nicht vorgeschrieben. Überwiegend bestanden sie aus Akademiemitgliedern, aber Nichtakademiemitglieder konnten als außerakademische Mitglieder kooptiert werden. Der im November 1896 von der philosophisch-historischen Klasse der PAW gewählten Kommission für das Deutsche Rechtswörterbuch gehörten Heinrich Brunner (1840-1915, OM 1884) als Vorsitzender und der

---

150 Begriff in Anlehnung an die von Matthies/Kuhlmann/Oppen/Simon 2001, S. 34ff. verwendete sog. Mintzberg-Struktur von Unternehmungen.

Münchener Rechtshistoriker Karl von Amira (1848-1930, KM 1900, AM 1925), der Historiker Ernst Dümmler (1830-1902, KM 1882, OM 1888), die Juristen Ferdinand Frensdorff (1833-1931), Otto von Gierke (1841-1921) und Richard Schröder (1838-1917, KM 1900) sowie der Volkskundler Karl Weinhold als Mitglieder an. Zum Zeitpunkt der Kommissionsgründung waren nur drei der sieben Mitglieder zugleich Akademiemitglieder. Erst mit der Wahl von Richard Schröder und Karl von Amira zu Korrespondierenden Mitgliedern der PAW gelangten die Akademiemitglieder in die Überzahl. An die Stelle des 1901 verstorbenen Karl Weinhold trat 1903 der Germanist Gustav Roethe, der nach Brunners Tod 1915 auch den Kommissionsvorsitz übernahm. Ihm folgte 1922 der Jurist Ernst Heymann. Von 1896 bis 1945 gehörten insgesamt 15 Gelehrte der Kommission an, aber nur sieben von ihnen waren Mitglieder der PAW.[151] Seit Mitte der 1920er Jahre verschob sich bei dieser Kommission das Verhältnis zwischen den akademischen und den außerakademischen Mitgliedern deutlich zugunsten der letzteren. Von sieben Kommissionsmitgliedern waren 1930 nur noch zwei Akademiemitglieder.

Die Mitgliederrekrutierung erfolgte durch Kooptation, wobei als außerakademische Mitglieder in der Regel Ordinarien aufgenommen wurden. Ausnahmen waren selten. Beim DRW wurde 1913 mit Eberhard von Künßberg (1881-1941) ein langjähriger Mitarbeiter des Unternehmens in die Kommission gewählt, nachdem sich die Kommission seit 1910 vergeblich darum bemüht hatte, ihm die Stelle eines wissenschaftlichen Beamten bei der PAW zu verschaffen. Mit seiner Aufnahme in die Kommission wurde Eberhard von Künßberg eine privilegierte Stellung gegenüber den übrigen Mitarbeitern der Arbeitsstelle verliehen.[152] Seine Wahl erfolgte in einer Kommissionssitzung, die Zustimmung der Klasse war nicht erforderlich. Ihre letzte Mitgliederergänzung erfuhr die Kommission 1919 mit der Wahl von Ernst Heymann und Ulrich Stutz (1868-1938, OM 1918). Nach dem Tod von Ferdinand Frensdorff 1931 erfolgten keine Kooptationen mehr. Nach und nach starb auch die zweite Generation der Kommissionsmitglieder: Ernst von Schwind (1865-1932), Rudolf His (1870-1938), Ulrich Stutz 1938, Eberhard von Künßberg 1941, Claudius von Schwerin (1880-1944). Mit Ernst Heymann starb Anfang 1946 der Vorsitzende und das letzte Kommissionsmitglied. Eine neue Kommission wurde erst wieder Anfang der 1950er

---

151 Außer den genannten Mitgliedern gehörten der Kommission Eugen Huber, Ernst Frhr. von Schwind, Eberhard Frhr. von Künßberg, Rudolf His, Claudius Frhr. von Schwerin und Ulrich Stutz (OM 1918) an.

152 ABBAW, II-VIII-244, unpag., Kommissionsprotokoll v. 15. April 1913; AdW Heidelberg, Forschungsstelle DRW, E. v. Künßberg an E. Heymann v. 4. Januar 1926.

Jahre gebildet, nachdem die Heidelberger AdW das DRW übernommen hatte und es seither betreut.

Die akademischen Kommissionen nahmen als oberste Leitungsinstanz hochkomplexe Führungsaufgaben wahr. Sie hatten dafür zu sorgen, daß die zur Durchführung der jeweiligen Forschungsarbeit notwendigen Rahmenbedingungen geschaffen wurden und aufrechterhalten blieben. Einmal im Jahr, manchmal auch nur alle zwei Jahre, traten die Kommissionen zu Sitzungen zusammen, um den Fortgang der Arbeiten zu kontrollieren, Finanzierungs- und Mitarbeiterangelegenheiten zu besprechen.[153] Die Aufgaben der Kommissionen umfaßten im einzelnen:

- die inhaltliche Konzeption der Forschungsprojekte,
- die Finanzierungssicherung, d.h. Einwerben finanzieller Mittel,
- die Koordination der Arbeit und Aufgabenverteilung,
- die Beratung, Aufsicht und Kontrolle,
- die Mitarbeiterauswahl.

An der Forschungsarbeit in den Unternehmungen nahmen die Kommissionsmitglieder tendenziell immer seltener teil. Ihre Beteiligung beschränkte sich im wesentlichen auf die Ausübung von Leitungsfunktionen und auf die Herausgebertätigkeit, d.h. auf Positionen mit hoher Entscheidungsbefugnis und hohem Selbständigkeitsgrad. Dem *Jahrbuch der PAW* 1939 zufolge betrug bei den Inhabern dieser Positionen der Anteil der Akademiemitglieder insgesamt etwa 21 Prozent (12 von 56). Bei den Inhabern von Leitungsfunktionen mit Personalverantwortung (zum Beispiel Arbeitsstellenleiter) lag der Anteil der Akademiemitglieder sogar mit 38 Prozent (11 von 29) deutlich höher.[154] Altertumswissenschaftler blieben etwas stärker in die Forschungsarbeiten involviert als andere Akademiemitglieder und übernahmen selbst auch Editionsaufträge, was einmal mehr den hohen Stellenwert der Akademieforschung im Bereich der Altertumswissenschaften unterstreicht. Demgegenüber wurde in anderen Disziplinen beziehungsweise Unternehmungen eine deutliche Abkoppelung der Leitungsgremien von den Arbeitsstellen beobachtet.

So beklagte sich der wissenschaftliche Beamte des zoologischen Nomenclator-Unternehmens beim zuständigen Kommissionsmitglied Franz Keibel (1861-1929, OM 1923) darüber, daß seit dem Rücktritt des Unternehmensbegründers, Franz Eilhard Schulze, im Jahre 1917 fast ein Jahrzehnt lang „niemals irgend ein Mitglied oder sachverständiger Beauftragter der Akademie sich persönlich unsere Arbeit und unsere Resultate an Ort und Stelle im Büro an-

---

153 Exemplarisch hierfür das von Ch. Markschies und S. Rebenich herausgegebene Protokollbuch der KVK (Harnack 2000).

154 Jb. PAW 1939, eigene Auszählung; vgl. Tabelle 8.

gesehen hat."[155] Nachdrücklich wurde Keibel darum gebeten, „unser Büro einmal persönlich aufzusuchen, damit wir Ihnen alles zeigen und eine Vorstellung von unserer Arbeit geben könnten."[156] Den Kommissionsvorsitzenden Karl Heider (1856-1935, OM 1918, AM 1933) selbst hielten längere Forschungsaufenthalte in Italien vom persönlichen Kontakt mit den Projektmitarbeitern in der Berliner Arbeitsstelle ab; er kommunizierte nur schriftlich mit ihnen. Auch der wissenschaftliche Beamte des astronomischen Unternehmens Geschichte des Fixsternhimmels stellte fest, daß „selbst innerhalb der Akademie wenig über die Arbeit bei unserer Kommission bekannt ist."[157]

Mit dem Ausbau der wissenschaftlichen Unternehmungen seit 1890 veränderte sich partiell die Rolle der akademischen Kommissionen. Diese trugen nicht mehr die Hauptlast der Arbeiten – entgegen dem ursprünglichen Gedanken der Kommissionsarbeit. Als die Akademie für die Herausgabe der Griechischen Inschriften 1815 erstmals eine aus Akademiemitgliedern bestehende „Deputation" einsetzte, hatte diese auch die Hauptarbeit zu leisten. Diese Erwartung konnten die akademischen Kommissionen jedoch angesichts der immer umfangreicheren Forschungsaufgaben nicht mehr erfüllen. Sie mußten sich darauf beschränken, Kontroll- und Beratungsaufgaben wahrzunehmen, die Unternehmungen zu beaufsichtigen und sie in der Öffentlichkeit zu repräsentieren. Es kam zu einer Verschiebung der Arbeitslasten. Im 20. Jahrhundert wurde die in den Unternehmungen geleistete Forschungsarbeit hauptsächlich von Mitarbeitern erbracht.

4.5 AUSDIFFERENZIERUNG VON FUNKTIONEN FÜR MITARBEITER

Mitarbeiterfunktionen[158] entstanden in den Forschungsprojekten vorrangig in den Bereichen der Materialverwaltung und Materialbearbeitung. Sie können im weiteren Sinne als Assistenzen aufgefaßt werden, wenngleich dieser Begriff eher im Universitätsbereich und an der Akademie selten verwendet wurde. Assistenzfunktionen entsprangen vor allem aus den Bedürfnissen des naturwissenschaftlichen Unterrichts (Unterrichtsassistenten).[159] Anfangs wurde der

---

155 ABBAW, II-VII-35, Bl. 67, Th. Kuhlgatz an F. Keibel v. 4. März 1925.

156 Ebd.

157 ABBAW, II-VII-28/2, unpag., J. Haas an P. Guthnick v. 5. September 1940.

158 Der Funktionsbegriff ist nicht eindeutig definiert. Ich verwende „Funktion" im Anschluß an Fuchs/Klima u.a. 1988, S. 249 im Sinne von Position, die etwa jemand innerhalb einer Organisation bekleidet, einschließlich der dem Positionsinhaber bzw. der Positionsinhaberin zugewiesenen Aufgaben.

159 Busch 1956; Bock 1972; Schmeiser 1994.

Assistenzbegriff für Gehilfen, Mitarbeiter, Nachwuchswissenschaftler weitgehend undifferenziert für verschiedene Stellungen verwendet, etwa die Famuli, die aus der privaten Tasche des Professors bezahlten Hilfskräfte, die beamteten Assistenten, Kustoden, Konservatoren, Prosektoren und Abteilungsleiter.[160] Ein wesentliches Merkmal von Assistenzfunktionen war ihre Nachrangigkeit gegenüber dem Institutsdirektor.[161] Vor 1920 gab es weder eine präzise Definition noch eine Regelung der Assistentenverhältnisse. Die erste Assistentenordnung wurde 1921 erlassen, was einen wichtigen Schritt zur Institutionalisierung der wissenschaftlichen Assistenz darstellte. Nach 1920 wurde sie mehr und mehr zu einer Ausbildungsrolle, wobei der Gedanke der Nachwuchsförderung stärker in den Vordergrund trat.[162] Jedoch blieben die Verhältnisse des sich unterhalb der institutionalisierten Assistentur ausdifferenzierenden „neue[n] Nachwuchs-Reservoir[s], das allmählich in den wissenschaftlichen Hilfskräften u.ä.m." in Erscheinung trat, vor 1945 weitgehend ungeregelt.[163] Heute wird üblicherweise zwischen wissenschaftlicher und wissenschaftlich-technischer Assistenz unterschieden.

Die Mitarbeiterfunktionen in den Akademieprojekten hatten die gleichen Entstehungsgrundlagen wie Angestelltenfunktionen[164]: Sie entstanden durch Delegierung von Aufgaben, Abspaltung oder neu. ‚Angestellter' ist ein Sammelbegriff für Angehörige verschiedener Berufe. Mit seinem Gebrauch wird angedeutet, daß die „Stellung" eines Arbeitnehmers bedeutsamer als seine Berufszugehörigkeit ist. Der Begriff rückt den Arbeitnehmercharakter des Beschäftigten in den Vordergrund und betont das formale Abhängigkeitsverhältnis mehr als den Berufsinhalt. Weitere Merkmale von Angestelltenfunktionen sind ihre Austausch- und Ersetzbarkeit; so ist ein problemloser Wechsel der Erwerbsarbeit, schnell und ohne Qualifikationsschwierigkeiten, stets möglich, wobei die rasche Auswechselbarkeit und Mobilität des Personals durch arbeitsteilige Vereinfachung erreicht wird. Die Regelung der Arbeitsverhältnisse erfolgt in Arbeitsverträgen, in denen Aufgaben, Zuständigkeiten, Präsenzpflicht, Urlaub und sonstige Dienstpflichten konkret festgelegt sind.[165]

Ähnlich wie in Wirtschaftsunternehmen differenzierten sich in den Akademieprojekten zuerst die Führungsfunktionen heraus. Das waren nach Jürgen Kocka delegierte Funktionen, weil Teile der Leitungsgeschäfte von der Unternehmensleitung an vertrauenswürdige Personen weitergegeben wurden. Vertrauenswürdigkeit spielte eine

---

160 Busch 1956, S. 66f.
161 Weber 1992 [1917/1919].
162 Bock 1972.
163 Busch 1956, S. 71.
164 Kocka 1981.
165 Kocka 1972, S. 117.

wichtige Rolle. An der PAW wurden Teile der Unternehmensgeschäfte vorzugsweise an die Schüler von Kommissionsmitgliedern übertragen. In der Regel waren die Akademiemitglieder zugleich Universitätsprofessoren und zogen für die Akademieprojekte ihre Schüler heran. So konnten sie ihnen auch problemlos Aufgaben mit hoher Entscheidungs- und Handlungskompetenz übertragen. Inhaber von Leitungsfunktionen waren die wissenschaftlichen Beamten. Anläßlich des 200jährigen Akademiejubiläums im Jahre 1900 wurden die ersten vier Dauerstellen für wissenschaftliche Beamte bei der PAW eingeführt, und zwar „1. für altchristliche Quellenforschung und Publicirung, 2. zusammen für das Corpus Inscriptionum Latinarum und für Numismatik, 3. für die Geschichte des Fixsternhimmels (Thesaurus positionum stellarum affixarum), 4. für das Pflanzenreich (Regni vegetabilis conspectus)."[166] In Ergänzung zu Stefan Rebenichs Ausführungen über die wissenschaftliche Beamtenstelle bei der Kirchenväterkommission[167] möchte ich die Herausbildung der Führungsfunktion beim astronomischen Unternehmen Geschichte des Fixsternhimmels darstellen. Denn im Unterschied zum wissenschaftlichen Beamten bei der KVK trug der Positionsinhaber bei der GFH von Anfang an als Teamleiter Personalverantwortung für nachrangig Beschäftigte.

Die im Juni 1899 von Arthur Auwers für das Astronomieprojekt GFH beantragte Stelle für einen wissenschaftlichen Beamten erhielt eine ganze Reihe von Anforderungen an den potentiellen Positionsinhaber:

„Unerlässliche Bedingung für die Durchführbarkeit ist, dass sich unter diesen [Arbeitern] ein in der astronomischen Praxis, insbesondere auf dem Gebiete der Meridianbeobachtungen und der Ableitung und Verwerthung ihrer Ergebnisse wohl erfahrener Mann von grosser Arbeitskraft und sicherm Urtheil befinde, welcher die verantwortlicheren Theile der Rechnungen selbst auszuführen, die Ausführung der mehr oder weniger mechanischen grossen Arbeitsmasse durch die jüngeren Gehülfen im einzelnen anzuordnen und zu beaufsichtigen hat. [...] Die Commission von Akademikern oder ein einzelnes ihrer Mitglieder kann diese Leistung nicht übernehmen, weil diese eine vollständige andauernde Hingabe der ganzen Arbeitskraft, und zwar für die volle Durchführung des Planes für ein ganzes Menschenalter oder mehr, erfordert, während zugleich die Arbeit, trotzdem ihr Ergebniss an Werth und Wichtigkeit von keiner heute in der Astronomie nur denkbaren Leistung übertroffen werden kann, doch eine überwiegend sehr einseitige und ihrer Art nach selbst nicht von solchem Range ist, dass ein Astronom der Akademie, welcher für die Bedürfnisse seines Fachs in dessen Gesammtumfange offenes Auge und wirksame Hand behalten soll, ihre Ausführung zu seiner eigenen Lebensaufgabe machen dürfte. – Geeignete Be-

---

166 Hartkopf/Wangermann 1991, S. 287f., Allgemeine Bestimmungen für die Anstellung wissenschaftlicher Beamten bei der Akademie (1900).

167 Vgl. Rebenich 1997.

setzung der nothwendigen Zwischeninstanz lässt sich aber nur erreichen und dauernd sichern, wenn dem Inhaber derselben eine Stellung geboten wird, in welcher er eine, wichtiger wissenschaftlicher Bethätigung angemessene Lebensstellung finden kann. Demnach gestatte ich mir, damit das Unternehmen eines ‚Thesaurus positionum stellarum affixarum' von der Akademie endgültig übernommen werden kann, die Errichtung der Stelle eines ‚wissenschaftlichen Beamten', von der Art, wie solche Stellen in dem der philosophisch-historischen Classe zur Zeit vorliegenden Plan beschrieben werden, für dieses Unternehmen zu beantragen."[168]

Kandidat für die Position des wissenschaftlichen Beamten war der berufserfahrene Astronom Friedrich Ristenpart (1868-1913). Während seiner Assistentenzeit an der Heidelberger und später an der Kieler Sternwarte hatte er einen Plan entworfen und in einer 1897 an Arthur Auwers[169] übersandten Denkschrift die Herausgabe eines „Thesaurus positionum stellarum affixarum" angeregt. Schon im Jahr darauf ließ ihn Arthur Auwers die Vorarbeiten dazu ausführen und sorgte für die finanzielle Unterstützung durch die PAW. Nachdem sich Friedrich Ristenpart erfolgreich bewährt hatte, wurde er für die Beamtenstelle vorgeschlagen und damit hauptberuflich an das Unternehmen gebunden. Den *Allgemeinen Bestimmungen für die Anstellung wissenschaftlicher Beamten bei der Akademie* zufolge richtete sich „Art und Umfang der den Beamten aufgetragenen Arbeiten [...] nach den Bedürfnissen des Unternehmens, dem sie durch Hülfsarbeiten zu dienen berufen sind."[170] Die Einzelheiten dazu wurden in sogenannten Spezialinstruktionen festgelegt.

Nach der *Specialinstruction des wissenschaftlichen Beamten der Akademie für die „Geschichte des Fixsternhimmels"* stand der Inhaber dieser Position unter der Leitung der von der physikalisch-mathematischen Klasse der PAW eingesetzten Kommission. Er war kein Mitglied der Kommission, wurde aber mit beratender Stimme bei wichtigen Fragen hinzugezogen und konnte „nach erfolgreicher längerer Dienstzeit" in die Kommission kooptiert werden. Der „specielle Bearbeitungsplan" für die einzelnen Arbeitsabschnitte werde von der Kommission festgestellt, hieß es im §3, „und von dem Beamten bezw. unter seiner Speziallleitung durch weitere Hülfskräfte

---

168 ABBAW, II-IV-12, Bl. 14, Begründung der Anträge auf Errichtung von fünf wissenschaftlichen Beamtenstellen für Unternehmungen der physikalisch-mathematischen Classe, Nr. 5 (Bl. 14/10-14/16) Thesaurus positionum stellarum affixarum v. A. Auwers v. 24. Juni 1899.

169 Der Akademieastronom Arthur Auwers war zwar berechtigt, Vorlesungen an der Berliner Universität zu halten, aber machte davon „ganz ausnahmsweise und nur in jüngeren Jahren" Gebrauch und hatte demzufolge keine Schüler. (Seeliger 1915).

170 Hartkopf/Wangermann 1991, S. 287f. [288], Allgemeine Bestimmungen für die Anstellung wissenschaftlicher Beamten bei der Akademie (1900).

ausgeführt." Der Aufgabenbereich des Beamten wurde im §4 konkretisiert:

„Für die Ausführung des festgestellten Planes fällt dem wissenschaftlichen Beamten die wissenschaftliche Verantwortung zu. Er soll von der großen mechanischen Schreib- und Rechenarbeit, welche bei dem Unternehmen erforderlich ist, nach Möglichkeit durch Einstellung von Hülfskräften entlastet werden, hat aber die Leistung dieser Hülfskräfte fortgesetzt quantitativ und qualitativ zu controlliren. Alle schwierigen oder besondere Aufmerksamkeit oder Sachkenntniss erfordernden Eintragungen und Rechnungen hat der Beamte selbst auszuführen, wenn kein nachweislich auch dafür vollständig geeigneter Gehülfe vorhanden ist. Die Vergleichung etwaiger Duplicatarbeiten hat er stets selbst auszuführen, bei den Drucklegungen hat er selbst immer mindestens eine Correctur (nach den Originalrechnungen) und eine Revision zu lesen."[171]

Nach dem Willen der Kommission war der wissenschaftliche Beamte in leitender Funktion für die korrekte Ausführung des Arbeitsplans verantwortlich und hatte von Anfang an die Möglichkeit, zur Entlastung von der „großen mechanischen Schreib- und Rechenarbeit" Hilfskräfte zu beschäftigen. Die Position des wissenschaftlichen Beamten entwickelte sich in dem Maße zu der eines Teamleiters, wie sich im Unternehmen weitere Funktionen für nachrangig beschäftigte Mitarbeiter, also Assistenzpositionen, ausdifferenzierten. Er stellte ein wichtiges Bindeglied zwischen dem aus Akademiemitgliedern bestehenden Leitungsgremium (Kommission) und den Mitarbeitern im Unternehmen dar. Bei der GFH wurde daher zwischen Spezialleitung (ausgeübt durch den wissenschaftlichen Beamten) und Oberleitung (Kommission) unterschieden.[172]

Mitarbeiter in Leitungsfunktionen wurden stets privilegiert. Das konnte durch eine besondere Ausstattung der Funktion mit Budget- und Personalverantwortung, durch Verleihung von Beamteneigenschaft oder, was selten vorkam, die Wahl in die Kommission erfolgen. Auch die Nähe zur Kommission und die Tatsache, daß der vorrangige Kommunikationspartner in der Regel der jeweilige Kommissionsvorsitzende war, unterstrich die Position von Führungskräften. Auf Friedrich Ristenpart traf das zu. Mitglied in der akademischen Kommission war er aber nicht. Er verließ nach wenigen Jahren das Unternehmen, um Direktor an der Sternwarte in Santiago de Chile zu werden, und starb bereits 1913 im Alter von nur 45 Jahren.

Vor 1920 waren die Mitarbeiterverhältnisse an der PAW nicht normiert und weitgehend unternehmensspezifisch. Schriftliche Ar-

---

171 ABBAW, II-VII-21, Bl. 29, Specialinstruction des wissenschaftlichen Beamten der Akademie für die „Geschichte des Fixsternhimmels" (1900), genehmigt in der Klassensitzung v. 19. Juli 1900.

172 SB PAW 1920, S. 86ff., Bericht von H. Struve.

beitsverträge wurden selten geschlossen. Die Abgrenzung der Funktionsträger wurde, wie bei den Wirtschaftsunternehmen, zuerst in den Abrechnungsunterlagen sichtbar. Jürgen Kocka hat in diesem Zusammenhang auf die differenzierende Wirksamkeit von Gehalt und Lohn hingewiesen.[173] Nach den Abrechungsunterlagen wurden beispielsweise beim DRW und beim Astronomieprojekt GFH „ständige Mitarbeiter" und „außerordentliche Hilfskräfte" unterschieden und beide Mitarbeitergruppen durch den Bezahlmodus voneinander getrennt. Während die ständigen Mitarbeiter gehaltsähnliche Honorare erhielten, empfingen die außerordentlichen Hilfskräfte lohnähnliche Stück- oder Stundenhonorare. Die Hilfskräfte wurden oft nur für konkrete, einfache und leicht quantifizierbare Arbeiten angenommen – etwa Zettelordnen, Exzerpieren, Ausschreiben von Sternpositionen aus Sternkatalogen usw. – und nach deren Erledigung schnell wieder freigesetzt.

Als infolge der Inflation und Geldentwertung nach dem Ersten Weltkrieg die Mitarbeiter bei den Kommissionen nicht mehr wie üblich aus den Sachmitteln der Kommissionen bezahlt werden konnten, übernahm das Preußische Kultusministerium die Gehaltszahlung für eine kleine Anzahl langjähriger Mitarbeiter. Bei der Festsetzung der Gehälter wurden die Bestimmungen des Angestelltentarifs im öffentlichen Dienst zugrunde gelegt, was die Eingruppierung dieser Mitarbeiter und Mitarbeiterinnen in das Tarifsystem erforderlich machte. Tendenziell ging davon eine Vorbildwirkung für die nicht im Angestelltenverhältnis bei der PAW beschäftigten Akademiemitarbeiter und -mitarbeiterinnen aus und führte insgesamt zur Regulierung und zur stärkeren Hierarchisierung der Mitarbeiterverhältnisse an der PAW (vgl. Kapitel IV.3.2).

Im Jahre 1922 waren bei den akademischen Kommissionen zehn wissenschaftliche Beamte und im Angestelltenverhältnis dreizehn Wissenschaftler sowie vier wissenschaftlich-technische Mitarbeiterinnen beschäftigt.[174] Die Stellenanzahl blieb nahezu unverändert bis 1939. Eine Übersicht über die Mitarbeiterkategorien an der PAW Anfang der 1930er Jahre bietet die nachstehende Tabelle 6.

---

173 Kocka 1969, Kocka 1981, S. 59ff.
174 ABBAW, II-IV-24, Bl. 206; SB PAW 1922.

Tabelle 6: Beamte und Angestellte an der PAW (1931)

	Positionen	Männer	Frauen	Summe
Kommissionen	Archivar und Bibliothekar der Deutschen Kommission	1		1
	Wissenschaftliche Beamte	8		8
	Schriftleiter bei der Redaktion der DLZ	1		1
	Wissenschaftliche Hilfsarbeiter	11		11
	Hilfsarbeiterinnen		4	4
	Sekretärinnen bei der DLZ		2	2
		∑21	∑6	∑27
Verwaltung	Bibliothekar und Archivar der Akademie	1		1
	Zentralbürovorsteher	1		1
	Hilfsarbeiterinnen im Büro		2	2
	Hausinspektor	1		1
	Akademiegehilfen	2		2
	Verwaltungsarbeiter	1		1
		∑6	∑2	∑8
Bibliothek	Bibliothekarische Hilfsarbeiterin		1	1
			∑1	∑1
	Summe	**27**	**9**	**36**

Quelle: SB PAW 1931, phys.-math. Klasse, S. VIII.

Die Differenzierung der Funktionsträger auf der Begriffsebene zeigte sich in den schriftlichen Quellen erst spät. Dem *Jahrbuch der PAW* 1939 zufolge verwiesen auf Leitungsfunktionen eindeutig die Begriffe ,wissenschaftlicher Beamter', ,Leiter', ,Arbeitsstellenleiter' und ,Archivvorsteher'. Davon abgesetzt wurden ,Herausgeber' und ,Bearbeiter', die auf das Publizieren und das Erlangen von Autorschaft gerichtete Tätigkeiten hindeuteten und einen hohen Selbständigkeitsgrad, Entscheidungskompetenz sowie Eigenverantwortung implizierten. Im Unterschied zu Inhabern von Leitungsfunktionen trugen Herausgeber und Bearbeiter in der Regel keine Personalverantwortung für nachrangig Beschäftigte. Allgemein gebräuchlich waren in den späten 1930er Jahren die Begriffe ,Mitarbeiter' und ,Hilfsarbeiter' mit dem Zusatz ,wissenschaftlich' für Wissenschaftler mit akademischer Ausbildung. Gravierende Unterschiede in der Verwendung beider Begriffe gab es nicht. Anders als vermutet, unterlag ‚wissenschaftlicher Hilfsarbeiter' keiner negativen Bedeutung.[175] Da an der Akademie begrifflich zwischen ‚Mitarbeiter' und ‚Bearbeiter' unterschieden wurde, ist zu vermuten, daß die Tätigkeiten von ‚Mitarbeitern' nicht unmittelbar auf das Publizieren gerichtet sein mußten und Aufgaben im nichtpublizierenden Bereich beinhalten konnten.

Im internen Sprachgebrauch verwendeten einige Kommissionen den Begriff ‚Assistent'. Regelmäßige Belege hierfür finden sich beim Rechtswörterbuch und beim DWB in der Redewendung ‚Assistent beim Wörterbuch'; auch beim zoologischen Nomenclator-Projekt wurde zwischen Assistenten und bibliographischen Hilfsarbeiterinnen unterschieden.[176] Im offiziellen Sprachgebrauch der Akademie wurden die bei den akademischen Kommissionen beschäftigten Mitarbeiter jedoch nicht als Assistenten bezeichnet.

Eindeutig auf nachgeordnete Positionen im wissenschaftlich-technischen Bereich verwiesen die Begriffe ‚Hilfskraft' und ‚Hilfsarbeiter' ohne Zusatz oder mit den Zusätzen ‚technisch' und ‚bibliographisch', ferner ‚Bürohilfsarbeiter' und ‚Büroangestellte' sowie Berufs- und Tätigkeitsbezeichnungen wie ‚Konservatorin', ‚Photographin' u.ä. Beim astronomischen Unternehmen GFH wurde um 1940 erstmals der Begriff ‚wissenschaftlich-technische Assistenz' benutzt (vgl. Kapitel IV.3.3). Mit der Verwendung einer zunehmend ausdifferenzierten und vereinheitlichten Begrifflichkeit fanden die internen Differenzierungsprozesse in den Akademieprojekten ihren vorläufigen Abschluß.

Ende der 1930er Jahre waren etwa 171 Personen an der PAW beschäftigt, davon 161 bei den akademischen Kommissionen und zehn im Bereich der Akademieverwaltung sowie in der Bibliothek (Tabelle 7). Nach dem *Jahrbuch der PAW* 1939 wiesen 19 von 30 Kommissionen Mitarbeiterpositionen in den Unternehmungen aus. Es hatte sich eine differenzierte Positionsstruktur herausgebildet, bei der die Positionen für Wissenschaftler deutlich überwogen und nur wenige Positionen für wissenschaftlich-technische Hilfskräfte vorhanden waren (Tabelle 8). Frauen waren sowohl unter den bei den akademischen Kommissionen beschäftigten Mitarbeitern als auch in der Akademieverwaltung und in der Bibliothek vertreten – mehrheitlich in hierarchisch nachgeordneten Positionen. Unter den leitenden Mitarbeitern gab es eine einzige Wissenschaftlerin; eine

---

175 Die mit Hilfsarbeiterverträgen geförderten Wissenschaftler waren häufig habilitiert und gehörten zum „akademischen Nachwuchs" (exemplarisch für die KVK vgl. Rebenich 1997).

176 ABBAW, II-VIII-244, unpag., Kommissionsprotokoll v. 21. September 1905 (für das DRW); ABBAW, II-VIII-25, Bl. 26, Bericht über das DWB 1933; für den Nomenclator: Heider 1926, S. IX.

zweite befand sich in der Gruppe der Herausgeber/Bearbeiter (Tabellen 8 u. 6). Im wissenschaftlich-technischen Bereich hatten einige Frauen schon Anfang der 1920er Jahre sichere Beschäftigungsverhältnisse erreichen können. Wissenschaftlerinnen wurden erst in den späten 1930er Jahren in größerer Anzahl im Angestelltenverhältnis bei der PAW beschäftigt.

Tabelle 7: Mitarbeiter an der Akademie (1939)

Bereich	Männer	Frauen	Zusammen
Kommissionen	134	27	161
Verwaltung/Bibliothek	7	3	10
Zusammen	141	30	171

Quelle: Jb. PAW 1939, eigene Auszählung.

Tabelle 8: Positionsstruktur der Forschungsprojekte (1939)

Position	Männer	Frauen	Zusammen
Leitend mit Personalverantwortung	*28	1	29
Selbständige Bearbeiter und Herausgeber	**26	1	27
Wissenschaftliche Mitarbeiter	97	19	116
Wissenschaftlich-technische Hilfskräfte	2	6	8
Zusammen	153	27	180

Quelle: Jb. PAW 1939, eigene Auszählung.

* davon 11 OM/KM; ** davon 1 OM/KM. – Da eine Person zugleich mehrere Positionen bekleiden konnte, ist die Anzahl der Positionen nicht mit der Mitarbeiteranzahl identisch.

Die Beschäftigungsverhältnisse im Bereich der wissenschaftlichen Unternehmungen waren zumeist befristet angelegt. Ausgenommen hiervon waren die Beamtenstellen und die vergleichsweise sicheren Stellen im Angestelltenverhältnis. Stellen mit dieser Absicherungsqualität blieben im gesamten Untersuchungszeitraum knapp und deckten den vorhandenen Bedarf bei weitem nicht. Mehrheitlich wurden die Mitarbeiter und Mitarbeiterinnen bei den Kommissionen mit Privatdienstverträgen, Honorar- und Werkaufträgen sowie Stipendien beschäftigt (Tabelle 15). Ihre Situation ist quellenmäßig schwer zu fassen, weil Personalunterlagen in der Regel nicht überliefert sind. Die Unterschiede in den Beschäftigungsverhältnissen zeigten sich jedoch weniger in der Höhe der Gehälter beziehungsweise Honorare, sondern in der Qualität der Absicherungen und in den Vertragskonditionen. Honorar- und Stipendienverträge wurden tendenziell zu schlechteren Bedingungen geschlossen als die Beamten- und Angestelltenverträge. Die Stipendien mußten jährlich neu beantragt oder verlängert werden, Versicherungsleistungen fehlten hier ganz. Die Honorarverträge boten zudem kaum Leistungsanreize, und Gehaltssteigerungen waren nicht vorgesehen. Denn bei den mit den Kommissionsmitarbeitern geschlossenen Honorarverträgen handelte es sich nicht um frei aushandelbare Spitzengehälter; diese waren nur wenigen brillanten Spitzenforschern und Akademiemitgliedern vorbehalten.

4.6 UNTERNEHMENSSPEZIFISCHE ARBEITSSYSTEME

Die Mitarbeiter und Mitarbeiterinnen waren in konkrete Arbeitszusammenhänge eingebunden. Um die innere Struktur und Beschaffenheit der Akademieprojekte zu skizzieren, werden die Unternehmungen als Gebilde mit Struktur und Funktion aufgefaßt und als *Arbeitssysteme* bezeichnet.[177] Diese können mit den organisationssoziologischen Kategorien wie Größe, Arbeitskontext und Formalisierungsgrad beschrieben werden. Auf die herkömmliche disziplinäre Einteilung, etwa in natur- und geisteswissenschaftliche Unternehmungen, wird hier verzichtet. Sie ist ungeeignet, weil die Akademieprojekte in ihren Arbeitsmethoden und Arbeitsabläufen ähnlich waren.

Die Unternehmungen wurden in der Regel dadurch charakterisiert, daß es zwei Mitarbeitergruppen gab: eine größere Anzahl frei und auswärts arbeitender Wissenschaftler und eine kleine Anzahl fester hauptamtlicher Mitarbeiter in den Arbeitsstellen. Beim Nomenclator animalium generum et subgenerum waren ca. 200 frei und auswärts arbeitende sogenannte Manuskriptmitarbeiter verpflichtet worden, während im Arbeitsbüro lediglich drei bis fünf Mit-

---

177 Ich orientiere mich an Wobbe 2002. Matthies/Kuhlmann/Oppen/Simon 2001, S. 31f. fassen unter „Arbeitssystem" „die organisationalen Strukturen [...], die definierten Ziele und Leitbilder sowie die formalen und informalen Regeln und Handlungsweisen in den Forschungseinrichtungen, [...]. Im Hinblick auf die [...] Karrierechancen des wissenschaftlichen Personals gehören [...] sowohl die von den Instituten bereitgestellten Karrierepfade als auch sämtliche institutionellen Rahmenbedingungen [dazu], die individuelle Karrieren begünstigen oder behindern: Arbeitsteilungen, Hierarchien, Kooperationsstrukturen, Mitbestimmungsmöglichkeiten, Anforderungs- und Anreizsysteme, Arbeitszeitregelungen, aber auch Definitionen von Qualität, Leistung und Produktivität sowie andere handlungsorientierende Leitbilder." Kocka 1981 hat den Begriff „funktionale Arbeitssysteme" benutzt, um die zunehmend an Funktionen orientierte Verteilung innerbetrieblicher Anweisung darzustellen.

arbeiter und Mitarbeiterinnen in festen Dienstzeiten und unter der Anleitung eines wissenschaftlichen Beamten die Redaktionsaufgaben erledigten. Die Arbeitsgruppen waren klein und setzten sich überwiegend aus Wissenschaftlern zusammen.

Die Wissenschaftler in einer Arbeitsgruppe hatten verschiedene Spezialisierungen, mitunter sogar gänzlich unterschiedliche Berufe. In der Orientalischen Kommission beispielsweise, deren Aufgabe in der Erschließung und Bearbeitung von orientalischen Handschriften in den Berliner Sammlungen bestand, insbesondere der Funde der Turfan-Expeditionen und der in Ägypten erworbenen manichäisch-koptischen Texte, wurde das Material nach einzelnen Sprachgebieten aufgeteilt und an wissenschaftliche Bearbeiter vergeben.[178] Da es ein Charakteristikum der zentralasiatischen Forschungen war, mit vielen Sprachen konfrontiert zu sein, beschäftigte die Kommission Philologen mit unterschiedlichen Spezialisierungen. 1939 hatte sie jeweils zwei Philologen für die Sprachgebiete Tocharisch und Sanskrit sowie je einen Philologen beziehungsweise eine Philologin für Iranisch, Türkisch, Koptisch, Arabisch und Kurdisch-persische Forschungen beauftragt.[179] Auch beim Deutschen Rechtswörterbuch war die aus Juristen, Philologen und Historikern bestehende Arbeitsgruppe berufsheterogen zusammengesetzt, wobei hier die Berufszugehörigkeit für den Karriereverlauf beziehungsweise einen Aufstieg im Unternehmen relevant war. Denn nach einer internen Regelung oblag aus Prestige- und Traditionsgründen die Leitungsposition stets einem Juristen.[180] Da die Frauen beim DRW nur unter den Philologen vertreten waren, nicht aber unter den Juristen, waren ihre Aufstiegschancen im Unternehmen von vornherein eingeschränkt.

Meinem empirischen Befund nach trafen die Mitarbeiter in den Akademieprojekten auf verschiedene Arbeitskontexte. Aus analytischen Gründen unterscheide ich die auf Einzelarbeit ausgerichteten (individuellen) und die teamartigen Unternehmungen. Beispiele für Projekte mit überwiegend individuellem Arbeitskontext sind die Inschriftencorpora (IG, CIL), Editionsvorhaben wie das CMG, die KVK und die Orientalische Kommission. Hier bestanden umfassende Eigenverantwortlichkeiten und eine hohe Selbständigkeit; die individuellen Arbeitsanteile waren sichtbar, d.h. die Wissenschaftler vertraten als Autoren ihre Ergebnisse selbst. Zu den teamartigen Unternehmen rechne ich dagegen das Deutsche Rechtswörterbuch, die Geschichte des Fixsternhimmels, den Nomenclator animalium generum et subgenerum und das Jahrbuch über die Fortschritte der Mathematik. Es bestanden in der Regel keine umfassenden Ver-

---

178 SB PAW 1936, S. XXVIff., Bericht von H. Lüders.
179 Jb. PAW 1939, S. 35f.
180 Dickel/Speer 1979.

antwortlichkeiten; die Arbeitsaufträge waren begrenzt. Die Einzelleistungen der Mitarbeiter waren oft nicht sichtbar und verschwanden mehr oder weniger anonym hinter einer Teamleistung.

Unterschiede bestanden im Formalisierungsgrad, d.h. im Ausmaß der Durchherrschung, Regelung und Ausgestaltung der inneren Verhältnisse. Formalisierung gilt als ein wichtiges Organisationsmerkmal. Wissenschaftliche Organisationen gelten im allgemeinen als eher gering formalisiert und sind durch ein hohes Maß an Offenheit, Flexibilität, aber auch Intransparenz und Informalität gekennzeichnet.[181] Meiner Ansicht nach traf dies besonders auf die individuell ausgerichteten Unternehmungen zu, während die teamartigen einen stärkeren Formalisierungsgrad aufwiesen. In den individuell ausgerichteten Projekten hatten die Mitarbeiter einen relativ großen Gestaltungs- und Entscheidungsspielraum. Klare hierarchische Anweisungsbefugnisse wie in den Unternehmungen mit Teamstruktur fehlten beziehungsweise waren nicht stark ausgeprägt. Die Hierarchien waren eher flach; oft gab es, wie bei der Orientalischen Kommission, nur Ein-Personen-Abteilungen. Mitunter ließ sich ein feines System von Nachrangigkeiten beobachten, das in Paarkonstellationen aufscheinen konnte, zugleich aber wegen seiner Intransparenz ein sperriges Untersuchungsobjekt darstellte.

Unterschiede in den Beschäftigungsverhältnissen bestanden häufig, aber hatten nicht zwangsläufig einen Einfluß auf die Unternehmenshierarchie. So erhielt die Orientalische Kommission 1929 eine Dauerstelle für einen wissenschaftlichen Beamten, welche dem Orientalisten Wilhelm Siegling (1880-1946) übertragen wurde, der damit sein Absicherungsverhältnis verbesserte und sich von den übrigen Mitarbeitern der Kommission deutlich abhob. Aber zum Vorgesetzten für die bei dieser Kommission beschäftigten Wissenschaftler wurde er dadurch nicht; er hatte ihnen gegenüber keine Anweisungsbefugnis.

Die teamartigen Unternehmungen wiesen demgegenüber hierarchischere Verhältnisse auf, wobei die Unterschiede zwischen Wissenschaftlern und Nichtwissenschaftlern stets größer waren als unter den Wissenschaftlern, zwischen denen häufig nur graduelle Unterschiede bestanden.[182] Beim DRW hatte sich beispielsweise eine büroartige Teamstruktur herausgebildet und eine an Funktionen orientierte hierarchische Anweisungsbefugnis durchgesetzt. Seit den 1920er Jahren erfolgte die Ausarbeitung des DRW ausschließlich in der Arbeitsstelle in Heidelberg, und zwar durch den wissenschaftlichen Leiter, Eberhard von Künßberg, und weitere Mitarbei-

---

181 Matthies/Kuhlmann/Oppen/Simon 2001, S. 34-39; vgl. Heintz 1998; Heintz/Merz/Schumacher 2004.

182 Zu hierarchischen und graduellen Unterschieden am Arbeitsplatz vgl. Kaelble 1983, Kapitel 3.

ter „unter seiner ständigen Beteiligung und Überwachung".[183] Die kleine Arbeitsgruppe bestand aus zwei bis fünf hauptamtlichen Mitarbeitern sowie gelegentlich hinzugezogenen Hilfskräften. Die Arbeitsverträge waren klar abgefaßt, die Aufgaben im einzelnen geregelt und die Präsenzpflicht für alle Mitarbeiter vorgeschrieben. Von ihnen wurde die nahezu fabrikmäßige Herstellung des Wörterbuchs erwartet, wobei für das Exzerpieren und für die Ausarbeitung der Wortartikel genaue Ausführungsvorschriften existierten.[184]

Eine rigide Regelung der innerbetrieblichen Verhältnisse wurde beim zoologischen Nomenclator animalium generum et subgenerum festgestellt. Im Arbeitsbüro des Unternehmens verrichteten unter der Leitung eines wissenschaftlichen Beamten seit 1913 ein bis zwei Assistenten und eine bibliographische Hilfsarbeiterin ihren Dienst. Um die Fertigstellung des Werkes zu beschleunigen, wurden in den 1920er Jahren auf Anordnung der Akademieleitung – an der akademischen Kommission vorbei und über die Mitarbeiter hinweg – die Gehälter aller Mitarbeiter in bogenabhängige Honorare umgewandelt.[185] Die Mitarbeiter gerieten auf diese Weise nicht nur in die direkte Abhängigkeit von der Akademieleitung (Sekretariat), sondern ihre Arbeit wurde zugleich in einem ungewöhnlich hohen Ausmaß quantifiziert. Fortan waren nämlich alle Mitarbeiter und Mitarbeiterinnen an klare Fristen gebunden, Ausgestaltungsspielräume bestanden für sie nicht mehr; ihre Arbeitsbedingungen hatten sich verschlechtert, sie unterlagen einem sehr hohen Leistungsdruck. Auch die Unterschiede zwischen dem Schriftleiter, den wissenschaftlichen Mitarbeitern und der bibliographischen Hilfsarbeiterin waren nivelliert worden und Privilegierungen fortgefallen.

Mit Blick auf die Situation von Frauen in der Wissenschaft stellt sich die Frage, in welchen Akademieprojekten Frauen günstige Zugangs-, Arbeits- und Aufstiegschancen finden konnten. In der Forschungsliteratur wird mit großer Zustimmung die These vertreten, daß ein stärkerer Formalisierungsgrad den *Zugang* von Frauen zur Wissenschaft eher begünstige.[186] Der empirische Befund dieser Studie scheint das zu bestätigen. Frauen waren regelmäßig und häufig

---

183 Künßberg 1932, S. XIV.

184 ABBAW, II-VIII-243, Instruction für die Excerptoren (gedr.), Anleitung zum Exzerpieren für das deutsche Rechtswörterbuch (gedr.), Grundsätze für die Ausarbeitung der Wortartikel (gedr.). Die von der Kommission in ihrer Sitzung v. 4. Januar 1897 beschlossene „Instruction für die Excerptoren" ist zudem in der Zeitschrift der Savigny-Stiftung für Rechtsgeschichte, Bd. XVIII (1897), Germ. Abt., S. 211-215 veröffentlicht worden.

185 ABBAW, II-VII-35, Bl. 48R, Protokollauszug Sitzung d. physikalisch-mathematische Klasse v. 12. Februar 1925; Bl. 49-50, Sekretariat an Prof. Dr. F. Keibel v. 26. Februar 1925.

186 Heintz 2001a; Allmendinger 2003.

in den teamartigen Unternehmungen vertreten, d.h. sie fanden dort leicht Zugang, wo formale Strukturen bestanden und sich Bürostrukturen herausgebildet hatten. Hatten sie in den stärker formalisierten Unternehmungen aber auch die besseren Aufstiegs- und Karrierechancen? Das ist für die Akademie empirisch zu untersuchen, wobei die bestehenden Unterschiede im Formalisierungsgrad sicherlich nicht überzubewerten sind. Die Akademieprojekte sind nicht mit den großen bürokratischen Organisationen zu vergleichen, für die in der Segregationsforschung ein Zusammenhang zwischen Formalisierungsgrad und Zugang von Frauen bislang am eindeutigsten nachgewiesen wurde.

Für die PAW ist mit einem uneindeutigen Befund zu rechnen. Zum einen besteht die Annahme, daß „Tradition" an die Stelle fehlender formaler Regeln trete – begünstigt durch die in der Wissenschaft vorherrschende Intransparenz –, wodurch Frauen tendenziell benachteiligt würden. Denn bei ihnen würden nicht alle fachlichen Kompetenzen nachgefragt, und es bestehe der oft unausgesprochene hohe Anpassungsdruck an männliche „Normen" sowie ein Orientierungszwang an der männlichen Sozialbiographie.[187] Zum anderen gibt es die gegenteilige Annahme, daß sich prinzipiell allen Akteuren in der Arbeitswelt individuelle und unternehmensspezifische Gestaltungsoptionen eröffnen konnten.[188] Für die Mitarbeiter und Mitarbeiterinnen könnten sich, so gesehen, die weniger formalisierten Unternehmungen sogar von Vorteil erweisen, weil hier nur wenig geregelt war und dadurch eine größere Flexibilität herrschte. Davon profitierten möglicherweise auch Frauen, die in den auf Einzelarbeit ausgerichteten Unternehmungen zwar seltener vertreten waren, dort aber die besseren (Aufstiegs-)Chancen finden konnten.

Resümee

Die Preußische Akademie der Wissenschaften ließ seit dem 19. Jahrhundert Forschungsarbeit in ihren wissenschaftlichen Unternehmungen durchführen. Diese Arbeitsform hatte sich für die Bearbeitung von Inschriftencorpora, Editionen, Sammelprojekten und für die Herstellung von Wörterbüchern bewährt. In den Unternehmungen wurde vorwiegend eine historisch-philologische Grundlagenforschung betrieben und zum geringeren Teil auch eine deskriptiv-klassifizierende naturwissenschaftliche Forschung. Die in den Unternehmungen durchgeführte Forschungsarbeit war hoch spezialisiert, jedoch in Methode und Ziel feststehend. Die Organisationsform der von Kommissionen geleiteten Unternehmungen bildete den

---

187 Matthies/Kuhlmann/Oppen/Simon 2001; Heintz 1998.
188 Vgl. Matthies/Kuhlmann/Oppen/Simon 2001; Wobbe 1997 hat dafür den Begriff „Gelegenheitsstruktur" verwendet.

gleichbleibenden strukturellen und institutionellen Rahmen der akademischen Forschungsarbeit. Über Forschungsinstitute verfügte die Akademie nicht. Ein wesentliches Merkmal der Akademieforschung war ihr Projektcharakter.

Wegweisend wurde die PAW vor allem mit ihren altertumswissenschaftlichen Großprojekten. In einer sich seit dem letzten Drittel des 19. Jahrhunderts schnell verändernden Forschungslandschaft wurde jedoch die Akademieforschung anders wahrgenommen als beispielsweise die naturwissenschaftliche und medizinische Forschung. Aus der Sicht der Akademie war daher die Entwicklung im frühen 20. Jahrhundert von gegenläufigen Tendenzen gekennzeichnet. Zwar konnte sie in den Kernbereichen der Akademieforschung, d.h. in den Altertumswissenschaften und in der philologisch-historischen Editionsphilologie, aber auch im Bereich der deskriptiven und systematisierenden Naturwissenschaften, Spitzenpositionen behaupten. Mit der Entwicklung der Wissenschaften konnte die PAW insgesamt aber nicht mehr Schritt halten und wurde zunehmend an den Rand des Wissenschaftssystems gedrängt.

Der Ausbau der Forschungsarbeit an der Wende zum 20. Jahrhundert, d.h. die Zunahme der wissenschaftlichen Arbeiten und die Neugründung von Unternehmungen, führte zur Änderung der Arbeitsweise der Wissenschaft und zum Wandel der Organisation von Forschungsarbeit. An der Akademie bildeten sich die Merkmale einer zunehmend betriebsförmig organisierten Forschungsarbeit ab. Dazu zählten erstens die Zentralisierung von Material und Arbeit an einem Ort, die häufig mit einer Veränderung der Arbeitspraxis verbunden war; zweitens die Aufgliederung der Arbeit in einzelne Tätigkeits- und Zuständigkeitsbereiche unterschiedlicher Komplexität; drittens die Ausdifferenzierung von Funktionen; viertens der Wandel von Rekrutierungsmustern und der Arbeitskräftenachfrage; fünftens veränderte sich die Rolle der akademischen Kommissionen. Als oberste Leitungsgremien erfüllten die akademischen Kommissionen zunehmend nur noch Kontroll- und Aufsichtsaufgaben, und ihre Mitglieder nahmen selbst immer weniger an der in den Unternehmungen durchgeführten Forschungsarbeit teil. Die Arbeit in den Forschungsprojekten wurde weitgehend von Mitarbeitern erbracht, die nicht gleichzeitig Mitglieder der Gelehrtengesellschaft waren, und zu denen auch Frauen gehörten. Mit der Situation von Frauen in den Akademieprojekten befassen sich die folgenden drei Kapitel.

III. ZWISCHEN TRADITION UND „MODERNER"

WEIBLICHKEIT: EHEFRAUEN UND TÖCHTER

1. Professorenfamilien, bürgerliches Familienmodell und Rollenwandel der Frau

1.1 WISSENSCHAFTSMÄNNER UND FAMILIENFRAUEN IM 19. JAHRHUNDERT

Im Bildungsbürgertum drifteten Beruf und Familie früh und vollständig auseinander. Während für Männer eine lebenslange Berufsarbeit vorgesehen war, sollten Frauen vornehmlich in der Familie aufgehoben sein.[1] Die geschlechtsspezifische Rollenteilung war besonders deutlich in Wissenschaftlerfamilien ausgeprägt. Wissenschaft als Beruf wurde von Männern betrieben, die Familie wurde als Gegenentwurf zur wissenschaftlichen Arbeitswelt stilisiert und als privates Refugium verklärt.[2] Ermöglicht wurde die Abgrenzung von Familie und Arbeitswelt durch die mehr oder weniger vollständige Trennung von Wohn- und Arbeitsbereich sowie durch eine materielle Sicherheit, die es erlaubte, Frauen und Kinder von Produktionsfunktionen freizustellen. Das Gelingen der Ehe zwischen den Partnern basierte auf der Identifizierung der Frau mit den Zielen und Aufgaben des Mannes und setzte eine Erziehung der Frau voraus, bei der ihre intellektuelle Eigenständigkeit systematisch vernachlässigt wurde.[3] Die Rolle der bürgerlichen Frau war weitgehend auf innerhäusliche Aufgaben beschränkt. Als standesgemäße Tätigkeit galt lediglich karitatives Engagement. Bürgerliche Frauen trugen vor allem zur Repräsentation einer standesgemäßen Lebensführung bei, wobei Geselligkeit und andere Aktivitäten der Abrundung bürgerlicher Lebenspraxis dienten.[4]

Diese Auffassung vom Wesen der Geschlechter, deren Keimzelle die bildungsbürgerliche Familie war, hatte sich im Laufe des 19.

---

1   Rosenbaum 1982, S. 354.
2   Hausen 1986, 1988.
3   Rosenbaum 1978, 47f.
4   Rosenbaum 1982, S. 342f.; Frevert 1998.

Jahrhunderts zum bürgerlichen Familienmodell schlechthin verallgemeinert und war bis ins 20. Jahrhundert richtungsweisend.[5] Zugrunde lag ihm die Idee der Ergänzung von Mann und Frau. Indem Männern und Frauen unterschiedliche, jedoch komplementär aufeinander bezogene Rollen und Räume zugewiesen wurden, wurde die Differenz zwischen den Geschlechtern stärker betont und nicht mehr ihre Gleichwertigkeit wie noch um 1800. Wissenschaftszweige wie Medizin und Anthropologie lieferten „Beweise" für die Wesensverschiedenheit von Männern und Frauen und trugen mit dazu bei, das Bild von der „natürlichen" Geschlechterdifferenz zu verallgemeinern und abzustützen.[6]

Die Professionalisierung der Wissenschaften und die Verdichtung des Berufssystems verschärften die Abgrenzung von Wissenschaft und Familie. Frauen war der direkte Weg in die Wissenschaft verschlossen und für Männer die Brücke zur Familie schmal und brüchig.[7] Zugleich standen beide Sphären im engen Wechselverhältnis, wobei der Familie mit Blick auf die wissenschaftliche Arbeitsorganisation eine ökonomische Ressourcenfunktion zukam. Die moderne Wissenschaft basierte nicht nur auf der Annahme, daß ein Wissenschaftler eine Ehefrau zu Hause habe. Zu einer selbstverständlichen Voraussetzung des männlich dominierten Wissenschaftsbetriebes habe immer auch die weitgehende Entlastung des Wissenschaftsmannes von den notwendigen Investitionen in die „Nebensächlichkeiten" des Alltags- und Familienlebens durch ein funktionierendes System der geschlechtsspezifischen Arbeitsteilung gehört. Diese Arbeitsteilung funktioniere am reibungslosesten durch den Einsatz der Ehefrau. Aber auch die Zuarbeit der Mutter, Schwester, Tochter und notfalls der bezahlten Haushälterin habe die wissenschaftliche Konzentration auf das „Wesentliche" ermöglicht.[8]

Ein Beispiel dafür ist die Wiederverheiratung des Physiologen Hermann von Helmholtz (1821-1894, KM 1857, AM 1870, OM 1871). Dieser war nach dem frühen Tod seiner ersten Frau „auf das äußerste niedergedrückt" und konnte vor Erschöpfung monatelang nicht arbeiten.[9] Vorübergehend übernahm seine Schwiegermutter die Hausfrauenrolle sowie die Erziehung der zwei kleinen Kinder. Doch bald erwies sich dieses Arrangement als ungeeigneter Behelf. Helmholtz entschloß sich, wieder zu heiraten und sprach gegenüber Emil du Bois-Reymond (1818-1896, OM 1851) offen aus:

---

5   Rosenbaum 1978, S. 9; Sieder 1998, S. 232ff.
6   Hausen 1976; Honegger 1991.
7   Hausen 1988, S. 114.
8   Hausen 1986, S. 31f.; Schiebinger 2000, S. 47; Daston 2003.
9   Ostwald 1909, S. 285.

„Ich muß sagen, daß ich [...] mir eigentlich nicht einbildete, als Witwer mit zwei Kindern und über das Jünglingsalter weit hinaus noch um die Hand einer viel jüngeren Dame werben zu dürfen, die alle Eigenschaften hatte, um in der Gesellschaft eine hervorragende Rolle zu spielen. Während des Winters stellte sich aber deutlich heraus, daß meine Schwiegermutter auf die Dauer unfähig sein würde, meinen Hausstand zu leiten und die Kinder zu beaufsichtigen, mit wieviel Eifer und Ausdauer sie das auch tat. Nachher hat sich's schnell gemacht, und ich sehe jetzt mit neuen, glücklichen Aussichten der Zukunft entgegen. Zu Pfingsten soll Hochzeit sein."[10]

Im Jahre 1861 heiratete Hermann von Helmholtz die Tübinger Professorentochter Anna von Mohl (1834-1899), die über einflußreiche Kontakte und Netzwerke verfügte, eine kunstbegeisterte und weltläufige Gesellschafterin war. Sie verkehrte als Salondame in den besten Kreisen (bei Hofe) und verschaffte dort auch ihrem Ehemann Zugang. Anna von Helmholtz hielt ihren Mann „von ‚Alltagsdingen' fern, organisierte das kulturelle und gesellige Leben. Damit füllte sie zugleich den bürgerlichen Lebensentwurf aus, der nicht nur Arbeit, sondern zunehmend auch ästhetische Formgebung hochschätzte."[11] Ehefrauen wie Anna von Helmholtz sorgten dafür, daß ihre Ehemänner ungestört und frei von familiären Belastungen arbeiten konnten; sie waren unentbehrlich, wenn es darum ging, Zeit für akademische Aufgaben bereitzustellen. Frauen stützten „in ihren Rollen als Hausfrauen und Dienerinnen das anstrengende System von Lehre, Forschung und Versammlungen, von denen die langen Arbeitstage eines durchschnittlichen Akademiemitglieds ausgefüllt waren."[12] Diese Art der Freistellung für die Wissenschaft habe in der modernen Wissenschaftsentwicklung sowohl die Quantität als auch Qualität der wissenschaftlichen Produktion gefördert.[13] Hermann von Helmholtz änderte bekanntlich bald nach der zweiten Eheschließung sein Hauptforschungsgebiet. Daß er zudem seine Texte bis zu sechsmal überarbeiten konnte, lag auch an seiner Ehefrau Anna, die die Abschriften für ihn anfertigte.[14]

Die Einbeziehung von Ehefrauen, Töchtern oder Schwestern als Gehilfinnen in das wissenschaftliche Arbeiten von männlichen Gelehrten stand nicht im Widerspruch zum bürgerlichen Familienideal. Eine familienintegrierte Arbeit war nicht nur akzeptiert, sondern aus Rentabilitätsgründen sogar erwünscht. Das verdeutlicht das folgende Beispiel: Die Kinder des Berliner Altertumsforschers Theo-

---

10 Dokumente einer Freundschaft, S. 196f. [197], H. von Helmholtz an E. du Bois-Reymond v. 2. März 1861.
11 Frevert 1998, S. 206-208 [208].
12 Daston 1999, S. 83.
13 Hausen 1986, S. 32.
14 Ostwald 1909, S. 285f.

dor Mommsen halfen ihrem Vater bei der Herstellung von Indices für das CIL, indem sie die rein mechanischen Arbeiten erledigten. Mommsens Tochter Adelheid (1869-nach 1936) beschrieb das so:

> „Ich entsinne mich vor allem eines Index – ich glaube, es war einer für das ‚Corpus Inscriptionum latinarum' – der uns lange beschäftigte. Da waren zuerst viele Bogen, mit der feinen Hand des Vaters beschrieben, in Streifchen zu schneiden, diese nach den Anfangsbuchstaben in Kästchen zu sortieren und schließlich auf Tischplatten alphabetisch zu ordnen und auf neue Bogen zu kleben oder zu stecken. Das war ein mühsames Geschäft; schon das Lesen war schwierig; oft mußten wir mit einer Hand voll Zettelchen hingehen: ‚Vater, die kann ich wirklich nicht lesen!' und er schrieb doch so deutlich! Kein Streifchen durfte verloren gehen, und wehe! Wenn die Tür lebhaft auf- und zugemacht wurde oder man gar hustete. Aber wir machten die Arbeit gern, und der pekuniäre Gewinn war gewiß nicht das Hauptmotiv dabei, obwohl wir zunächst keins und später ein recht kleines Taschengeld hatten. Ich weiß noch, welchen Eindruck es machte, als mein jüngster Bruder auf die Idee kam, man könne sich wenigstens das Aufstecken ersparen, und stattdessen die geordneten Zettel umdrehen, ein gummiertes Papier darauf drücken, und so ein ganzes Blatt voll auf einmal erhalten."[15]

Obwohl die Kinder Freude daran hatten und vermutlich stolz darauf waren, für ihren Vater eine Aufgabe erledigen zu dürfen – die eintönige und monotone Arbeit sogar ihre Phantasie dazu anregte, die Arbeiten noch effizienter zu gestalten –, steht fest, daß Theodor Mommsen einen Teil der wissenschaftlichen Arbeit in seine Familie verlagerte, um Zeit und Kosten einzusparen. Indem er von seinen Kindern eine einfache und mechanische Tätigkeit für das Akademieprojekt ausführen ließ, mußte er sich nicht selbst damit belasten und konnte sich anderen Aufgaben zuwenden. Willig und gehorsam führten die Kinder nach den Anweisungen des Vaters die Arbeiten aus. Ein solches Arrangement beruhte auf einer patriarchalischen Familienordnung und der unmittelbaren persönlichen Abhängigkeit der Familienmitglieder vom Vater als Familienoberhaupt und Haushaltsvorstand, der letztlich die Kontrolle über die Familienangehörigen hatte.[16]

Eine öffentliche Anerkennung erhielten Ehefrauen und Töchter nicht. Gelegentlich wird ihre Mitarbeit in privaten Quellen, d.h. Korrespondenzen und Briefen, in der biographischen Erinnerungsliteratur sowie in Vorworten und Einleitungen von Büchern mitgeteilt. Der Berliner Ägyptologe Adolf Erman hat erwähnt, daß ihn seine Ehefrau Käthe Erman (geb. d'Heureuse, 1862-1943) während einer 1885 unternommenen Forschungsreise nach Ägypten als „Assistentin" begleitete. In späteren Jahren lernte sie sogar Hieroglyphen le-

---

15 Mommsen 1937, S. 13f.
16 Hausen 1994, S. 13; Weber-Kellermann 1990 [1976], S. 8.

sen, um ihrem nahezu erblindeten Ehemann die Arbeit an seinen Projekten weiter zu ermöglichen. Ohne die Hilfe von Käthe Erman wäre Adolf Ermans letztes Buch *Die Welt am Nil* (1936) nicht erschienen.[17] Der Mediävist Dietrich Schäfer (1845-1929, OM 1903) berichtet, seine Ehefrau Wilhelmine (1847-1924), eine Pfarrerstochter und Kunstsängerin, habe ihm als Mitarbeiterin bei Editionsarbeiten zur Seite gestanden. Im Auftrag der Historischen Kommission München bearbeitete Schäfer Hanserezesse. Um das dafür notwendige Material zu sammeln, bereiste er zahlreiche Archive und fertigte Textabschriften an. Einige Archive erleichterten seine Sammeltätigkeit, indem sie ihm „versendbares Material" zuschickten. „Zu Hause", schreibt er, „hat meine Frau mir wertvolle Hilfe geleistet. Sie hat sich bald eingelesen; die Texte der eigentlichen Rezesse hat sie fast alle abgeschrieben, auch manche geeigneten Stücke des Anlagenmaterials; ich brauchte dann nur zu kollationieren."[18]

Da Frauen im 19. Jahrhundert der öffentliche Weg in die Wissenschaft versperrt war, standen ihnen nur wenige Optionen offen, um wissenschaftlich tätig zu werden. Sie konnten ihren Ambitionen nur im häuslichen Rahmen nachgehen, in der Rolle der häuslichen Gehilfin, die dem Ehemann, Bruder oder Onkel assistierte. Londa Schiebinger zufolge lasse sich die Ehefrau als wissenschaftliche Helferin nicht leicht von der Ehefrau des Zunfthandwerkers abgrenzen, die unbezahlte Arbeit in der Werkstatt leistete. Der Wandel der Wissenschaften und der Familie habe dazu beigetragen, „die Gehilfinnen vom öffentlichen Bereich der Wissenschaft fernzuhalten. Die wissenschaftlich versierte Ehefrau wurde immer mehr zur privaten Assistentin, die dem Blick der Welt entzogen, im Allerheiligsten der Familie wirkte."[19]

1.2 AUFBRÜCHE UM 1900, EIN NEUES FRAUENIDEAL UND ROLLENWANDEL DER FRAU

An der Wende zum 20. Jahrhundert ließen sich Frauen nicht mehr auf die ihnen zugeschriebene Familienrolle festlegen. Sie waren bereit, Grenzen zu überschreiten und taten dies auch.[20] Ein häufig materiell begrenzter Spielraum und mangelnde Versorgungsleistungen bürgerlicher Familien waren ein erster Grund dafür, daß die höheren Töchter gezwungenermaßen eine Erwerbstätigkeit aufnahmen. Zweitens spielte die Umstrukturierung der Hausarbeit eine

---

17 Erman 1929, S. 205 sowie Erinnerungen von Barbara Geitner und Henning Baensch an die Großeltern Adolf und Käthe Erman (Schipper 2006, S. 52-64 [61f.]).
18 Schäfer 1926, S. 84ff. [88].
19 Schiebinger 1993, S. 365f.
20 Frevert 1988 (Einleitung).

wichtige Rolle.[21] Durch die Einführung moderner Haushaltstechnik in den Privathaushalten wurde die Hausarbeit wesentlich erleichtert und drängte Frauen „zwangsläufig zu aushäusiger Arbeit und zu ganz neuen, außerfamiliären Lebensformen."[22] Drittens ging es vor allem im *Bildung*sbürgertum um die Selbstverwirklichung der Frau und ihr Streben nach Vollkommenheit. Darin wurde zuallererst ein Menschenrecht gesehen, das über die „weibliche Bestimmung" gestellt wurde.

Dem neuen Frauenideal lag die „Idee einer erweiterten weiblichen Bestimmung" zugrunde: „Wer nicht nur Weib, d.h. Gattungswesen, sondern Mensch sein will, bedarf der Anerkennung einer Pflicht und eines Rechts auf Selbstverantwortung, Selbstbestimmung, sittliche Freiheit."[23] Damit verbunden war eine Neuorientierung der weiblichen Erziehung und Bildung: In der Bewährung der Frau im Beruf sah man eine der wichtigsten Erprobungen des eigenen Wesenskerns.[24] Im Bildungsbürgertum wurde dies als eine Frage der „ständischen" Gleichheit angesehen und kommuniziert; die ökonomische Emanzipation stand dabei nicht im Vordergrund.[25] Frauen der „besitzenden Kreise" treibe nicht der materielle Druck, so Marianne Weber, sondern „der innere Widerspruch gegen die ihnen in Familie und Gesellschaft zugewiesene Stellung."[26] Im Bürgertum, „wo die Trennung von beruflicher und familialer Sphäre viel früher und vollständiger ausgebildet wurde, faßten die neuen Ideen über Ehe und Familienbeziehungen, die die Frau als geistige Gefährtin des Mannes und nicht mehr ausschließlich als Hausfrau und Produzentin und Erzieherin von Nachkommen definierten, eher Fuß."[27] Frauen aus dem Bildungsbürgertum wurden zu Wegbereiterinnen des Aufbruchs.

Vertreterinnen der organisierten bürgerlichen Frauenbewegung forderten die intellektuelle Gleichberechtigung von Frauen und ihre gleichberechtigte Teilhabe in allen Bereichen der Gesellschaft.[28] Um die bestehenden Sozialisationsdefizite auszugleichen, war es nötig, den Frauen neue Bildungs- und Berufswege zu eröffnen. Mit Petitionen an die Kultusministerien der Länder forderten Frauenrechtlerinnen seit den 1880er Jahren die Zulassung von Frauen zum Abitur und zum Universitätsstudium. Als am Beginn des 20. Jahrhunderts die formalen Barrieren beim Zugang zu den höheren Bil-

---

21 Freudenthal 1986 [1934]; Rosenbaum 1982, S. 340f.; Weber 1930.
22 Weber 1930, S. 21.
23 Weber 1930, S. 22.
24 Weber 1930, S. 24.
25 Gilcher-Holtey 1992.
26 Weber 1919 [1905], S. 20.
27 Rosenbaum 1982, S. 354.
28 Vgl. Twellmann 1972; Frederiksen 1981; Greven-Aschoff 1981.

dungseinrichtungen im wesentlichen beseitigt wurden, stellte das eine wichtige Voraussetzung dafür dar, daß Frauen Anschluß an Wissenschaft und Forschung finden konnten. Die Frauenrechtlerinnen stellten die männliche Exklusivität auf dem Gebiet der akademischen Berufstätigkeit grundsätzlich in Frage, aber nicht die soziale Bedeutung der Geschlechterdifferenz.[29] Wie es mit der Familie insgesamt weitergehen sollte, blieb offen und ungeklärt.

Die Vereinbarkeit von Ehe, Familie und Beruf wurde zu einem zentralen, aber kontrovers diskutierten Thema in der deutschen Frauenbewegung. Während Vertreterinnen des radikalen Flügels die gesellschaftliche Doppelrolle für alle Frauen forderten, sahen die gemäßigten Frauenrechtlerinnen die Berufsarbeit der Frau nicht als ein allgemeingültiges Ideal an; für sie war die Verbindung von Ehe beziehungsweise Mutterschaft und Beruf für die Mehrzahl der Frauen nicht wünschenswert.[30] Der Beruf wurde „zunächst nur als Sache der unverheirateten Frau" angesehen.[31] Junge Frauen sollten Berufe erlernen und Berufserfahrungen vor der Ehe sammeln. Für Marianne Weber, die eine Vertreterin des gemäßigten Flügels der deutschen Frauenbewegung war, schlossen Beruf und Ehe einander zwar nicht aus, aber:

„Auf ein harmonisches, konfliktloses Ineinanderschieben der aus Beruf und Ehe entstehenden Doppelpflichten darf freilich nicht gerechnet werden, wahrscheinlich wird ihnen immer nur eine Minderheit besonders begabter, energischer und gesunder Frauen gewachsen sein. [...] Jedenfalls aber muß für jede einzelne Frau das Recht beansprucht werden, unabhängig von der Tradition, in ihrem *eigenen* Gewissen zu entscheiden, ob sie es vermag, Ehe- und Berufspflichten gleichzeitig gerecht zu werden. Und gerade von den ‚höheren' Berufsarten sind ja jetzt schon manche derart elastisch, daß sie sich auch in beschränkter Zeit und sogar innerhalb der eigenen Häuslichkeit fortführen lassen."[32]

Modelle „moderner" Weiblichkeit wurden auch im akademischen Milieu diskutiert und gelebt.[33] Heidelberger Professorenfrauen wie Camilla Jellinek (1860-1940), Marie Luise Gothein (1863-1931) und die erwähnte Marianne Weber (1870-1950) sahen sich nicht nur als Ehefrauen, sondern als die „geistigen Gefährtinnen" ihrer Ehemänner und gingen eigenen wissenschaftlichen Interessen nach. Ihr Aufenthaltsrecht in der Wissenschaft wurde im frühen 20. Jahrhundert nicht mehr grundsätzlich in Frage gestellt. Sie erhielten sogar wissenschaftliche Anerkennung: Alle drei Frauen wurden von

---

29 Jacobi 1994, S. 278.
30 Greven-Aschoff 1981, S. 62-69 [69].
31 Weber 1919 [1905], S. 21; vgl. auch Weber 1930.
32 Weber 1919 [1905], S. 32f.
33 Gilcher-Holtey 1992.

der Universität Heidelberg mit dem Ehrendoktortitel ausgezeichnet: Marianne Weber 1922 „In Anerkennung ihrer wissenschaftlichen Unterstützung des Werkes ihres Gatten, des Soziologen Max Weber, der Herausgabe seines Nachlasses und ihrer eigenen Untersuchungen auf dem Gebiete des Eherechts"; Camilla Jellinek 1930 anläßlich ihres 70. Geburtstags „In Anerkennung ihrer 30jährigen Arbeit für das Recht der Frauen, u.a. der Gründung der Rechtsschutzstelle für Frauen in Heidelberg"; Marie Luise Gothein 1931 „In Anerkennung ihrer Übersetzung und künstlerischen Interpretation großer Dichter, u.a. Rabindranath Tagores, und auf Grund der Lebensbeschreibung ihres Mannes, des Geschichtsforschers und Volkswirtschaftlers Eberhard Gothein".[34]

An der Wende zum 20. Jahrhundert konnten Frauen, die wegen ihrer sozialen Herkunft oder ihrer Ehe mit einem Akademiker zum Bildungsbürgertum gehörten, Wege in die Wissenschaft finden. Sie wurden akzeptiert, obwohl sie nicht über formale Ausbildungs- und Berufsabschlüsse verfügten. Diese Form der Einbeziehung in die Wissenschaft ist in der Forschungsliteratur als *informale* bezeichnet worden.[35] Mit den folgenden Beispielen möchte ich zur Erhellung dieses bislang kaum beachteten Phänomens beitragen. Empirisch wurden von mir insgesamt 20 Professorenfrauen und -töchter ermittelt, die im frühen 20. Jahrhundert als Mitarbeiterinnen in den wissenschaftlichen Unternehmungen vertreten waren. Ihre Namen wurden in den *Sitzungsberichten* und im *Jahrbuch der PAW* erwähnt, außerdem in den Vorworten und Einleitungen von Wörterbüchern, Editionen usw. Darüber hinaus ließ sich ihre Mitarbeit in den schriftlichen Archivakten der Kommissionen beziehungsweise Unternehmungen nachweisen. Daß sich ihre Teilnahme an der Akademieforschungsarbeit aus diesen Quellen erschließen ließ, werte ich als ein erstes Zeichen dafür, daß diese Frauen informal (im Sinne der obigen Begriffsdefinition) in das Wissenschaftssystem einbezogen waren, Grenzen überschritten hatten und keine „unsichtbaren" häuslichen Gehilfinnen waren. Da einige von ihnen sogar publizierten, konnten sie in den einschlägigen bibliographischen Hilfsmitteln recherchiert werden. Primär wurden von mir keine privaten Dokumente, biographische Erinnerungsliteratur, Gelehrtennachlässe und Privatkorrespondenzen gesichtet, um die Mitarbeit dieser Frauen zu erschließen. Vier von ihnen habe ich genauer untersucht, weil sie kontinuierlich und über einen längeren Zeitraum hinweg an der Forschungsarbeit teilnahmen: Frida Schröder (1852-nach 1917), Maria Dahl (1872-nach 1950), Else Lüders (1880-1945) und Margarethe Lenore Selenka (1860-1922).

---

34 Boedeker 1939, H. 1, S. LXXXIII.
35 Wobbe 2000.

Ihnen ein eigenes Kapitel zu widmen, geschieht aus guten Gründen. Die weiblichen Familienangehörigen passen nicht recht ins Bild der modernen Wissenschaft. Sie sind ein Übergangsphänomen und lassen sich keiner Gruppe zuordnen – weder den Wissenschaftlern noch den wissenschaftlich-technischen Assistenten –, sondern sie bilden eine Gruppe für sich. In ihr widerspiegeln sich der Wissenschaftswandel und der Rollenwandel der Frau auf eigene Weise. Zum einen scheint die Ressourcenfunktion von weiblichen Familienmitgliedern für die Wissenschaft in der Übergangszeit auf, und zwar in einer Zeit des Wandels, in der die Strukturen im Fluß und noch nicht wieder gefestigt sind. In dieser Deutlichkeit ist das weder davor noch danach in den Quellen greifbar. Zum anderen können die weiblichen Familienmitglieder individuell für ihre Arbeit in den Akademieprojekten Anerkennung erlangen, und darin sehe ich den Hauptunterschied gegenüber den Frauen in der zweiten Hälfte des 19. Jahrhunderts.

Der Rollenwandel der Frau läßt sich beschreiben „als Gewinn an Autonomie, an Selbständigkeit sowohl innerhalb der Familie als auch in den Beziehungen zur außerfamilialen Umwelt beziehungsweise als Verlust an Autorität des Ehemannes und Vaters."[36] Er vollzog sich nicht sofort und geradlinig, sondern längerfristig. Problematisiert wird in diesem Kapitel, in welchem Ausmaß Ehefrauen und Töchter beim Zugang zur und in der Arbeitswelt der Wissenschaft auf ihre Ehemänner und Väter angewiesen blieben, eigene Arbeitsfelder für sich erschlossen und aus der Ehefrauen- oder Töchterrolle heraustraten. Hintergründig geht es um die Transformationsprozesse einer in den Ehe- beziehungsweise Familienbeziehungen begründeten Nachrangigkeit der Frau in die Wissenschaft. Unter dem Blickwinkel der wissenschaftlichen Arbeitsorganisation betrachtet, stellt die partnerschaftliche Zusammenarbeit von Ehe- und Arbeitspaaren eine spezifische Form der wissenschaftlichen Kooperation dar.[37] Es wird vermutet, daß sich mit dem Überschreiten des häuslich-familiären Bereichs das Problem der ehelichen Unterordnung für die Frauen nicht gleichsam von selbst erledigte.

Ein besonderes Augenmerk wird auf die Anerkennungsmöglichkeiten, auf die Strategien und das Einfordern von Anerkennung für erbrachte Leistungen in und für die Wissenschaft gerichtet. In Anlehnung an Margaret W. Rossiters Ausführungen zum sogenannten Matilda-Effekt in der Wissenschaft bestand bei den weiblichen Familienangehörigen stets die Gefahr, daß ihre Arbeitsanteile ganz selbstverständlich ihren Ehemännern zugeschrieben wurden, die als Universitätsprofessoren und Akademiemitglieder hohes beruf-

---

36 Greven-Aschoff 1981, S. 28.
37 Pycior/Slack/Abir-Am 1996.

liche Ansehen besaßen. Kann gezeigt werden, daß Ehefrauen oder Paare diesen Effekt abmilderten, wäre das aus meiner Sicht als ein Zeichen für den Geschlechterrollenwandel im frühen 20. Jahrhundert zu werten.

2. Zugänge

2.1 WISSENSERWERB

Für die zwischen 1850 und 1880 geborenen Frauen existierte die Frage nach einer formalen Berufsausbildung kaum. Dem bürgerlichen Familienideal entsprechend, hatte sie ihre Erziehung auf die Ehe vorbereitet. Die Bildungsmöglichkeiten für Frauen waren im 19. Jahrhundert sehr begrenzt. Angebote für jene, die sich nicht mehr auf die Ehe als Versorgungseinrichtung verlassen wollten oder konnten, fehlten weitgehend.[38] Nach der Maßgabe familiärer Anforderungen wurde auch die bürgerliche Mädchenerziehung organisiert. Mädchen besuchten private Töchterschulen, wurden von Hauslehrern unterrichtet oder in Pensionaten untergebracht.[39] Zum vermittelten Schulstoff gehörten Literatur, Religion, Sprachen und Geschichte, aber kaum Mathematik und Naturwissenschaften. Die Ausbildung war unübersichtlich, oft von zweifelhafter Qualität oder blieb überhaupt dem Zufall überlassen. Da die Mädchenschulbildung im 19. Jahrhundert insgesamt nicht auf die Förderung und Entwicklung intellektueller Anlagen und Fähigkeiten ausgerichtet war, diente sie auch nicht zur Vorbereitung auf ein Studium oder einen wissenschaftlichen Beruf. Die Möglichkeit, ein Abitur regulär abzulegen, erhielten Mädchen und Frauen in Preußen erst an der Wende zum 20. Jahrhundert.[40]

Da die Aneignung von systematischem Wissen auf schulischem Wege nicht möglich war und es vor 1900 keine standardisierten Bildungsgänge für Mädchen und Frauen gab, mußten sie andere Wege nehmen und waren dabei weitgehend auf sich selbst gestellt.[41] Häufig erfuhren sie relevante Bildungserlebnisse erst nach der Schulzeit. Eine Möglichkeit des Wissenserwerbs bestand in der autodidaktischen Aneignung von Wissen aus Büchern, durch Lesen und im Selbststudium, wobei der Bücherschrank in der elterlichen Wohnung oft gute Dienste leistete. Obgleich die autodidaktische Wissensaneignung verbreitet war, blieb sie doch begrenzt. Man kam oft

---

38 Budde 1994; Klika 1996, S. 295.
39 Blosser/Gerster 1985; Kleinau/Opitz 1996.
40 DHB, Bd. II.1, S. 67-74; Kraul 1991; Kleinau/Opitz 1996, Bd. 2.
41 Jacobi-Dittrich 1983, S. 273ff. [276].

nicht sehr weit damit, und von Frauen wurde sie stets als unzureichend empfunden.[42] Bei den in die Forschungsarbeit der Akademie einbezogenen Ehefrauen und Töchtern spielten vor allem zwei Möglichkeiten des Wissenserwerbs eine Rolle: erstens die Ausbildung bei den Vätern, Ehemännern oder Mentoren und zweitens die praktische Schulung in den Akademieprojekten.

Eine exklusive first-class-Ausbildung erhielt Else Lüders[43] durch ihren Ehemann, den Indologen Heinrich Lüders, mit dem sie seit dem Jahre 1900 verheiratet war. Er lehrte sie täglich zwei Stunden Sanskrit, wodurch Else Lüders die Fähigkeit erwarb, außergewöhnliche Handschriften zu lesen. Ihr Interesse an der Indologie dürfte durch ihren Ehemann geweckt worden sein. Sie selbst, als Tochter des Göttinger Philosophen David Peipers in einer Professorenfamilie aufgewachsen und bildungsbürgerlicher Herkunft, brachte die dafür nötige Auffassungsgabe und Aufgeschlossenheit mit. Die Arbeit auf dem Gebiet der Indologie nahm fortan einen zentralen Platz im Leben von Else Lüders ein. Aktiv und regelmäßig beteiligte sie sich an den Seminaren, die ihr Mann für seine Studenten in der Wohnung abhielt.[44] Als seine Ehefrau und Dame des Hauses hatte Else Lüders Zugang zu den Seminaren und war dadurch freilich in einer privilegierten Situation. Aber selbst wenn die Seminare nicht im Hause Lüders, sondern im Universitätsgebäude stattgefunden hätten, wäre ihre Teilnahme wohl möglich gewesen, denn zu den Ausbildungsinstitutionen, zu Instituten, Räumen, Vorlesungen und Seminaren, hatten die Angehörigen von Universitätsprofessoren an einigen Universitäten Zutritt. So durfte etwa Marianne Weber als Ehefrau des Soziologen Max Weber (1864-1920) die Seminare der Kollegen ihres Mannes in Heidelberg besuchen.[45] Weibliche Familienmitglieder konnten auch an einigen Universitäten verbürgtermaßen Wissen erwerben. Nachdem im Wintersemester 1896 Frauen an der Berliner Universität das Gasthörerinnenrecht erhalten hatten, schrieben sich auch Professorenehefrauen und -töchter als Gasthörerinnen an der Universität ein, darunter zum Beispiel Adelheid und Luise Mommsen, Hulda Foerster, Gertrud Simmel, Dorothea von Wilamowitz-Moellendorff und Dorothea Sachau.[46]

Als Ausbilder, Lehrer und Wissensvermittler fungierten ebenso die Kollegen der Ehemänner und auf ihre Empfehlung hin auch Assistenten oder Schüler. Für seine Tochter Adelheid, die das preußische Oberlehrerinnenexamen ablegen wollte und dazu auch Vorle-

---

42 Jacobi-Dittrich 1983; Gilcher-Holtey 1992.
43 Die Indologin Else Lüders (1880-1945), geb. Peipers ist von der gleichnamigen Frauenrechtlerin Else Lüders (1872-1948) zu unterscheiden.
44 Schubring [1945].
45 Gilcher-Holtey 1992.
46 HUB, UA, Gasthörerinnenverzeichnis 1896-1901, 1901-1904/05.

sungen an der Berliner Universität besuchte, erwirkte Theodor Mommsen die „unschätzbare Hilfe" seiner Freunde, vor allem die von Adolf von Harnack, bei dem Adelheid Mommsen Theologie studierte.[47] Regina Lietzmann hatte von ihrem Vater, dem Berliner Gelehrten Hans Lietzmann (1875-1942, OM 1927), Adolf Ermans Buch *Die Welt am Nil. Bilder aus dem alten Ägypten* (Leipzig 1936) erhalten und offenbar mit Begeisterung gelesen. Als der hochbetagte Erman davon erfuhr, kommentierte er dies mit den Worten: „Wenn es da mit Karl May konkurrieren kann, so hat es seinen Zweck zum Teil erfüllt. Wie gern würde ich nun die Tertianerin auch einmal in das Museum führen, aber das geht ja leider nicht mehr an, sie muß sich nun allein durchfinden, oder sich sonntags einer der guten Führungen (Dr. Anthes, Herr v. Bothmer u.a.) anschließen."[48] Ob Professorenfrauen und -töchter nun von ihren Professorenmännern und -vätern oder deren Kollegen, Assistenten oder Schülern wissenschaftlich unterwiesen wurden – in jedem Falle waren sie aufgrund ihrer sozialen Herkunft und durch bestehende Netzwerkbeziehungen im Wissenserwerb und beim Zugang zur Wissenschaft privilegiert.

Wissenschaftliches Wissen erwarben Ehefrauen und Töchter zweitens durch praktische Schulung. Margarethe Lenore Selenka begann unter dem Einfluß ihres zweiten Ehemannes, dem Zoologieprofessor Emil Selenka (1842-1902), mit dem Studium von Paläontologie, Anthropologie sowie Zoologie und wurde zur Assistentin ihres Mannes. Sie begleitete ihn auf Forschungsreisen und erweiterte dabei ihre anthropologischen Kenntnisse.[49] Im Anschluß an eine Ostasienreise, welche auch durch Java geführt hatte, gab das Ehepaar gemeinsam einen Reisebericht unter dem Titel *Sonnige Welten. Ostasiatische Reise-Skizzen* (1896) heraus.[50] Die Skizzen basierten auf Tagebüchern beider Ehepartner. Das Buch enthielt zahlreiche Fotografien und Ölzeichnungen von der Hand Margarethe Lenore Selenkas, die ihre künstlerische Begabung zeigten. Sie war gebildet, hatte Sachverstand und wurde als künstlerisch und intellektuell

---

47 Mommsen 1937, S. 86.

48 Aland 1979, S. 861, Nr. 969, A. Erman an H. Lietzmann v. 16. Oktober 1936. – Adolf Erman hatte das Ägyptische Museum in Berlin von 1892 bis zu seiner Emeritierung 1923 geleitet. Nach dem Machtantritt der Nationalsozialisten wurde dem nahezu blinden, weltbekannten Ägyptologen wegen eines jüdischen Großelternteils die Lehrbefugnis entzogen. Nach dem Protest der Fakultät revidierte jedoch das Ministerium seinen Beschluß. (Walther 2000, S. 92).

49 http://en.wikipedia.org/wiki/Margarethe_Lenore_Selenka (23.04.2010)

50 Leipzig 1896. Zwei weitere von der Witwe bearbeitete Auflagen erschienen Wiesbaden 1905, Berlin 1923.

begabt beschrieben.[51] Auch Maria Dahl unterstützte viele Jahre lang ihren Mann, den Zoologen Friedrich Dahl (1856-1929), bei seinen Forschungen, sammelte dabei Erfahrungen in der praktischen Feldforschung und gewann zoologische Kenntnisse durch genaues Beobachten und Studieren am lebenden Objekt. Frida Schröder, die Ehefrau des Rechtshistorikers Richard Schröder, erwarb durch praktische Schulung beim Deutschen Rechtswörterbuch die nötigen Fertigkeiten und Kenntnisse im Exzerpieren, d.h. im Herausschreiben von Belegstellen auf besondere Zettel. Zudem erlernte sie die Bedienung des Hektographiergeräts und beherrschte damit eine Geschicklichkeit erfordernde Fertigkeit.

Ehefrauen und Töchter konnten auf diese Weise ihre fehlende formale Ausbildung in der Wissenschaft ersetzen. Ungebildet und ungeschult war und durfte keine der Frauen sein.[52] Eine praktische Schulung war für den Erwerb von Spezialkenntnissen und Fertigkeiten unerläßlich.

2.2 FAMILIAL VERMITTELTE REKRUTIERUNG

Zugang zur Forschungsarbeit der Akademie erhielten Ehefrauen und Töchter über ihre Ehemänner und Väter, die als Universitätsprofessoren, Akademiemitglieder, Mitglieder in den akademischen Kommissionen oder Mitarbeiter in den wissenschaftlichen Unternehmungen fest im Wissenschaftssystem verankert waren: Richard Schröder lehrte seit 1887 als ordentlicher Professor für deutsches Recht, Handelsrecht und Rechtsgeschichte an der Juristischen Fakultät der Universität Heidelberg. Gemeinsam mit Heinrich Brunner begründete er das Deutsche Rechtswörterbuch (1897) und leitete die Arbeiten in den ersten beiden Jahrzehnten. Er gehörte der Wörterbuchkommission an und wurde im Jahre 1900 als Korrespondierendes Mitglied in die PAW gewählt. Heinrich Lüders wurde 1909 als Nachfolger für den verstorbenen Richard Pischel auf den Lehrstuhl für indische Philologie an die Berliner Universität berufen und im gleichen Jahr als Ordentliches Mitglied in die PAW gewählt. Emil Selenka lehrte als ordentlicher Professor der Zoologie und vergleichenden Anatomie in Leiden (1868) und Erlangen (ab 1874). 1895 siedelte er nach München über und wurde Honorarprofessor an der dortigen Philosophischen Fakultät. Seine Professur hatte er aufgegeben, um ausgedehnte Forschungsreisen zu unternehmen. Er veröffentlichte entwicklungsgeschichtliche Arbeiten, verfaßte das mehrfach aufgelegte *Zoologische Taschenbuch* und gründete das *Biologi-*

---

51 Pataky 1898, Bd. 2, S. 539f.; Strohmeier 1998, S. 252f.; Hervé/Nödinger 1996, S. 225.

52 Vgl. Daston 1994 am Beispiel des Logarithmierens in der Mathematik.

sche Zentralblatt (1881).[53] Der Zoologe Friedrich Dahl hatte zahlreiche Forschungsreisen unternommen und wichtige Publikationen zur Tiergeographie vorgelegt. Seit 1903 gehörte er als Mitglied der Deutschen Akademie der Naturforscher Leopoldina an. Von 1898 bis zu seiner Pensionierung 1922 war Friedrich Dahl Kustos der Spinnensammlung am Zoologischen Museum Berlin.[54] Als leitender Museumsbeamter gehörte er zum Kreis jener Fachleute, mit denen die Mitarbeiter des Nomenclator-Büros in Spezialfragen eng zusammenarbeiteten, und er war zudem auch selbst als Manuskriptmitarbeiter an diesem Akademieprojekt beteiligt.

Als Inhaber von Spitzenpositionen im Wissenschaftssystem besaßen die Wissenschaftsmänner ein hohes Ansehen, bürgten mit ihrer Autorität für die Leistungsfähigkeit und die Befähigung anderer, gewährleisteten zugleich deren Kontrolle und übernahmen die Rolle von Mentoren. Darüber hinaus war für die Einbeziehung von Ehefrauen und Töchtern in die Akademieprojekte ebenso ausschlaggebend, daß sich mit dem Wandel der Arbeitskräftenachfrage insgesamt die Zugangsbedingungen zur Forschungsarbeit der Akademie an der Wende zum 20. Jahrhundert geändert hatten (vgl. Kapitel II.4).

Die Familienmitglieder von Gelehrten wurden als Arbeitskraftressourcen aktiviert, um finanziell und personell häufig unsichere Projektanfangsphasen zu überbrücken. So dachte beispielsweise Richard Schröder schon bei der Vorbereitung vom DRW daran, am Schluß ein Verzeichnis aller benutzten Quellen und Abkürzungen herstellen zu lassen und hatte konkrete Vorstellungen davon: „Ein solches Quellenverzeichnis würde im Laufe der Arbeit ganz von selbst entstehen und am Schlusse bedürfte es nur noch der alphabetischen Zusammenstellung, die ich in meiner Familie hätte machen lassen können."[55] Einen Teil der Arbeit in die häusliche Sphäre zu verlagern, wie überhaupt die Familie in die Überlegungen einzuplanen, war offenbar selbstverständlich, weil es einer gängigen und traditionellen Praxis der Arbeitsteilung entsprach. Zur Entlastung und aus Gründen der Rentabilität ließ man von Familienmitgliedern

---

53 Wininger 1979 [1931], Bd. 5, S. 494; Engelhardt 2003, Bd. 2, S. 833.

54 Friedrich Dahl: Dr. phil. 1884, Teilnahme an verschiedenen Expeditionen, u.a. 1889 an einer Plankton-Expedition in der Nordsee; 1887-1897 Priv.-Doz. f. Zoologie Univ. Kiel, 1898-1922 Kustos der Spinnensammlung am Zoologischen Museum Berlin; Veröffentlichungen: Grundlagen einer ökologischen Tiergeographie (1921), Hrsg. u. Begründer von Die Tierwelt Deutschlands und der angrenzenden Meeresteile nach ihren Merkmalen und nach ihrer Lebensweise 1925ff. (Jahn 1998; Engelhardt 2003, Bd.1, S. 153; KGK 1928/29).

55 ABBAW, II-VIII-244, unpag., R. Schröder an H. Brunner v. 16. Dezember 1894.

vorzugsweise leichte, einfache und prestigearme Tätigkeiten erledigen. Im Sinne der Rentabilität des Unternehmens war eine familienintegrierte Arbeit auch im 20. Jahrhundert willkommen und erwünscht.[56]

Bei der Herstellung des Quellenverzeichnisses kam es zur konkreten Mithilfe der Familie dann doch nicht. Denn nach dem Willen der Wörterbuchkommission sollte ein Quellenverzeichnis bereits zu Beginn der Arbeiten vorliegen und fortlaufend ergänzt werden, wodurch die Tätigkeit einen völlig anderen Schwierigkeitsgrad bekam und in den Zuständigkeitsbereich des wissenschaftlichen Assistenten beim DRW fiel. Die Mitglieder der Schröderschen Familie nahmen dennoch in einer frühen Arbeitsphase an der Wörterbucharbeit teil, und zwar im Bereich der „außerordentlichen Hilfsarbeit". Darunter fielen Ordnungs- und Schreibarbeiten, Zetteleinlegen und das Anfertigen hektographischer Abzüge. Für die Erledigung dieser Arbeiten wurden Studenten genauso eingesetzt wie ein Bibliotheksassistent, eine Archiv- und Schreibhilfe sowie die Ehefrau und die Töchter (und Söhne) Schröders.

Richard Schröders Familie war groß. Aus seiner ersten Ehe mit Anna Poppe (gest. 1884) hatte er sechs Kinder. Seine zweite Ehefrau Frida Saunier brachte aus ihrer ersten Ehe mit Schröders Stettiner Verleger und Vetter Paul Saunier ebenfalls sechs Kinder mit, die alle von Schröder freundlich aufgenommen wurden.[57] Von den insgesamt zwölf Söhnen und Töchtern lebten damals nicht mehr alle im Schröderschen Haushalt. Einige waren bereits verheiratet und hatten eigene Familien. Aus den Abrechnungsunterlagen des DRW ließ sich ermitteln, daß Schröders Ehefrau Frida, seine Töchter Gertrud und Ida sowie die Stieftochter Mathilde an den Wörterbucharbeiten teilnahmen; von seinem Sohn Ludwig und den Stiefsöhnen Leon und Albert wird es vermutet, kann aber nicht sicher belegt werden.[58] Während Mathilde und Gertrud nur kurzzeitig und spora-

---

56 Die Mitarbeit von Familienangehörigen bei der Erstellung von Wörterbüchern scheint nicht ungewöhnlich gewesen zu sein. So waren Familienmitglieder auch an der Herstellung vom Deutschen Wörterbuch (vgl. Lelke 2002; 2005) und vom Oxford English Dictionary (Murray 1977) beteiligt. – Für Hinweise auf das OED danke ich L. Daston und H. Speer.

57 Webler 2005, S. 122-124 u. Anhang. Die Söhne und Töchter von Richard Schröder aus erster Ehe waren Ludwig (1870-), Gertraud [Gertrud] (1871-), Pauline [Paula] (1872-), Hugo (1874-), Karl (1877-) und Ida (1880-). Frida Saunier hatte einen Sohn Albert (1880-) sowie fünf weitere Kinder aus der ersten Ehe ihres verstorbenen Mannes, von denen namentlich nur Leon und Mathilde Saunier (1867-1945) sicher ermittelt werden konnten.

58 ABBAW, II-VIII-245. Nach den Abrechnungslisten für das DRW erhielt „Saunier" für Hilfsarbeiten von Januar-März 1897: 90 Mark; Januar 1898: 50 Mark, April 1898 für Hilfsarbeit 90 Mark; für hektographische Abzüge bzw.

disch in die Arbeiten einbezogen waren und vermutlich aufhörten, nachdem beide Frauen geheiratet hatten,[59] nahmen die Ehefrau Frida Schröder und die jüngste Tochter Ida länger und kontinuierlicher als die übrigen Familienmitglieder an der Wörterbucharbeit teil. Beide wurden als Mitarbeiterinnen in den Jahresberichten und in der Einleitung im ersten Band des DRW erwähnt.

Die Familienstruktur konnte eine anfangs fehlende oder gering ausgeprägte formale Struktur in den Unternehmungen partiell ersetzen. Beim DRW entstand erst im Laufe der praktischen Wörterbucharbeit eine Arbeitsstelle. Die damit verbundene neue Arbeitsordnung, in der die Beziehungen zwischen den Funktionsträgern formal geregelt wurden, etablierte sich ganz allmählich mit der Ausdifferenzierung von Funktionen. Innerhalb der Familie gab es hingegen eine funktionierende Ordnung, die sich problemlos in die Arbeitswelt transferieren und auf die mithelfenden Familienangehörigen ausdehnen ließ. Alle Familienmitglieder waren persönlich abhängig vom Ehemann und Vater, der als Familienoberhaupt die Entscheidungs- und Verfügungsgewalt besaß. Sie anerkannten seine Autorität, arbeiteten zuverlässig und gehorsam unter seiner Anleitung und Kontrolle. Indem die hierarchische Familienstruktur in die Arbeitswelt übertragen wurde, ließ sich vorübergehend eine noch fehlende Arbeitsordnung herstellen und ein Teil der wissenschaftlichen Arbeit ohne größere Probleme organisieren.

Die Familie war zudem eine verläßliche Stütze in schwierigen Situationen und Krisenzeiten. Ehefrauen konnten in Zeiten finanziel-

---

Hektographierarbeiten im Juli 1898: 212 Mark, im Dezember 1898: 122 Mark, im Mai 1899: 120 Mark. Die Identität ist nicht zweifelsfrei feststellbar. Da der Vorname fehlt, könnte der Empfänger Schröders Stiefsohn gewesen sein. Mathilde Mittermaier geb. Saunier erhielt f. Zetteleinlegen, alphabetisches Ordnen und Hektographieren mehrmals Honorare für „stundenweise Hilfsarbeit" im Archiv in den Jahren 1899 und 1900: am 26. März 1900 (40 Mark), für 1899 (40 Mark), am 3. Juli 1900 (43 Mark), letztmalig im 2. Halbjahr 1900 (3 Mark). Gertrud Wunderlich geb. Schröder erhielt 1901 zweimal Honorare für „stundenweise Hilfsarbeit", und zwar 54 Mark für 54 Stunden Hilfsarbeit sowie am 1. Juni 1901 44 Mark für eine nicht näher bezeichnete Tätigkeit.

59 Mathilde Saunier war seit 1899 mit dem Kriminalwissenschaftler Wolfgang Mittermaier (1867-1956) verheiratet. Nach NDB 17 und Drüll 1986 wirkte W. Mittermaier 1899 als ao. Prof. in Heidelberg, 1900 als o. Prof. in Bern (Gründung des kriminalistischen Seminars), 1903 in Gießen; 1933 vorzeitige Emeritierung wegen ablehnender Haltung zum NS, nachdem er einem jüdischen Studenten die Promotion ermöglicht hatte; nach dem Zweiten Weltkrieg lehrte er wieder in Heidelberg. Das Paar hatte zwei Söhne und eine Tochter. – Gertrud Schröder war mit Hermann Wunderlich (1858-1916), Oberbibliothekar an der Kgl. Bibliothek Berlin und Mitarbeiter beim Deutschen Wörterbuch, verheiratet und lebte in Frohnau bei Berlin.

ler Not mobilisiert und mit befristeten Aufträgen bei den Kommissionen beschäftigt werden. So wurde Johanna Müller, die Ehefrau des Astronomen und Kommissionsvorsitzenden Gustav Müller (1851-1925, OM 1918), in den Jahren 1921/24 zu Manuskriptarbeiten beim Unternehmen Geschichte des Fixsternhimmels herangezogen. Gustav Müller schrieb 1923: „Ich würde sehr gern zu erreichen suchen, dass uns außer meiner Frau noch andere Hilfskräfte zu den Arbeiten im Büro, speziell zur Vorbereitung des Manuskriptes für die folgenden Bände zur Verfügung stünden."[60] Es gebe aber große Schwierigkeiten, bei den gegenwärtigen Lohnverhältnissen geeignete Hilfskräfte zu finden, denn die Hilfskräfte bekämen gerade so viel wie eine Aufwartefrau. Diese Ausführungen legen den Schluß nahe, daß die Ehefrau problemlos einsetzbar war, wenn Arbeitskräfte nicht anders zu haben waren. In ähnlicher Weise wurde auch beim zoologischen Nomenclator-Projekt die Ehefrau eines Mitarbeiters eingesetzt. Als Mitte der 1920er Jahre die Arbeiten unter massivem Druck der Akademie beschleunigt und die Mitarbeitergehälter in leistungsabhängige Bogenhonorare umgewandelt wurden, zog der Assistent Hans Hedicke seine Ehefrau Käthe unentgeltlich für Aushilfsarbeiten bei der Druckvorbereitung des Werkes heran, weil die Arbeiten sonst nicht mehr hätten bewältigt werden können.[61] Auf Ehefrauen als „stille Reserve" konnte man jederzeit zurückgreifen. Sie ließen sich in Krisenzeiten schnell und unproblematisch rekrutieren und ebenso schnell auch wieder freisetzen. In diesen Fällen war ihre Mitarbeit in den Akademieprojekten stets befristet und – vor allem in Zeiten finanzieller Engpässe – häufig unentgeltlich.

Schließlich konnten Professorenfrauen Zugang zur Forschungsarbeit der Akademie finden, wenn sie ungewöhnliche Fertigkeiten und seltene fachliche Kompetenzen besaßen, die anders nicht zu haben oder auf dem Markt nur schwer zu finden waren. Gerade in den kleinen oder in den sich schnell verzweigenden Disziplinen fehlten häufig ausgebildete Fachleute, beispielsweise auf dem Gebiet der orientalischen Philologien. Durch die Ausgrabungen in Ägypten, Babylonien und Zentralasien waren in den Museen zwar gewaltige Massen von Schriftdenkmälern angehäuft worden, für deren wissenschaftliche Bearbeitung ausreichend geschulte Fachkräfte aber fehlten, so daß das gesammelte Material oft jahrzehntelang uner-

---

60 ABBAW, II-VII-28, unpag., G. Müller an H. Paetsch v. 20. Mai 1923.

61 SB PAW 1927, S. XLVf. [XLII], Bericht v. F. Keibel: „An den Arbeiten im Büro beteiligte sich auch in diesem Jahre wieder regelmäßig und unentgeltlich Frau Käthe Hedicke. Sie hat das Zusammenordnen der Gruppenkataloge zum Hauptkatalog fortgesetzt." Ihre Mitarbeit wird letztmalig erwähnt in: SB PAW 1929, S. LXVf., Bericht v. R. Hesse; Heider 1926, S. X, führt sie als „freiwillige Mitarbeiterin" auf.

schlossen in den Museen lag und für die Forschung kaum von Nutzen war.

„Die erfolgreiche Erschließung und wissenschaftliche Verarbeitung dieser Denkmäler setzt ein gründliches Spezialstudium und andauernde eindringliche Beschäftigung mit ihnen voraus; nur wer sich völlig in sie eingearbeitet und volle Herrschaft über Schrift, Sprache und Inhalt gewonnen hat, kann sie wirklich nutzbringend bearbeiten. Daher läßt sich diese Bearbeitung nicht nebenbei, in den von anderen Berufsgeschäften gelassenen Mußestunden oder bei vorübergehender Beschäftigung mit den Dokumenten ausführen; sie erfordert die volle Kraft hierfür geschulter Gelehrter."[62]

An der PAW war die Orientalische Kommission für die wissenschaftliche Bearbeitung dieser Schriftdenkmäler zuständig, und der Indologe Heinrich Lüders trug in verantwortungsvoller Position zur Sicherung und Bearbeitung der handschriftlichen Funde aus dem Turfan bei, die durch die Königlich Preußischen Turfan-Expeditionen nach Berlin gelangt waren.[63] Da seine Ehefrau Else Lüders ebenfalls eine große Gewandtheit im Handschriftenlesen besaß, fand sie auf diesem Gebiet „ein Feld zu wertvollster Betätigung."[64]

Im Hinblick auf die Akademieprojekte stellten die geschilderten Möglichkeiten der Einbeziehung von Familienmitgliedern effiziente und rentable Arrangements dar, die dem Erreichen der Unternehmensziele dienten. Die lockere Organisationsform der von Kommissionen geleiteten Unternehmungen ermöglichte die Rekrutierung von Professorenfrauen und Professorentöchtern, wodurch diesen im frühen 20. Jahrhundert eine Teilnahme an der Wissenschaft eröffnet wurde.

Über die Motivation der Frauen ließ sich in den benutzten Quellen nichts finden. Grundsätzlich kann den Frauen die Bereitschaft unterstellt werden, wissenschaftlich arbeiten zu wollen. Wie bereits erwähnt, spielten ökonomische Motive offenbar keine Rolle. Auf eine Erwerbsarbeit war keine dieser Ehefrauen angewiesen. Für sie be-

---

62 SB PAW 1913, Bd. 1, S. 117f., Bericht von Ed. Meyer.
63 Die Mitarbeit bei der Erschließung des Materials wurde von Heinrich Lüders bereits bei seiner Wahl in die Akademie erwartet. Im Wahlvorschlag heißt es: „Wir bedürfen für die ins Gebiet der indischen Philologie fallenden Documente der Turfan-Funde der energisch handanlegenden Mitarbeit eines Sanskritisten, und wir haben ein gutes Recht zu der Hoffnung, daß Niemand diese unentbehrliche Mitarbeit freudiger und sachverständiger leisten wird als Lüders, [...] der [...] an das Arbeiten aus handschriftlichem und epigraphischem Rohmaterial durch stete Übung gewöhnt ist." Kirsten 1985, S. 142-144 [144], Wahlvorschlag für H. Lüders von W. Schulze v. 27. Mai 1909; vgl. auch SB PAW 1910, Bd. 1, S. 669, Antrittsrede von H. Lüders und Erwiderung von H. Diels.
64 Schubring [1945], S. 1; Jonker 2002.

stand kein ökonomischer Zwang, selbst Geld verdienen zu müssen, denn sie alle waren über ihre Ehemänner abgesichert. Wohl eher ging es um Selbstverwirklichung, sinnvollen Zeitvertreib oder um das Bedürfnis, den Ehemännern zu helfen. Allerdings scheint die Teilnahme von Ehefrauen und Töchtern an der Forschungsarbeit der Akademie wesentlich davon beeinflußt gewesen zu sein, ob sie Kinder aufzuziehen und zu versorgen hatten. Die Kinder der Schröders waren erwachsen und hatten das Haus schon verlassen. Frida Schröder hatte somit Zeit, sie wurde nicht anderweitig familiär beansprucht und ging zudem einer sinnvollen Tagesbeschäftigung nach. Die jüngste Schröder-Tochter Ida arbeitete wie ihre Stiefschwester Mathilde Mittermaier auch nach ihrer Eheschließung für das Wörterbuch weiter, solange sie keine Kinder hatte. Heinrich und Else Lüders hatten keine gemeinsamen Kinder,[65] ebenso vermutlich Friedrich und Maria Dahl sowie Emil und Margarethe Lenore Selenka.

2.3 ARBEITSORTE

Der Arbeitsort stellte, anders als vermutet, kein eindeutiges Kriterium für die veränderte Einbeziehung von weiblichen Familienangehörigen in die Wissenschaft dar. Ehefrauen und Töchter konnten wie im 19. Jahrhundert zu Hause arbeiten oder in den Arbeitsbüros, die um die Jahrhundertwende für die meisten Unternehmungen in öffentlichen Institutionen eingerichtet worden waren. Aus Effizienzgründen wurde die Forschungsarbeit der Akademie seit dem späten 19. Jahrhundert tendenziell in die Institution verlagert. Aber anders als die experimentelle und laborwissenschaftliche Forschungsarbeit, die in der Regel auf technische Apparaturen angewiesen war und für die große Institutsgebäude errichtet wurden, ließ sich die Akademieforschung ohne großen Aufwand durchführen. Viele Gelehrte – so auch ihre Ehefrauen und Töchter – arbeiteten zu Hause, wo sich ihre Bibliothek und ihre Arbeitsmaterialien befanden. Daß sich Übersetzungen oder das Entziffern von Handschriftenfragmenten hier problemlos durchführen ließen, ist evident.

Einige Arbeiten konnten jedoch schon aus Kapazitätsgründen nicht mehr zu Hause erledigt werden. Um für das DRW die Zettelbelege hektographisch zu vervielfältigen, mußte wohl Frida Schröder das Arbeitsbüro aufsuchen, welches in der Heidelberger Universitätsbibliothek eingerichtet worden war. Hier befanden sich die Zet-

---

65 In NBD 15 (Heinrich Lüders) wird eine Tochter Maria Lüders nachgewiesen, die 1911 den Althistoriker Walther Kolbe (1876-1942) in Lübeck geheiratet hat (NDB 12).

telkästen und das Hektographiergerät, das Frida Schröder bediente. Schon allein aus diesem Grunde, das sei nur am Rande erwähnt, blieb ihre Arbeit für das Akademieprojekt nicht im Verborgenen, sondern war sichtbar. Wie noch zu zeigen sein wird, konnten Ehefrauen problemlos den Schritt von einer privat-familiären in eine öffentliche Sphäre unternehmen, weil sie oft auch in der Arbeitswelt über Ehebeziehungen verbundene Paare blieben und die Familienbande auch dort weiterhin Stabilität und Ordnung garantierten.

Zutrittsbarrieren hatten Ehefrauen und Töchter im frühen 20. Jahrhundert nicht zu überwinden. Familienmitgliedern war der Zugang zu den Lehr- und Arbeitsstätten, zu Ressourcen und Institutionen wie Universität, Akademie sowie zu Museen und Bibliotheken meist gestattet. So hatte Maria Dahl vermutlich Zutritt zum Naturkundemuseum, wo ihr Ehemann als Kustos angestellt war. Else Lüders durfte in den Räumen der Orientalischen Kommission im Akademiegebäude arbeiten. Die Familienangehörigen waren somit gegenüber anderen Frauen privilegiert. Noch zu Beginn des 20. Jahrhunderts war für Frauen der Zugang zu den öffentlichen Wissenschaftseinrichtungen mit Schwierigkeiten verbunden. Die Physikerin Lise Meitner konnte anfangs nur durch einen Nebeneingang zu ihrem Arbeitsplatz im Keller des von Emil Fischer geleiteten Chemischen Instituts in der Hessischen Straße gelangen. Die im oberen Stock gelegenen Hörsäle der Studenten durfte sie nicht betreten. Erst nachdem sie ein Jahr lang durch ihr fachliches Wissen überzeugte, wurde das Verdikt aufgehoben, durfte sie wie alle anderen Kollegen die Studiersäle betreten und den normalen Institutseingang benutzen.[66] Probleme hatten damals auch die Rechnerinnen beim astronomischen Unternehmen Geschichte des Fixsternhimmels, von denen einige immerhin ein Lehrerinnenexamen besaßen. Ihre Mitarbeit wurde nur im häuslichen Rahmen akzeptiert. Als das Arbeitsbüro 1903 von der Wohnung des wissenschaftlichen Beamten in die von der PAW im Universitätsgebäude angemieteten Räume verlegt wurde, hatte das die Entlassung der Frauen zur Folge gehabt (vgl. Kapitel IV.2.4).

3. Arbeit

3.1 TÄTIGKEITSINHALTE

In der Arbeitswelt der Wissenschaft wurde weiblichen Familienmitgliedern kein bestimmter Aufgaben- und Zuständigkeitsbereich zugewiesen. Innerhalb der akademischen Unternehmungen waren

---

66 Sexl/Hardy 2002, S. 43; Feyl 1981, S. 182f.

Professorenehefrauen in allen Tätigkeitssegmenten vertreten: im Bereich einfacher und Routinearbeiten, im Bereich mittelkomplexer Aufgaben und in leitender Position. Sie konnten Neben- und Zuarbeiten ebenso ausführen wie wissenschaftliche. Frida Schröder erledigte beispielsweise einfache und Büroarbeiten für das Deutsche Rechtswörterbuch. Richard Schröder beschrieb die von seiner Frau ausgeführten Tätigkeiten wie folgt: „Sie hektographiert nicht bloß alle hektographischen Zettel, sondern verbessert sie außerdem, wo dies nötig erscheint, schreibt die Stichwörter aus und ordnet die Zettel alphabetisch, macht auch gelegentlich nach meinen Anweisungen Exzerpte und schreibt unleserliche Zettel ab. Das Ganze erfordert im Jahre einen Zeitaufwand von mehr als 600 Stunden."[67]

Das Hektographieren war ein technisches Verfahren, bei dem ein Belegzettel in der Anzahl der darauf enthaltenen Stichworte vervielfältigt wurde. Dabei kam es mehr auf manuelle Geschicklichkeit und auf die Beherrschung des Gerätes an als auf Wissen und Fähigkeit. Ob ein Belegzettel zu hektographieren war, richtete sich nach der Anzahl der im Quellenauszug enthaltenen Stichworte. Die Entscheidung darüber hatten laut Instruktionsanleitung die Exzerptoren zu treffen:

„Wenn in demselben Excerpt mehr als drei Stichworte auszuheben sind, so ist die Stelle mit hektographischer Tinte zu schreiben, um die Vervielfältigung seitens der Redaktion zu erleichtern. [...] Die Stichwörter sind mit Blei (nicht mit Farbestift) zu unterstreichen. Die Zahl der im Zettel befindlichen verschiedenen Stichwörter und der demgemäss von der Zentralstelle anzufertigenden Abzüge ist in der Ecke oben links mit Blei anzugeben. Es ist darauf zu achten, dass höchstens zehn Ausdrücke auf einen solchen Zettel kommen. Die hektographischen Zettel sind besonders zu legen."[68]

Hektographierarbeiten wurden beim DRW seit 1897 ausgeführt, und zwar zunächst von den männlichen Mitarbeitern der Arbeitsstelle. Wann Frida Schröder das Hektographieren übernahm, ließ sich nicht genau feststellen. Bekannt war es 1909 und erst danach in den schriftlichen Quellen, d.h. in den Abrechnungsunterlagen, nachweisbar. Frida Schröder war dafür allein zuständig und hatte diese Tätigkeit vermutlich schon Jahre zuvor vom wissenschaftlichen Assistenten des DRW, Rudolf His, übernommen, der dadurch von einer eher mechanischen Arbeit entlastet wurde und sich anderen Aufgaben zuwenden konnte.

Dem Bereich der mittelkomplexen wissenschaftlichen Aufgaben wurden von mir die von Maria Dahl und Else Lüders ausgeführten Arbeiten zugeordnet. Die Zoologin Maria Dahl erledigte für das zoo-

---

67 ABBAW, II-VIII-245, unpag., R. Schröder an H. Brunner v. 13. April 1910.
68 ABBAW, II-VIII-243, Instruction für die Excerptoren.

logische Akademieunternehmen Nomenclator animalium generum et subgenerum Redaktions- und Übersetzungsarbeiten, insbesondere übersetzte sie russische Fachtexte.[69] Um diese Tätigkeit ausführen zu können, reichten Sprachkenntnisse allein nicht aus. Die Unternehmensleitung stellte fest: „Für russische Texte, Citate oder Autorennamen mußte sich das Büro von Anfang an nach jemand umsehen, der nicht nur mit dieser Sprache, sondern auch hinlänglich mit der zoologischen Systematik vertraut ist. Es handelte sich dabei u.a. um die Feststellung sinngemäßer russischer Kürzungen in lateinischer Schrift."[70] Die in der Ukraine geborene Maria Dahl besaß neben Russischkenntnissen auch die geforderten Kenntnisse in der zoologischen Systematik. Offenbar beherrschten damals nicht viele Zoologen beide Kompetenzen gleichzeitig; wegen der erforderlichen Sprach- und Fachkenntnisse war es schwierig, geeignete Übersetzer zu finden. Ähnliche Probleme gab es auch bei der Übersetzung von tschechischen Texten. Der dafür zuständige Franz Klapálek aus Prag wurde wie Maria Dahl daher von der akademischen Nomenclator-Kommission mit einem Diplom als „ständiger Mitarbeiter" ausgezeichnet.[71] Dabei handelte es sich um eine Ehrenbezeichnung, die kommissionsintern für besondere Leistungen verliehen wurde. Die Kommission vergab sie insgesamt nur fünfmal.

Viele Jahre lang arbeitete Else Lüders an den Sanskrithandschriften, die zum Bestand der handschriftlichen Turfan-Funde gehörten. Ihre Aufgabe war es, die nur in Bruchstücken überlieferten Textfragmente zu ordnen, zusammenzusetzen und in Transkription abzuschreiben.[72] Vor Else Lüders hatte sich Dr. Wilhelm Siegling mit der Ordnung und Zusammenfügung der indischen Handschriftenfragmente beschäftigt, sich dann aber dem Tocharischen zugewandt. Die Arbeit galt als zeitaufwendig und prestigearm und wurde als eine „langwierige und mühselige" beschrieben, so von Heinrich Lüders im Vorwort der *Bruchstücke buddhistischer Dramen* (1911). Das Zusammensetzen von Handschriftenfragmenten verlangte neben Ausdauer und Geduld vor allem wissenschaftliche Fähigkeiten, Spezialwissen und Sprachkompetenz. Um die Bruchstücke sinnvoll zu ordnen und zusammenzusetzen, mußte man inhaltlich Zusammengehöriges erkennen können. Zudem erforderte der Umgang mit dem sensiblen und zerbrechlichen Material manuelles Geschick.

Bis Mitte der 1930er Jahre hat Else Lüders „gegen 2.000 Blätter und Bruchstücke von Blättern festgestellt, die zu etwa 600 Hand-

---

69 SB PAW 1914, S. 120-122 [122], Bericht von F. E. Schulze.
70 Heider 1926, S. XXII.
71 Heider 1926, S. X.
72 Ausführlich dazu Jonker 2002; Waldschmidt 1965.

schriften gehören."[73] Obgleich sie damit viel für die Erschließung orientalischer Handschriften geleistet hat, ist davon zu ihren Lebzeiten in der Öffentlichkeit nichts bekannt geworden, denn ihre Arbeit fiel in den nichtpublizierenden Bereich und stellte eine Vorarbeit für die Katalogisierung der Handschriften dar. Diese blieb späteren Wissenschaftlern und Wissenschaftlerinnen vorbehalten. Ein erster Katalog der *Sanskrithandschriften aus den Turfanfunden* erschien 1965.[74] Dafür wurden auch die Vorarbeiten von Else Lüders benutzt. Im Zweiten Weltkrieg waren Teile des wertvollen Materials verloren gegangen, Originale beschädigt oder zerstört worden. Unter schwierigen Bedingungen wurde nach 1945 im geteilten Deutschland die Sichtung, Bestandsaufnahme und Ordnung des vorhandenen Materials vorgenommen, wobei sich die von Else Lüders angefertigten Abschriften und die von ihr vorgenommene Numerierung von unschätzbarem Wert erwiesen. Sie werden von den Forschern und Forscherinnen noch heute verwendet.[75]

Eine leitende Aufgabe übernahm die Anthropologin und Forschungsreisende Margarethe Lenore Selenka mit der Expedition in das Trinilgebiet 1907/08. Nur wenige Jahre zuvor waren in den pleistozänen Ablagerungen des Solotales auf Java (Trinil) fossile Menschenreste gefunden worden. Der niederländische Arzt und Anthropologe Eugène Dubois (1858-1940) entdeckte hier um 1890 die ersten Pithecanthropusreste (Javamensch).[76] Für diese Entdeckung interessierten sich auch Emil und Margarethe Lenore Selenka. Sie besuchten Dubois in Amsterdam und besichtigten die Fundstücke. Später berichtete Margarethe Lenore Selenka:

„Das intensive Interesse, das sie in uns erregten, der lebhafte Wunsch, daß die Untersuchungen fortgesetzt werden möchten und das Bedauern darüber, daß Herr Dubois solche Fortsetzung weder von seiner Seite, noch von derjenigen der holländischen Regierung als wahrscheinlich hinstellen konnte, veranlaßten mich schon damals in Gegenwart des Herrn Dubois zu dem Vorschlag, daß wir eventuell die Fortführung selbst in Aussicht nehmen sollten."[77]

---

73 SB PAW 1936, phys.-math. Klasse, S. XXIX, Bericht von H. Lüders; Waldschmidt 1965, S. XX.

74 Waldschmidt 1965.

75 Jonker 1998, 2002.

76 E. Dubois, Pithecanthropus erectus, eine menschenähnliche Übergangsform aus Java (1894). E. Dubois, 1887-1895 Militärarzt in Niederländisch-Indien und 1898-1928 Prof. f. Geologie, Paläontologie, Mineralogie in Amsterdam, untersuchte besonders die phylogenetische Entwicklung der Säugetiergehirne und lieferte wichtige Beiträge zur Entwicklungsgeschichte.

77 Selenka 1911, S. I.

Erste Grabungspläne des Ehepaares reichten bis ins Jahr 1899 zurück. Durch den frühen Tod von Emil Selenka im Januar 1902 wurden sie aber nicht verwirklicht. Ohnehin hatte sich Emil Selenka in seinen letzten Lebensjahren mit „entwicklungsgeschichtlichen Spezialaufgaben" beschäftigt, die „ihn wohl nicht zur Aufnahme dieses Planes hätten kommen lassen", so die Witwe später. Sie dagegen habe schon im Herbst 1902 beschlossen, die Untersuchungen in Java selbständig aufzunehmen:

> „Es geschah dies gelegentlich meiner Anwesenheit in Holland und nachdem ich bei Herrn Dubois lebhafte Begrüßung meines Vorhabens und direkte Ermunterung dazu gefunden hatte. Herr Dubois stellte mir auch einige Orientierungsskizzen und Auskünfte zur Verfügung und sandte mir einen seiner früheren Aufseher, einen pensionierten holländischen Sergeanten, der jahrelang für ihn an der Fundstätte gearbeitet hatte."[78]

Vorerst stellte die Witwe ihren Plan wegen anderweitiger Verpflichtungen für den wissenschaftlichen Nachlaß ihres verstorbenen Ehemannes zurück, ohne aber ihr Ziel aus den Augen zu verlieren. Im Herbst 1905 erhielt Margarethe Lenore Selenka die offizielle Erlaubnis des holländischen Kolonial-Ministeriums zur Ausführung von Untersuchungen auf Java. Der Weg war nun frei für die konkreten Vorarbeiten. Anfang 1906 wurden die Gesuche um Bewilligung von Arbeitskräften und zum Export von fossilen Fundobjekten genehmigt.

Zum Aufgaben- und Zuständigkeitsbereich der Expeditionsleiterin gehörten die Festlegung der inhaltlichen Ziele und die Koordination des Expeditionsablaufs. Außerdem hatte sie die wissenschaftlichen und technischen Mitarbeiter zu engagieren und mit ihnen die Anstellungskonditionen auszuhandeln. Als Teamleiterin trug Margarethe Lenore Selenka Personalverantwortung. Ihre Funktion war mit Macht- und Entscheidungsbefugnissen ausgestattet, gegenüber einem ausnahmslos aus Männern bestehenden wissenschaftlichen und technischen Mitarbeiterstab war sie weisungsberechtigt. Unter ihrer Führung arbeitete ein aus Wissenschaftlern und technischen Mitarbeitern bestehendes Team. Sie engagierte den Neffen eines hochrangigen Beamten der Niederländisch-Indischen Regierung als persönliche Hilfskraft, der die Aufgaben eines Sekretärs und Buchführers erledigte, die Fundvermerke kontrollierte und das Fundbuch führte. Die meisten Arbeitskräfte wurden für die körperlich anstrengenden Erdarbeiten gebraucht, insgesamt etwa 100. Von diesen waren ca. 25-30 vor Ort angeworbene einheimische Arbeitskräfte (freie Kulis), die übrigen waren Strafarbeiter, die von der Nie-

---

78 Ebd.

derländisch-Indischen Regierung „kostenlos" zur Verfügung gestellt und von höheren Regierungsbeamten beaufsichtigt wurden.

Nur sehr selten wurde eine wissenschaftliche Expedition von einer Frau geleitet. Gelegentlich nahmen Frauen an Expeditionen teil, besuchten Ausgrabungen oder begleiteten ihre Ehemänner beziehungsweise Väter auf Forschungsreisen. Oft hatten sie schon dabei große Hürden zu überwinden. Die englische Kriminalschriftstellerin Agatha Christie (1890-1976), die in zweiter Ehe mit dem Archäologen Max Mallowan (1904-1978) verheiratet war, berichtete in ihrer Autobiographie von den Schwierigkeiten, für sich eine Aufenthaltsgenehmigung im Grabungsgebiet zu erlangen. Sie erhielt diese erst, nachdem sie einen Finanzierungsnachweis für sich vorlegen konnte. Mit den Einkünften aus ihrer erfolgreichen schriftstellerischen Tätigkeit finanzierte Agatha Christie ihre Reisen selbst und als „anonyme Spenderin" sogar teilweise die Ausgrabungen ihres Ehemannes. Später absolvierte sie eine Ausbildung zur wissenschaftlichen Photographin und erlangte so die Berechtigung, als Ausgrabungsphotographin offiziell an den Grabungen teilzunehmen.[79] In der Regel bestritten Frauen ihre Teilnahme an Forschungsreisen aus privatem Vermögen. Öffentliche Gelder wurden für sie auch dann nicht zur Verfügung gestellt, wenn sie mehr als „nur" mitreisende Ehefrauen waren und während der Forschungsaufenthalte Assistenzarbeiten erledigten wie die erwähnte Käthe Erman, die das von ihrer Großmutter vererbte Vermögen dafür aufbrauchte.[80]

In den Richtlinien der Notgemeinschaft, der späteren Deutschen Forschungsgemeinschaft (DFG), aus dem Jahr 1924 ist unter dem Stichwort „Reisebeihilfen für Forschungsreisen" nachzulesen:

„Im Interesse der deutschen Wissenschaft [...] ist es dringend zu vermeiden, daß von der Notgemeinschaft unterstützte Reisen z.T. der Erholung dienen oder ohne zwingende sachliche Gründe in Begleitung der Frau angetreten werden. Auch in den Fällen, wo die Mitnahme der Frau im Interesse der Forschung als Assistentin erfolgt, wird oft zu berücksichtigen sein, daß die besonderen Verhältnisse mancher Länder bei Mitnahme einer Dame bezüglich der Reiseführung gewisse Rücksichten erforderlich machen, die den Tagesverbrauch erheblich verteuern und bei der Bemessung des Zuschusses von seiten der Notgemeinschaft keine Berücksichtigung finden können."[81]

Die Notgemeinschaft akzeptierte, daß Frauen „im Interesse der Forschung" als Assistentinnen mitgenommen wurden. Sie war aber nicht bereit, die Arbeit von Frauen entsprechend anzuerkennen. Nahmen Frauen an Expeditionen teil, galt das noch in den 1920er

---

79 Christie 1977.
80 Erman 1929, S. 205.
81 Zit. nach Zierold 1968, S. 73.

Jahren als ihre Privatsache und als eine familiär zu regelnde Angelegenheit. Selbstverständlich spielte privates Vermögen eine erhebliche Rolle, als Margarethe Lenore Selenka kurz nach der Jahrhundertwende zur Expedition in das Trinilgebiet aufbrach. Die aus einer vermögenden Hamburger Kaufmannsfamilie stammende Frau konnte sich leisten, als interessierte Naturforscherin ausgedehnte Forschungsreisen zu unternehmen und mit beträchtlichen Mitteln aus eigener Tasche eine wissenschaftliche Expedition auszurüsten.

3.2 MITARBEITERSTATUS

Der Status von Ehefrauen und Töchtern in den Forschungsprojekten läßt sich nur schwer charakterisieren. Definitiv wurden sie nicht im Beamten- oder Angestelltenverhältnis beziehungsweise im angestelltenähnlichen Verhältnis beschäftigt. Wie die überwiegende Mehrzahl aller Mitarbeiter bei den akademischen Kommissionen wurden auch die informal einbezogenen Ehefrauen als freie oder ständige Mitarbeiter im weitesten Sinne betrachtet. Oft hatten die Kommissionen gar keine andere Möglichkeit, als Arbeitsaufträge an freie Mitarbeiter zu vergeben, um ihre Ziele zu erreichen. Denn die Zahl der etatisierten Mitarbeiterstellen war begrenzt, so daß die Akademie nur sehr wenigen Mitarbeitern Stellen im Beamten- oder Angestelltenverhältnis bieten konnte. Die Vergütung freier Mitarbeiter bei den Kommissionen erfolgte in der Regel auf Honorarbasis und nach Maßgabe der den Kommissionen zur Verfügung stehenden finanziellen Mittel, so daß im Bezahlmodus (gehaltsähnliche, Stunden- oder Stückhonorare) und in der Höhe der Bezahlung oft große Unterschiede bestanden. Honorare erhielten die Ehefrauen nicht in jedem Falle beziehungsweise nicht regelmäßig. Frida Schröder empfing bis 1917 regelmäßig ein Honorar für ihre Mitarbeit beim DRW,[82] Maria Dahl für ihre Tätigkeit beim Nomenclator-Projekt hingegen nur kurzzeitig in den Jahren 1919/20.[83] Else Lüders arbeitete weitgehend unentgeltlich. Erst nach dem Tod von Heinrich Lüders wurde sie von der Orientalischen Kommission offiziell als Hilfsarbeiterin verpflichtet.[84]

In den Arbeitsgruppen wurde Professorenfrauen und -töchtern ein Sonderstatus zugewiesen. Beim DRW wurde zunächst nur zwischen den „ständigen Mitarbeitern" des Archivs und den „außerordentlichen Hilfen" (Exzerptoren) unterschieden und eine Differenz zwischen ihnen über den Bezahlmodus hergestellt. Während die ständigen Mitarbeiter regelmäßig Gehälter in unterschiedlicher

---

82 ABBAW, II-VIII-245, Abrechnungen 1909/10ff.
83 ABBAW, II-VII-39.
84 Schubring [1945], S. 1.

Höhe erhielten, wurde die stets wechselnde Gruppe der Exzerptoren lediglich mit unregelmäßigen geringen Zettelhonoraren entlohnt. Vor 1910 wurden die ständigen Mitarbeiter im Archiv überhaupt nicht differenziert. Zu ihnen zählten damals ausnahmslos alle Archivmitarbeiter, die wissenschaftlichen Assistenten wie auch Schröders Tochter Ida. Ab 1910 wurden die ständigen Mitarbeiter des Archivs in Gehaltsempfänger und in Empfänger von Stundenhonoraren unterteilt. Nach den Abrechnungsunterlagen wurden die wissenschaftlichen Assistenten des Wörterbucharchivs Eberhard von Künßberg, Ferdinand Bilger, Gustav Wahl (1877-1947) und Leopold Perels (1875-1954) als Gehaltsempfänger aufgeführt, hingegen Frida Schröder und Ida Schröder als Empfängerinnen von Stundenhonoraren.

Bemerkenswert ist die Stellung von Leopold Perels. Dieser war als hauptamtlicher Mitarbeiter beim DRW ausgeschieden, nachdem er sich habilitiert und im Wintersemester 1907/08 eine Dozentur an der Handelshochschule in Mannheim erhalten hatte.[85] Er blieb nebenamtlich auf Honorarbasis weiterhin für das Akademieunternehmen tätig, wurde mit einem Stundenhonorar beschäftigt, aber nach den Abrechnungsunterlagen des DRW zu den Gehaltsempfängern gezählt. So diente die Neueinteilung der ständigen Mitarbeiter vermutlich dazu, die informal einbezogenen Arbeitskräfte von den formal einbezogenen abzugrenzen, was in diesem Falle die Separierung der beiden Frauen bedeutete. Ihre Arbeit galt als nicht mit der von männlichen Mitarbeitern vergleichbar. Ein Ausdruck für die Sonderstellung weiblicher Familienangehöriger war auch, daß die Kommission von Frida Schröder und Ida Schröder keine vierteljährlichen Berichte verlangte wie von den übrigen ständigen Mitarbeitern; der Berichtspflicht hatte auch Leopold Perels nachzukommen. In bezug auf seine Tochter erklärte Richard Schröder gegenüber dem Kommissionsvorsitzenden Heinrich Brunner: „Einen Vierteljahresbericht meiner Ida werden Sie, wie bisher, entbehren können, da ihre Tätigkeit sich auf Zettelordnen und Abschreiben beschränkt."[86] Ihre Arbeit wurde somit nicht nur anders, sondern niedriger bewertet, was durchaus den gesellschaftlich üblichen Wunschvorstellungen entsprach.

Weibliche Familienmitglieder konnten noch im ersten Jahrzehnt des 20. Jahrhunderts zu den Arbeitsgruppen gerechnet werden, die sich erst allmählich ausdifferenzierten, weil anfangs lediglich Führungspositionen definiert, die übrigen Mitarbeiterverhältnisse aber noch nicht reguliert waren. Mit zunehmender Ausdifferenzierung einer formalisierten Mitarbeiterstruktur an der PAW schien für Fa-

---

85 Drüll 1986.
86 ABBAW, II-VIII-245, unpag., R. Schröder an H. Brunner v. 5. Oktober 1909.

milienmitglieder weniger Raum zu bleiben. Zwar konnten Ehefrauen auch in den 1920er und 1930er Jahren in die Forschungsarbeit der Akademie einbezogen werden, zum Beispiel Käthe Hedicke und Johanna Müller, aber sie waren nur aushilfsweise und von vornherein befristet tätig. Ihnen boten sich keine Verankerungsmöglichkeiten, und sie wurden nicht mehr als ein integraler Bestandteil von Arbeitsgruppen angesehen wie noch Frida Schröder, Else Lüders oder Maria Dahl. In das Aufstiegs- und Beförderungssystem wurden Ehefrauen und Töchter ohne formale Ausbildungsabschlüsse und Qualifikationsnachweise nicht einbezogen, sie waren weder Gleiche noch Konkurrentinnen in der Wissenschaft und nahmen in den Unternehmungen eine Sonderstellung ein.

3.3 EHE- UND ARBEITSPAARE

Professorenfrauen erhielten über ihre Ehemänner nicht nur Zugang zur Wissenschaft, sie teilten häufig auch deren Arbeitsgebiete und blieben auch in der Arbeitswelt Paare. Das Besondere an diesen Beziehungen war ihre doppelte Partnerschaft: sie waren Ehe- und Arbeitspaare zugleich. Welchem Muster folgte die Zusammenarbeit dieser Paare? Ein männlich-autoritärer Führungsanspruch lag bereits in der ehelichen Verbindung begründet, und es fragt sich, in welchem Ausmaß sich das Abhängigkeitsverhältnis in der partnerschaftlichen Zusammenarbeit widerspiegelte. Mit Blick auf den sich abzeichnenden Rollenwandel der Frau müßten im Muster der ehelichen Zusammenarbeit mehr oder weniger deutliche Hinweise auf die gewachsene Autonomie und Selbständigkeit von Frauen zum Vorschein kommen, wobei sich die Frage anschließt, in welchem Grad es den Ehefrauen gelang, ihre Ansprüche öffentlich durchzusetzen und Anerkennung für ihre Leistungen einzufordern.

Frida Schröder und Richard Schröder. Als im Jahre 1895 der 57jährige Richard Schröder und die 43jährige Frida Saunier heirateten, war es für beide die zweite Ehe. Beide waren verwitwet, kannten sich aber lange, denn Frida war nicht nur die Ehefrau seines früheren Stettiner Buchhändlers und Verlegers, sondern auch Richard Schröders „Jugendliebe".[87] Recht bald wurde Frida Schröder in die Arbeiten für das Deutsche Rechtswörterbuch einbezogen, mit dessen Leitung Richard Schröder damals gerade betraut worden war. In den ersten Jahren fielen im Zusammenhang mit der Belegexzerption durch zahlreiche auswärtige „Helfer" und Mitarbeiter viele zeitaufwendige kleinere Arbeiten an, bei denen Frida ihren Ehemann unterstützte. Die Zusammenarbeit der Eheleute kann man sich vielleicht so vorstellen: Schröder sah die Zettel durch, die von

---

87 Stutz 1917.

den auswärts arbeitenden Exzerptoren an die Heidelberger Zentralstelle zurückgesandt worden waren, nahm eine erste Sortierung der
Zettel vor und entschied, wie jeder einzelne Zettel weiter bearbeitet
werden mußte. Leicht zu separieren waren die nachzubessernden
Zettel. Unleserliche Belegzettel waren stets ein Problem, das sich
aber bei der gewaltigen Masse und den vielen freiwilligen Exzerptoren nicht vermeiden ließ. Offenbar war es aus arbeitsökonomischen
Gründen leichter zu bewerkstelligen, die Zettel von Frida Schröder
in der Arbeitsstelle noch einmal abzuschreiben, als sie von den Exzerptoren nachbessern zu lassen. Sodann teilte ihr Richard Schröder die hektographischen Zettel zu, die sie mit dem Hektographiergerät vervielfältigte, nötigenfalls ausbesserte, die Stichworte aus-
schrieb und schließlich alphabetisch in Kästen einsortierte. Außerdem exzerpierten Frida und Richard Schröder gemeinsam Quellenauszüge, wobei sich auch hier Frida nach den Anweisungen ihres
Ehemannes richtete, sie ihn jederzeit fragen oder ihm zweifelhafte
Stellen vorlegen konnte und ihre Arbeit zu keinem Zeitpunkt den
kontrollierenden Augen ihres Ehemannes entging.

Das Arbeitsverhältnis zwischen den Partnern war asymmetrisch.
Frida war ihrem Ehemann Richard nachgeordnet. Er teilte seiner
Frau die Aufgaben zu, sie arbeitete nach seinen Anweisungen. Mit
Ausnahme des Exzerpierens führte Frida Schröder andere Arbeiten
aus als ihr Mann Richard, nämlich einfache Abschreibe-, Ord-
nungs-, Hektographier- und Büroarbeiten, während er hauptsächlich für koordinierende, leitende und kontrollierende Aufgaben zuständig war. In ähnlicher Weise zog Richard Schröder auch Studierende aus dem Juristischen Seminar der Heidelberger Universität
für kleinere Arbeiten im Archiv heran. Er teilte ihnen Exzerptionsaufträge zu, die sie nach seinen Anweisungen auszuführen hatten,
oder er fertigte mit ihnen gemeinsam Quellenauszüge an. Bei den
Schülern basierte wie bei Schröders Ehefrau Frida die Nachrangigkeit auf Abhängigkeit. Diese wurzelte für die Ehefrau in der Ehebeziehung, welche rechtlich die Unterordnung der Frau und ihre persönliche Abhängigkeit vom Ehemann begründete.[88] Mit dem Überschreiten von Grenzen und mit ihrem Wechsel in die Arbeitswelt
hob sich für Frauen das Problem der Unterordnung nicht gleichsam
von selbst auf. Schröders Autorität wurde nicht in Frage gestellt.
Richard und Frida Schröder waren ein älteres, im Leben und bei der
Arbeit sich gegenseitig unterstützendes und aufeinander angewie-
senes Ehepaar. Frida pflegte und umsorgte ihren damals schon an
einem Augenleiden kränkelnden Ehemann und bestrich ihm regelmäßig die Augen mit einer Salbe. In Anlehnung an das zufriedene,
nicht mehr zeitgemäße und scheinbar aus einer anderen Welt

---

88 Gerhard 1990, S. 142-167.

stammende Paar aus Goethes Faust nannte Ulrich Stutz die Schröders „Philemon und Baucis in deutsch-akademischem Gewande".[89]

Else Lüders und Heinrich Lüders: Die partnerschaftliche Zusammenarbeit des Indologenpaares begann zwar in einem asymmetrischen Lehrer-Schülerin-Verhältnis[90], als nämlich Heinrich seine Ehefrau Else im Sanskrit unterwies. Aber schon bald wurde diese von der Schülerin zur Mitarbeiterin ihres Mannes. Bei den Lüders' ließ sich die Geschlechterdifferenz nicht mehr so eindeutig über die Arbeitsverteilung herstellen wie bei Frida und Richard Schröder. Als Heinrich Lüders 1911 erstmals die Mithilfe seiner Ehefrau im Vorwort seiner Monographie *Bruchstücke buddhistischer Dramen* erwähnte, nannte er sie im gleichen Atemzug wie Dr. Wilhelm Siegling, der damals Hilfsarbeiter an der Indischen Abteilung des Museums für Völkerkunde war. Beide hatten ihn beim Sammeln, Ordnen und Zusammensetzen der Bruchstücke unterstützt. Bei der Sammlung und Zusammensetzung von Schriftfragmenten handelte es sich um keine bloße Zuarbeit. Der Aufgabenbereich von Else Lüders entsprach dem eines wissenschaftlichen Mitarbeiters. Mehr als vier Jahrzehnte lang arbeiteten Heinrich und Else Lüders gemeinsam auf dem Gebiet der indischen Philologie, wobei viele Editionsarbeiten Wesentliches der Geduld und Fingerfertigkeit von Else Lüders verdankten, die mit geschultem Blick für das Zusammengehörige die einzelnen Handschriftenfragmente zusammenfügte.[91] Sie ordnete und verknüpfte das Material; er interpretierte und publizierte. Autorschaft beanspruchte und erhielt er zumeist allein. In der langen Publikationsliste von Heinrich Lüders fand sich keine gemeinsame Veröffentlichung.

Else akzeptierte den zugeschriebenen Status einer Gehilfin. Als Ehefrau trat sie hinter ihren Ehemann zurück und verhielt sich loyal. Das tat sie auch, als sie 1921 selbst als Autorin einer Publikation hervortrat und damit dokumentierte, daß sie mehr als die Gehilfin ihres Ehemannes war. Wie noch zu zeigen sein wird, bedienten beide Partner eine gesellschaftliche Erwartungshaltung und sorgten aktiv für die Aufrechterhaltung eines sozial erwünschten und akzeptierten Bildes von der Frau als „Gehilfin ihres Mannes". Der Grund lag vermutlich darin, daß bei Männern wie Frauen die Vorstellung von ihrer Gegensätzlichkeit noch weit verbreitet war; keinesfalls sollten sie als Gleiche erscheinen. Die Ehefrauen waren in der Arbeitswelt stets nachgeordnete Arbeitspartnerinnen ihrer Ehemänner oder wurden als solche präsentiert. Das entsprach den

---

89 Stutz 1917, S. XXIV.
90 Pycior/Slack/Abir-Am 1996 haben darauf hingewiesen, daß eine partnerschaftliche Zusammenarbeit häufig im asymmetrischen Lehrer-Schülerin-Verhältnis begann.
91 Schubring [1945]; Jonker 2002.

gesellschaftlichen Erwartungen und der Rolle der Frau. Die ehelich gewährleistete Geschlechterordnung, d.h. die in der Ehebeziehung begründete Unterordnung der Frau, wirkte bei Ehepaaren scheinbar auch in der Arbeitswelt der Wissenschaft fort. Fehlte der männliche Teil des Doppels und war somit die für notwendig erachtete Männerdominanz nicht mehr eindeutig gegeben, konnte es zu Konflikten kommen. Das folgende Beispiel ist ein Beleg dafür.

Witwenfreiheit? Margarethe Lenore Selenka, deren Ehe mit Emil Selenka nur etwa zehn Jahre dauerte, führte als Witwe die Expedition ins Trinilgebiet allein durch. Von Zeitgenossen wurde sie als charmant, energisch, ausdauernd und durchsetzungsfähig beschrieben.[92] Sie handelte selbstbestimmt und gestaltete ihr Leben. In erster Ehe war sie mit dem Schriftsteller Dr. Ferdinand Neubürger verheiratet gewesen, von ihm hatte sie sich scheiden lassen. Im Jahre 1899 initiierte sie die erste weltweite Frauenkundgebung für Frieden und erlangte dadurch Popularität in der Öffentlichkeit.[93] Sie hatte gelernt, Konfliktsituationen zu bewältigen, denn wegen ihrer Friedensaktivitäten fiel die engagierte Pazifistin mehr als einmal auch dem preußischen Außenministerium „unbequem" auf. Ein Regierungsmitarbeiter wird mit den Worten zitiert: „Nach Frauenart scheint dieselbe [Margarethe Lenore Selenka] sich nicht strikt an das, was ich ihr mit vieler Mühe eingebleut habe, halten zu wollen."[94] Margarethe Lenore Selenka hatte in der Politik bereits Erfahrungen sammeln und ihre Führungskompetenz unter Beweis stellen können. Mit der gleichen Energie und Entschlossenheit organisierte sie die wissenschaftliche Expedition, beanspruchte die Führungsrolle und entsprach mit ihrem Verhalten nicht dem, was von einer Frau erwartet wurde.

Auch eine durchsetzungsfähige Frau wie Margarethe Lenore Selenka blieb in der Wissenschaft auf männliche Kooperationspartner und Förderer angewiesen. In allen Arbeitsphasen konnte sie sich auf die Unterstützung anerkannter wissenschaftlicher Autoritäten verlassen. Zu einem wichtigen Befürworter ihres Vorhabens wurde der niederländische Arzt und Anthropologe Eugène Dubois, der die Pithecanthropus-Reste im Solotal entdeckt hatte. Er war wohl einer der ersten, der von Margarethe Lenore Selenkas Plänen erfahren hatte und förderte die Expedition, indem er wichtige Kontakte zur niederländischen Regierung herstellte, Forschungsmaterial überließ und Personal vermittelte. Die Beziehung zu Dubois war für die Legitimation des Selenkaschen Vorhabens maßgeblich. Ein zweiter

---

92 Suttner 1900, S. 36f.

93 M(argarete) L(enore) Selenka (Hrsg.), Die internationale Kundgebung der Frauen zur Friedens-Konferenz v. 15. Mai 1899, München 1900. Vgl. dazu auch Kätzel 2001.

94 Zit. nach Hervé/Nödinger 1996, S. 225.

wichtiger Kooperationspartner wurde der Geologe und Paläontologe Max Blanckenhorn (1861-1947).[95] Gemeinsam veröffentlichten er und Margarethe Lenore Selenka die Ergebnisse der Trinil-Expedition.

Der Expedition selbst wurden als wissenschaftlicher Beirat ein promovierter Geologe sowie ein Arzt und Anthropologe beigegeben. Die Zusammenarbeit zwischen der Expeditionsleiterin und den wissenschaftlichen Mitarbeitern gestaltete sich von Anfang an problematisch. Es kam zu Konflikten. In einem Falle ging es um den Vorwurf, daß beim Abbau der Gesteinsschichten Fehler gemacht worden wären, eine wichtige Pflanzenschicht nicht gleichmäßig und in einer großen Fläche abgebaut und dadurch zerstört worden wäre. Margarethe Lenore Selenka selber äußerte dazu in ihrem Expeditionsbericht, daß es zwischen dem damaligen wissenschaftlichen Berater für geologische Fragen Dr. Elbert und dem leitenden technischen Mitarbeiter Oppenoorth zu „geringfügigen Differenzen" gekommen sei.[96] Der in seiner wissenschaftlichen Ehre gekränkte Geologe veröffentlichte daraufhin eine Gegendarstellung in einer Fachzeitschrift:

„In der Tat ist nun ein derartiger Fehler begangen, und zwar infolge Nichtausführung meines Befehles durch Oppenoorth. Zur Zeit des Abbaues über der Pflanzenschicht unternahm ich mehrere Exkursionen in die Umgegend unter Erteilung des ausdrücklichen Befehles, die Pflanzenschicht nicht zu durchbrechen. Als ich dann Oppenoorth bei dieser und einer sich später wiederholenden Gelegenheit, bei der er gegen meinen Befehl an der alten Fundstelle des Pithecanthropus einen Schacht gegraben hatte, zur Verantwortung zog, hielt er mir einen unmittelbaren Befehl der Frau Selenka vor, *möglichst schnell bis auf die fragliche Knochenschicht abzubauen* [Hervorhebung im Original]. – Derartige Zuwiderhandlungen, welche die kühnsten Hoffnungen eines Forschers mit einem Schlag vernichten, dürften nicht als *kleine* [Hervorhebung im Original] Differenzen zu bezeichnen sein."[97]

Fachliche Auseinandersetzungen sind in der Wissenschaft normal. Aber darum ging es hier nicht allein, sondern darum, wer die Befehle während der Expedition zu erteilen und die Befehlsgewalt hatte, mithin um Anordnungsbefugnisse und um Hierarchie. In diesem Falle hatte der Geologe Elbert einen Befehl erteilt. Der war aber zur

---

95 Nach NDB 2, S. 284: Dr. phil. 1885 Bonn, 1886/87 Assistent am dortigen paläontologischen Institut, 1897/99 Feldgeologe und Paläontologe an der Geological Survey of Egypt, Cairo; ab 1901 Priv.-Doz. f. Geologie, Paläontologie und Geographie Erlangen sowie freiwilliger Mitarbeiter der Preußischen Geologischen Landesanstalt; 1923 Silberne Leibniz-Medaille der PAW.

96 Selenka 1911, S. VI.

97 Elbert 1911, S. 736-741 [741].

fraglichen Zeit unterwegs, und es wurde nicht sein, sondern ein anderslautender Befehl der Expeditionsleiterin befolgt. Das brachte die gewohnte Ordnung durcheinander. Denn ganz selbstverständlich beanspruchten die männlichen wissenschaftlichen Mitarbeiter die Entscheidungskompetenz in inhaltlichen Fragen und waren nicht bereit, sich einer weiblichen Führung unterzuordnen. Wissenschaftliche Kompetenz und Männlichkeit waren aneinander gekoppelt. Die Ausübung einer mit Macht- und Entscheidungskompetenz ausgestatteten Funktion durch eine Frau, wurde von den wissenschaftlichen Mitarbeitern weder akzeptiert noch respektiert und führte zu Konflikten.

Die Wissenschaftler verließen die Expedition. Einer nach dem anderen ließ sich auswechseln: der Geologe Elbert, sein Nachfolger Dr. Deninger auch. Ein noch 1906 erwähnter Arzt Dr. Moszkowski, der als wissenschaftlicher Berater für anthropologische Fragen an der Expedition teilnehmen sollte, trat vermutlich gar nicht an. Erst in Dr. Emil Carthaus wurde jemand gefunden, der bis zum Ende der Ausgrabung blieb. Wie die Differenzen zwischen der Expeditionsleiterin und den wissenschaftlichen Mitarbeitern kommuniziert und ausgetragen wurden, ist für die Beurteilung der Situation von Frauen in der Wissenschaft aufschlußreich. Drei ehemalige wissenschaftliche Mitarbeiter richteten Klagebriefe an den Generalkonsul sowie an das Mitglied der PAW Wilhelm von Waldeyer und versuchten, Margarethe Lenore Selenka „als geisteskrank zu erklären".[98] Elbert zog gegen sie wegen der (Nach-)Zahlung bisher verweigerter Honorare vor Gericht. In der Fachpresse wurde eine Verleumdungskampagne gegen die Expeditionsleiterin geführt.

Die Konflikte wurden weniger auf der sachlichen als auf der sozialen Ebene ausgetragen, indem die Expeditionsleiterin persönlich angegriffen und für „geisteskrank" erklärt wurde. Auch das diente dazu, eine vermeintlich notwendige Geschlechterdifferenz zu rechtfertigen. Das *Geschlecht* wurde somit zu einer unterschiedsrelevanten Kategorie gemacht, um eine nicht mehr von vornherein gegebene, aber für notwendig erachtete Männerdominanz einzufordern beziehungsweise aufrechtzuerhalten. Die wissenschaftlichen Mitarbeiter akzeptierten keine Frau in einer übergeordneten Leitungsposition. Eine Männerdominanz war allerdings auch hinsichtlich der technischen Mitarbeiter und übrigen Arbeitskräfte bei der Grabung nicht gegeben. Doch das Verhältnis zwischen Margarethe Lenore Selenka und dem für den technischen Ablauf der Ausgrabungen zuständigen Ingenieur sowie den Sklaven und Einheimischen gestaltete sich weitaus unproblematischer. Die aus Einheimischen re-

---

98 ABBAW, II-XI-1, Bl. 68-69, PAW an Minister der geistlichen usw. Angelegenheiten [Entwurf] v. 14. November 1908.

krutierten technischen Mitarbeiter fügten sich ihrem Befehl und verhielten sich loyal gegenüber einer ausländischen und weißen Frau. Soziale Klassenunterschiede spielten hier eine größere Rolle und waren offenbar wirksamer als der Geschlechterunterschied. Damit ist das Beispiel auch ein Beleg dafür, daß nicht zwangsläufig in jedem Kontext *Geschlecht* unterschiedswirksam sein muß.[99]

4. Anerkennungserwerb

4.1 QUITTIEREN

Eine in den Abrechnungsunterlagen des Deutschen Rechtswörterbuchs überlieferte handschriftliche Quittung aus dem Jahre 1909 verrät, daß Frida Schröder für „Hülfsarbeiten" in der Zeit vom 1. April bis 1. Oktober 1909 dreihundert Mark erhalten hat.[100] Das belegt zunächst einmal, daß Richard Schröders Ehefrau für ihre Arbeiten beim Wörterbuch bezahlt worden und ihre Arbeit somit nicht unbeachtet geblieben ist. Dahinter verbirgt sich aber noch mehr: Mit dieser Quittung forderte Frida Schröder selbst aktiv Anerkennung ein, machte sie sich und ihre Mitarbeit beim Wörterbuch sichtbar und sorgte dafür, daß ihre Arbeit nicht mehr stillschweigend ihrem Ehemann zugeschrieben wurde. Denn bei dem Geld, das Frida erhielt, handelte es sich um das von der akademischen Kommission ausgesetzte sogenannte Bauschquantum für Büro- und Geschäftskosten in Höhe von zweimal dreihundert Mark im Jahr und war eigentlich als eine Art Aufwandsentschädigung für den Wörterbuchleiter bestimmt. Dieser hatte über den Erhalt des Geldes selbst zu quittieren. Richard Schröder machte jedoch viele Büroarbeiten längst nicht mehr selbst. Insbesondere die Führung des Kassenbuches und Hektographierarbeiten, die einen Großteil der Büroarbeiten in Anspruch nahmen, ließ er von seinem Assistenten und später von seiner Ehefrau erledigen. Vor allem die Kassenbuchführung war in diesen Jahren zeitintensiv und nervenaufreibend, da erst durch das Verschicken von Belegmaterial und später das Auszahlen von Zettelhonoraren an die Exzerptoren einschließlich der Portogebühren viele kleine und geringe Ausgabeposten anfielen, über die ordnungsgemäß und penibel Buch geführt werden mußte. Offenbar hatte auch das bereits seit Jahren Schröders Ehe-

---

99   Vgl. Heintz/Nadai 1998.

100 ABBAW, II-VIII-245, unpag., Frida Schröder-Saunier v. 30. September 1909: „Dreihundert Mark von der Heckmann-Wentzelstiftung für Hülfsarbeiten in der Zeit vom 1. April bis 1. Oktober 1909 empfangen zu haben bestätigt."

frau Frida übernommen und war dafür unter der Hand von Schröder bezahlt worden. Aber erst mit der Quittierung im Jahre 1909 wurde das bekannt.

Die damals 57jährige Frida Schröder bestand darauf, über den Erhalt ihres Honorars selbst zu quittieren. Damit aber brachte sie den herkömmlichen „alten Modus" durcheinander, der allen vertraut war. Von seiner Frau in Erklärungsnot gebracht, sah sich Richard Schröder gegenüber dem Kommissionsvorsitzenden Heinrich Brunner zu einer Rechtfertigung veranlaßt, die ihm nicht leicht aus der Feder floß. Als Schröder Anfang Oktober des Jahres den halbjährlich fälligen Kassenbericht nebst Belegen und Gehaltsquittungen nach Berlin sandte, erläuterte er den neuen Sachverhalt ziemlich umständlich:

„Über das Bauschquantum von 300M habe ich in alter Weise eine eigene Quittung beigelegt. Meine Frau, die das Geld bekommt und es reichlich verdient (sie arbeitet weit mehr, als sie nötig hat), legt Gewicht darauf, dass sie selber darüber quittiert, und hat mir deshalb beiliegende Quittung gegeben. Die Sache könnte aber zu Missdeutungen und Missverständnissen führen, da das Bauschquantum auch meine Portoauslagen (reichlich 100M jährlich) umfasst. Ich möchte es daher lieber bei dem alten Modus bewenden lassen, andererseits aber meiner Frau nicht das Recht entziehen, über ihren Verdienst selbst zu quittieren (meine Portokosten ziehe ich ihr nie ab). Deshalb lege ich auch ihre Quittung bei, die aber nicht als Bestandteil meiner Rechnungslegung anzusehen ist."[101]

Richard Schröder respektierte den Willen seiner Frau – insofern erfährt man aus diesem Brief auch etwas über das Verhältnis der Ehepartner zueinander, das anscheinend von gegenseitiger Achtung und einem starken Gerechtigkeitsempfinden geprägt war. Für Schröder war klar, daß seine Frau das Geld reichlich verdiene, denn sie mache mehr, „als sie nötig" habe. Trotzdem legte er nach „dem alten Modus" und in gewohnter Weise eine eigene Quittung bei und ließ das ganze eher als ein buchhalterisches Problem erscheinen, zumindest kommunizierte er es als ein solches gegenüber Heinrich Brunner. Einen Stein hatte Frida Schröder dennoch ins Rollen gebracht. In der Folgezeit wurde nämlich eine Neuregelung der ohnehin prekären finanziellen Situation des Unternehmens vereinbart, die auch Fridas Status beim Wörterbuch berührte.

Das Bauschquantum wurde im April 1910 abgeschafft.[102] Obgleich Richard Schröder nun zwar die Briefportokosten aus eigener Tasche bezahlte, war er mit dieser Regelung zufrieden, weil die ihm lästige Buchführung über die geringen Pfennigbeträge entfiel. Seine

---

101 ABBAW, II-VIII-245, unpag., R. Schröder an H. Brunner v. 5. Oktober 1909.
102 ABBAW, II-VIII-245, unpag., Abrechnung Winter 1909/10 v. 1. April 1910.

Ehefrau Frida arbeitete fortan nicht unentgeltlich weiter, wie man hätte vermuten können, sondern wurde offiziell als Mitarbeiterin mit einem Jahreshonorar in Höhe von sechshundert Mark beschäftigt, was exakt der Höhe des früheren Bauschquantums entsprach. Darauf hatten sich der Kommissionsvorsitzende Heinrich Brunner und Richard Schröder verständigt.[103] In den Abrechnungsunterlagen des Wörterbuchs wurde Frida Schröder als ständige Mitarbeiterin aufgeführt, und außerdem wurde ihr Name seit 1910 in den Jahresberichten des DRW genannt, die in den *Sitzungsberichten der PAW* veröffentlicht wurden.[104]

Frida Schröder stellt somit ein Beispiel für den sich abzeichnenden Rollenwandel der Frau an der Wende zum 20. Jahrhundert dar, der in seinen Auswirkungen nicht nur Frauen betraf. Männliche Gelehrte veränderten ihre Einstellung und waren bereit, die von Ehefrauen geleistete Arbeit anzuerkennen. Frida Schröder hatte jedoch mit ihrem aktiven Einfordern finanzieller Anerkennung selbst entscheidenden Anteil daran, ihre Mitarbeit beim DRW sichtbar werden zu lassen. Denn erst dadurch änderte sich die Anerkennungspraxis ihrer Arbeit. Die Witwe eines Buchhändlers und Verlegers war als frühere Verlegergattin wohl in die geschäftlichen Dinge einbezogen worden. In Unternehmerfamilien wurde die Teilnahme von Ehefrauen an der Geschäftsführung häufig erwartet; die Einbeziehung von Familienmitgliedern war hier insgesamt stärker verbreitet und akzeptiert als in anderen Teilen des Bürgertums.[105] Aufgrund ihrer Lebens-, Familien- und Eheerfahrungen war es für Frida Schröder selbstverständlich, auch als Professorengattin an der wissenschaftlichen Arbeit ihres Ehepartners teilzunehmen. Ein kommerzielles Denken dürfte ihr zudem nicht fremd gewesen sein.

---

103 ABBAW, II-VIII-245, unpag., R. Schröder an H. Brunner v. 13. April 1910: „Die Ausgaben für Briefporto werde ich, wie ich Ihnen früher schon zugesagt, auch fernerhin aus meiner Tasche bestreiten und nur für etwaige Packetsendungen liquidieren. Es macht mir Freude, auf diese Weise wenigstens einen kleinen Beitrag für unser WB. zu leisten, und [ich] spare dabei die lästige Buchführung und Rechnungslegung über die Portoausgaben, die mir stets sehr unsympathisch gewesen waren. Wie wir früher [miteinander] ausgemacht hatten, ist [daher] das früher für Portoauslagen [und] für die Bezahlung der hektographischen und anderen Hilfsleistungen ausgesetzte Bauschquantum von 600M. jährlich, über das von mir in [Bausch und ...] quittiert zu werden pflegte, hinfällig geworden. Dagegen waren wir [darin] einig, dass meine Frau, die [seit ....] Jahren für uns gearbeitet hat, 600M. für die von ihr geleisteten Arbeiten erhält.“

104 ABBAW, II-VIII-245, unpag., Abrechnungsunterlagen 1910ff.; SB PAW 1910ff.

105 Kocka 1982; Rauh-Kühne 2000; Schäfer 2000.

Sie achtete darauf, den zustehenden Lohn für ihre Arbeit einzufordern; das tat sie selbstbewußt auch für ihre Arbeit beim DRW.

Obschon auf diese Weise der sogenannte Matilda-Effekt in der Wissenschaft abgemildert wurde, deutet nichts darauf hin, daß für Frida Schröder die Selbstbehauptung im Widerspruch zu ihrer Nachgeordnetheit in der Arbeitswelt und ihrer Unterordnung unter die Autorität des Ehemannes stand oder daß sie dagegen aufbegehrt hätte. Sie forderte für sich lediglich finanzielle Anerkennung aktiv ein. Mehr tat sie nicht. Mehr wurde von ihr auch nicht angestrebt, was sich mit Blick auf ihre Generationszugehörigkeit verstehen ließe.[106] Die um 1850 geborene Frida Schröder war nicht nur die älteste der informal einbezogenen Ehefrauen dieses Samples, sondern sie stand wahrscheinlich mit ihrer Sozialisation, ihrer Einstellung und ihren Werten auch einer anderen Frauengeneration näher als die um 1870 geborenen Frauen. Ihr Zugang zur Forschungsarbeit, ihre Arbeit beim Wörterbuch und ihr Verbleib in der Wissenschaft waren sehr eng an ihren Ehemann geknüpft. Als Richard Schröder 1917 starb, hörte auch Fridas Mitarbeit beim Deutschen Rechtswörterbuch auf. Im Dezember 1921 siedelte sie nach Dermbach/Feldabahn über.[107]

4.2 PUBLIZIEREN

Eine Strategie des Anerkennungserwerbs stellte für die informal in das Wissenschaftssystem einbezogenen Ehefrauen das Publizieren dar. Ihre wissenschaftliche Produktivität blieb allerdings gering. Eine Frau, die auf diese Weise wissenschaftliche Anerkennung erwarb, war die Zoologin Maria Dahl. Sie galt als eine Spinnenexpertin und hatte auf dem Gebiet einige Arbeiten veröffentlicht, ehe sie wenige Jahre vor dem Ersten Weltkrieg als freie Mitarbeiterin für das zoologische Unternehmen Nomenclator animalium generum et subgenerum Übersetzungsarbeiten ausführte. Nach dem Ersten Weltkrieg wurde sie als „Hilfsarbeiterin" im Nomenclator-Büro eingestellt. Damals fehlten dem Unternehmen Arbeitskräfte, um die während des Krieges unterbrochenen Arbeiten wieder aufzunehmen und „um die äußerst zeitraubende redaktionelle Durcharbeitung der Manuskripte und die Zusammenstellung des dem Nomenclator beizugebenden vollständigen Literaturverzeichnisses nach Möglichkeit zu beschleunigen."[108]

---

106 Zum Zusammenhang von Generation und Anerkennung vgl. Wobbe 2000.

107 Schr. Auskunft Stadtarchiv Heidelberg v. September 2002; so auch Webler 2005, S. 157. Über den Verbleib von Frida Schröder gibt es keine weiteren Informationen.

108 ABBAW, II-VII-34, Bl. 112-113, W. Kükenthal an PAW v. 24. Juni 1919.

Die Beschäftigung als Redaktionsmitarbeiterin blieb für Maria Dahl jedoch nur eine kurze Episode. Schon nach wenigen Monaten verließ sie das Büro Anfang 1920 wieder. Die genauen Gründe dafür konnten wegen fehlender Quellen nicht ermittelt werden. Die Annahme, daß ihr Ausscheiden im Zusammenhang mit der damals zeitgleich erfolgten formalen Eingruppierung von Mitarbeitern und Mitarbeiterinnen an der PAW stand, ließ sich nicht belegen. Vielleicht entsprach die büromäßig organisierte Redaktionsarbeit nicht den Erwartungen von Maria Dahl, fand sie darin keine Befriedigung und wollte sie sich darauf auch nicht festlegen lassen. Die Arbeiten gingen nur schleppend voran. Zudem versprachen die erledigten Tätigkeiten zwar der PAW einige, aber Maria Dahl nur wenig Anerkennung. Autorschaft konnte sie nicht erlangen. Danach dürfte sie gestrebt haben. Denn die zoologische Feldforscherin hatte viele Jahre gemeinsam mit ihrem Mann Friedrich gearbeitet. Friedrich Dahl machte im Lauf seines Lebens nach eigenen Angaben 2.700 Fänge an allen Orten Deutschlands, wobei ihm seine Frau „stets Gehilfin" war.[109] So liegt die Vermutung nahe, daß Maria Dahl die Arbeitsstelle an der Akademie verließ, weil ihre wissenschaftlichen Interessen anderswo lagen und auf praktische Feldstudien sowie aufs Publizieren gerichtet waren.

Nach dem Ausscheiden aus dem Nomenclator-Büro setzte Maria Dahl als freie Forscherin ihre wissenschaftliche Arbeit fort. Sie hatte sich wie ihr Mann auf die Spinnenforschung spezialisiert, bearbeitete das Spinnenmaterial von verschiedenen Expeditionen und publizierte die Ergebnisse.[110] 1925 hatte der mittlerweile pensionierte Friedrich Dahl damit begonnen, die zoologische Reihe *Die Tierwelt Deutschlands und der angrenzenden Meeresteile nach ihren Merkmalen und nach ihrer Lebensweise* beim Gustav-Fischer-Verlag in Jena herauszugeben. Diese Publikation verfolgte den Zweck, Studierende, Lehrer und Naturfreunde in die Kenntnis der Tiere Deutschlands und deren Lebensweise einzuführen. Das Werk war ein mit vielen Abbildungen versehenes Bestimmungshandbuch, für das zahlreiche Wissenschaftler verpflichtet wurden. Auch für Maria Dahl eröffnete

---

109 Friedrich Dahl (Hrsg.), Die Tierwelt Deutschlands und der angrenzenden Meeresteile nach ihren Merkmalen und nach ihrer Lebensweise, Bd.3, Jena 1926, Vorwort.

110 Ergebnisse der Plankton-Expedition (1912, 1931, 1937); Spinnen (1933; Norwegische Nord Polar Expedition mit der „Maud" 1918-1925); Spinnen (1921/8; Ergebnisse der norwegischen Expedition nach Nowaja Semlja 1921); „Zur Kenntnis der Spinnentiere Schlesiens" in: Sitzungsberichte der Gesellschaft Naturforschender Freunde 1935; „Zur Verebreitung der Gattung Porrhomma", in; Mitteilungen der Höhlen- und Karstforschung 1938.; Mithrsg. u. Hrsg., Die Tierwelt Deutschlands (1929-1939); Angaben nach KGK 7, 1950, S. 313.

sich die Möglichkeit zur Mitarbeit. Zunächst wurde sie als Zeichnerin tätig. Von ihr stammten beispielsweise die „nach der Natur gezeichneten" Abbildungen im dritten Band über *Springspinnen*.

Zeichnungen sind in der Biologie von großer Bedeutung. Die spezialisierte Anpassung der Tiere an ihre Umwelt hat zu einer ungeheuren Formenvielfalt in der Tierwelt geführt. Oft sind langjährige systematische Untersuchungen und viele Erfahrungen notwendig, um Unterschiede überhaupt feststellen zu können und zu neuen Ergebnissen zu gelangen. Für die Forscher erwachsen mitunter aus der Formenvielfalt große Bestimmungsschwierigkeiten, und es bedarf sorgfältiger mikroskopischer Untersuchungen und auch genauer Abbildungen. Das Anfertigen von Zeichnungen verlangt Genauigkeit, Sorgfalt und künstlerisches Geschick. Maria Dahls Mitarbeit an dieser Publikationsreihe hat sich jedoch nicht nur auf das Herstellen von Zeichnungen beschränkt, sie ist in wenigstens drei Fällen nachweislich auch als (Mit-)Autorin auf ihrem Spezialgebiet, der Spinnenforschung, hervorgetreten.[111] Schließlich wurde Maria Dahl nach dem Tod von Friedrich Dahl (1929) Mitherausgeberin der von ihm begründeten Reihe und hat diese bis 1960 gemeinsam mit Professor Dr. Hans Bischoff[112] weitergeführt, dann zusammen mit Professor Dr. Fritz Peus bis zum Jahre 1971. In dieser Zeit sind mehr als vierzig Teile des „Dahl" im Gustav-Fischer-Verlag Jena erschienen.[113]

Im Status einer freien Forscherin konnte Maria Dahl wissenschaftlich arbeiten und veröffentlichen. Daß ihr Expeditionsmaterial zur Auswertung überwiesen, ihre fachlichen Kompetenzen nachgefragt wurden und sie selbst in Fachorganen, zum Beispiel den *Sitzungsberichten der Gesellschaft Naturforschender Freunde*, publizierte, werte ich als ein Indiz dafür, daß Maria Dahl in der Fachgemeinschaft als Spinnenexpertin anerkannt wurde. Sie konnte als Witwe an die Stelle ihres verstorbenen Ehemannes treten, jedenfalls dort, wo der Zugang nicht an formale Abschlüsse gebunden war. Sie übernahm die Herausgabe der Publikationsreihe beim Fischer-Verlag – jedoch nicht allein. An ihrer Seite standen stets mit formalen

---

111 Die Tierwelt Deutschlands und der angrenzenden Meeresteile nach ihren Merkmalen und nach ihrer Lebensweise, Bd. 5, 1927 (gemeinsam mit Friedrich Dahl); Bd. 23, 1931; Bd. 33, 1937.

112 Hans Bischoff (1890-1960), Prof. Dr., seit 1921 Mitarbeiter und bis 1954 Kustos im Zoologischen Museum Berlin.

113 Die Tierwelt Deutschlands und der angrenzenden Meeresteile nach ihren Merkmalen und nach ihrer Lebensweise, Bd. 16-48, hg. v. Maria Dahl und Prof. Dr. Hans Bischoff, Jena 1929-1961; Bd. 49-59, hg. v. Maria Dahl und Prof. Dr. Fritz Peus, Jena 1963-1971. Die Reihe wurde fortgesetzt von Konrad Senglaub, Hans-Joachim Hannemann, Hubert Schumann. Heute wird sie vom Zoologischen Museum Berlin herausgegeben.

Qualifikationsnachweisen ausgestattete und im Wissenschaftssystem verankerte männliche Wissenschaftler, die mit ihrer Autorität für die Aufrechterhaltung von Leistungsstandards und von wissenschaftlicher Qualität bürgen sollten.

Dennoch ist es heute schwer, biographische Informationen über Maria Dahl zu finden. Die einschlägigen Lexika enthalten zwar Einträge über Friedrich Dahl, aber nicht über Maria Dahl; sie wird nicht einmal erwähnt.[114] Auch dies verweist darauf, daß sie im akademischen Gedächtnis von heute keinen Platz hat und darauf, daß die Leistungen von Männern und Frauen unterschiedlich wahrgenommen werden. Bei den Dahls widerspiegelt sich das in besonders eindrucksvoller Weise. Obwohl Friedrich Dahl die Mithilfe seiner Frau erwähnt hat, ist diese Information mittlerweile in Vergessenheit geraten. Nur allzuschnell wird „Mithilfe" mit „Zuarbeit" konnotiert und als unwichtig abgetan. Daher gibt es scheinbar auch keine Veranlassung, genauer hinzusehen und nach dem tatsächlichen Anteil von Frauen und ihren Leistungen zu fragen. Diese Kette vermeintlich einfacher Schlußfolgerungen wird noch dadurch begünstigt, daß im deutschen Wissenschaftssystem die wissenschaftliche Reputation und das Ansehen ganz maßgeblich danach beurteilt werden, welche formalen Positionen Wissenschaftler innehaben. Das strukturiert maßgeblich die Auswahl von Personeneinträgen in Lexika und ist letztlich auch mitverantwortlich dafür, daß wie im Falle von Friedrich und Maria Dahl Wissenschaftlerpaare nicht in gleicher Weise im wissenschaftshistorischen Gedächtnis repräsentiert sind. Beide waren in unterschiedlichem Grade ins Wissenschaftssystem einbezogen. Während Friedrich Dahl viele Jahre lang ein Kustodenamt am Zoologischen Museum in Berlin bekleidete, arbeitete Maria Dahl überwiegend ohne institutionelle Anbindung und ohne Position. Sie galt zwar als eine Spezialistin auf dem Gebiet der Spinnenforschung, was aber nicht ausreichte, um ihr im wissenschaftshistorischen Gedächtnis einen Platz zu sichern.

4.3 NETZWERK

Im akademischen Milieu wurden Formen bürgerlicher Kultur und Geselligkeit gepflegt. Im Berlin der Jahrhundertwende äußerte sich die gelehrte Geselligkeit unterschiedlich, auch im Rückzug auf das Privat-Familiäre.[115] Professorenehefrauen waren hier auf jeden Fall einbezogen. Als Damen des Hauses pflegten sie die Kontakte, organisierten die Treffen und das gesellige Beisammensein. Die meisten von ihnen hatten von früher Kindheit an gelernt, sich in diesem Mi-

---

114 Maria Dahl wird lediglich im KGK 1950 erwähnt.
115 vom Bruch 1999a, S. 89.

lieu sicher zu bewegen. Frida Schröder stammte aus der angesehenen bayerischen Juristenfamilie Forster, ihre Mutter war eine Freifrau von Ebner-Eschenbach. Margarethe Lenore Selenka kam aus der wohlhabenden Hamburger Kaufmannsfamilie Heinemann. Else Lüders war in einer Göttinger Professorenfamilie aufgewachsen und führte später „als Dame der Welt ein Haus [...], in dem die geistige Elite Berlins – als einer der besten Freunde Max Planck – ein und aus ging."[116] Auch Heinrich Lüders war als Wissenschaftler „nicht der Mann, der fern der Welt unbeachtet an seinem Schreibtisch gesessen hätte. Er stand in dem reichen geistigen Leben der Reichshauptstadt an sichtbarer Stelle."[117] Seit 1909 wirkte er als Universitätsprofessor in Berlin, er war Mitglied der PAW und diente ihr bis zu seinem Rücktritt 1938 als einer der vier Ständigen Sekretare. Das Paar war präsent, man kannte ihn und sie. Kollegen und Schüler von Heinrich Lüders schilderten Else Lüders als „eine Frau von seltenen Gaben, die echte Gelehrsamkeit mit warmer Menschlichkeit und Herzensgüte vereinte."[118] Sie galt als bescheidenes und stilles Wesen, und ihr „von aller Gelehrtenprätention" freies Verhalten wurde besonders geschätzt. In seinem Nachruf zitierte sie Walther Schubring mit den Worten, Else Lüders wollte „nichts sein als ‚eine ganz bescheidene Handlangerin unserer Wissenschaft'" und „niemals wollte sie etwas anderes als hinter ihm [Heinrich Lüders] zurücktreten."[119] Aber aus der Tatsache, daß Else Lüders selbst nicht vehement Anerkennung für ihre wissenschaftliche Arbeit einforderte, sollte nicht geschlossen werden, daß sie mit ihrem Tun nicht danach strebte. Sie verhielt sich selbst eher passiv, blieb im Hintergrund und überließ es „männlichen Autoritäten" aus ihrem persönlichen Umfeld, Anerkennung für sie einzufordern oder zumindest den Anstoß dazu zu geben.

Auf Vorschlag eines früheren Kollegen ihres Ehemannes zeichnete die Universität Rostock anläßlich ihrer 500-Jahrfeier im Jahre 1919 Else Lüders für ihre Verdienste auf dem Gebiet der Indologie mit der Ehrendoktorwürde aus.[120] Damit erhielt Else Lüders eine

---

116 Alsdorf 1960, S. 577.
117 Ebd.
118 Ebd.
119 Schubring [1945], S. 2.
120 Die Initiative dazu ging vom Germanisten Wolfgang Golther (1863-1946) aus, der Else und Heinrich Lüders persönlich gut kannte. An der Universität Rostock hatte die Professorenlaufbahn von Heinrich Lüders begonnen. Er lehrte dort seit 1903 als außerordentlicher und ab 1905 als o. Prof. f. indische Philologie, bis er 1908 als Ordinarius zunächst nach Kiel und 1909 nach Berlin berufen wurde. Vermutlich kannte Golther die Ehefrau seines Kollegen Heinrich Lüders aus der gemeinsamen Rostocker Zeit. Golther war seit 1895 Professor für neuere deutsche Literatur und Direk-

sehr hohe Form der Anerkennung für ihre wissenschaftliche Arbeit. Im 18. und frühen 19. Jahrhundert hatten lediglich drei Frauen diese Auszeichnung erhalten. Seit den 1890er Jahren wurden bis einschließlich 1933 insgesamt 39 Frauen an den Universitäten im Deutschen Reich ehrenpromoviert.[121] Ein reguläres Universitätsstudium hatte die Mehrheit von ihnen nicht absolviert. Aber bei mehr als der Hälfte der Frauen (21) wurde die Verleihung des Ehrendoktortitels mit dem ausdrücklichen Hinweis auf eigene wissenschaftliche Leistungen begründet. In der Vergabepraxis spiegelt sich somit ein Wandel der Anerkennungsmöglichkeiten für Frauen in der Wissenschaft wider. Daß im frühen 20. Jahrhundert Frauen, die noch keine akademischen Abschlüsse hatten erwerben können, mit dem Ehrendoktortitel ausgezeichnet wurden, wird von mir als ein Zeichen für ihre Teilhabe als informale Mitglieder im Wissenschaftssystem gewertet.

In der Ehrenurkunde hieß es, Else Lüders habe „als treue Gehilfin ihres Mannes bei der Wiederherstellung indischer Palmblätterhandschriften die Forschung über das indische Drama auf neue Grundlage gestellt".[122] Frauen im Status von „Gehilfinnen" erscheinen zu lassen, entsprach, wie erwähnt, den gesellschaftlichen Erwartungen. Neben Else Lüders wurde auch bei der Verleihung der Ehrendoktorwürde an Cosima Wagner (Berlin 1910), Isolde Kurz (Tübingen 1913), Elisabeth Förster-Nietzsche (Jena 1921), Marianne Weber (Heidelberg 1922), Alma von Hartmann (Rostock 1924) und Marie Luise Gothein (Heidelberg 1931) auf den Ehemann, Vater oder Bruder Bezug genommen.[123] So konnten Frauen zwar die häuslichen Grenzen überschreiten und in die Arbeitswelt hinüberwechseln, sie blieben aber eng an männliche Autoritäten gekoppelt und ihnen als Gehilfinnen tendenziell nachgeordnet. Ihre Arbeit und ihre Leistungen wurden als die von Ehefrauen, Witwen, Töchtern oder Schwestern wahrgenommen.

Else Lüders fügte sich den Erwartungen und überschritt keine Grenzen, wo es nicht nötig war. Im Dankschreiben an die Fakultät formulierte sie:

„Ich spreche der Fakultät meinen herzlichsten Dank dafür aus, wenn ich auch fühle, dass sie damit mein Streben in einer Weise belohnt hat, die weit über mein Verdienst hinaus geht. Ich werde auch in Zukunft das Meine dazu beitra-

---

tor des Deutschphilologischen Seminars der Universität, 1902/03 Dekan, 1909/10 Rektor, 1907-1933 (nebenamtlicher) Direktor der Universitätsbibliothek (Pettke 1995, S. 100-103.).

121 Boedeker 1939, Heft 1, S. LXXXI-LXXXVI.

122 UA Rostock, Ehrenpromotion, Philosophische Fakultät, Ehrenpromotionsurkunde v. 12. November 1919.

123 Boedeker 1939, H.1.

gen, dass die kostbaren Handschriftenschätze, die deutsche Forscher aus dem Sande Centralasiens ans Tageslicht gefördert haben, der Forschung zugänglich gemacht werden und hoffe so in stiller Arbeit die Dankesschuld abzutragen, die ich der Fakultät für die mir erwiesene hohe Ehre zolle. Else Lüders, Dr. phil."[124]

Der Duktus ihres Briefes entsprach den gesellschaftlichen Konventionen. Die Frau gab sich bescheiden und zurückhaltend, ihre Wünsche waren angemessen. Nach außen vermittelte sie das Bild von einem Leben „in stiller Arbeit" im Dienst der Forschung.

Tatsächlich hatte Else Lüders wenig publiziert. Um so mehr fiel auf, daß unmittelbar nach der Verleihung des Doktortitels die Sammlung *Buddhistische Märchen aus dem alten Indien* (1921) erschien.[125] Nun war eine Publikation alles andere als ein Zeichen „stiller Arbeit". Zum ersten Mal trat Else Lüders als Autorin hervor. Vermutlich hatte die Ehrenpromotion den Anstoß dafür gegeben, daß sie sich selbst mit einer Arbeit an die Öffentlichkeit wagte. Else Lüders hatte sich dazu vorher nicht entschließen können, obwohl sie auf eine langjährige „Berufserfahrung" zurückblicken konnte. Die erfahrene Anerkennung stärkte ihr Selbstbewußtsein und wirkte sich fördernd auf ihre wissenschaftliche Produktivität aus. Einem verinnerlichten bürgerlichen Leistungsethos folgend, hatte Else Lüders zudem mit der Buchveröffentlichung eine Gelegenheit gesucht und gefunden, um der Fakultät für die Verleihung der Doktortitels Dank abzustatten. Indem ihr Else Lüders das Buch sogar widmete, erhielt die Märchensammlung die Bedeutung einer schriftlichen qualifizierenden Leistung – einer Dissertation.

Auch die *Buddhistischen Märchen* waren das Ergebnis der gemeinsamen Arbeit von Else und Heinrich Lüders. Sie wählte die Märchen aus und übersetzte sie aus einer dem Sanskrit verwandten Sprache, während er die Verse nachdichtete und eine längere Einleitung verfaßte. Diese Art der Arbeitsteilung entsprach der Tradition und erfolgte wohl im Einverständnis beider Ehepartner. Als wissenschaftlicher Autorität oblag es Heinrich Lüders, in das Thema und die Problemstellung einzuführen. Er übernahm die Funktion des Mentors, der für die wissenschaftliche Qualität bürgte und dafür, daß die Arbeit den Ansprüchen einer Dissertation genügte. Die Märchensammlung blieb die einzige publizierte wissenschaftliche Arbeit von Else Lüders. Ihre zweite Veröffentlichung *Unter indischer*

---

124 UA Rostock, Ehrenpromotion, Philosophische Fakultät, Dankschreiben von Else Lüders v. 7. Dezember 1919.

125 Buddhistische Märchen aus dem alten Indien, ausgew. und übersetzt v. Else Lüders. Einleitung v. Heinrich Lüders, Jena 1921. (Die Märchen der Weltliteratur 18).

Sonne (1930) war ein Reisebericht und bedurfte der Unterstützung ihres Ehemannes und Mentors nicht.

In den *Sitzungsberichten der PAW* wurde Else Lüders erstmals 1923 als Mitarbeiterin der Orientalischen Kommission genannt, nachdem sie bereits ein Jahrzehnt an den Turfan-Handschriften gearbeitet hatte.[126] Als eine Anerkennung für ihre Leistungen ist das dennoch zu werten, denn die namentliche Nennung in den Akademieschriften war nicht selbstverständlich. Anerkannt wurden Else Lüders' Leistungen auch in der Fachgemeinschaft der Indologen. Sie trug selbst dazu bei, daß ihre Arbeit auf dem Gebiet der indischen Philologie nicht nur im Kollegen- und Schülerkreis von Heinrich Lüders bekannt war, sondern darüber hinaus wahrgenommen wurde, indem sie an Tagungen teilnahm und der Deutschen Morgenländischen Gesellschaft beitrat. Deren Fachorgan widmete Else Lüders einen Nachruf, als sie nur zwei Jahre nach ihrem Ehemann Heinrich völlig unerwartet starb. Im Frühjahr 1945 brach sie zusammen, als sie mit der Büste ihres Mannes unter dem Arm das vom Krieg zerstörte Akademiegebäude verlassen wollte.[127]

4.4 WISSENSCHAFTSFÖRDERUNG

Die Durchführung der Trinil-Expedition war für die Anthropologin Margarethe Lenore Selenka eine Möglichkeit, um als Naturforscherin eigene Interessen zu verfolgen und Neues zu entdecken. Die Ziele der Expedition bestanden erstens in der Suche nach menschlichen Spuren in dieser Gegend, zweitens in der Sammlung von Resten der fossilen Fauna und Flora, drittens in der Erweiterung von Kenntnissen über die Geologie des Terrains.[128] Margarethe Lenore Selenka erwarb jedoch weniger als Naturforscherin die Anerkennung in der Wissenschaft, sondern durch ihr unternehmerisches Handeln. Mit der Vorbereitung und Durchführung der wissenschaftlichen Expedition in das Trinilgebiet leistete Margarethe Lenore Selenka in erster Linie einen wissenschaftsfördernden Beitrag. Der bestand darin, daß sie erstens zur Ausrüstung der Expedition eine beträchtliche Summe aus ihrem Privatvermögen einsetzte, zweitens zahlreiche fossile Funde im Anschluß an die Expedition als Anschauungs- und Untersuchungsmaterial in die deutschen Museen gelangen ließ und drittens auf diese Weise die Expeditionsausbeute für die wissenschaftliche Auswertung zur Verfügung stellte. Vor allem die Aussicht auf eine reiche Expeditionsausbeute weckte

---

126   SB PAW 1923, S. XXXIV, Bericht von Ed. Meyer.

127   Schubring [1945]; vgl. auch Stache-Rosen 1990; Jonker 2002.

128   Blanckenhorn 1911, S. 259.

das Interesse und die Aufmerksamkeit von zwei angesehenen Wissenschaftsorganisationen in Deutschland.

Sowohl die Königlich Preußische als auch die Königlich Bayerische Akademie der Wissenschaften traten an Margarethe Lenore Selenka heran und boten dem Vorhaben ihre Unterstützung an. Die von der PAW verwaltete Akademische Jubiläumsstiftung der Stadt Berlin finanzierte die Expedition mit insgesamt 30.000 Mark.[129] Ein Kuratoriumsmitglied der Stiftung berichtete in der PAW regelmäßig über den Verlauf und die Ergebnisse der Expedition.[130] Für die PAW waren drei Gründe ausschlaggebend, die Expedition mit Stiftungsmitteln zu fördern: Margarethe Lenore Selenka hatte bewiesen,

„dass sie wohl imstande sei, ein Unternehmen wie dieses durchzuführen; denn sie hatte bereits sehr viel Schwereres geleistet, indem sie [nach der in Folge von Krankheit nothwendig gewordenen Rückreise ihres jetzt verstorbenen Mannes, des Zoologen Selenka] allein nach Borneo ging, um dort an der Spitze einer Expedition ungefähr 4 Monate lang im Urwalde das Material zu beschaffen, welches Prof. Selenka für seine Untersuchungen brauchte. Sodann verpflichtete sich die Genannte, zu der ihr von der Stiftung zur Verfügung zu stellenden Summe noch einen sehr namhaften Betrag aus eigenen Mitteln zuzuschiessen, wodurch natürlich die Gewinnung einer sehr viel grösseren Ausbeute ermöglicht wurde. Endlich aber erklärte sich Frau Selenka bereit, zur Sicherung der nothwendigen geologischen und paläontologischen Beobachtungen einen Sachverständigen in den Dienst der Expedition zu verpflichten."[131]

Aus früheren Aufenthalten mit ihrem Ehemann kannte Margarethe Lenore Selenka zudem das damals unter Niederländisch-Indischer Regierung stehende Expeditionsgebiet und war mit den örtlichen Gegebenheiten vertraut. Sie verfügte über ausgesprochen gute Kon-

---

129 Die Stadt Berlin beschloß im Jahre 1900, der Akademie anläßlich ihres 200jährigen Bestehens die Summe von 100.000 Mark zur Förderung der Naturwissenschaften zu überweisen. Die PAW errichtete daraufhin die von einem Kuratorium (bestehend aus dem Oberbürgermeister der Stadt und den OM W. v. Waldeyer, W. v. Bezold, R. Koser, G. Schmoller) verwaltete Stiftung. Die Selenka-Untersuchung auf Java war das erste von der Akademischen Jubiläumsstiftung geförderte Projekt. Ein entsprechender Vertrag wurde im Herbst 1906 abgeschlossen. Die Akademische Jubiläumsstiftung der Stadt Berlin stellte für das Vorhaben zweimal 14.000 Mark bereit. Für die Publikation wurden aus akademieeigenen Mitteln noch einmal 2.000 Mark bewilligt. Darüber hinaus anfallende Kosten hatte M. L. Selenka privat zu tragen. (ABBAW, II-XI-1, Bll. 5, 10, 25, 45, 83).

130 SB PAW 1907, S. 91, Bericht von W. v. Waldeyer; SB PAW 1908, S. 115, Bericht von W. v. Waldeyer.

131 SB PAW 1908, Bd. 1, S. 261-273 [261], W. Branca, Vorläufiger Bericht über die Ergebnisse der Trinil-Expedition der Akad[emischen] Jubiläums-Stiftung der Stadt Berlin.

takte zur niederländischen Regierung und fand bei dieser und bei den örtlichen Beamten einflußreiche Fürsprecher für ihr Vorhaben. Entscheidend aber war, daß Margarethe Lenore Selenka die Grabungserlaubnis besaß, ohne die auf Java keine Untersuchungen hätten durchgeführt werden können. Für die PAW war das eine günstige Gelegenheit, die sie nicht ungenutzt verstreichen ließ. Mit ihrer Bereitschaft zur finanziellen Förderung des Vorhabens erhob sie von Anfang an Anspruch auf einen Teil der Fundstücke. Besonders groß war das Interesse der Berliner Akademie an den zu erwartenden fossilen Funden, die man für die Berliner Museen sichern wollte.[132] Die Fundstücke der ersten Arbeitsperiode (1906/07) wurden in das von Wilhelm Branca (1844-1928, OM 1899) geleitete Paläontologische Museum nach Berlin überführt; die der zweiten Arbeitsperiode (1908) gelangten in den Besitz der Königlich Bayerischen geologisch-paläontologischen Staatssammlung.[133] Eine großzügige Förderung des Unternehmens versprach einen Prestigegewinn für die Akademie und trug dazu bei, ihr internationales Ansehen zu steigern.

Wie schon einige Jahre zuvor mit der Wahl von Elisabeth Wentzel zum Ehrenmitglied anerkannte die Berliner Wissenschaftsakademie erneut das unternehmerische Handeln einer Frau, hatte jedoch an der Naturforscherin Margarethe Lenore Selenka kein Interesse. Als es während der Expedition zu Konflikten kam, wurde die Akademie als eine Förderin dieser Expedition zu einer Stellungnahme gebeten.[134] In ihrem Bericht gegenüber dem zuständigen Mi-

---

132 ABBAW, II-XI-1, Bl. 46, PAW [W. v. Waldeyer] an Minister f. geistliche usw. Angelegenheiten v. 7. Dezember 1906. Darin heißt es: „Die Persönlichkeiten anlangend, so ist Frau Professor Selenka für die Durchführung des Unternehmens ganz besonders geeignet. Sie kennt als Begleiterin ihres verstorbenen Mannes – früher Professor der Zoologie in Utrecht, später in Erlangen und Akademiker in München – durch mehrjährigen Aufenthalt Java sehr genau, ist der holländischen Sprache völlig mächtig und bei der Niederländischen Regierung wohl akkreditirt. Sie hat von letzterer die nöthigen Arbeiter zur Verfügung gestellt bekommen und es ist ihr zugesichert worden, dass sie alle Fundstücke nach Deutschland überführen dürfe. Es ist dieser Umstand ein überaus günstiger und dürfte so bald nicht wieder sich ereignen. Frau Selenka ist Hamburgerin von Geburt; ihr verstorbener Gemahl hat sich als Zoologe und Embryologe einen hochgeachteten Namen gemacht und deutschen Museen viele äusserst wertvolle Objekte zugeführt."

133 Selenka 1911 S. XXIIf. Es handelte sich ausschließlich um fossile Fundobjekte. M. L. Selenka hatte sich dazu verpflichten müssen, keine archäologischen Fundstücke außer Landes zu bringen.

134 Die PAW beschäftigte sich damit in ihrer Gesamtsitzung am 30. Januar 1908. Das zuständige Ministerium hatte eine Stellungnahme verlangt;

nisterium ging die PAW immerhin nicht so weit, Margarethe Lenore Selenka als „geisteskrank" zu bezeichnen, wie das frühere Mitstreiter von Selenka versucht hatten. In der von Wilhelm von Waldeyer verfaßten Stellungnahme hieß es aber: Da alle drei Herren mit Margarethe Lenore Selenka nicht klar gekommen seien, könne man „denn kaum etwas anderes annehmen, als dass der nervöse Zustand der Dame, noch gesteigert durch den Tropenaufenthalt, sie zu Aeusserungen und Handlungen geführt hat, die den Unwillen ihrer Begleitung erregt haben, wobei auch allerlei Missverständnisse mitunter gelaufen sein mögen."[135] Obwohl sie das Vorhaben von Margarethe Lenore Selenka unterstützte und dadurch auszeichnete, verhielt sich die PAW zurückhaltend, als es darum ging, sich öffentlich zu der von einer Frau durchgeführten Expedition zu bekennen. Unkritisch wurden die von ehemaligen wissenschaftlichen Expeditionsteilnehmern benutzten Formulierungen übernommen und Vorwürfe gegen Margarethe Lenore Selenka nicht zurückgewiesen, obgleich die PAW in ihrer Stellungnahme nicht umhin kam zu erwähnen, daß in einem Gerichtsprozeß von einem Rechtsanwalt gutachterlich Margarethe Lenore Selenkas Recht festgestellt worden sei. Die Akademie nutzte die Gelegenheit auch nicht dazu, um andere Maßstäbe gegenüber Frauen in der Wissenschaft zu setzen. So hätte die angesehene Wissenschaftsorganisation, die ihre gutachterliche Kompetenz bei jeder sich bietenden Gelegenheit gern herausstrich, auch hier ein fachliches Gutachten anstrengen oder Margarethe Lenore Selenka um eine Stellungnahme bitten können. Aber es blieb ein unter Männern geführter Schlagabtausch, bei dem die Frau keine Stimme erhielt. Auch darin widerspiegelte sich m.E. die enge Koppelung von wissenschaftlicher Autorität und Männlichkeit. Für die PAW bestand um 1900 keine Veranlassung, daran etwas zu ändern.

Als das Untersuchungsmaterial im Anschluß an die Expedition bearbeitet und die Ergebnisse publiziert wurden, trat Margarethe Lenore Selenka selbst nicht als Bearbeiterin hervor. Die wissenschaftliche Bearbeitung des Fundmaterials blieb akademisch geschulten Wissenschaftlern vorbehalten. Gemeinsam mit dem Geologen und Paläontologen Professor Max Blanckenhorn hatte sie das Fundmaterial verschiedenen Fachleuten vorgelegt. Insgesamt fünfzehn Geologen, Botaniker, Zoologen beteiligten sich an der Auswertung des Fundmaterials und publizierten Beiträge in dem von Blanckenhorn und Selenka herausgegebenen Band.[136] Aus Margare-

zudem sah sich die PAW zu einer „berichtigenden Notiz" an die *Globus*-Redaktion herausgefordert.

135 ABBAW, II-XI-1, Bl. 68-69, PAW an Minister der geistlichen usw. Angelegenheiten [Entwurf] v. 14. November 1908.

136 Dazu gehörten Prof. Dr. Max Blanckenhorn (Schlußbemerkung), Prof. Dr. Dieck, Prof. Dr. Joh. Felix, Prof. Dr. O. Jäckel, Prof. Dr. Karl Martin (Lei-

the Lenore Selenkas Feder stammte der einleitende Expeditionsbericht. Ein wissenschaftliches Urteil wagte sie nicht. Die abschließende Beurteilung der Expeditionsergebnisse oblag Max Blanckenhorn allein. Ihm zufolge wurden Reste der fossilen Fauna und Flora gesammelt und die Kenntnisse über die Geologie der Gegend erweitert, weitere menschliche Spuren im Trinilgebiet aber nicht gefunden. Ein spektakulärer fossiler Knochenzahn und möglicherweise von Menschen oder menschenähnlichen Wesen als Werkzeuge benutzte Knochenfragmente waren zwar aufregende Funde und wiesen auf menschliche Spuren hin, doch alles in allem waren es „zweifelhafte Artefakte". „Meine eigene Meinung über diese Dinge, soweit sie mir zu Gesicht gekommen sind", so Blanckenhorn, „geht ebenso wie diejenige Brancas[137] und fast aller von mir und Frau Selenka darüber befragten Fachgenossen der Prähistorie und Geologie dahin, daß sie ihrer Form nach wohl von Menschen benutzt sein könnten, aber ebenso gut auch auf andere, rein natürliche Vorgänge zurückgeführt werden dürfen."[138] Obgleich Max Blanckenhorn die Rolle der wissenschaftlichen Autorität innehatte, konnte Margarethe Lenore Selenka Mitherausgeberin der Expeditionsergebnisse sein.[139]

Margarethe Lenore Selenka fand mit der Ausrüstung und Leitung einer Expedition einen Weg, um ihren wissenschaftlichen Neigungen nachgehen zu können. Obschon sie über einen relativ großen individuellen Handlungsspielraum verfügte, schien für sie eine Grenze dort erreicht zu sein, wo es „wissenschaftlich" wurde. Ihre fachlichen Kompetenzen wurden weder nachgefragt noch anerkannt. Dagegen wurden ihr unternehmerisches Handeln und wissenschaftsförderndes Engagement von zwei Wissenschaftsorganisationen gewürdigt. Die Berliner Akademie der Wissenschaften unterstützte später noch andere Vorhaben der Naturforscherin und Anthropologin, so die Einrichtung einer Anthropoidenstation auf Teneriffa. Margarethe Lenore Selenka war als eine Wissenschaftsförderin in das Wissenschaftssystem einbezogen, sie nahm darin aber eine randständige Position ein. Ihre Leistungen in der und für die Wis-

---

den), Prof. Dr. Hans Pohlig, Prof. Dr. Walkhoff, Dr. Emil Carthaus, Dr. E. Hennig, Dr. W. Janensch, Dr. Hans Reck, Dr. Julius Schuster, Dr. Hans v. Staff, Dr. Fritz Stremme sowie Frau H. Martin-Icke, die Ehefrau und ehem. Assistentin des Leidener Prof. Karl Martin (1851-1942). Das Forscherehepaar aus Leiden galt als „die anerkannt besten Kenner der tertiären und rezenten Konchylienfauna der Sunda-Inseln." (Blanckenhorn 1911, S. 260).

137 SB PAW 1908, Bd. 1, S. 261-273 [264], W. Branca, Vorläufiger Bericht über die Ergebnisse der Trinil-Expedition der Akad[emischen] Jubiläums-Stiftung der Stadt Berlin.

138 Blanckenhorn 1911, S. 259.

139 Selenka/Blanckenhorn 1911.

senschaft sind weitgehend unbekannt oder werden ihrem Ehemann zugeschrieben. In den Sammlungen des Museums für Naturkunde in Berlin werden die fossilen Fundstücke der Trinil-Expedition bis heute unter dem Namen von Emil Selenka aufbewahrt.[140]

Resümee

Für die Akademieprojekte konnten im frühen 20. Jahrhundert auch familial vermittelte Arbeitskräfte rekrutiert werden. Sie erhielten über ihre im Wissenschaftssystem verankerten Ehemänner oder Väter Zugang zur Wissenschaft, der somit bei dieser Gruppe von Frauen auf sozialen Privilegien und informalen Netzwerken beruhte.

In der Arbeitswelt der Wissenschaft waren Professorenfrauen in allen Tätigkeitssegmenten vertreten. Sie führten einfache, mittelkomplexe und hochkomplexe Arbeiten aus. In den Akademieprojekten standen sie außerhalb der beruflichen Gliederung der Mitarbeiterschaft, wurden separiert und aufgrund ihrer fehlenden formalen Abschlüsse und Berechtigungsnachweise nicht in das Aufstiegs- und Beförderungssystem einbezogen. Häufig blieben die Ehepartner auch in der Arbeitswelt miteinander verbundene Arbeitspaare, wobei die über die Ehe begründete persönliche Abhängigkeit und Unterordnung der Frau sich mehr oder weniger auch im Muster des partnerschaftlichen Zusammenarbeitens widerspiegelte. Die Paarkonstellationen waren asymmetrisch, und die Professorenfrauen nahmen einen nachgeordneten Gehilfinnenstatus ein. Durch die Bindung an ein männliches Familienmitglied wurden Dauer, Intensität und Verbleib der Frauen in der Wissenschaft bestimmt. Aber nicht mehr in jedem Falle, denn Maria Dahl, Else Lüders und Margarethe Lenore Selenka setzten als Witwen ihre Tätigkeit fort und konnten wie im Zunfthandwerk an die Stelle ihrer Ehemänner treten, jedenfalls dort, wo der Zugang nicht an formale Kriterien gebunden war. Sie blieben aber stets auf männliche Kooperationspartner, Förderer und Mentoren angewiesen.

Die informal einbezogenen Ehefrauen und Töchter waren „Übergangsfrauen", die zwischen Tradition und „moderner Weiblichkeit" standen. Mit den Ehefrauen des 19. Jahrhunderts verband sie, daß die Familie den Zeitpunkt und das Ausmaß ihrer Arbeit weitgehend bestimmte. Alle erfüllten zuerst und mit großer Selbstverständlichkeit Familien- und Ehepflichten. Selbst eine Frau wie Margarethe Lenore Selenka, die von den hier vorgestellten Ehefrauen als die emanzipierteste erschien, stellte eigene Arbeiten und Pläne zurück, weil sie sich um den Nachlaß ihres verstorbenen Ehepartners kümmerte. Dennoch ließen sich die genannten Frauen nicht mehr ausschließlich auf die Familienrolle festlegen und waren nicht mehr

---

140 Damaschun/Böhme/Landsberg 2000, S. 97.

nur auf ihre Rolle als „häusliche Gehilfin" beschränkt. Sie hatten mehr Optionen als in den vorangegangenen Jahrzehnten, um wissenschaftlich arbeiten zu können, konnten Grenzen überschreiten, erste Schritte in der Wissenschaft unternehmen und auch losgelöst von ihren Ehemännern eigene Wege gehen. Somit kann ihre Teilhabe an der Wissenschaft als ein Indiz für den beginnenden, aber längerfristigen Rollenwandel der Frau gewertet werden. Auf ganz unterschiedliche Weise waren diese Frauen in die Widersprüchlichkeiten und Uneindeutigkeiten einer Zeit im Wandel verwickelt. Weitere Forschungen sind nötig, um ihre Lebenszusammenhänge, Erfahrungen und Einstellungen besser verstehen zu können.

Im Unterschied zum 19. Jahrhundert konnten Ehefrauen und Töchter für ihre Arbeit in der Wissenschaft Anerkennung erhalten: durch Bezahlung, finanzielle Unterstützung von Projekten, Einladung zu beziehungsweise Teilnahme an Fachtagungen, Mitgliedschaft in Vereinen und Gesellschaften, Ehrenpromotion – auch durch ihre namentliche Erwähnung in den Akademiepublikationen. Maria Dahl, Else Lüders und Margarethe Lenore Selenka erwarben wissenschaftliche Anerkennung, indem sie selbst mit eigenen Veröffentlichungen hervortraten. Daß ihre Leistungen nicht mehr stillschweigend den Ehemännern zugeschlagen wurden, wird ebenfalls als ein Indiz für den sich abzeichnenden Rollenwandel der Frau gewertet. Jedoch war ihr Wille zur Einforderung einer wissenschaftlichen Anerkennung unverzichtbar.

IV. „STÄNDIGE ELEMENTE" IN DER WISSENSCHAFT:

TECHNISCHE ASSISTENTINNEN UND MITTLERE

ANGESTELLTE

1. Die technische Assistenz im Wissenschaftssystem

1.1 UMRISSE EINES NEUEN BERUFS- UND TÄTIGKEITSFELDES

Unter der Bezeichnung wissenschaftlich-technische Assistenz werden im allgemeinen Angehörige mit verschiedenen beruflichen Ausbildungen zusammengefaßt. Dazu gezählt werden u.a. medizinisch-technische Assistenten, chemisch-technische Assistenten, Laboranten, Röntgenassistenten, wissenschaftliche Photographen, Konservatoren, Präparatoren, Rechner, Sekretäre und Sachbearbeiter. Als Sammelbegriff setzte sich wissenschaftlich-technische Assistenz im Laufe des 20. Jahrhunderts durch. Im Wissenschaftssystem nahmen die technischen Assistenten eine mittlere Position ein, und zwar unterhalb von Wissenschaftlern und oberhalb von Lohnempfängern wie Arbeitern, Reinigungskräften, Boten, Ungelernten und Handlangern, die hier ausdrücklich nicht betrachtet werden. Von den Wissenschaftlern unterschieden sie sich durch ihre (Aus-)Bildung, das Einkommen und ihre Berufsstellung. In groben Zügen entsprach die Situation von wissenschaftlich-technischen Mitarbeitern in der Wissenschaft etwa der von mittleren Angestellten in der Verwaltung beziehungsweise von Sachbearbeitern und Bibliothekaren im mittleren Dienst.[1]

In der Wissenschaft entstanden Positionen für wissenschaftlich-technische Assistenten im Bereich der akademischen Forschung und im Bereich der Industrie(-Forschung), etwa für Laboranten, chemisch-technische Assistenten, Techniker, Ingenieure und Rechner.[2] Die Arbeitsplätze unterhalb von akademischen Berufspositio-

---

1   Vgl. Gottschall 1990; Lembeck 1993; Lüsebrink 1993; Lüchauer 1998.
2   Lundgreen/Grelon 1994; Mehrtens 1986; Görs 2002.

nen vermehrten sich wegen der großen Nachfrage in Industrie, Forschung und Wissenschaft rasch. In den Universitätsinstituten und in Kliniken wurden zahlreiche neue Arbeitsplätze für wissenschaftlich-technische Assistenten geschaffen. Die für den neuzeitlichen Wissenschaftsbetrieb richtungsweisende Physikalisch-Technische Reichsanstalt verdoppelte zwischen 1893 und 1911 ihr Personal von 65 (1893) auf 132 (1911). Die Zahl der Mechaniker stieg im gleichen Zeitraum um das Dreifache. 1911 wurde erstmals die Position eines Technischen Sekretärs aufgeführt.[3] In den Instituten der Kaiser-Wilhelm-Gesellschaft wurden neben Wissenschaftlern auch zahlreiche wissenschaftlich-technischen Kräfte beschäftigt. In den wissenschaftlichen Museen fanden Konservatoren, Präparatoren und Photographen Anstellungsmöglichkeiten. An der Preußischen Staatsbibliothek zu Berlin stieg die Zahl der mittleren Beamten und Angestellten von 30 (1905/06) auf 93 (1926) und übertraf die Anzahl der wissenschaftlichen Bibliothekare.[4] Im Bereich des Preußischen Ministeriums für Wissenschaft, Kunst und Volksbildung wurden Ende 1921 insgesamt 626 Angestellte gezählt (Tabelle 9). Erfaßt wurden alle Personen über 21 Jahre und die wissenschaftliche Angestellten über 25 Jahre, die nach dem Teiltarifvertrag für Angestellte im Staatsdienst (1920) als vollbeschäftigte Mitarbeiter galten. Diesen Kriterien entsprachen an der PAW neun Angestellte.

Tabelle 9: Angestellte im Bereich der Verwaltung des Preußischen Ministeriums für Wissenschaft, Kunst und Volksbildung (Stand 29. November 1921)

	A	**B**	**C**	**D**	$\sum$
Gr. III	17	3			20
Gr. IV	124 (1)	7	45		176
Gr. V	166 (2)	46	60		272
Gr. VI	53	34			87
Gr. VII	19 (1)	13			32
Gr. VIII	3				3
Gr. X				36 (5)	36
$\sum$	**382**	**103**	**105**	**36**	**626**

Quelle: ABBAW, II-IV-22, Bl. 212 u. 111. In Klammern Angestellte der PAW.

A= Büro-, Registratur-, Kassen und Buchhaltereidienst

B= Technische Angestellte

C= Laboranten u. Laborantinnen

D= Wissenschaftliche u. technische Angestellte mit abgeschlossener Hochschulausbildung

---

3   Cahan 1992.

4   Schultze 1926, Tafel 3, S. 733.

An der PAW entstanden Positionen für Büro- und technische Mitarbeiter im Bereich der wissenschaftlichen Unternehmungen sowie in der Akademiebibliothek und in der Akademieverwaltung. Über einen kleinen Stab beamteter Verwaltungsmitarbeiter und Lohnempfänger verfügte die Akademie schon seit dem 18. Jahrhundert. Im frühen 20. Jahrhundert wurden weitere Stellen eingeführt. 1939 gab es zwölf Stellen im Verwaltungsbereich. In den wissenschaftlichen Unternehmungen differenzierte sich das Tätigkeitsfeld der technischen Assistenz eher schwach aus. 1939 standen in den Akademieprojekten sieben wissenschaftlich-technischen Kräften 172 wissenschaftliche Mitarbeiter gegenüber.[5] Im Unterschied zu anderen Institutionen blieb an der PAW die Anzahl der wissenschaftlich-technischen Arbeitskräfte überschaubar; eine Expansion dieser Arbeitsplätze fand nicht statt. Aus Rentabilitätserwägungen lohnte sich ihre Festeinstellung oft nicht. Aufgaben im wissenschaftlich-technischen Bereich konnten zudem jederzeit Studierenden und jüngeren Wissenschaftlern übertragen werden, so daß es auch aus diesem Grund selten zur Etablierung von Positionen für technische Hilfskräfte in den wissenschaftlichen Unternehmungen kam.

Büro- und technische Mitarbeiterinnen und Mitarbeiter wurden in den Unternehmungen Das Tierreich, Nomenclator animalium generum et subgenerum, Geschichte des Fixsternhimmels, Jahrbuch über die Fortschritte der Mathematik, Leibniz-Edition, Ägyptisches Wörterbuch, Deutsches Wörterbuch, Deutsches Rechtswörterbuch, Handschriftenarchiv und Deutsche Literaturzeitung nachgewiesen. Bei der Reichszentrale für naturwissenschaftliche Berichterstattung waren regelmäßig und in größerer Anzahl wissenschaftliche Photographen und Photographinnen sowie eine Bibliothekarin tätig, eine Photographin und eine Konservatorin auch bei der Orientalischen Kommission. Wissenschaftlich-technische Angestellte wurden somit durchweg in Unternehmungen mit teamartigem Arbeitskontext beschäftigt, in denen sich Arbeitsbüros herausgebildet hatten. Da diese Unternehmungen um 1900 und danach gegründet oder wie das Deutsche Wörterbuch umfassend reorganisiert worden waren, ließen sich vermutlich Assistenzpositionen dort leichter und schneller einrichten als in den älteren Projekten mit etablierten und festen Strukturen. Schließlich fällt auf, daß regelmäßig und zumeist von Anfang an nichtwissenschaftliche Mitarbeiter in den naturwissenschaftlichen Unternehmungen vertreten waren. Das lag vermutlich an der stärkeren Verbreitung der techni-

---

5   Jb. PAW 1939.

schen Assistenz in den Naturwissenschaften als in den Geisteswissenschaften. Bekanntlich hatte sich vor allem aus den Bedürfnissen des naturwissenschaftlichen Unterrichts heraus die wissenschaftlich-technische Assistenz entwickelt[6] und sich in den insgesamt stärker segmentierten Naturwissenschaften rasch durchgesetzt, so daß man sich bei der Gründung der naturwissenschaftlichen Akademievorhaben daran orientierte. Für die beiden zoologischen Akademieprojekte ließ Franz Eilhard Schulze Arbeitsstellen nach dem Organisationsvorbild des auch von ihm gegründeten Zoologischen Instituts der Berliner Universität einrichten, zu dem selbstverständlich technisches Personal gehörte.[7] Unterschiedliche Mitarbeiterpositionen hatten sich an der Wende des 19. Jahrhunderts ebenfalls an den Sternwarten ausdifferenziert, die bei der Einrichtung der Arbeitsstelle für das Astronomieprojekt Geschichte des Fixsternhimmels als Vorbild dienten.

Für die technischen Assistenten an der PAW setzte sich erst in der Jahrhundertmitte eine einheitliche Begrifflichkeit durch. Frühe Bezeichnungen waren Schreibhilfe, Ordnungshilfe, Maschinenhilfe, Maschinenfräulein, bibliographisch geschulte Damen und Bürohilfsarbeiterin. Eine Vereinheitlichung der Begrifflichkeit zeichnete sich in den späten 1930er und 1940er Jahren ab.[8] Die Kategorie wissenschaftlich-technische Angestellte tauchte erstmals in einer von der Akademie im Juli 1945 erhobenen Personalstatistik auf (vgl. Tabelle A.2 im Anhang). Ich verwende die Bezeichnungen Büro- und technische Mitarbeiter, wissenschaftlich-technische Assistenten, Bürohilfsarbeiter und mittlere Angestellte synonym.

Die wissenschaftlich-technische Assistenz hat ähnliche Entstehungsgrundlagen wie die der Angestelltenfunktionen.[9] Demzufolge haben technische Assistenten auch ähnliche Merkmale wie mittlere Angestellte, also wie Techniker, Sachbearbeiter, Post- und Telegraphendienstangestellte und kaufmännische Angestellte. Kennzeichnend ist ihre abhängige und nachrangige Stellung gegenüber Institutsdirektoren respektive leitenden Beamten, fehlende Führungskompetenz und Austauschbarkeit.[10] Die Konturen des neuen Berufsfeldes waren anfangs unscharf und trugen den Charakter des tendenziellen und vorläufigen. Vor 1945 waren die Verhältnisse unterhalb der wissenschaftlichen Assistenten weitgehend ungeregelt.[11] Die Verberuflichung war eng mit Ausbildungsfragen verknüpft und ist oft nur im Zusammenhang mit der Professionalisierung akade-

---

6 Bock 1972.
7 Schulze 1910, S. 363ff.
8 Vgl. Jb. PAW 1939-1943.
9 Kocka 1981; vgl. auch Kapitel II.
10 Kocka 1972.
11 Busch 1956.

mischer Berufe oder Laufbahnen zu verstehen.[12] Das läßt sich am Bibliotheksberuf exemplarisch verdeutlichen. In den 1890er Jahren ging das von den sogenannten Professorenbibliothekaren im Nebenamt verwaltete Bibliotheksamt in die Hand von hauptamtlichen Bibliothekaren über. Die Laufbahn für wissenschaftliche Bibliothekare wurde 1894 in Preußen durch Ministerialerlaß erstmals geregelt, wobei jedoch durch die in den preußischen Bestimmungen geforderten Vorbildungs- und Ausbildungsabschlüsse für den höheren wissenschaftlichen Bibliotheksberuf der Kreis der Zugangsberechtigten sozial und geschlechtlich deutlich eingeschränkt blieb.[13] Um die wissenschaftlichen Bibliothekare von „Arbeiten mehr mechanischer Art" zu entlasten, wurden Expedienten (1894), Sekretäre (1906) und Hilfsarbeiterinnen eingestellt, deren Ausbildung im frühen 20. Jahrhundert geregelt wurde.

Die neuen Angestelltenberufe boten zwar nur begrenzte berufliche Aufstiegsmöglichkeiten, aber den Inhabern oft eine Verbesserung ihrer sozialen Stellung. Das für Deutschland charakteristische Berechtigungswesen griff im mittleren Sektor weniger stark als im höheren Ausbildungssektor, weshalb die Berufe im mittleren Bereich sozial und geschlechtlich offener waren.[14] Frauen fanden ohne größere Probleme Zugang in die mittleren Angestelltenberufe. Eine Debatte wie um die Zulassung von Frauen zum Studium an Universitäten und zu den akademischen Berufen gab es hier nicht. Von Anfang an gehörten die mittleren Angestelltenberufe zu den akzeptierten Berufen für Frauen.

1.2 FRAUEN IN ANGESTELLTENBERUFEN UND ALS TECHNISCHE ASSISTENTINNEN

Nach der Berufszählung 1925 gab es mit ca. 1,5 Millionen weiblichen Angestellten dreimal mehr als 1907. Ihr Anteil an allen erwerbstätigen Frauen war in diesem Zeitraum von fünf Prozent auf 12,6 Prozent gestiegen.[15] Die neuen Angestelltenberufe besaßen vor allem für bürgerliche Frauen mit besserer Vorbildung eine große Anziehungskraft. Der Angestelltenberuf trug dazu bei, „weibliche Berufstätigkeit auch in bürgerlichen Schichten gesellschaftsfähig zu machen, und vor allem nach der Inflation sahen sich viele bürger-

---

12 Lundgreen 1991; Lundgreen/Grelon 1994.

13 Jochum 1999, S. 114ff.

14 Die drastische Ungleichheit zwischen einer Bevölkerungsmehrheit mit nur oder keiner Volksschulausbildung und einer kleinen Minderheit Mittel- und Hochqualifizierter änderte sich allerdings nicht wesentlich. (Kaelble 1983, S. 90ff. [115]); zum Aufkommen des sogenannten „neuen" Mittelstands vgl. Wehler 1995, S. 750ff. [757-763].

15 Frevert 1986, S. 172.

liche Familien aus ökonomischen Gründen gezwungen, ihre Töchter als Kontoristinnen oder Sekretärinnen ausbilden zu lassen. Zugleich stand aber außer Frage, daß der Beruf für Frauen nur eine Übergangsphase sein sollte, Aufbewahrungsort bis zur Ehe."[16] Fast alle weiblichen kaufmännischen Angestellten waren 1925 ledig, zwei Drittel jünger als 25 Jahre. Die Zunahme der Frauenarbeit nach 1882 und die Erweiterung der beruflichen Optionen für Frauen führten zur tendenziellen Angleichung der Lebensentwürfe von Männern und Frauen, aber nur partiell zur Anpassung an männliche Erwerbsmuster. In der Arbeitswelt blieben die geschlechtsspezifischen Rollenmuster und -erwartungen in der ersten Hälfte des 20. Jahrhunderts stabil.[17]

Männer und Frauen konkurrierten oft nicht um die gleichen Arbeitsplätze. Insbesondere in der Verwaltung und bei repetitiver Teilarbeit wurde „eine völlig neue, expandierende Nachfrage nach Arbeitskräften zunehmend von vornherein nicht mit männlichen, sondern mit weiblichen Arbeitskräften befriedigt."[18] Gezielt wurden Frauen in bestimmte Berufe und Tätigkeitsfelder gelenkt, weil man glaubte, sie seien aufgrund ihrer Neigungen und weiblichen Eigenschaften dafür besonders geeignet.

Die Direktorin des Lette-Vereins, Marie Kundt, pries in einem 1930 veröffentlichten Beitrag die technische Assistentin in Wissenschaft und Industrie – dazu zählte sie die Röntgenassistentin, Laboratoriumsassistentin, Metallographin, chemisch-technische Assistentin und die Photographin für wissenschaftliche Photographie – als ausgesprochenen Frauenberuf an. Frauen hätten sich in diesen Berufen vielfach als „Hilfskräfte" bewährt. Sie übernahmen in den Laboratorien Arbeiten, „deren Ausführung dem eigentlichen Forscher viel zu zeitraubend gewesen wäre. [...] Die der Frau zugesprochenen Eigenschaften: Ordnung auch im kleinsten, Geduld, Zuverlässigkeit und Unermüdlichkeit auch dann, wenn die Arbeit einmal eintönig wird, machten sie hier bald zur unentbehrlichen Mitarbeiterin."[19] Auch aus einem anderen Grund waren Frauen in diesen Berufen erwünscht. Für den Generaldirektor der Königlichen Bibliothek zu Berlin, Adolf von Harnack, war „die Frau im mittleren Dienst willkommen, weil sie hier ein ständiges Element ist, während der Mann von gleichem Bildungsgrad von solcher Stellung aus weiter strebt, und weil es ein Gebiet ist, auf dem sie nicht mit dem

---

16 Frevert 1986, S. 174.
17 Müller/Willms/Handl 1983; Willms-Herget 1985; Frevert 1986; Hausen 1993a; Hahn 1981; Nienhaus 1982, Nienhaus 1995.
18 Hausen 1993a, S. 46.
19 Kundt 1930, S. 228-232 [228].

Manne in Konkurrenz zu treten braucht. Es kann zum größten Teil der Frau überlassen werden."[20]

In den großen wissenschaftlichen Bibliotheken Berlins wurden seit 1902/03 „Hilfsarbeiterinnen" beschäftigt, so an der Königlichen Bibliothek, der späteren Preußischen Staatsbibliothek, und an der Königlichen Universitätsbibliothek zu Berlin. Hier lagen auch die Anfänge der mittleren Bibliothekslaufbahn. An der Königlichen Bibliothek wurde 1909 unter Adolf von Harnacks Mitwirkung erstmals die Diplomprüfung für den mittleren Dienst eingeführt und damit die mittlere Bibliothekslaufbahn in wesentlichen Eckpunkten geregelt. In nur wenigen Jahren wurde der mittlere Dienst in Bibliotheken zu einem ausgesprochenen Frauenberuf, d.h. zu einem Beruf, der häufiger von Frauen als von Männern gewählt wurde. An der Preußischen Staatsbibliothek waren 1925 rund 340-350 Mitarbeiter beschäftigt, im höheren Bibliotheksdienst 67 männliche Beamte, keine Frau; im mittleren Bibliotheksdienst 44 männliche und 57 weibliche Beamte und Angestellte. Bibliothekarinnen waren sehr viel stärker in den mittleren Positionen vertreten als im höheren Bibliotheksdienst und in Leitungsfunktionen. 1925 waren an allen deutschen Bibliotheken nur 13 wissenschaftlich vorgebildete Frauen (mit Promotion) tätig: sieben an wissenschaftlichen Bibliotheken als Bibliothekarinnen beziehungsweise wissenschaftliche Hilfsarbeiterinnen, vier an Volksbüchereien, davon nur drei in leitender Stellung.[21] Von 908 Bibliothekarinnen an den Volks- und wissenschaftlichen Bibliotheken um 1925/26 waren insgesamt acht Prozent (73 v. 908) leitend tätig; etwas über dem Gesamtdurchschnitt lagen die Volksbibliotheken mit anteilig knapp 13 Prozent (67 v. 527) Frauen in Leitungsfunktionen. Deutlich darunter lagen die wissenschaftlichen Bibliotheken – hier nahmen nur knapp zwei Prozent (6 v. 381) der beschäftigten Frauen Leitungspositionen ein.[22]

Die Situation im Bibliotheksdienst verweist exemplarisch auf die ambivalente Emanzipation der Frauen in den Angestelltenberufen. Denn obwohl die beruflichen Optionen für Frauen erweitert und die Geschlechterdifferenzen in der Arbeitswelt abgemildert wurden, bestand die Segregation, d.h. die Aufteilung in Männer- und Frauenberufe, in Männer- und Frauenarbeitsplätze, unvermindert fort.[23]

---

20 Fritz 1907, S. 228; Süersen 1920, S. 112; Schultze 1926.

21 Alle Angaben nach Schultze 1926, S. 733.

22 Schultze 1926, S. 733, Tafel 2. Zu den Inhaberinnen von Leitungspositionen habe ich gezählt: 1 Direktorin, 64 Leiterinnen, 2 Oberinspektorinnen, 6 Inspektorinnen; in nichtleitenden Positionen waren dagegen beschäftigt 117 Bibliothekarinnen, 118 Obersekretärinnen, 131 Sekretärinnen, 179 Assistentinnen, 4 Expedientinnen, 268 Hilfsarbeiterinnen, 18 Anwärterinnen.

23 Überblick über theoretische Erklärungsansätze bei Willms-Herget 1985; Blossfeld 1991; Heintz/Nadai/Fischer/Hummel 1997.

Meine Überlegungen zur Ausdifferenzierung des Tätigkeitsfeldes für Büro- und technische Angestellte an der PAW schließen hier an. Bürohilfsarbeiterinnen wurden in den wissenschaftlichen Unternehmungen seit den späten 1890er Jahren beschäftigt. Für die Erledigung konkreter Aufgaben in der Bibliothek nahm der Bibliothekar und Archivar der Akademie erstmals im Jahre 1914 eine weibliche Hilfskraft zu seiner Unterstützung an. In der Akademieverwaltung wurde 1917 zum ersten Mal eine Frau als Schreibhilfe und Stenotypistin beschäftigt. Von 1890 bis 1945 waren etwa 40 weibliche mittlere Angestellte in der Akademieverwaltung und in der Bibliothek sowie 50 bei den Kommissionen tätig.[24] Im Jahre 1939 waren sechs von sieben Büro- und technischen Angestellten in den Unternehmungen Frauen, in der Verwaltung sechs von zwölf.

An der Akademie waren Frauen regelmäßig dort vertreten, wo Positionen für mittlere respektive Büro- und technische Angestellte entstanden. Der Zugang von Frauen auf diese Arbeitsplätze wird im Abschnitt zwei untersucht. Gefragt wird nach dem Wissenserwerb und der Ausbildung, nach den Arbeitsorten und Rekrutierungsmustern, wobei interessiert, für welche Tätigkeiten Büro- und technische Angestellte an der PAW gesucht wurden und wie die neuartige Nachfrage seitens der Forschungsarbeit mit dem Angebot auf dem Arbeitsmarkt in Verbindung gebracht wurde.

Der dritte Abschnitt befaßt sich mit den Büro- und technischen Mitarbeiterinnen in den Akademieprojekten, deren Situation von den nicht abgeschlossenen Verberuflichungsprozessen beeinflußt wurde. Die Lage der Bürohilfsarbeiterinnen war unternehmensspezifisch und von Rentabilitätserwägungen abhängig, ehe um 1920 die Arbeitsverhältnisse zunehmend vereinheitlicht wurden. Damit einher ging eine Hierarchisierung der Mitarbeiterverhältnisse an der PAW, deren Folgen hier unter einem Geschlechteraspekt betrachtet werden.

Der vierte Abschnitt beschäftigt sich mit der *beruflichen* Anerkennung von Büro- und technischen Mitarbeitern an der PAW und diskutiert die damit verbundenen Probleme. Durch Erfahrung und langjährige Zugehörigkeit zum Unternehmen konnten Bürohilfsarbeiterinnen fachliche Kompetenzen erwerben, doch blieben ihre Möglichkeiten, Arbeit in Anerkennung umzusetzen, stets begrenzt. Technische Assistenten repräsentierten die Wissenschaft nicht. Sie leisteten einen Beitrag im wissenschaftlichen Umfeld und sorgten dafür, daß Wissenschaftler produktiv sein konnten. Sie erwarben aber keine wissenschaftliche Anerkennung. Zudem bestanden an der PAW zwischen den Bürohilfsarbeiterinnen in den Akademieprojekten und den mittleren Angestellten in der Akademieverwaltung

---

24 Eigene Erhebung. Eine Mitarbeiterstatistik wurde an der PAW nicht geführt.

deutliche Unterschiede in der beruflichen Anerkennung. Für die im Bereich der Akademieverwaltung beschäftigten Behördenangestellten existierten begrenzte, aber klare Beförderungsregeln. Demgegenüber wurden die Leistungen der Bürohilfsarbeiterinnen in den Akademieprojekten oft nur ungenau wahrgenommen und kaum anerkannt. Es wird vermutet, daß Frauen weniger diskriminiert werden konnten, wenn formalisierte Strukturen beziehungsweise klare Laufbahnvorschriften bestanden.

2. Zugänge

2.1 WISSENSERWERB UND BERUFLICHE AUSBILDUNGEN

In der Regel hatten die Frauen eine höhere Töchterschule oder ein Lyzeum absolviert, das heißt an einer zehnklassigen Mädchenschule ein mittleres Reifezeugnis erworben. Da sie kein Abitur abgelegt hatten, fehlte ihnen der zum Hochschulstudium berechtigende Schulabschluß. Sie besaßen eine Zugangsberechtigung für eine mittlere Laufbahn.[25] Ihre beruflichen Ausbildungen und Ausbildungswege waren verschieden. Häufig besaßen die Mitarbeiterinnen keine echten Berufsausbildungen, sondern mehr oder weniger Basisausbildungen mit verschieden verwertbaren Fähigkeiten und Fertigkeiten.[26] Über eine abgeschlossene Berufsausbildung für den mittleren Dienst verfügten in der Regel nur die Bibliothekarinnen. Sie wurden in der Akademiebibliothek beschäftigt, in einigen Unternehmungen, zum Beispiel bei der Leibniz-Ausgabe, beim Handschriftenarchiv und beim Deutschen Wörterbuch zur Betreuung von Handbibliotheken sowie gelegentlich auch in der Akademieverwaltung.

Die Verberuflichung im Bibliothekswesen war weiter fortgeschritten war als in anderen Berufszweigen. Die Ausbildung für den mittleren Bibliotheksdienst erfolgte schon um 1900 in einer geregelten mehrjährigen bibliothekarischen Berufsausbildung. Seit 1902 wurden in der Bibliothek des Berliner Abgeordnetenhauses regelmäßig Bibliothekskurse für Frauen abgehalten, die mit einer Prüfung abgeschlossen werden konnten. Die Kurse von Professor Wolfstieg waren anerkannt. Davon zeugt eine Rektoratsverfügung der Berliner Universität aus dem Jahre 1906, wonach Bibliothekarinnen nach dem erfolgreichen und mit einer Prüfung abgeschlossenen Besuch eines solchen Kurses zugleich das Recht erwarben, in Universitätsvorlesungen zu hospitieren.[27] 1909 wurde an der Königlich

---

25 Kraul 1991.

26 Vgl. Görs 2002.

27 Fritz 1907, S. 223.

Preußischen Bibliothek erstmals eine Diplomprüfung für den mittleren Dienst an Bibliotheken eingeführt und damit die mittlere Bibliothekslaufbahn in wesentlichen Eckpunkten geregelt.[28] Diese Prüfung hatte beispielsweise die seit 1922 in der Akademiebibliothek beschäftigte Bibliothekarin Erna Hagemann (1895-1945) abgelegt.[29]

Mit hoher Wahrscheinlichkeit hatten auch die bei der Reichszentrale für naturwissenschaftliche Berichterstattung beschäftigten wissenschaftlichen Photographinnen eine geregelte berufliche Ausbildung erhalten. Darauf deutet zum einen ihre Berufsbezeichnung hin und zum anderen gab es auch hierfür relativ früh eine Ausbildung, wobei die photographische Technik ursprünglich aus einer mehr künstlerischen Betätigung zum Teil in die Spezialgebiete der wissenschaftlichen Hilfsarbeit hinübergewandert war. Photographie in unterschiedlichen Varianten, als Makro- und Mikrophotographie, Kinematographie oder Spektroskopie stellte in den technischen Assistenzberufen ein wichtiges Arbeitsgebiet dar und spielte daher in den Ausbildungsgängen für technische Assistentinnen an medizinischen Instituten und der Metallographin eine Rolle.[30] Daß sowohl bei den Bibliothekarinnen als auch Photographinnen auf ein bereits vorhandenes Arbeitsmarktangebot zurückgegriffen werden konnte, widerspiegelte sich deutlich bei der Rekrutierung von Mitarbeiterinnen an der PAW.

Beim astronomischen Unternehmen Geschichte des Fixsternhimmels wurden Frauen mit einem Lehrerinnenexamen als Rechnerinnen beschäftigt, unter den männlichen Rechnern befanden sich ein Kapitän, ein Nautiker und ein Bankkaufmann. So verschieden ihre beruflichen Ausbildungen auch waren, sie verfügten alle über eine ähnliche mathematische Grundausbildung im Rechnen, die sie dazu befähigte, Berechnungen für das Astronomieprojekt durchzuführen. Oft hatten die technischen Angestellten in den wissenschaftlichen Unternehmungen nur eine unspezifische berufliche Grundausbildung erhalten. Sie hatten eine Handelsschule besucht und dort Kenntnisse in kaufmännischer Buchführung, Stenographie, Schreibmaschine und in Fremdsprachen erworben.[31] Die Verwaltungsangestellte Elfriede Meyer (1896-) hatte nach dem Erwerb der mittleren Reife an einem Lyzeum die Handelsschule für Mädchen der Korporation der Kaufmannschaft von Berlin besucht und dort eine kaufmännische Ausbildung erhalten, die sie dazu befähigte, Korrespondenzen in Englisch und Französisch zu führen. Erste

---

28 Schultze 1926.

29 ABBAW, II-IV-70; Rex 2002, S. 127; s. auch Abschn. 4.4.

30 Kundt 1930, S. 231.

31 Exemplarisch hierfür sind die beruflichen Ausbildungen von M. Luther, H. Born, H. Graeber, M. Nack.

Berufserfahrungen hatte sie als Bürohilfsarbeiterin bei der Staatsschulden-Tilgungskasse gesammelt.[32]

Manchmal fehlen Quellenbelege über die beruflichen Ausbildungen, und es lassen lediglich die ausgeführten Tätigkeiten vage Rückschlüsse auf vorhandene fachliche Kompetenzen und die Beherrschung von Fertigkeiten zu. So etwa bei einem „Schreibmaschinenfräulein" oder den „bibliographisch geschulten Damen" und einer als „Konservatorin" bei der Orientalischen Kommission beschäftigten Arbeitskraft, deren Aufgabe es war, wertvolle Handschriftenfragmente „unter Glas zu bringen".[33] Ob diese eine spezielle Berufsausbildung besaß oder die Fertigkeit im Unternehmen erlernte, ließ sich nicht ermitteln. Insgesamt widerspiegeln die Beispiele, daß Arbeitskräfte mit ganz unterschiedlichen Ausbildungen, Fähigkeiten und Fertigkeiten in die Forschungsarbeit der Akademie einbezogen wurden, daß es für die neue Nachfrage im Bereich der technischen Assistenz noch keine klaren Stellenprofile gab und auf dem Arbeitsmarkt ein paßfertiges Angebot für die vorwiegend geisteswissenschaftlich orientierten Forschungsprojekte oft nicht vorhanden war.

Die innerbetriebliche Schulung als eine wichtige Form der Qualifizierung von Mitarbeitern und Mitarbeiterinnen spielte daher insbesondere im Bereich der Forschungsarbeit eine große Rolle.[34] Sie galt dem Ziel, die Mitarbeiter und Mitarbeiterinnen für die Anforderungen des Unternehmens paßfertig zu machen, wobei die Strategie der Unternehmensleitungen häufig auf die Herausbildung von Stammbelegschaften ausgerichtet war. In der Literatur findet sich das Argument, daß eine innerbetriebliche Schulung eher Männern vorbehalten blieb, die sich auf diese Weise besser in die Unternehmen integrieren konnten, während Frauen mit extern erworbenen (Sockel-)Ausbildungen oft Arbeitsplätze für Ungelernte einnahmen und in ihre Schulung kaum investiert wurde, um sie leichter wieder loswerden und durch andere Frauen ersetzen zu können.[35]

Für die Akademie ließ sich diese Vermutung nicht durchweg bestätigen. Der hohe Spezialisierungsgrad der Unternehmungen erforderte in der Regel von allen Mitarbeitern eine besondere Schulung und Einarbeitung. Es wurden Kompetenzen verlangt, die man mit einer beruflichen Grundausbildung normalerweise nicht erwerben konnte. Die innerbetriebliche Schulung in den Akademieprojekten blieb nicht nur Männern vorbehalten, sondern stellte auch für Frauen eine Möglichkeit des Wissenserwerbs, der Qualifizierung

---

32 ABBAW, II-IV-132.

33 Jonker 1998, S. 22-25; Jonker 2002.

34 Zur innerbetrieblichen Ausbildung und praktischen Schulung von Angestellten vgl. Kracauer 1971 [1929]; für die Chemie Görs 2002.

35 Willms-Herget 1985, S. 277f.

und Spezialisierung dar. Frauen konnten dadurch ihre Chancen erhöhen, um im wissenschaftlichen Bereich tätig sein und sich hier
verankern zu können. In den Zoologieprojekten erwarben die Bürohilfsarbeiterinnen Fachkenntnisse durch den Besuch von Zoologie-
Vorlesungen an der Universität. Ihr Vorgesetzter, Franz Eilhard
Schulze, der als Ordinarius zugleich an der Berliner Universität
lehrte, gab ihnen die Gelegenheit dazu. Darüber hinaus wurden sie
von den leitenden wissenschaftlichen Mitarbeitern praktisch einge-
wiesen und geschult. Die innerbetriebliche Ausbildung war unternehmensspezifisch und ungeregelt.[36] In welchem Umfang Frauen intern geschult wurden, hing von den Vorgesetzten ab. In den Akademieprojekten konnten sich auch den technischen Mitarbeitern
und Mitarbeiterinnen unvorhergesehene Gelegenheiten eröffnen,
um individuell fachliche Kompetenzen zu erwerben oder zu erweitern. Die Voraussetzungen dafür waren günstig, weil in den kleinen
Arbeitsgruppen die einzelnen Tätigkeits- und Zuständigkeitsbereiche oft nicht scharf voneinander abgegrenzt waren und Durchlässigkeiten bestanden.

2.2 MARKTVERMITTELTE REKRUTIERUNG

In den Akademieprojekten wurde die Annahme von Extra-Arbeitskräften für Ordnungs-, Schreib-, Rechen- oder Bibliographierarbei-
ten vor allem dann akzeptiert, wenn der Arbeitsumfang das Ausmaß
dessen überstieg, was Wissenschaftler allein bewältigen konnten.
Um wirklich neuartige Tätigkeiten handelte es sich daher in der Regel nicht, es wurden vielmehr einfache Tätigkeiten von komplexen
abgespalten. Der Ägyptologe Adolf Erman beispielsweise erledigte
anfangs viele Arbeiten für das ÄWB selbst, vom Anstreichen, Ausschreiben und Ordnen der Wörter bis zum Einlegen der Zettel. Er
setzte auf diese Weise nicht nur vorbildlich den Maßstab für das zu
erarbeitende Wörterbuch fest, er glaubte auch, das Einordnen werde „von nun an immer schneller gehen, bis es schließlich zum guten
Teil mechanische Arbeit werden wird."[37] Damit wurde das Zetteleinlegen als eine leichte und einfache Tätigkeit eingestuft, die problemlos ausgegliedert, Hilfskräften zugewiesen und auch Frauen überlassen werden konnte. So wurden im Februar 1898 zwei Hilfskräfte
angenommen: der Student Georg Möller für das Anstreichen und
Ausschreiben der Stichworte und als Beihilfe beim Einordnen sowie
Elisabeth Morgenstern für das alphabetische Ordnen der Zettel.

---

36 In den 1950er Jahren gab es jedoch den Versuch, eine Ausbildung für wis-
    senschaftlich-technische Assistenten im geisteswissenschaftlichen Bereich
    an der DAW zu installieren.
37 Erman/Grapow 1953, S. 32.

Auch beim zoologischen Unternehmen Das Tierreich wurden zu einem frühen Zeitpunkt weibliche Hilfskräfte beschäftigt. Martha Luther (1868-vermutlich 1942) war seit 1901 als bibliographische Hilfsarbeiterin in der Tierreich-Redaktion für die Korrekturen der in deutscher, französischer und englischer Sprache erscheinenden Lieferungen sowie für die Ordnung und Verwaltung der Zettelkataloge über Zeitschriften und Einzelwerke verantwortlich. 1911 wurde mit Helene Born (1880-) eine zweite Bürohilfsarbeiterin für das Lesen von Korrekturen, zum Teil fremdsprachlicher Texte, sowie Schreibmaschinenarbeiten und Arbeiten am Autorenkatalog eingestellt.[38]

Frauen wurden zur Entlastung der Akademiemitglieder angenommen, aber auch zur Schonung der nach oben strebenden wissenschaftlichen Assistenten vor zeitraubenden mechanischen Arbeiten. In der 1908 für das Deutsche Wörterbuch eingerichteten „Central-Sammelstelle" in Göttingen lief die Sammlung von Belegmaterial für das Wörterbuch auf Hochtouren, massenhaft gingen Zettelbelege ein. Sie wurden zur Kontrolle nachgezählt und alphabetisch sortiert. Die Ordnungsarbeiten gingen jedoch nicht im gewünschten Tempo voran, so daß die Arbeit ins Stocken geriet und keine Zettel an die Autoren zur weiteren Bearbeitung verschickt werden konnten. Der wissenschaftliche Leiter der Göttinger Arbeitsstelle, Edward Schröder (1858-1942, KM 1912), beklagte sich beim Kommissionsvorsitzenden: „Wir haben noch immer kein Material versandt, da die Arbeit überwältigend ist, das Einordnen der Zettel ist ja über alle Vorstellungen zeitraubend."[39] Doch Gustav Roethe zeigte nur wenig Verständnis und gab zu bedenken, ob „die Kontrollzählung der Zettel die angewandte Mühe" überhaupt lohne und „Wägung oder Messung der Haufen" da nicht genüge, fuhr dann aber fort: „Daß von 86000 Zetteln erst 26000 eingeordnet sind, mag normal sein, aber bei einem wöchentlichen Einlauf von 6600 Zetteln droht ein Zurückbleiben. Ich bitte Dich jedenfalls, das zu vermeiden. [...] Das Zettelordnen kann doch jeder sorgfältige Mensch, dazu sind studierte Assistenten zu schade."[40] So wurden ab 1909 Frauen ohne höhere Schulbildung für Ordnungs- und Büroarbeiten in der „Central-Sammelstelle" angenommen. Grete Heinemann, Dora Ulrici und Dora Becker erledigten hier die relativ eintönigen und unattraktiven Arbeiten, um die die Männer nicht konkurrierten.

---

38 ABBAW, II-IV-24, Bl. 62, C. Apstein an PAW v. 2. August 1920; Bl. 64, PAW an MfWKV v. 28. August 1920.

39 Zit. nach Pretzel 1981, S. 229, E. Schröder an G. Roethe v. 13. November 1908.

40 Zit. nach Pretzel 1981, S. 229, G. Roethe an E. Schröder v. 22. November 1908.

In einigen Fällen ersetzten Frauen männliche technische Hilfskräfte beziehungsweise nahmen Arbeitsplätze ein, die zuvor von männlichen technischen Hilfskräften verlassen worden waren. Als der für „außerordentliche Hilfsarbeit" beim Deutschen Rechtswörterbuch in Heidelberg nebenamtlich beschäftigte Bibliotheksassistent eine besser dotierte Stelle als Bibliothekar an der Deutschen Bibliothek in Leipzig erhielt, wurde für ihn beim Deutschen Rechtswörterbuch eine Frau angenommen. „Ersatz für ihn", so berichtet der Wörterbuchleiter Richard Schröder, „haben wir in etwas anderer Form durch Frl. Nack gewonnen."[41] Margarete Nack (1894-) wurde im Oktober 1913 als „Hilfskraft für Archivarbeiten, Korrekturlesen und dgl." eingestellt.[42] Sie bekam als Schreibhilfe die Manuskriptschreibarbeiten zugewiesen. In Vorbereitung der ersten Wörterbuch-Lieferung war unter der Leitung von Schröders langjährigem Assistenten, Eberhard von Künßberg, 1911 eine Schriftleitung gebildet worden. Gelegentlich wurde Margarete Nack als die „Gehilfin Künßbergs" bezeichnet, was dem Status einer Privatassistentin gleichkam.[43]

Schließlich wurden Frauen in die Forschungsprojekte einbezogen, weil männliche Arbeitskräfte nicht zu finden waren. Als beispielsweise im März 1902 der Astronom Dr. Hugo Clemens als wissenschaftlicher Hilfsarbeiter an das Berliner Astronomische Recheninstitut wechselte, blieb seine Stelle beim Akademieprojekt Geschichte des Fixsternhimmels zunächst unbesetzt. Ein designierter Nachfolger nahm seine Arbeit im Oktober 1902 gar nicht erst auf. Daraufhin machte der Arbeitsstellenleiter, der wissenschaftliche Beamte Friedrich Ristenpart, einen „Versuch [...], Damen an der Arbeit zu beschäftigen".[44] Schon früher hatte sich Friedrich Ristenpart bei in- und ausländischen Sternwarten um einen jüngeren Astronomen bemüht. Auch die Suche nach Studenten, die zwar „astronomisch noch nicht vollkommen durchgebildet, doch den mechanischen Teilen der Arbeit, die ja bei weitem überwiegen [...] gewachsen" gewesen wären, verlief damals ohne Ergebnis.[45] Er nahm daraufhin „Herren großer Gewandtheit im Zahlenrechnen ohne bedeutendere astronomische Vorkenntnisse" in Aussicht und machte mit

41 ABBAW, II-VIII-244, unpag., R. Schröder an H. Brunner v. 22. Dezember 1913.

42 ABBAW, II-VIII-246, Bl. 87-89, Protokoll Kommissionssitzung DRW v. 16. April 1917.

43 ABBAW, II-VIII-245, unpag., R. Schröder an H. Brunner v. 15. September 1914.

44 ABBAW, II-VII-27/1, unpag., F. Ristenpart an die akademische Kommission für die GFH, Jahresbericht 1902 v. 3. Januar 1903.

45 ABBAW, II-VII-21, Bl. 23-25, F. Ristenpart an die phys.-math. Klasse v. 28. März 1900.

einem Versicherungsbeamten und einem ehemaligen Kapitän, der zuletzt als technischer Hilfsarbeiter am Navigationsdepot der Kieler Werft tätig war, „überraschend gute" Erfahrungen. „Sie bewiesen mir [Ristenpart] die Möglichkeit, die Arbeit mit zwei bis drei Astronomen und [...] intelligenten rasch und sicher rechnenden Hülfsarbeitern durchzuführen, die wenn sie erst einmal eingeschult sind, oft rascher arbeiten als Akademiker und meist noch den Vorzug einer schönen Handschrift mitbringen."[46] Vorbehalte gegenüber Frauen hegte er nicht, denn seine damalige Ehefrau Paula hatte ihn in der Vorbereitungsphase des Projektes regelmäßig bei den Rechenarbeiten unterstützt.[47]

Nacheinander beschäftigte Friedrich Ristenpart in den Jahren 1902 bis 1905 eine Reihe von Frauen für „besondere Hilfsarbeit" beim Astronomieprojekt. M[aria] Roloff nahm als erste im Oktober 1902 die Arbeit auf, gab diese jedoch wegen einer Krankheit bald wieder auf. Ihre Nachfolgerin Clara Bagensky, die im November 1902 eintrat, erwies sich „als eine sehr rasche Arbeiterin". Hinzu kamen im Dezember 1902 die Lehrerin Rose Wendland und im Juni 1903 ihre Kollegin Helene Kunith. Kürzere Zeit waren Maria von Streit und ein in den Quellen nicht näher bezeichnetes „Frl. B. Kieselack" tätig. Zudem besserte Freifrau Alexandrine von Bogen mit Abschreibearbeiten in den Jahren 1903-1904 ihre spärliche Witwenpension auf. Die Frauen stammten aus der aristokratischen Oberschicht und aus Beamtenhaushalten der bürgerlichen Mittelschicht. Ristenpart bezeichnete sie als „Damen der guten Gesellschaft"[48]. Clara Bagensky war die Tochter eines pensionierten Majors, Alexandrine Freifrau von Bogen die Witwe eines preußischen Offiziers, Helene Kuniths Vater war Postsekretär. Rose Wendland und Helene Kunith besaßen ein Lehrerinnenexamen und waren im Schuldienst tätig. Mit hoher Wahrscheinlichkeit engagierte Friedrich Ristenpart die weiblichen Hilfsarbeiterinnen aus dem Bekanntenkreis der damaligen Ehefrau Paula. Sie und Rose Wendland waren Kolleginnen und Freundinnen. Rose Wendland wiederum empfahl ihre Kollegin Helene Kunith zur Mitarbeit beim Fixsternhimmel.

In den Forschungsprojekten wurden Frauen gezielt für Vor-, Zu- und Nebenarbeiten nachgefragt; sie machten das, was Margaret Rossiter „Frauenarbeit" in der Wissenschaft nannte.[49] Das waren Ordnungsarbeiten jeglicher Art, wie für die orientalische Philologie

---

46 Ebd.

47 ABBAW, II-VII-21, Bl. 11-15, F. Ristenpart, Bericht über die Thätigkeit am „Thesaurus positionum stellarum" bis zum ersten März 1899 v. Anfang März 1899.

48 Zum Begriff s. Blosser/Gerster 1985.

49 Rossiter 1993.

festgestellt[50], das waren Routinearbeiten, wie Katalog-, Korrektur-, Schreib- und Registerarbeiten, aber auch sporadische und massenhaft anfallende Arbeiten, wie Verzettelungs- und Rechenarbeiten – etwa das Ausziehen von Sternörtern aus Katalogen –, die ersatzlos wegfielen, wenn sie erledigt waren. Das konnten schließlich Fingerfertigkeit und Geschicklichkeit verlangende manuelle Tätigkeiten sein, wie Konservieren und Photographieren.

In der Bibliothek lagen die Verhältnisse wie in den wissenschaftlichen Unternehmungen. Als 1896 der wissenschaftliche Bibliothekar Otto Köhnke (1864-1918) die Leitung der sich in einem desolaten Zustand befindlichen Akademiebibliothek übernahm, setzte er umfangreiche Reorganisationsmaßnahmen in Gang.[51] Im Zusammenhang mit der Anfertigung eines Druckkataloges der Akademiebibliothek äußerte sich Otto Köhnke im Jahre 1914 erstmals „über die Notwendigkeit, eine Hilfskraft für die Bibliothek einzustellen und betont, daß es sich nur um Jemand handeln könne, der eine volle bibliothekarische Ausbildung genossen hat."[52] Mit Einverständnis des Sekretariats nahm er noch im gleichen Jahr eine ehemalige Praktikantin an der Universitätsbibliothek Berlin als Bibliothekshilfskraft für täglich vier Stunden in Aussicht. Dieses Arrangement kam jedoch nicht zustande, weil Dorothea Bolte ihren Dienst nicht sofort antreten konnte. Da die Arbeit offenbar keinen Aufschub duldete, wurde Emmi Schultze für „Hilfsarbeit" in der Bibliothek eingestellt. Sie nahm an den laufenden Arbeiten in der Bibliothek teil und wurde später vorwiegend mit Vorarbeiten zur Herstellung des Standortkatalogs beschäftigt, wozu die Anfertigung einer Abschrift des Zettelkatalogs in verkürzter Form gehörte. Katalogarbeiten galten in der Bibliothek als Frauenarbeiten, also Arbeiten, die häufig von Frauen ausgeführt wurden. Emmi Schultzes „Hilfsarbeit" trug noch provisorischen Charakter. Im Mai 1916 schied sie aus, weil die Arbeiten, für die sie angenommen war, beendet waren und wegen des starken Rückgangs des Bibliotheksbetriebs im Krieg eine Hilfskraft nicht regelmäßig beschäftigt werden konnte.[53] Erst nach dem Krieg wurde erneut im Zusammenhang mit der Anfertigung des Druckkatalogs und in der Erwartung, daß mit der „Wiederherstellung normaler internationaler Beziehungen die Zahl der Eingänge der akademischen Bibliothek bald die frühere Höhe erreichen wird",

---

50 Jonker 2002.

51 Rex 2002, S. 86ff; BBAW 2000b.

52 ABBAW, II-IV-38, unpag., Protokollauszug Sekretariatssitzung v. 5. November 1914.

53 ABBAW, II-IV-168, unpag. O. Köhnke [Zeugnis für Emmi Schultze] v. 15. Februar 1917.

wieder eine Bibliothekshilfskraft angenommen.[54] Seither wurde die Position einer Bibliothekshilfsarbeiterin regelmäßig besetzt. Die Hilfsarbeiterinnen in der Akademiebibliothek wurden unter den gleichen Konditionen wie die Hilfsarbeiterinnen in der Universitätsbibliothek beschäftigt.

Im Verwaltungsbereich wurden Frauen gezielt für bestimmte Aufgabenbereiche nachgefragt und eingestellt. Die Geschlechtertrennung ließ sich hier sogar deutlicher beobachten als in den Forschungsprojekten und in der Bibliothek. Nach 1900 waren die Verwaltungsaufgaben insgesamt umfangreicher geworden. Der Schriftverkehr erreichte größere Ausmaße als jemals zuvor, nicht zuletzt durch den Ausbau der wissenschaftlichen Forschungsarbeit. Als schließlich 1908 die erste Schreibmaschine an der Akademie angeschafft wurde, veränderten sich damit auch die technischen Anforderungen an die Verwaltungsmitarbeiter. Nach den Akademiestatuten von 1881 gab es im Bereich der Akademieverwaltung Positionen für einen Kanzlisten, einen Kastellan und für Boten. Traditionellerweise wurden sie aus ehemaligen Militärangehörigen rekrutiert, wobei insbesondere die Kanzlistenstelle Militäranwärtern vorbehalten blieb.[55] Diese erfüllten aber die veränderten Anforderungen nur unzureichend. Häufig fehlten ihnen die nun wichtig gewordenen Fremdsprachenkenntnisse, und auch Stenographie-Kenntnisse besaßen sie in der Regel nicht. Dies führte dazu, im Jahre 1917 erstmals eine Frau als eine zusätzliche Arbeitskraft in der Akademieverwaltung zu beschäftigen. Lucia Kummlé (1892-), eine Berufsanfängerin, hatte an der Handelsakademie einen Stenographie- und Schreibmaschinenkursus besucht. Ihr wurden „die sämtlichen bei der Akademie vorkommenden Kanzleiarbeiten (einschl. der) stenographischen Aufnahme von Diktaten" übertragen.[56] Die Aufgaben waren konkret umrissen, ihre Beschäftigung trug provisorischen Charakter, und bereits nach wenigen Wochen verließ Lucia Kummlé das Büro wieder. Doch schon ein Jahr später zogen Bürohilfsarbeiterinnen auf Dauer in die Akademieverwaltung ein.

Als im Juni 1918 der schon seit längerem wegen eines Augenleidens arbeitsunfähige Hermann Friedrich (1845-1918) starb,[57]

---

54 ABBAW, II-IV-98, Bl. 2, E. Sthamer an den Vorsitzenden Sekretar [G. Roethe] v. 17. Februar 1919.

55 Zur Beschäftigung von Militäranwärtern in der Verwaltung s. Süle 1986.

56 ABBAW, II-IV-111, unpag., G. Roethe an L. Kummlé v. 29. Oktober 1917.

57 ABBAW, II-IV-57. Hermann Friedrich, Vizefeldwebel und Militäranwärter, stand seit 1894 als besoldeter Beamter im Dienst der Akademie. Ihm waren die Kastellanstelle und die Geschäfte des Kanzlisten übertragen worden. Durch Ministerialerlaß vom April 1896 wurde die Stelle in die eines Hausverwalters und Kanzlisten umgewandelt. Seit 1907 führte Friedrich die Amtsbezeichnung Hausinspektor.

mußte die Stelle eines Hausverwalters und Kanzlisten neu besetzt werden. Traditionsgemäß war bislang stets der Inhaber der Kastellanstelle in diese Position aufgerückt. Alfred Janisch (1881-1951), Militäranwärter wie Friedrich, bewarb sich auf die vakante Stelle. Im Dezember 1917 war er vom Akademiediener in die Position des Kastellans aufgerückt und hatte damit bereits einen Teil der Amtsgeschäfte Friedrichs übernommen. Für die Übernahme der Kanzlistengeschäfte war er jedoch nach Ansicht des Sekretariats der PAW ungeeignet, weil seine Vorbildung nicht mehr den gewachsenen Anforderungen an einen Kanzlisten entsprach. Nach dem Besuch der Gemeindeschule war Alfred Janisch zunächst in eine Schneiderlehre gegangen. Dann schlug er eine untere Militärlaufbahn ein. Er absolvierte Ausbildungen im Hufschlagwesen und als Veterinärgehilfe und wurde im April 1906 zum Unteroffizier befördert. Im Rang eines Vizefeldwebels verließ er 1914 das Militär und trat als Akademiediener in den Dienst der PAW.[58] Für die Kanzleigeschäfte fehlten ihm die mittlerweile unentbehrlichen fremdsprachlichen und stenographischen Kenntnisse. Offenbar hatte die Akademieleitung in dieser Hinsicht schon bei Friedrich ein Auge zugedrückt, denn im Sekretariat hieß es, daß „die nachsichtige Beurteilung der Sprachkenntnisse des alten Friedrich, [...] auf seinen Nachfolger nicht ausgedehnt werden" dürfe.[59] Nach Auffassung der Akademieleitung könne Janisch lediglich die Stellung eines Hausverwalters definitiv übertragen werden, und die Akademie beschloß daher, einen entsprechenden Antrag beim Ministerium zu stellen.[60] Das bedeutete zugleich eine Aufspaltung der bis dahin von einer Person ausgeführten Stelle für einen Hausverwalter und Kanzlisten.

Was die Besetzung der Kanzlistenstelle anbelangte, so war man sich im Sekretariat der Akademie darüber im klaren,

„daß es überhaupt nicht leicht sein werde, eine ausreichend gebildete, leistungsfähige Persönlichkeit für diese Kanzlistenstelle unter den Militäranwärtern zu finden, und es wird daher beschlossen, den Versuch zu machen, diese Stellung Frl. Meyer zuzuwenden, die sich bisher zur vollsten Zufriedenheit des Sekretariats und des Archivars bewährt hat und die nötige Bildung besitzt."[61]

Die aus Dresden stammende Elfriede Meyer kam Anfang 1918 an die Akademie, wo ihr die Erledigung der schriftlichen Arbeiten über-

---

58 ABBAW, II-IV-93.

59 ABBAW, II-IV-93, Bl. 42, Protokollauszug Sekretariatssitzung v. 27. März 1919.

60 ABBAW, II-IV-93, Bl. 41, Protokollauszug Sekretariatssitzung v. 13. März 1919.

61 ABBAW, II-IV-93, Bl. 42, Protokollauszug Sekretariatssitzung v. 27. März 1919.

tragen wurde, einschließlich der stenographischen Aufnahme von Diktaten. Eine Berufsanfängerin war sie nicht mehr, sie hatte bereits als Bürohilfsarbeiterin in der Staatsschulden-Tilgungskasse gearbeitet. An der Akademie erhielt sie eine monatliche Remuneration in Höhe von 150 Mark; ihre tägliche Arbeitszeit betrug vier Stunden mit der Option auf Verlängerung um eine Stunde.[62] Auf einen entsprechenden Antrag der Akademie genehmigte der Kultusminister im Frühsommer 1918, „daß für die Erledigung der Kanzleigeschäfte die Stenotypistin der Akad[emie] herangezogen werden kann."[63] So übernahm Elfriede Meyer, die nach der von ihr überwiegend ausgeführten Tätigkeit als Hilfsschreiberin, Schreibmaschinenfräulein oder Stenotypistin bezeichnet wurde, provisorisch den Aufgabenbereich eines Kanzlisten an der Akademie.

Im Zusammenhang mit der Nachfolgeregelung für den verstorbenen Hermann Friedrich unternahm die Akademie 1919 den Versuch, die unbesetzte Kanzlisten*stelle* planmäßig an Elfriede Meyer zu übertragen, nachdem diese fast ein Jahr lang bereits die Aufgaben eines Kanzlisten bei der PAW erledigt hatte. In einer Unterredung im Preußischen Kultusministerium verwies der Akademiesekretar Gustav Roethe zur Begründung darauf: „Sie versteht Französisch, Englisch, Stenographie und Schreibmaschinenschrift, Eigenschaften, die sich bei mittleren Beamten niederer Stufe nur selten vereinigt finden."[64] Obgleich die Akademie großes Interesse daran hatte, eine Frau in die Kanzlistenstelle und damit erstmals in eine etatmäßige Mitarbeiterstelle bei der Akademie zu bringen, scheiterte das Vorhaben. Im Kultusministerium hielt man

„jeden Versuch zu Gunsten des Fräulein Meyer für aussichtslos. Stellen, die für Militäranwärter reserviert sind, dürfen nur dann an andere Bewerber vergeben werden, wenn das Kriegsministerium ausdrücklich verzichtet, und daran sei augenblicklich umsoweniger zu denken, als es an Stellen für Militäranwärter fehlt, und der sehr radikale und einflussreiche Militäranwärter-Bund genau aufpasse, dass ihm keine Stelle entgehe. Er [Hugo Krüss, Ministerialbeamter] empfiehlt daher, es zunächst bei der provisorischen Besetzung durch Fräulein Meyer zu belassen, da jede freigewordene Stelle dieser Art höchstens 2 Jahre lang provisorisch besetzt werden dürfe; nach Ablauf der Frist lägen die Verhältnisse vielleicht günstiger, doch sei Fräulein Meyer darauf vorzubereiten, dass ihr plötzlich gekündigt werden könne. Wolle die Akademie dem Militäranwärter entgehen, so könne sie auf die etatmässige Stelle verzichten und stattdessen einen Zuschuss anderer Art beantragen, doch rate er [Hugo Krüss] un-

---

62 ABBAW, II-IV-132.
63 ABBAW, II-IV-24, Bl. 1, handschriftlicher Vermerk v. 17. Mai 1918.
64 ABBAW, II-IV-24, Bl. 2, Aufzeichnung über eine Besprechung mit Geheimrat Krüss v. 11. April 1919.

ter den heutigen Verhältnissen dazu, lieber an den etatsmässig gesicherten Stellen festzuhalten."[65]

Da in der Nachkriegszeit Frauen keinen Zugang auf Stellen erhielten, die für Männer vorbehalten waren und für Kriegsrückkehrer freigehalten wurden, blieb es bei dem Provisorium für die Frauen von 1918 bis 1921. Jedoch wurden in dieser Zeit sowohl die in der Verwaltung beschäftigte Bürohilfsarbeiterin als auch die bibliothekarische Hilfsarbeiterin in das Angestelltentarifsystem eingruppiert und nach Tarif bezahlt.[66] Das war ein wichtiger Schritt zur beruflichen Anerkennung von Hilfsarbeiterinnen im Bereich der Akademieverwaltung. Beide Hilfsarbeiterinnen galten als Behördenangestellte. Im Verwaltungsbereich der PAW gab es damit zwei Stellen für Bürohilfsarbeiterinnen, auf die man sich bewerben konnte und die bei einer Vakanz wieder besetzt werden konnten.

Unterdessen bemühte sich die PAW nach der vom Ministerium empfohlenen Wartezeit von zwei Jahren erneut um die Wiederbesetzung der Kanzlistenstelle.[67] Diese wurde 1921 zunächst mit einem Kanzleiassistenten besetzt, 1924 aber im Zuge der Personalabbauverordnungen im preußischen Staatsdienst gestrichen. Zwar hatte es unter den Militäranwärtern nicht an Bewerbern für diese Stelle gemangelt, aber das Problem ihrer ungenügenden Vorbildung war nicht beseitigt.[68] Nachdem die Kanzleiassistentenstelle gestrichen worden war, beschäftigte die Akademie ab 1925 eine zweite Hilfsarbeiterin in der Verwaltung – allerdings nur „aushilfsweise" und zu schlechteren Konditionen als die Kanzleiassistenten, aber auch die als der ersten Bürohilfsarbeiterin. Die Aufgaben der zweiten Bürohilfsarbeiterin umfaßten konkret:

- *Unterstützung der Ordnungsarbeiten im Archiv der Akademie.* Sie hatte zu einzelnen Aktenfaszikeln ein alphabetisches Inhaltsverzeichnis anzufertigen und mußte, wenn es sich um weiter zurückliegende, noch ungeordnete Akten handelte, auch deren Neuordnung nach den gegenwärtig geltenden Grundsätzen vornehmen.

---

65 Ebd.; vgl. auch ABBAW, II-IV-24, Bl. 5 Protokollauszug Sekretariatssitzung v. 30. April 1919.

66 ABBAW, II-IV-24, Bl. 36, MfWKV an nachgeordnete Behörden/AdW v. 14. Februar 1920; vgl. Tabelle 10.

67 ABBAW, II-IV-132, Bl. 15, Protokollauszug Sekretariatssitzung v. 25. November 1920.

68 Exemplarisch hierfür ABBAW, II-IV-75. Zu den Anforderungen gehörten Kenntnisse in Stenographie, Schreibmaschine, Französisch, Englisch. Die Besoldung erfolgte nach dem Preußischen Beamtendiensteinkommensgesetz in der Gruppe IV. Nach den Personalunterlagen im ABBAW waren Inhaber der Stelle die Herren Naujoks, Heimpel und Pursch.

- *Kaufmännische Behandlung des im Selbstverlag der Akademie erscheinenden Werkes „Nomenclator animalium generum et subgenerum".* Sie hatte die Liste der Abnehmer zu führen und den Eingang der Gelder aus dem Verkauf des Werkes zu kontrollieren und die damit zusammenhängende Korrespondenz selbständig zu bearbeiten.
- *Verschiedene Arbeiten im Büro der Akademie, gelegentlich auch aushilfsweise in der Bibliothek.* Hierzu wurde die Bürohilfsarbeiterin wegen ihrer Beherrschung von Stenographie und Schreibmaschine herangezogen.[69]

Eine dritte Hilfskraft wurde schließlich 1926 für täglich fünf bis sechs Stunden in der Akademieverwaltung gesucht, weil die

„zunehmenden Expeditionsarbeiten [...] das Bureau der Akademie derart [belasten], dass eine pünktliche Erledigung wie sie wünschenswert und notwendig ist, für die Zukunft kaum mehr zu erwarten ist. – Die Hefte der Sitzungsberichte sind im vergangenen Jahre weit häufiger erschienen, als früher; und durch die Trennung in zwei parallele Serien für jede der beiden Klassen ist die Zahl der Hefte gegenüber der Vorkriegszeit bedeutend vermehrt. Dazu kommt die Versendung der Sonderdrucke für die Herren Mitglieder, die, entsprechend der gewachsenen Zahl der Artikel, ebenfalls stark zugenommen hat. – Weit reger, als in den Vorjahren, ist auch die übrige wissenschaftliche Produktion der Akademie: Die Zahl der Abhandlungen ist wieder im Wachsen begriffen; Kant-Ausgabe, Euler-Ausgabe, Politische Korrespondenz Friedrichs des Grossen, Corpus inscriptionum latinarum, Acta Borussica sind im letzten Jahre mit zum Teil sehr erheblichen Zahlen von Exemplaren zur Versendung gelangt. – Zu all diesem hinzu kommt nun der Nomenclator animalium, dessen Subskribentenzahl sich bereits auf 99 beläuft, und dessen Absatz darüber hinaus voraussichtlich und hoffentlich recht bedeutend sein wird. – Nicht nur die Versendung der Druckschriften, sondern auch die Bedienung des Vervielfältigungsapparates nimmt dauernd geraume Zeit in Anspruch. Werden doch viele Rundschreiben, die früher gedruckt wurden, jetzt bei uns selbst hergestellt, wodurch natürlich erheblich an Druckkosten gespart wird."[70]

Der Archivar der Akademie Eduard Sthamer (1883-1938) schlug vor, dafür „ein[en] junge[n] Mann oder ein junges Mädchen (ohne höhere Schulbildung)" stundenweise im Akademiebüro mit folgenden Arbeiten zu beschäftigen: Bedienung des Vervielfältigungsapparates, Heften von Akten und andere kleine Hilfsarbeiten im Bureau wie Vervielfältigen und Aufkleben von Adressen usw. Obwohl die Akademie für diese unattraktive Arbeit anfangs geschlechtsneutral einen jungen Mann oder eine junge Frau ohne höhere Schulbildung

---

69 ABBAW, II-IV-158, Bl. 2, Zeugnis für E. Roethe v. 1. November 1926.
70 ABBAW, II-IV-149/1, unpag., E. Sthamer, Vorlage an das Sekretariat v. 8. März 1926 (Abschrift).

suchte, so hatte sie aus Rentabilitätsgründen letztlich doch ein größeres Interesse an einer weiblichen Hilfskraft und nahm eine Frau als „mechanische Hilfskraft" an.[71] Die Akademie hatte für die Erledigung dieser rein mechanischen Hilfsarbeiten nur wenig zu bieten.

„Da Stellen nicht verfügbar sind, auch solche nicht bewilligt werden, so kommt nur eine stundenweise Beschäftigung gegen Bezahlung aus den sächlichen Fonds für Amts- und Hausbedürfnisse in Frage, die jederzeit, auch ohne Kündigung, sofort eingestellt werden kann. Als Entschädigung dürfte ein Satz von 60 Pfennig für die Stunde angemessen sein. [Dazu soviel, dass die Kosten für Krankenkasse und Versicherungen voll von uns aus gedeckt werden. Steuern kommen bei einem Betrage von monatlich 100 M nicht in Betracht.] Erwägt man, dass wir im Rechnungsjahr 1925 allein für Aktenheften 1346 M ausgegeben haben, während wir eine solche Hilfskraft bei 6stündiger täglicher Arbeit für rund 120 M im Monat, oder rd. 1200 M jährlich haben könnten, so ist die Rentabilität ohne weiteres ersichtlich. Dabei haben wir den Vorteil, dass die Akten laufend sofort geheftet werden können und nicht mehr, wie bisher, monatelang lose herumliegen, und dass uns ausserdem die Vervielfältigungsarbeiten laufend und schnell geleistet werden, wodurch der Akademiegehilfe [...], der oft tagelang mit den Arbeiten des Abziehens zu tun hat, für die Expeditions-Arbeiten frei gemacht wird. Gelingt es, ein junges Mädchen zu finden, dass ausserdem im Notfall auch zu Schreibmaschinenarbeiten herangezogen werden kann, so würde der Nutzen des neuen Arrangements für die Akademie um so grösser sein."[72]

Im Bereich der Akademieverwaltung wurde Frauen ein bestimmter Aufgaben- und Zuständigkeitsbereich zugewiesen. Sie erledigten Tätigkeiten, die Fremdsprachenkenntnisse, Stenographie- und Schreibmaschinenbeherrschung sowie kaufmännische beziehungsweise buchhalterische Fähigkeiten verlangten; Frauen wurden dafür gezielt nachgefragt. Ihre Beschäftigung war eine Folge der veränderten Nachfrage im Verwaltungsbereich und des fehlenden Angebots an geeigneten männlichen Arbeitskräften. Frauen übernahmen die Aufgaben, die zuvor von Kanzlisten ausgeführt wurden, zugleich in erweiterter Form. Obgleich die Verwaltungsaufgaben umfangreicher geworden waren, wurden Frauen zu schlechteren Konditionen als Männer eingestellt, was sich in ihrer relativ niedrigen Eingruppierung widerspiegelte.

Der Einzug von Frauen in die Akademieverwaltung war mit der Neuaufteilung der Verwaltungsarbeit verbunden. Während Männer die Positionen des Rechners/Kalkulators (später Bürovorsteher), des Hausmeisters sowie von Akademiegehilfen und Verwaltungsar-

---

71 Nach den Personalunterlagen im ABBAW, II-IV-149/1 und ABBAW, II-IV-120 wurden für diese Aufgaben Frauen eingestellt.

72 ABBAW, II-IV-149/1, unpag., E. Sthamer, Vorlage an das Sekretariat v. 8. März 1926 (Abschrift).

beitern besetzten, wurden Frauen sämtliche Schreibarbeiten zugewiesen und von den beiden ständigen Bürohilfsarbeiterinnen stets auch buchhalterische Fähigkeiten abverlangt. In den 1930er Jahren wurde vorübergehend eine Stenotypistin beziehungsweise Schreibhilfe beschäftigt, deren Aufgabe sich nur auf das „Tippen" reduzierte.[73] Die Beschäftigung von weiblichen Büroangestellten im Bereich der Akademieverwaltung war mit ihrer Separierung auf bestimmte Arbeitsplätze verbunden, wobei der empirische Befund auf eine horizontale Segregation verweist. Die Trennlinien verliefen somit anders als in den Forschungsprojekten, wo eine vertikale Segregation festgestellt wurde, weil die Büro- und technischen Arbeitsplätze unterhalb von akademischen und häufig von Männern eingenommenen Positionen überwiegend von Frauen besetzt wurden. In der Verwaltung waren zudem die einzelnen Arbeitsbereiche scharf voneinander abgegrenzt, und es bestanden kaum Durchlässigkeiten. Im Gegensatz dazu waren in den Forschungsprojekten Frauen weniger deutlich auf bestimmte Arbeiten festgelegt. Die Grenzen waren nicht scharf gezogen, was am oft nur vage definierten Anforderungsprofil für die wissenschaftlich-technischen Mitarbeiter in den Akademieprojekten und am relativ geringen Formalisierungsgrad in der Wissenschaft lag. Im Abschnitt drei wird das genauer untersucht.

2.3 REKRUTIERUNGSMUSTER UND -FELDER

Für die PAW stellte die Personalgewinnung eine Herausforderung dar, denn die Arbeitskräftenachfrage mußte mit dem Arbeitsmarktangebot in Verbindung gebracht werden. Da unter den Militäranwärtern Arbeitskräfte für die Akademieverwaltung nicht mehr gesucht werden konnten, war ein traditioneller und bewährter Rekrutierungsmarkt weggebrochen. Interessenten konnten sich in der Regel auch nicht bewerben, weil es noch keine Stellenprofile gab. Nur langsam tastete sich die Akademie an den neuen Arbeitsmarkt für mittlere Angestellte heran, wobei erwartungsgemäß dort schneller Kontakte geknüpft wurden, wo traditionsgemäß enge Beziehungen zu anderen Wissenschaftseinrichtungen bestanden. So konnten aus den wissenschaftlichen Bibliotheken, den Berliner Museen und aus der Universität Arbeitskräfte insbesondere für die Akademieprojekte gewonnen werden.

An Berlins großen Wissenschaftsbibliotheken, der Königlichen Bibliothek (später Preußische Staatsbibliothek) und der Königlichen Universitätsbibliothek, war ein breites Angebot an gut ausgebildeten Arbeitskräften vorhanden. Dabei spielte die enge räumliche und personelle Verbindung der kleinen Akademiebibliothek mit der Kö-

---

73 ABBAW, II-IV-42; ABBAW, II-IV-170; ABBAW, II-IV-102; ABBAW, II-IV-187.

niglichen Universitätsbibliothek und der Königlichen Bibliothek eine Rolle. Als ranghöchstem Verwaltungsmitarbeiter oblag es dem wissenschaftlichen Bibliothekar und Archivar der PAW, geeignete Arbeitskräfte für die Verwaltung und die Bibliothek ausfindig zu machen und zu engagieren. Otto Köhnke hatte alle Stationen seiner wissenschaftlichen Bibliothekslaufbahn an der Königlichen Universitätsbibliothek zu Berlin durchlaufen. Nach Promotion (1888) und Staatsexamen (1889) an der Berliner Universität trat er als Volontär in den Dienst der Universitätsbibliothek, wurde 1890 „remunerirter Hülfsarbeiter", 1894 Bibliotheksassistent, erwarb das Zeugnis der Befähigung zum wissenschaftlichen Bibliotheksdienst bei der Königlichen Bibliothek zu Berlin und den Königlichen Universitätsbibliotheken, wurde 1896 Hilfsbibliothekar und schließlich 1898 Bibliothekar und Archivar bei der PAW im Range eines wissenschaftlichen Beamten.[74] Otto Köhnke konnte vermutlich seine eigenen Beziehungen aktivieren, um Hilfsarbeiterinnen für die Akademie zu gewinnen. Die bibliothekarisch geschulten Mitarbeiterinnen wurden ausnahmslos aus dem Umkreis der Königlichen und der Universitätsbibliothek rekrutiert. Darüber hinaus stellten die Museen und die Universität eine Rekrutierungsbasis dar. Charlotte Grade war beispielsweise am Ungarischen Institut beschäftigt, ehe sie Heinrich Lüders als Konservatorin für die Turfan-Forschung gewann. Luise Ehelolf arbeitete als Photographin am Vorderasiatischen Museum und führte zugleich wissenschaftliche Photographierarbeiten für die Orientalische Kommission aus.[75]

Büro- und technische Angestellte wurden auch in den Wirtschaftsunternehmungen beschäftigt – kaufmännische Angestellte beziehungsweise Personen mit einer kaufmännischen Grundausbildung, Fremdsprachenkenntnissen und außerdem Stenographie- und Schreibmaschinenbeherrschung.[76] Der Wirtschaftssektor wurde somit zum zweiten wichtigen Rekrutierungsmarkt für mittlere Angestellte an der PAW. Da die Wissenschaftsorganisation aber über keine direkten Verbindungen zur Wirtschaft verfügte, mußte sie zunächst einmal Fühlung mit ihr aufnehmen. Die entsprechenden Erkundigungen hatte der Bibliothekar und Archivar der Akademie einzuziehen. Der nahm den krankheitsbedingten Dienstausfall des alten Hermann Friedrich zum Anlaß, um 1917 bei Wirtschaftsunternehmen in der Stadt nach einer „geeigneten Kraft" für die Kanzleiarbeiten nachzufragen. Der Prokurist der „Actien-Gesellschaft Nordstern" in Berlin-Schöneberg überreichte Otto Köhnke daraufhin das Bewerbungsschreiben und den Lebenslauf einer „jungen Dame", welche ihm selbst „von der Handelsakademie, bei der sie

---

74 Rex 2002, S. 95ff.
75 Jonker 1998, S. 29f; Jonker 2002.
76 Siegrist/Vetterli 1985.

zurzeit einen Stenographie- und Schreibmaschinenkursus durch-
macht, empfohlen wurde".[77] Mangels eigener Erfahrungen ließ sich
die PAW von ihm auch die Anstellungskonditionen für die Bürokraft
vorschlagen. Und so kam es, daß man sich bei der erstmaligen Beschäftigung einer Frau in der Akademieverwaltung an den in der
Wirtschaft üblichen Konditionen orientierte. Die Berufsanfängerin
wurde mit einem Anfangsgehalt von 100 Mark pro Monat bei täglich
vierstündiger Arbeitszeit und zweimonatiger Probedienstzeit angenommen.

Die über Verwandtschaftsbeziehungen und persönliche Empfehlungen vermittelte Vertrauenswürdigkeit einer Person spielte vor allem bei der Rekrutierung der ersten weiblichen Angestellten eine
wichtige Rolle.[78] Als Martha Luther ihre Tätigkeit beim zoologischen
Unternehmen Das Tierreich aufnahm, hatte dort nur wenige Monate
zuvor ihr Bruder, der angehende wissenschaftliche Bibliothekar und
spätere Direktor der Universitätsbibliothek Greifswald, Johannes
Luther (1861-1954), ein Praktikum absolviert.[79] Er empfahl vermutlich seine Schwester Martha als „bibliographisch geschulte Dame",
wodurch sie Zugang zur Wissenschaft erhielt. Martha Luther wiederum dürfte Helene Born und Hedwig Graeber (1886-) als Bürohilfsarbeiterinnen bei den zoologischen Akademieprojekten empfohlen haben. Die Frauen wohnten in einem Lehrerinnenwohnheim in
Berlin-Pankow und kannten sich. Auch die beim astronomischen
Unternehmen GFH als Rechnerinnen beschäftigten Lehrerinnen
Paula Ristenpart, Rose Wendland und Helene Kunith kannten sich
persönlich.

Als 1919 ein gedruckter Bibliothekskatalog hergestellt werden
sollte, beantragte Eduard Sthamer eine „weibliche Hilfskraft", wie
sie auch sein Amtsvorgänger Otto Köhnke zeitweilig beschäftigte.[80]
In seinem Antrag an das Sekretariat formulierte er:

„Fräulein Emmy Schultze, die seinerzeit unter Herrn Professor Dr. Köhnke für
die Bibliothek der Akademie gearbeitet hat, kommt nicht mehr in Frage, da sie
inzwischen eine feste Anstellung an einer Bibliothek erhalten hat. Sie empfiehlt
die Hilfsarbeiterin Fräulein Johanna Kilian von der Universitäts-Bibliothek, die

---

77 ABBAW, II-IV-111, unpag., A. Kothe, Prokurist der Actien-Gesellschaft Nord-
    stern, Berlin-Schöneberg an Prof. Dr. Köhnke, Bibliothekar und Archivar der
    Königlichen AdW v. 19. Oktober 1917.
78 Vgl. Nienhaus 1995; Zimmeck 1995.
79 ABBAW, II-VII-20, Abrechnungsunterlagen. Biographisches zu J. Luther bei
    Habermann/Klemmt/Siefkes 1985, S. 205.
80 Rex 2002, S. 110f.

mir auch seitens eines mir persönlich bekannten Bibliothekars der Universitäts-Bibliothek als tüchtig und geeignet bezeichnet worden ist."[81]

Die von Emmi Schultze empfohlene Johanna Kilian (1896-) wurde im Frühjahr 1919 als Hilfsarbeiterin in der Akademiebibliothek eingestellt.[82] Die persönlichen Empfehlungen von Frauen beruhten weniger auf verwandtschaftlichen Beziehungen als vielmehr auf beruflichen Netzwerken. Eine Bewerbung als Bürohilfsarbeiterin in der Akademieverwaltung war seit 1918 möglich, nachdem die Stelle einer planmäßigen Hilfsarbeiterin im „Bureau der Akademie" errichtet worden war, was auch ihre Wiederbesetzung im Falle einer Vakanz einschloß. Die erste Bürohilfsarbeiterin, die sich schriftlich „um eine zu vergebende Stellung als Probe-Hilfsarbeiterin" bei der PAW bewarb, war Liselotte Seebohm (1896-), die Nachfolgerin von Elfriede Meyer. Mit ihr vereinbarte die Akademie eine einmonatige Probezeit und schloß anschließend einen Arbeitsvertrag ab. Darin übertrug sie ihr die Arbeiten „einer Hülfsarbeiterin im Bureau der Akademie", und zwar zu den gleichen Konditionen wie bei ihrer Vorgängerin Elfriede Meyer.[83]

Ob mit dem Aufkommen von Bewerbungen die Rolle von persönlichen Empfehlungen bei der Suche nach geeigneten Arbeitskräften abnahm, ließ sich nicht feststellen. Dagegen verloren die Verwandtschaftsbeziehungen im Laufe der Zeit an Bedeutung. Zwar wurden in der Akademieverwaltung auch Töchter von Akademiemitgliedern oder leitenden Mitarbeitern als Bürohilfsarbeiterinnen beschäftigt. So war beispielsweise Eva Roethe (1899-), die Tochter des 1926 verstorbenen Akademiemitglieds und ständigen Sekretars Gustav Roethe, von Januar 1925 bis Oktober 1926 aushilfsweise als Hilfsarbeiterin im Akademiebüro tätig. Weil an der Akademie keine Stellen frei wurden, schied sie auf eigenen Wunsch aus, „um sich eine Stellung mit voller Beschäftigung zu suchen" und wechselte an die Kaiser-Wilhelm-Gesellschaft.[84] Auch Charlotte Apstein (1906-), die Tochter des wissenschaftlichen Beamten beim Unternehmen Das Tierreich, Carl Apstein (1862-1950), hatte in den 1920er Jahren kurzzeitig die Stelle der Hilfsarbeiterin an der Akademie inne.[85] Verwandtschaftsbeziehungen konnten für den Zugang dieser Frauen zur PAW von Vorteil sein, nicht aber die von Bürohilfsarbeiterinnen geforderten formalen Qualifikationen ersetzen.

---

81 ABBAW, II-IV-98, Bl. 2, E. Sthamer an Vorsitzenden Sekretar v. 17. Februar 1919.
82 ABBAW, II-IV-98, Bl. 6.
83 ABBAW, II-IV-171, Vertrag PAW [G. Roethe] mit Liselotte Seebohm v. 31. Dezember 1920.
84 ABBAW, II-IV-158.
85 ABBAW, II-IV-29.

Über die Einstellung von Hilfsarbeiterinnen in die Akademieverwaltung entschied das Sekretariat, d.h. die aus den vier ständigen Sekretaren bestehende Akademieleitung. Lagen Bewerbungsschreiben vor, konnte unter mehreren Bewerberinnen eine geeignete Kandidatin ausgewählt werden. Gelegentlich bot die Akademie die freie Hilfsarbeiterinnenstelle in der Verwaltung selbst potentiellen Kandidatinnen an. Seit 1920 wurden mit den Verwaltungsangestellten standardisierte schriftliche Arbeitsverträge abgeschlossen.[86] Nach der Dienstanweisung aus dem Jahre 1922 war die Bürohilfsarbeiterin in der Akademieverwaltung für die Vervielfältigung der Sitzungsprotokolle zuständig, hatte den laufenden Schriftwechsel der Akademie nach den Diktaten der Sekretare und des Archivars zu erledigen und konnte darüber hinaus im Bedarfsfall zu jeder weiteren Art schriftlicher oder sonstiger „Bureauarbeit" herangezogen werden.[87] Im konkreten Einzelfall konnte das beinhalten: die stenographische Aufnahme des Schriftwechsels der Akademie und Übertragung in Maschinenschrift, die Führung des Brieftagebuchs über Ein- und Ausgänge des Schriftwechsels der PAW und vertretungsweise auch die Geschäfte der Hilfsarbeiterin der Akademiebibliothek zu versehen.[88] Die Dienstinstruktionen ließen den Verwaltungsangestellten nur einen geringen Ausgestaltungsspielraum, zum Beispiel bei der Arbeitszeiteinteilung. So hatte die Verwaltungsangestellte laut obiger Instruktion eine tägliche achtstündige Arbeitszeit mit Präsenzpflicht von 13-19 Uhr an den Sitzungstagen der Akademie und von 9-15 Uhr an den übrigen Wochentagen, „jedoch mit der Massgabe, dass die Hilfsarbeiterin auch über diese Zeit hinaus ihre Arbeitskraft der Akademie ohne besondere Entschädigung zur Verfügung stellen muss, wenn die Dienstgeschäfte es erfordern."[89]

2.4 ARBEITSORTE

Die Büro- und technischen Mitarbeiterinnen gingen in der Regel einer außerhäuslichen Erwerbsarbeit nach. Dies wurde in den ersten beiden Jahrzehnten des 20. Jahrhunderts für Frauen zu einer im-

---

86 Exemplarisch hierfür: ABBAW, II-IV-186, Bl. 4, Vertrag PAW [G. Roethe] mit Hertha Timme v. 1. Oktober 1925. – Das Sekretariat übertrug ihr die Stelle der Hilfsarbeiterin zu folgenden Konditionen: tägliche Arbeitszeit acht Stunden, Vergütung nach dem Tarif für Lohnangestellte im Staatsdienst Gr. V; Dienstvorgesetzter war der Archivar der Akademie.

87 ABBAW, II-IV-24, Bl. 179, Dienstanweisung für die Hilfsarbeiterin im Bureau der PAW v. 31. März 1922.

88 ABBAW, II-IV-118, Bl. 16, Zeugnis für E. Leistikow, Hilfsarbeiterin im Büro v. 26. Oktober 1922.

89 ABBAW, II-IV-24, Bl. 179, Dienstanweisung für die Hilfsarbeiterin im Bureau der PAW v. 31. März 1922.

mer größeren Selbstverständlichkeit. Jedoch vollzog sich im Wissenschaftsbereich der Übergang für Frauen nicht immer ohne Schwierigkeiten. Mitunter konnten Büro- und technische Mitarbeiterinnen – anders als die Professorenehefrauen – auch um 1900 Probleme beim Zutritt in die Wissenschaftsgebäude haben. Ob Frauen Zugang in die Akademieprojekte erhielten oder nicht, war vom Wohlwollen und von der Einstellung der Professoren und Leiter abhängig. Im Einzelfall wurde die Beschäftigung von technischen Mitarbeiterinnen zwar im häuslichen Rahmen geduldet, nicht aber in öffentlichen Institutionen, wie das folgende Beispiel verdeutlicht.

Die um die Jahrhundertwende beim astronomischen Unternehmen Geschichte des Fixsternhimmels als Rechnerinnen beschäftigten Frauen, von denen manche ein Lehrerinnenexamen besaßen, erledigten einfache Katalog- und Rechenarbeiten. Sie übertrugen die Koordinaten von Sternen aus Katalogen auf Zettel und arbeiteten vorwiegend einige Stunden am Nachmittag.

„Es handelt sich um Damen der guten Gesellschaft, die, wie dies bei dem engen Zusammenleben in meiner Wohnung gar nicht anders möglich ist, wo der Junge sein Spiel oft bis in die Arbeitszimmer treibt, auch mit meiner Frau in Verkehr gekommen sind, und bisweilen nach den Arbeitsstunden noch ein Stündchen mit meiner Frau musiziert oder mit dem Kleinen gespielt haben."[90]

Für das Unternehmen waren anfangs mit der Wohnung des wissenschaftlichen Beamten verbundene Arbeitsräume eingerichtet worden. Durch diese Verknüpfung war die Grenze zwischen Arbeits- und Wohnbereich fließend. In Ristenparts Schilderung trug die Arbeit der Frauen den Charakter des Geselligen und des Zeitvertreibs und fand im häuslichen Rahmen statt. Der wissenschaftliche Beamte, der zugleich der männliche Haushaltsvorstand war, kontrollierte und beaufsichtigte ihre Arbeit:

„Jetzt wird von 8 Uhr Morgens bis 8 resp. 9 Uhr Abends fast ununterbrochen in meiner Wohnung gearbeitet und ich bin stets zur Hand, um Auskunft zu geben. Bin ich aber auch einmal einen Nachmittag abwesend, so stehen die Herren und Damen doch unter Kontrolle, da sie nie wissen wann ich wiederkomme, und etwaige an einem solchen Nachmittage übrig bleibende Zweifel werden am nächsten Nachmittag erledigt."[91]

Die räumliche Situation des Unternehmens sollte sich jedoch bald ändern. Mit dem Anwachsen des Zettelarchivs wurde die Raumkapazität in der Friedenauer Wohnung des wissenschaftlichen Beamten zu klein. Die akademische Kommission mietete daraufhin in der

---

90 ABBAW, II-VII-27/2, unpag., F. Ristenpart an [A. Auwers] v. 18. März 1903.
91 Ebd.

unmittelbaren Nähe des Akademiegebäudes einige Räume im Orientalischen Seminar der Universität in der Dorotheenstraße. 1903/04 verlegte man das Arbeitsbüro dorthin, wodurch Wohn- und Arbeitsort endgültig voneinander getrennt wurden. Während die männlichen Mitarbeiter selbstverständlich in die neue Arbeitsstätte wechselten, wurde für die Mitarbeiterinnen die Verlegung des Arbeitsbüros zu einem Problem, denn Friedrich Ristenpart befürchtete, die weiblichen Hilfskräfte nicht mehr kontrollieren zu können. An den akademischen Leiter des Unternehmens, Arthur Auwers, schrieb er:

„Ein Bedenken hat überdies die obige räumliche Trennung von Wohnung und Bureau, daß diejenigen Hülfskräfte, die nur Nachmittags kommen können, wie zum Beispiel Lehrerinnen ohne [Aufsicht] arbeiten. [...] Ist das Bureau in Berlin, die Wohnung draußen, so würde ich die nur Nachmittags thätigen Hülfskräfte überhaupt nicht zu Gesicht bekommen wenn ich nicht meine eigene Zeit über Gebühr zersplittern wollte."[92]

An anderer Stelle wiederholt er:

„Das sehr geeignete Arbeitspersonal, welches ich bislang an Lehrerinnen habe schätzen lernen, ist der einzige Punkt, welcher mich die Verlagerung des Bureaus nach der Dorotheenstraße beklagen läßt. Dieselben können nur nachmittags arbeiten. [Soll ich] dieselben aber auch nachmittags kontrollieren, so erwächst mir eine Zeitzersplitterung, in welchem Vorort ich auch immer wohnen mag, die ich mir selbst nicht zumute, und die mir gewiß nicht zugemutet wird. Denn die Dorotheenstraße 5 ist vom Potsdamer Bahnhof 3 km, vom Stettiner Vorortbahnhof 2 km entfernt, an der Stadtbahn liegt das künftige Bureau zwar nahe, indessen fährt diese so lange [...], daß auch [...] der 4malige tägliche Zeitaufwand für (Fahrt + Weg) nicht unter 3 Stunden herauskommt. [...] in der Nähe des Bureaus kann ich nicht wohnen wegen der unerschwinglichen Preise [...] Ich betrachte diesen Punkt also mit einer Sorge, die ich nicht früh genug ansprechen kann. Damen, wie Frl. Bagensky, die den Vormittag freihaben (sie ist Tochter eines pensionierten Majors) giebt es sehr wenige und dieselben haben meist nicht die ausreichende Vorbildung. Will eine solche Dame Geld verdienen, so sucht sie meist eine Beschäftigung für den ganzen Tag und [noch] für einige Stunden."[93]

In Friedrich Ristenparts Vorstellungswelt war die Arbeit von Frauen in der Wissenschaft noch gleichbedeutend mit häuslicher Arbeit, was weitgehend der Tradition entsprach. Weder er noch die Kommission sahen ein Problem darin, Frauen im häuslichen Rahmen für das Akademieprojekt zu beschäftigen. In ein Institutsgebäude sollten sie jedoch nicht mitziehen. Immerhin wurde ihre Beschäftigung an einem öffentlichen Ort problematisiert. Man glaubte, Frau-

---

92 Ebd.
93 ABBAW, II-VII-27/2, unpag., F. Ristenpart an [A. Auwers] v. 26. Mai 1903.

en im geordneten und sicheren häuslichen Rahmen besser beaufsichtigen und kontrollieren zu können, wobei unterschwellig die Annahme mitschwang, der Wissenschaftsmann könne hier seine Autorität stets auch als Haushalts- respektive Familienoberhaupt durchsetzen. Insofern waren Ristenparts „Bedenken" zunächst einmal ein Ausdruck von bestehenden Unsicherheiten, vielleicht auch von einer gewissen Abneigung gegenüber der Anwesenheit von Frauen in öffentlichen Wissenschaftsinstitutionen.

Da von den Frauen keine Selbstzeugnisse überliefert sind, fehlen Informationen darüber, ob sie unter den veränderten Umständen überhaupt zur weiteren Mitarbeit im Akademieprojekt bereit waren. Denn der durch die Verlagerung des Arbeitsbüros ins Zentrum Berlins verlängerte Anfahrtsweg erforderte einen größeren Zeitaufwand, um an den Arbeitsort zu gelangen, wodurch sich die Arbeitsbedingungen für die Frauen verschlechterten. Vor allem die Lehrerinnen, die nur nachmittags arbeiteten, wollten oder konnten vielleicht den weiten Weg nicht auf sich nehmen und nicht mehr Zeit als nötig für ihre Mitarbeit beim Akademieprojekt investieren. Fest steht jedoch: Für die Lehrerinnen hatte die Verlegung des Arbeitsbüros von der Wohnung des Beamten in das Universitätsgebäude andere Folgen als für die Männer. Keine der Frauen zog mit in die neuen Arbeitsräume um, und bis Mitte 1905 schieden alle Frauen aus: Frau von Bogen wurde gekündigt; Clara Bagensky verlobte sich Ende 1904; Maria von Streit schied Ende Januar 1905 aus, weil die Mittel für ihre Bezahlung fehlten. Helene Kunith gab als letzte ihre fast zweijährige Tätigkeit auf, als sie eine Lehrerinnenstelle erhielt. Vorläufig war damit die Teilnahme von Frauen an der Forschungsarbeit bei diesem Unternehmen beendet. Erst nach dem Ersten Weltkrieg wurden wieder Frauen beschäftigt.

Der Übergang von Frauen in die Arbeitswelt der Wissenschaft konnte mit Unsicherheiten verbunden sein, wie das Beispiel gezeigt hat. Quellenmäßig gibt es aber keine weiteren Belege für bestehende Zugangsprobleme von Büro- und technischen Mitarbeiterinnen. Beim zoologischen Akademieprojekt Das Tierreich arbeiteten regelmäßig seit 1898 bibliographische Hilfsarbeiterinnen. Das Arbeitsbüro befand sich im Museum für Naturkunde in der Invalidenstraße, wo ebenfalls Frauen tätig waren, denn die beim Akademievorhaben beschäftigten Frauen wurden „wie die beim zoologischen Museum beschäftigten Damen" bezahlt.[94] Sie waren nicht die ersten im Museum tätigen „Damen" und erhielten ohne Schwierigkeiten Zutritt zum Akademieprojekt.

---

94 ABBAW, II-IV-121, Bl. 1.

3. Situation in der Arbeitswelt

3.1 RENTABILITÄT

Büro- und technische Hilfsarbeiterinnen machten Arbeit in der Wissenschaft, aber leisteten keine wissenschaftliche Arbeit. Die Einstellung von Extra-Arbeitskräften für einfache, konkrete, oft quantifizierbare und mechanische Arbeit, die Geschicklichkeit und Fingerfertigkeit verlangte und sich nahezu voraussetzungslos ausführen ließ, die als leicht und prestigearm galt, bedurfte daher in der Regel einer besonderen Rechtfertigung und unterlag strengen Kosten-Nutzen-Abwägungen. So heißt es über die 1913 beim Deutschen Rechtswörterbuch beschäftigte Schreibhilfe: „Durch die im vorigen Jahre beschlossene Anstellung des Frl. Nack sind unsere Finanzen eben stärker angespannt worden, aber sie ist zur Zeit unentbehrlich."[95] Und nachdem 1921 die Bürohilfsarbeiterin beim Deutschen Wörterbuch in Göttingen selbst beim Preußischen Kultusministerium um die Nachzahlung einer Teuerungszulage und die Zahlung eines tarifmäßigen Gehaltes nachgesucht hatte, erklärte ihr Vorgesetzter Edward Schröder gegenüber der Akademie:

„[Dora] Becker ist s. Z. während meiner Abwesenheit im Felde als Bureau-Hilfskraft mit diätarischer Bezahlung angenommen worden, die ich von 3,50 Mk auf 4,50 Mk erhöhte. [...] Auf eine bescheidene Anfrage von Frl. Becker mußte ich ihr erwidern, dass mir für Bureauarbeiten, die sie allein leistete, allerdings zu meiner vollen Befriedigung, weitere Mittel nicht zur Verfügung ständen. [...] Frln. Becker hat keine höhere Schulbildung genossen, soviel ich weiß, und konnte nur Bureauarbeit: Buchführung u. Einordnung [der] Zettel. Wäre sie gegangen, so hätte ich gern die Gelegenheit ergriffen und eine wissenschaftliche [Hilfskraft] beantragt. Besonderen Wert legte ich auf sie nicht. Bei dem DRWB war in Heidelberg eine hochgebildete Dame beschäftigt, welche selbständig nicht nur gewisse deutsche, sondern auch niederländische Quellen, die ihr zugewiesen wurden, excerpieren konnte. Sie erhielt 1 800 Mk und später (nicht vor 1920) 2700 Mk – für eine ungleich wertvollere Leistung. Das mag erklären, warum ich Frln. Becker, die, wie gesagt, die ihr zugewiesenen, aber doch durchaus subalterne Arbeit, gewissenhaft erledigte zu so niedrigem Satze beibehalten, aber keineswegs festgehalten habe."[96]

Sie hätte jederzeit kündigen können, „dann wäre ich freilich genötigt gewesen, mir eine andere Hilfskraft zu suchen [und] von der Akademie die Aufstellung eines weiteren Hilfsarbeiters von wissenschaftlicher Vorbildung zu erbitten."[97] Daraufhin lehnte die PAW in

---

95 ABBAW, II-VIII-245, unpag., R. Schröder an H. Brunner v. 4. März 1914.
96 ABBAW, II-IV-32, Bl. 4, E. Schröder an E. Sthamer v. 10. Oktober 1921.
97 ABBAW, II-IV-32, Bl. 3.

ihrem Bericht an das Ministerium die Forderungen der Bürohilfsarbeiterin nach tariflicher Bezahlung ab, weil die Bedingungen dafür nicht erfüllt wären. Dora Becker habe nicht im direkten Dienstverhältnis zur PAW gestanden, vielmehr nur aufgrund mündlicher Vereinbarungen mit dem Leiter der Göttinger Zentralsammelstelle Bürodienste geleistet, „die stets nur den Charakter des Provisorischen trugen, jederzeit kündbar waren und keineswegs als eine Vollbeschäftigung im Sinne der Tarife angesehen werden konnten."[98]

Als außerordentliche Hilfskräfte wurden sie zu Konditionen angenommen, die ein Höchstmaß an Flexibilität und Anpassung an die Erfordernisse der Unternehmen ermöglichten. Da die Aufgabenbereiche von Bürohilfsarbeiterinnen nicht einheitlich waren und Stelleninhaltsbeschreibungen fehlten, variierten die Leistungen der technischen Hilfskräfte mitunter erheblich. Während beim Deutschen Rechtswörterbuch die technische Hilfskraft offenbar wie ein Wissenschaftler einsetzbar war und auch Quellen exzerpierte, beklagte sich Edward Schröder darüber, daß die Bürohilfe beim Deutschen Wörterbuch nur Büroarbeit beherrschte und dadurch eine vergleichsweise teure Arbeitskraft war. Die ersten Bürohilfsarbeiterinnen wurden zumeist aufgrund „mündlicher Abmachungen" mit dem wissenschaftlichen Beamten des Unternehmens oder dem Kommissionsvorsitzenden eingestellt. Die mündlich getroffenen Vereinbarungen waren nicht einklagbar, ließen sich relativ leicht abändern und somit flexibel den veränderten Erfordernissen anpassen.[99]

Auf den provisorischen Charakter von Bürodiensten ist bereits hingewiesen worden. Beim Deutschen Wörterbuch wurden die Bürohilfsarbeiterinnen „privat" vom Leiter der Göttinger Sammelstelle eingestellt. Sie wurden für ihre Arbeit, das Zettelordnen, bezahlt und waren jederzeit kündbar. Die technischen Hilfskräfte wurden bei Bedarf sporadisch hinzugezogen und nach Erledigung der konkreten Aufgaben, für die sie angenommen worden waren, schnell wieder freigesetzt, ohne daß es einer besonderen Begründung bedurfte. Sie hatten den Status von außerordentlichen Hilfskräften. Fehlte das Geld, konnten sie ebenfalls ihre Beschäftigung verlieren, auch wenn die Arbeiten, für die sie angenommen worden waren, noch nicht erledigt waren. So mußten beim Astronomieprojekt Geschichte des Fixsternhimmels die für einfache Rechenarbeiten benötigten zahlreichen Hilfskräfte bereits nach wenigen Jahren für den Druck des „Fehlerverzeichnisses" weichen, da die Kosten für diese Publikation sehr hoch waren. Beim DRW in Heidelberg wurden 1912 die Exzerptoren kurzerhand abgeschafft, weil sie für das

---

98 ABBAW, II-IV-32, Bl. 11, Bericht der PAW an das Preußische MfWKV v. 16. Dezember 1921.

99 Kocka 1969.

Unternehmen zu teuer wurden.[100] Zwar betraf das in diesem Fall zumeist Studenten, tendenziell aber waren häufig Frauen von Einsparmaßnahmen betroffen, weil ihre Einstiegspositionen meist niedrig und daher unsicher waren. Unsicher waren die Beschäftigungsverhältnisse an der PAW vor allem deshalb, weil die Annahme von technischen Arbeitskräften grundsätzlich nur nach Maßgabe der den akademischen Kommissionen zur Verfügung stehenden Sachmittel erfolgen konnte, da die Kommissionen im Unterschied zu Forschungsinstituten nicht über Mitarbeiteretats und damit nicht über Personalmittel verfügten. Die überwiegend auf Honorarbasis beschäftigten technischen Mitarbeiter waren somit extrem von der finanziellen Situation der Unternehmungen abhängig.

Die Honorare und Gehälter der Büro- und technischen Mitarbeiter in den Akademieprojekten waren unternehmensspezifisch. Die bibliographischen Hilfsarbeiterinnen beim Tierreich-Unternehmen, die zu den gleichen Konditionen angenommen worden waren wie die beim Naturkundemuseum beschäftigten Frauen, erhielten gehaltsähnliche monatliche Honorare, weil sie als ständige Mitarbeiter der Arbeitsstelle galten. Ein gehaltsähnliches festes Honorar erhielt auch die Bürohilfsarbeiterin beim Deutschen Rechtswörterbuch sowie die erwähnte Dora Becker beim Deutschen Wörterbuch. Anfangs betrug ihre Entlohnung 1800 M, nach 1920 2700 M im Jahr; das entsprach dem, „was zu jener Zeit überhaupt an die Lohnangestellten bei den akademischen Unternehmungen, auch an die mit abgeschlossener Hochschulbildung, gezahlt wurde."[101] Da Frauen regelmäßig und häufig für einfache und leicht quantifizierbare Arbeiten angenommen und solche Arbeiten nach einem anderen Modus bezahlt wurden, erhielten die Bürohilfsarbeiterinnen überwiegend lohnähnliche Honorare, zum Beispiel die beim astronomischen Unternehmen beschäftigten Rechnerinnen. Häufiger noch wurden jedoch lohnähnliche Stück- oder Stundenhonorare gezahlt.

Ein Zettelhonorar erhielt beispielsweise Elisabeth Morgenstern, die beim ÄWB ausschließlich für das alphabetische Ordnen von Zetteln angenommen worden war. Diese Tätigkeit ließ sich leicht quantifizieren und wurde nach Stück bezahlt. Elisabeth Morgenstern erhielt für die Einordnung von jeweils 300 Zetteln eine Mark.[102] Ihr durchschnittliches Jahreseinkommen betrug um 1900 etwa 150 Mark, 1905 erhielt sie 382 Mark und im Jahr 1907 sogar einmal 896 Mark.[103] Beim Unternehmen Geschichte des Fixsternhimmels wurden Rechner und Rechnerinnen für das Heraussuchen von

---

100 ABBAW, II-VIII-245, unpag., Abrechnung 1912; R. Schröder an H. Brunner v. 7. Dezember 1912.
101 ABBAW, II-IV-32, Bl. 11, PAW an MfWKV v. 16. Dezember 1921.
102 Grapow 1953, S. 21.
103 Jonker 1998, S. 22; Jonker 2002.

Sternpositionen aus Katalogen und ihre Übertragung auf besondere Zettel beschäftigt. Sie galten als nichtständige Hilfskräfte, waren für „besondere" oder „außerordentliche Hilfsarbeit" angenommene Arbeitskräfte und unterlagen strengen Kosten-Nutzen-Abwägungen. Gefragt und geschätzt waren „flinke Arbeiter", denn die Hilfskräfte erhielten keine festen Gehälter, sondern nach Stunde und Stückzahl berechnete Honorare. Ihre Tätigkeit ließ sich ebenfalls leicht quantifizieren – zudem ließ sich billiger als von einer Frau kein Stern eintragen.

Generell wurden Frauen geringer entlohnt als Männer. Beim Astronomieprojekt erhielten die Rechnerinnen zwei Drittel des Honorars eines männlichen Mitarbeiters.[104] „Sie werden eigentlich zu schlecht honoriert", stellte ihr Vorgesetzter Friedrich Ristenpart fest, „und ich habe bei Frl. B[agensky] und K[ieselack] mehrfach durch freundliche Anerkennung ihres wirklich großen Eifers das geringe Honorar auszugleichen gesucht."[105] Als Friedrich Ristenpart im Haushaltsplan 1903 für außerordentliche Hilfsarbeiten 2100 Mark beantragte, erschien diese Summe dem Kommissionsvorsitzenden Arthur Auwers als viel zu hoch, und er kürzte sie um mehr als die Hälfte auf 950 Mark.[106] Um mit diesem Geld auszukommen, stellte Ristenpart ein Rechenexempel auf, wonach bei einem „Stundensatz von 50 Pfennig pro Stunde und Fahrtentschädigung nach Friedenau" die Arbeitsleistungen der Frauen erheblich billiger zu haben wären als von Männern: Da Clara Bagensky und „Frl. Kieselack" durchschnittlich 33, Rose Wendland durchschnittlich 27 Sterne pro Stunde erledigten, also im Mittelwert rund 30 Sterne in der Stunde schafften, und dafür mit Einschluß des Fahrgelds etwa 54 Pfennig erhielten, käme ein Stern auf rund 1,8 Pfennig.[107] – Wenn er von einer Frau eingetragen wurde! Die Rentabilität ließ sich sogar noch steigern, indem zwischen Stunden- und Stückhonoraren differenziert wurde: Alexandrine von Bogen, eine verwitwete und vermutlich ältere Frau, arbeitete in einem etwas langsameren Tempo als die anderen Rechnerinnen. Friedrich Ristenpart empfahl deshalb dem Kommissionsvorsitzenden Arthur Auwers, sie nicht nach Stunde, sondern nach der Anzahl der „erledigten Sterne" zu bezahlen, weil sie sonst für das Unternehmen eine zu teure Arbeitskraft sei.

---

104 ABBAW, II-VII-27/1, unpag., Jahresbericht v. F. Ristenpart an die Kommission (1903).

105 ABBAW, II-VII-27/2, unpag., F. Ristenpart an [A. von Auwers] v. 18. März 1903.

106 ABBAW, II-VII-27/1, unpag., F. Ristenpart, Etatentwurf für GFH 1903 v. 30. März 1903 [mit Anmerkung von A. von Auwers].

107 ABBAW, II-VII-27/2, unpag., F. Ristenpart an [A. von Auwers] v. 18. März 1903.

„Über die Sorgfalt und [Schnelligkeit] ihrer Arbeit hatte ich nicht zu klagen," –
so Friedrich Ristenpart – „mir war Sie, wenn Sterne vorkamen, die in Referenz-
katalogen erst [aufgeführt] werden mußten, dabei zu unsicher, fragte aber gewissenhaft immer, und dieses fortwährende Heranziehen meiner Person wurde
mir zu zeitraubend. [...] Sie [...] kann von ihrer Witwenpension nicht leben. Vielleicht kann ein durch ehrliche Arbeit erworbener Zuschuß [...] diese aufbessern.
Damit Sie ganz sicher gehen, darf ich vielleicht anraten, die Dame nach der
Sternzahl und nicht nach der Zeit zu bezahlen und erbiete mich überdies die
Arbeit in der ersten Zeit zu überwachen und anzuleiten, damit <u>Sie</u> darauf nicht
in Anspruch genommen sind."[108]

Die Leistungen von Frauen anders zu werten als die von Männern,
war eine weder begründungspflichtige noch erklärungsbedürftige
selbstverständliche Praxis. Die „Billigkeit" der Frauen war ein wesentlicher Grund dafür, weshalb sie als Hilfskräfte in den Unternehmungen gefragt waren. Ihre Beschäftigung brachte den Unternehmungen Vorteile, wenn es darum ging, massenhafte Sammel-
und leicht quantifizierbare Arbeiten schnell und preiswert erledigen
zu lassen. Insofern war ein unternehmerisches Effizienzdenken
auch in der Wissenschaft nicht fremd, und der Unterschied zu einem Industrieunternehmen mit Fließband- und Akkordarbeit war in
dieser Hinsicht gering. Beim Astronomieprojekt wurden im Jahre
1903 rund 170.000 Sternpositionen eingetragen, 151.000 Positionen kamen 1904 dazu. Anfang 1905 war die Zahl der verzettelten
Katalogörter auf insgesamt 747.000 gestiegen.[109] Fast die Hälfte war
in den Jahren 1903/04 verzettelt worden. Nach Einschätzung des
wissenschaftlichen Beamten sei das „reiche Ergebnis" für das Unternehmen „auch" auf die Arbeitsleistungen der Frauen zurückzuführen, die denen der männlichen in nichts nachstanden. Er beantragte daher, im Jahresbericht der Kommission nicht nur Dr. Clemens Boegehold und Kapitän Karl Martens als Mitarbeiter, sondern
ebenso Clara Bagensky und Helene Kunith „öffentlich als Mitarbeiterinnen" zu nennen.[110] Das lehnte jedoch der Kommissionsvorsitzende Arthur Auwers mit der Begründung ab, die Frauen „übertragen lediglich Catalogangaben auf die Zettel. Das ist keine wissenschaftliche Mitarbeit."[111] Dieser Ansicht schlossen sich auch die
beiden Kommissionsmitglieder Waldeyer und Bezold an. Somit wurden die Arbeitsleistungen der Rechnerinnen anders bewertet und

---

108 ABBAW, II-VII-27/2, unpag., F. Ristenpart an Geheimrat [A. Auwers] v. 3.
Juli 1903. Auf Empfehlung von F. Ristenpart ließ auch der Kommissionsvorsitzende A. von Auwers Rechenarbeiten von Frauen erledigen.

109 SB PAW 1905, S. 133, Bericht v. A. von Auwers.

110 ABBAW, II-VII-27/1, unpag., Jahresbericht, F. Ristenpart an die Kommission (1903).

111 Ebd. Der Bericht ging im Januar 1904 den Kommissionsmitgliedern zu,
handschr. Vermerke der OM Auwers, Waldeyer, Bezold.

anerkannt als die ihrer männlichen Kollegen – ihre Mitarbeit wurde in keinem Arbeitsbericht der akademischen Kommission erwähnt. Aus Rentabilitätsgründen wurden feste Anbindungen von technischen Hilfskräften an die Unternehmungen vermieden, um sie schnell wieder loswerden zu können. Das war jedoch nicht immer der Fall. Ein häufiger Wechsel und die Einarbeitung immer neuer Arbeitskräfte konnten ebenso unrentabel für ein Unternehmen sein, denn das war nicht nur teuer und aufwendig, sondern auch eine zusätzliche Belastung. „Einstweilen", so der wissenschaftliche Beamte des astronomischen Unternehmens, stellte

„die Beschäftigung dieser Damen [...] eine Mehrbelastung für mich selbst dar. Außer der Einarbeitung derselben, waren dieselben bislang auch stets in meinem Zimmer thätig, um jederzeit fragen zu können, und die häufigen Unterbrechungen waren meiner eigenen Arbeit sehr störend, doch wird diese vorübergehende Mehrbelastung durch die größere Arbeitsleistung der geringer zu honorierenden weiblichen Arbeitskräfte bald reichlich aufgewogen werden."[112]

Die Kommissionen hatten aus Effizienzgründen ein großes Interesse am Aufbau von Mitarbeiterstämmen, wobei die langjährigen Erfahrungen von Mitarbeitern in den Akademieprojekten zählten, ihre Vertrautheit mit der Materie und den Arbeitsabläufen. Die Billigkeit von Frauen spielte auch hier eine Rolle. So sollte auf Drängen der Akademieleitung die Bürohilfsarbeiterin beim zoologischen Nomenclator-Projekt, Hedwig Graeber, in einer finanziell angespannten Situation des Unternehmens entlassen werden. Auf seine Mitarbeiterin wollte der Kommissionsvorsitzende Willy Kükenthal (1861-1922, OM 1919) jedoch nicht verzichten.

„Es handelt sich um eine sprachlich und bibliographisch gut vorgebildete Dame, welche ihr Haupteinkommen aus nachmittäglicher Arbeit als Gesangslehrerin zieht, während sie vormittags in unserem Büro gegen mässiges Entgelt in sechs Dienststunden die nötigen umfangreichen Schreibarbeiten, Manuskript- und Kartothek-Abschriften sowie Correspondenz erledigt. Ich glaube nicht, dass es leicht sein würde, für so billige Vergütung eine andere geeignete Mitarbeiterin für Manuskript, Kartothek und Schreibmaschine zu gewinnen."[113]

Hedwig Graeber blieb mehr als 25 Jahre für das Akademieprojekt tätig und bezog später sogar ein festes Gehalt von der Akademie, während die zwei wissenschaftlichen Stellen gestrichen worden waren und die im Arbeitsbüro beschäftigten Wissenschaftler ein leistungsabhängiges Bogenhonorar erhielten. Wissenschaftlich-tech-

---

112 ABBAW, II-VII-27/1, unpag., Jahresbericht, F. Ristenpart an die Kommission (1902).
113 ABBAW, II-VII-24, Bl. 74.

nische Arbeitskräfte hatten Integrationsmöglichkeiten in den Arbeitsgruppen, je länger sie einem Unternehmen angehörten. Außer beim Nomenclator-Projekt gehörte auch bei den Akademievorhaben Das Tierreich, Geschichte des Fixsternhimmels, Leibniz-Edition, Jahrbuch über die Fortschritte der Mathematik, Ägyptisches Wörterbuch, Handschriftenarchiv sowie bei der Orientalischen Kommission technisches Personal zum Mitarbeiterstamm. Über die Qualität ihrer Integration ist damit aber noch nichts gesagt. Tendenziell bestand für Frauen die Gefahr, auf die Erledigung von begrenzten Aufgaben oder Routinearbeiten festgelegt zu werden sowie schlecht bezahlte und prestigearme Arbeitsplätze zu haben, während Männer auf dem „Weg nach oben" an ihnen vorbeizogen. Der folgende Abschnitt untersucht die Abgrenzungs- und Hierarchisierungsprozesse genauer.

3.2 HIERARCHISIERUNG

Vor 1920 waren die Mitarbeiterverhältnisse an der Akademie nicht einheitlich geregelt, gering formalisiert und wenig hierarchisch. Die Führungspositionen in den Unternehmungen waren zumeist definiert, aber die übrigen Mitarbeiterfunktionen oft nur schwach voneinander abgegrenzt. Lediglich die in den Abrechnungsunterlagen nachweisbare Gehalt-Lohn-Differenz trennte die „ständigen Mitarbeitern" und die nur vorübergehend tätigen „außerordentlichen Hilfskräften" in den Arbeitsgruppen voneinander. Gerade in den kleinen Arbeitsgruppen schienen die Mitarbeiter nicht rigide auf bestimmte Tätigkeiten festgelegt gewesen zu sein. Die Aufgabenbereiche zwischen den Bürohilfsarbeitern und den wissenschaftlichen Mitarbeitern waren häufig nicht scharf voneinander abgegrenzt und durchlässig. Klare Tätigkeitsprofile und Stelleninhaltsbeschreibungen fehlten anfangs. Die Bürohilfsarbeiterinnen bewegten sich somit in einem oft nur schwach nach oben hin abgegrenzten Tätigkeitssegment, so daß sich für sie Spielräume eröffnen konnten. Durch Erfahrung und langjährige Praxis war es ihnen möglich, fachliche Kompetenzen zu erwerben, wodurch sich Bürohilfsarbeiterinnen wie Wissenschaftler einsetzen ließen. Margarete Nack beispielsweise exzerpierte auch Quellen für das Deutsche Rechtswörterbuch. Für das Deutsche Wörterbuch führte Dora Ulrici ebenfalls Exzerptionsaufträge aus und war 1913 sogar ausschließlich mit der Exzerption von Fachliteratur beschäftigt, sie sah 55 Titel durch und lieferte 17066 Belege.[114]

Hatten vor dem Ersten Weltkrieg die Sachmittel der Akademie noch ausgereicht, um die Hilfsarbeiter und Hilfskräfte bei den Kom-

---

114 Martin 1998, S. 8.

missionen zu besolden, so war das nach dem Krieg nicht mehr möglich. Die Akademie hatte beträchtliche Teile ihres Vermögens verloren und war dadurch nicht nur zu äußerster Sparsamkeit gezwungen, sondern auch zahlungsunfähig geworden. Da gleichzeitig die Preise und Lebenshaltungskosten stiegen, verschlechterte sich durch die mit der Inflation verbundene Geldentwertung die Lage aller Akademiemitarbeiter. Die Akademie respektive die Kommissionen konnten die Gehälter nicht mehr aufbringen und waren noch weniger in der Lage, die Löhne der Mitarbeiter und Mitarbeiterinnen den steigenden Preisen anzupassen. Von allen staatlichen Maßnahmen zur Verbesserung der Lage von Angestellten bei den Behörden und Staatsverwaltungen waren die bei den Akademieprojekten beschäftigten Hilfsarbeiter ausgeschlossen, weil sie juristisch als Privatangestellte galten, d.h. sie waren unmittelbare Angestellte der Kommissionen und nur mittelbare der Akademie.[115] So kam beispielsweise die Teuerungszulage für die Staatsangestellten und die Beamten für sie nicht in Frage. Die Hilfsarbeiter bei den Kommissionen waren somit finanziell deutlich schlechter gestellt als die Verwaltungsangestellten der Akademie, die nämlich die Teuerungszulage erhielten. Auf Druck der Kommissionen bemühte sich die Akademieleitung um eine Verbesserung der Notlage ihrer Mitarbeiter und Mitarbeiterinnen in den Akademieprojekten, konnte aber die notwendigen finanziellen Mittel aufgrund eigener Zahlungsunfähigkeit nicht aufbringen. Gegenüber dem Leiter der Acta Borussica, Otto Hintze, hielt der Vorsitzender Sekretar, Max Planck, die grundsätzliche „einheitliche Neuregelung der Mitarbeiterverhältnisse" für erforderlich.[116]

Als es im Februar 1920 zu Verhandlungen über den Abschluß eines Teiltarifvertrages für Lohnangestellte höherer Ordnung bei den Reichs- und Staatsverwaltungen kam[117] und die Akademieleitung hierfür dem Wissenschaftsministerium die Hilfsarbeiterin in der Verwaltung und die bibliothekarische Hilfsarbeiterin meldete, wies sie auch auf die Situation der wissenschaftlichen Hilfsarbeiter bei den akademischen Kommissionen hin und schlug vor, vierzehn namentlich aufgeführte Mitarbeiter und Mitarbeiterinnen „ebenso zu stellen, wie die bei der Verwaltung beschäftigten Lohnangestellten höherer Ordnung, d.h. ihnen bis zum Inkrafttreten des neuen Lohntarifs durchweg eine einheitliche Remuneration [...] zu gewähren und dazu die Teuerungszulagen nach den für Lohnangestellten

---

115 ABBAW, II-IV-24, Bl. 29 u. 30, Gutachten von E. Seckel v. 17. Januar 1920.

116 ABBAW, II-IV-24, Bl. 35 Vorsitzender Sekretar [M. Planck] an O. Hintze v. 11. Februar 1920; Bl. 38.

117 ABBAW, II-IV-24, Bl. 36, MfWKV an nachgeordnete Behörden v. 14. Februar 1920.

höherer Ordnung festgelegten Sätzen."[118] Diesen Antrag erneuerte die Akademie im Sommer 1920, nachdem es im Juni zum Abschluß eines Tarifvertrages gekommen war, und sie erklärte ihre Absicht,

„an die Stelle einer vorläufigen Lohnregelung die Sätze der allgemeinen Lohntarife für die Lohnangestellten im Staatsdienste treten zu lassen, wofern das Ministerium bereit ist, die hierfür erforderlichen, nicht unbedeutenden Mittel zur Verfügung zu stellen; denn die Akademie ist bei ihrer gegenwärtigen Finanzlage zu ihrem größten Bedauern nicht in der Lage, ihren Mitarbeitern eine den gegenwärtigen Teuerungsverhältnissen entsprechende Entschädigung zu gewähren. Sie betrachtet es aber als eine moralische Pflicht, keinen Schritt unversucht zu lassen, um für ihre notleidenden und unentbehrlichen wissenschaftlichen Hilfskräfte zum wenigsten die gleichen Löhne zu erzielen, wie sie jedem ungelernten Handarbeiter heutzutage anstandslos gezahlt werden."[119]

Die Akademieleitung erwog sogar, „die organisierte wissenschaftliche Tätigkeit überhaupt einzustellen", falls es zu einer „befriedigenden Regelung der Angelegenheit" nicht komme. Der Minister für Wissenschaft, Kunst und Volksbildung erklärte darauf im Erlaß vom 14. August 1920, daß die *hauptamtlich vollbeschäftigten Hilfsarbeiter* bei den Kommissionen nach den Bestimmungen des Teiltarifvertrages für die Angestellten bei den Reichs- und den preußischen Staatsverwaltungen vom 4. Juni 1920 zu behandeln seien.[120] Als hauptamtlich vollbeschäftigter Mitarbeiter galt, wer seit mindestens sechs Monaten bei der Akademie tätig war und mit dem Einkommen aus dieser Tätigkeit seinen Lebensunterhalt verdiente. Um sich selbst einen Überblick zu verschaffen, hatte die Akademieleitung vermutlich schon Ende 1919 bei den akademischen Kommissionen eine entsprechende Umfrage durchgeführt. Über das Tätigkeitsprofil und die Eingruppierung der neun hauptamtlichen Mitarbeiter bei der Akademie, für die die Bestimmungen des Angestelltentarifvertrags galten, erteilt die nachstehende Tabelle Auskunft.

---

118   ABBAW, II-IV-24, Bl. 41, PAW an MfWKV v. 4. März 1920. Die Namen folgender Personen wurden gemeldet: Gustav Bebermeyer, Helene Born, Hermann Grapow, Erich Hochstetter, Kim Chung-Se, Martha Luther, Karl Martens, Hans Rothfels, Otto Schröder, Wilhelm Siegling, Margarita Stendell, Alfred Vogel, Berthold Volz, Heinrich Zimmer.
119   ABBAW, II-IV-24, Bl. 54, PAW an das MfWKV v. 8. Juli 1920.
120   ABBAW, II-IV-24, Bl. 63, Ministerialerlaß v. 14. August 1920. – Zur Bezahlung der Mitarbeitergehälter wurde der PAW für das Rechnungsjahr 1920 ein außerplanmäßgen Zuschuß überwiesen.

Tabelle 10: Angestelltenklassen an der PAW (Stand 31. Januar 1921)

Angestelltenklasse	Tätigkeitsprofil	Nach §8 des Teiltarifvertrags v. 4.6.1920 bisher eingereiht
1 Bureauhilfsarbeiterin	Schreibmaschine und Stenographie, fremdsprachliche Kenntnisse und gute Schulbildung erforderlich	Gruppe II
2 Bureauhilfsarbeiterinnen bei der akadem. Kommission *Tierreich*	Lesen usw. der Korrekturen der in deutscher, franz., engl. Sprache ersch. Tierreichlieferungen, Ordnung und Verwaltung der Zettelkataloge über Zeitschriften und Einzelwerke	Gruppe III
1 Bibliotharische Hilfsarbeiterin	Erledigung aller in der akadem. Bibliothek vorkommenden Arbeiten; hat das Examen für den mittleren Bibliotheksdienst bekommen	Gruppe V
1 wiss. Hilfsarbeiter beim *DWB* in Göttingen	Ordnung, Prüfung und Versendung des bei der Centralsammelstelle einlaufenden Materials sowie Hülfeleistung bei Korrekturen	Gruppe VI
1 wiss. Hilfsarbeiter bei der *Leibniz-Ausgabe*	Hilfsarbeiten bei der Herstellung des Ms. und der Drucklegung, einschlägige Büroarbeiten	Gruppe VII
3 wiss. Hilfsarbeiter bei der *Polit. Korresp.*, beim *DRW, ÄWB*	Selbständige Leiter dieser akadem. Unternehmungen	Gruppe VIII

Quelle: ABBAW, II-IV-24, Bl. 141.

Daß unter den hauptamtlichen Mitarbeitern Frauen vertreten waren, und zwar nicht nur – wie bekannt – in der Akademieverwaltung und in der Bibliothek, sondern auch in den Forschungsprojekten, überraschte die Akademieleitung. Sie war der festen Ansicht, für den Tarif kämen „lediglich leitende, dauernd vollbeschäftigte, erprobte Hilfskräfte in Betracht."[121] Daher beschloß das Sekretariat unter Gustav Roethes Vorsitz, „wegen der Vorbildung der Damen" noch einmal nachzufragen.[122] Der Arbeitsstellenleiter bestätigte die langjährige Zugehörigkeit und Vollbeschäftigung der Frauen beim Das Tierreich, obgleich ihnen akademische Abschlüsse fehlten.[123] An der Heterogenität der eingruppierten Mitarbeiter und Mitarbeiterinnen nahm die Akademieleitung nicht weiter Anstoß. Die Eingliederung der Frauen ließ sich ohnehin nicht rückgängig machen. Als „Ausnahme" wurde später gerechtfertigt, daß gleich zwei Frauen in einem Unternehmen tarifliche Bezüge erhielten. Als nach der Sommerpause mehrere Kommissionsvorsitzende weitere Vorschläge zur tarifmäßigen Besoldung von Mitarbeitern einreichten, so der Zoologe Willy Kükenthal für zwei wissenschaftliche Hilfsarbeiter beim Nomenclator-Projekt, die aber erst seit kurzem beschäftigt waren, hielt man das im Sekretariat nicht für ratsam. Denn das Ministerium verlange,

„vor der Einstellung tarifmäßig zu besoldender Hilfskräfte jedesmal befragt zu werden und hat uns zur Pflicht gemacht, mit derartigen Anforderungen so sparsam wie möglich zu sein. Demgemäß ist bei den anderen akademischen Unternehmungen fast immer nur je ein Hilfsarbeiter für die tarifmäßige Besoldung vorgeschlagen [worden]. Beim Tierreich war nur darum eine Ausnahme gemacht worden, weil die beiden Damen schon verhältnismäßig lange an dem Werke tätig gewesen sind."[124]

Außer den tarifmäßigen hatten die akademischen Kommissionen von jeher eine Reihe weiterer Mitarbeiter und Mitarbeiterinnen „für begrenzte Zeit und Aufgaben"; im Jahre 1920 waren es acht. Auch diese waren der Akademie „ganz unentbehrlich" und wurden lediglich mit Rücksicht auf den Ministerialerlaß vom 14. August 1920 nicht als „dauernd und vollbeschäftigt" bezeichnet. Ihre sehr bescheidenen Gehälter – vor dem Kriege wurde ihnen insgesamt 17200 M im Jahr gezahlt – sollten den Zeitverhältnissen entsprechend verdreifacht werden. Die Akademie erbat dafür beim Ministerium einen außerplanmäßigen Zuschuß in Höhe des Mehrbedarfs.[125] In der Folgezeit wurden die Bezahlungsunterschiede zwischen den tarifmäßigen (vollbeschäftigten) und den nichttarifmäßigen (nicht

121 ABBAW, II-IV-24, Bl. 67, Sekretariatssitzung v. 28. Oktober 1920.
122 ABBAW, II-IV-24, Bl. 56, Sekretariatssitzung v. 15. Juli 1920.
123 ABBAW, II-IV-24, Bl. 62, C. Apstein an die PAW v. 2. August 1920.
124 ABBAW, II-IV-24, Bl. 73, G. Roethe an W. Kükenthal v. 9. November 1920; Bl. 67, Sekretariatssitzung v. 28. Oktober 1920.
125 ABBAW, II-IV, 24, Bl. 64, PAW an MfWKV v. 28. August 1920. Für das laufende Rechnungsjahr wurde der PAW ein Betrag von 161570 M als außerplanmäßiger Zuschuß zur Zahlung der Mitarbeitergehälter überwiesen.

vollbeschäftigten) Mitarbeitern bei den Kommissionen aber nicht kleiner, sondern sogar erheblich größer. Während nämlich die Tarifgehälter stets den veränderten Verhältnissen angepaßt wurden – zum Beispiel der Geldentwertung Anfang der 1920er Jahre durch automatische Erhöhung –, geschah das mit den nichttarifmäßig gezahlten Gehältern nicht. Die Akademie nahm dies zum Anlaß, die Mitarbeiterverhältnisse insgesamt neu zu ordnen und zu regulieren. In einer Vorlage des Archivars der Akademie für das Sekretariat hieß es zur Begründung:

„Die rasch fortschreitende Entwertung unseres Geldes hat in den letzten Wochen zu wiederholten Erhöhungen der Bezüge der tarifmäßigen Lohnangestellten geführt. Dadurch ist die an sich schon vorhandene bedeutende Differenz zwischen der Besoldung der tarifmäßigen und der nicht=tarifmäßigen Lohnangestellten so groß geworden, daß sie [...] unhaltbar scheint. Beispielsweise bezieht der tarifmäßige Hilfsarbeiter bei der Leibniz-Kommission, Dr. Hochstetter, ein Monatseinkommen von 88700 M, während dem nicht=tarifmäßigen Hilfsarbeiter Dr. Möring bei 6stündiger täglicher Arbeitszeit nur 6750 M gewährt werden. Ähnlich liegen die Verhältnisse bei den beiden im Zoologischen Institut untergebrachten Kommissionen für das ‚Tierreich' und den ‚Nomenclator animalium'. Die dort beschäftigten tarifmäßig besoldeten Hilfsarbeiterinnen, Fräulein Luther und Fräulein Born, haben ein Monatseinkommen von 54050 M bezw. 48990 M während die nicht=tarifmäßigen, Dr. Remane und Fräulein Graeber, zur Zeit nur 10500 M erhalten. Hieraus ergibt sich die Notwendigkeit, die Gehälter der nicht-tarifmäßigen Lohnangestellten mit Wirkung vom 1. Dezember ab erneut und zwar bedeutend zu erhöhen. Anfänglich sind von den einzelnen Kommissionen willkürlich, nach Maßgabe der jeweils verfügbaren Mittel, die Bezüge ihrer Lohnangestellten ausgeworfen worden. Dadurch haben von vornherein Ungleichmäßigkeiten bestanden, die an sich sachlich nicht begründet erscheinen, denn bei der einen Kommission erhält eine Bürohilfsarbeiterin mehr, als bei anderen Kommissionen Hilfsarbeiter mit abgeschlossener Hochschulbildung. Die von Anfang an bestehenden Unterschiede in der Höhe der Löhne wachsen mit jeder neuen Erhöhung der Bezüge der Lohnangestellten, wenn, wie bisher durchweg, gleichmäßig das Anfangsgehalt mit einem bestimmten prozentualen Zuschlag versehen wird. Ich bitte daher das Sekretariat wolle erwägen, ob nicht bei Gelegenheit dieser neuen Erhöhung zugleich mit dem alten System gebrochen werden solle, indem künftig eine einheitliche Entschädigung für wissenschaftliche Hilfsarbeiter, bezw. für Bürohilfskräfte festgesetzt wird. Zugleich sollte der Versuch gemacht werden, die Löhne der dem Ministerium vorgeschlagenen prozentualen Berechnungsweise nach den Lohntarifen anzunähern, so daß also ein wissenschaftlicher nichttarifmäßiger Hilfsarbeiter bei 6stündiger Arbeitszeit etwa 2/3 des Anfangsgehaltes eines tarifmäßigen Hilfsarbeiters erhält; und analog mit den Bürohilfskräften. Es wären also gewisse Grundgebührnisse festzusetzen, auf die die den tarifmäßigen

Hilfsarbeitern gewährten prozentualen Teuerungszuschläge automatisch Anwendung zu finden hätten."[126]

Durch die Anwendung der Tarifbestimmungen auf die Mitarbeiter und Mitarbeiterinnen bei den Kommissionen bekannte sich die PAW insgesamt zu einem neuen Arbeitsbewertungssystem. Die Einführung des am Tarifsystem für Angestellte orientierten Arbeitsbewertungssystems hatte drei wesentliche Folgen: die Vereinheitlichung der Mitarbeiterverhältnisse, eine stärkere Hierarchisierung und Vergeschlechtlichung von Arbeitsplätzen. Ein Zeichen der Vereinheitlichung stellte unter anderem die Einführung von normierten und standardisierten Arbeitsverträgen dar. Ende 1920 wurde im Plenum beschlossen, mit den tarifmäßigen und mit den nur zeitweise beschäftigten Mitarbeitern jeweils nach einem einheitlichen Muster abgefaßte Arbeitsverträge abzuschließen, und zwar die Akademie mit den hauptamtlichen (tarifmäßigen) Mitarbeitern, die Kommissionen mit den übrigen Mitarbeitern.[127]

In dem zwischen der PAW und der Bürohilfsarbeiterin Martha Luther 1921 geschlossenen schriftlichen Arbeitsvertrag wurde das Arbeitsverhältnis beispielsweise wie folgt geregelt: Die Akademie überträgt Fräulein Martha Luther die Bureauarbeiten beim Tierreich (§1). Dieser Arbeit hat sie sich täglich acht Stunden zu widmen und sich während der Dienststunden in den Räumen des Tierreich-Büros aufzuhalten. Sofern die Arbeit es zuläßt, kann nach Ermessen des Leiters der akademischen Kommission die Zahl der Dienststunden bis auf sechs herabgesetzt werden. Mit Zustimmung der Kommission kann von der Präsenzpflicht auch abgesehen werden (§2). Eingereiht ist sie in Gruppe III; die Vergütung wird durch den jeweils gültigen Tarifvertrag für die Lohnangestellten höherer Ordnung im Staatsdienst und die allgemein gültigen Bestimmungen geregelt. Die Gehaltszahlung erfolgt in monatlichen Teilbeträgen am Monatsende mit Lohnabzügen für Krankenkasse, Versicherungen und Steuern (§3). Urlaub steht ihr zu wie den wissenschaftlichen oder mittleren Beamten der Akademie und wird von der Kommission erteilt. (§4). Die Kündigungsfrist beträgt im ersten Dienstjahr vierzehn Tage, danach sechs Wochen (§5). Eine Nebenbeschäftigung kann nur mit ausdrücklicher Genehmigung des Sekretariats angenommen werden (§6). Für die Leitung des Unternehmens ist die

---

126 ABBAW, II-IV-24, Bl 206, Vorlage E. Sthamer an das Sekretariat v. 4. Dezember 1922. Nach ihrer Verhandlung im Sekretariat am 7. Dezember 1922 wurde ein einheitlicher Grundlohn für sieben wissenschaftliche Mitarbeiter (mit sechsstündiger Arbeitszeit) auf 18.000 Mark im Monat festgesetzt, für zwei Bürohilfsarbeiterinnen ein Grundlohn von 12.000 Mark im Monat.

127 ABBAW, II-IV-24, Bl. 113, Gesamtakademie v. 9. Dezember 1920.

eingesetzte akademische Kommission zuständig. Ihr obliegt es, den Fortgang der Arbeiten zu überwachen (§7). Einen Anspruch auf eine spätere feste Anstellung im Staatsdienst hatte sie nicht, auch nicht auf Alters- und Hinterbliebenenversorgung (§8).[128] In modifizierter Form wurden Privatdienst- und Honorarverträge ebenfalls nach diesem Muster abgefaßt.

Die Eingruppierung führte zu einer stärkeren Hierarchisierung und ließ die Unterschiede zwischen Wissenschaftlern und Nichtwissenschaftlern deutlicher hervortreten. Denn die zwischen ihnen bestehenden *formalen* Qualifikationsunterschiede erhielten erst jetzt ihre unterschiedsrelevante Bedeutung, da die Arbeitsbewertung im wesentlichen unter Berücksichtigung vom Anforderungsprofil der Tätigkeit und der formalen Qualifikation erfolgte. In der Praxis wurde das Merkmal Qualifikation zum ausschlaggebenden Differenzierungsmerkmal.[129] Zwar hatten auch vor 1920 Wissenschaftler aufgrund ihrer akademischen Qualifikation andere Aufstiegs- und Karrierechancen als Nichtwissenschaftler, aber für die Bewertung ihrer Arbeit in den Akademieprojekten waren die formalen Qualifikationsunterschiede oft nicht ausschlaggebend. Hier war entscheidend, welche Fähigkeiten und Fertigkeiten die Mitarbeiter und Mitarbeiterinnen tatsächlich beherrschten; wo und wie sie diese erworben hatten und ob diese durch geeignete formale Qualifikationen nachgewiesen werden konnten, war letztlich zweitrangig. Mit der Übernahme des neuen Arbeitsbewertungsverfahrens änderte sich das. Es trennte nicht nur Wissenschaftler und Nichtwissenschaftler, sondern tendenziell auch Männer und Frauen.

Durch die Eingruppierungsunterschiede wurde die Mitarbeiterstruktur der PAW eindeutiger als zuvor geschlechterhierarchisch. Die bei den Kommissionen als wissenschaftliche Mitarbeiter beschäftigten Männer wurden in die höheren Gruppen VI bis VIII eingeordnet, die Frauen in die niedrigeren Gruppen II, III und V. Die Bürohilfsarbeiterinnen beim Tierreich-Projekt waren in der Gruppe III, höher als die Verwaltungsangestellten, aber niedriger als die Hilfsarbeiterin in der Bibliothek (Tabelle 10). Frauen fanden Akzeptanz und berufliche Anerkennung in der Wissenschaft, wenn sie auf hierarchisch nachrangige und schlechter bezahlte Arbeitsplätze verwiesen werden konnten. Im Bereich der technischen Assistenz war das der Fall; das waren vorrangig Frauenarbeitsplätze. Die Bestimmungen des Angestelltentarifs wurden auf 17 Mitarbeiter und Mitarbeiterinnen bei den Kommissionen angewendet. In den Jahren 1922/1923 waren das überwiegend männliche Wissenschaftler und ausschließlich weibliche Bürohilfsarbeiterinnen. Männliche Büro-

---

128 ABBAW, II-IV-121, Bl. 2.
129 Winter 1998, S. 57ff; Abschnitt 4.3.

hilfsarbeiter gab es im Bereich der wissenschaftlichen Unternehmungen in dieser Zeit nicht. (Tabelle 11) Wissenschaftlerinnen waren wegen ihres späteren Eintritts in die Wissenschaft noch nicht in
den Arbeitsgruppen verankert, so daß sie hätten eingruppiert werden können.

Tabelle 11: Mitarbeiter und Mitarbeiterinnen im Beamten- und
Angestelltenverhältnis in den Akademieprojekten (1922/23)

Kategorie	Männer	Frauen	Summe
Wissenschaftliche Beamte	10		10
Wissenschaftler im Angestelltenverhält-nis (tariflich)	5		5
Wissenschaftler im Angestelltenverhält-nis (außertariflich)	7	1	8
Bürohilfsarbeiterinnen im Angestellten-verhältnis (tariflich)		2	2
Bürohilfsarbeiterinnen im Angestellten-verhältnis (außertariflich)		2	2
Summe	22	5	27

Quelle: SB PAW 1924 u. ABBAW II-IV-24, Bl. 206.

Die Geschlechterhierarchie in der Wissenschaft widerspiegelte sich
in unterschiedlich konnotierten Berufsbildern: im männlichen Wissenschaftler und in der weiblichen bibliographischen Hilfsarbeiterin. Wissenschaftlern wurde stets eine gewisse Mobilität und Auf-
stiegsorientiertheit unterstellt, die in den Akademieprojekten bestenfalls einen Zwischenaufenthalt sahen. So heißt es beispielsweise über die wissenschaftlichen Assistenten in einem Akademieprojekt: Sie wechselten häufig und konnten „unglücklicherweise" ihre
Tätigkeit vielfach nur als Übergang zu einer für ihre Laufbahn günstigeren und besser dotierten Stellung betrachten.[130] Einen Aufstieg
erwartete man von bibliographischen Hilfsarbeiterinnen nicht. Sie
galten als „ständige Elemente" in der Wissenschaft, die auf ihren
einmal eingenommenen Arbeitsplätzen blieben, keine Ansprüche
stellten und mit den Gegebenheiten zufrieden schienen. Solche Zuschreibungen entfalteten mitunter eine große Wirkungskraft und
führten zur Nivellierung bestehender Unterschiede zwischen den
Frauen. Beim zoologischen Nomenclator-Projekt waren tatsächlich
stets Frauen als bibliographische Hilfsarbeiterinnen eingestellt worden.[131] Später jedoch wurden unter dieser Bezeichnung alle jemals

---

130 Heider 1926.
131 Museum für Naturkunde [MfN] d. HUB, Historische Bild- und Schriftgut-
     sammlungen, Bestand: Zool. Mus., S II: Akte Nomenclator-Archiv / Le-

im Nomenclator-Büro tätigen Frauen zusammengefaßt, so in der Einleitung vom 1926 publizierten *Nomenclator animalium generum et subgenerum*.[132] Ihnen zugeschlagen wurden auch Maria Dahl und Margarita Stendell, die nachweislich nicht als bibliographische Hilfsarbeiterinnen beschäftigt worden waren. Maria Dahl war eine informal einbezogene freie Mitarbeiterin, Margarita Stendell eine ausgebildete Zoologin, die als wissenschaftliche Assistentin eingestellt und auch so bezahlt wurde.[133] Durch die Ignoranz von bestehenden Qualifikationsunterschieden und die undifferenzierte Wahrnehmung der Arbeit von Frauen sorgte die Kommission für die rhetorische Aufrechterhaltung der Geschlechterdifferenz und grenzte dadurch Frauen von Wissenschaftlern ab.

3.3 GLEICHHEITSTABU: GESCHLECHT ALS EIN ORDNUNGSPRINZIP

Nur sehr selten trafen auf den wissenschaftlich-technischen Arbeitsplätzen in den Akademieprojekten Frauen und Männer aufeinander. Lediglich beim Astronomieprojekt war das der Fall. Hier wurden von Anfang an die mechanischen Rechenarbeiten männlichen und weiblichen Nichtakademikern überlassen. Obgleich zwischen ihnen häufig nur minimale Unterschiede bestanden, kam es zur Abgrenzung zwischen weiblichen und männlichen technischen Mitarbeitern. Exemplarisch lassen sich drei Möglichkeiten der Separierung von Frauen aufzeigen: durch Zuweisung bestimmter Tätigkeiten, durch tendenzielle Abwertung ihrer Arbeit und durch begriffliche Differenzierung.

Die *Geschichte des Fixsternhimmels* ist ein aus Zahlenreihen bestehender Katalog, der die nach Stunden und Minuten geordneten Sternpositionen enthält. Das Druckmanuskript für das Werk wurde aus einem Zettelkatalog zusammengestellt, in der ersten Revision vom wissenschaftlichen Beamten und in der zweiten von einem wissenschaftlichen Mitarbeiter gelesen und kontrolliert. Mit seiner Herstellung, d.h. mit dem eigentlichen Schreiben des Manuskripts, hatten die wissenschaftlichen Mitarbeiter nur wenig zu tun. Um eine bloße Abschreibarbeit handelte es sich dabei nicht. Für alle Arbeiten beim astronomischen Unternehmen wurden rechnerische Fä-

---

bensläufe u. Korrespondenzen. – In der Redaktion waren als bibliographische Hilfsarbeiterinnen Else Rothenbücher (1911-1914, 1915-1917), Flora Rothenbücher (1912-1913), Martha Pallavicini (1912-1913), Hedwig Graeber (1920-1944) und Else Maas (1921) tätig. In den Abrechnungsunterlagen fand sich nur ein Hinweis auf einen männlichen Bürolehrling namens Heynisch, der für seine Arbeit v. Oktober 1913 bis März 1914 einmalig 300 M. erhielt (ABBAW, II-VII-39).

132 Heider 1926, S. X.

133 ABBAW, II-IV-178/1, Bl. 2, 3 u. 5; vgl. Kapitel V.

higkeiten verlangt; die Beherrschung des Logarithmierens wurde auch bei den technischen Hilfskräften als eine Minimalqualifikation angesehen.[134] Das Schreiben des Druckmanuskripts galt als ausgesprochene „Frauenarbeit".[135] Regelmäßig wurden Frauen dafür eingestellt; schied eine Frau aus, wurde sie durch eine andere ersetzt. Während die Frauen in den 1920er Jahren auf diese konkrete Tätigkeit festgelegt waren und andere Kompetenzen bei ihnen nicht (mehr) nachgefragt wurden, schien das bei den männlichen technischen Hilfskräften nicht der Fall zu sein. Im Unterschied zu den Frauen ließ sich bei ihnen nur vage oder gar nicht feststellen, welche konkreten Tätigkeiten sie für das Unternehmen ausführten.[136]

Die Frauen bei der GFH wurden nicht nur über die Zuweisung einer konkreten Aufgabe separiert, ihre Arbeit wurde zudem tendenziell anders bewertet als die ihrer männlichen Kollegen. Über Jahre hinweg arbeiteten Helene Ristenpart (1876-1935) und Paul Hügeler (1892-1945, verschollen) als Rechner im Akademieprojekt. Helene Ristenpart war die zweite Ehefrau des Astronomen und früheren wissenschaftlichen Beamten des Unternehmens, Friedrich Ristenpart. Dieser hatte, wie erwähnt, im Jahre 1908 den Ruf als Direktor der Sternwarte Santiago angenommen und war mit seiner Familie dorthin übersiedelt. Nach dem Tod ihres Ehemannes kehrte Helene Ristenpart mit den drei Kindern nach Deutschland zurück. Da sie von der chilenischen Regierung eine Abfindungssumme erhalten hatte und außerdem von ihrem Bruder finanziell unterstützt wurde, konnte die Familie gut leben. Nach dem Ersten Weltkrieg und in der Inflationszeit geriet Helene Ristenpart jedoch in eine finanzielle Notlage und bat bei der PAW um Beschäftigung beim astronomischen Unternehmen. Sie kannte das Akademieprojekt gut, denn die ausgebildete Lehrerin hatte hier schon einmal von 1903 bis 1905 als

---

134 ABBAW, II-VII-21, Bl. 168, E. Sthamer an H. Paetsch v. 26. Juli 1922: „Lieber Herr Kollege! Jüngst meldete sich bei mir eine junge Dame, die bereit ist, in ihren Mußestunden am Spätnachmittage dreimal wöchentlich je zwei Stunden Ihnen bei den Rechnungsarbeiten im Bureau der Kommission für die Geschichte des Fixsternhimmels behülflich zu sein [...]. Die Bewerberin hat Realgymnasialausbildung und Abiturientenexamen, kann also sicher logarithmisch rechnen."

135 ABBAW, II-VII-26. Nach den Abrechnungsunterlagen des Unternehmens waren hierfür von 1917/18-1945 tätig: Frau Schubert, Nora Behrenz, Frau Geheimrat Johanna Müller, Helene Ristenpart, Liselotte Horn, Dorothea Wagner.

136 Exemplarisch SB PAW 1925, S. LXIV, Bericht von G. Müller.

Rechnerin gearbeitet. So wurde sie 1923 auf Honorarbasis erneut bei der GFH beschäftigt.[137]

1935 geriet Helene Ristenpart mit der PAW in einen Rechtsstreit, nachdem ihr Arbeitsverhältnis infolge einer längeren Erkrankung erloschen war. Die zur Gehaltszahlung verklagte Akademie erklärte, Helene Ristenpart sei „nur als Schreibhilfe gegen stundenweise Bezahlung [...] beschäftigt worden", und man verzichte künftig auf sie, „da für die nach dem Arbeitsprogramm jetzt beginnenden schwierigeren Katalog- und Rechnungsarbeiten eine leistungsfähigere Kraft gebraucht wird."[138] Nach Auffassung der Akademieleitung sei Helene Ristenpart für die komplizierteren Arbeiten am Südhimmel nicht geeignet, weil ihr eine wissenschaftliche Vorbildung fehle und sie daher auch nicht als wissenschaftliche Hilfsarbeiterin bei der Akademie angestellt worden sei. In einem Nachsatz heißt es, daß der PAW für die gleichzeitige Besoldung von zwei Hilfskräften die nötigen Mittel fehlen würden und dies der entscheidende Grund gewesen sei, das Arbeitsverhältnis mit Helene Ristenpart nicht zu verlängern. Doch änderte diese Feststellung nichts an der Geringschätzung weiblicher Arbeitskraft, die in der Argumentation zum Ausdruck kam.

Auch eine langjährige und arbeitserfahrene Mitarbeiterin wie Helene Ristenpart, die als gewandte und geschickte Rechnerin galt und im übrigen wie ihr Kollege Paul Hügeler außerdem im astronomischen Recheninstitut tätig war,[139] galt als leicht ersetzbar, weil sie vermeintlich einfache technische Hilfsarbeiten ausführte. Ihre fachlichen Kompetenzen schienen nicht von Belang. Für die PAW war der Rechtsstreit mit der 59jährigen Helene Ristenpart zudem eine Gelegenheit, die ältere Mitarbeiterin loszuwerden und durch eine jüngere Arbeitskraft zu ersetzen. Hintergründig schien die verordnete Verjüngungskur der Akademie im Nationalsozialismus eine Rolle gespielt zu haben. In welchem Ausmaß davon die Mitarbeiter und Mitarbeiterinnen in den Akademieprojekten betroffen waren, ist bislang nicht erforscht.

Eine andere Argumentationsstrategie verfolgten Kommission und Akademie gegenüber dem jüngerem Paul Hügeler. Nach Helene Ristenparts Tod im September 1935 war Paul Hügeler der am längsten im Unternehmen beschäftigte Mitarbeiter. Obgleich auch ihm eine wissenschaftliche Vorbildung fehlte, beantragte die Kommission 1937 für den technischen Mitarbeiter erfolgreich eine Vollzeit-

---

137 ABBAW, II-VII-26, Bl. 57, Helene Ristenparts Jahreseinkommen betrug 786,60 Mark (1924). Im Vergleich dazu lag das Gehalt des etatmäßigen wissenschaftlichen Mitarbeiters bei etwa 1.200 M (für zehn Monate).

138 ABBAW, II-VII-24, Bl. 162, Der Vorsitzende Sekretar [H. Lüders] an die Deutsche Arbeitsfront v. 24. Mai 1935.

139 Ebd.

stelle mit tarifmäßiger Bezahlung.[140] Ihm wurde dafür sogar der in diesem Zusammenhang positiv gemeinte Status eines Amateurwissenschaftlers zugeschrieben. Hügeler hatte als Bankbeamter gearbeitet, ehe er 1925 als Rechner zum Astronomieprojekt kam. Mit seiner Beförderung zum vollbeschäftigten Mitarbeiter erhoffte sich die Kommission, die Arbeiten am Südhimmel beschleunigen zu können. In seinem Antrag hob der Kommissionsvorsitzende Paul Guthnick (1879-1947, OM 1923) die „große Arbeitskraft und rechnerische Gewandtheit" von Paul Hügeler hervor sowie sein Interesse an wissenschaftlicher astronomischer Tätigkeit, das er unter anderem als Mitarbeiter von Fachastronomen gezeigt habe. Kurzum, man war der Ansicht,

„daß seine astronomische Ausbildung weit über das Maß dessen hinausgeht, was man im allgemeinen von einem Astronomen im Nebenberuf erwarten darf, der bestrebt ist, eine wissenschaftlich nutzbringende Tätigkeit zu entfalten. Ich kann dies auch aus meinen persönlichen Erfahrungen bestätigen, da Herr Hügeler auch mit mir zusammen gearbeitet hat. [...] an dem Maßstab eines ausgebildeten Astronomen gemessen, [sei Paul Hügeler] nicht nur völlig vertraut mit den Arbeiten, die ihm in der Kommission der G.d.FH obliegen, sondern auch bewandert in der Theorie der Bahnbestimmung und in den für diese in Betracht kommenden Gebiete der höheren Mathematik, mit gewissen stellarstatistischen Aufgaben, mit der Theorie der Bahnbestimmung der Bedeckungsveränderlichkeiten, mit den Hauptgebieten der sphärischen Astronomie, der Theorie der astronomischen Instrumente, der Beobachtungspraxis usw. Für die Geschichte des Fixsternhimmels würde es sehr schwer [...], einen gleichwertigen Ersatz für ihn zu finden."[141]

Im Gegensatz zu Helene Ristenpart, bei der weder ihre Fähigkeiten noch ihre praktischen Erfahrungen eine Rolle spielten, wurden bei Paul Hügeler die fachlichen Kompetenzen herausgestrichen, und zwar unabhängig davon, welche davon konkret bei dem auf die Katalogherstellung ausgerichteten Unternehmen jemals nachgefragt wurden. Zum Beleg für seine fachlichen Qualitäten wurden anerkannte wissenschaftliche Autoritäten angeführt, die persönliche Erfahrungen in der Zusammenarbeit mit Paul Hügeler hatten und seine erfolgreiche Teilnahme an den Arbeiten in der Universitäts-Sternwarte Neubabelsberg und im Astronomischen Recheninstitut Dahlem bestätigten. Außerdem wurde Hügelers Beteiligung an Publikationen erwähnt. Selbst wenn man quellenkritisch einwendete, daß die Akademie jeweils von unterschiedlichen Interessen geleitet wurde und Paul Hügeler aufwertete, um ihn in eine Stelle mit tarif-

---

140 ABBAW, II-VII-28/2, unpag., P. Guthnick an PAW v. 6. März 1937; dazu auch J. Haas an P. Guthnick v. 5. März 1937.

141 ABBAW, II-VII-28/2, unpag., Direktor Sternwarte [P. Guthnick], Beurteilung für P. Hügeler v. 8. April 1937.

mäßiger Bezahlung zu bringen, während sie Helene Ristenpart abwertete, um nicht zahlen zu müssen. Festzustellen bleibt, daß es Paul Hügeler deutlich besser als Helene Ristenpart gelang, sich im Unternehmen zu verankern, ein sicheres Beschäftigungsverhältnis zu erreichen und als Mitarbeiter unentbehrlich zu sein. Er schaffte es, als der „wichtigste Mitarbeiter" im Unternehmen zu gelten und zu den wissenschaftlichen Mitarbeitern des Unternehmens gezählt zu werden.

Schließlich wurden 1940 die Hilfskräfte im Unternehmen – namentlich Paul Hügeler, Dorothea Wagner und Hans Wahl – „nach ihrer sehr unterschiedlichen Bedeutung" auch begrifflich differenziert. Der wissenschaftliche Beamte des Unternehmens schlug für die Präsentation des Unternehmens im *Jahrbuch der PAW* vor, die Bezeichnungen der Hilfskräfte zu ändern:

> „Da selbst innerhalb der Akademie über die Arbeit bei unserer Kommission kaum etwas bekannt ist, [...] kann diese Bezeichnungsweise leicht falsche Vorstellungen von der Tätigkeit unseres wichtigsten und wirksamsten Mitarbeiters (Hügeler) hervorrufen, was ich gerne – schon mit Rücksicht auf das Ansehen unserer Unternehmung innerhalb des Hauses – vermeiden möchte."[142]

So wurde Paul Hügeler von den beiden anderen Hilfskräften abgehoben und seine Position aufgewertet, was kein leichtes Unterfangen war. Ihn als ‚wissenschaftlichen Hilfsarbeiter' zu bezeichnen, kam nicht mehr in Frage, weil dieser Begriff mittlerweile eindeutig Personen mit akademischer Ausbildung vorbehalten war. Die Bezeichnung ‚technischer Hilfsarbeiter' hätte zwar seiner Qualifikation (und vermutlich auch seinem Aufgabenbereich) entsprochen, ihn aber nicht mehr in der gewünschten Weise von seiner Kollegin Dorothea Wagner abgehoben und wurde deshalb vermieden. So bezeichnete man ihn als ‚ständigen Mitarbeiter'. Soweit ich übersehe, wurden in den 1920er und 1930er Jahren nur noch selten Mitarbeiter bei den akademischen Unternehmungen mit dem Zusatz „ständig" charakterisiert. Um die Jahrhundertwende war das noch anders. Ständige Mitarbeiter waren damals alle Personen, die über einen längeren Zeitraum in einem Unternehmen arbeiteten, und zwar unabhängig von ihrer beruflichen Qualifikation. Bei der GFH betraf das Mathematiker mit akademischer Ausbildung ebenso wie einen als Rechner beschäftigten Kapitän der Handelsmarine. Praktisch konnten somit auch Nichtwissenschaftler ständige Mitarbeiter sein, wenn sie eingearbeitet waren und über mehrjährige Erfahrungen im Unternehmen verfügten. Indem man bei Paul Hügeler an eine früher verwendete Bezeichnungsweise anknüpfte, gelang es,

---

142 ABBAW, II-VII-28/2, unpag., J. Haas an [P. Guthnick] v. 5. September 1940.

ihn in der gewünschten Weise hervorzuheben, ohne ihn weder als Wissenschaftler noch als technischen Hilfsarbeiter zu bezeichnen.

Die bereits fertige Druckvorlage für das *Jahrbuch der PAW* wurde darauf noch einmal geändert. Nach dem Vorsitzenden und den Mitgliedern der akademischen Kommission wurden die Mitarbeiter des Unternehmens in dieser Reihenfolge aufgeführt: der wissenschaftliche Beamte Prof. Dr. Johannes Haas (1893-), der ständige Mitarbeiter Paul Hügeler, der freie Mitarbeiter Prof. Dr. Hans Paetsch (1864-1945), die auswärtige Mitarbeiterin Dr. Helene Nowacki (1904-1972), die technische Hilfsarbeiterin Dorothea Wagner und der Hilfsarbeiter Hans Wahl.[143] Diese begriffliche Einteilung entsprach dem sich in den Jahrbüchern der PAW abzeichnenden Trend, wenngleich der Eindruck entsteht, als habe in dieser kleinen Arbeitsgruppe jeder Mitarbeiter und jede Mitarbeiterin eine eigene Bezeichnung erhalten. Paul Hügeler wurde an exponierter Stelle genannt – unmittelbar nach dem wissenschaftlichen Beamten Johannes Haas und vor dessen pensioniertem Amtsvorgänger Hans Paetsch –, woraus geschlußfolgert werden kann, daß Paul Hügeler zur Gruppe der Wissenschaftler gerechnet wurde.

In der Arbeitswelt der Wissenschaft galten für Männer und Frauen unterschiedliche Maßstäbe. Während es bei Frauen vor allem auf die Ausführung von konkreten Tätigkeiten ankam, spielten bei Männern die fachlichen Kompetenzen stets eine Rolle bei der Beurteilung ihrer Arbeitskraft. Somit wurde auch in der Wissenschaft keine Gleichheit zwischen Männern und Frauen zugelassen, selbst wenn diese um gleiche Arbeitsplätze konkurrierten. Es herrschte ein Distinktionszwang.[144] Die Geschlechterdifferenz wurde hergestellt, als sie, wie in diesem Fall, nicht mehr selbstverständlich gegeben war. Paul Hügeler, dessen Position mit der eines Mannes in einem von Frauen dominierten Bereich vergleichbar war, wurde beruflich aufgewertet. Dies erfolgte durch die Betonung seiner wissenschaftlichen Fähigkeiten, die Zuschreibung eines Amateurwissenschaftlerstatus sowie auf begrifflicher Ebene. Damit wurde seine fehlende akademische Ausbildung geschickt kaschiert und angedeutet, daß er wie ein akademisch geschulter Astronom einsetzbar sei. Paul Hügeler erreichte eine arbeitsrechtliche Absicherung, die keine der weiblichen technischen Mitarbeiterinnen vor 1945 erlangte.

---

143 Jb. PAW 1940, S. 33.
144 Heintz/Nadai/Fischer/Hummel 1997.

4. Berufliche Anerkennung und Wege von mittleren Angestellten

4.1 PROBLEME BERUFLICHER ANERKENNUNG

Auf den Arbeitsplätzen für mittlere Angestellte herrschte eine hohe Fluktuation. Häufig gaben Frauen ihre Stelle auf wegen Heirat, Konflikten mit Vorgesetzten, Unzufriedenheit mit der stupiden monotonen Büroarbeit und mit der schlechten Bezahlung als Zeichen von geringem Berufsprestige.[145] An der PAW waren vor allem im Verwaltungsbereich die Stelleninhaltsbeschreibungen für die Bürohilfsarbeiterinnen fest abgesteckt und boten kaum individuellen Handlungsspielraum, wodurch sich erklären ließe, daß gerade hier Frauen sehr häufig wechselten und ein schneller Austausch der Arbeitskräfte erfolgte. An die Bürohilfsarbeiterinnen in den Akademieprojekten wurden etwas höhere Arbeitsanforderungen gestellt als an die Verwaltungsangestellten, was möglicherweise eine höhere Arbeitszufriedenheit nach sich zog und sie eher zum Bleiben veranlaßte, trotz der geringen beruflichen Anerkennung und der schlechten Bezahlung. Als beispielsweise die Bürohilfsarbeiterin in der Akademieverwaltung, Elsa Schrader (1891-), im Jahre 1925 als Redaktionssekretärin zur Deutschen Literaturzeitung wechselte, bescheinigte ihr ein Zeugnis, daß sie dort „ihre mannigfaltigen Fähigkeiten in weit höherem Maße als im Bureaudienst wird verwerten können."[146]

Elsa Schrader hatte einige Semester an der Universität studiert, aus finanziellen Gründen das Studium aber abgebrochen und als Bürohilfsarbeiterin in der Akademieverwaltung zu arbeiten begonnen. Obgleich sie von ihrem Wechsel in ein Akademieprojekt möglicherweise ein etwas höheres Sozialprestige erwartete, ist es fraglich, ob sich dieser Wunsch erfüllte, denn die Bezahlung der Bürohilfsarbeiterinnen reichte zumeist kaum für den Lebensunterhalt. Die als Schreibhilfe beim DRW in Heidelberg beschäftigte Margarete Nack gab ihre Tätigkeit auf, weil die Einkünfte nicht mehr ausreichten, um in der Inflationszeit den Lebensunterhalt für sich und ihre Mutter bestreiten zu können. Um finanziell über die Runden zu kommen, arbeitete Margarete Nack fortan in drei Arztpraxen gleichzeitig.[147] Ihre beim DRW erworbenen Fähigkeiten und Kenntnisse konnte sie hier vermutlich nicht verwerten, denn für sie war der Ar-

---

145 Vgl. Kracauer 1971 [1929].

146 ABBAW, II-IV-164, Bl. 7, Zeugnis v. 1. Oktober 1925.

147 ABBAW, II-VIII-246, Bl. 12-13, E. v. Künßberg an [G. Roethe] v. 13. Dezember 1913; ABBAW, II-IV-24, Bl. 156, E. v. Künßberg an E. Sthamer v. 24. April 1921.

beitsplatzwechsel zugleich mit dem Verlassen der Wissenschaft verbunden. Im Bereich der wissenschaftlich-technischen Assistenz wurden insgesamt 28 Personen über einen längeren Zeitraum kontinuierlich beschäftigt, davon schätzungsweise ein Drittel mehr als fünf Jahre. Mindestens elf verbrachten zwanzig bis vierzig Arbeitsjahre an der PAW.[148]

Es sind nur wenige Selbstzeugnisse überliefert, die über die Lebenswelt der Frauen, ihre persönlichen Lebensumstände und ihre Einstellung zur Berufsarbeit Auskunft geben. In der Regel gingen die Bürohilfsarbeiterinnen einer Erwerbsarbeit nach, die der Sicherung ihres Lebensunterhalts diente. Ob sie dies freiwillig oder gezwungenermaßen taten, ließ sich aus den Quellen zumeist nicht ermitteln. Die kurz nach der Jahrhundertwende als Rechnerinnen beim astronomischen Unternehmen beschäftigten Lehrerinnen arbeiteten nur stundenweise am Nachmittag, woraus zu schließen ist, daß diese Tätigkeit nicht die Hauptquelle ihres Lebensunterhaltes darstellte. Unter den „Damen der guten Gesellschaft", wie sie Friedrich Ristenpart nannte, befanden sich vermutlich auch einige, die Geselligkeit und Abwechslung suchten und eher zum Zeitvertreib arbeiteten. Sie gingen keiner ausgesprochenen Erwerbsarbeit nach oder suchten ihre vielleicht vorhandenen Geldnöte so gut wie möglich zu vertuschen. Die langjährige Bürohilfsarbeiterin beim zoologischen Nomenclator-Projekt Hedwig Graeber bezog ihre Einkünfte zum Lebensunterhalt aus einer für sie als standesgemäß erachteten Tätigkeit als Gesangslehrerin und nicht aus der Bürotätigkeit an der PAW. Erst als die Einkünfte aus dem Gesangsunterricht infolge von Preissteigerungen und Geldentwertung ausblieben, bat sie 1922 die Akademie um eine Gehaltserhöhung mit der Begründung:

„Die starke Veränderung aller Besitzverhältnisse hat es mit sich gebracht, daß wir Musiklehrerinnen [...] in letzter Zeit fast ganz unserer Schülerinnen verlustig gehen. Früher machte es mich glücklich, bei der mir so überaus lieben Tätigkeit am Nomenclator die von der Akademie gezahlte Vergütung nicht unbedingt als maßgebend für mich ansehen zu brauchen, da ich als Musiklehrerin in den Abendstunden hinreichend Nebenverdienst hatte. Jetzt ist aber die Zahl meiner Schülerinnen auf nur drei reduciert und so kann ich [...] nicht länger existieren. Ich bin voller Sorgen und habe überlegt und gegrübelt, wie ich es machen könnte, trotzdem in meiner Arbeit am großen Werke bleiben zu können. – Aber schließlich richten sich notgedrungen meine Blicke auf Institute des praktischen und geschäftlichen Lebens, in den schon die einfachsten Handlangerinnen und Laufmädchen so gestellt sind, daß sie sorgenfrei leben können. Auch die in der Akademie beschäftigte Scheuerfrau wird fast doppelt so hoch

---

148   Elisabeth Morgenstern, Martha Luther, Helene Born, Hedwig Graeber, Karla von Düring, Helene Ristenpart (geb. Kunith), Paul Hügeler, Hans Wahl, Hertha Timme, Erna Löffler (geb. Heinrich), Erna Hagemann.

bezahlt als ich. – Zu meinem größten Kummer sehe ich den Augenblick nicht mehr fern, wo ich wider Wunsch und Willen gezwungen bin, meine Stellung bei der Akademie aufzugeben. Mir ist jetzt unter der Hand eine Tätigkeit angeboten mit einem Einkommen nach dem neuerdings in Preußen für die Angestellten gültigen Tarif; ich zögere aber noch, sie anzunehmen, weil ich viel lieber am Nomenclator weiter arbeiten würde. – Ich bin sprachlich und bibliothekarisch voll ausgebildet; durch meine zweijährige Beschäftigung am Nomenclator habe ich mich ganz in eine selbständige Tätigkeit eingearbeitet und kann dem Werke das leisten, was eine neue Kraft erst wieder nach langer Zeit des Einarbeitens schaffen würde."[149]

Das Schriftstück gestattet einen Einblick in die Lebenswelt von Hedwig Graeber und vermittelt den Eindruck einer selbstbewußten Frau, die ihr Licht nicht unter den Scheffel stellte, sich fordernd und durchsetzungsfähig präsentierte.

Einige Dokumente weisen darauf hin, daß Frauen gezwungenermaßen einer Erwerbstätigkeit nachgehen mußten, weil die Inflation das Vermögen zusammenschrumpfen ließ und anderweitige Versorgungsleistungen fehlten. So bat die erwähnte Helene Ristenpart 1923 um ihre Wiederbeschäftigung an der Akademie, als die nach dem Tod ihres Mannes gezahlte Abfindungssumme aufgebraucht und auch ihr Bruder mit der Unterstützung für seine Schwester und deren Kinder an eine Belastungsgrenze gelangt war.[150] Da die Gehälter an der Akademie knapp bemessen waren, bewegten sich die Mitarbeiter und Mitarbeiterinnen stets am Rande des Existenzminimums und waren trotz ihrer Erwerbsarbeit meist auf eigenes Vermögen, Ersparnisse oder die finanzielle Unterstützung der Familie angewiesen. Entsprechend niedrig fielen auch ihre späteren Renten aus. Nach fast 40jähriger Erwerbsarbeit erhielt Martha Luther zum Beispiel eine derart niedrige Rente, daß sie davon nicht leben konnte und auf Honorarbasis weiterhin für die Akademie tätig blieb.

Vom wissenschaftlich-technischen Personal wurde wie von Wissenschaftlern und Wissenschaftlerinnen die Bereitschaft erwartet, sich mit maximalem Einsatz der Forschungsarbeit zu widmen und die Arbeit für die Akademie als eine Frage der Ehre anzusehen. Finanzielle Anerkennung spielte eine untergeordnete Rolle; Geldforderungen oder höhere Gehaltsansprüche waren unerwünscht. Hinzu kommt, daß die wissenschaftlich-technischen Mitarbeiter nur begrenzte Aufstiegschancen und so gut wie keine Karriereaussichten hatten.

An den Berufsverläufen läßt sich ablesen, daß die Bürohilfsarbeiterinnen innerhalb der Akademie flexibel eingesetzt und ausge-

---

149 ABBAW, II-IV-64, Bl. 6, H. Graeber an PAW, z.Hd. Kommissionsvorsitzenden W. Kükenthal v. 24. Juli 1922.

150 ABBAW, II-VII-22, Bl. 3, H. Ristenpart an [M. Planck] v. 18. Juli 1923.

tauscht werden konnten. So wechselte die Bürohilfsarbeiterin Helene Born vom zoologischen Akademieprojekt Das Tierreich später zur Leibniz-Edition.[151] Reibungslos funktionierten auch Übergänge von Hilfsarbeiterinnen aus Akademieprojekten in die Akademieverwaltung und umgekehrt. Regelmäßig wurden beim astronomischen Unternehmen GFH die personellen Ressourcen der Verwaltung in Anspruch genommen. Umfangreiche Schreibarbeiten ließ man von den Angestellten der Akademieverwaltung ausführen, die dafür kleine Aufwandsentschädigungen erhielten.[152] Auch beim Nomenclator animalium generum et subgenerum, das aus Gründen der Kostenersparnis im Selbstverlag der Akademie erschien, wurden die „verlegerischen Arbeiten" – das Führen von Subskriptionslisten, Versenden der Lieferungen sowie sämtliche finanzielle Angelegenheiten – von einer Angestellten der Akademieverwaltung erledigt. Erna Heinrich (1907-) wurde 1926 dafür zunächst aushilfsweise im Büro der Akademie beschäftigt. Für umfangreiche Schreibarbeiten, die sie außerdem mehrere Jahre lang für den Nomenclator erledigte, erhielt sie zu ihrem Gehalt regelmäßig ein Honorar aus dem Fonds dieses Akademieprojektes.[153]

Bürohilfsarbeiterinnen konnten ihre Fähigkeit, sich flexibel auf neue und stets wechselnde Anforderungen und Aufgaben einzustellen, verschiedentlich unter Beweis stellen, aber nicht in berufliches Fortkommen umsetzen. Die anfangs vorhandenen geringen Möglichkeiten, auch wissenschaftliche Anerkennung zu erwerben, fielen mit der zunehmenden Verberuflichung ganz weg. Nach 1920 wurden die einzelnen Funktionsbereiche schärfer als zuvor voneinander abgegrenzt, wodurch die Nachrangigkeit der wissenschaftlich-technischen Mitarbeiter gegenüber den Wissenschaftlern deutlich hervortrat. Da sich die wissenschaftlich-technischen Assistenz am unteren Rand des Wissenschaftssystems etablierte, waren die Folgen von Differenzierung und Verberuflichung für das Büro- und technische Personal in den Akademieprojekten durchaus ambivalent. Es erhielt mehr berufliche Anerkennung, wurde zugleich aber aus dem Wissenschaftssystem „herausdefiniert" und an den Rand gedrängt, was dazu führte, daß seine Arbeit für die Wissenschaft kaum noch wahrgenommen und beachtet wurde.

Hinzu kommt, daß in der beruflichen Anerkennung Unterschiede zwischen den wissenschaftlich-technischen Mitarbeitern bei den akademischen Kommissionen und den Verwaltungs- und Biblio-

---

151 Weitere Beispiele sind Hedwig Graeber (Nomenclator/Leibniz-Edition), Hertha Timme (Deutsche Literaturzeitung/Verwaltung), Else Maas (Nomenclator/Verwaltung).

152 ABBAW, II-VII-26, Abrechnungsunterlagen.

153 ABBAW, II-IV-120 (Personalakte Erna Heinrich) sowie ABBAW, II-VII-37, Bl. 113.

theksangestellten der PAW bestanden. Während letztere zu den Behördenangestellten zählten, galten die bei den akademischen Kommissionen beschäftigten „Hilfsarbeiter" im rechtlichen Sinne als Privatangestellte.[154] Ihre Gehälter orientierten sich seit den 1920er Jahren am Angestelltentarifsystem, unterlagen aber keiner automatischen Steigerung. Damit waren die Mitarbeiter und Mitarbeiterinnen bei den Kommissionen praktisch von Beförderungen und bestimmten Vergünstigungen ausgeschlossen. Jede Gehaltsaufbesserung war maßgeblich vom Wohlwollen der Vorgesetzten abhängig, und entsprechende Anträge durchliefen einen bürokratischen Weg durch die Instanzen. Exemplarisch werden dazu zwei in Akademieprojekten beschäftigte Bürohilfsarbeiterinnen mit einem besseren Absicherungsverhältnis, d.h. Gehältern mit tarifähnlichen Bezügen, vorgestellt, das dritte Beispiel zeichnet den Weg einer Bibliothekarin an der PAW nach.

4.2 AUSDAUER UND ERFAHRUNG

Als eine der ersten Bürohilfsarbeiterinnen in einem Forschungsprojekt der Akademie wurde Martha Luther beschäftigt. 1901 trat sie als bibliographische Hilfsarbeiterin in den Dienst des zoologischen Unternehmens Das Tierreich und blieb hier fast vier Jahrzehnte tätig.[155] Die gebürtige Magdeburgerin war auf Umwegen in die Wissenschaft gelangt. Sie hatte die Höhere Töchterschule in Salzwedel und die Berlitz-School in Berlin besucht, englische, französische und italienische Sprachkenntnisse erworben und einen Stenographie-Kurs absolviert. Anschließend studierte sie an einem Konservatorium Musik und wurde deshalb noch Jahre später von ihren Kollegen gelegentlich als „Claviervirtuosin" bezeichnet. Wie erwähnt, kam sie wohl auf Empfehlung ihres Bruders an die PAW. Im Akademieprojekt war Martha Luther für redaktionelle und bibliographische Arbeiten zuständig, sie führte den Zettelkatalog internationaler Zoologen und revidierte in mühsamer Kleinarbeit die Literaturabkürzungen. Im Büro des Unternehmens arbeiteten unter der Leitung des wissenschaftlichen Beamten ein weiterer Wissenschaftler sowie zwei Bürohilfsarbeiterinnen. Je nach Bedarf wurden gelegentlich auch Zeichner beschäftigt und Hilfsarbeiter für Revisionsarbeiten hinzugezogen.[156]

Für alle Mitarbeiter im Forschungsprojekt galten zoologische Fachkenntnisse als eine Minimalqualifikation, auch für die bibliographischen Hilfsarbeiterinnen. Während die männlichen Mitarbei-

---

154 ABBAW, II-IV-24, Bl. 30, Gutachten von E. Seckel v. 17. Januar 1920.
155 ABBAW, II-IV-121.
156 ABBAW, II-VII-20, Abrechnungen 1897-1933/34.

ter ihre Zoologie-Kenntnisse im Universitätsstudium erworben hatten, mußten Frauen einen anderen Weg nehmen, da sie damals noch nicht regulär studieren durften. Auf Wunsch des Kommissionsvorsitzenden, Franz Eilhard Schulze, hörte Martha Luther seine Vorlesungen an der Berliner Universität.[157] Daneben erweiterte sie ihr Wissen bei der praktischen Arbeit im Redaktionsbüro. Die Voraussetzungen dafür waren günstig, denn die Arbeitsgruppe war klein, die Verhältnisse waren anfangs nur gering formalisiert und wenig hierarchisch. Wissenschaftliche und nichtwissenschaftliche Aufgabenbereiche waren nicht scharf voneinander abgegrenzt. Zudem besaßen Redaktionsarbeiten wegen ihres hohen Routineanteils für Wissenschaftler wenig Prestige, da sie nicht zu wissenschaftlicher Anerkennung führten. Martha Luther erledigte mit zunehmender Erfahrung stets auch Arbeiten, die über die gewöhnlichen Aufgaben einer bibliographischen Hilfsarbeiterin hinausreichten. Johannes Luther beschrieb den Aufgabenbereich seiner Schwester mit den Worten: „Ihre Arbeit bestand darin, die Manuskripte der einzelnen Autoren, darunter auch fremdsprachige, druckfertig zu machen, die Zitate u.a. zu kontrollieren, die Korrekturen zu lesen, die Register anzufertigen u. dgl. m., eine Tätigkeit, die man wohl als wissenschaftlich bezeichnen kann."[158]

Martha Luther war durch ihre langjährige Unternehmenszugehörigkeit mit der Materie vollkommen vertraut und galt als überaus zuverlässige Mitarbeiterin. Vermutlich war das auch ein Grund dafür, daß sie der Zoologe und wissenschaftliche Beamte, Fritz Czeschka Edler von Maehrenthal (1857-1910), an den Vorarbeiten für das zweite zoologische Großprojekt an der Akademie beteiligte. Als die gemeinsam erarbeitete Probelieferung für den „Nomenclator" im Mai 1911 unter den Titel *Primatium genera et subgenera* erschien, stand auch Martha Luthers Name auf dem Titelblatt.[159] Daß die bibliographische Hilfsarbeiterin Mitautorschaft erlangen konnte und ihre Arbeit in der Publikation sichtbar gemacht worden war, unterstreicht ihre fachlichen Kompetenzen, wodurch sie wie ein Wissenschaftler eingesetzt werden konnte. Es deutet aber auch auf geringe hierarchische Verhältnisse in der kleinen Arbeitsgruppe und bestehende Spielräume hin. Zu einer stärkeren Abgrenzung der Mitarbeitergruppen in den Forschungsprojekten kam es – wie erwähnt – erst mit der Regulierung und Vereinheitlichung der Mitarbeiterverhältnisse nach 1920. Da an die Büro- und technischen Mitarbeiter und Mitarbeiterinnen ab dieser Zeit deutlich andere Erwartun-

---

157 ABBAW, II-IV-121, Bl. 73-74, J. Luther an [Th. Vahlen] v. 24. Februar 1940.

158 Ebd.

159 Primatium genera et subgenera, i.A. der Königlich Preussischen Akademie der Wissenschaften zu Berlin hg. v. Franz Eilhard Schulze, bearbeitet v. Fritz v. Maehrenthal (†), Martha Luther, Theodor Kuhlgatz, Berlin 1911.

gen geknüpft wurden als an Wissenschaftler, war es später auch für Martha Luther kaum noch möglich, Arbeit in sichtbare Anerkennung umzusetzen. Wissenschaftliche Anerkennung konnte sie nicht erwerben, denn dazu hätte sie akademische Zertifikate vorweisen müssen. So war Martha Luther fast ein halbes Jahrhundert als Bürohilfsarbeiterin für die PAW tätig, ohne Karriere gemacht zu haben. Sie blieb im wahrsten Sinne des Wortes ein „ständiges Element" in der Wissenschaft ohne Aufstiegsmöglichkeiten und wissenschaftliche Anerkennung, obwohl sie durch ihre langjährige Tätigkeit fachliche Kompetenzen und praktische Erfahrungen erworben hatte, in der Redaktion wie ein Wissenschaftler einsetzbar war und zuletzt sogar die Aufgabe einer Schriftleiterin wahrnahm.

Verglichen mit der Situation anderer Mitarbeiter und Mitarbeiterinnen, hatte Martha Luther ein gutes Beschäftigungsverhältnis bei der PAW. Sie erhielt als vollbeschäftigte hauptamtliche Mitarbeiterin tarifmäßige Bezüge, was als ein Zeichen für ihre Integration in die Arbeitsgruppe und als berufliche Anerkennung gewertet werden kann. Aber schon 1929 hatte sie die höchste Steigerungsstufe erreicht und keine Aussicht mehr auf eine Gehaltserhöhung.[160] Von ihren Kollegen wurde sie „wegen ihrer Gewissenhaftigkeit & Hilfsbereitschaft" sehr geschätzt.[161] Die Akademie bedachte sie mit kleinen Gesten symbolischer Anerkennung, so mit einem Grußschreiben zu ihrem 70. Geburtstag im Jahre 1938.[162] Als sie zum Jahresende 1939 aus dem Dienst ausschied, hieß es im Anerkennungsschreiben von der Akademie:

„Sie haben [...] ausschließlich an dem Werk ‚Das Tierreich' mitgearbeitet und mit grösster Sachkenntnis und vorbildlicher Sorgfalt die formelle Durchsicht der Manuskripte, das Lesen der Korrekturen, die Nachprüfung der Literaturnachweise, wie die Anfertigung des Registers besorgt. Die Zuverlässigkeit, die die Lieferungen des ‚Tierreichs' in diesem wesentlichen und wichtigen Teile aufweisen, ist zum grossen Teil Ihrer hingebenden Tätigkeit zuzuschreiben."[163]

Mit dem Übergang in den Ruhestand wurde jedoch ihre mißliche Lage offenbar. Die Akademie zahlte vier Monate lang ein Übergangsgeld.[164] Dann war Martha Luther auf eine kleine Rente aus der An-

---

160 ABBAW, II-IV-121, Bl. 17, R. Hesse an Sekretariat PAW v. 14. Januar 1929.

161 ABBAW, II-IV-121, Bl. 50, R. Hesse an Sekretariat PAW v. 6. August 1938.

162 ABBAW, II-IV-121, Bl. 53, Grußschreiben PAW an M. Luther zum 70. Geburtstag v. 13. August 1938.

163 ABBAW, II-IV-121, Bl. 63, Der Präsident [Th. Vahlen] an M. Luther v. 20. Dezember 1939.

164 ABBAW, II-IV-121, Bl. 64, Mitteilung der Dienstbezüge v. 15. Januar 1940. Zuschüsse zum Übergangsgeld erhielt M. Luther nicht, im Vergleich zu ihrem früheren Gehalt hatte sie insgesamt ca. 100 RM weniger.

gestelltenversicherung angewiesen. Diese Altersversorgung war so niedrig, daß sie trotz ihrer nahezu vierzigjährigen Erwerbstätigkeit in eine prekäre finanzielle Lage geriet und zu einem „Versorgungsfall" wurde. Es begann ein sich monatelang hinziehendes Bemühen um die Gewährung eines Rentenzuschusses. Diesen forderte Martha Luther allerdings nicht selbst für sich ein, sondern ihr Bruder und ihr Neffe erbaten für die Schwester beziehungsweise Tante bei der PAW eine regelmäßige zusätzliche Unterstützung aus Akademiemitteln, d.h. ein besonderes Ruhegehalt.[165] Die PAW verfügte jedoch „über keinerlei Mittel, aus denen ein derartiges Ruhegehalt gezahlt werden könnte."[166] So wurde Martha Luther noch einmal stundenweise und befristet für Manuskript- und Korrekturarbeiten beim Tierreich-Projekt beschäftigt.[167] Ihre Wiederbeschäftigung erfolgte zu deutlich schlechteren Konditionen als im Vergleich zu ihrem früheren Gehalt. Das Stundenhonorar mußte jeweils am Monatsende schriftlich vom Kommissionsvorsitzenden bei der Akademie beantragt werden. Daraufhin intervenierte der einflußreiche Ministerialbeamte Ernst Luther beim Ministerium und brachte Bewegung in die Angelegenheit seiner Tante.[168] Im Oktober 1941 wurde Martha Luther eine zusätzliche monatliche Unterstützung zur Rente gewährt.[169] Da ihre wirtschaftliche Lage nun als gesichert galt, wurde sie nicht mehr länger an der Akademie beschäftigt.

Die letzte Arbeit von Martha Luther für das Akademieprojekt blieb nahezu unbemerkt. Nachdem die PAW 1940 die Herausgabe des Werkes *Das Tierreich* dem Verlag de Gruyter übertragen hatte, wurden die Tierreich-Lieferungen neu konzipiert. Allerdings war die letzte Monographie, die in der alten Tierreich-Reihe erscheinen sollte, noch nicht redaktionell für den Druck bearbeitet und korrigiert.

---

165 ABBAW, II-IV-121, Bl. 73-74, J. Luther an Akademiepräsident [Th. Vahlen] v. 24. Februar 1940.

166 ABBAW, II-IV-121, Bl. 72, Direktor H. Scheel an J. Luther v. 24. April 1940.

167 ABBAW, II-IV-121, Bl. 67, R. Hesse an PAW [H. Scheel] v. 7. März 1940. Für die Korrekturen der letzten Lieferung wurden ein monatlicher Arbeitsaufwand von 80-90 Stunden und ein Stundenlohn von 1,50 RM festgesetzt (Bl. 82). M. Luther erhielt für diese Arbeiten bis einschließlich Dezember 1941 monatlich 144 RM (Bl. 83).

168 In ihrer Stellungnahme gegenüber dem Ministerium unterstützte die Akademie das Gesuch um Bewilligung einer laufenden Unterstützung für Martha Luther (ABBAW, II-IV-121, Bl. 91, Akademiepräsident an RMfWEV v. 27. Oktober 1941).

169 ABBAW, II-IV-121, Bl. 98, RMfWEV an den Präsidenten der PAW v. 15. Dezember 1941. Martha Luther wurde ab Oktober 1941 eine monatliche Beihilfe in Höhe von 50 Mark gewährt, so daß sie etwa 150 RM im Monat zur Verfügung hatte. Das entsprach etwa ihren letzten Honorareinkünften. Die Zahlungen an M. Luther wurden Anfang 1942 eingestellt.

Es handelte sich um eine Abhandlung des 1937 verstorbenen norwegischen Milbenforschers Sig[vart] Thor[kelson], der kurz vor seinem Tod das Manuskript im Redaktionsbüro eingereicht hatte. Die Kommission übertrug dem Bremer Milbenexperten Carl Willmann die inhaltliche Revision der Monographie, wobei es seine Aufgabe war, das Manuskript durchzusehen und auf den aktuellen Forschungsstand zu bringen.[170] Die Erledigung der formalen Revisionsarbeiten wurde auf Vorschlag des Kommissionsvorsitzenden Richard Hesse (1868-1944, OM 1926) in die Hand von Martha Luther gelegt: „Die Mitarbeit von Fräulein Luther bei der Durchsicht der Litteraturverweisungen & bei der Korrektur, worin sie durch ihre jahrelange Tätigkeit beim ‚Tierreich' durchaus geübt & wofür sie wie kein anderer geeignet ist, muß daher sehr willkommen sein."[171] Im *Jahrbuch der PAW* 1942 wurde erwähnt, daß die letzte Arbeit der alten Tierreich-Reihe unter der Schriftleitung (!) von Martha Luther fortgesetzt wurde.[172] Im Vorwort der Publikation selbst findet sich aber kein Hinweis.

4.3 „WENN ZWEI DAS GLEICHE TUN ..." – ZUR GEWICHTUNG VON ANFORDERUNG UND QUALIFIKATION BEI DER ARBEITSBEWERTUNG

Im Jahre 1920 übertrug die Leibniz-Kommission Karla von Düring (1896-nach 1946), einer examinierten Röntgenassistentin und Apothekengehilfin mit soliden Fremdsprachenkenntnissen, die Schreibarbeiten für die Leibniz-Ausgabe.[173] Dabei handelte es sich nicht um einfache Schreibarbeiten schlechthin, sondern um Abschriften von deutschen, französischen und englischen Texten und Briefen des 17. Jahrhunderts.[174] Darüber hinaus beaufsichtigte Karla von Düring den Leihverkehr zwischen der Arbeitsstelle und den Bibliotheken und verwaltete den bio-bibliographischen Katalog. Gelegentlich werde sie auch zu „mehr kanzleimässigen Geschäften" herangezogen, doch ergebe sich dies „nur aus der Arbeitslage der Kommission, der eine Arbeitskraft zur Erledigung rein kanzleimässiger Geschäfte fehlt, so dass die vorhandenen halbwissenschaftlichen und zum Teil auch die wissenschaftlichen Kräfte auch mit anderen als den ihnen eigentlich obliegenden Arbeiten betraut werden müs-

---

170 Thor[kelson]/Willmann 1947, Vorwort.
171 ABBAW, II-IV-121, Bl. 67, R. Hesse an PAW, z. Hd. Direktor Prof. Dr. Scheel, v. 7. März 1940.
172 Jb. PAW 1942, S. 77, Bericht R. Hesse. Die Acarinen-Arbeit von Sig Thor und Carl Willmann erschien als Tierreich-Lieferung Nr. 71a.
173 ABBAW, II-IV-50 Bl. 1, Arbeitsvertrag v. 10. Februar 1921.
174 ABBAW, II-IV-50 Bl. 15-17, N. Hartmann an das Sekretariat der PAW v. 23. Juni 1938.

sen."[175] Die Entzifferung der Manuskripte galt als „sehr schwierig, weil es sich nicht um kanzleimässige, gut lesbare Schriften handelt, sondern um häufig wechselnde und sehr ausgeschriebene Hände, die zudem durch ihre von der modernen Orthographie abweichende Schreibweise sowohl in der französischen als in der englischen und deutschen Sprache Schwierigkeiten bereiten."[176] Wie Martha Luther erwarb auch Karla von Düring im Laufe der Jahre praktische Erfahrungen und fachliche Kompetenzen. Dem Kommissionsvorsitzenden Nicolai Hartmann zufolge habe sie sich „zur Zufriedenheit ihrer Vorgesetzten in ihre Aufgaben hineingefunden und hat sich in dieser Zeit eine Erfahrung in der Entzifferung unserer Texte erworben, die durch keine theoretische Vorbildung zu ersetzen ist. [...] Ihre gesamte Tätigkeit kann als halbwissenschaftlich gewertet werden."[177]

Außer der wissenschaftlich-technischen Angestellten Karla von Düring wurde auch der Historiker Walter Möring (1877-1945) als Paläograph bei der Leibniz-Ausgabe beschäftigt.[178] Der gebürtige Hamburger war 1905 in Heidelberg mit einer naturwissenschaftlichen Arbeit zum Dr. phil. rer. nat und 1913 mit einer historischen Studie über *Die Wohlfahrtspolitik des Hamburger Rates im Mittelalter* bei Georg von Below in Freiburg im Breisgau promoviert worden.[179] Nach verschiedenen Tätigkeiten im Auftrag der Bayerischen Historischen Kommission, im Staatsarchiv Hamburg und im Stadtarchiv Stralsund wurde Walter Möring 1922 wissenschaftlicher Mitarbeiter bei der Leibniz-Ausgabe, wo er bis zum seinem Tod im Juni 1945 tätig blieb. Der promovierte Historiker war wie die wissenschaftlich-technische Angestellte Karla von Düring überwiegend mit Übersetzungsarbeiten beschäftigt, d.h. mit der Entzifferung und Abschrift handschriftlicher Originale aus dem Leibniz-Nachlaß.[180] Beide arbeiteten nicht an sichtbaren Ergebnissen und befanden sich in einer hierarchisch nachrangigen Position; ihr Dienstvorgesetzter war der wissenschaftliche Beamte des Unternehmens, Paul Ritter. Wegen ihrer verhältnismäßig kurzen Zugehörigkeit zum Unternehmen und weil bei der Akademie keine „Stellen" frei waren, wurden beide Mitarbeiter außertariflich beschäftigt.[181] Größere arbeitsmäßige Unter-

---

175 Ebd.

176 Ebd.

177 Ebd.

178 ABBAW, II-VIII-177, Bl. 226, Bericht des Vorsitzenden der Leibniz-Kommission an das RMfWEV v. 13. Oktober 1938.

179 Freiburg i. Br., Phil. Diss. v. 1913, ersch. als Abhh. zur mittl. u. neueren Geschichte H. 45, Berlin/Leipzig 1913.

180 ABBAW, II-IV-134, Bl. 2, 7, 44.

181 Die Arbeitsverträge mit außertariflich beschäftigten Mitarbeitern wurden an der Akademie prinzipiell mit den jeweiligen Kommissionen und nicht mit der Akademie geschlossen.

schiede bestanden zwischen ihnen nicht. Dennoch gab es in der Bezahlung eine deutliche Differenz. Während im Jahr 1922 Karla von Dürings Monatsgehalt bei 720 Mark lag, erhielt Walter Möring monatlich 1800 Mark.[182] Ausschlaggebend für die unterschiedliche Bezahlung der Mitarbeiter war nicht das Tätigkeitsprofil ihrer Arbeit – hier gab es keine Unterschiede –, sondern waren die formalen Qualifikationsunterschiede. Daß Walter Möring anders bezahlt wurde als Karla von Düring, ließ sich mit seiner wissenschaftlichen Qualifikation rechtfertigen. Mit der Einführung des am Tarifsystem orientierten Arbeitsbewertungssystems (1920) hatte das Merkmal Qualifikation eine stärkere differenzierende Wirksamkeit erlangt und in diesem Falle zur Folge, daß Karla von Dürings Arbeit anders bewertet wurde als die ihres Kollegen Walter Möring.

Die Leibniz-Kommission nahm die bestehenden Eingruppierungsprobleme ihrer als Paläographin beschäftigten wissenschaftlich-technischen Angestellten wahr, sie war jedoch an die normativen Vorgaben gebunden und besaß kaum Spielraum, daran etwas zu ändern. Karla von Düring wurde entsprechend dem Anforderungsprofil ihrer Tätigkeit und ihrer Qualifikation in die mittlere Vergütungsgruppe V eingestuft, 1932 in die etwas höhere Gruppe VI, aus Kostengründen wurde dies 1933 wieder rückgängig gemacht.[183] Als im Jahre 1938 eine neue Angestelltentarifordnung eingeführt wurde, entsprach die Vergütungsgruppe V der alten nunmehr der Vergütungsgruppe VIII der neuen Tarifordnung. Nach den Tätigkeitsmerkmalen der Gruppe VIII wurden keine fremdsprachlichen Kenntnisse verlangt. Dagegen sollten diejenigen Angestellten in die nächsthöhere Gruppe VII fallen, die in einer Fremdsprache brauchbare Übersetzungen liefern konnten; das galt in der Regel für die Angestellten in Archiven, Museen und wissenschaftlichen Einrichtungen. Zur höheren Gruppe VI b sollten Angestellte gezählt werden, die in mindestens zwei Fremdsprachen brauchbare Übersetzungen anfertigen konnten. Nach Ansicht des Kommissionsvorsitzenden Nicolai Hartmann traf das auf Karla von Düring zu, und er beantragte die Neueinstufung der Mitarbeiterin. In der Begründung heißt es:

„Nun braucht zwar Frl. von Düring keine Übersetzungen der Texte abzuliefern, aber Abschriften von fremdsprachlichen Texten des 17. Jahrhunderts kann nur derjenige herstellen, der die nötigen Sprachkenntnisse besitzt, die Texte zu übersetzen, an Hand dieses Sachverständnisses schwer lesbare Textstellen zu entziffern. [...] Zu berücksichtigen ist bei einer Neufestsetzung der Vergütungsgruppe wohl auch, dass Frl. von Düring im Jahre 1932 bereits einmal in

---

182 ABBAW, II-IV-50; Bl. 2; ABBAW II-IV-134, Bl. 2.
183 ABBAW, II-IV-50, Bl. 15-17, N. Hartmann an das Sekretariat der PAW v. 23. Juni 1938.

die alte Vergütungsgruppe VI eingestuft worden war. Diese Erhöhung ist jedoch im Jahre 1933 aus Gründen der Ersparnis rückgängig gemacht worden. Unter Erwägung aller Umstände bitte ich die Akademie, Fräulein von Düring in die Vergütungsgruppe VII der neuen Tarifordnung einzustufen und ihr bei weiterer Bewährung, vor allem auch in weiteren neuen Aufgaben, einen Aufstieg in die Vergütungsgruppe VI b nach einigen Jahren zuzusichern."[184]

Die PAW unterstützte den Antrag auf Höhergruppierung und hielt sogar die Tätigkeitsmerkmale der Vergütungsgruppe VI b für gegeben.[185] Das Ministerium lehnte ihn jedoch ab, weil die „tariflichen Voraussetzungen nicht gegeben" seien.[186] Im November 1938 wiederholte die Akademie ihren Antrag. Darin heißt es: Karla von Düring werde

„nicht nur mit der Abschrift gewöhnlicher fremdsprachiger und gut lesbarer Texte beschäftigt, sondern hat Texte zu übertragen, die nicht ohne weiteres lesbar sind und regelrecht entziffert werden müssen. Für eine derartige Arbeit kann nur eine Kraft Verwendung finden, die die Sprache vollkommen beherrscht und in der Lage ist, nach wissenschaftlichen Methoden aus dem textlichen Zusammenhang heraus brauchbare und zuverlässige Übertragungen zu liefern, die für den Druck fertig sind. "[187]

In der Anlage fügte die Akademie außerdem eine von Karla von Düring angefertigte Abschrift eines Brieffaszikels und eine Fotokopie des Originals bei als Nachweis für den Schwierigkeitsgrad der von ihr ausgeführten Tätigkeit. Daraufhin wurde Karla von Düring mit ministerieller Genehmigung rückwirkend zum 1. November 1938 in die Gruppe VII der Angestelltentarifordnung eingereiht und nach weiteren vier „Bewährungsjahren" im Oktober 1942 in die Gruppe VI b hochgestuft.[188]

Dieses Beispiel zeigt, daß die arbeitsmäßigen Unterschiede zwischen wissenschaftlich-technischen Mitarbeiterinnen und Wissenschaftlern in den Akademieprojekten gering sein konnten und sich die sogenannten halbwissenschaftlichen Tätigkeiten oft nur schwer von den wissenschaftlichen abgrenzen ließen. Das führte zu Eingruppierungsproblemen, die hier als Probleme beruflicher Anerkennung und Bewertung von Leistungen in der Wissenschaft diskutiert wurden. Die Bewertungsunterschiede drückten sich vor allem in der Gehaltshöhe aus und wurden als eine Folge der unterschiedlichen

---

184 Ebd.
185 ABBAW, II-IV-50, Bl. 19, PAW [Sekretare] an RuPrMfWEV v. 7. Juli 1938.
186 ABBAW, II-IV-50, Bl. 20, RuPrMfWEV an PAW v. 14. Juli 1938.
187 ABBAW, II-IV-50, Bl. 23, PAW [H. Scheel] an RMfWEV v. 14. November 1938; dazu auch Bl. 22, K. Dülfer an [H. Scheel] v. 5. November 1938.
188 ABBAW, II-IV-50, Bl. 24, RMfWEV an PAW v. 6. Dezember 1938; Bl. 41 Festsetzung Grundvergütung v. 8. Januar 1943.

Gewichtung der Merkmale *Anforderung* und *Qualifikation* im Tarifsystem und der tendenziellen Höherbewertung von Qualifikation gesehen. Die Wissenschaftsorganisation Akademie hatte nur sehr begrenzte Eingabemöglichkeiten, ihr Spielraum war gering, sie war selbst in hohem Maße von den normativen Vorgaben abhängig. Insgesamt erhielten die bei den akademischen Kommissionen beschäftigten wissenschaftlich-technischen Mitarbeiterinnen nur eine geringe berufliche Anerkennung. Karla von Düring war es wie Martha Luther möglich, wissenschaftlich zu arbeiten, beide hatten aber nur wenige Möglichkeiten, ihre Arbeit in Anerkennung umzusetzen.

4.4 FORMALISIERTE WEGE

Im Unterschied zu den bibliographischen Hilfsarbeiterinnen in den Akademieprojekten wurden die als Behördenangestellte geltenden Verwaltungs- und Bibliotheksangestellten beruflich anerkannt. Im frühen 20. Jahrhundert waren für sie formale Stellenpositionen an der Akademie eingeführt worden, die ihnen begrenzte Beförderungsmöglichkeiten eröffneten. In ihrer fast zwanzigjährigen Dienstzeit wurde die Bibliothekarin Erna Hagemann von der Hilfsarbeiterin in der Akademiebibliothek zur beamteten Bibliotheksinspektorin befördert und erreichte im gehobenen mittleren Bibliotheksdienst die Endposition.

Erna Hagemann, die in der Familie eines mittleren Bankbeamten in Berlin aufgewachsen war, begann nach dem Schulbesuch 1914 eine dreijährige Bibliotheksausbildung. Diese schloß sie im Oktober 1917 mit der Diplomprüfung für den mittleren Bibliotheksdienst ab. Mit befristeten Verträgen arbeitete sie anschließend in verschiedenen wissenschaftlichen Bibliotheken Berlins, so im Dezember 1920 als nicht etatmäßige Hilfsarbeiterin in der Staatsbibliothek. Von dort bewarb sie sich im November 1921 um die Stelle der Hilfsarbeiterin in der Akademiebibliothek.[189] Diese Stelle erhielt sie nicht sofort, sondern die Akademieleitung stellte Erna Hagemann ohne einen erkennbaren Grund zunächst in der Akademieverwaltung als Hilfsarbeiterin ein und übertrug ihr zwei Monate später die besser bezahlte Stelle der Hilfsarbeiterin in der Akademiebibliothek.[190] In der Verwaltung wurde sie mit der stenographischen Aufnahme von Diktaten und ihrer Übertragung mit der Schreibmaschine, der Führung des Brieftagebuches und der Lohnlisten sowie mit sonstigen Büroarbeiten beschäftigt.[191] Ihr Vorgesetz-

---

189   ABBAW, II-IV-70, Bl. 1, Bewerbungsschreiben v. 15. November 1921.

190   ABBAW, II-IV-70, Bl. 11, 14 u. 17. Die Stelle der Bürohilfsarbeiterin war nach dem Tarifvertrag für Lohnangestellte in Gr. IV eingereiht, die der Bibliothekshilfsarbeiterin in Gr. VII.

191   ABBAW, II-IV-70, Bl. 21, Zeugnis v. 21. Juli 1926.

ter, Eduard Sthamer, ging – anders als sein Amtsvorgänger Otto Köhnke – auch als leitender hauptamtlicher Verwaltungsbeamter der PAW seinen wissenschaftlichen Neigungen nach. Der ausgebildete Mediävist und frühere Assistent am Deutschen Historischen Institut in Rom setzte seine Mittelalter-Forschungen ausgiebig fort, auch weil ihm ein kleiner Mitarbeiterstab in der Verwaltung zur Verfügung stand, an den er Aufgaben delegieren konnte und dadurch Zeit für ausgedehnte Archivaufenthalte in Italien gewann.[192]

Die Bibliotheksgeschäfte führte Erna Hagemann vermutlich allein. Sie leitete die Akademiebibliothek weitgehend selbständig, und zwar als ein Ein-Frau-Betrieb. Außer ihr waren keine weiteren Mitarbeiter beschäftigt. Die Akademiebibliothek zählte zu den kleinen wissenschaftlichen Bibliotheken. Ihren Bestand bildeten hauptsächlich die Akademieschriften und Veröffentlichungen der Akademiemitglieder. Der Bibliotheksetat war gering, Bücher wurden vorwiegend durch innerakademischen Schriftenaustausch erworben.[193] Erna Hagemann erledigte alle laufenden Verwaltungsgeschäfte und war für den gesamten Schriftverkehr der Akademiebibliothek zuständig. Sie führte das Zugangsverzeichnis der Bibliothek, die Fortsetzungslisten der Zeitschriften und den Katalog, war für die Eingangsprüfungen und Reklamationen zuständig, überwachte die Buchbinderarbeiten, die Ausleihe und die Buchrückgabe; zu ihren Aufgaben gehörten Kostenberechnungen, Katalogarbeiten sowie die Erledigung von Benutzerfragen.[194] Ihr Aufgabenbereich war umfassend, was in den kleinen wissenschaftlichen Bibliotheken häufig der Fall war, da hier wissenschaftliche Stellen oft fehlten.[195] Die Akademie zog aus Hagemanns Tätigkeit Nutzen, denn die Besoldung einer Bibliothekarin im mittleren Dienst war bedeutend billiger als die eines wissenschaftlichen Bibliothekars.

Erna Hagemann sah sich indes noch nicht am Ziel ihrer beruflichen Wünsche. 1926 bewarb sie sich um eine beamtete Stelle an der Universitätsbibliothek in Halle. Sie wollte eine Verbesserung ihrer wirtschaftlichen Lage erreichen und sah zudem vermutlich keine günstige berufliche Perspektive für sich an der vergleichsweise kleinen Akademiebibliothek. Die Möglichkeiten einer Positionsverbesserung waren hier auf absehbare Zeit deutlich geringer als an den großen wissenschaftlichen Bibliotheken, wo sogenannte Aufrückstellen im mittleren Dienst geschaffen worden waren. Eine dieser beamteten Aufrückstellen war nach einem Vermerk im Etat der Preußischen Staatsbibliothek zwischen der Staats- und der Akade-

---

192 ABBAW, II-IV-180; Sthamer 1994 [1931]; Habermann/Klemmt/Siefkes 1985, S. 338; Rex 2002, S. 109ff.
193 BBAW 2000b; Rex 2002.
194 ABBAW, II-IV-70, Bl. 21 u. 35.
195 Juschke 1930.

miebibliothek übertragbar. Als 1936 bei der Staatsbibliothek diejenigen Hilfsarbeiterinnen, die im Oktober 1917 ihre Diplomprüfung für den mittleren Dienst abgelegt hatten, planmäßig zu Bibliotheksinspektorinnen aufrückten, kam als eine Anwärterin auch Erna Hagemann in Frage. Da sie die formalen Voraussetzungen erfüllte, bat der Vorsitzende Sekretar der Akademie in einem Schreiben an den Generaldirektor der Preußischen Staatsbibliothek darum, die nächste freiwerdende Stelle einer Bibliotheksinspektorin „bestimmungsgemäß" der Akademie zu übertragen.[196]

Nach 1933 erfolgte jede Stellenvergabe im öffentlichen Dienst nur nach vorheriger fachlicher und politischer „Eignungsprüfung". Auch in diesem Fall wünschte der Wissenschaftsminister einen „Eignungsbericht" darüber, ob Erna Hagemann „nach ihren Leistungen und ihrer politischen Einstellung die Voraussetzung für eine planmäßige Anstellung erfüllt."[197] Ihrer Berichtspflicht kam die Akademie gehorsam nach, würdigte ausführlich Erna Hagemanns fachliche Kompetenzen und ließ das Wissenschaftsministerium wissen, daß in bezug auf ihre politische Einstellung „nichts Nachteiliges bekannt", die Kandidatin „rein arischer Abstammung" und würdig sei, in die Stelle aufzurücken.[198] Von der Mehrheit der Beamtenschaft im Deutschen Reich hob sie sich nicht erkennbar ab.[199] Erna Hagemann war Mitglied im Reichsbund der Deutschen Beamten, der NSV und des Luftschutzbundes. Der NSDAP gehörte sie nicht an. Ihre Beförderung erfolgte ohne Probleme. 1936 wurde Erna Hagemann die planmäßige Bibliotheksinspektorinnenstelle mit Beamteneigenschaft verliehen. Ausnahmsweise, heißt es im Ministerialerlaß, werde eine freie Stelle für eine Bibliotheksinspektorin an der Staatsbibliothek zur Besetzung mit einer Anwärterin freigegeben. Die Stelle der Bibliotheksinspektorin bleibe im Etat der Staatsbibliothek; Hagemann werde für die Dauer ihrer Dienstzeit weiter zur Beschäftigung bei der PAW zugewiesen. Nach ihrem Ausscheiden falle die Stelle wieder an die Staatsbibliothek zurück, während die Akademie wieder eine Angestellte einzustellen habe.[200]

An der Akademie nahm die Bibliotheksinspektorin eine *Sonderstellung* ein, da sie nicht im Beamtenverhältnis bei der Akademie, sondern im preußischen Landesdienst beschäftigt war. Schon unmittelbar nach der Freigabe der Stelle durch das Ministerium hatte das zum Streit über das Bestallungsverfahren geführt. Da vom

196 ABBAW, II-IV-70, Bl. 31, Vorsitzender Sekretar [M. Planck] an Generaldirektor der Preußischen Staatsbibliothek [H. Krüss] v. 29. April 1936; Bl. 32, H. Krüss an PAW v. 2. Mai 1936.

197 ABBAW, II-IV-70, Bl. 33, H. Krüss an PAW v. 16. Juni 1936.

198 ABBAW, II-IV-70, Bl. 35, PAW an RuPrMfWEV v. 25. Juni 1936.

199 Vgl. Mühl-Benninghaus 1996.

200 ABBAW, II-IV-70, Bl. 37, Erlaß des RuPrMfWEV an PAW v. 27. Juli 1936.

Reichs- und Preußischen Minister für Wissenschaft, Erziehung und Volksbildung nur der Generaldirektor der Preußischen Staatsbibliothek und die Universitätskuratoren zur Ernennung von Bibliotheksinspektoren im preußischen Landesdienst ermächtigt worden waren, nahm der Generaldirektor der Staatsbibliothek Erna Hagemanns Bestallung vor.[201] Die Akademie selbst hatte eine andere Lösung angestrebt und wies gegenüber dem zuständigen Minister darauf hin, daß „bisher bei allen Anstellungen unserer Beamten so verfahren worden [ist], daß auf Bericht und je nach Sachlage auf Wahl der Akademie der Herr Minister die Bestallung erteilt hat. Sollte mit Rücksicht auf die neueren Grundsätze über die Bestallungserteilung dieser Weg nicht mehr beschritten werden können, so bittet die Akademie, daß das Ministerium sie selbst mit der Erteilung der Bestallung betraut. Es ist für die Autorität der Akademie ihren eigenen Beamten gegenüber höchst abträglich und entspricht auch nicht dem sonst üblichen Verfahren bei übertragbaren Stellen, daß eine andere, der Akademie in keiner Weise übergeordnete Stelle, hier der Generaldirektor der Preußischen Staatsbibliothek, die Bestallung für eine Beamtin der Akademie erteilt."[202] Auf ein ursprünglich angestrengtes Rechtsgutachten zur Klärung dieser Angelegenheit verzichtete die PAW wenig später und wies die Bibliothekarin lediglich darauf hin, daß sie sich zur Beamtenschaft der Akademie zu zählen habe.[203]

Daß es bei diesem Prozedere weniger um die Person von Erna Hagemann ging, sondern um die Rolle der Akademie in einem nach 1933 veränderten politischen Kräftefeld, war offensichtlich. Schon bald nach der Machtübergabe an die Nationalsozialisten waren die wissenschaftlichen Bibliotheken, einschließlich der Preußischen Staatsbibliothek, „gleichgeschaltet" worden.[204] Die Wissenschaftsakademien besaßen einen nachrangigen Stellenwert, was sich auch im geschilderten Beförderungsverfahren widerspiegelte. Gegen ihre Zurücksetzung protestierte die Akademie anfangs noch, dann aber resignierte sie. Was Erna Hagemann betraf, so zeigte ihr Beispiel, daß im Bibliotheksberuf Frauen bei Beförderungen nicht übergangen wurden. Einen günstigen Einfluß auf die Situation von Bibliothekarinnen hatte vermutlich die frühzeitige Regelung der mittleren Bibliothekslaufbahn, wodurch die notwendigen formalen Beförderungs- und Aufstiegsvoraussetzungen für alle transparent gemacht waren und Frauen sich unter diesen Bedingungen nur schwer diskriminieren ließen. Erna Hagemann war die einzige Frau mit Beam-

---

201 ABBAW, II-IV-70, Bl. 40 u. 43.

202 ABBAW, II-IV-70, Bl. 39, PAW an RuPrMfWEV v. 11. August 1936.

203 ABBAW, II-IV-70, Bl. 50, 51 u. 53 sowie Bl. 52, PAW an E. Hagemann v. 21. Oktober 1936.

204 Vgl. Happel 1989.

teneigenschaft an der PAW und hatte die Stelle bis zu ihrem Tod 1945 inne. Bei einem Bombenangriff kam sie in Berlin ums Leben.

Resümee

Um 1900 war die interne Ausdifferenzierung einer Positionsstruktur so weit fortgeschritten, daß auch Personen mit einer formalen Berufsausbildung für den mittleren Dienst in die Forschungsprojekte einbezogen wurden, ebenso in den Verwaltungsbereich der Akademie, in die Bibliothek und das Archiv. Dort kam es zur Neuaufteilung von Funktionsbereichen, in deren Folge neben dem bisher aus Militäranwärtern rekrutierten Büropersonal auch Frauen als Stenotypistinnen, Maschinenschreiberinnen, Büro- und Bibliothekshilfsarbeiterinnen beschäftigt wurden. Die Büro- und technischen Angestellten wurden vom Arbeitsmarkt für mittlere Angestellte gewonnen.

In das neue Berufs- und Tätigkeitsfeld, dessen Konturen erst zur Jahrhundertmitte hin deutlicher wurden, fanden Frauen leicht Zugang. Die Arbeitsplätze im wissenschaftlich-technischen Bereich wurden überwiegend von Frauen eingenommen, so daß sich die wissenschaftlich-technische Assistenz an der PAW als ein Frauenberuf etablierte. Weibliche Büro- und technische Hilfsarbeiterinnen wurden bevorzugt und zielgerichtet für einfache, begrenzte, monotone und Routinearbeiten sowie Tätigkeiten mit hoher Fingerfertigkeit eingestellt. Sie führten in den Akademieprojekten Ordnungs-, Sortier-, Bibliographier-, Schreib- und Rechenarbeiten aus. Die Tätigkeiten waren relativ prestigearm und für Männer wenig attraktiv, so daß diese nicht darum konkurrierten.

In den Akademieprojekten verlief die Segregation eher vertikal und wurde vor allem nach der Einführung des am Tarifsystem für Angestellte orientierten Arbeitsbewertungssystems um 1920 deutlich. Die formale Eingruppierung von Wissenschaftlern und Nichtwissenschaftlern führte zur stärkeren Hierarchisierung der Mitarbeiterverhältnisse an der Akademie, wobei die Randständigkeit der wissenschaftlich-technischen Mitarbeiterinnen hervortrat. Im Verwaltungsbereich der Akademie wurde hingegen ein horizontaler Segregationsverlauf festgestellt. Frauen wurden hier andere Arbeitsbereiche zugewiesen als Männern. Insgesamt läßt sich mit diesem Befund partiell die von Bildungssoziologen vertretene Annahme stützen, wonach die bestehenden (Aus-)Bildungsunterschiede eine entscheidende Schaltstelle für das Fortbestehen von Geschlechterunterschieden in der Arbeitswelt darstellen und die Weichen für das Fortbestehen der Segregation schon beim Eintritt der Frauen in den Arbeitsmarkt gestellt würden, weil Frauen anders in ihre berufliche

Ausbildung investierten als Männer.[205] Es konnte gezeigt werden, daß in der Arbeitswelt ein „Gleichheitstabu" bestand, die Aufrechterhaltung der Geschlechterdifferenz für notwendig erachtet wurde und es dort zu aktiven Grenzziehungsprozessen kam, wo sie nicht mehr selbstverständlich gegeben war.

Wissenschaftliche Anerkennung erwarben die Büro- und technischen Angestellten nicht. Zwar eröffneten sich ihnen in den Akademieprojekten individuelle Gestaltungsspielräume – sie konnten durch langjährige praktische Berufserfahrungen fachliche Kompetenzen erwerben –, aber es gab hier für sie kaum Möglichkeiten, Arbeit in Anerkennung umzusetzen. Eine eigentliche Laufbahn hatten die mittleren Angestellten nicht vor sich. Ihre Aufstiegsmöglichkeiten waren begrenzt und ein Aufrücken war nur innerhalb der Lohnklasse möglich. Erna Hagemanns Beförderung zur Bibliotheksinspektorin belegt, daß Frauen nicht übergangen wurden, wenn klare Beförderungsregeln bestanden.

---

205 Blossfeld 1991.

V. Universitäre Sozialisation und

Ausseruniversitäre Berufschancen:

Wissenschaftlerinnen an der PAW zu Berlin

1. Karriereoptionen im deutschen Wissenschaftssystem

1.1 Die Hochschullaufbahn

Wissenschaftler konnten aufgrund ihrer Ausbildung, ihrer Einkommenschancen und ihrer beruflichen Stellung Gipfelpositionen erreichen, die mit einem hohen Sozialprestige verbunden waren. An der Spitze des stratifizierten deutschen Wissenschaftssystems standen die Universitätsprofessoren. Auf das Ordinariat hin war die wissenschaftliche Laufbahn ausgerichtet, deren Strukturelemente die Anfang des 19. Jahrhunderts eingeführte Habilitation und die Privatdozentur waren. Am Ende des 19. Jahrhunderts gewann zudem die Assistenz an Bedeutung.[1] Bei der Habilitation handelt es sich um ein formalisiertes prüfungsähnliches Verfahren, dessen Etablierung im Zusammenhang mit der disziplinären Spezialisierung und Verwissenschaftlichung der Altphilologie und den damit verbundenen erhöhten Anforderungen an das Lehrpersonal stand. Bei der Einführung der Habilitation an der Berliner Universität war die Forderung ausschlaggebend, „daß der Lehrer an der Hochschule über besondere und entsprechend in einem besonderen Verfahren nachgewiesene Fähigkeiten in Lehre und Forschung verfügen müsse."[2]

Das Habilitationsverfahren bestand aus der Anfertigung einer Habilitationsschrift, einer Probevorlesung vor der Fakultät und einer öffentlichen Antrittsvorlesung und wurde mit der Erteilung der Venia legendi und der Ernennung zum Privatdozenten abgeschlossen. Eine formelle Rolle spielte die Habilitation bei der Selbstergänzung des Lehrkörpers einer Fakultät. Peter Brenner sieht in ihr das entscheidende Verfahren, in dem über die personelle Zusammenset-

---

1 Busch 1959; Bock 1972; Riese 1977; Schmeiser 1994, S. 30ff.
2 Brenner 1993, S. 319.

zung der Fakultät entschieden und darüber befunden wird, „wer überhaupt Zugang zum institutionalisierten Gefüge der universitären Wissenschaft erhält."[3] Insbesondere in den Geisteswissenschaften, wo es kaum außeruniversitäre Forschungsmöglichkeiten gebe, sei die Habilitation zur Regelvoraussetzung für die wissenschaftliche Laufbahn und „zu einem zentralen Steuerungsinstrument geworden, mit dem entscheidende Weichen nicht nur für die persönliche Karriere, sondern ebenso für den Gang der wissenschaftlichen Entwicklung einer Disziplin gestellt werden."[4]

Obwohl die Professorenlaufbahn in ihren Eckpunkten als eine auf Leistungskriterien beruhende wissenschaftliche Karriere bereits in der ersten Hälfte des 19. Jahrhunderts ausgestaltet worden war und sich die Professionalisierung hier früher als in anderen akademischen Berufen vollzog,[5] blieb die Laufbahn von „Unwägbarkeiten" gekennzeichnet – und das nicht nur, weil im professoralen Selbstverständnis Forschung als „charismatischer Akt" galt und wissenschaftlicher Erfolg als Resultat außerordentlicher Begabung und „günstiger Einfälle" angesehen wurde. In seiner berühmten Rede über *Wissenschaft als Beruf* (1917) stellte Max Weber kritisch fest: „Ob es einem solchen Privatdozenten, vollends einem Assistenten, jemals gelingt, in die Stelle eines vollen Ordinarius und gar eines Institutsvorstandes einzurücken, ist eine Angelegenheit, die einfach *Hazard* ist. Gewiß: nicht nur der Zufall herrscht, aber er herrscht doch in ungewöhnlich hohem Grade."[6] Er kenne kaum eine andere Laufbahn, wo er eine solche Rolle spiele. Weber zufolge sei der berufliche Erfolg nicht berechenbar und sicher erwartbar.

Vordergründig angesprochen waren damit die materiell oft unsichere Lage der Privatdozenten und ihre ungewissen Berufungsaussichten auf eine Professur. Mit der Erteilung der Venia legendi war die Zuerkennung der Beamteneigenschaft nicht verbunden. Privatdozenten übten eine freie Lehrtätigkeit aus und waren zur Sicherung ihres Lebensunterhalts auf Vorlesungshonorare und Privatvermögen angewiesen.[7] Auf ein zudem im frühen 20. Jahrhundert bestehendes erhöhtes Karriererisiko für den akademischen Nachwuchs deuteten die kontinuierliche Erhöhung des Erstberufungsalters, die mit der Herausbildung der wissenschaftlichen Assistenz einhergehende Personalisierung der Selektionsmacht zum Professorenberuf und ein durch die Zunahme der Studierendenzahlen her-

---

3   Brenner 1993, S. 327f.
4   Ebenda.
5   Conze/Kocka 1985 (Einleitung); Siegrist 1988.
6   Weber 1992 [1917/1919], S. 75.
7   Schmeiser 1994, S. 35.

vorgerufener Wandel der Personalstruktur der Universität hin.[8] Die Gründe für die verschlechterten Berufungsaussichten wurden auch im verzögerten Lehrstuhlausbau gesehen und darin, daß die Universitäten nur begrenzt auf die disziplinäre Ausdifferenzierung und Segmentierung des Wissenschaftssystems reagierten, so daß auch deswegen nicht mehr jeder habilitierte Wissenschaftler damit rechnen konnte, jemals eine Professur zu erreichen.[9] Alternativen zu der auf das Ordinariat hin ausgerichteten wissenschaftlichen Laufbahn gab es im deutschen Wissenschaftssystem kaum. Wissenschaft als Beruf hieß, sich für die Laufbahn als Hochschullehrer zu entscheiden.

Hintergründig ging es um etwas anderes. Peter Brenner zufolge waren die wissenschaftlichen Anforderungen an die Habilitationsleistung oft nur vage oder überhaupt nicht definiert; uneinheitliche Auffassungen bestanden auch in bezug auf das Ziel der Habilitation. Die Habilitationspraxis lasse erkennen, „daß die Funktion der Habilitation nicht vorrangig in der Förderung des wissenschaftlichen Fortschritts und erst recht nicht unbedingt in der Innovation des Fachs durch die Habilitationsschrift" bestehe; es gehe weniger um den Nachweis wissenschaftlicher Qualifikation, sondern sie sei Teil eines Qualifikations- und Sozialisationsprozesses.[10] Brenner sieht die Habilitation als eine Phase der Internalisierung wissenschaftlicher und sozialer Verhaltensformen, als einen mehrjährigen Prozeß der Einübung in die Standards des Faches. Im Prozeß der Habilitation „bilden sich Persönlichkeitsmerkmale jenseits der wissenschaftlichen Qualifikation heraus, die die Tauglichkeit für eine wissenschaftliche Laufbahn [...] überhaupt erst begründen."[11] Die Habilitation unterstütze die Eingliederung des Nachwuchswissenschaftlers in sein Fach und diene „der Integration in das Gefüge einer Wissenschaft ebenso wie der Selektion."[12]

Es wundert daher kaum, daß bei Erstberufungen die Protektion der Förderer eine erhebliche Rolle spielte, obgleich sich an deutschen Universitäten das Muster der leistungsbezogenen Professorenberufung nach 1850 durchzusetzen begann und sich ein Berufungswandel vollzog. Wissenschaftliche Leistungen und Reputation sollten ausschlaggebende Kriterien sein und vor Herkunft und Protektion rangieren.[13] Die von den Nachwuchswissenschaftlern in der

---

8 Schmeiser 1994, S. 317; zum Wandel an den Hochschulen: Jarausch 1991; Wehler 2003, S. 462ff.; zur prekären Lage des akademischen Nachwuchses um 1900: Eulenburg 1908.

9 vom Bruch 1984.

10 Brenner 1993, S. 330-335 [334].

11 Brenner 1993, S. 333.

12 Brenner 1993, S. 330f.

13 Baumgarten 1997, S. 157-159, 269; Huttner 2000.

Habilitationsphase erwartete Anpassungsleistung ließ sich nur vage umschreiben, objektiv meßbare Kriterien gab es nicht. Dieser Teil des wissenschaftlichen Sozialisationsprozesses stellte den eigentlichen Unsicherheitsfaktor in der wissenschaftlichen Laufbahn dar und machte den Erfolg so wenig berechenbar.

Für eine wissenschaftliche Laufbahn entschieden sich nur wenige Frauen. Lange Zeit waren sie aufgrund restriktiver Gesetze vom regulären Studium und vom Erwerb akademischer Abschlüsse ausgeschlossen. In Preußen, dem größten Bundesstaat des Deutschen Reiches, wurden die formalen Barrieren erst 1908 abgebaut. In diesem Jahr wurde das Mädchenschulwesen reformiert und für Mädchen die höhere Schulausbildung bis zum Abitur geregelt. Mit ihrer Zulassung zum Universitätsstudium und zu akademischen Prüfungen erwarben Frauen zum ersten Mal den Anspruch auf gleichberechtigten Zugang zur Wissenschaft. Im Wintersemester 1908/09 waren 1.132 Frauen an allen Universitäten im Deutschen Reich eingeschrieben. 1920 studierten rund 8.000 Frauen und im Sommersemester 1931 sogar 19.394 Frauen. Der Frauenanteil stieg nach zögerlichen Anfängen von drei bis sechs Prozent vor dem Ersten Weltkrieg kontinuierlich in den 1920er Jahren an und erreichte 1931 fast 20 Prozent.[14] Von 1908 bis 1933 promovierten mehr als 10.000 Frauen an deutschen Universitäten und Hochschulen.[15] Im universitären Ausbildungssystem gewannen Frauen an Boden und konnten den Bildungsvorsprung der Männer verkürzen. Die Verbesserung der allgemeinen Bildung mündete jedoch nicht in gleicher Weise in ausübende Berufstätigkeit; hier bestanden Ungleichheiten fort. Der Einstieg von Frauen in die verschiedenen beruflichen Milieus und ins Wissenschaftssystem verlief mehr oder weniger konfliktreich.[16]

Die Berufschancen für Akademikerinnen in der Wissenschaft wurden als gering eingestuft.[17] Das hielt jedoch Frauen, die Lust am Forschen hatten und Wissenschaft zu ihrem Beruf machen wollten, nicht davon ab, es zu versuchen. Bis 1920 galt aber für sie das gesetzliche Habilitationsverbot, das ab 1908 in Preußen existierte, als eine formale Barriere in der Wissenschaft. Frauen erhielten erst dann das Habilitationsrecht und konnten eine wesentliche Voraussetzung für die Hochschullaufbahn überhaupt erfüllen.[18] Nur eine

---

14 DHB, Bd. I, T. 1, Tabelle 6, S. 42f.

15 Boedeker 1939, S. LXXI ff. [LXXIII, LXXX]. Von 1908 bis 1933 promovierten 10.595 Frauen an den deutschen Universitäten und Hochschulen; weitere 169 Dissertationen wurden vor 1908 verfaßt.

16 Huerkamp 1996; Glaser 1992; Meinel/Renneberg 1996; Tobies 1997, 2008; Vogt 2007.

17 Altmann-Gottheiner 1930.

18 Boedeker/Meyer-Plath 1974; Wobbe 1996; Vogt 2007.

kleine Gruppe von Frauen wagte diesen Schritt. Verläßliche Angaben zu den Habilitationen von Frauen in Deutschland fehlen noch immer trotz der Bemühungen um Klärung in den letzten Jahren. Nach den älteren Angaben von Elisabeth Boedeker aus dem Jahr 1939 habilitierten sich 47 Wissenschaftlerinnen bis einschließlich 1933; 24 wurden zu Professorinnen ernannt, aber nur zwei zu ordentlichen Professorinnen. Nach jüngeren Untersuchungen habilitierten sich in diesem Zeitraum 71 Wissenschaftlerinnen an deutschen Universitäten beziehungsweise erhielten Titularprofessuren.[19] Annette Vogt gibt 82 Habilitationen von Frauen von 1918 bis 1945 an, davon 47 in der Weimarer Republik, 35 in der NS-Zeit. Fast ein Drittel aller Habilitationen von Frauen fanden bis einschließlich 1932 an der Berliner Friedrich-Wilhelms-Universität statt, nämlich 14. Zwischen 1918 und 1945 habilitierten sich hier 25 Wissenschaftlerinnen.[20] Die überdurchschnittlich hohe Anzahl von Habilitationen an der Berliner Universität wurde auf die liberale Einstellung der dort lehrenden Professoren zurückgeführt. Diese sahen aber keine Veranlassung, Frauen bei der Berufung auf eine Professur zu berücksichtigen.

Der Kreis der Hochschuldozentinnen war sehr klein. Die Zahl der Dozentinnen an deutschen Hochschulen betrug 25 (1925), 36 (1929/30) beziehungsweise 54 (1932/33). Nach 1933 kam es nicht nur zur Stagnation, sondern wegen rassistisch und politisch motivierter Entlassungen zu einem Rückgang der Hochschullehrerinnenzahl auf 36 im Jahre 1939. Erst 1952 gab es wieder 82. Der Frauenanteil am akademischen Lehrkörper blieb weiterhin erheblich hinter dem Frauenanteil bei den Studierenden zurück.[21] Seit Beginn des 20. Jahrhunderts waren Frauen im Universitätssystem vertreten, nahmen aber keine Spitzenpositionen ein. An der Berliner Universität konnten Frauen den Status von Assistentinnen, Privatdozentinnen und außerordentlichen Professorinnen erreichen; vor 1945 wurde hier keine einzige Wissenschaftlerin zur ordentlichen Professorin berufen.[22] Das formale prüfungsähnliche Habilitationsverfahren stellte für Frauen keine unüberwindliche Hürde in der Wissenschaft dar. Zur eigentlichen Hürde wurde für sie die Berufung auf eine Professur. Das „Spiel um Anerkennung" setzte sich über die Habilitationszeit hinaus in der Privatdozentenzeit fort. In beiden Phasen fanden wichtige Aushandlungsprozesse statt. Von den Nachwuchswissenschaftlern war der Nachweis zu erbringen, daß sie die Spielregeln der Wissenschaft begriffen hatten und über

---

19 Bock/Jank 1990, S. 14; Wobbe 1994, S.35.
20 Vogt 2007, Tabelle 1, S. 465; vgl auch Marggraf 2002 mit leicht abweichenden Angaben.
21 Lorenz 1953, S. 9-11; Vogt 2007.
22 Ausstellungsgruppe an der HU Berlin/ZiF 2003; Vogt 2007.

die wissenschaftlichen Leistungen und persönlichen Eigenschaften verfügten, um in den „inner circle" der Wissenschaft aufgenommen zu werden.[23]

1.2 AUSSERUNIVERSITÄRE BERUFSMÖGLICHKEITEN

Mit der Ausdifferenzierung der Forschungslandschaft im letzten Drittel des 19. Jahrhunderts erweiterten sich die beruflichen Einsatzmöglichkeiten für Wissenschaftler und Wissenschaftlerinnen. Vor allem im außeruniversitären Bereich eröffneten sich ihnen neue Berufschancen in den staatlichen Einrichtungen, zum Beispiel den Gesundheitsämtern, in der Industrieforschung und in außeruniversitären Forschungseinrichtungen, wie der 1911 gegründeten Kaiser-Wilhelm-Gesellschaft. Auch die Preußische Akademie der Wissenschaften wurde zu einem Berufsfeld für Wissenschaftler, da hier mit dem Ausbau der Forschungsarbeit seit 1890 die Nachfrage nach wissenschaftlichen Mitarbeitern in den Akademieprojekten enorm anstieg. Der hochschulfreie akademische Arbeitsmarkt stellte partiell ein Auffangbecken für den akademischen Nachwuchs dar und brachte eine Entlastung der Universitäten.[24] Die Forschungsprojekte der PAW stellten ein günstiges Promotions- und Habilitationsumfeld dar und waren somit förderlich für einen wissenschaftlichen Beruf und eine wissenschaftliche Karriere. Jüngere Wissenschaftler konnten hier einen Karriereschritt absolvieren und in die Hochschullaufbahn wechseln. Sie konnten aber auch an der PAW bleiben und einer wissenschaftlichen Berufstätigkeit im außeruniversitären Bereich nachgehen.

Die akademischen Kommissionen zogen seit dem 19. Jahrhundert Mitarbeiter hinzu, die nicht zugleich Akademiemitglieder waren. Ein besonderer Paragraph in den Akademiestatuten 1838 eröffnete sogar die Möglichkeit, akademiefremde Personen für ihre Mitarbeit in den Unternehmungen zu besolden.[25] Mit befristeten „Hilfsarbeiterverträgen" wurden jüngere habilitierte Wissenschaftler ge-

---

23 Altenstraßer 2010, S. 244-247.

24 vom Bruch 1984.

25 Hartkopf/Wangermann 1991, S. 104-127 [125f.], Statuten d. Königlich Preußischen Akademie der Wissenschaften zu Berlin (31. März 1838], §84: „Es ist in Rücksicht auf dauernde wissenschaftliche Zwecke der Unternehmungen der Akademie (§62) verstattet, ordentlichen Mitgliedern der Akademie oder in Berlin ansässigen Personen, welche der Akademie fremd sind, für bestimmte fortdauernde und ununterbrochene wissenschaftliche Leistungen, namentlich physikalische Beobachtungen und historisch-philologische Sammlungen, deren fortdauernde Bekanntmachung von der Akademie beschlossen worden, fortdauernde fixierte Remunerationen bis zur Höhe von jährlich 200 [Reichsthalern] zu geben, [...]."

fördert, damit sie die Zeit bis zur Berufung auf eine Erstprofessur überbrücken konnten. Ihre Beschäftigung in den Akademieprojekten diente zwar in erster Linie der Bewältigung der Forschungsarbeit, jedoch wurde ihnen neben einer finanziellen Grundsicherung auch Gelegenheit gegeben, wissenschaftliche Erfahrungen zu sammeln und Publikationsmöglichkeiten zu erschließen. Die Mitarbeit in einem Akademieprojekt kann daher als ein Instrument der Nachwuchsförderung und als eine karrierebezogene Tätigkeit angesehen werden.

Exemplarisch ist der wissenschaftliche Werdegang des Rechtshistorikers Rudolf His, der nach seiner Habilitation an der Heidelberger Universität bei dem von seinem akademischen Lehrer Richard Schröder geleiteten DRW als erster Hilfsarbeiter beschäftigt wurde. Hier erhielt der mit einem Hilfsarbeitervertrag ausgestattete Privatdozent eine feste monatliche Remuneration aus Mitteln der Wentzel-Heckmann-Stiftung.[26] Wenige Jahre später wechselte er in die Hochschullaufbahn. Im Dezember 1900 wurde er von der Juristischen Fakultät der Heidelberger Universität zum außerordentlichen Professor ernannt, 1904 auf ein Ordinariat an die Universität Königsberg berufen, ab 1908 wirkte er als Ordinarius in Münster. Rudolf His blieb als außerakademisches Mitglied in der Wörterbuchkommission zeit seines Lebens eng mit dem DRW verbunden.

Eine neue Berufslaufbahn wurde an der PAW im Jahre 1900 mit der Einführung von Dauerstellen für wissenschaftliche Beamte bei den akademischen Kommissionen eröffnet – übrigens in Konkurrenz zu den Museen und großen wissenschaftlichen Bibliotheken. An der PAW hatten sich aus dem Mangel „geschulter und definitiv angestellter wissenschaftlicher Hülfsarbeiter" stets große Schwierigkeiten bei der Durchführung der Forschungsarbeiten in den Unternehmungen ergeben. Deshalb begründete die Akademie ihren Antrag mit dem Hinweis:

„Immer wieder zwar haben sich Mitarbeiter gefunden; aber die Akademie besass und besitzt keine Mittel, um sie auf die Dauer zu halten. Diese Hülfsarbeiter waren stets gezwungen, sich nach verhältnissmässig kurzer Zeit nach einer definitiven Carriere umzusehen – in der Regel gingen sie an die Universität –, und konnten dann den akademischen Arbeiten nur noch mit halber Kraft oder überhaupt nicht mehr dienen."[27]

---

26 AdW Heidelberg, Forschungsstelle DRW, Ordner Personalien vor 1941, Vertrag mit R. His v. 2. Januar 1898.

27 ABBAW, II-IV-12, Bl. 12, [12/2], Antrag, betreffend die Anstellung von wissenschaftlichen Beamten bei der Königlichen Akademie der Wissenschaften bez. bei der philosophisch-historischen Classe derselben v. 4./12. Juni 1899 [Als Manuscript gedruckt und sämmtlichen Mitgliedern der Königlichen Akademie zu gefälliger Kenntnissnahme vorgelegt].

Die Unternehmungen litten unter diesem Zustand, denn sie verloren mit den jungen Gelehrten oft eingearbeitete und spezialisierte Mitarbeiter, wodurch der regelmäßige Fortgang der Arbeiten gehemmt wurde. Die Einführung von Dauerstellen sollte diesen Zustand beenden. Die ersten vier Stellen für wissenschaftliche Beamte wurden zum 200jährigen Akademiejubiläum eingeführt und nach dem an der PAW üblichen Prinzip paritätisch auf die beiden Klassen verteilt. Von 1900 bis 1945 wurden insgesamt 25 wissenschaftliche Beamte bei den akademischen Kommissionen ernannt.[28] Über ihre Verteilung auf die einzelnen Akademieprojekte informiert die nachstehende Tabelle 12. So wurde beispielsweise die im Jahr 1900 dem CIL zugeteilte Beamtenstelle bis einschließlich 1946 dreimal mit einem Positionsinhaber besetzt, während die Orientalische Kommission erst 1929 eine Beamtenstelle erhielt und diese nur einmal besetzt wurde.

Tabelle 12: Verteilung der Stellen für wissenschaftliche Beamte auf die Akademieprojekte (1900-1945)

CIL	1900-1921	[2]1933-1935	[3]1939-1946
GFH	1900-1908	[2]1912-1929	[3]1933-
Pflanzenreich	1900-1935		
KVK	1900-1933	[2]1940-	
Tierreich	1901-1910	[2]1911-1927	
Griech. Münzwerk	1901-1919	[2]1921-1933	
Griech. Inschriften	1904-1929	[2]1929-	
Deutsche Kommission	1908-1935	[2]1935-1943	[3]1944-1945
Leibniz-Ausgabe	1910-1937	[2]1939-1946	
Nomenclator	1913-1924		
Ägyptisches Wörterbuch	1922-1937		
Rechtswörterbuch	1928-1941		
Orientalische Kommission	1929-1946		
DLZ	1938-(1946)		

Quelle: zusammengestellt nach Amburger 1950, S. 170-172.

Die Stellenanzahl in dieser Kategorie war sehr begrenzt – mehr als zehn hatte die Akademie nie – und wurde kaum erweitert. Dem standen strukturelle und finanzielle Gründe entgegen, aber letztlich hegten auch Akademiemitglieder Bedenken gegenüber einer solchen

---

28 Die seit 1898 bei der PAW bestehende Stelle im Verwaltungs-, Bibliotheks- und Archivbereich wurde in der Kategorie wissenschaftlicher Beamter zweimal besetzt, 1939 in die des Direktors der Akademie umgewandelt und einmal vergeben.

„Laufbahn". In einem unter den Akademiemitgliedern kursierenden Schreiben hieß es: Man verkenne

„die eigenthümlichen Gefahren nicht, welche die Einrichtung eines besonderen wissenschaftlichen Beamtenstandes ohne Lehrauftrag, wie für ihn selbst so auch für die Akademie, zur Folge haben kann. Allein diese Gefahren sind bei der Einrichtung eines besonderen Bibliotheks- und Archivbeamtenstandes, wie sie sich bereits vollzogen hat, sicherlich nicht geringer, und sie können durch ein zweckmässiges Reglement und durch entsprechende Vorsicht bei der Auswahl der Personen grösstentheils vermieden werden. Dazu kommt, dass eine Berufsstellung, wie wir sie im Auge haben, zweifellos für eine nicht ganz geringe Anzahl von Gelehrten nach Anlage, Studiengang und Studiengebiet die naturgemässe ist, und dass die Universitäten in heilsamer Weise entlastet werden, wenn sich solche Gelehrte nicht genöthigt sehen, um jeden Preis in die Universitäts-Laufbahn zu kommen."[29]

Dauerstellen wurden nach Anciennität und nach dem Gießkannenprinzip an „bewährte Hilfsarbeiter", d.h. Mitarbeiter mit Leitungsfunktionen, vergeben. Die Wartezeit war oft lang und erforderte selbst von denjenigen Wissenschaftlern, die für eine Beamtenstelle vorgesehen waren, viel Ausdauer und Durchhaltevermögen. Der Rechtshistoriker Eberhard von Künßberg trat 1905 als Richard Schröders Assistent in den Dienst des DRW ein, wechselte nach seiner juristischen Habilitation nicht in die Hochschullaufbahn und wurde Jahr um Jahr beim Akademieprojekt gehalten, weil ihm die PAW eine wissenschaftliche Beamtenstelle in Aussicht stellte. Seit 1913 in leitender Funktion tätig und sogar als außerakademisches Mitglied in die Wörterbuchkommission gewählt, wurde er 1920 ins Angestelltenverhältnis übernommen, weil er als ein „dauernd beschäftigter Mitarbeiter" galt. 1922 erhielt er eine Aufstiegsstelle in Gruppe XI, aber erst 1928 verlieh man ihm schließlich eine Stelle als wissenschaftlicher Beamter bei der PAW.[30]

Mehrheitlich hatten die Mitarbeiter und Mitarbeiterinnen in den Akademieprojekten keine Aussichten auf eine Stelle im Beamten- oder im Angestelltenverhältnis bei der Akademie und verblieben in befristeten und damit unsicheren Arbeitsverhältnissen ohne Aufstiegsperspektiven. Die Alternativen waren entweder ein Wechsel in die Hochschullaufbahn oder eine andere berufliche Tätigkeit. Über die beruflichen Werdegänge von Mitarbeitern und Mitarbeiterinnen bei den akademischen Kommissionen sind Kenntnisse lediglich aus

---

29 ABBAW, II-IV-12, Bl. 12, [12/2-12/3], Antrag, betreffend die Anstellung von wissenschaftlichen Beamten bei der Königlichen Akademie der Wissenschaften bez. bei der philosophisch-historischen Classe derselben v. 4./12. Juni 1899 [Als Manuscript gedruckt und sämmtlichen Mitgliedern der Königlichen Akademie zu gefälliger Kenntnissnahme vorgelegt].

30 ABBAW, II-IV-109.

wenigen und verstreut vorliegenden biographischen Einzelstudien bekannt. Gänzlich unerforscht sind die Beschäftigungsverhältnisse von Mitarbeitern in den Forschungsprojekten und die Personalpolitik der Akademie. Die Aufgabe dieses Kapitels ist es, die Situation von Wissenschaftlerinnen in den Akademieprojekten zu erhellen und damit einen Beitrag zur Geschichte von Wissenschaftlern und Wissenschaftlerinnen an der PAW zu leisten.

Hinweise auf Wissenschaftlerinnen in den Forschungsprojekten gibt es seit den späten 1890er Jahren, und zwar zuerst auf Ausländerinnen und deutsche Wissenschaftlerinnen, die im Ausland studiert hatten. Nach dem Ersten Weltkrieg häufen sich die Hinweise, und unter den Mitarbeitern befanden sich nun auch Absolventinnen deutscher Universitäten. Seit den 1920er und 1930er Jahren waren Wissenschaftlerinnen regelmäßig und in größerer Anzahl in den Akademieprojekten vertreten. Nach meinem empirischen Befund wurden vor 1945 etwa 90 Wissenschaftlerinnen in die Forschungsarbeit der Akademie einbezogen.[31] Die überwiegende Mehrheit von ihnen war nur kurzzeitig tätig. Über ihren Verbleib fehlen weitgehend Informationen. Da die Frauen in den einschlägigen biographischen Nachschlagewerken nicht nachgewiesen sind, liegt die Vermutung nahe, daß sie nicht nur die Akademie, sondern die Wissenschaft überhaupt verlassen haben. Ihre Teilnahme an der Forschungsarbeit war eine kurze Episode, die zu keiner institutionellen Verankerung führte. Dauerhaft oder über einen längeren Zeitraum blieb ein Drittel der Wissenschaftlerinnen in die Forschungsarbeit einbezogen; einzelne stiegen sogar in Führungspositionen auf.

Der Blick wird vor allem auf diese Wissenschaftlerinnen gerichtet. Es werden ihre Zugänge, ihre Verankerungsmöglichkeiten in der Wissenschaft sowie Möglichkeiten des Anerkennungserwerbs untersucht. Erwartet wird, daß nach dem Abbau der formalen Barrieren zu Beginn des 20. Jahrhunderts im universitären Ausbildungssystem keine gravierenden Geschlechterunterschiede mehr bestanden und Frauen ohne größere Probleme Zugang zur Forschungsarbeit der Akademie finden konnten. Für die im dritten Abschnitt untersuchte Arbeitswelt der Wissenschaft wird hingegen vermutet, daß Geschlechterunterschiede fortbestanden. Denn daß zwei Drittel der Frauen die Wissenschaft nach kurzer Zeit verließen und Wissenschaftlerinnen nur selten in Spitzenpositionen aufstiegen, deutet auf Integrationsprobleme hin. Bei der Suche nach einer Erklärung wird an Hypothesen der Geschlechterforschung angeschlossen, denen zufolge die Leistungen von Frauen in der Wissenschaft weniger sichtbar seien, tendenziell unterbewertet und Männer anders geför-

---

31 Hoffmann 2002.

dert würden.[32] Untersucht werden die aus meiner Sicht relevanten Faktoren, die zur Manifestation der Geschlechterdifferenz in der Arbeitswelt beitragen konnten: das Publikationsverhalten, d.h. die Beteiligung von Frauen an den Akademiepublikationen und die Autorschaft von Frauen, die Förderbeziehungen, die Beschäftigungsverhältnisse sowie die Personalpolitik.

Im vierten Abschnitt wird nach der wissenschaftlichen und beruflichen Anerkennung gefragt, wobei erstens davon ausgegangen wird, daß in den eher locker organisierten Akademieprojekten für jeden Wissenschaftler und jede Wissenschaftlerin individuelle und unvorhergesehene Handlungsspielräume entstehen konnten, die sich in Anerkennung umsetzen ließen. Zweitens wird angenommen, daß die Anerkennung von Leistungen und der Verankerungsgrad in der Wissenschaft wesentliche Voraussetzungen für den Verbleib von Frauen in der Wissenschaft darstellten.[33]

2. Zugänge

2.1 WISSENSERWERB: UNIVERSITÄTSAUSBILDUNG

Nachdem Frauen am Beginn des 20. Jahrhunderts an allen Universitäten im Deutschen Reich das Immatrikulationsrecht erhalten hatten und akademische Prüfungen ablegen durften, bestanden im Wissenserwerb kaum noch Unterschiede zwischen Männern und Frauen. Die an der PAW beschäftigten Wissenschaftlerinnen hatten ihre Hochschulausbildung mehrheitlich an der Friedrich-Wilhelms-Universität zu Berlin absolviert. An Preußens größter Universität waren Frauen seit dem Wintersemester 1908/09 offiziell zum Studium zugelassen worden.[34] 1895 hatten sie das Recht erhalten, als Gasthörerinnen an Vorlesungen teilzunehmen. Der Gasthörerinnenstatus ermöglichte ihnen den Vorlesungsbesuch, aber es lag im Ermessen des Professors, Frauen den Zutritt zu den Vorlesungen zu gestatten.

Im Gasthörerinnenverzeichnis der Berliner Universität war im Jahre 1900 auch die Abiturientin und spätere Mitarbeiterin bei der von Adolf von Harnack geleiteten Kirchenväterkommission Christia-

32 Vgl. Heintz 1998, 2001a.
33 Ich beziehe mich hier auf eine These von Jutta Allmendinger und ihrer Forschergruppe, wonach Frauen um so wahrscheinlicher in der Wissenschaft bleiben, je besser sie darin verankert sind und ihre Leistungen anerkannt werden. (Allmendinger/Fuchs/Stebut 1999, S. 103.)
34 Zur Geschichte des Frauenstudiums an der Berliner Universität vgl. ZiF 1996, 2001; Ausstellungsgruppe an der HU Berlin/ZiF 2003.

ne von Wedel (1881-) eingetragen.[35] Sie studierte Klassische Philologie bei Hermann Diels und Ulrich von Wilamowitz-Moellendorff, Theologie bei Adolf von Harnack und beendete ihr Studium 1905 mit der Promotion an der Philosophischen Fakultät.[36] Christiane von Wedel gehörte zu den Ausnahmefrauen, die an der Universität promovierten, noch ehe Frauen hier regulär studieren durften. Bis zum Wintersemester 1908/09 fanden an der Berliner Universität insgesamt 41 solcher Promotionen statt, davon 22 an der Philosophischen und 19 an der Medizinischen Fakultät.[37] Bis 1899 mit der Physikerin Elsa Neumann zum ersten Mal eine Frau an der Philosophischen Fakultät in Berlin promoviert wurde, mußten Frauen für die Promotion an süddeutsche oder nichtdeutsche Universitäten gehen. So hatte zum Beispiel 1898 der Botanikprofessor Adolf Engler seiner US-amerikanischen Studentin und späteren Mitarbeiterin, Janet R. Perkins (1853-1933), empfohlen, für die Promotion nach Heidelberg zu wechseln, wo sie im November 1899 bei Ernst Pfitzer die mündliche Doktorprüfung ablegte.[38] Ihre Dissertation erschien in den von Engler herausgegebenen *Botanischen Jahrbüchern.*

Von den wenigen abgesehen, die noch nicht auf regulärem Weg in die Wissenschaft kamen, gehörten die Wissenschaftlerinnen an der PAW mehrheitlich zu der Generation, für die es bereits selbstverständlich war, Bildungsabschlüsse ohne größere Schwierigkeiten zu erwerben. Ihre Schul- und Studienverläufe waren formalisiert und verliefen in den 1910er, 1920er und 1930er Jahren in geordneten Bahnen. Üblicherweise hatten sie ihr Universitätsstudium mit der Promotion und/oder dem Staatsexamen abgeschlossen.[39] Die Wissenschaftlerinnen an der PAW hatten überwiegend Sprach- und Literaturwissenschaften studiert (insgesamt 77) und zum geringen Teil naturwissenschaftliche Fachrichtungen wie Mathematik, Zoologie, Botanik, Geographie und Astronomie (insgesamt 13). Auskunft über die Verteilung der Wissenschaftlerinnen nach der disziplinären Zuordnung der Akademieprojekte gibt die Tabelle 13.

---

35 Ch. von Wedel gehörte 1902 zu den Erstunterzeichnerinnen des Immatrikulationsgesuchs von Gasthörerinnen mit Abiturexamen. (Lemberg 1997).

36 HUB, UA, Phil. Fak. 403, Bl. 324-356. Ihre Dissertation mit dem Titel „Symbola ad Clementis Alexandrini stromatum librum VIII. interpretandum" wurde von U. von Wilamowitz-Moellendorff und H. Diels begutachtet.

37 Vogt 1997c, 2007; Hoffmann 1997.

38 UA Heidelberg, Naturwiss.-math. Fak., III, 7a, Nr. 16b, Bl. 295-304.

39 Zum Studium in der Weimarer Republik und in der NS-Zeit: Huerkamp 1996; Benker/Störmer 1991; Vogt 2007.

Tabelle 13: Wissenschaftlerinnen an der PAW nach der disziplinären
Zuordnung der Akademieprojekte

Klassische Philologie	10	Astronomie	1
Patristik	5	Geographie	1
Orientalische Philologie	5	Mathematik	4
Germanistik*	48	Zoologie	4
Slawistik	2	Botanik	3
Philosophie	6		
Pädagogik	1		
	∑77		∑13

*Quelle: eigene Erhebung. *einschl. Germanist. Rechtsgeschichte*

Für Philologinnen waren die Berufsmöglichkeiten an der Akademie günstig, was an der Dominanz der philologisch ausgerichteten Unternehmungen lag. Die Nachfrage nach sprachwissenschaftlich ausgebildeten Mitarbeitern und Mitarbeiterinnen war von vornherein erheblich größer als nach Naturwissenschaftlern und Naturwissenschaftlerinnen. Rund ein Drittel aller Wissenschaftlerinnen wurde im Umkreis der Deutschen Kommission nachgewiesen. Ganz grob deutet der Befund auf niedrige Zugangsschwellen in den sogenannten weiblich konnotierten Fächern wie Germanistik, Botanik und Zoologie hin.[40] Die Existenz von höheren Zugangsschwellen in den eher männlich konnotierten Fächern wie Geschichte und Altphilologie ließ sich nicht durchweg feststellen. In den Geschichtsunternehmungen wurden keine Wissenschaftlerinnen vor 1945 nachgewiesen.[41] Aber etwa jede fünfte Wissenschaftlerin fand in einem altertumswissenschaftlichen Forschungsprojekt, die Vorhaben auf dem Gebiet der Orientalistik eingeschlossen, eine Beschäftigung.

2.2 REKRUTIERUNGSMUSTER

Eine zentrale Auslesefunktion für die Gewinnung von Mitarbeitern und Mitarbeiterinnen in den Akademieprojekten hatten die Universitätsseminare und –institute. Sie galten als Garanten für die Leistungsstandards. In den Seminaren wurde das in den Vorlesungen theoretisch vermittelte Wissen vertieft und am praktischen Beispiel geübt – in den Philologien beispielsweise Methoden der Textkritik und Textinterpretation anhand von Sprache und Literatur.[42] Die Seminare und Institute der Berliner Universität stellten für jüngere Wissenschaftler und für Wissenschaftlerinnen den Hauptpfad in die

---

40 Vgl. Heintz/Merz/Schumacher 2007.
41 Zur geringen Beschäftigung von Frauen bei den MGH Nagel 2005, S. 212f.
42 Erben 1913; Staa 1930; Turner 1980; Clark 1989; Schubring 2000.

Akademieprojekte dar. In der Berliner Forschungslandschaft waren beide Institutionen traditionell sehr eng miteinander verknüpft. Als August Böckh im Jahre 1815 das Vorhaben Griechische Inschriften als eine neue Arbeitsform an der PAW installierte, erfolgte durch ihn fast zeitgleich auch die Institutionalisierung der Organisationsform des Seminars an der damals neuen Berliner Universität. Auf seinen Vorschlag hin wurde hier 1812 das erste Philologische Seminar eingerichtet.[43] Dies stellte einen erfolgreichen Wissenstransfer zwischen der Akademie und der Universität dar. Denn in den Seminaren lernten die Studierenden das Handwerkzeug, das sie in den Unternehmungen anzuwenden hatten.[44]

Über Seminarerfahrungen verfügten Christiane von Wedel und Ida Kapp (1884-1979), die beide das Philologische Seminar und das Proseminar bei Ulrich von Wilamowitz-Moellendorff und Hermann Diels besuchten; auch Margarete Häsler (geb. Schröder, 1908-) und Elisabeth Holl (geb. Haecker, 1909-1966) gehörten in späteren Jahren diesem Seminar an. Die Wissenschaftlerinnen im Umkreis der Deutschen Kommission kamen aus dem Germanischen Seminar der Berliner Universität. Der Weg in die Seminare und Übungen, die oft nur im kleinen Kreis stattfanden, war kein automatischer. Nach eigenem Ermessen konnten die Professoren vor der Aufnahme von Studierenden Eignungstests durchführen.[45] Die Orientalistin Annemarie von Gabain (1901-1993, KM 1959, AM 1969) hat berichtet:

„Es war wohl im Jahre 1923, als mir mein erster Sinologie-Lehrer, Erich Haenisch, nahelegte, bei Prof. Bang Allgemeine Turkologie zu studieren. Damit würde ich nicht nur für den sinologischen Doktor ein würdiges Nebenfach haben, sondern auch eine Ausbildung für die türkischen Turfan-Handschriften erlangen. In einem kleinen, ofenbeheizten Hinterzimmer des oberen Stockwerks eines sehr verwohnten Hauses Dorotheenstraße 6 [...] machte ich meinen Antrittsbesuch und trug mein Anliegen vor. Das Interesse, das ich bei Bang, diesem Einzelgänger in einem wenig begünstigten Forschungsbereich, hervorrief, war nicht eben groß. ‚Holen Sie sich die *Osmanische Grammatik* von Németh und die *Osttürkische* von Raquette. Wenn Sie die *können*, dürfen Sie wiederkommen.' Das war alles. Und so verbohrte ich mich in die Anfänge der arabischen Schrift, der Lautharmonie und dergleichen höchst un-chinesische Bereiche, bis ich nach einem Semester – unter Aufbietung allen Mutes – wieder in die

---

43 Vahlen 1910, S. 208-216.

44 Daston 1999, S. 77-79.

45 In der Chronik der Friedrich-Wilhelms-Universität zu Berlin für das Jahr 1907, S. 74 ist vermerkt, daß aufgrund von Probearbeiten zwei Frauen zum Germanischen Seminar zugelassen wurden. Nach der Chronik für das Jahr 1910, S. 109 hat der Literaturprofessor Erich Schmidt im Sommersemester 1910: 23 und im Wintersemester 1910/11: 33 Frauen mit Reifezeugnis und aufgrund schriftlicher Arbeiten zu seinen Veranstaltungen im Germanischen Seminar zugelassen.

Dorotheenstraße ging und erklärte, von ‚Können' sei keine Rede, aber trotzdem würde ich jetzt sehr gern bei ihm arbeiten. Und ich wurde angenommen!"[46]

Die Teilnehmerzahl in den Übungen von Willy Bang-Kaup (1869-1934, KM 1919) betrug damals etwa zwanzig Studenten und sechs Studentinnen.[47] Annemarie von Gabain sammelte hier wichtige Erfahrungen. Bang führte eine lebhafte wissenschaftliche Korrespondenz mit aller Welt, ging selbst aber nur selten zu Vorträgen, mied Kongresse und suchte seine Kollegen kaum persönlich auf – ermutigte seine Studenten aber durchaus dazu. Wissenschaftlichen Besuch empfing er stets offen. „Nicht immer mußte ich vor seinen Besuchern verschwinden", so Annemarie von Gabain, „oft wurde ich freundlich zum Bleiben eingeladen, und dann wurde ich eine gespannte Zeugin von stundenlangen Diskussionen. [...] Die Gespräche waren so inhaltsreich, daß nicht die Diskutierenden, sondern ich, die nur Zuhörende, hinterher vor Spannung völlig erschöpft war."[48] Über ihren Lehrer Willy Bang-Kaup kam Annemarie von Gabain schon als Studentin zur PAW und nahm an der Erschließung der türkischen Turfan-Funde teil, die 1926 der Orientalischen Kommission zur Bearbeitung überwiesen worden waren.

Bei der Rekrutierung von Mitarbeitern und Mitarbeiterinnen spielte die persönliche Vermittlung eine wichtige Rolle. In der Regel erhielten Frauen über die Universitätsprofessoren, die zugleich Akademiemitglieder waren und akademischen Kommissionen angehörten, Zugang zur Forschungsarbeit der Akademie. Häufig waren diese auch die Doktorväter der Wissenschaftlerinnen wie die klassischen Philologen Ulrich von Wilamowitz-Moellendorff, Hermann Diels, Wilhelm Schulze (1863-1935, OM 1903), Werner Jaeger und Eduard Norden, die Germanisten Arthur Hübner und Julius Petersen (1878-1941, OM 1922), der Slawist Max Vasmer (1886-1962, OM 1931), der Philosoph Eduard Spranger (1882-1963, OM 1925), der Mathematiker Erhard Schmidt (1876-1959, OM 1918), der Geograph Norbert Krebs (1876-1947, OM 1936) sowie die Astronomen August Kopff (1882-1960, OM 1936) und Paul Guthnick.[49] Sie bevorzugten bei der Mitarbeiterauswahl Schüler beziehungsweise Studierende, die sie aus ihren Übungen an der Universität kannten und vermittelten ihnen oft noch während des Studiums, in der

---

46 Gabain 1974, S. 51.
47 Chronik der Friedrich-Wilhelms-Universität zu Berlin. April 1927/März 1928, S. 93.
48 Gabain 1974, S. 52.
49 HUB, UA, Phil. Fak. 403 (C. Wedel), 565 (I. Kapp), 702 (A. v. Gabain), 704 (A. Maier), 726 (H. Nowacki), 744/3 (L. Wanstrat), 744/11 (E. Pannwitz), 779 (M. Schröder), 806 (C. Masuch), 808 (E. Arend), 816 (E. Haecker), 834 (A. Krüger), 857 (I. Rüttenauer-Papmehl). Vgl. Vogt 1997c.

Promotionsphase oder unmittelbar im Anschluß daran kleinere Arbeitsaufträge in Akademieprojekten.

Die Forschungsprojekte waren eine wichtige Schaltstelle beim Übergang von der Universität in die Wissenschaft und ein begehrtes Promotionsumfeld. In Einzelfällen bemühten sich Frauen mit Promotionsabsicht und wissenschaftlichen Ambitionen selbst um die Beschäftigung in einem Akademieprojekt. Die Germanistin Luise Berthold (1891-1983) wollte, folgt man ihrer autobiographischen Darstellung, nach dem Staatsexamen 1914 nicht im Schuldienst arbeiten und lieber ihre Staatsexamensarbeit zur Dissertation ausbauen. Ihre letzten Studienjahre hatte sie in Marburg verbracht und bei dem dort lehrenden Germanisten Ferdinand Wrede angefragt, ob an einem seiner beiden dialektologischen Institute, dem Sprachatlas oder dem Hessen-Nassauischen Volkswörterbuch, ein Halbtagsposten frei sei. Sie machte keinen Hehl daraus, daß sie eine wirtschaftliche Unterstützung brauchte; die restliche Zeit wollte sie für ihre Dissertation nutzen.[50] Luise Berthold trat ihre Stelle beim Wörterbuch im Herbst 1916 an. Beseelt von dem Wunsch, wissenschaftlich zu arbeiten, hatte sie eine bewußte Entscheidung getroffen, obwohl sie diese – das ist in biographischer Hinsicht interessant – vordergründig mit dem Argument ihrer Finanzierung rechtfertigte und das offene Reden beziehungsweise Schreiben über ihre wissenschaftlichen Ambitionen scheute. Ob aber jüngere Wissenschaftler und Wissenschaftlerinnen generell so zielgerichtet vorgingen und ihre Entscheidung bewußt trafen, weil sie eine wissenschaftliche Laufbahn anstrebten, läßt sich quellenmäßig nicht genau belegen. Ebenso fraglich ist es, ob es Professoren bei der Beschäftigung von Hochschulabsolventen und Hochschulabsolventinnen um die gezielte Förderung begabter junger Menschen oder primär um die Erledigung von Aufgaben in den Forschungsprojekten ging.[51]

Neben dem Weg über die Universitätsseminare waren andere Zugänge zur Forschungsarbeit selten. Auf einem ungewöhnlichen Weg kam Liselotte Richter (1906-1968) zur Akademie. Die Philosophin hatte 1932 in Marburg promoviert und eine wissenschaftliche Laufbahn an der Universität angestrebt. Dieses Vorhaben scheiterte nach 1933 aus politischen Gründen. Liselotte Richter beteiligte sich an einer von der PAW ausgeschriebenen Preisaufgabe, die sie zwar nicht gewann, dafür aber die Aufmerksamkeit der Akademiemitglieder. Die Teilnahme am Preisausschreiben verhalf ihr vermutlich zur

---

50 Berthold 1969, S. 23.

51 Felker/Fuchs 2005, S. 226ff. betonen für die Tiermedizin die karriererelevante Bedeutung des Promotionsumfeldes. Doch seien sich wegen der fehlenden Transparenz im Wissenschaftssystem sowohl Studierende als auch Professoren dieser Bedeutung oft nicht bewußt.

Mitarbeit bei der Leibniz-Edition, wo sie 1936 eine Tätigkeit als wissenschaftliche Mitarbeiterin aufnahm.[52] In der Regel brauchten die Frauen einen männlichen Befürworter oder Vermittler, um in ein Akademieprojekt zu gelangen. Auch das gemeinsame Publizieren mit einem anerkannten Wissenschaftler oder bewährten Projektmitarbeiter konnte für Frauen ein „Türöffner" in die Wissenschaft sein.

Für das von Adolf Engler geleitete Unternehmen Das Pflanzenreich bearbeitete der Breslauer Ordinarius für Botanik Ferdinand Pax (1853-1942)[53], ein ehemaliger Assistent Englers, die umfangreiche Pflanzengruppe *Euphorbiaceae*. Pax beteiligte an dieser Arbeit die Botanikerin Käthe Hoffmann und wenige Jahre später auch seine Schülerin Käthe Rosenthal (1893-). Käthe Rosenthal war nach ihrer Promotion bei Ferdinand Pax 1916 als Assistentin am Botanischen Garten und Museum der Universität in Breslau tätig. Über Käthe Hoffmann ist nichts bekannt. Aus der Arbeit der Forschergruppe gingen von 1911 bis 1924 insgesamt sieben Hefte für die Reihe *Das Pflanzenreich* hervor.[54] Die Botanikerinnen erhielten durch das gemeinsame Arbeiten mit ihrem akademischen Lehrer Publikationsgelegenheiten. Der Professor bürgte mit seinem Ansehen für die wissenschaftliche Qualität der Veröffentlichung, was die Akzeptanz der wissenschaftlichen Leistungen von Wissenschaftlerinnen vermutlich förderte. Im Laufe der Jahre veränderte sich die Wahrnehmung von Käthe Hoffmanns Arbeit. Hatte nämlich der Ordinarius Pax für die ersten Hefte (ab 1911) noch die alleinige Autorschaft beansprucht und Käthe Hoffmann als Mitwirkende eingestuft, so wurde sie ab dem fünften gemeinsam publizierten Heft (1919) als Mit-Autorin auf dem Titelblatt genannt.

Eine weitere Zugangsmöglichkeit konnte sich für Wissenschaftlerinnen schließlich dadurch eröffnen, daß überlastete Professoren Arbeitsaufträge an sie abtraten. Auf diese Weise gelangte die Zoologin Marianne Plehn (1863-1946) zu einem Arbeitsauftrag. 1889 hatte die von der PAW verwaltete Humboldt-Stiftung eine Plankton-Expedition ausgerüstet, deren Ergebnisse der Kieler Physiologieprofes-

---

52 Wenzel 1999, S. 135ff; Wenzel 2003.

53 Ferdinand Pax (1853-1942), der Vater des Zoologen Ferdinand Pax (1885-1964), stud. Naturwissenschaften an der Universität Breslau (Prom. 1882), dann im Schuldienst in Kiel, 1883 Assistent A. Englers am Botanischen Garten Universität Kiel; er folgte diesem nach Breslau, dort 1886 Priv.-Doz. f. Botanik; 1889 Kustos am Botanischen Garten und Priv.-Doz. an der Universität Berlin, 1893 bis zu seiner Emeritierung 1925 o. Prof. f. Botanik sowie Direktor des Königlichen botanischen Gartens und Gartenmuseums Breslau. (Jahn 1998).

54 In der Reihe „Das Pflanzenreich" erschienen von Pax/Hoffmann: H. 47 (1911), 52 (1912), 57 (1912), 63 (1914), 81 (1922), 85 (1924), H. 68 (1919) zusammen mit K. Rosenthal [IV.147a].

sor Victor Hensen (1835-1924, KM 1898) aufgrund von „gemein-schaftlichen Untersuchungen einer Reihe von Fach-Forschern" seit 1892 im Verlag von Lipsius & Tischer erscheinen ließ.[55] Für die Be-arbeitung der während der Plankton-Expedition erbeuteten Poly-claden (das sind kleine Ufertierchen) war ursprünglich Marianne Plehns Professor vorgesehen. Er übertrug jedoch seiner Assistentin diese Aufgabe. Ob tatsächlich „seine Zeit zu stark in Anspruch ge-nommen war", wie es im Vorwort später hieß, oder ob er geahnt hatte, daß es nicht viel Neues zu entdecken gab und er deshalb we-nig Interesse an der Bearbeitung des Expeditionsmaterials hatte, sei dahingestellt. Auf jeden Fall verschaffte der Professor seiner auf die-sem Gebiet forschenden Assistentin Untersuchungsmaterial für ihre Doktorarbeit. Marianne Plehn wurde mit einer Arbeit über Polycla-den 1896 als erste Frau an der Eidgenössischen Technischen Hoch-schule in Zürich promoviert.[56] Im gleichen Jahr veröffentlichte sie auch die Ergebnisse des Expeditionsmaterials.[57] Viel Neues gab es wohl tatsächlich nicht zu entdecken. Während der Expedition wa-ren elf Formen dieser Ufertiere gefangen worden, ein neues Genus war nicht darunter. Fünf neue Arten konnten erstmals beschrieben werden, vier davon durch Plehn. Eine weitere hatte ein Wissen-schaftler vorab beschrieben, der sich dieses Exemplar ohne Wissen des Herausgebers, Victor Hensen, beschafft hatte.[58]

Marianne Plehn, die damals am Anfang ihrer wissenschaftlichen Laufbahn stand, nutzte die Gelegenheit, um auf ihrem Forschungs-gebiet zu publizieren. Das trug dazu bei, ihren Bekanntheitsgrad in der wissenschaftlichen Fachgemeinschaft zu erhöhen. In eine nähe-re Beziehung zur Akademie trat sie nicht, was an der Arbeitsaufga-be lag, die mit der Publikation beendet war. Marianne Plehn wurde 1898 Assistentin an der Biologischen Versuchsstation des Deut-schen Fischervereins in München. Sie entdeckte Fischparasiten und Fischkrankheitserreger und gilt als Begründerin der Fischpa-thologie. 1914 verlieh ihr der bayerische König Ludwig III. den Titel eines Königlichen Professors und machte Marianne Plehn zur ersten Titular-Professorin in Bayern.[59]

---

55 „Ergebnisse der in dem Atlantischen Ocean von Mitte Juli bis Anfang No-vember 1889 ausgeführten Plankton-Expedition der Humboldt-Stiftung", Kiel, Leipzig 1892ff.

56 Plehn, Marianne, Neue Polycladen, gesammelt von Chierchia bei der Erd-umschiffung der Korvette ‚Vettor Pisani', von Kükenthal im nördl. Eismeer und von Semon in Java, Jena 1895, Zürich, Phil. Diss. 1896. Biographische Angaben nach Strohmeier 1998, S. 221f.

57 Plehn 1896 erschien als Bd. II. H f der „Ergebnisse [...] der Plankton-Expedition der Humboldt-Stiftung".

58 Plehn 1896, S. 4.

59 Strohmeier 1998, S. 221f.

Wissenschaftlerinnen und Wissenschaftler wurden in der Regel persönlich ausgewählt und zur Mitarbeit in den Forschungsprojekten aufgefordert. Dabei gelang es der PAW offenbar, sehr gute und begabte Mitarbeiter und Mitarbeiterinnen zu gewinnen. Die Auswahl erfolgte nach Leistungskriterien. Soziale Herkunft und verwandtschaftliche Beziehungen waren nicht von ausschlaggebender Bedeutung, gänzlich unwichtig aber nicht. Professorentöchter waren die Philosophin Anneliese Maier (1905-1971) und die Germanistin Marie-Luise Dittrich (1911-1999). Margarete Seuffert war die Schwiegertochter des Germanisten Bernhard Seuffert (1853-1938, KM 1914). Hannah Gädeke (1909-) stammte aus einer Akademikerfamilie, ihr Großvater war der Historiker Arnold Gädeke (1844-1892). Die Zoologin Margarita Stendell und die Philosophin Sigrid von der Schulenburg (1885-1943) waren mit Wissenschaftlern verheiratet, die ebenfalls in Akademieprojekten arbeiteten. In einem Antrag auf ein Forschungsstipendium für Anneliese Maier wurde einmal ausdrücklich erwähnt, daß sie die Tochter des Philosophen und verstorbenen Akademiemitglieds Heinrich Maier war. Eine bildungsbürgerliche Herkunft beziehungsweise enge verwandtschaftliche Beziehungen konnten Wissenschaftlerinnen den Zugang in ein Unternehmen erleichtern, aber sie ersetzten keine formalen Ausbildungsabschlüsse und akademischen Zertifikate.

Vorübergehend wurden im Zweiten Weltkrieg auch Ehefrauen in den Akademieprojekten beschäftigt, um ihre zur Wehrmacht eingezogenen Ehemänner zu vertreten beziehungsweise männliche Wissenschaftler zu ersetzen. 1939 übertrug zum Beispiel die Kommission für spätantike Religionsgeschichte der Ehefrau ihres Mitarbeiters Karl Holl (1910-1941) mehrere kleinere Arbeiten für Editionsvorhaben. Elisabeth Holl war den Kommissionsmitgliedern als eine Frau „vom Fach" bekannt.[60] Sie hatte Klassische Philologie in Berlin studiert und war nach ihrer Promotion bei Eduard Norden in den Schuldienst eingetreten. Auch die Diplom-Handelslehrerin Charlotte Pretzel (1895-1994) führte in dieser Zeit eine Arbeit ihres Ehemannes, des Germanisten Ulrich Pretzel (1898-1981, KM 1955, AM 1969)[61], für die PAW fort. Beim Jahrbuch über die Fortschritte der

---

60 Aland 1979, S. 140 sowie S. 1017, Brief 1175, E. Holl an [H. Lietzmann] v. 1. März 1941.

61 1929-1941 wissenschaftlicher Hilfsarbeiter beim DWB sowie Mitarbeiter am Mittelhochdeutschen Wörterbuch der PAW, 1931-1937 wissenschaftliche Hilfskraft am German. Seminar Univ. Berlin, 1938 Habilitation Univ. Berlin, 1941 Dozent, gleichzeitig 1941-1944 an der PAW Leiter des Mittelhochdeutschen Wörterbuchs; 1944 ao. Prof. an der Deutschen Univ. Prag, ab 1945 in Hamburg, 1947-1966 o. Prof. f. deutsche Philologie an der Univ. Hamburg u. Leiter der Hamburger Arbeitsstelle des Mittelhochdeutschen Wörterbuchs der DAW. 1966 Ruhestand. (IGL, Bd. 2, S. 1426-1428).

Mathematik wurden mit den Mathematikhistorikerinnen Josepha Hofmann und Hildegund Menzel ebenfalls zwei Ehefrauen von Mitarbeitern beschäftigt. Mit den wissenschaftlichen Arbeiten ihrer Ehepartner waren sie zumeist vertraut und mußten nicht extra eingearbeitet werden. Die Mobilisierung von Familienangehörigen erwies sich somit einmal mehr als ein effizientes Mittel, um den bestehenden Arbeitskräftemangel reibungslos auszugleichen und einen Stillstand der Arbeiten zu vermeiden.

2.3 EINSTIEGSPOSITIONEN

Die Einstiegspositionen von Wissenschaftlerinnen waren tendenziell niedrig. Sie fanden überall dort leicht Zugang zur Forschungsarbeit der Akademie, wo keine oder nur geringe Zugangsbarrieren bestanden. Das war der Fall im Bereich der Zu-, Neben- und Hilfsarbeiten, wo es mitunter um einfache und massenhafte, häufig um nachgeordnete und periphere Arbeiten ging, die nicht im Zentrum der Akademieprojekte standen, sondern als sogenannte Anfängerarbeiten entweder am Anfang oder am Ende ausgeführt wurden. Als Endarbeiten galten Indexarbeiten oder die Registerherstellung. Eine typische Arbeit am Anfang war das Exzerpieren für Wörterbücher – eine massenhafte Sammelarbeit, die nicht unmittelbar auf das Publizieren ausgerichtet war, sondern darauf, so viel Material wie möglich anzuhäufen und den Belegarchiven einzuverleiben. Das Exzerpieren verlangte eine inhaltliche Verstehenskompetenz, galt zugleich aber als einfache und leicht quantifizierbare Tätigkeit. Die Exzerptionsaufträge waren vom Umfang her begrenzt und konkret, sie ließen sich vergleichsweise schnell erledigen und waren daher vor allem für Studierende ohne Probleme erreichbar. In größerem Ausmaß wurden studentische Hilfskräfte zum Beispiel beim DWB und beim DRW eingesetzt. Karl von Amira in München ließ die Studenten und Studentinnen seines Seminars regelmäßig für das DRW exzerpieren. Eberhard von Künßberg, der neben seiner hauptamtlichen Tätigkeit als wissenschaftlicher Leiter vom DRW auch als Professor an der Heidelberger Universität lehrte, gewann aus seinen Lehrveranstaltungen stets zahlreiche studentische und wissenschaftliche Hilfskräfte für die Wörterbucharbeit, darunter regelmäßig Frauen. Im Wörterbucharchiv fertigten die studentischen Hilfen mit den berufserfahrenen Mitarbeitern und Mitarbeiterinnen zumeist gemeinsam Quellenauszüge an. Auf dieser niedrigen Einstiegsebene beziehungsweise bei der Vergabe von kleineren Aufträgen und Anfängerarbeiten an studentische Hilfskräfte bestanden keine Unterschiede zwischen Männern und Frauen.

Bürostrukturen und ein stärkerer Formalisierungsgrad erleichterten den Zugang zur Forschungsarbeit. Wissenschaftlerinnen waren nicht in allen Unternehmungen vertreten. Sie wurden in 27 Forschungsprojekten nachgewiesen; diese waren überwiegend arbeitsteilig organisiert. Häufig und regelmäßig waren Wissenschaftlerinnen in den Unternehmungen mit Arbeitsbüros und Teamstruktur vertreten, dagegen selten und nur sporadisch in den Unternehmungen mit individuell ausgerichtetem Arbeitskontext und Einzelarbeit (Tabelle 14).

Tabelle 14: Wissenschaftlerinnen an der PAW nach Projektarten und Arbeitskontexten

	Wörter-bücher	Editionen	Dokumentarische Erfassungs- u. Katalogarbeiten	Σ
Teamartig	41		9	50
Einzeln		16	6	22
Gemischt		6	12	18
Σ	41	22	27	90

Quelle: Eigene Erhebung.

Die Arbeitskräftenachfrage war in den stärker arbeitsteiligen beziehungsweise teamartigen Projekten zunächst einmal größer als in den auf Einzelarbeit ausgerichteten und erfolgte zudem nach einem anderen Muster. So gab es etwa in Unternehmungen mit individuell ausgerichteter Arbeitsorganisation keine nennenswerte Nachfrage nach studentischen Hilfskräften. Diese Projekte waren durch eine gering ausgeprägte Personalstruktur gekennzeichnet und boten jüngeren Wissenschaftlern kaum günstige Einstiegsgelegenheiten. Damit allein aber lassen sich die bestehenden Unterschiede nicht erklären. Vermutlich konnten Frauen auch deshalb leicht Zugang in die teamartig organisierten Akademieprojekte finden, weil hier Arbeitsgruppen in festen Bürozeiten, mit Präsenzpflicht und unter Anleitung eines wissenschaftlichen Beamten an der Herstellung von Akademiepublikationen arbeiteten. In den Arbeitsstellen hatten sich mehr oder weniger hierarchische Mitarbeiterstrukturen herausgebildet, in die sich die jüngeren und weniger erfahrenen Wissenschaftlerinnen relativ leicht eingliedern ließen.

Einiges spricht dafür, daß die Frauen vom Wandel der Mitarbeiterauswahl profitierten, der sich im Zusammenhang mit dem Übergang zur betriebsförmigen Arbeitsorganisation vollzog. In der Zeit vor dem Ersten Weltkrieg hatte sich beispielsweise beim Deutschen Rechtswörterbuch noch keine Teamstruktur herausgebildet und die ersten Wörterbucheinträge (Artikel) wurden nur von auswärts arbeitenden Mitarbeitern abgefaßt. Im ersten Band des DRW werden 30 Artikelverfasser namentlich genannt, von denen knapp zwei Drittel

(19) Universitätsprofessoren und Privatdozenten waren.[62] Für die Ausarbeitung von Wörterbucheinträgen kam anfangs nur ein exklusiver Mitarbeiterkreis in Frage. Dazu zählten die Kommissionsmitglieder und Universitätsprofessoren, die im übrigen persönlich angeschrieben und als Wörterbuchmitarbeiter geworben wurden.[63] Formale akademische Grade, Titel und Stellen waren eine notwendige Zugangsvoraussetzung und ausschlaggebend für die Rekrutierung von Mitarbeitern. Die Nachfrage richtete sich an die Positionsinhaber im Wissenschaftssystem; eine Ausnahme wurde lediglich bei den in der Arbeitsstelle tätigen Assistenten gemacht. Frauen wurden in dieser Zeit nicht in die Artikelausarbeitung einbezogen, weil sie die Zugangsvoraussetzungen nicht erfüllten: Sie waren weder habilitiert noch lehrten sie als Privatdozentinnen oder Professorinnen an Universitäten, sie hatten auch keine anderen Positionen im Wissenschaftssystem inne.

In den Unternehmungen mit individuell ausgerichtetem Arbeitskontext hatte sich dagegen kein Rekrutierungswandel vollzogen. Zwar wurden bei der Orientalischen Kommission oder der Kirchenväterkommission auch hauptamtliche Wissenschaftler mit Präsenzpflicht in Arbeitsbüros beschäftigt, doch verpflichtete man hier wie im 19. Jahrhundert freie und auswärts arbeitende, neben- und ehrenamtliche Mitarbeiter. Die Editoren arbeiteten überwiegend allein und eigenverantwortlich, der permanenten Aufsicht und Kontrolle durch einen übergeordneten Leiter weitgehend entzogen. Für Frauen bestanden zunächst Zugangsschwierigkeiten fort. Sie waren nicht oder nur selten im Auswahlraster der Kommissionen, weil sie kaum auf den entscheidenden Positionen im Wissenschaftssystem vertreten waren. Wie erwähnt, konnten sie keine Professorinnen sein, nicht mal Assistentinnen; häufig fehlte ihnen jede institutionelle Anbindung. Vor allem in den Editionsprojekten, bei denen Einzelarbeit dominierte, waren nur wenige Frauen vertreten (Tabelle 14). Daß Wissenschaftlerinnen nur selten Editionsaufträge erhiel-

---

62 *Universitätsprofessoren/Privatdozenten* waren: Carl Brinkmann, Heinrich Brunner, Ferdinand Frensdorff, Otto von Gierke, Ernst Heymann, Rudolf His, Eberhard Frhr. von Künßberg, Ernst von Moeller, Max Pappenheim, Leopold Perels, Max Rintelen, Gustav Roethe, Richard Schröder, Alfred Schultze, Ernst Frhr. von Schwind, Claudius Frhr. von Schwerin, Wolfgang Stammler, Hans von Voltelini, Martin Wolff.
   Dr. jur./Dr. phil.: Ernst Behre, Ferdinand Bilger, Heinrich Crebert, Georg Eschenhagen, Alexander Gál, Rudolf Köstler, Walther Kotzenberg, Eckard Meister, Heinrich Frhr. von Minnigerode, Eugen Rosenstock, Arthur Benno Schmidt. (DRW, Bd 1, S. XIV)

63 Eine handschriftliche „Liste für Wortartikel-Aufrufe" (ohne Jahr) mit den Namen von 87 Universitätsprofessoren befindet sich in den Unterlagen der Forschungsstelle DRW Heidelberg.

ten, lag vermutlich auch an der Skepsis gegenüber Wissenschaftlerinnen und am mangelnden Vertrauen in ihre fachliche Kompetenz. Es galten strenge Auswahlmodalitäten, die in ihrer Wirkung männliche Wissenschaftler begünstigten. Die strenge philologische Methode des Edierens galt nicht bloß als eine erlernbare wissenschaftliche Tätigkeit, sondern als eine wissenschaftliche Fähigkeit, die männlichen Wissenschaftlern vorbehalten sein sollte.

Im Bereich der klassifizierend-beschreibenden Naturwissenschaften schienen die Auswahlmodalitäten etwas offener und frauenfreundlicher zu sein. Aufgrund der schlechten Quellenlage läßt sich das aber im Einzelfall nicht gut belegen. Beim zoologischen Nomenclator animalium generum et subgenerum wurde zu Beginn der gesamte Stoff nach den in der Zoologie üblichen Spezialisierungsrichtungen in Arbeitsteile aufgeteilt und Fachleuten zur Bearbeitung angeboten. In Betracht kamen „anerkannte Spezialforscher", „die mit irgendeiner Gruppe des Systems auf zoologischem oder palaeozoologischem Gebiete speziell vertraut" waren.[64] Insgesamt beteiligten sich an diesem Unternehmen 118 in- und ausländische Zoologen, Paläontologen sowie zwei Botaniker als Manuskriptmitarbeiter. Die Mehrheit war durch akademische Grade ausgewiesen, fast 80 Prozent der Mitarbeiter waren promoviert beziehungsweise habilitiert, rund 40 von ihnen waren Professoren. Etwa die Hälfte der Manuskriptmitarbeiter war institutionell an Museen (29), Universitäten (24) oder anderen Forschungseinrichtungen (4) verankert. Unter den Mitarbeitern befanden sich auch der akademische Leiter und Herausgeber, Franz Eilhard Schulze, sowie die im Nomenclator-Büro beschäftigten Assistenten.[65] Titel und Stelle waren Zugangsvoraussetzungen. Doch rund ein Fünftel aller Mitarbeiter (25) hatte weder einen akademischen Titel noch eine Anbindung an einer wissenschaftlichen Einrichtung, was bei diesem Unternehmen auf relativ liberale Zugangsbedingungen schließen läßt.

Unter den frei und auswärts arbeitenden Manuskriptmitarbeitern war dennoch nur eine einzige Frau vertreten. Die aus Leiden stammende Dr. Gerarda Stiasny-Wijnhoff bearbeitete die Gruppe der „Nemertini". Dafür war ursprünglich ein Zoologe eingeteilt worden, der bereits für das Parallelunternehmen Das Tierreich die ent-

---

64 Heider 1926, S. XI f. [XI].

65 Heider 1926, S. XII-XIX. Nach eigener Auszählung waren aus dem Bereich der Museen: 24 leitenden Museumsbeamte (Direktoren, Kustoden), 4 Assistenten an Museen, 1 wiss. Hilfsarbeiter; von den Universitäten: 17 Professoren, 3 Privatdozenten, 4 Assistenten; an sonstigen Forschungseinrichtungen (z.B. KWI) waren 4 Mitarbeiter beschäftigt. Von den übrigen Mitarbeitern trugen 36 einen akademischen Doktor- oder Professorentitel, 25 Mitarbeiter besaßen keinen akademischen Grad.

sprechende Monographie verfaßt hatte.[66] Dieses Arrangement kam offenbar nicht zustande, so daß die „Nemertini" erneut vergeben wurden. Nach Auffassung von Franz Eilhard Schulze galt die Bearbeitung einer Gruppe, die zugleich als Monographie in der *Tierreich*-Reihe erschien, angesichts der dort garantierten Vollständigkeit und Genauigkeit als weniger aufwendig. In der Regel erübrigte sich sogar die Heranziehung eines besonderen Mitarbeiters, denn im Nomenclator-Büro wurden die notwendigen Angaben aus den *Tierreich*-Bänden exzerpiert und nötigenfalls ergänzt.[67] Wie Gerarda Stiasny-Wijnhoff zu diesem Auftrag gelangte, ließ sich nicht feststellen. Es gibt keinen Hinweis darauf, daß sie institutionell in einer wissenschaftlichen Einrichtung verankert war. Ihr Name wird in den einschlägigen Lexika nicht erwähnt.

Über die Erfüllung von Arbeitsaufträgen hinaus eröffneten sich kaum Gelegenheiten zu einer festeren Anbindung. Wegen des prinzipiellen Projektcharakters der Unternehmungen bestanden für frei und auswärts arbeitende, für sporadisch hinzugezogene und selbst für hauptamtliche Mitarbeiter und Mitarbeiterinnen in den Arbeitsstellen nur begrenzte Verankerungsmöglichkeiten an der PAW. Vor allem die studentischen und wissenschaftlichen Hilfskräfte, die Zugang in die Forschungsprojekte fanden, indem sie sogenannte Anfängerarbeiten ausführten, waren nur peripher einbezogen. Sie erhielten lohnähnliche Honorare, hatten keine oder nur befristete Arbeitsverträge und konnten schnell wieder freigesetzt werden. Die Fluktuation auf diesen Positionen war hoch; es erfolgte ein schneller Austausch alter Arbeitskräfte gegen neue. Grundsätzlich unterlagen niedrige Einstiegspositionen einem hohen Austrittsrisiko.[68] Da der Zugang von Frauen in die Akademieprojekte in der Regel von unten erfolgte und ihre Eintrittspositionen tendenziell niedrig waren, bestand für sie stets die Gefahr, schnell wieder herausgedreht zu werden.

Besonders schwierig war die Situation der frei und auswärts arbeitenden Wissenschaftlerinnen, die oft nur sporadisch für die Erledigung von konkreten Aufgaben in die Forschungsprojekte einbezogen wurden wie die Germanistin Helene Bindewald (1898-), die am Band IX der von Konrad Burdach herausgegebenen Reihe *Vom Mittelalter zur Reformation. Forschungen zur Geschichte der deutschen Bildung* mitarbeitete.[69] Texte aus schlesischen Kanzleien des 14.

---

66 Schulze 1913, S. 6, Übersicht über die Verteilung der Gruppen an Fachspezialisten. Die Monographie *Nemertini*, bearbeitet von Otto Bürger, Berlin 1904 war als 20. Lieferung in der Reihe *Das Tierreich* erschienen.

67 Schulze 1913, S. 4.

68 Allmendinger/Stebut/Fuchs/Brückner 1999, S. 207.

69 Vom Mittelalter zur Reformation. Forschungen zur Geschichte der deutschen Bildung, i.A. der PAW hg. von Konrad Burdach, Bd. 9, Deutsche Texte

und 15. Jahrhunderts, so das Thema dieses Bandes, hatte Konrad Burdach bereits während seiner Zeit als Professor in Halle gesammelt und damit begonnen, die sprachlich wie inhaltlich charakteristischen Schriftstücke für die Publikation auszuwählen. 1897/1898 hatte er eine mehrmonatige Forschungsreise nach Breslau unternommen und die Handschriftenbestände in der Universitätsbibliothek und im Stadtarchiv durchgesehen.[70] Dann lag die Arbeit viele Jahre lang brach und wurde erst 1929 von Helene Bindewald, die damals gerade mit einer sprachhistorischen Quellenarbeit bei Wolfgang Stammler in Greifswald promoviert worden war,[71] wieder aufgenommen und zu Ende gebracht.

Im Vorwort erwähnt Konrad Burdach die Mitarbeit von Helene Bindewald. Formulierungen wie: sie habe die von ihm zusammengebrachten und „vorläufig geordneten Abschriften" nach seinen „Weisungen" für die Drucklegung vorbereitet, lassen jedoch ihren Anteil an der Fertigstellung der Publikation als gering erscheinen.[72] Helene Bindewald und Burdachs ständiger Mitarbeiter Paul Piur (1882-1943) führten in Breslauer Archiven verschiedene Nachvergleichungen einzelner Urschriften durch. Im Sommer 1933 hatte die Wissenschaftlerin den gesamten Stoff der Ausgabe druckfertig redigiert, deren Ziel darin bestand, die Laute und ihre graphischen Bezeichnungen in den alten Niederschriften möglichst genau wiederzugeben. Konrad Burdach zufolge seien die sprachlich und inhaltlich schwer verständlichen Texte von ihm selbst und Paul Piur erläutert worden, aber beide haben auch Vorschläge von Helene Bindewald berücksichtigt.[73] Fest steht, daß der in zwei Hälften publizierte neunte Band nur durch Helene Bindewalds mehrjährige Arbeit fertiggestellt wurde. Für den zweiten Teilband – eine Edition von Privatbriefen und eine Untersuchung der Schreiberhände des Breslauer Schöffenbuches – fertigte sie das Glossar an. Mit dem Erscheinen des Buches war die rund sechsjährige Beschäftigung von Helene Bindewald im Akademieprojekt zu Ende.[74] Über ihren Verbleib gibt es keine Informationen. Vermutlich blieb ihre Mitarbeit nur eine Episode. Dieses Schicksal teilte sie mit vielen Wissenschaftlerin-

---

aus schlesischen Kanzleien des 14. und 15. Jahrhunderts, [2 Hälften], hg. von Helene Bindewald, Berlin 1935/1936.

70 Burdach 1935/36, S. I.

71 Helene Bindewald, Die Sprache der Reichskanzlei zur Zeit König Wenzels. Ein Beitrag zur Geschichte des Frühneuhochdeutschen, Greifswald, Phil. Diss. 1928.

72 Burdach 1935/36, S. IIIf.

73 Burdach 1935/36, S. IV.

74 Helene Bindewalds Mitarbeit im Forschungsprojekt wurde in SB PAW 1930-1935 erwähnt. Ob ihre Tätigkeit bezahlt wurde, ließ sich mangels Quellen nicht ermitteln.

nen, die nur sporadisch in die Forschungsprojekte einbezogen wurden, aber keine weiteren Schritte in der Wissenschaft unternahmen.

Hinzu kam, daß die PAW keinerlei Interesse hatte, Mitarbeiter bei ihren Kommissionen zu lange zu beschäftigen, so daß sie diese nicht wieder los wurde. „Die Akademie wünscht keinen Hilfsarbeiter für längere Dauer", so Gustav Roethe im Jahr 1921, „nur die planmäßigen Beamten und die tarifmäßig besoldeten Hilfsarbeiter [...] sollen für längere Zeit oder dauernd beschäftigt werden; die anderen Hilfsarbeiter [...] dürfen schon darum nur auf kurze Frist, möglichst nicht über fünf Jahre beschäftigt werden, damit sie aus dieser Beschäftigung keinen dauernden Anspruch ableiten."[75] Aus diesem Grund gelang es Edith Dörschel (1897-1980) nicht, sich beim DRW zu verankern. Sie hatte in Jena und Heidelberg Geographie, Geschichte und Deutsch studiert und im Sommer 1921 die mündliche Doktorprüfung in Heidelberg abgelegt.[76] Anschließend wurde sie als erste Wissenschaftlerin beim DRW als Assistentin eingestellt. Der Germanist Lutz Mackensen (1901-1992) wurde ein Jahr später zu den gleichen Konditionen wie seine Kollegin angenommen. Beide galten als nichttarifmäßige und vorübergehend beschäftigte Mitarbeiter. Im Zuge der Maßnahmen zum Personalabbau in Preußen wurde Edith Dörschels Dienstvertrag zum 1. April 1924 gekündigt.[77]

Da beide Stellen gleichwertig waren und sich die Positionsinhaber in den relevanten Punkten nicht voneinander unterschieden – beide waren promovierte Philologen, arbeitsmäßige Unterschiede gab es nicht – ist zunächst nicht einsichtig, warum ausgerechnet Dörschels Stelle und nicht die des später beschäftigten Kollegen gestrichen wurde. Vermutlich blieb die Stelle von Lutz Mackensen erhalten, weil er die Arbeit beim DRW mit der festen Habilitationsabsicht aufgenommen hatte. Bei ihm war absehbar, daß er zu keiner unerwünschten „Dauerbelastung" werden würde. Die Habilitation eröffnete ihm andere und bessere berufliche Möglichkeiten als die PAW bieten konnte. So verließ er nach seiner Habilitation 1925 das DRW. Das taten nach ihm auch Hans Teske (1902-1945), der 1926 an die Stelle von Mackensen getreten war, sowie sein Nachfolger Richard von Kienle (1908-1985). Alle drei Wissenschaftler habilitierten sich während ihrer Zeit beim DRW. Für sie war die befristete Mitarbeit in einem Akademieprojekt ein Sprungbrett in die Hochschullaufbahn. Edith Dörschel hingegen hatte ihre Arbeit beim DRW auf unbestimmte Zeit aufgenommen. Eine erkennbare Habilitationsabsicht hatte sie nicht. Sie wurde dazu auch nicht ermuntert.

---

75 ABBAW, II-VIII-246, Bl. 175, G. Roethe an E. von Künßberg v. 4. Juli 1921.

76 UA Heidelberg, Phil. Fak., H-IV-757/16. Dissertation zum Thema „Speise und Trank in Vorder-Indien" (Phil. Diss. v. 8. Juni 1923).

77 ABBAW, II-IV-48, unpag. Der Vorsitzende [M. Planck] an E. Dörschel v. 14. Februar 1924.

3. Die Arbeitswelt der Wissenschaft

3.1 ARBEIT UND AUTORSCHAFT

In der Wissenschaft werden Publikationen als Leistungs- und Reputationsmaßstab gewertet. Für Wissenschaftler und Wissenschaftlerinnen müßten demnach die vorrangig auf Publikationen ausgerichteten Akademieprojekte eine Anziehungskraft besitzen, weil sie günstige Gelegenheiten für wissenschaftliche Veröffentlichungen boten. Nach meinem empirischen Befund erlangte bis 1945 etwas mehr als ein Drittel aller Wissenschaftlerinnen in den Akademieprojekten Autorschaft (37,77%, N=34). Mit Blick auf die Geschichte von Frauen in der Wissenschaft – sie waren erst im frühen 20. Jahrhundert als Neulinge in das Wissenschaftssystem eingetreten und konnten Zugang zur Forschungsarbeit der Akademie finden – plädiere ich dafür, den Befund zunächst einmal als Beleg für die Integration von Frauen in die Wissenschaft zu werten und nicht so zu interpretieren, daß Frauen nur selten als Autorinnen hervortraten. Wegen fehlender Forschungen kann der Befund zwar nicht mit der Produktivität von männlichen Wissenschaftlern verglichen werden. Es ist aber zu vermuten, daß auch eine größere Anzahl männlicher Wissenschaftler keine Autorschaft in der Akademieforschung erlangte. Denn der Anteil nichtpublizierender Tätigkeiten war in den Sammlungs- und Quellenerschließungsprojekten hoch. Editionen und Wörterbücher hatten zudem lange Vorlaufsphasen, so daß viele Akademiemitarbeiter und -mitarbeiterinnen hier sogenannte Kärrnerarbeit leisteten, ohne die sichtbaren Ergebnisse ihrer oft langjährigen Arbeit zu erleben. In der Langwierigkeit der Projekte lag ein grundsätzliches Problem der Akademieforschung, das in seinen Auswirkungen alle Mitarbeiter betraf. Die Schicksale von Wissenschaftlern versandeten oft im Nirgendwo; ihre Leistung blieb ohne Anerkennung oder erfolgte posthum.[78]

Bei dieser Interpretation möchte ich es nicht bewenden lassen und den Akademiebefund im Anschluß an Hypothesen der Geschlechter- und Wissenschaftsforschung, die die sogenannte Produktivitätsthese ins Zentrum der Forschung gerückt hat, differenzieren. Studien belegen die geringere Produktivität von Frauen gegenüber ihren männlichen Kollegen und sehen im unterschiedlichen Publikationsverhalten einen wesentlichen Grund für ihre geringere wissenschaftliche Reputation. Kontrovers werden die Ursachen dafür diskutiert. Lange gingen die Forscher von der Annahme aus, daß Frauen wegen größerer familiärer Belastungen und Zeit-

---

78 Vgl. exemplarisch Fuhrmann 1996.

problemen weniger publizierten als Männer.[79] Heute wird die geringere Produktivität von Wissenschaftlerinnen vermehrt im Zusammenhang mit ihrer Situation in der Arbeitswelt der Wissenschaft diskutiert und darauf zurückgeführt, daß sie häufig keine Schaltstellen einnehmen, ihnen nicht alle Arbeitsbereiche zugänglich sind und nicht alle ihrer fachlichen Kompetenzen nachgefragt werden.[80]

Mit Blick auf die konkreten Arbeitskontexte an der PAW fallen im Publikationsverhalten der Wissenschaftlerinnen deutliche Unterschiede auf. Wissenschaftlerinnen traten am häufigsten bei Wörterbüchern und Referatejournalen als Autorinnen hervor (N=24); als Verfasserinnen von naturwissenschaftlichen Monographien wurden fünf ermittelt und weitere fünf als Autorinnen beziehungsweise Bearbeiterinnen von wissenschaftlichen Editionen. Der Befund weist bei den Wörterbuchprojekten und bei den naturwissenschaftlichen Projekten auf günstige Produktivitätsbedingungen für Frauen hin.[81] Unterdurchschnittlich gering ist der Anteil publizierender Wissenschaftlerinnen (22,73%; berechnet nach Tabelle 14) bei den Editionsvorhaben.

An der Ausarbeitung des 16bändigen *Deutschen Wörterbuchs* (Grimmsches Wörterbuch), das von 1852 bis 1960 in insgesamt 380 Lieferungen erschien, nahmen 109 Bearbeiter teil, darunter ca. 20 freie und einzelvertraglich verpflichtete Einzelautoren.[82] Etwa 110 Lieferungen wurden von den Mitarbeitern und Mitarbeiterinnen der 1930 gegründeten Berliner Arbeitsstelle ausgearbeitet oder fertiggestellt. Mehr als 80 Wissenschaftler nahmen daran teil, unter ihnen zwölf Wissenschaftlerinnen, die insgesamt an ca. 30 Lieferungen beteiligt waren und in den Vorworten namentlich aufgeführt wurden. Obwohl die Frauen durchschnittlich kürzere Zeit beim DWB beschäftigt waren als ihre männlichen Kollegen, ist ihre Produktivität

---

79 Vor allem die empirischen Untersuchungen von Jonathan R. Cole und Harriet Zuckerman haben die Diskussion darüber angeregt und zu einem Umdenken in der Geschlechter- und Wissenschaftsforschung geführt. Ihr Vergleich von Wissenschaftlerinnen mit Kindern und kinderlosen Wissenschaftlerinnen hat nämlich gezeigt, daß die Forscherleistung von Frauen nicht in dem Ausmaß von familiären Belastungen abhängt, wie man angenommen hat, sondern Begabung und eine günstige Lebensgestaltung entscheidend sind. (Cole/Zuckerman 1987, 1991; vgl. kritisch dazu Schiebinger 2000, S. 66-71.)

80 Matthies/Kuhlmann/Oppen/Simon 2001; Heintz 2001a; Lüchauer 2002; Leemann 2005.

81 Nach Tabelle 13 wurden zwar nur 13 Naturwissenschaftlerinnen in Akademieprojekten ermittelt. Da aber fünf von ihnen publizierten (38,46%), liegt ihr Anteil leicht über dem Durchschnitt aller als Autorinnen ermittelten Frauen meines Samples.

82 DWB, Quellenverzeichnis 1971; Dückert 1987, S. 178 ff.

durchaus mit der von den männlichen Mitarbeitern der Arbeitsstelle vergleichbar. Es konnte festgestellt werden, daß jede von ihnen etwa vier Lieferungen bearbeitete, sechs Frauen drei und weniger; die übrigen sechs sogar vier und mehr. Im Zeitraum vor 1945 publizierten fünf Wissenschaftlerinnen, nämlich Maria Brzoska (1933, 1 Lieferung), Anna Krüger (1938/39, 3 Lieferungen), Ada-Elise Grube (1939-54, 10 Lieferungen), Marie-Luise Dittrich (1939-40, 2 Lieferungen) und Margarete Klare [Simon] (1939-52, 4 Lieferungen). Über die Wörterbuchpublikation hinaus erwarben nur wenige eine wissenschaftliche Anerkennung. Marie-Luise Dittrich habilitierte sich Ende 1945 und wechselte in die Hochschullaufbahn. Ihr gelang es, sich dauerhaft in der Wissenschaft zu etablieren. Anna Krüger (1904-1991) kehrte in den Schuldienst zurück und lehrte später als Dozentin an einer Pädagogischen Hochschule. Über den Verbleib der aus Köln stammenden und als freie Mitarbeiterin verpflichteten Marie Brzoska ist nichts bekannt. Die übrigen zwei verließen nach ihrer Verheiratung die Wissenschaft.[83]

Wissenschaftlerinnen traten auch beim *Deutschen Rechtswörterbuch* regelmäßig als Autorinnen und Bearbeiterinnen hervor. Bis zur Jahrhundertmitte erlangten fünf Frauen eine Autorschaft, nämlich Edith Dörschel, Elsbeth [Lippert] Spindler, Hannah Gädeke, Gerda Ruge [Ludwig] und Margarete Wachter.[84] Keine von ihnen blieb über das Jahr 1945 hinaus in der Wissenschaft. Die Arbeitsbedingungen bei den Wörterbuchprojekten waren vergleichbar. Die Ausarbeitung der Wörterbucheinträge erfolgte in Arbeitsstellen mit teamartiger Struktur. Das Abfassen eines Eintrags war weniger umfangreich war als ein Editionsauftrag und ließ kaum Interpretationsspielraum zu. Bei einem Wörterbucheintrag handelte es sich um einen weitgehend abgeschlossen Beitrag innerhalb eines Wörterbuches, der letztlich nicht für sich allein stand. Namentlich gekennzeichnet wurden die Beiträge in der Regel nicht, so daß die Wörterbucharbeit für Wissenschaftler an Prestige verlor. Beim DRW wurden nur ausnahmsweise noch die längeren Beiträge gekennzeichnet, seit die Artikel von hauptamtlich beschäftigten Mitarbeitern und Mitarbeiterinnen in der Heidelberger Arbeitsstelle ausgearbeitet wurden.[85] Das Verfassen von Wörterbucheinträgen versprach somit kaum eine individuelle Anerkennung. Da die Namen der Autoren und Autorinnen nur summarisch in den Vorworten der einzelnen Wörterbuchbände aufgeführt wurden, konnten die wissenschaftlichen Einzelleistungen nicht mehr individuell zugeordnet werden. In der Öffentlichkeit wurden zudem Wörterbücher wie Lexika nur

---

83 Vgl. Martin 1998.
84 DRW, Bde. 1-4 (1914-1951).
85 Die in den Anfangsjahren von auswärts arbeitenden Wissenschaftlern verfaßten Einträge für das DRW wurden namentlich gekennzeichnet.

ungenau als Kollektivleistungen wahrgenommen. Gedacht für ein breites Publikum zum Zwecke der Hebung seiner Allgemeinbildung, wurden sie in der Regel benutzt, ohne daß man sich für ihre Verfasser interessierte.

Monographien verfaßten Naturwissenschaftlerinnen für die beiden zoologischen Reihen *Das Tierreich* und *Nomenclator animalium generum et subgenerum* sowie für die botanische Reihe *Das Pflanzenreich*. In den naturwissenschaftlichen Akademieprojekten erwarben Männer wie Frauen Autorschaft, indem sie Auftragswerke übernahmen und ausführten, die auf ihren Spezialgebieten lagen. In der Regel handelte es sich dabei um klassifizierend-beschreibende Revisionsarbeiten. Die bereits erwähnte Botanikerin Janet Perkins veröffentlichte in der Reihe *Das Pflanzenreich* mehrere Monographien über tropische Pflanzen, davon eine gemeinsam mit ihrem Kollegen Ernst Gilg (1876-1933).[86] Die US-Amerikanerin war eine ausgewiesene Spezialistin für tropische Pflanzen. Sie hatte nach ihrem Studium in den USA (1867-72) zahlreiche Studienreisen unternommen und auf ausgedehnten Forschungsreisen viele Pflanzenarten selbst gesammelt. Janet Perkins kannte alle größeren Herbarien der Welt. Ihre wissenschaftlichen Beiträge zur Taxonomie dieser Pflanzen erschienen in den einschlägigen botanischen Publikationen und Zeitschriften. Sie werden noch heute weltweit von Botanikern benutzt. Da große Teile des in den Berliner Herbarien aufbewahrten wertvollen Materials durch den Krieg zerstört wurden beziehungsweise verloren gingen, sind die Beschreibungen und Zeichnungen von Janet Perkins heute oft die einzig verfügbaren Dokumentationen.[87]

Naturwissenschaftlerinnen wie Janet Perkins, Marianne Plehn oder Gerarda Stiasny-Wijnhoff gehörten zu den Fachleuten, die zur Mitarbeit an den Prestigeprojekten der Akademie aufgefordert wurden. Ihre fachlichen Leistungen wurden von der wissenschaftlichen Gemeinschaft zur Kenntnis genommen und anerkannt. Die in den Akademieprojekten betriebene klassifizierend-deskriptive Naturforschung war durch Kollegialität gekennzeichnet und wohl auch eine relativ unvoreingenommene Einstellung gegenüber den wissenschaftlichen Leistungen von Frauen, was zur Folge hatte, daß Frauen, wenn sie sich einmal Zugang hatten verschaffen können, als Gleiche einbezogen waren. Disziplinäre Fachkulturen, in denen man auf Kooperation und Kollegialität angewiesen ist, waren für Frauen eher förderlich. Sie profitierten von den scheinbar günstigen Bedingungen namentlich in der Zoologie und Botanik, aber glänzende

---

86 „Das Pflanzenreich", H. 4 (IV. 101) 1901 zus. mit E. Gilg; H. 30 (IV. 241) 1907; H. 49 (IV.101) 1911.

87 Lack 1990; Strohmeier 1998, S. 217; Who is Who in America 14 (1926/27), S. 1518.

Karrieren gelangen ihnen oft nicht wegen des geringen Prestiges dieser Disziplinen.[88]

In den Editionsunternehmungen traten nur wenige Wissenschaftlerinnen als Autorinnen hervor. Wegen der bestehenden Zugangsprobleme waren Frauen hier seltener vertreten. Aber das allein scheint nicht der Grund für ihre geringe Sichtbarkeit zu sein. Exemplarisch läßt sich an den altertumswissenschaftlichen und den orientalistischen Editionsprojekten zeigen, daß Frauen nicht als Gleiche einbezogen wurden und daß von ihnen tendenziell etwas anderes erwartet wurde als von ihren männlichen Kollegen. Wissenschaftlerinnen wurden in diesen Projekten vorzugsweise im Bereich der Vor-, Nach- und Zuarbeit sowie bei der Register- und Indexherstellung eingesetzt. Frauen erledigten somit tendenziell andere Arbeiten als Männer; ihnen wurden Tätigkeiten zugewiesen, die nicht unmittelbar auf das Publizieren ausgerichtet waren.[89] Das Edieren selbst blieb eher Männern vorbehalten. Zwar waren die Techniken der Editionsphilologie grundsätzlich erlernbar, aber die mit der Rekonstruktion, Kommentierung und Kontextualisierung einer Handschrift oder eines Textes verbundene zuverlässige Deutung beziehungsweise Deutungsmacht reklamierten Männer für sich. Tendenziell blieb das Entdecken, Forschen, Interpretieren und Auslegen männlichen Wissenschaftlern überlassen. An der Akademie wurden sie gezielt mit Editionsaufträgen gefördert; die erfolgreiche Bearbeitung einer wissenschaftlichen Edition galt als Sprungbrett in die wissenschaftliche Laufbahn. Eine Edition wurde als die Forscherleistung eines einzelnen Wissenschaftlers wahrgenommen und nicht wie ein Wörterbuch als eine Teamleistung, bei der die Arbeit des einzelnen in der Kollektivleistung aufging.

In einigen Editionsprojekten ließ sich ein feines System der Nachgeordnetheit feststellen. Frauen wurden männlichen Wissenschaftlern bei- und zugeordnet, um diese zu unterstützen und zu entlasten. Asymmetrische Arbeitsbeziehungen bestanden zum Beispiel zwischen dem Juristen Emil Seckel (1864-1924, OM 1912) und seiner Mitarbeiterin Elisabeth Lilia (1893-) bei dem von Seckel geleiteten Projekt Corpus Glossarum Antejustinianarum;[90] bei Editionsprojekten der Deutschen Kommission zwischen dem genannten Konrad Burdach, seinem Mitarbeiter Paul Piur und Helene Bindewald und bei der Wieland-Ausgabe zwischen Bernhard Seuffert und seiner Schwiegertochter Margarete Seuffert. In diesen Paarkonstel-

---

88 Heintz/Merz/Schumacher 2004, 2007.

89 Vgl. Jonker 1998, 2002.

90 SB PAW 1924, S. 9, Gedächtnisrede auf E. Seckel von E. Heymann. – E. Lilia war nach ihrer Promotion zum Dr. jur. an der Universität Leipzig seit 1914 für das Akademieprojekt tätig. 1919 gab sie diese Arbeit wegen ihres Eintritts in den Benediktinerorden auf.

lationen waren Wissenschaftlerinnen die nachrangigen Partnerinnen, die zudem oft keine Arbeit an unmittelbar sichtbaren Ergebnissen leisteten. In den Editionsprojekten wurde die Männerdominanz somit vor allem durch eine geschlechtsspezifische Zuweisung von Arbeit aufrechterhalten.

Wissenschaftlerinnen erhielten nur selten Editionsaufträge und traten deshalb kaum als Editorinnen hervor. Eine von den wenigen, denen das gelang, war Dr. Emilie Boer, die als freie und auswärtige Mitarbeiterin für das Projekt Corpus Medicorum Graecorum eine Galen-Handschrift bearbeitete und darüber hinaus viele Jahre als Übersetzerin und Herausgeberin tätig war.[91] Andere Wissenschaftlerinnen hatten Editionsaufträge übernommen, diese aber nicht erfolgreich abschließen können, wobei außerwissenschaftliche Gründe dafür verantwortlich waren, daß sie keine Autorschaft erlangten und die Editionen scheiterten. So hatte beispielsweise die klassische Philologin Christiane von Wedel neben ihrer Tätigkeit als Lehrerin im Schuldienst als freie Mitarbeiterin im Auftrag der KVK zwei Eusebius-Schriften bearbeitet, deren Ausgabe ihr 1907 von Adolf von Harnack übertragen wurde.[92] 1909 hatte sie die Kollation beendet.[93] Als die Kirchenväterkommission in ihrer Sitzung 1912 über die noch ausstehenden Stücke verhandelte, wurde der wissenschaftliche Beamte der Kommission beauftragt, auch bei Christiane von Wedel nachzufragen, wie weit sie mit der Bearbeitung der beiden Eusebius-Texte war.[94] Daraufhin teilte sie brieflich mit:

„Sehr verehrter Herr Professor! Leider sehe ich mich genötigt, von der Bearbeitung der [Eclogae Propheticae] des Eusebius zurückzutreten. Ich erkenne, daß die Ausgabe einer Schrift, die nur in einer einzigen Handschrift, noch dazu einer so korrupten, überliefert ist, mir zu schwer, ja überhaupt nur für den möglich ist, der den Stil des Eusebius ganz genau kennt. Meine Familie läßt mir

---

91 Jb. PAW 1942, S. 63f. Sie übernahm die Ausgabe einer Galen-Schrift, zu der Vorarbeiten aus dem Nl. von Heeg vorliegen. – E. Boer wurde 1926 in Heidelberg zum Dr. phil. promoviert mit einer Dissertation über „Die Selbstcharakteristik der Personen im antiken Drama". Von ihr herausgegeben und übersetzt wurden antike Werke, z.B. Epicurus: Epistula II, Heliodorus Neoplatonicus, Paulus Alexandrinus, Ptolomaeus, Claudius: Claudii Ptolomaei Opera quae exstant omnia (Werke), Bd. 3,2.

92 Harnack 2000, Protokoll 11. Sitzung v. 20. April 1907; BBAW, Arbeitsstelle GCS, Ordner 5, Ch. von Wedel an [A. Harnack], Cöln, 18. April 1907.

93 BBAW, Arbeitsstelle GCS, Ordner 5, Ch. von Wedel an A. Harnack, Liegnitz, 2. Mai 1909: „Hochverehrter Herr Geheimrat, in den nächsten Monaten werde ich Zeit genug finden, am Eusebius zu arbeiten. Die Collation ist bereits fertig."

94 Harnack 2000, S. 148, Protokoll 16. Sitzung.

aber jetzt noch weniger Zeit als früher die Schule, mich so intensiv mit der Eusebiuslektüre zu beschäftigen, wie es nötig wäre."[95]

1910 hatte Christiane von Wedel ihren Studienkollegen Johannes Mewaldt geheiratet und den Lehrerinnenberuf aufgegeben. Zwei Töchter wurden 1911 und 1914 geboren. Nicht die Eheschließung, sondern die Geburten der Kinder veranlaßten sie, die Arbeit am Eusebius wegen zu großer familiärer Belastungen zurückzugeben. Für verheiratete Frauen mit kleinen Kindern ließen sich Familie und Wissenschaft offenbar nur schwer vereinen. Die Geschlechterrollen veränderten sich zwar längerfristig, aber die Wissenschaftlerinnen gerieten zwischen Beruf und Familie, standen zwischen Tradition und Moderne, wobei viele Frauen der Tradition folgten. Auch Christiane von Wedel kehrte nach einem kurzen Ausflug in die Wissenschaft in die Familie zurück, übernahm die Rolle als Ehefrau und Mutter und vollführte damit eine für die Übergangszeit charakteristische Pendelbewegung.[96] Die wissenschaftlichen Karrieren von Männern und Frauen wurden somit in höchst unterschiedlicher Weise von den familiären Konstellationen beeinflußt.

Während Ehe und Familie bei Christiane von Wedel zur Berufsaufgabe führte, kletterte ihr Ehemann die wissenschaftliche Karriereleiter empor. Johannes Mewaldt hatte in Berlin bei Hermann Diels studiert, der seinem Schüler zuerst die Vorarbeiten für das Corpus Medicorum Graecorum übertrug und ihn später als leitenden Redakteur bei diesem Akademieprojekt verpflichtete. 1907 habilitierte sich Johannes Mewaldt für das Fach Klassische Philologie, 1909 wurde er außerordentlicher Professor in Greifwald, 1914 in Marburg und kehrte zwei Jahre später als ordentlicher Professor für klassische Philologie nach Greifswald zurück; 1923 wechselte er nach Königsberg, 1927 nach Tübingen, 1931 nach Wien, wo er bis zur Emeritierung blieb.[97] Stets waren ihm seine Frau und die Kinder gefolgt. Von ihnen wurden Anpassung und Mobilität erwartet. Durchschnittlich alle vier Jahre hatten die Mewaldts ihren Wohnort gewechselt und fünf Umzüge bewältigt. Die Familie, der Haushalt und die Kinder störten den Karriereverlauf von Johannes Mewaldt nicht. Er gab kritische Editionen heraus, veröffentlichte zahlreiche Abhandlungen zu griechischen und römischen Schriftstellern und erwarb dadurch wissenschaftliche Anerkennung. Er wurde in mehrere Wissenschaftsakademien gewählt. Die PAW nahm ihn 1924 als Korrespondierendes Mitglied auf.

---

95 BBAW, Arbeitsstelle GCS, Ordner 5, Ch. Mewaldt-von Wedel an [A. Harnack/C. Schmidt], Greifswald, 9. Mai 1912.

96 Vgl. Hausen 1994.

97 DBE, Bd. 7, S. 96; Hunger 1965, S. 261-266.

Mitunter strebten Frauen mit der Übernahme einer wissenschaftlichen Arbeit nicht für sich selbst Anerkennung an, sondern für ihre (Ehe-)Partner; sie definierten ihre eigene Anerkennung über die des Ehemannes. Aus Liebe zu ihrem Partner widmeten sie sich der Nachlaßarbeit, wobei ihr Verhalten eher der traditionellen Rolle bürgerlicher Frauen zu entsprechen schien. In der Reihe *Die griechischen christlichen Schriftsteller* findet sich eine Arbeit über „Gelasius", die Margret Heinemann (1883-nach 1960) aus dem Nachlaß ihres Verlobten herausgegeben hat.[98] Gerhard Loeschcke (1880-1912) lehrte als Extraordinarius für Kirchengeschichte und Archäologie in Bonn, starb aber bereits in jungen Jahren.[99] Seiner unvollendeten Gelasius-Arbeit nahm sich seine Partnerin Margret Heinemann an und stellte sie fertig. Die klassische Philologin war 1910 mit einer Dissertation *Landschaftliche Elemente in der griechischen Kunst bis Polygnot* bei Loeschcke in Bonn promoviert worden, entschied sich aber nicht für eine wissenschaftliche Laufbahn, sondern wählte einen anderen Weg. Sie arbeitete als Ministerialrätin im Preußischen Kultusministerium in Berlin bis 1933. Ihre Mitarbeit bei der KVK blieb nur eine Episode, wenngleich Margret Heinemann ihr Leben lang die Arbeit des Akademievorhabens interessiert und aufmerksam verfolgte.[100]

Der Gedanke, „das einzige größere Werk" ihres Mannes „für ihn zu vollenden" stand auch für Elisabeth Holl im Vordergrund.[101] Ihre Editionsarbeit möchte ich genauer schildern, weil sie gut dokumentiert ist. Infolge des Zweiten Weltkrieges blieb jedoch die erhoffte Anerkennung für beide Partner aus. Elisabeth Holl wurde bereits 1939, wie erwähnt, von der Kommission vertretungsweise mit kleineren Arbeiten beschäftigt. Ihre Beschäftigung diente aber weniger der Förderung der Altertumswissenschaftlerin. Stefan Rebenich zufolge habe der Kommissionsvorsitzende Hans Lietzmann vor allem „seine Fürsorge" auf Karl Holls Ehefrau übertragen.[102] Nach dem Tod des Ehepartners setzte Elisabeth Holl wie Margret Heinemann im Auftrag der Kommission für spätantike Religionsgeschichte eine

---

98 Gelasius [Cyzicenus] Kirchengeschichte, hg. i. A. der Kirchenväter-Commission d. Kgl. Preuss. Akad. d. Wiss. auf Grund d. nachgelassenen Papiere von Gerhard Loeschcke durch Margret Heinemann, (GCS, Bd. 28), Leipzig 1918.

99 Aland 1979, S. 315, Nr. 255, Georg Loeschcke an H. Lietzmann v. 22. Juli 1912.

100 Margret Heinemanns Korrespondenz mit der Arbeitsstelle an der DAW zu Berlin reicht bis in die sechziger Jahre.

101 BBAW, Arbeitsstelle GCS, Ordner 7, E. Holl, Bericht über die Ausgabe der Schriften des Hilarius, [Oktober/November 1945]. – Für entscheidende Hinweise auf Elisabeth Holl danke ich Prof. Dr. Jürgen Dummer.

102 Rebenich 1997, S. 322.

Arbeit aus dem Nachlaß ihres Ehemannes fort. Karl Holl, Sohn des gleichnamigen Kirchenhistorikers, studierte Klassische Philologie in Berlin. Nach seiner Promotion bei Eduard Norden im Jahre 1934 wurde er Mitarbeiter bei der Kirchenväterkommission, die ihm 1935 die Ausgabe der historischen Schriften des Hilarius übertrug. Diese gehörte ins Wiener Schwesterunternehmen Corpus Scriptorum Ecclesiasticorum Latinorum, war aber im Zusammenhang mit der Athanasius-Ausgabe für Berlin wichtig und wurde daher in Berlin für Wien gemacht.[103] Karl Holl untersuchte zunächst in seiner Habilitationsschrift die weitläufige Überlieferungsgeschichte – die historischen Schriften des Hilarius sind in über 60 Handschriften überliefert – und legte damit das Fundament für eine kritische Edition dieser Schriften. Daran hatte er nach seiner Habilitation in Berlin 1939 zu arbeiten begonnen, mußte die Arbeit aber bald schon unterbrechen. Mit Kriegsbeginn wurde Karl Holl zur Wehrmacht einberufen. Er fiel im Juli 1941 an der Front – wenige Wochen nach dem Überfall auf die Sowjetunion.

Seine Witwe wurde mit der Fertigstellung der Hilarius-Arbeit beauftragt. Die Kommission für spätantike Religionsgeschichte übertrug Elisabeth Holl im Oktober 1941 die Herausgabe der drei kleinen Schriften des Hilarius von Poitiers (De synodis, Contra Constantium, Contra Auxentium)[104] – allerdings in Unkenntnis des tatsächlichen Arbeitsstandes. Niemand wußte genau, wie weit Karl Holl gekommen war. Bald stellte sich zur Überraschung der Kommission heraus, daß von der Edition weniger vorhanden war als erwartet. Nur die Praefatio der Ausgabe war von Karl Holl vollendet worden, vermerkt das Protokoll der Kommissionssitzung aus dem Jahr 1942, von der Edition existiere noch nichts. Insofern sei die Lage anders, als der inzwischen verstorbene Kommissionsvorsitzende Hans Lietzmann noch beim Tode Holls gemeint habe. Es werde beschlossen,

„bei Frau Dr. Holl anzufragen, ob sie unter diesen Umständen sich noch in der Lage sieht, die Ausgabe zu übernehmen. Bejahendenfalls soll sie bis etwa August 1943 eine Teilausgabe mit Apparat vorlegen. Sollten sich bei der Mitarbeit Frau Dr. Holls Schwierigkeiten ergeben, so muß mit Wien mündlich die Lage der Hilarius-Ausgabe besprochen werden."[105]

---

103 Eltester 1968, Sp. 18.

104 Jb. PAW 1941-1943; Anzeiger der AdW in Wien, phil.-hist. Klasse, 79 (1942), S. 49f.; 80 (1943), S. 25; 81 (1944), S. S. 97; 82 (1945) enthält keine Kommissionsberichte.

105 BBAW, Arbeitsstelle GCS, Ordner 1, Protokoll der 39. Sitzung der Kommission für spätantike Religionsgeschichte v. 18. Dezember 1942.

Da die Edition nicht existierte, hatte Elisabeth Holl die Hilarius-Arbeit ihres Mannes folglich nicht nur zu beenden, sondern die Textkonstitution erst herzustellen. Das war mehr, als man von Frauen erwartet und ihnen bislang zugetraut hatte. Zwar herrschten unter den Kommissionsmitgliedern keine ausdrücklichen Vorbehalte genüber Frauen, trotzdem scheint eine gewisse Unsicherheit aus dem Kommissionsprotokoll herausgelesen werden zu können. Elisabeth Holl zog ihre Zusage nicht zurück. Vermutlich wußte sie ohnehin besser als die Kommissionsmitglieder, wie weit ihr Mann bei der Bearbeitung der Schriften des Hilarius gekommen war und worauf sie sich einließ, als sie sich von der Schulbehörde beurlauben ließ, um im Auftrag der Kommission eine wissenschaftliche Arbeit zu übernehmen.[106] Die Arbeit wurde mit einem DFG-Forschungsstipendium in Höhe von 1800 RM im Jahr bis einschließlich März 1943 gefördert, danach wurde die Summe aus Mitteln der Wiener und der Berliner Akademie aufgebracht und Elisabeth Holl eine Art „Aufwandsentschädigung und Honorar" überwiesen.[107]

Ihren eigenen Angaben zufolge arbeitete Elisabeth Holl bis Anfang August 1943 daran und reichte Ende Juli 1943 die Textkonstitution der Schrift *Contra Auxentium und der Blasphemia Auxentii* bei Johannes Stroux als Arbeitsprobe ein. Weiter heißt es in ihrem „Bericht über die Ausgabe der Schriften des Hilarius":

„Am 4.8.43 verließ ich aus Luftschutzgründen wegen meiner kleinen Tochter Berlin und mußte die Arbeit wiederum unterbrechen, da ich in meinen verschiedenen Quartieren keine Möglichkeit fand sie fortzusetzen. Im Januar 44 nahm ich deswegen in Wien Rücksprache mit Herrn Hofrat Prof. Dr. Meister und vereinbarte, daß ich die Arbeit wieder aufnehmen würde, sobald es mir möglich sei. Diese Möglichkeit ergab sich, als ich zum Sommer 44 in Rohr/Kr. Rummelsburg/ Hinterpommern ein neues Quartier fand. Ich holte das Arbeitsmaterial aus dem Bergungsort der Berliner Akademie und machte mich an die Textkonstitution der Schrift De synodis. Im Oktober 44 übernahm ich mit Einwilligung von Herrn Prof. Meister die Leitung der Dorfschule Rohr und behielt daneben nur wenig Zeit, setzte die Arbeit aber doch langsam fort. Am 2.3.45 wurde Rohr geräumt, und wir fuhren in einem Treck nach Nordosten, um in Gotenhafen verschifft zu werden. Am 10.3. überholte uns die russische Kampftruppe, und wir büßten unser gesamtes Gepäck ein. Ich hatte das Arbeitsmaterial in einem der beiden Koffer, die ich in Gotenhafen mit auf das Schiff nehmen wollte. Aber auch diese Koffer wurden mir genommen, so daß wir nichts als das nackte Leben retten konnten und nun das gesamte Material für die Hilarius-Ausgabe zerstört ist. Es handelte sich um das fertiggestellte Kollationsexemplar, den photokopierten Druck der Migne-Ausgabe, einen Band der Migne-Ausgabe, einen Band der Erasmus-Ausgabe sowie alle Notizen, ferner vor allem die Photokopieen der für die Ausgabe in Betracht kommenden Hand-

---

106 ABBAW, II-IV-87, unpag., E. Holl an [H. Scheel] v. 5. Juli 1944.
107 ABBAW, II-IV-87, Bl. 6, Gehaltsnachweis v. 9. April 1943.

schriften. Damit ist die Fortsetzung oder Neuherstellung des kritischen Textes der drei Schriften auf der Grundlage, die mein Mann in seiner Habilitationsschrift gelegt hatte, unmöglich geworden."[108]

In den letzten Kriegswochen wurde das Arbeitsmaterial auf tragische Weise vernichtet. Die Editionsarbeit blieb daher ohne sichtbares Ergebnis in Form einer Publikation. An eine Wiederaufnahme der Arbeit an der Hilarius-Ausgabe war nicht zu denken, da man bei den Fundamenten, den Handschriften selbst, hätte neu beginnen müssen.[109] In der Nachkriegszeit war das ein aussichtloses Unterfangen. Abgesehen von den Problemen, aus Bibliotheken und Archiven erneut Photokopien der Handschriften zu beschaffen, war völlig ungeklärt, ob die Handschriften selber noch vorhanden und benutzbar waren. Der wissenschaftliche Beamte der Kommission für spätantike Religionsgeschichte, Walther Eltester (1899-1976), befürchtete, daß die Ausgabe in absehbarer Zeit nicht gemacht werden könne.[110] Das sah auch Elisabeth Holl so:

„Die Ausgabe kann wohl vorläufig wirklich nicht gemacht werden. Aber ich habe die leise Hoffnung, daß [man] sie, vielleicht in etwa 5 Jahren, wenn bis dahin alles etwas stabilisiert sein sollte, doch noch einmal in Angriff nehmen kann. Freilich muß von vorn angefangen werden. Der Gedanke, daß ich das dann machen dürfte, ist mir ein Lichtblick in der heutigen Misere. [Denn außer] der starken Überlastung neben dem ewigen Hunger und den täglichen Sorgen um Nahrungs- und Feuerbeschaffung und die kaputte Wohnung habe ich noch viel Ärger in der Schule [...]. Dadurch wird mir die an sich schöne Arbeit, an die ich mit viel Freude und Idealismus herangegangen bin, wirklich vergällt, abgesehen davon, daß ich eigentlich zu sensibel bin für diesen Beruf."[111]

Nach dem Krieg arbeitete Elisabeth Holl wieder im Schuldienst, wo sie bis zu ihrem frühen Tod 1966 als Oberschulrätin tätig war.[112] Für die Kommission übernahm sie keine Arbeiten mehr und setzte

---

108 BBAW, Arbeitsstelle GCS, Ordner 7, E. Holl, Bericht über die Ausgabe der Schriften des Hilarius, [Oktober/November 1945]. - Im Jb. DAW 1946-1949, S. 115 heißt es: „Durch Kriegseinwirkung gingen die von Dr. Elisabeth Holl, Berlin, aus dem Nachlaß Karl Holls übernommenen Materialien für die im Auftrag der Kirchenväterkommission der Wiener Akademie besorgte Neuausgabe der historischen Schriften des Hilarius von Poitiers verloren."

109 BBAW, Arbeitsstelle GCS, Ordner 7, W. Eltester an E. Holl v. 13. November 1947.

110 BBAW, Arbeitsstelle GCS, Ordner 7, W. Eltester an E. Holl v. 30. Januar 1946.

111 BBAW, Arbeitsstelle GCS, Ordner 7, E. Holl an W. Eltester v. 10. Februar 1946.

112 Eltester 1968, Sp. 18.

auch später die Arbeit am Hilarius nicht mehr fort, obschon die nunmehr an der DAW in Berlin (Ost) angesiedelte Kommission für spätantike Religionsgeschichte an ihrer Mitarbeit weiterhin interessiert blieb.[113] Als sie vom wissenschaftlichen Beamten der Kommission Walther Eltester im November 1947 darauf angesprochen wurde,[114] lehnte sie eine Wiederaufnahme ihrer Tätigkeit rigoros ab: „Wann habe ich denn erklärt, die Arbeit wieder aufnehmen zu wollen? Das kann ich wohl nur in geistiger Umnachtung getan haben – oder im Irrealis oder bestenfalls Eventualis für fernste Zukunft [...] Die schrecklichen Ereignisse im Frühjahr 45 haben vor Vieles, was mir vorher ganz lebendig war, einen dichten Schleier gezogen."[115] Sie war physisch wie psychisch erschöpft und durch die anstrengende Arbeit in der Schule an die Grenze ihre Belastbarkeit gestoßen. Zudem plagten sie Selbstvorwürfe und ein „schlechtes Gewissen", weil es ihr nicht gelang, „die Arbeit besser zu hüten."

Eine textkritische Ausgabe der sogenannten kleinen Schriften des Hilarius ist bis heute weder im Rahmen des bei der Österreichischen AdW angesiedelten Corpus Scriptorum Ecclesiasticorum Latinorum noch des Berliner Schwesterunternehmens GCS erschienen. Über den Verbleib der 1943 von Elisabeth Holl bei Johannes Stroux eingereichten Arbeitsprobe der Textkonstitution fehlt ein Nachweis. In der Nachkriegszeit gab es Pläne, die in der Habilitationsschrift von Karl Holl vorliegenden Prolegomena drucken zu lassen.[116] Anfang 1946 wandte sich deshalb der wissenschaftliche Beamte Walther Eltester an die Wiener Kommission; diese wollte die Prolegomena in den Sitzungsberichten der Akademie unterbringen.[117] Die geplante Veröffentlichung kam aber nicht zustande, was

---

113 BBAW, Arbeitsstelle GCS, Ordner 1, 41. Kommissionssitzung v. 30. Juli 1948: Dr. E. Holl hat ihre Mitarbeit für die Zukunft wieder in Aussicht gestellt.

114 BBAW, Arbeitsstelle GCS, Ordner 7, W. Eltester an E. Holl v. 13. November 1947: „Einstweilen wird ja die Ausgabe wohl ruhen müssen. Daß Sie doch daran denken, die Arbeit wieder aufzunehmen, haben wir dankbar zur Kenntnis genommen. Aber vorerst ist das wohl nicht möglich, da ja bei den Fundamenten, d.h. bei den Handschriften neu begonnen werden müßte."

115 BBAW, Arbeitsstelle GCS, Ordner 7, E. Holl an W. Eltester v. 26. Dezember 1947.

116 BBAW, Arbeitsstelle GCS, Ordner 7, W. Eltester an E. Holl v. 30. Januar 1946: „[...] daß doch wenigstens die Habilitationsschrift Ihres Gatten sich retten ließen müßte. [...] Jedenfalls sollte man ernsthaft erwägen, es bei nächster Gelegenheit zu drucken, damit doch für die Zukunft etwas von der ganzen Riesenarbeit gerettet wird."

117 BBAW, Arbeitsstelle GCS, Ordner 7, Auszug aus Schreiben der Österreichischen AdW in Wien v. 1. Juli 1947; Dr. J. Irmscher an E. Holl v. 13. März 1948.

damals vermutlich daran lag, daß in der Nachkriegszeit keine offiziellen Beziehungen zwischen den Akademien in Wien und Berlin bestanden. Erst zum 250jährigen Berliner Akademiejubiläum 1950 – zu diesem Ereignis reiste eine Delegation der Österreichischen AdW an – wurden sie wieder aufgenommen. Geblieben sind die maschinenschriftlichen Exemplare der Habilitationsschrift von Karl Holl aus dem Jahre 1939, von denen eins 1961 durch Tausch an die Universitätsbibliothek der Humboldt-Universität zu Berlin gelangte und dort unter dem Titel *Untersuchungen zur Überlieferungsgeschichte des Hilarius von Poitiers (De synodis, contra Constantium, contra Auxentium)* zugänglich ist.[118]

3.2 FÖRDERUNG

Förderbeziehungen können als ein Bestandteil der Kommunikation in der Wissenschaft aufgefaßt werden. Die vielschichtigen und informellen Kooperations- und Kommunikationsnetze sind jedoch nur schwer rekonstruierbar.[119] Die Existenz von diffusen Autoritäts- und Abhängigkeitsverhältnissen in akademischen Institutionen, die als Lehrer-Schüler-, Doktorvater-Doktorand-, Mentor-Protegé-, Professor-Assistent/Mitarbeiter-Bindungen in Erscheinung treten können, wird in den meisten Studien als gegeben hingenommen. Die Rolle von Mentoren wird dagegen unterschiedlich beurteilt. Ihr Einfluß wird als groß oder gering, fördernd oder hemmend bewertet, je nachdem, ob darin eher eine kognitive und soziale Erziehungsinstanz gesehen und der Lerneffekt betont wird oder aber die durch mentorvermittelte wissenschaftliche Sozialisation erzeugte Abhängigkeit und Hörigkeit.[120]

Die Erforschung von Protegébeziehungen wird auch aus einem weiteren Grund als schwierig angesehen. Protegébeziehungen unterlaufen nämlich faktisch die Normen des Wissenschaftssystems, insbesondere das in den professionellen Wissenschaftseinrichtungen geltende Meritokratieprinzip, wonach allein Leistungsnachweise

---

118 BBAW, Arbeitsstelle GCS, Ordner 7, E. Holl an W. Eltester v. 10. Februar 1946. Nach den Angaben von E. Holl gab es fünf maschinenschr. Exemplare der Habilitationsschrift: zwei im Besitz von E. Holl, davon ging eins verloren, ein drittes Exemplar erhielt Prof. Stroux, ein viertes die Fakultät und ein fünftes vermutlich die Wiener Arbeitsstelle. – Dieses scheint jedoch 1946 nicht mehr vorhanden zu sein. Ein Exemplar ist im Jahre 1961 durch Tausch in die UB HU gelangt und dort aufgenommen unter dem Titel: Karl Holl, Untersuchungen zur Überlieferungsgeschichte des Hilarius von Poitiers (De synodis, contra Constantium, contra Auxentium), o.O. o.J.

119 Felt/Nowotny/Taschwer 1995, S. 64.

120 Dietzen 1990, S. 19ff.

ausschlaggebend sein sollen. Informelle Kanäle und Kontakte zu einflußreichen Personen sind gleichwohl bedeutsam, lassen sich aber nur schwer mit dem Leistungsprinzip in Einklang bringen. Im System der deutschen Ordinarienuniversität, das bis zum Ende der 1960er Jahre durch enge Professoren-Schüler-Bindungen gekennzeichnet war, entwickelte sich die persönliche Förderung von Studenten durch Professoren zu einem akzeptierten Selektionsmechanismus bei der Nachwuchsauswahl.[121]

Eine intensive Unterstützung und Betreuung durch Professoren erfuhren Frauen selten. Gleichwohl waren sie darauf angewiesen, wenn sie eine wissenschaftliche Karriere anstrebten und diese vorantreiben wollten. Einer empirischen Untersuchung von Margaret W. Rossiter zufolge hatten in den 1960er Jahren die Lehrstuhlinhaberinnen in den USA einflußreiche Mentoren hinter sich.[122] Allerdings machten Frauen oft andere Erfahrungen als Männer: Sie hatten größere Schwierigkeiten, Professoren zu finden, die bereit waren, sie zu fördern und wurden weniger intensiv betreut als ihre männlichen Kommilitonen. Die Gründe waren vielschichtig und komplex. Professoren hatten tendenziell zu befürchten, sich als Mentoren von Studentinnen beziehungsweise Wissenschaftlerinnen in eine Außenseiterposition zu bringen. Frauen wurde ein Ausnahmestatus zugeschrieben, oder sie wurden als Alibifrauen etikettiert, was einige Autorinnen zur Annahme führte, sie würden lediglich als symbolische Vertreter ihrer Gruppe behandelt. Das zwänge Frauen zum reflektierten Umgang mit ihrer Weiblichkeit und dränge sie in eine sogenannte Türhüterfunktion, um andere Frauen von der Wissenschaftlerinnenkarriere fernzuhalten.[123]

Bestehende Vorbehalte von Professoren gegenüber den intellektuellen weiblichen Fähigkeiten können darüber hinaus verantwortlich dafür gemacht werden, daß Frauen nicht zu anspruchsvollen Arbeiten und zur wissenschaftlichen Laufbahn ermutigt wurden. Ebenso dürfte von Bedeutung gewesen sein, daß eine Mentorrolle in den meisten Fällen *nur* von Männern übernommen werden konnte, da weibliche Vorbilder fehlten.[124] Auch ist ein grundlegendes Problem im ambivalenten Abhängigkeitsverhältnis zwischen Studentinnen/Assistentinnen und Professoren gesehen worden, weil es keine festgelegten Kriterien für Verhaltensweisen gegeben habe.

---

121 Schultz 1991, S. 99; Schönert 1993.

122 Rossiter 1982. Schultz 1991 gelangte in ihrer empirischen Untersuchung zu einem ähnlichen Ergebnis für die Bundesrepublik; fast alle der von ihr befragten Professoren und Professorinnen haben eine Förderung erhalten. (S. 98-126 [124]).

123 Kanter 1977, S. 208f; Dietzen 1990; Schultz 1991, S. 100ff.; zur Ambivalenz der Ausnahme-Wissenschaftlerin vgl. Vogt 2007, Kap. 1.

124 Vgl. Schultz 1991; Tobies 1997a, 2008a; Brothun 1988.

„Abweichungen von der erwarteten Förderrolle, wie sie zwischen Männern funktioniert, sind öffentlich nicht als Fehlhaltungen angesehen, was der betroffenen Frau wenig Handlungsspielraum bietet."[125] Frauen liefen somit eher Gefahr, auf eine nachrangige Schülerinnenposition festgelegt zu werden und im eigentlichen Sinne keine Förderung zu erhalten.

Im folgenden interessiert, in welchem Ausmaß Frauen an der Akademie persönlich gefördert wurden. Dabei gehe ich von der Annahme aus, daß die Akademieprojekte Orte der wissenschaftlichen Sozialisation waren und Akademiemitglieder sowie leitende Projektmitarbeiter als Mentoren eine Rolle bei der Nachwuchsförderung spielten. Angesichts der im frühen 20. Jahrhundert noch existierenden Vorbehalte gegenüber Wissenschaftlerinnen und ihren Schwierigkeiten, in der Wissenschaft Fuß zu fassen, hing für sie viel von der Bereitschaft und der unvoreingenommenen Einstellung der Professoren ab, Frauen Teilhabemöglichkeiten in der Wissenschaft einzuräumen.

Obgleich bereits im 19. Jahrhundert habilitierte jüngere Gelehrte mit Hilfsarbeiterverträgen bei den akademischen Kommissionen gefördert wurden, trat der Aspekt des Qualifikationserwerbs erst im Laufe des 20. Jahrhunderts deutlich hervor. Gezielt wurden promovierte Wissenschaftler mit Arbeitsaufträgen verpflichtet, um ihnen die Gelegenheit zur Habilitation beziehungsweise zur Absolvierung eines Karriereschritts in der Wissenschaft zu geben. Die Unternehmungen übernahmen so eine wichtige Funktion für die Ausbildung und Rekrutierung des wissenschaftlichen Nachwuchses. Eine befristete Tätigkeit in einem Akademieunternehmen galt als Qualifikationsphase beziehungsweise Teil der wissenschaftlichen Sozialisation. Bis heute wird beispielsweise der Thesaurus linguae Latinae als Ausbildungsstätte für Latinisten angesehen. Und ein Universitätsprofessor ist mit den Worten zitiert worden, er wolle keinen Schüler habilitieren, der nicht als Stipendiat am Thesaurus gewesen sei.[126] An der PAW vollzogen sich damit ähnliche Entwicklungen wie an den Universitäten, wo sich in den Instituten und Seminaren die wissenschaftliche Assistenz nach 1920 zur Ausbildungsrolle wandelte.[127]

Mit dem Wandel der wissenschaftlichen Assistenz stieg die Rolle von Mentoren bei der Auswahl und Förderung des wissenschaftlichen Nachwuchses.[128] Wie die Universitätsprofessoren, die Promotionsthemen persönlich vergaben und damit im System der Ordina-

---

125 Schultz 1991, S. 102f.
126 Zit. nach Flury 1995, S. 39.
127 Bock 1972.
128 Bock 1972; Schmeiser 1994.

rienuniversität als Mentoren eine wichtige Rolle spielten,[129] übernahmen die Leiter von Akademieprojekten eine ähnliche Rolle, indem sie Themen aus dem Bereich der Akademieforschung von ihren Schülern bearbeiten ließen. Daß in dieser Hinsicht an beiden Wissenschaftseinrichtungen parallele Entwicklungen verliefen, läßt sich mit Blick auf die enge Koppelung von Ordinariat und Akademiemitgliedschaft erklären. Es waren zumeist die gleichen Personen, die einmal in ihrer Eigenschaft als Universitätsprofessoren und ein anderes Mal als Akademie- und Kommissionsmitglieder Arbeitsaufträge vergaben. Ihnen kam damit eine Selektionsmacht zu, denn sie entschieden bei der Personalauswahl darüber, wer gefördert wurde und wer nicht. Es wurden nicht nur Themen für wissenschaftliche Qualifikationsarbeiten vergeben, sondern zugleich Ressourcen und Netzwerke bereitgestellt und dafür gesorgt, daß die Nachwuchskräfte wissenschaftliche Techniken, Regeln und Standards einübten. Auf diese Weise wurden insgesamt günstige Rahmenbedingungen für ihre Einbindung in die *wissenschaftliche Gemeinschaft* geschaffen.

Im Unterschied zur Ordinarienuniversität, wo in der Regel enge Abhängigkeitsverhältnisse zwischen Professoren und Assistenten bestanden, dürften an der Akademie die persönlichen Abhängigkeiten etwas schwächer ausgeprägt gewesen sein. Durch die räumlich bedingte Distanz fehlten tägliche persönliche Kontakte zwischen den Mentoren und Projektmitarbeitern. Zwar waren in der Akademieforschung die Arbeitsinhalte fest umrissen und klar vorgegeben. Doch in bezug auf ihr berufliches Fortkommen und ihre wissenschaftliche Karriere mußten die Wissenschaftler und Wissenschaftlerinnen in hohem Maße eigenverantwortlich handeln, Chancen erkennen und nutzen. Erwartet wurde von ihnen, daß sie ihre ganze Kraft in den Dienst der Akademieprojekte stellten und zugleich ihre Tätigkeit als Übergang ansahen, die Zeit zur eigenen Qualifizierung nutzten, um in die Hochschullaufbahn oder einen anderen Beruf mit sicherem Auskommen eintreten zu können. Wie sie das im einzelnen bewerkstelligten, oblag allein ihnen. Eine sichere Berufsperspektive konnte und wollte die Akademie nicht bieten.

Die Zweigleisigkeit von Berufsausübung und Qualifikationserwerb wurde zur zentralen Herausforderung und zum Balanceakt für die bei den akademischen Kommissionen beschäftigten Mitarbeiter und Mitarbeiterinnen. Dem Druck, auf der einen Seite die arbeitsintensiven, ergebnis- und zweckorientierten Unternehmensziele erfüllen sowie auf der anderen Seite sich selbst wissenschaftlich profilieren und eigene Forschungsergebnisse publizieren zu müssen, unterlagen und unterliegen viele Mitarbeiter und Mitarbeiterinnen in

---

129 Schönert 1993.

außeruniversitären Forschungsprojekten.[130] Die Probleme werden vor allem in der arbeitsmäßigen Doppelbelastung sowie im begrenzten und geringen Zeitbudget der Forscher gesehen.[131] Häufig gelang es Akademiemitarbeitern aus diesem Grund nur unter Schwierigkeiten, beiden Anforderungen gerecht zu werden. Da das Erreichen der Unternehmensziele im Vordergrund stand, wurde die wissenschaftliche Qualifikation der Projektmitarbeiter vielfach als Privatsache angesehen, die jeder beziehungsweise jede individuell zu lösen hatte. Die Germanistin Luise Berthold hat in ihrer Autobiographie mitgeteilt, daß sie häufig nur nachts an ihrer Habilitationsschrift arbeiten konnte, weil ihr tagsüber die Arbeit am Hessen-Nassauischen Volkswörterbuch keine Zeit dazu ließ.[132] Sie verlagerte also die Forschungsarbeit, die ihrem beruflichen Fortkommen diente, in einen Zeitabschnitt, der physiologisch eigentlich für die Erholung und Regeneration des Menschen gedacht war.

Der Mathematiker Helmut Grunsky übernahm 1935 die Schriftleiterposition beim renommierten Jahrbuch über die Fortschritte der Mathematik mit der festen Absicht, sich zu habilitieren und wie sein Vorgänger in die Hochschullaufbahn zu wechseln. Nach Ansicht der Kommission war das auch unbedingt wünschenswert. Tatsächlich aber war die Redaktionsarbeit beim Jahrbuch immer umfangreicher geworden, so daß keine Zeit für eigene Forschungen blieb. Um seine starke arbeitsmäßige Belastung zu reduzieren, delegierte Helmut Grunsky einen Teil seines Aufgabenbereiches an seine Kollegin Erika Pannwitz (1904-1975), die dadurch informell zu seiner Stellvertreterin aufgewertet wurde, ihn im Urlaub vertrat und auch sonst in der Redaktion entlastete. Aber das unterschiedliche Nutzungsverhältnis männlicher und weiblicher Arbeitskraft scheint hierbei nur allzu deutlich auf. Die Wissenschaftlerin unterstützte mit ihrer Arbeitskraft aktiv das berufliche Fortkommen ihres Kollegen. Helmut Grunsky habilitierte sich 1938; Erika Pannwitz tat das auch nach 1945 nicht.[133]

Männer werden ausgebildet, Frauen arbeiten: Wissenschaftliche Qualifizierungsleistungen über die Promotion hinaus wurden von Frauen nicht erwartet. Das Fördersystem war auf männliche Wissenschaftskarrieren ausgerichtet. Männer wurden oft schon bei ihrem Eintritt in ein Akademieprojekt anders gefördert als Frauen. Beim Deutschen Wörterbuch wurden 1930 zwei promovierte Germanisten als freie Mitarbeiter eingestellt, und zwar zur „Ausbildung in der Arbeit am Deutschen Wörterbuch [...] unter Anleitung eines Fachmanns [...], damit sie später als selbständige Mitarbeiter für

---

130 Matthies/Kuhlmann/Oppen/Simon 2001.
131 Vgl. Lüchauer 2002.
132 Berthold 1969, S. 30.
133 Siegmund-Schultze 1993; Vogt 1999a.

das Deutsche Wörterbuch tätig sein können."[134] Ihre Ausbildung erfolgte „nicht nur zum Zwecke ihrer speziellen Tätigkeit für das Deutsche Wörterbuch", sondern sollte auch ihrer „wissenschaftlichen Weiterbildung für den von ihnen erstrebten Beruf als Dozenten an Universitäten" dienen.[135] Tatsächlich wurden Akademieprojekte für eine Reihe späterer Hochschulgermanisten zum Sprungbrett in die wissenschaftliche Laufbahn, so für Bernhard Beckmann, Siegfried Beyschlag (1905-1996), Hans Holm Bielfeldt (1907-1987), Richard Kienast (1892-1976, KM 1955, AM 1969), Hermann Kunisch (1901-1991), Hans Neumann (1903-1990), Ulrich Pretzel, Hans Pyritz (1905-1958), Werner Simon (1900-1973) oder Wilhelm Wissmann (1899-1966, OM 1949). Dagegen kamen die Frauen oft nicht über den Status von wissenschaftlich-technischen Hilfskräften hinaus. In der 1930 gegründeten Berliner Arbeitsstelle DWB waren bis 1945 insgesamt zehn Wissenschaftlerinnen tätig. Sie nahmen ausnahmslos nachgeordnete Positionen ein, was auch an ihrer fehlenden Förderung und Ermunterung zu einer wissenschaftlichen Laufbahn lag.[136] Diese Einschätzung trifft auch für die Deutsche Kommission insgesamt zu. Obwohl sie zahlenmäßig die meisten Wissenschaftlerinnen beschäftigte, gelang kaum einer von ihnen der Aufstieg. Mit Luise Berthold und Marie-Luise Dittrich habilitierten sich bis Ende 1945 nur zwei Germanistinnen. Einige Frauen konnten sich institutionell an der PAW verankern, stiegen aber nicht in Führungspositionen auf.

In den 1930er Jahren wurde die Kommission für spätantike Religionsgeschichte unter Harnacks Nachfolger, Hans Lietzmann, zu einer „Pflanzschule der Patristik" umgestaltet. Man vergab Editionsaufträge nicht mehr wie zuvor an zumeist ältere, nebenberuflich tätige freie Mitarbeiter, sondern an jüngere Wissenschaftler, die Aufgaben aus dem patristischen Forschungsprogramm der Akademie als Habilitationsleistung bearbeiteten.[137] Es gibt keine Belege dafür, daß Wissenschaftlerinnen zu diesem Zwecke eingestellt wurden. Die einzige mit einem Editionsauftrag beschäftigte Wissenschaftlerin war die Berliner Altphilologin Elisabeth Holl, die aber – wie erwähnt – nicht ihre eigene Karriere vorantrieb, sondern eine Arbeit aus dem Nachlaß ihres verstorbenen Partners fertigstellte. Zwei weitere Wissenschaftlerinnen wurden männlichen Kollegen zugeordnet, um deren Arbeiten zu unterstützen. Eine von ihnen war Emma Arend (1885-1945, verschollen), die 1938 von der Kommission für spätan-

---

134 ABBAW, II-VIII-23, Bl. 140, Schreiben des Vorsitzenden Sekretars H. Lüders an das Direktorium der Reichsversicherungsanstalt für Angestellte v. 26. März 1930.
135 Ebd.
136 Hoffmann 2002.
137 Eltester 1968.

tike Religionsgeschichte eingestellt wurde, nachdem sie zwei Jahre zuvor an der Berliner Universität bei dem Indogermanisten Wilhelm Schulze promoviert hatte. Emma Arend war eine ältere Berufsanfängerin. Sie hatte vor ihrem Studium viele Jahre als wissenschaftliche Hilfsarbeiterin an der Königlichen und späteren Staatsbibliothek gearbeitet.[138] Von der Kommission wurde Emma Arend für verschiedene kleinere und begrenzte Arbeiten eingesetzt und gleich mehreren Wissenschaftlern beigeordnet. Sie erledigte Korrekturen für das von Pater Guido Müller herausgegebene Athanasius-Lexikon und führte gemeinsam mit Erich Klostermann Kollationsarbeiten für die Ausgabe der sogenannten Makariushomilien (Symeon von Mesopotamien) durch.[139] Außerdem war sie bis Anfang 1940 für Korrektur- und Indexarbeiten am Indexband der Epiphanias-Ausgabe zuständig, für die der damalige Lizentiat Wilhelm Schneemelcher (1914-2003) „die sachliche Bearbeitung des gesamten Materials übernommen hat".[140]

Wissenschaftliche Zuarbeit leistete auch die 1943 eingestellte Gräzistin Dr. Margarete Häsler. Sie wurde wegen der im Krieg eingeschränkten Arbeiten nicht ganztägig beschäftigt und arbeitete aushilfsweise auch für die beiden altertumswissenschaftlichen Akademievorhaben IG und CIL. Als sie Anfang 1945 ganz zu den IG wechselte, kommentierte der wissenschaftliche Beamte Walther Eltester ihren Weggang von der Kommission für spätantike Religionsgeschichte mit den Worten:

„Vom Standpunkt der Kommission aus ist der Abgang von Frau Häsler nur zu bedauern. Sie stellte eine vorzügliche, selbständige Arbeitskraft dar und sollte sich während der Kriegszeit in den Aufgabenbereich unserer Kommission einarbeiten, um dann nach dem Kriege für die zu erwartenden zahlreichen Aufgaben verfügbar zu sein. Ich brauche nur daran zu erinnern, daß die Korrekturarbeiten bei Wiederaufnahme des Drucks sehr große sein werden."[141]

Margarete Häsler wurde nicht zu einer anspruchsvolleren Arbeit beziehungsweise wissenschaftlichen Qualifizierung ermuntert. Gefördert wurde sie nicht. Ihre Arbeitskraft fragte man vornehmlich für Korrekturarbeiten beim Druck nach, womit nicht gesagt wird, daß dafür fachliche Schulung und Kompetenz keine notwendigen Vor-

---

138 HUB, UA, Phil. Fak. 808 sowie Lebenslauf in: Emma Arend, Verbalabstrakta bei Herodot und ihre Vorgeschichte, Berlin, Phil. Diss. v. 6. Mai 1936.

139 Jb. PAW 1942, Bericht v. H. Grapow, S. 72ff.

140 BBAW, Arbeitsstelle GCS, Ordner 1, Protokoll der 36. Kommissionssitzung v. 5. Januar 1940.

141 BBAW, Arbeitsstelle GCS, Ordner 7, W. Eltester an den Vorsitzenden der Kommission für spätantike Religionsgeschichte, Prof. Dr. H. Grapow, v. 23. Januar 1945.

aussetzungen gewesen wären und solche Aufgaben von geringer qualifizierten Personen hätten ausgeführt werden können. Tendenziell wurden von Wissenschaftlerinnen eigenständige Forscherleistungen oder eine Habilitation nicht erwartet. Da sie für eine wissenschaftliche Hochschullaufbahn nicht vorgesehen waren und ihnen keine eigenen Karriereinteressen unterstellt wurden, wurde kaum in das berufliche Fortkommen von Wissenschaftlerinnen investiert. Häufig wurden bei ihnen nur bestimmte fachliche Kompetenzen nachgefragt und ihnen mitunter völlig andere Aufgaben zugewiesen als ihren männlichen Kollegen.

Eine Förderung erhielten nachweislich nur einzelne Wissenschaftlerinnen. Die Germanistin Luise Berthold fand im Marburger Dialektologen Ferdinand Wrede (1863-1934) einen wohlwollenden Förderer. Dieser hatte seine wissenschaftliche Laufbahn 1887 als Mitarbeiter am „Sprachatlas des Deutschen Reiches" begonnen, er habilitierte sich 1890 an der Universität Marburg, lehrte als Privatdozent und wurde 1902 als Bibliothekar an der Königlichen Bibliothek Berlin (mit Dienstsitz in Marburg) eingestellt. 1911 übernahm er die Leitung vom Sprachatlas und auf Drängen der PAW auch die des Hessen-Nassauischen Volkswörterbuches. 1920 wurde er Direktor der neugegründeten Zentralstelle für den Sprachatlas und der Deutschen Mundartforschung. An der Marburger Universität lehrte er zugleich als Honorarprofessor (1911) und ab 1920 im Status als persönlicher Ordinarius für deutsche Philologie.[142] Sein Werdegang widerspiegelte die enge Verknüpfung zwischen Universität und hochschulfreier Forschung, die später auch Luise Bertholds wissenschaftliche Laufbahn prägte.

Der Lehrer von Annemarie von Gabain, Willy Bang-Kaup, war ein ausgebildeter Anglist, vertrat aber – lange nur als Extraordinarius – Türkische Sprachwissenschaft an der Berliner Universität.[143] Unmittelbar nach seinem Wechsel auf die Berliner Professur im Jahre 1918 wurde er Mitglied in der PAW, doch seine Wahl gilt als eine Ausnahme, weil dem in Berlin lebenden Gelehrten nicht der Status eines Ordentlichen Mitglieds verliehen wurde.[144] Über ihren Lehrer wurde Annemarie von Gabain bereits als Studentin an der Erforschung der türkischen Turfan-Funde beteiligt, die der Orientalischen Kommission 1926 zur Bearbeitung überwiesen worden waren.[145] Es gab hier viel Neues und Aufregendes zu entdecken, und in

---

142 IGL, Bd. 3, S. 2072f.

143 Wilhelm Max Julius Bang-Kaup: 1895-1914 Prof. f. Anglistik Univ. Löwen, 1917 Prof. f. türk. Sprachwissenschaft Univ. Frankfurt/M., 1918 ao. Prof. f. türk. Philologie Univ. Berlin, 1927 o. Prof. f. türk. Sprachwissenschaft Univ. Berlin (Hartkopf 1992).

144 Schlicker 1975, S. 117.

145 SB PAW 1936, phys.-math. Klasse, S. XXVI-XXXI, Bericht von H. Lüders.

rascher Folge veröffentlichten Lehrer und Schülerin zusammen einige Fundstücke. Ihre erste gemeinsame Publikation erschien 1929 in den *Sitzungsberichten der PAW*.[146] Eine mentorvermittelte Zusammenarbeit und Förderung begann häufig im asymmetrischen Lehrer-Schülerin-Verhältnis und folgte dem Muster traditioneller Geschlechtersozialisation. Annemarie von Gabain trat jedoch später erfolgreich aus dem Schülerinnenstatus heraus und verfolgte eigene Forschungsinteressen.

Beide Mentoren waren in gewisser Weise „etablierte Außenseiter" im Wissenschaftssystem und hatten selbst keinen geradlinigen Weg bis zur Professur zurückgelegt. Weder Ferdinand Wrede noch Willy Bang-Kaup waren im übrigen die Doktorväter der Wissenschaftlerinnen. Luise Berthold hatte bei dem in Marburg lehrenden Germanistikprofessor Friedrich Vogt (1851-1923)[147] eine sprachgeschichtliche Dissertation angefertigt.[148] Annemarie von Gabain wurde 1930 mit einer sinologischen Arbeit bei Otto Franke und Heinrich Lüders an der Berliner Universität promoviert.

3.3 BESCHÄFTIGUNGSVERHÄLTNISSE

In der Qualität der Absicherungs- und Beschäftigungsverhältnisse bestanden große Unterschiede. In der Wissenschaft wurde und wird der finanziellen Anerkennung eine eher geringere Bedeutung beigemessen.[149] Gehaltsfragen waren und sind weitgehend tabuisiert, zumindest wurde und wird über die Höhe der Gehälter nicht gern gesprochen.[150] Von den Mitarbeitern und Mitarbeiterinnen in den Akademieprojekten wurden ein aufopferungsvoller Einsatz und die Bereitschaft erwartet, für „Gottes Lohn" zu arbeiten. Dafür hatte sich der Begriff des alle Entsagungen auf sich nehmenden und sich selbst ausbeutenden „Kärrners" eingebürgert.[151] Die Mitarbeiter bei

---

146 SB PAW 1929, phil.-hist. Klasse, S. 241-268, W. Bang/A. von Gabain, Türkische Turfan-Texte. I. Bruchstücke eines Wahrsagebuches u. S. 411-430: Türkische Turfan-Texte. II. Manichaica.

147 DBE, Bd. 10, S. 233, Dr. phil. Universität Leipzig 1873, Hilfsarbeiter an der UB Göttingen, 1874 Assistent, später Kustos an der UB Greifswald, 1874 Habilitation f. Germanistik an der Universität Greifswald, 1883 ao. Prof., 1885 o. Prof. Universität Kiel, 1889 Breslau, 1902-21 Marburg; 1913 Präsident d. Philologenverbandes, 1923 KM der Göttinger Gesellschaft der Wissenschaften.

148 Luise Berthold, Beiträge zur hochdeutschen geistlichen Kontrafraktur vor 1500, Marburg, Phil. Diss. v. 30. September 1920.

149 Lüchauer 2002.

150 Stagl 1994.

151 Rebenich 1997; Grau 1996; Laitko 1991.

den Kommissionen wurden unterbezahlt und waren oft auf Ersparnisse und persönliches Vermögen angewiesen.[152]

Die Universitätsseminare sorgten damals wie heute für ein ständig nachwachsendes Angebot an Arbeitskräften, so daß kein Zwang bestand, für eine bessere berufliche Anerkennung der Mitarbeiter und Mitarbeiterinnen in den außeruniversitären Forschungseinrichtungen zu sorgen.[153] Die Absolventen ihrerseits unterwarfen sich den schlechten Arbeitsbedingungen, da eine vorübergehende Mitarbeit in einem Prestigeprojekt der Akademie als karrierefördernd galt. Über Mitarbeitergehälter konnte in der Regel nicht verhandelt werden. Unwirsch reagierte die Akademieleitung auf Klagen und Beschwerden. Bitten um Gehaltserhöhungen galten als unerhört und waren nicht erwünscht. Das bekam Anfang der 1920er Jahre ein Mitarbeiter beim DRW zu spüren, als ihm der Kommissionsvorsitzende ohne Umschweife empfahl, er solle sich nach einem anderen Beruf umsehen, die Akademie könne keine sicheren Beschäftigungsverhältnisse bieten.[154]

Im Status einer *Privatassistentin* war Dr. Margarete Seuffert viele Jahre für die von der Deutschen Kommission verwalteten Wieland-Ausgabe[155] tätig, die vom Grazer Philologieprofessor Bernhard Seuffert[156] geleitet wurde. Die von ihm verfaßten „Prolegomena" zur Wieland-Ausgabe – ein chronologisches Verzeichnis von Werken, Übersetzungen und Briefen – erschienen von 1904 bis 1941 in neun Teilen in den *Abhandlungen der PAW*.[157] Seuffert selbst hatte die Edition der Wieland-Briefe übernommen, deren Herausgabe sich aber durch „unverhofft zahlreiche Ergänzungen" des Briefverzeichnisses immer wieder verzögerte. Da die Briefe verstreut in Museen und Archiven lagen oder sich im Privatbesitz befanden, kostete ihr Auffinden Zeit und Geduld; auch wurde der Zugang nicht immer gewährt und in Einzelfällen waren Recherchen an mehreren Biblio-

---

152 Fuhrmann 1996; Boehm 2000.

153 Vgl. Matthies/Kulmann/Oppen/Simon 2001.

154 ABBAW, II-VIII-246, Bl. 157, G. Roethe an G. Eschenhagen v. 23. Mai 1921.

155 Christoph Martin Wieland, Gesammelte Schriften, hg. v. der Deutschen Kommission der PAW (seit 1954 von der DAW zu Berlin; seit 1969 durch Hans Werner Seiffert; seit 1990 durch Siegfried Scheibe; seit 1992 von der BBAW), Berlin 1909ff. (Handbuch der Editionen, S. 585-587; BBAW 2000a, S. 45f).

156 Bernhard Seuffert: 1876 Promotion, 1877 Habil. f. Deutsche Philologie, Priv.-Doz. in Würzburg, 1886 ao. Prof., 1892-1924 o. Prof. f. deutsche Philologie in Graz, 1924 em. (IGL, Bd. 3, S. 1719f; DBE, Bd. 9, S. 293f.).

157 Abhh. PAW [1904, 1905, 1908, 1909, 1921, 1936, 1940], phil.-hist. Klasse, Prolegomena zu einer Wieland-Ausgabe. Im Auftrag der Deutschen Kommission entworfen, 9 Teile (T. 9 zus. mit Margarete Seuffert), Berlin 1904-1941. (Nachdr. in 2 Bdn. Hildesheim 1989).

theken erforderlich.[158] Jahrelang wurde Bernhard Seuffert bei der Herstellung des Briefverzeichnisses von seiner Schwiegertochter Margarete unterstützt und erwähnte dies erstmals im Kommissionsbericht 1930.[159] Sie besorgte Abschriften, ordnete und verwaltete das umfangreiche Material und erledigte sämtliche Registerarbeiten. Das war auch beim letzten Teil der Prolegomena so, der „beim Tode des Verfassers vollendet da[lag], bis auf die beiden Register, die er von jeher mir, seiner Hilfsarbeiterin, aufgetragen hatte", so Margarete Seuffert in der Einleitung.[160] Außer diesen beiden gibt es keine weiteren Dokumente ihrer Einbeziehung in die Forschungsarbeit. An der Akademie war ihr Beschäftigungsverhältnis nicht repräsentiert.

Margarete Seuffert war im Status einer Privatassistentin ohne Honorar und Bezahlung beschäftigt. Ermöglicht wurde ein solches Beschäftigungsverhältnis durch eine insgesamt eher gering formalisierte Mitarbeiterstruktur in den Akademieprojekten, wodurch sich in einer intimen und fast häuslichen Arbeitsatmosphäre das traditionelle Muster der Einbeziehung von Frauen fortsetzen ließ, in diesem Falle eine eng an den Schwiegervater gekoppelte Mitarbeit. Die Arbeitsbedingungen – ohne Präsenzpflicht in einem Arbeitsbüro und mit flexibler Arbeitszeiteinteilung – gestatteten der verheirateten Wissenschaftlerin, ihren familiären Verpflichtungen nachzukommen und wissenschaftlich tätig zu sein. Nach Seufferts Tod 1938 wurde Margarete Seuffert als Mitarbeiterin der Wieland-Ausgabe im *Jahrbuch der PAW* (1939-43) genannt. Nach 1945 verlieren sich ihre Spuren, was auf ihre schwache Verankerung in der Wissenschaft hindeutet. Das Schicksal der Wieland-Ausgabe blieb nach dem Zweiten Weltkrieg zunächst ungeklärt. Erst 1954 wurde die Werkausgabe von der DAW übernommen und fortgeführt.

Die übergroße Mehrheit der Wissenschaftlerinnen wurde im Status von *Honorar- und wissenschaftlichen Hilfskräften* beschäftigt. Hierbei konnten große Unterschiede in der Qualität der Beschäftigungsverhältnisse bestehen. Sehr unsicher waren vor allem die der nur gelegentlichen Hilfskräfte mit lohnähnlichen Honoraren, relativ sicher dagegen die von wissenschaftlichen Mitarbeitern mit gehalts-

---

158 SB PAW 1930, S. LIXf.

159 SB PAW 1930, S. LX: „Für Abschriften und bei der Ordnung des Gesammelten genieße ich die zuverlässige Hilfe der Frau meines Sohnes Dr. phil. Margarete."

160 Abhh. PAW 1940, phil.-hist. Klasse, 15, Prolegomena zu einer Wieland-Ausgabe, Teil 9: Briefwechsel, 2. Hälfte: 1791-1812, verzeichnet von Bernhard Seuffert (†) in Graz unter Mitwirkung von Dr. Margarete Seuffert. – In der Gesamtsitzung am 20. Juni 1940 von Ernst Heymann vorgelegt und am gleichen Tage zum Druck genehmigt, ausgegeben am 1. Juni 1941.

ähnlichen Honoraren. Für kurz- oder mittelfristige Verbesserungen von Absicherungsverhältnissen gab es aber kaum Möglichkeiten. Zudem war die Situation von Akademiemitarbeitern oft unternehmensspezifisch und nicht transparent. Die Mathematikerin Erika Pannwitz wurde seit 1930 in der Redaktion des Jahrbuchs über die Fortschritte der Mathematik mit einem Privatdienstvertrag beschäftigt und erhielt zuerst ein vom Verlag de Gruyter und später aus Kommissionsmitteln gezahltes gehaltsähnliches Honorar.[161] 1937 beantragte der Schriftleiter des Jahrbuchs Helmut Grunsky für seine Kollegin und inoffizielle Stellvertreterin eine Hilfsarbeiterstelle bei der PAW: Es sei nach allen Erfahrungen „eine gewissenhafte Führung der Schriftleitung [...] durch den Schriftleiter allein nicht möglich, auch dann nicht, wenn ihm für Korrekturen und ähnliche Arbeiten Hilfskräfte zur Verfügung stehen."[162] Der Antrag wurde vom Kommissionsvorsitzenden Ludwig Bieberbach unterstützt, ihm hätte aber sicherlich mehr Nachdruck verliehen werden können, wenn die Kommission selbst aktiv geworden wäre. So aber lehnte die Akademieleitung den Antrag relativ schnell mit der Begründung ab, daß keine Stellen für wissenschaftliche Hilfsarbeiter zur Verfügung stehen würden und „im Hinblick auf die große Zahl der von der Akademie durchzuführenden Werke nicht zwei wissenschaftliche Hilfsarbeiterstellen für dieses Unternehmen besetzt werden können".[163]

Für Erika Pannwitz war die Angelegenheit damit nicht beendet. Sie bat um eine Klärung des Rechtsverhältnisses ihrer Arbeit:

„Ich habe meine Tätigkeit in der Schriftleitung seinerzeit lediglich auf Grund einer mündlichen Vereinbarung mit dem damaligen Schriftleiter, Herrn Professor Feigl, über die zu leistende Arbeit und die Höhe der Vergütung begonnen. Infolgedessen sind gelegentlich Zweifel über die aus meiner Tätigkeit bei dem Jahrbuch über die Fortschritte der Mathematik entstehenden Pflichten und Rechte entstanden, so in letzter Zeit hinsichtlich der Frage, ob und wie weit ich zur Sozialversicherung herangezogen werden müsse. Aus grundsätzlichen Erwägungen und, weil ich Unzuträglichkeiten, die aus der vorhandenen Unklarheit in Zukunft erwachsen könnten, vermeiden möchte, bitte ich die Kommission [...] nunmehr um Klärung der Frage, welches Rechtsverhältnis meiner Tätig-

---

161 ABBAW, II-IV-142, Bl. 3, E. Pannwitz an die Kommission für das Jahrbuch über die Fortschritte der Mathematik bei der PAW v. 14. Dezember 1937.

162 ABBAW, II-IV-142, Bl. 1, H. Grunsky an PAW v. 31. August 1937. – vgl. Jahrbuch über die Fortschritte der Mathematik, Bd. 61 (Jg. 1935), Halbbd. I, H. 1. In einer Verlagsnotiz wird erwähnt, daß H. Grunsky gleich Frl. Dr. Pannwitz und Herrn Pietsch eine Reihe von Jahren in der Redaktion des JB tätig sind, zwei eingearbeitete und bewährte MA, auf die sich der Schriftleiter stützen kann.

163 ABBAW, II-IV-142, Bl. 2, Protokollauszug Sekretariatssitzung v. 14. Oktober 1937.

keit in der Schriftleitung des Jahrbuchs über die Fortschritte der Mathematik zu Grunde liegt."[164]

Ihr Schreiben wurde in einer Sekretariatssitzung Anfang 1938 mit zwei ähnlichen verhandelt und der Jurist Ernst Heymann mit der Anfertigung eines Gutachtens beauftragt, da es sich um grundsätzliche Fragen der Rechtsstellung von Mitarbeitern bei den Kommissionen handelte. Darin stellte die Akademieleitung fest, daß Erika Pannwitz aufgrund eines Privatdienstvertrages Angestellte der Kommission und damit auch der PAW sei, ihre durchschnittliche wöchentliche Arbeitszeit auf 36 Stunden festgesetzt sei und sie gemäß dem Preußischen Angestellten-Tarifvertrag als nicht vollbeschäftigt gelte.[165]

Die Annahme einer wöchentlichen Arbeitszeit von 36 Stunden entsprach jedoch aus der Sicht von Erika Pannwitz nicht den Tatsachen. Sie erhob daher Einspruch gegen die Entscheidung und bat die Akademieleitung darum, die Frage ihres Arbeitsverhältnisses nochmals zu überprüfen

„und im Zweifelsfalle eine Entscheidung der vorgesetzten Behörde herbeiführen zu wollen. [...] Ich bin verpflichtet, 36 Stunden in der Woche in der Redaktion des Jahrbuchs anwesend zu sein. Darüber hinaus mache ich regelmässig Referate für das Jahrbuch, die ich ausschliesslich zu Hause bearbeite und die einen erheblichen Teil meiner Zeit beanspruchen. [...] [Die] Tätigkeit entspricht sowohl was die Arbeitszeit in der Schriftleitung als auch, was die Beschäftigung zu Hause betrifft, der Arbeitszeit des Schriftleiters."[166]

---

164 ABBAW, II-IV-142, Bl. 3, E. Pannwitz an die Kommission für das Jahrbuch über die Fortschritte der Mathematik bei der PAW v. 14. Dezember 1937; Abschrift auch in: ABBAW, II-IV-25, Bl. 195.

165 ABBAW, II-IV-142, Bl. 10, Der Vorsitzende Sekretar [H. Lüders] an E. Pannwitz v. 7. April 1938: Damit fänden die Vorschriften des Preußischen Angestelltentarifs (PAT) keine Anwendung, sondern die des BGB. Jedoch werde hinsichtlich Urlaubsregelung und Gehaltszahlung im Krankheitsfall nach den „günstigeren Vorschriften des PAT verfahren". Es bestand Sozialversicherung (Pflichtmitglied der Angestellten- und Arbeitslosenversicherung), nicht aber Krankenversicherung, weil E. Pannwitz „als wissenschaftliche Angestellte nicht mit ausführenden Arbeiten vorwiegend materieller Art, sondern mit einer wissenschaftlichen Tätigkeit beschäftigt" sei. Durch den Charakter ihrer Tätigkeit und durch ihre Stellung hebe sie sich über Angestellte ‚in gehobener Stellung' hinaus und gehöre deshalb nicht zum Kreis derer, die in die reichsgesetzliche Krankenversicherung einbezogen werden. Pannwitz wurde empfohlen, freiwillig einer Krankenversicherung beizutreten.

166 ABBAW, II-IV-142, Bl. 13, E. Pannwitz an PAW v. 17. Mai 1938.

Der Schriftleiter des Jahrbuchs, Helmut Grunsky, fügte dem Antrag hinzu, Erika Pannwitz habe die Zeit von 36 Stunden pro Woche der redaktionellen Tätigkeit zu widmen. Diese Tätigkeit setze voraus,

„daß Frl. Pannwitz mit der wissenschaftlichen Forschung wenigstens auf einem Teilgebiet der Mathematik in Fühlung bleibt, so gehört zu ihren dienstlichen Obliegenheiten, daß sie [...] die Literatur ihres Hauptinteressengebietes, der Topologie, laufend eingehend verfolgt und einen großen Teil der Besprechungen daraus selbst abfaßt. Diese Besprechungen werden bei ihr nicht, wie bei anderen Mitarbeitern, besonders honoriert. Sie ist auf diese Weise mindestens weitere 12 Stunden pro Woche im Dienste des Jahrbuches tätig."[167]

Noch ehe eine Entscheidung darüber getroffen war, reichte Erika Pannwitz Ende Juli 1938 – nachdem zum 1. April 1938 ein neuer Angestelltentarifvertrag in Kraft getreten und darin auch die Vergütung für nicht vollbeschäftigte Angestellte geregelt worden war –, ein zweites Schreiben bei der PAW ein und beantragte darin für sich bis zur endgültigen Entscheidung über ihren Einspruch eine Vergütung in Höhe von ¾ der in Gruppe III gültigen Sätze.[168] Hierüber wurde positiv entschieden, und ihre Bezüge wurden rückwirkend zum 1. April auf 327,50 RM brutto monatlich erhöht.[169] Nicht mehr entschieden wurde über ihren Einspruch vom Mai 1938. Das Schreiben ruhte im Sekretariat der PAW. Erst im Dezember fragte der Verwaltungsbeamte beim Kommissionsvorsitzenden Ludwig Bieberbach nach, worauf dieser forderte, generell auf alle wissenschaftlichen Mitarbeiter bei den Kommissionen die Bestimmungen der Assistentenordnung anzuwenden.

„Ich persönlich halte es für angemessen auf Fräulein Pannwitz die Bestimmungen der Assistentenordnung anzuwenden, und sie nach den Sätzen dieser Ordnung zu bezahlen. [...] Frl. Pannwitz ist wohl stärker beschäftigt als die Mehrzahl der Assistenten am mathematischen Institut, aber sicher nicht stärker als zum Beispiel ein Assistent am chemischen Institut, in den Semestermonaten. Da Frl. Pannwitz – wohl ähnlich wie die anderen wiss[enschaftlichen] Angestellten der Akademie eine geringere Urlaubszeit hat, als die wiss[enschaftlichen] Assistenten der Hochschulen, so rechtfertigt sich wohl im Ganzen eine Zulage zu dem Gehalt eines wiss[enschaftlichen] Assistenten, zum Beispiel durch Vorwegnahme von ein oder zwei Alterszulagen."[170]

Obwohl der Vergleich mit den Assistenten an sich nicht neu war, verweist er doch einmal mehr darauf, daß für die Kommissionsvor-

---

167 ABBAW, II-IV-142, Bl. 14, H. Grunsky an L. Bieberbach v. 19. Mai 1938.
168 ABBAW, II-IV-142, Bl. 15, E. Pannwitz an PAW v. 31. Juli 1938.
169 ABBAW, II-IV-142, Bl. 16 ff.; Bl. 17a, Mitteilung über Bezüge v. 6. Dezember 1938.
170 ABBAW, II-IV-142, Bl. 19, Zirkular v. 8. Dezember 1938.

sitzenden kaum ein Unterschied zwischen Hochschulassistenten und Mitarbeitern in den Akademieprojekten bestand. Die Forderung aber, die Akademiemitarbeiter den (etatisierten) Assistenten gleichzustellen, ließ sich aus strukturellen Gründen nicht durchsetzen. Sie wurde zudem hinfällig, als die PAW im Frühjahr 1939 mit allen Mitarbeitern und Mitarbeiterinnen neue Dienstverträge abschloß. Auch Erika Pannwitz wurde damals ins Angestelltenverhältnis übernommen und juristisch erst ab diesem Zeitpunkt als vollbeschäftigte Mitarbeiterin anerkannt. An ihrem Beispiel ließen sich die Probleme beruflicher Anerkennung von Akademiemitarbeitern veranschaulichen, denn es handelte sich hier nicht um ein geschlechtsspezifisches. An der PAW war die berufliche Situation für Männer und Frauen gleichermaßen schlecht, weil die Akademie nur einen sehr kleinen Etat für Mitarbeiterstellen hatte und die Forschungsarbeit mitsamt dem Hauptteil der anfallenden Personalkosten im wesentlichen aus Sachmitteln der Kommissionen finanziert wurden. Nur wenige Wissenschaftler und Wissenschaftlerinnen wurden jedoch wie Erika Pannwitz selbst aktiv und forderten ihre Anerkennung als vollbeschäftigte Mitarbeiter und Mitarbeiterinnen ein.

In den 1930er Jahren wurden Wissenschaftlerinnen an der Akademie erstmals auch mit *Stipendien* der DFG[171] beschäftigt. Mit Stipendien ließ sich der steigende Personalbedarf in den Akademieprojekten zumindest partiell auffangen. Im Einvernehmen mit der DFG wurde beim Deutschen Rechtswörterbuch eine Neuordnung der Personalverhältnisse verabredet und 1932 erstmals ein Stipendiat als „neuer ständiger Mitarbeiter" eingestellt.[172] Die Zahl der wissenschaftlichen Mitarbeiter beim DRW erhöhte sich damit auf drei beziehungsweise fünf durch die Bereitstellung von zwei weiteren Stipendien 1937. Die DFG-Stipendien waren zeitlich befristet, konnten aber mit einem entsprechenden Antrag des Kommissionsvorsitzenden problemlos verlängert werden. Grundlage dafür waren regelmäßige Tätigkeitsberichte der Stipendiaten und eine Befürwortung des Wörterbuchleiters. Für die Stipendiaten in der Arbeitsstelle bestand vermutlich ein höherer Leistungsdruck als für die Mitarbeiter mit tarifmäßigen Angestelltenbezügen beziehungsweise Beamtengehalt; in den Zugangsvoraussetzungen und im Aufgabenbereich gab es aber keine Unterschiede.

Von 1932 bis 1945 wurden beim DRW sieben Wissenschaftler mit einem DFG-Stipendium beschäftigt, darunter fünf Frauen – mehrheitlich Berufsanfängerinnen. Praktische Erfahrungen in der Wörterbucharbeit hatte kaum eine. Hannah Gädeke nahm im April 1936 ihre Tätigkeit beim DRW auf. Sie hatte das Staatsexamen für

---

171 Zur DFG-Geschichte: Zierold 1968; Hammerstein 1999; Mertens 2004.
172 SB PAW 1932, Bericht v. E. Heymann, S. LXXXVI.

das höhere Lehramt und die mündliche Doktorprüfung abgelegt und wurde mit einer bei Willy Andreas verfaßten Dissertation über Wilhelm Heinrich Riehl 1937 promoviert.[173] Um rasch mit der Wörterbuchproduktion vertraut zu werden, durchlief sie in der Arbeitsstelle alle Stationen und erhielt auf diese Weise eine interne Schulung im Schnellverfahren. Arnold Gädekes Enkelin sah jedoch für sich keine berufliche Perspektive beim Wörterbuch. Der besseren Berufsaussichten wegen wechselte sie nach nur sechzehn Monaten in den Schuldienst. Das freie Stipendium wurde an die Studienassessorin Margarete Wachter (1892-) vergeben. Zwei weitere Stipendien erhielten Dr. Elsbeth Lippert (1911-) und die Studienassessorin Renate von Hase (1912-). Wie Hannah Gädeke wechselte auch Renate von Hase in den Schuldienst, als sie im Januar 1940 die mündliche Doktorprüfung bestanden hatte. Sie hatte ihr erstes Staatsexamen 1936 in Königsberg abgelegt und danach ein halbes Jahr als Lehrerin in Frankfurt/Oder gearbeitet. 1937 war sie Mitarbeiterin beim DRW geworden, um in dieser Zeit zielstrebig ihre Staatsexamensarbeit zur Doktorarbeit auszubauen.[174] Demnach sahen diese Frauen ihre Mitarbeit beim DRW als eine Qualifikationsphase an und waren in dieser Zeit mit einem DFG-Stipendium komfortabel ausgestattet und finanziell abgesichert. Nach der Promotion wechselten sie in den sicheren Schuldienst. Keine von ihnen sah für sich eine Berufsperspektive in der Wissenschaft. Lediglich die aus der Gruppe der studentischen Hilfskräfte kommende und schon berufserfahrene Elsbeth Lippert [Spindler] blieb über einen längeren Zeitraum beim DRW tätig.

Im *Angestellten- und Beamtenverhältnis* wurden Wissenschaftlerinnen nur selten beschäftigt. Unter den wissenschaftlichen Beamten der Akademie war keine Frau vertreten. Die Stellen in dieser Kategorie waren zum einen extrem gering und zudem leitenden Mitarbeitern vorbehalten; zum anderen wurden sie häufig nach Anciennität vergeben. Dieses Vergabekriterium konnten Frauen aufgrund ihres verzögerten Eintritts in die Wissenschaft praktisch nicht erfüllen und kamen daher nicht in Frage. Anders lagen die Dinge bei den Angestelltenverhältnissen. Nach dem Ersten Weltkrieg wurden im Zuge der Neuordnung der Mitarbeiterverhältnisse zwei Wissenschaftlerinnen ins Angestelltenverhältnis übernommen. Dauerhaft konnte sich aber keine von beiden an der Akademie verankern.

---

173 UA Heidelberg, Phil. Fak., H-IV-757/36a, Bl. 149-154; H-IV-757/41, Bl. 22.

174 UA Heidelberg, Phil. Fak., H-IV-757/46, Bl. 306-314, [306], R. von Hase an Dekan der Philosophischen Fakultät v. 17. April 1939. Darin heißt es: „Ich habe mehrfach öffentliche Vorlesungen der Universität sowie die Übungen von Professor von Künßberg besucht und möchte nun neben meiner Arbeit am Rechtswörterbuch [...] für die Promotion arbeiten."

Die Zoologin Margarita Stendell (geb. Schüler, 1885-), Witwe des früheren wissenschaftlichen Hilfsarbeiters beim Nomenclator-Projekt und späteren Assistenten am Neurologischen Institut in Frankfurt (Main) Dr. Walter Stendell, war Anfang 1919 als erste und zunächst einzige Mitarbeiterin des wissenschaftlichen Beamten Theodor Kuhlgatz (1871-1935) in das Nomenclator-Büro eingetreten. Sie hatte Zoologie an der Berliner Universität studiert, jedoch ihre für 1914 geplante Promotion nach dem Tod ihres Ehemannes, der im Ersten Weltkrieg fiel, aus finanziellen Gründen aufgeben müssen. Für das Akademievorhaben führte sie umfangreiche Aufgaben aus, die sowohl auf zoologischem wie auf bibliographischem Gebiet lagen. Die in Petersburg geborene Zoologin beherrschte Russisch wie ihre Muttersprache und las, übersetzte und exzerpierte daher russische Texte. Darüber hinaus erledigte sie reine Schreib- und Ordnungsaufgaben, besorgte „die Registratur der Akten und half bei der umfangreichen Korrespondenz, die sie selbst auf der Schreibmaschine schrieb."[175] Von diesen Arbeiten wurde sie erst entlastet, nachdem im Laufe des Jahres 1920 eine bibliographische Hilfskraft ihren Dienst aufgenommen hatte.

In einem Schreiben an die Akademieleitung bat der Kommissionsvorsitzende Willy Kükenthal im Oktober 1920 darum, beim Kultusministerium die nötigen Mittel zu erwirken, um Margarita Stendell und einen inzwischen beschäftigten zweiten männlichen wissenschaftlichen Hilfsarbeiter nach den Sätzen besolden zu können, welche der *Teiltarifvertrag für die Angestellten bei den Reichs- und den preußischen Staatsverwaltungen* vom 4. Juni 1920 vorsah.[176] „Die Art der Beschäftigung dieser beiden Mitarbeiter unter Leitung des wissenschaftlichen Beamten ist", so führte Kükenthal zur Be-

---

175 ABBAW, II-IV-178/1, Bl. 12, Zeugnis für M. Stendell v. 15. August 1921.
176 ABBAW, II-IV-24, Bl. 66 [erster Teil] u. Bl. 52-53 [zweiter Teil], W. Kükenthal an PAW v. 20. Oktober 1920. Die Kommission befürchtete, „dass der Nomenclator seine zoologisch ausgebildeten, eingearbeiteten und für den Gegenstand interessierten Kräfte verliert. Falls es dann überhaupt gelingt, bei dieser unter dem Existenzminimum liegenden Vergütung andere Mitarbeiter zu gewinnen, würden sich Fachzoologen oder Hülfskräfte, welche über entsprechende Vorbildung auf alt- und neusprachlichem Gebiete verfügen, wohl schwerlich finden. Aber auch, wenn es gelingen sollte, Ersatz zu bekommen, bedeutet doch bei der Eigenart dieses Unternehmens jeder Wechsel im Büro-Personal wegen der notwendigen langwierigen Neu-Einarbeitung eine empfindlichen Verlust an Zeit. Wenn es wegen unzureichender Besoldung dazu käme, so wäre das gerade jetzt im höchsten Masse zu bedauern, wo einzelne Lieferungen des umfangreichen Manuskript-Materials zum Druck vorbereitet werden [...]. Das Unternehmen braucht jetzt mehr als früher eingearbeitete Hilfskräfte, die dauernd und voll beschäftigt sind." (Bl. 66)

gründung aus, „sachlich-zoologische und formale Revision der [...] einlaufenden Manuskripte. Mitarbeit an der grossen Litteratur-Kartothek. Zoologisch-nomenclatorische Vorarbeiten zu solchen Gruppen des Systems, deren Manuskript vom Büro selbst ausgearbeitet werden muss. Lesen der Korrekturen. Registratur der Büro-Akten des Unternehmens."[177] Die Beschäftigung und die Vorbildung beider Mitarbeiter stehe der von Assistenten an wissenschaftlichen Instituten nicht nach. Entsprechend sollten beide in die Vergütungsgruppe VIII (wissenschaftliche und technische Angestellte mit abgeschlossener Hochschulbildung) oder wenigstens VII (wissenschaftliche und technische Angestellte in nicht selbständiger Tätigkeit) eingruppiert werden.

Der Antrag kam nicht über die Akademie hinaus. Die Sekretare waren der Ansicht, daß es nicht ratsam sei, gleich zwei Mitarbeiter vorzuschlagen, die beide erst verhältnismäßig kurze Zeit tätig waren, denn für den Tarif kämen nur leitende, erprobte vollbeschäftigte Mitarbeiter in Betracht. Zudem habe Margarita Stendell „als Kriegswitwe anderweitige Bezüge."[178] Daraufhin verzichtete der Kommissionsvorsitzende auf eine tarifmäßige Besoldung des männlichen Mitarbeiters, erneuerte aber die Bitte für Margarita Stendell. Sie sollte in eine tarifmäßige Stellung gebracht werden, die der Tätigkeit einer wissenschaftlichen Assistentin entsprach.[179] Dieser Antrag wurde mit einem ähnlich gelagerten der Orientalischen Kommission, die ebenfalls Wissenschaftler für eine tarifliche Besoldung nachgemeldet hatte, aus finanziellen Gründen für das Jahr 1921 zurückgestellt.[180] Für Margarita Stendell war damit die erste Hürde genommen, um sie im engeren Mitarbeiterpool der Akademie zu plazieren. Die Zoologin blieb jedoch über das Jahr hinaus nicht beim Akademieprojekt. Wegen eines Lungenleidens mußte sie sich mehreren Kuren im milden Schwarzwaldklima unterziehen, verließ

---

177 ABBAW, II-IV-24, Bl. 52-53.

178 ABBAW, II-IV-24, Bl. 67, Protokollauszug Sekretariatssitzung v. 28. Oktober 1920.

179 ABBAW, II-IV-24, Bl. 74, W. Kükenthal an PAW v. 15. November 1920. – Adolf Remane (1898-1976) war bis 1923 beim Nomenclator-Projekt tätig und wechselte anschließend in die Hochschullaufbahn. 1925 Priv.-Doz., 1929 ao. Prof. Univ. Kiel, 1934 o. Prof. f. Zoologie Univ. Halle/Saale, ab 1937 Prof. f. Zoologie und Meereskunde Univ. Kiel u. Dir. Zool. Museums u. Museums f. Völkerkunde, gründete hier 1937 auch das Inst. f. Meereskunde (Jahn 1998).

180 ABBAW, II-IV-24, Bl. 74, W. Kükenthal an PAW v. 15. November 1920; Bl. 98 PAW an MfWKV v. 25. November 1920; Bl. 102-103 Protokollauszug Klassensitzung v. 2. Dezember 1920; Bl. 110 Protokollauszug Geldverwendungsausschuß v. 9. Dezember 1920; Bl. 113 Protokollauszug Gesamtakademie v. 9. Dezember 1920.

schließlich im Herbst 1921 Berlin und gab damit auch ihre Arbeit beim Nomenclator auf.[181]

Genaugenommen war somit die beim DRW beschäftigte Mitarbeiterin Dr. Edith Dörschel die erste und lange Zeit einzige Wissenschaftlerin, die im Angestelltenverhältnis bei der Akademie beschäftigt wurde. Mit ihr wurde 1921 ein schriftlicher Arbeitsvertrag zu den an der Akademie üblichen Konditionen für (außertarifliche) wissenschaftliche Hilfsarbeiter geschlossen.[182] Diese Stelle fiel 1924 den preußischen Einsparmaßnahmen zum Opfer und wurde gestrichen. Edith Dörschel wurde auf Honorarbasis stundenweise noch einige Monate beim DRW beschäftigt.[183] Dann verließ die gebürtige Sächsin das Akademieprojekt, siedelte nach Leipzig über und arbeitete 1925 zuerst als Redakteurin beim Baedecker-Verlag und später beim Brockhaus-Verlag in Leipzig.[184]

Als die nach dem „Führerprinzip" umgestaltete PAW im Frühjahr 1939 mit allen Mitarbeitern neue Dienstverträge abschloß, wurden zehn Wissenschaftlerinnen ins Angestelltenverhältnis übernommen.[185] Bei ihnen handelte es sich zumeist um langjährige Mitarbeiterinnen in den Akademieprojekten, darunter waren die Mathematikerin Erika Pannwitz, die Germanistin Ingeburg Kühnhold (1910-) und die Orientalistin Annemarie von Gabain. Für sie bedeutete die Übernahme ins Angestelltenverhältnis bei der Akademie in erster Linie die berufliche Anerkennung als vollbeschäftigte Mitarbeiterinnen. Im Vorfeld des Zweiten Weltkrieges und eines drohenden Arbeitskräftemangels konnten Frauen offenbar gute Beschäftigungsverhältnisse erreichen, wenn sie politisch loyal zum NS-Regime eingestellt waren. Verbunden war damit ihre Repräsentation auf der Organisationsebene der Akademie, denn sie wurden im

---

181 ABBAW, II-IV-178/1.

182 ABBAW, II-IV-48, unpag., Vertrag zwischen der bei der PAW eingesetzten Kommission für das Wörterbuch der Deutschen Rechtssprache [G. Roethe] und Dr. E. Dörschel v. 19. Oktober 1921.

183 ABBAW, II-IV-48, unpag., E. von Künßberg an E. Sthamer v. 1. Dezember 1924.

184 Schr. Mitteilungen von Dr. J. Deeters/Köln v. 3. August 2002 und von Dr. W. Deeters/Aurich v. 9. September 2002. In Leipzig lernte Edith Dörschel ihren Ehemann, Dr. Gerhard Deeters, kennen, der damals ebenfalls in der Brockhaus-Redaktion tätig war. Nach der Eheschließung 1927 gab sie ihren Beruf auf und zog die vier gemeinsamen Kinder groß. Ihr Mann lehrte seit 1935 als Professor für Vergleichende Sprachwissenschaft in Bonn.

185 Hartkopf/Wangermann 1991, S. 147, §8: „Von der Akademie werden für wissenschaftliche Mitarbeit und für Verwaltungszwecke die erforderlichen Angestellten und Hilfskräfte nach Maßgabe des Haushaltsplans bestellt oder, soweit die Ernennung dem Reichsminister für Wissenschaft, Erziehung und Volksbildung vorbehalten ist, vorgeschlagen."; zur Situation der Mitarbeiterinnen im Nationalsozialismus vgl. Abschn. 4.1.

Jahrbuch der PAW zusammen mit den Ordentlichen Mitgliedern und den wissenschaftlichen Beamten namentlich aufgeführt.[186]

Nach der Tabelle 15 stieg bei den Wissenschaftlern im Angestelltenverhältnis der Frauenanteil sprunghaft auf 18 Prozent an – er betrug immerhin noch 16 Prozent bei allen Beamten und Angestellten – und lag etwas über dem Frauenanteil von 14 Prozent bei allen wissenschaftlichen Mitarbeitern in den Akademieprojekten.

Tabelle 15: Mitarbeiter und Mitarbeiterinnen bei den akademischen Kommissionen (1939)

Kategorie	Männer	Frauen	Gesamt	Frauenanteil
Wissenschaftliche Beamte	6	-	6	
Wissenschaftler im Angestelltenverhältnis	45	10	55	18%
Sonstige wissenschaftliche Mitarbeiter	82	11	93	12%
	∑133	∑21	∑154	14%
Büroangestellte	1	6	7	86%
Zusammen	134	27	161	17%

Quelle: Eigene Zusammenstellung nach Jb. PAW 1939, S. 31-40.

Ein sicheres Beschäftigungsverhältnis trug zur Integration von Wissenschaftlerinnen an der PAW bei. Von den zehn Frauen im Angestelltenverhältnis bei der PAW waren über das Jahr 1945 hinaus fünf in der Wissenschaft tätig, zwei waren im Krieg verstorben, der Verbleib einer weiteren ist unbekannt, zwei hatten die Wissenschaft nach der Eheschließung verlassen. Die Beschäftigung von Wissenschaftlerinnen im Angestelltenverhältnis ist auch vor dem Hintergrund zu sehen, daß nur etwa 40 Prozent aller im Jahre 1939 bei den Kommissionen tätigen Wissenschaftler und Wissenschaftlerinnen im Beamten- beziehungsweise Angestelltenverhältnis beschäftigt wurden. Mehr als die Hälfte der Akademiemitarbeiter und -mitarbeiterinnen finanzierte ihren Lebensunterhalt mit Honorar- und Werkaufträgen, Privatdienstverträgen, Stipendien oder Drittmitteln jedweder Art. Regelmäßig wurden auch vom Schuldienst beurlaubte Gymnasiallehrer in den Akademieprojekten beschäftigt. Für sie entrichtete die PAW aus dem Titel für Aushilfskräfte sogenannte Stellvertretungskosten an die Schulbehörde. Uneinheitliche und vielfältige Finanzierungs- und Beschäftigungsarten galten als normal in der Wissenschaft.[187] Sie sind allerdings nur ungenügend erforscht, weshalb nur ungenaue Vorstellungen darüber existieren, wer in

---

186 Jb. PAW 1939, S. 26-30.
187 Vgl. exemplarisch für die KWG Witt 1990.

welchem Ausmaß beispielsweise auf die Einkünfte aus der Akademietätigkeit zur Sicherung seines Lebensunterhalts angewiesen war. Zudem läßt sich nicht pauschal die Qualität dieser Finanzierungsmöglichkeiten gegenüber einem Beamten- oder Angestelltenverhältnis bei der PAW – das von mir als ein relativ sicheres angesehen wird – beurteilen.

Die sogenannte kritische Masse, die in der Literatur mit einem Frauenanteil von 15 bis 30 Prozent angesetzt wird, wurde in der Gruppe der Wissenschaftler nicht überschritten. Das bedeutet, daß die Wissenschaftlerinnen an der PAW in dem von mir untersuchten Zeitraum zwar an Boden gewannen, ihre Minderheitenposition aber nicht verloren. Sie mußten stets damit rechnen, daß sie als Außenseiterinnen wahrgenommen wurden und ihnen ein Ausnahmestatus zugeschrieben wurde.[188] Das konnte für sie mit Vor- und Nachteilen verbunden sein. Im Anschluß an Rosabeth M. Kanter befanden sich Frauen als Minderheit in einer Männerdomäne in einer paradoxen Situation. Sie waren hochgradig sichtbar, was ihnen beim Erreichen ihrer Ziele auch Vorteile bringen konnte; zugleich wurden all ihre Handlungen überkritisch beurteilt, was eher Nachteile haben konnte; zudem waren sie mit einer stereotypen Wahrnehmung konfrontiert, was zu einem stark reflektierten Umgang mit ihrer Weiblichkeit führte.[189]

3.4 PERSONALPOLITIK

Die Personalpolitik der PAW, deren Anfänge im frühen 20. Jahrhundert lagen, war vorrangig auf die Besetzung von Führungspositionen in den Unternehmungen ausgerichtet. Zwar wurde das an der Akademie übliche Paritätsprinzip aufgegeben, aber dies bedeutete nicht, daß eine Stellenbesetzung tatsächlich nach dem Leistungsprinzip erfolgte. Das Anciennitätsprinzip behielt seine zentrale Bedeutung. Zudem spielten die Bedürfnisse der Unternehmungen sowie normativen Vorgaben seitens des Preußischen Kultusministeriums eine Rolle. Die auf Kommissionsebene getroffenen Personalentscheidungen blieben zunächst freier, aber eine Orientierung an den übergeordneten Vorgaben und somit Anpassungstendenz konnte festgestellt werden. Einheitliche Vergaberichtlinien und verbindliche

---

188 Überlegungen zur kritischen Masse wurden in der Geschlechterforschung im Anschluß an die klassische Studie von Rosabeth M. Kanter über die Situation von Frauen in von Männern dominierten Organisationen angestellt. Sie basieren auf der Annahme, daß sich ihre Situation mit steigendem Frauenanteil ändere. (Kanter 1977; Heintz/Nadai/Fischer/Hummel 1997, Kapitel 1).

189 Kanter 1977; pass. Müller 1995.

Regeln bei Personalentscheidungen setzten sich an der PAW allmählich von oben nach unten durch.

Die Stellenvergabe war häufig intransparent. Fehlten eindeutige Regeln oder griffen diese nicht, erfolgte die Besetzung von Leitungspositionen nach traditionellem Muster und blieben tendenziell Männern vorbehalten.[190] Ich möchte das an drei unternehmensspezifischen Situationen zeigen, in denen es um die Besetzung von Leitungsfunktionen ging. Die Entscheidungen wurden kommissionsintern getroffen; eine Zustimmung der Akademieleitung, des Plenums oder des Ministeriums war nicht erforderlich. Keine von ihnen war in erkennbarer Weise politisch motiviert, obgleich sie während der NS-Zeit veranlaßt wurden.

Intransparenz und Informalität: Beim Handschriftenarchiv der Deutschen Kommission wurden 1937 die beiden wissenschaftlichen Mitarbeiterstellen wiederbesetzt, und zwar mit den Germanisten Ingeburg Kühnhold und Otto Neuendorff (1903-1989), von dem es im Jahresbericht 1938 heißt, er nahm den „Posten des männlichen Archivhelfers" ein.[191] Otto Neuendorff wurde 1931 promoviert, Ingeburg Kühnhold legte die mündliche Doktorprüfung 1938 ab und wurde 1939 promoviert. Es bestand ein minimaler gradueller Qualifikationsunterschied beim Eintritt der Wissenschaftler in das Akademieprojekt, der aber vermutlich keine starke differenzierende Wirkung hatte. Beide hatten Erfahrungen in der Akademiearbeit und waren mit der Materie vertraut. Otto Neuendorff wurde als „gelegentliche Hilfskraft" seit mindestens 1934 mit Verzettelungs- und Ordnungsarbeiten beim Handschriftenarchiv beschäftigt und bearbeitete außerdem seit 1935 die von Julius Petersen geleiteten Jahresberichte über die wissenschaftlichen Erscheinungen auf dem Gebiete der neueren deutschen Literatur. Ingeburg Kühnhold arbeitete seit März 1936 als stundenweise bezahlte „technisch-wissenschaftliche Hilfskraft" beim Deutschen Wörterbuch.[192] Indem beide Germanisten wissenschaftliche Mitarbeiter beim Handschriftenarchiv wurden, konnten sie ihre beruflichen Positionen verbessern. Aber Gleiche waren sie in der Arbeitswelt der Wissenschaft nicht. Implizit war nämlich an die männliche Archivhelferposition beim Handschriftenarchiv zugleich die Ausübung der Stellvertreterfunktion geknüpft.

Offenbar war das so selbstverständlich, daß es nicht extra betont wurde und sich daher keine schriftlichen Belege finden ließen. Als mit Beginn des Zweiten Weltkrieges der Vorsteher des Handschriftenarchivs, Hans Pyritz, zur Wehrmacht einberufen wurde und der männliche Archivhelfer seine Vertretung übernahm, wurde

---

190 Vgl. Matthies/Kuhlmann/Oppen/Simon 2001.

191 SB PAW 1938, S. LXVII, Bericht v. H. Pyritz.

192 ABBAW, Mag. IIIa, Reg. 30, Personalbogen v. 12. Juli 1954; Martin 1998.

es aber deutlich.[193] Damit hatte dieser neben seinen operativen und fachlichen Aufgaben im Vertretungsfall auch organisatorische, leitende und mitunter sogar repräsentative Aufgaben zu erfüllen, wohingegen bei der Mitarbeiterin von vornherein nur operative und fachliche Fähigkeiten und keine Leitungskompetenz nachgefragt wurden. Eine geschlechtsspezifische Aufgabenzuweisung bestand intern fort. Da die beiden Mitarbeiterpositionen beim Handschriftenarchiv nicht als gleichwertig angesehen wurden, erfolgten die Stellenbesetzungen wohl nicht zufällig. Vielmehr wurde eine Frau gezielt wieder mit einer Frau ersetzt und ein Mann mit einem Mann. Die mit dem Ausscheiden des weiblichen Mitarbeiters zuerst freigewordene Stelle wurde dem männlichen Wissenschaftler vermutlich gar nicht erst angeboten. So ließe sich erklären, daß Ingeburg Kühnhold zuerst eine Mitarbeiterstelle erhielt und Otto Neuendorff als promovierter Wissenschaftler erst nach ihr aus der Gruppe der gelegentlichen Hilfskräfte in eine Mitarbeiterposition aufrückte. Durch die interne Koppelung der Stellvertreterfunktion an die Position des männlichen Archivhelfers gelang es zugleich, die für selbstverständlich erachtete Männerdominanz abzusichern. Dieses Arrangement entsprach weitgehend der Tradition und war nicht einklagbar. Oft bestanden zwischen männlichen und weiblichen Wissenschaftlern nur kleine Unterschiede, die aber eine differenzierende Wirkung hatten und den schnelleren Aufstieg von Männern im Wissenschaftssystem begünstigen konnten.[194]

Nach 1945 setzten beide Wissenschaftler ihre Berufstätigkeit an der DAW fort, wobei sie ihren Wohnsitz im Westteil der Stadt behielten. Am 1952 gegründeten Institut für deutsche Sprache und Literatur brachte es Ingeburg Kühnhold bis 1965 zur wissenschaftlichen Arbeitsleiterin in der Abteilung Frühneuhochdeutsch und neuere Sprachgeschichte,[195] während ihr Kollege Otto Neuendorff schon 1952 Abteilungsleiter an diesem Institut geworden war. Bereits 1945 war er Professor mit Forschungsauftrag an der DAW geworden, von 1946 bis 1963 war er wissenschaftlicher Referent der Klasse für Sprache, Literatur und Kunst, von 1952 bis 1965 Geschäftsführender Abteilungsleiter des Instituts für deutsche Sprache und Literatur und leitete die Abteilung Jahresberichte und das Literatur-Archiv.[196] 1967 schied er wegen Erreichens der Altersgrenze aus dem Dienst. Ingeburg Kühnhold verließ die DAW Mitte der

---

193 Jb. PAW 1940, S. 36.

194 Bielby 2000, S. 56.

195 ABBAW, Mag. IIIa, Reg. 30, unpag., Fragebogen zur Neuabfassung der Arbeitsverträge und zur Ergänzung der Kaderunterlagen [Januar 1965].

196 KGK 1983; Boden/Rosenberg 1997.

1960er Jahre.[197] Sie folgte Johannes Erben, unter dessen Leitung sie an Vorbereitungsarbeiten zu einer *Grammatik der Gegenwartssprache* teilgenommen hatte.[198] Ingeburg Kühnhold arbeitete 1965 am Institut für deutsche Philologie der Universität Innsbruck und später als wissenschaftliche Mitarbeiterin am Institut für Deutsche Sprache in Mannheim.

Tradition und Anciennität vor formaler Qualifikation? Mit dem unerwarteten Tod des Heidelberger Rechtshistorikers Eberhard von Künßberg im Mai 1941 wurde die Leitungsposition beim Deutschen Rechtswörterbuch vakant. Sie wurde definitiv erst nach dem Zweiten Weltkrieg wieder besetzt, nachdem ein Wörterbuchmitarbeiter bis dahin die Geschäfte geführt hatte. Zunächst ist bemerkenswert, daß für die Künßberg-Nachfolge kein einziger Mitarbeiter der Heidelberger Arbeitsstelle in Betracht kam. Einer internen Regelung zufolge war die Position des Wörterbuchleiters stets einem habilitierten Juristen vorbehalten oder sollte es zumindest aus Prestigegründen und wegen der Tradition sein.[199] Die Akademie wollte davon nicht abweichen, hatte aber erhebliche Probleme, einen geeigneten Wissenschaftler zu finden. Im Umkreis des Wörterbuchs hatte man keine Nachwuchskräfte herangezogen, und ein Mann wie Künßberg war auf dem Arbeitsmarkt nur selten zu finden. Innerhalb der juristischen Ausbildung hatte die germanistische Rechtsgeschichte immer mehr eine Randstellung eingenommen; rechtsgeschichtliche Themen wurden vornehmlich in der Germanistik, Volkskunde oder Geschichte behandelt.[200] Diese Entwicklung widerspiegelte sich auch in der Geschichte des DRW: Nur aus der ersten Generation der Wörterbuchmitarbeiter habilitierten sich einige auf juristischem Gebiet. Spätere Mitarbeiter habilitierten sich, wenn überhaupt, nur im Bereich der germanistischen Philologie und wechselten in die Hochschullaufbahn, sobald sie die Gelegenheit dazu hatten.[201] Für Juristen verlor das DRW anscheinend zunehmend seine Anziehungskraft. Eberhard von Künßberg lehrte als ordentlicher Honorarprofessor an der Heidelberger Juristischen Fakultät und zog mit

---

197 Zur Abwanderung von Akademiewissenschaftlern in den Westen wegen zunehmender parteipolitischer Einflußnahme und der nach der Statutenänderung 1963 erfolgten Ausrichtung als sozialistische Akademie vgl. Dornhof 1997; Kocka/Nötzoldt/Walther 2002; Jessen 2002.

198 Mit Einverständnis der Akademieleitung wechselte Johannes Erben nach Innsbruck, nachdem sich seine Berufung an die DAW zerschlagen hatte. (Walther 2002, S. 129).

199 Dickel/Speer 1979.

200 Stolleis 1989.

201 Zu den Juristen zählen etwa R. His, L. Perels, E. Künßberg (zuletzt 1910, alle unter Schröder); zu den Germanisten L. Mackensen, H. Teske, R. von Kienle, W. Bulst.

seinen Vorlesungen über „Rechtliche Volkskunde" Juristen und Philologen gleichermaßen an, aber die von ihm angeregten und im Umkreis der Wörterbucharbeit entstandenen Dissertationen wurden durchweg im Bereich der Volkskunde und Germanistik eingereicht. Auch als die PAW nach Künßbergs Tod mit dem Kieler Rechtshistoriker Eugen Wohlhaupter (1900-1946)[202] wegen der Wörterbuchleitung verhandelte und ihm die Übernahme der Wörterbuchleitung sogar nebenberuflich anbot, war dieses Angebot für den umworbenen Kandidaten nur die „zweite Wahl", das er nur annehmen wollte, falls er in Kiel nicht zum Ordinarius ernannt werde. Diese Verhandlungen scheiterten 1942, aber auch die von Ernst Heymann für die PAW mit Eugen Wohlhaupter geführten Gespräche.[203]

Mit der *kommissarischen* Wörterbuchleitung wurde der seit 1926 beschäftigte juristische Mitarbeiter Alfred Loch (1888-1949) betraut.[204] Einer Begründung bedurfte diese Personalentscheidung nicht, jedenfalls ist keine überliefert. Sie entsprach der Tradition beim Rechtswörterbuch, dem an der Akademie gepflegten Anciennitätsprinzip und wohl auch den Erwartungen des männlichen Wissenschaftlers – nicht aber zwingend dem Leistungsprinzip. Im Status eines Bergreferendars erfüllte Alfred Loch nach dem ersten Staatsexamen die Anwartschaft für eine höhere Beamtenlaufbahn, durch eine Promotion war er aber wissenschaftlich nicht ausgewiesen. Diese stand auch nicht unmittelbar bevor, wenngleich der Kommissionsvorsitzende Ernst Heymann ihn deswegen mehrmals ermahnte und drängte. Seine Kollegin Elsbeth Spindler, die seit 1931 beim Wörterbuch arbeitete, hatte hingegen 1937 die mündliche Doktorprüfung an der Philosophischen Fakultät der Heidelberger Universität abgelegt.[205] Mit ihrer volkskundlichen und beim DRW angeregten Dissertation *Glockenläuten als Rechtsbrauch*, die

---

202 Eugen Wohlhaupter: 1925 München, Dr. jur., 1929 Habilitation, 1934 Vertretungsprofessur in Greifswald, 1935 nichtbeamteter ao. Prof., 1940 apl. Prof. f. Deutsches Recht in Kiel. E. Wohlhaupter, der kein Nazi und kein Vorzeigewissenschaftler des NS-Regimes war, hatte dennoch nach 1933 Schwierigkeiten, auf ein Ordinariat zu gelangen.

203 Zu den Hintergründen mit Einschränkungen Hattenhauer 1987, S. 36. Nach Hattenhauer habe E. Heymann schon 1940 erfolglos bei E. Wohlhaupter wegen der Wörterbuchleitung angefragt. Träfe das zu, suchte die PAW bereits zu Lebzeiten E. von Künßbergs, der in der NS-Zeit wegen seiner jüdischen Frau unter massivem Druck stand, aber nicht entlassen wurde, einen Nachfolger für das DRW. Die Annahme, Künßberg sei pensioniert worden und kurz darauf gestorben, wird vom Autor quellenmäßig nicht belegt.

204 AdW Heidelberg, Arbeitsstelle DRW, Ordner PAW 1941-45, Telegramm des Kommissionsvorsitzenden E. Heymann an A. Loch v. Mai 1941.

205 UA Heidelberg, Phil. Fak., H-IV-757/40, Bl. 336-345.

1939 in der von Karl Siegfried Bader herausgegebenen Reihe *Das Rechtswahrzeichen* erschien, hatte sie in der Fachwelt starke Beachtung gefunden. Gegenüber ihrem Kollegen Alfred Loch besaß Elsbeth Spindler die größere wissenschaftliche Reputation. Mit einer solchen, das gewohnte Geschlechterbild praktisch auf den Kopf stellenden, Konstellation war man beim Rechtswörterbuch bislang nicht konfrontiert gewesen. Der Umgang mit dieser Situation war von großen Unsicherheiten geprägt, und Konflikte blieben nicht aus.

Das Arbeitsverhältnis zwischen beiden Mitarbeitern war angespannt und gestaltete sich schwierig. Für Alfred Loch war seine Kollegin ein Störfaktor, und er versuchte auf unschöne Weise, sie loszuwerden: „Der Betrieb des Wörterbuchs wird durch ihr Fernbleiben in keiner Weise gehemmt. Solange ich hier bin, schmeiße ich die Geschichte auch alleine. Auch die Kleinarbeiten, bei denen mir Frau Dr. Spindler eine wertvolle Stütze sein könnte, bleiben nicht liegen."[206] Das Konfliktpotential lag auf der sozialen Ebene. Beide waren in den letzten Kriegsjahren großen persönlichen Belastungen ausgesetzt. Diese mögen der Anlaß gewesen sein, die Kollegin, mit der er mehr als zehn Jahre zusammengearbeitet hatte, in Verruf zu bringen – der Grund für den aufbrechenden Konflikt waren sie nicht. Der dürfte darin vermutet werden, daß sich Elsbeth Spindler nicht der von Alfred Loch beanspruchten Führungsposition unterordnen wollte. Bei der Arbeit fanden beide nur noch schwer ein Auskommen neben- und miteinander. Alfred Loch ließ nichts unversucht, um die Kollegin aus dem Archiv zu drängen. In einem an den Kommissionsvorsitzenden Ernst Heymann gerichteten Brief heißt es:

„Ihre Pünktlichkeit im Dienst hat derart abgenommen, daß ich froh bin, wenn sie aus dem Archiv verschwindet. Bei Beginn des neuen Semesters werde ich mich nach einer neuen Hilfskraft umsehen. Ich bitte Herrn Geheimrat, sich damit einverstanden zu erklären, daß Frau Dr. Spindler mit Ende des Jahres endgiltig aus dem Dienste des Wörterbuches ausscheidet. Den Betrieb des Wörterbuches unter den derzeitigen Umständen vermag ich auch ohne Hilfe weiterzuführen. Keine Hilfe ist jedenfalls besser als Hilfe, über die man sich täglich ärgern muß."[207]

Im Glauben, seine Führungsrolle wohl besser gegenüber einer studentischen Hilfskraft durchsetzen zu können, suchte Alfred Loch

---

206 AdW Heidelberg, Forschungsstelle DRW, Ordner PAW 1941-45, A. Loch an E. Heymann v. 14. Mai 1942.

207 ABBAW, Nl. Scheel, Nr. 6, unpag., A. Loch an E. Heymann v. 11. Oktober 1943.

seine berufserfahrene Kollegin mit einer Berufsanfängerin zu ersetzen.

Im Interesse des DRW lagen die Ausgrenzungsversuche jedoch nicht – jedenfalls nicht, solange Elsbeth Spindler die einzige promovierte Mitarbeiterin war. Unmißverständlich vertrat Ernst Heymann die Ansicht: „Frau Spindler hat so viele Jahre treu und zuverlässig gearbeitet, und ist dadurch auch öffentlich so stark anerkannt worden, daß ich sie nicht gehen lassen möchte."[208] Der unerwartete Tod Eberhard von Künßbergs, der jahrzehntelang mit seinem Namen für die Qualität des DRW bürgte, hatte eine empfindliche Lücke gerissen, die sich nicht schnell wieder schließen ließ. Um nicht noch die philologische Mitarbeiterin zu verlieren, sorgte Ernst Heymann regelmäßig für die Verlängerung ihres DFG-Stipendiums und kam ihr auch sonst entgegen. Als Elsbeth Spindler Anfang 1944 wegen der Geburt ihres ersten Kindes die Tätigkeit beim DRW aufgeben wollte, bot er ihr großzügig an, die Wörterbucharbeit zu Hause fortzusetzen. Ob der Kommissionsvorsitzende unter anderen Bedingungen dazu bereit gewesen wäre, ist fraglich.

Von der täglichen Präsenzpflicht im Büro befreit, setzte Elsbeth Spindler etwa ein Jahr lang ihre Tätigkeit fort. Die Arbeitsbedingungen waren für sie vermutlich sogar günstiger als zuvor, denn zum einen ermöglichte ihr die flexible Arbeitszeitgestaltung Arbeit und Kinderbetreuung miteinander zu vereinbaren. Zum anderen fiel, da sie außerhalb Heidelbergs wohnte, die durch Kriegseinwirkungen zunehmend erschwerte tägliche Anfahrt zum Arbeitsort fort. Dennoch schied sie zum Ende des Jahres 1944 als Mitarbeiterin beim DRW aus. Da sie in den letzten Monaten zu Hause gearbeitet hatte, war sie nicht mehr täglich im Büro präsent. Zudem hatte sie ihre Funktion als Aushängeschild der Arbeitsstelle verloren, nachdem Alfred Loch im Februar 1944 an der Juristischen Fakultät der Heidelberger Universität promoviert worden war. Als einziger Mitarbeiter hielt er bis zum Kriegende den „Betrieb" notdürftig aufrecht. Nach dem Zweiten Weltkrieg bemühte sich Elsbeth Spindler um ihre Weiterbeschäftigung beim Deutschen Rechtswörterbuch. Jedoch wurde ihre Bewerbung 1946 abgelehnt, weil die Arbeiten noch nicht wieder aufgenommen worden waren und finanzielle Mittel fehlten.[209] Aber auch in späteren Jahren konnte sie offensichtlich nicht mehr an ihre frühere wissenschaftliche Tätigkeit anknüpfen. Ihre Spuren verlieren sich in der frühen Bundesrepublik.

Leitungsfunktionen in den Akademieprojekten waren Männern vorbehalten. Die Führungsrolle der Männer ergab sich jedoch häufig nicht mehr von selbst, sondern mußte hergestellt werden, wobei

---

208 ABBAW, Nl. Scheel, Nr. 6, unpag., E. Heymann an A. Loch v. 14. Oktober 1943.

209 AdW Heidelberg, Forschungsstelle DRW, A. Loch an Endemann v. 1946.

unterschiedliche Prinzipien wie Tradition, Anciennität und Leistung miteinander konkurrierten und kontextabhängig wirksam werden konnten. Auf der Arbeitsebene konnte die Durchsetzung des männlichen Führungsanspruchs zu Konflikten führen und sogar in die offene Ausgrenzung von Frauen übergehen. Zwar entspannte sich das Arbeitsverhältnis zwischen Alfred Loch und Elsbeth Spindler im Laufe des Jahres 1944 wieder, und er schlug auch in den Briefen an Ernst Heymann versöhnliche Töne an. Bis heute werden jedoch die Leistungen beider Mitarbeiter unterschiedlich gewürdigt, was als eine Folge der damaligen Entscheidung anzusehen ist. Obgleich das Manuskript im wesentlichen noch unter Eberhard von Künßbergs Leitung abgeschlossen worden war, wird Alfred Loch aus der Gruppe der übrigen Mitarbeiter hervorgehoben, weil ihm mit der kommissarischen Leitung zugleich die wissenschaftliche Verantwortung für die Hefte sechs bis acht des vierten Wörterbuchbandes übertragen wurden,[210] während Elsbeth Spindler und andere Wörterbuchmitarbeiterinnen und -mitarbeiter tendenziell namenlos bleiben.[211]

Leistung und Geschlecht: Aufgrund ihrer Stellvertreterfunktion hatte die Mathematikerin Erika Pannwitz die berechtigte Aussicht auf die Leitungsposition beim Jahrbuch über die Fortschritte der Mathematik. Sie vertrat ihren Vorgesetzten Helmut Grunsky im Urlaub und nahm auch in den Honorarlisten den zweiten Rang ein.[212] Nachdem sich Helmut Grunsky in Berlin habilitiert hatte, erhielt er weder eine Dozentur an der Universität, noch konnte er seine Position an der Akademie verbessern. Als er bei den Vorbereitungsgesprächen über die Vereinigung des Jahrbuchs mit dem Zentralblatt für Mathematik und ihre Grenzgebiete ebenfalls übergangen wurde, kündigte er und wechselte als wissenschaftlicher Mitarbeiter zum Auswärtigen Amt, wo er ab Oktober 1939 im Chiffrierdienst tätig war.[213] In die freie und mit Leitungsfunktion ausgestattete Hilfsarbeiterstelle beim Jahrbuch sollte jedoch nicht die dienstälteste Mitarbeiterin, Erika Pannwitz, aufrücken, sondern ihr Kollege Hans Pietsch (1907-1967).[214] Der Schüler von Erhard Schmidt war am Mathematischen Seminar der Berliner Universität Hilfsassistent gewesen 1929/30 – wegen der gestiegenen Hörerzahlen wurden neben den Assistenten auch Hilfsassistenten zum Korrigieren der Übungsarbeiten beschäftigt –, bevor er redaktioneller Mitarbeiter in der Schriftleitung des Referatejournals wurde.[215] Nur weil Hans Pietsch

---

210   DRW, Bd. 4, 1939-1951, Vorwort.
211   Exemplarisch Blesken 1970; Lemberg/Speer 1997.
212   Siegmund-Schultze 1993, S. 156.
213   Siegmund-Schultze 1993; Zur Beschäftigung von Mathematikern im Chiffrierdienst des Auswärtigen Amtes vgl. Mehrtens 1986.
214   Siegmund Schultze 1993, S. 156.
215   Biermann 1988, S. 216 u. 235; Begehr 1998.

wegen „kriegswichtiger Arbeiten" de facto abwesend war, wurde die Hilfsarbeiterstelle im Dezember 1939 Erika Pannwitz übertragen.[216] – Bei der Wiederbesetzung der Hilfsarbeiterstelle wurde eine Frau allein wegen ihrer Geschlechtszugehörigkeit offen übergangen, solange männliche Bewerber ebenfalls um diese Stelle konkurrierten. Begünstigt wurde dies auch durch das Fehlen von eindeutig definierten formalen Aufstiegsregeln. Bemerkenswert ist, daß in diesem Fall selbst die traditionellen Akademieprinzipien wie Seniorität und Anciennität nicht angewendet wurden.

Nach der Zusammenlegung der Referatejournale Ende 1939, veränderte sich die Arbeitssituation für Erika Pannwitz. Die Leitung beider Referatejournale hatte der Mathematiker und Nationalsozialist Harald Geppert übernommen, was eine politisch motivierte Entscheidung gewesen war. Er lehrte als ordentlicher Professor an der Berliner Universität und war außerakademisches Mitglied in der Kommission für das Jahrbuch über die Fortschritte der Mathematik an der PAW.[217] Als Schriftleiter fungierte er als Vorgesetzter für alle Mitarbeiter und Mitarbeiterinnen beim Jahrbuch und beim Zentralblatt. Zwar änderte sich das Beschäftigungsverhältnis von Erika Pannwitz dadurch nicht, aber sie wurde zu einer Bürovorsteherin mit geringerer Entscheidungskompetenz herabgestuft, was mit einer Verschlechterung ihrer Arbeitsbedingungen und mit Prestigeverlust verbunden war. Zudem soll sie in persönliche Differenzen mit Geppert geraten sein.[218] Erika Pannwitz kündigte und verließ das Akademieprojekt Ende März 1940.[219]

In den geschilderten Fällen handelte es sich um Forschungsprojekte, in denen Wissenschaftlerinnen regelmäßig und in größerer Anzahl vertreten waren. Trotz der günstigen Zugangsbedingungen hatten sie dort aber keine besseren Aufstiegschancen. Sie blieben in den Hierarchien hängen und gelangten nicht in Führungspositionen, was durch das Fehlen von klaren Beförderungsregeln sowie die Intransparenz der Entscheidungen auf der Unternehmensebene begünstigt wurde. Dadurch konnten Personalentscheidungen so getroffen werden, daß der männliche Führungsanspruch gewahrt blieb.

---

216 Siegmund-Schultze 1993, S. 157. – Unter der gemeinsamen Schriftleitung von Helmut Grunsky, Erika Pannwitz und Hans Pietsch erschienen insgesamt sechs Hefte der Bände 62 (Jg. 1936) und 64 (Jg. 1938) vom „Jahrbuch über die Fortschritte der Mathematik".

217 Jb. PAW 1939, S. 39; Siegmund-Schultze 1993; Begehr 1998.

218 Siegmund-Schultze 1993; Vogt 1999a.

219 ABBAW, II-IV-142, Bl. 38, E. Pannwitz an PAW v. 6. Februar 1940. - Sie folgte ihrem früheren Kollegen Helmut Grunsky ins Auswärtige Amt und war dort ebenfalls im Chiffrierdienst tätig.

4. Wege von Wissenschaftlerinnen und wissenschaftliche Anerkennung

4.1 BERUFLICHE WERDEGÄNGE VON WISSENSCHAFTLERINNEN

Informationen über die wissenschaftlichen Werdegänge wurden von der Hälfte aller Wissenschaftlerinnen an der PAW ermittelt und können der Tabelle 16 entnommen werden. Danach verblieb ziemlich genau ein Drittel in der Wissenschaft, während mehr als die Hälfte der Frauen hier für sich keine berufliche Perspektive fand. Unterstellt wird hierbei, daß die Wissenschaftlerinnen, von denen Angaben über ihren Verbleib fehlen, die Wissenschaft mehrheitlich nach einer kurzen Episode in den Akademieprojekten verlassen haben. Von den Frauen, die Wissenschaft zu ihrem Beruf machten, hatten fünf mit einer Habilitation die Lehrberechtigung an einer Hochschule erworben, 23 besaßen den Doktorgrad, nur zwei hatten ein Universitätsstudium ohne einen akademischen Grad abgeschlossen. Im Laufe ihres Berufslebens stiegen 16 Wissenschaftlerinnen in Leitungspositionen auf, darunter waren neun Professorinnen und fünf Abteilungsleiterinnen, drei forschten als freiberufliche Wissenschaftlerinnen, elf arbeiteten in nichtleitenden Positionen. Mit der Wahl in eine Wissenschaftsakademie wurden zwei Wissenschaftlerinnen geehrt, eine von ihnen war zugleich Wissenschaftliches Mitglied der Max-Planck-Gesellschaft, eine weitere war Mitglied des Kaiserlichen beziehungsweise Deutschen Archäologischen Instituts in Rom. Bewertet man eine Akademie- beziehungsweise KWG/MPG-Mitgliedschaft oder die in einer im Ansehen damit vergleichbaren Einrichtung als ein Zeichen hoher Wertschätzung für herausragende wissenschaftliche Leistungen, dann zählten drei Wissenschaftlerinnen zur Gruppe der anerkannten Spitzenwissenschaftler.

Tabelle 16: Verbleib der Wissenschaftlerinnen (um 1950)

In der Wissenschaft	30	- außeruniversitär	20
		- universitär	8
		- beides	2
Andere Berufe	9		
Verstorben	3		
Ausstieg	7		
Keine Angaben	41		

Quellen: Jb. DAW 1946-1949, 1950/51; Boedeker/Meyer-Plath 1974; eigene Recherchen.

Die Werdegänge von Wissenschaftlerinnen wurden von strukturellen Faktoren in der Arbeitswelt der Wissenschaft und von sozialen

Faktoren beeinflußt. Ein wesentlicher sozialer Einflußfaktor war das in der bürgerlichen Gesellschaft vorherrschende traditionelle und damals weitgehend konsensfähige Familienleitbild, das zunächst wirkmächtig blieb.[220] Damit verbundene Erwartungen und Vorurteile flossen als Hintergrunderwartungen in die Arbeitswelt der Wissenschaft ein und führten dazu, daß Frauen weitgehend über Familie definiert und ihnen familiäre und damit außerwissenschaftliche Interessen unterstellt wurden.[221] Weit verbreitet war die Vorstellung vom „Mythos der Unvereinbarkeit", wonach sich Familie und Wissenschaft kaum miteinander vereinbaren lassen sollten.[222] Unvereinbarkeit bezog sich nicht auf eine etwaige Familienlosigkeit von Wissenschaftsmännern, sondern darauf, daß traditionell Frauen die Hauptlast der Familienarbeit zu tragen hatten und man ihnen absprach, sich mit der gleichen nötigen Aufmerksamkeit den Anforderungen wissenschaftlicher Arbeit stellen zu können. Für Fauen bestand daher ein hoher Anpassungsdruck, dem sich auch die an der PAW beschäftigten Wissenschaftlerinnen nur schwer entziehen konnten. Die meisten verzichteten auf eine eigene Familie und auf Kinder.[223]

Vor die Alternative gestellt: Beruf oder Ehe, gaben Wissenschaftlerinnen ihren Beruf häufig auf, entschieden sich für die Familie und entsprachen mit ihrem Verhalten tradierten Rollenbildern und gesellschaftlichen Erwartungen. Grundsätzlich bestand für die Akademiewissenschaftlerinnen aber kein Zwang, nach einer Verheiratung die Mitarbeit in einem Forschungsprojekt aufzugeben, da die sogenannten Zölibatsvorschriften im öffentlichen Dienst nicht zum Tragen kamen.[224] So hatte Christiane Mewaldt [von Wedel] nach ihrer Eheschließung die freie Tätigkeit bei der KVK zunächst fortgesetzt, ihren Arbeitsauftrag jedoch einige Jahre später wegen familiärer Belastungen unvollendet zurückgegeben. Kein Mitglied der Kom-

---

220 Hausen 1997.

221 Heintz 2001a; Cole/Zuckerman 1987, S. 44 zitieren eine über 70jährige Biologin: „Heiraten schickte sich [für Wissenschaftlerinnen] ganz einfach nicht. In der Wissenschaft widmet man sich ausschließlich seiner Arbeit. Man trägt keine normalen Kleider, sondern einen weißen Kittel, heiratet besser nicht und bekommt keine Kinder." Eine Zoologin führt rückblickend aus: „Es entsprach einfach nicht der Mentalität anzunehmen, eine verheiratete Frau mit Kindern und einem erwerbstätigen Ehemann könne in ihrem eigenen Beruf mehr als nur etwas Zweitrangiges sehen."

222 Nowotny 1986.

223 14 Wissenschaftlerinnen waren verheiratet, davon vier beim Eintritt in die Unternehmungen, zwei waren verwitwet. Ihre Partner waren ebenfalls in der Wissenschaft respektive in einem Akademieprojekt tätig.

224 Zum „Beamtinnenzölibat" im öffentlichen Dienst vgl. Hahn 1981.

mission versuchte, die Wissenschaftlerin zu halten oder bekundete ein Interesse an ihrer weiteren Mitarbeit.

In Zeiten des Krieges, als männliche Arbeitskräfte fehlten und weibliche gebraucht wurden, räumten einige Kommissionen den Wissenschaftlerinnen großzügigere und auf die Vereinbarkeit von Beruf und Familie ausgerichtete Arbeitsbedingungen ein, wie am Beispiel der DRW-Mitarbeiterin Elsbeth Spindler gezeigt wurde. In der Nachkriegszeit wurden die Zugeständnisse schnell wieder zurückgenommen. So wurden in der Arbeitsstelle Deutsches Wörterbuch die verheirateten Frauen sofort nach Kriegsende Mitte der 1940er Jahre zurückgedrängt und entlassen.[225] In welchem Ausmaß soziale Einflußfaktoren zum Tragen kamen, hing somit von gesellschaftspolitischen Vorstellungen, Wünschen und Zielen ab.

Eine politische Zäsur markierte für Frauen und Männer im deutschen Wissenschaftssystem das Jahr 1933.[226] Unmittelbar nach der Machtübergabe an die Nationalsozialisten wurden zahlreiche Wissenschaftler und Wissenschaftlerinnen aus politischen und rassistischen Gründen entlassen und vertrieben. Die Berliner Universität verlor fast ein Drittel ihres Lehrkörpers.[227] Mindestens 28 Berliner Wissenschaftlerinnen wurden in den ersten drei Jahren der NS-Herrschaft zur Emigration gezwungen.[228] Nur wenig deutet darauf hin, daß für die an der PAW beschäftigten Wissenschaftler und Wissenschaftlerinnen das Jahr 1933 ebenfalls eine Zäsur darstellte. Da die Akademien – anders als die Universitäten und Hochschulen – nicht sofort nationalsozialistischen Maßgaben folgen mußten, nahmen die Geschäfte scheinbar ihren gewohnten Gang. An der PAW wurden aufgrund des *Gesetzes zur Wiederherstellung des Berufsbeamtentums* vom 7. April 1933 die wissenschaftlichen Beamten, die Mitarbeiter im Angestelltenverhältnis sowie die Empfänger von gehaltsähnlichen Honoraren aus staatlichen Etatmitteln der Akademie überprüft. Darunter befand sich nur eine einzige Wissenschaftlerin, und für sie blieb die Überprüfung ohne eine erkennbare negative Folge. Die darüber hinaus bei den Akademieprojekten in großer Anzahl beschäftigten freien, auswärtigen und ehrenamtlichen Mitarbeiter und Mitarbeiterinnen, beispielsweise die Referenten beim Jahrbuch über die Fortschritte der Mathematik, die auswärts arbeitenden Mitarbeiter beim Handschriftarchiv, die Editoren und Manuskriptmitarbeiter usw., waren den staatlichen „Säuberungsmaßnahmen" noch entzogen. Jüdische und als politisch mißliebig geltende Wissenschaftler wurden bedrängt und in Einzelaktionen zum

---

225 ABBAW, AKL 144, Institut für deutsche Sprache u. Literatur [Deutsches Wörterbuch], J. Schwietering an F. Baethgen v. 13. April 1946.
226 Budde 2002; Vogt/Walther 2003; Vogt 2007.
227 Jarausch 1995.
228 Zit. nach Vogt/Walther 2003, S. 123; Vogt 2007, Kapitel 4.1, 4.2.

Ausscheiden gezwungen. Obwohl in einigen Fällen belegt wurde, daß die Initiative dazu nicht von der PAW ausging, nutzte diese letztlich ihre Autorität zu wenig, um ihre bedrohten und mitunter langjährigen Mitarbeiter zu schützen. Mit der Durchsetzung des „Führerprinzips" und der Annahme einer neuen Satzung 1939 verloren die letzten jüdischen Mitarbeitenden ihre Arbeitsaufträge, so daß die PAW auch auf der Mitarbeiterebene „arisiert" wurde.[229]

Aus politischen und rassistischen Gründen wurden nachweislich zwei Wissenschaftlerinnen vertrieben. Beide verließen die Akademie beinahe geräuschlos, und so gab es nur wenige Anhaltspunkte, um ihr Ausscheiden als Vertreibung rekonstruieren zu können. Die Lexikographin Gerda Ruge (1904-vor 1951) war 1935 in Heidelberg aufgrund einer bei Friedrich Panzer angefertigten Dissertation promoviert worden [230] und hatte seit 1932/33 regelmäßig wissenschaftliche Hilfsarbeiten in der Arbeitsstelle Deutsches Rechtswörterbuch geleistet.[231] Dort war auch ihr späterer Ehemann, der Indogermanist Otto Ludwig (1908-), tätig. Als Student hatte er die rechtssprachlichen und volkskundlichen Übungen besucht, die der wissenschaftliche Leiter des Rechtswörterbuchs, Eberhard von Künßberg, an der Heidelberger Universität abhielt, wurde 1931 studentische Hilfskraft beim DRW und nach seinem Studienabschluß ab 1933 mit einem DFG-Stipendium beschäftigt. Im April 1936 wechselte er „in den Verlagsberuf".[232] Wegen der insgesamt hohen Fluktuation in den Akademieprojekten erschien sein Ausscheiden zunächst normal. Da sein Name aber in der 1936 veröffentlichten *List of Displaced German Scholars* enthalten ist,[233] liegt es nahe, daß Otto Ludwig zum Ausscheiden beim DRW gezwungen und sein DFG-Stipendium nicht verlängert wurde. Ein in den Akten aufbewahrtes loses Schriftstück, das Eberhard von Künßberg in diesem Zusammenhang wohl anfertigen mußte, ließe sich hier einordnen.[234] Mit ihm verließ auch seine Ehefrau Gerda [Ruge] Ludwig das Wörterbuch. Die wissenschaftlichen Werdegänge beider Philologen bra-

---

229 Grau/Schlicker/Zeil 1979; Boehm 2000; Dainat 2000; Poser 2000; Thiel 2000; Walther 2000; Rebenich 2001.

230 UA Heidelberg, Phil. Fak., H-IV-757/34, Bl. 453-459; H-IV-757/37, Nr. 71.

231 AdW Heidelberg, Forschungsstelle DRW, Mappe: Abrechnungsunterlagen Künßberg und vorher.

232 SB PAW 1937, phys.-math. Klasse, S. LXXXVIIf. [LXXXVII], Bericht v. E. Heymann.

233 Die „List of Displaced German Scholars" (1936) wurde vom „Academic Assistance Council" in London zusammengestellt. Wiederabdruck: Strauss 1987.

234 AdW Heidelberg, Forschungsstelle DRW, Ordner Personalien vor 1941, E. Frh. v. Künßberg, Professor der PAW und Professor an der Universität Heidelberg, Auskunft über Dr. phil. Otto Ludwig, 21. Dezember 1935.

chen damit ab. In den Arbeitsberichten des Rechtswörterbuchs wurden sie noch bis 1942 als freie „Beiträger" erwähnt; der damalige Wohnort des Ehepaares war Leipzig. Mangels Quellen ist ihr weiteres Schicksal unbekannt. Ein letzter Hinweis auf Gerda [Ruge] Ludwig findet sich im vierten Band des DRW. Dort wird sie als Mitarbeiterin genannt, war aber zum Zeitpunkt des Erscheinens (1951) bereits verstorben.

Marie-Luise Rosenthal (1908-) war von 1932 bis Mai 1937 als stundenweise bezahlte studentische Hilfskraft in der Arbeitsstelle Deutsches Wörterbuch tätig; dann fehlen jegliche Hinweise auf ihre Mitarbeit. Hätte sie sich nicht zehn Jahre später, im Mai 1947, um eine erneute Beschäftigung beim nunmehr an der DAW angesiedelten Deutschen Wörterbuch bemüht und hätte die Akademie ihre Wiedereinstellung nicht als eine „Ehrenpflicht" angesehen, wüßte man über ihr Schicksal vermutlich nichts.[235] So aber ließ sich rekonstruieren, daß Marie-Luise Rosenthal noch 1935 das Staatsexamen für das Lehramt an höheren Schulen abgelegt und von Arthur Hübner ein Dissertationsthema erhalten hatte. Nach der Verkündung der sogenannten Nürnberger Gesetze durfte sie als Jüdin nicht mehr promovieren und wurde im Mai 1937 auch als Hilfskraft beim DWB entlassen.[236] Von 1937 bis 1944 schlug sie sich mit wissenschaftlichen Hilfs- und Schreibarbeiten für verschiedene private Arbeitgeber durch. Sie arbeitete als Näherin und wurde als Krankenpflegerin dienstverpflichtet. Marie-Luise Rosenthal überlebte die NS-Herrschaft und konnte 1947 in die Wissenschaft zurückkehren. Sie wurde als Assistentin beim Deutschen Wörterbuch eingestellt und nahm zunächst ihren alten Arbeitsplatz an der Akademie wieder ein. Nachdem sie 1950 an der Humboldt-Universität zu Berlin promoviert worden war, wechselte sie innerhalb des Instituts für deutsche Sprache und Literatur bei der DAW zu Berlin als Mitarbeiterin zum Tiernamen-Wörterbuch. Hier wurde sie 1951 zur wissenschaftlichen Oberassistentin befördert und hatte diese Position bis zu ihrer Pensionierung im Jahre 1968 inne.[237]

Für die Volkskundlerin Martha Bringemeier (1900-nach 1974), die 1930 an der Universität Münster promoviert worden war, anschließend an der Hochschule für Lehrerbildung in Dortmund lehrte, nach 1933 aber von jeder Beförderung ausgeschlossen wurde, da sie als „politisch unzuverlässig" galt,[238] war die Akademie ein Zu-

235 ABBAW, Mag. IIIa, Reg. 29, Bl. 9, Gesuch um Anstellung beim DWB an die DAW v. 27. Mai 1947; Bl. 10 Befürwortung des Gesuchs durch F. Baethgen im Namen der Deutschen Kommission v. 28. Mai 1947. – Mit Dank an Dr. Gerlind Pfeifer für den Hinweis auf Marie-Luise Rosenthal.

236 ABBAW, Mag. IIIa, Reg. 29, Bl. 7, Lebenslauf v. 27. Mai 1947.

237 ABBAW, Mag. IIIa, Reg. 29.

238 Boedeker/Meyer-Plath 1974, S. 239f.

fluchtsort. Der Landschaftsverband Westfalen-Lippe und die Volks-
kundliche Kommission der Universität Münster stellten die auf
Trachten und Kostümkunde spezialisierte Wissenschaftlerin als
Mitarbeiterin ein. So fand Martha Bringemeier ab 1942 eine Beschäftigung beim Westfälischen Provinzialwörterbuch, welches von
der Deutschen Kommission betreut wurde, und vertrat ausgerechnet den „politisch zuverlässigen", aber „im Felde" stehenden Wörterbuchleiter Karl Schulte-Kemminghausen (1892-1964).[239] Für das
Akademieprojekt nahm sie den Gesamtbestand an Vorarbeiten auf
und schrieb darüber einen Bericht, auf dessen Grundlage die technischen und inhaltlichen Grundsätze für die Gestaltung des Wörterbuches festgelegt und ein Arbeitsplan entwickelt wurde, der sich
unter Kriegsbedingungen allerdings nur schwer umsetzen ließ. Martha Bringemeier warb ehrenamtliche Mitarbeiter, begann mit der
Ausarbeitung eines Fragebogens über einzelne Sachgebiete und
hielt zudem Werbevorträge für das Wörterbuch in der Region.[240]
Nach dem Krieg lehrte sie ab 1947 wieder an der Hochschule für
Lehrerbildung in Dortmund. 1964 erhielt sie einen Lehrauftrag für
Geschichte der Kleidung an der Universität Münster. Ein Jahr später und zugleich mit ihrer Pensionierung wurde Martha Bringemeier
in Anerkennung ihrer Verdienste vom Kultusminister des Landes
Nordrhein-Westfalen 1965 zur Professorin ernannt.

Von allen nach 1933 an der Akademie beschäftigten Mitarbeitern und Mitarbeiterinnen wurde der Nachweis der „arischen Abstammung" gefordert und das „Gelöbnis auf den Führer" abgelegt.
Rückblickend ließ eine Mitarbeiterin das Ablegen des sogenannten
Treue-Eids als reine Formsache ohne größere Bedeutung erscheinen: „Anfang 1936 mußten alle Angestellten, auch die wissenschaftlichen ‚Hilfsarbeiter', auf den ‚Führer' vereidigt werden. [...], Prof.
Max Planck, nahm die Vereidigung vor, nachdem er uns erklärt hatte, daß sie nichts anderes beinhalte als das Gelöbnis, unsere Arbeit
gewissenhaft zu verrichten."[241] Obgleich weitere politische Bekenntnisse nicht verlangt wurden, ist davon auszugehen, daß die Wissenschaftler und Wissenschaftlerinnen dem NS-Staat loyal gegenüber-
standen und sich aus Opportunismus oder aus Überzeugung den
neuen Verhältnissen anpaßten.

Eine politische Zäsur im Karriereverlauf von Wissenschaftlern
und Wissenschaftlerinnen bildeten das Ende des Zweiten Weltkrie-

---

239 Nach IGL, Bd. 3, S. 1675-1678 war K. Schulte-Kemminghausen 1926-34
     Priv.-Doz. f. deutsche Philologie/Univ. Münster, 1934-64 nb. ao. Prof. f.
     deutsche Philologie u. Volkskunde/Univ. Münster, 1945-50 aus polit.
     Gründen von der Univ. entfernt (1933 Mitgl. NS-Lehrerbund, SA, 1937
     Mitgl. NSDAP).
240 Jb. PAW 1942, S. 46.
241 Rüttenauer 1983, S. 24.

ges und die Umbrüche in der Nachkriegszeit. Für die Preußische Akademie der Wissenschaften als Arbeitgeber bedeutete das Jahr 1945 einen tiefen Einschnitt. Denn für die weitere Entwicklung war es von Bedeutung, daß die Akademie im sowjetischen Sektor der in vier Sektoren geteilten Stadt Berlin lag. Mit Billigung der Sowjetischen Militäradministration in Deutschland wurde die Akademie im Juli 1946 als Deutsche Akademie der Wissenschaften zu Berlin wiedereröffnet.[242] Zunächst unterstand sie der Zentralverwaltung für Volksbildung, dann kurze Zeit dem Ministerium für Volksbildung und danach dem Ministerrat der DDR. „Im entstehenden ostdeutschen Staat mit seiner ausgeprägten Abneigung gegen autonome Körperschaften büßte sie ihre relative Eigenständigkeit in der Folgezeit weiter ein. Schrittweise vollzog sich ihre Einbindung in die politischen Zielsetzungen der SED."[243] Diese übernahm ab 1952 in Gestalt der Abteilung Wissenschaften des ZK der SED allmählich die Federführung in allen wichtigen Angelegenheiten.

Schon die erste Akademiesatzung aus dem Jahr 1946 enthielt zwei wesentliche Strukturveränderungen, indem die Akademie als eine nationale Akademie mit gesamtdeutschem Anspruch konzipiert wurde und das Recht erhielt, eigene Institute zu errichten. Während der gesamtdeutsche Anspruch der Akademie bald an reale Grenzen stieß, war die zweite strukturelle Veränderung folgenreich. Erstmals in der Geschichte der Akademie war der Weg frei zum Aufbau akademieeigener Institute.[244] In den folgenden Jahren wandelte sich die Akademie von einer Gelehrtengesellschaft ohne nennenswerte eigene Forschungskapazitäten zu einem „Forschungskombinat" mit zahlreichen Forschungseinrichtungen, die seit den späten 1950er Jahren von der Gelehrtengesellschaft zunehmend abgekoppelt wurden und weitgehend unabhängig von ihr bestanden.[245] Institutionell, personell und finanziell wurde die Forschungsarbeit anders organisiert als vor 1945. Mit fast 24.000 Beschäftigten im Jahre 1989 war die Akademie der Wissenschaften der größte Arbeitgeber für Akademiker in der DDR.

Deutliche Verschiebungen gab es in der disziplinären Ausrichtung sowohl der Gelehrtengesellschaft als auch der Forschungsarbeit. Die lange gehütete und bisweilen starre Parität zwischen Geistes- und Naturwissenschaften, die sich in der Zwei-Klassen-Einteilung der Akademie widerspiegelte, wurde 1949 zugunsten einer Sechs-Klassen-Struktur aufgegeben, die in der Folgezeit noch mehrfach verändert wurde. Dies stellte einerseits eine Anpassung an den

---

242 Hartkopf/Wangermann 1991, S. 467-472, Befehl Nr. 187 v. 1. Juli 1946; vgl. Grau 1993, S. 248ff. sowie Kocka/Nötzoldt/Walther 2002, S. 366ff.

243 Kocka/Nötzoldt/Walther 2002, S. 370.

244 Ausführlich dazu Kocka/Nötzoldt/Walther 2002, S. 388ff.

245 vgl. Nötzoldt 2002.

allgemeinen Trend der Wissenschaftsentwicklung dar, leitete aber andererseits die Marginalisierung der Geistes- und Sozialwissenschaften an der Akademie ein.[246] Hatten führende Akademiemitglieder vor 1945 öfter beklagt, daß es der Akademie an naturwissenschaftlicher Forschung mangele, so kehrte sich das Verhältnis nach 1945 nahezu ins Gegenteil um. Die Akademieforschung wurde von den Naturwissenschaften dominiert. Die Geisteswissenschaften hatten ihre führende Rolle eingebüßt. Die DAW führte die meisten der vorwiegend philologisch ausgerichteten Unternehmungen jedoch weiter, einige davon in Kooperation mit anderen Akademien. Manche Kommissionen wurden in Institute umgewandelt, so entstand aus der Deutschen Kommission 1952 das Institut für deutsche Sprache und Literatur, aus der Kommission für griechisch-römische Altertumskunde wurde 1955 das gleichnamige Institut. Andere Unternehmungen wurden in Akademieinstitute eingegliedert, zum Beispiel das Jahrbuch über die Fortschritte der Mathematik in das Institut für reine Mathematik. Bis in die 1950er und 1960er Jahre hinein wurden auch frühere PAW-Mitarbeiter und Mitarbeiterinnen beschäftigt. Zu ihnen gehörten etwa die Mathematikerin Erika Pannwitz und die Germanistin Ingeburg Kühnhold. Ihren Wohnsitz hatten beide nicht in den Ostteil der Stadt verlegt, wo sich die Akademie befand, sondern sie pendelten zwischen West- und Ostberlin. Nicht nur auf der Ebene der Gelehrtengesellschaft, auch in den Forschungseinrichtungen der Akademie gab es in den 1950er und 1960er Jahren eine längere Phase des gleichzeitigen Nebeneinanders von „bürgerlichen Gelehrten" und „neuer Intelligenz".

In der Nachkriegszeit eröffneten sich für Wissenschaftler und Wissenschaftlerinnen neue berufliche Optionen. Einige Akademiemitarbeiterinnen, die aus unterschiedlichen Gründen die PAW verlassen hatten, kehrten nach 1945 in die Wissenschaft zurück, knüpften aber nur teilweise an ihre früheren Tätigkeiten an, sondern setzten ihre wissenschaftliche Laufbahn an der Universität fort. Zu ihnen gehörte die Philosophin und Religionswissenschaftlerin Liselotte Richter. Von 1936 bis 1942 war sie wissenschaftliche Mitarbeiterin bei der Leibniz-Kommission, stellte dort Manuskripte zusammen und beschäftigte sich mit den sprachlichen Besonderheiten bei Johann Gottfried Leibniz. Ihre Arbeit wurde schlecht bezahlt, häufig mußte sie unbezahlte Überstunden machen.[247] Obwohl sie 1939 ins Angestelltenverhältnis übernommen worden war und ab 1940 die Entzifferungsarbeiten bei der Leibniz-Ausgabe leitete, kündigte Liselotte Richter 1942 bei der Akademie und arbeitete fortan als freie Schriftstellerin und Publizistin. Nach der Kapitulation

---

246   Kocka/Nötzoldt/Walther 2002, S. 371.
247   Wenzel 1999, S. 135ff.

beteiligte sie sich in demokratischen Gremien Berlins und wirkte als Bezirksstadträtin für Kultur und Bildung in Charlottenburg. Bereits im Mai 1945 gründete sie einen Philosophiekreis und hielt die ersten Stunden in ihrer Wohnung ab.

Im Oktober 1945 meldete sich Liselotte Richter zur Habilitation an der Philosophischen Fakultät der Berliner Universität an. 1946 wurde sie habilitiert, wobei als schriftliche Habilitationsleistung ihre im gleichen Jahr veröffentlichte und vielbeachtete Schrift *Leibniz und sein Rußlandbild* gewertet wurde.[248] 1947 erfolgte ihre Berufung zur Professorin mit vollem Lehrauftrag an der Philosophischen Fakultät. Sie vertrat Religionsphilosophie, wurde aber schon bald an der Fakultät unter anderem von Wolfgang Harich angefeindet und 1951 an die Theologische Fakultät abgeschoben, was im Zusammenhang mit der zweiten Hochschulreform 1950/51 verschleiernd Strukturwechsel genannt wurde. An der Theologischen Fakultät wurde sie mit einer theologischen Dissertation 1951 noch einmal promoviert und erhielt den Lehrstuhl für Religionswissenschaft innerhalb der Abteilung für Systematische Theologie. Liselotte Richter, die bis zur Aufgabe ihrer Professur aus Gesundheitsgründen 1964 zwischen ihrem Wohnsitz im westlichen Stadtteil Charlottenburg und ihrem Arbeitsort im Ostteil der Stadt pendelte, sei – so urteilt ihre Biographin Catherina Wenzel – weder Osten noch im Westen wirklich beheimatet gewesen. Als einzige der 1946 ernannten Professorinnen blieb sie bis zu ihrer Emeritierung an der Berliner Universität Unter den Linden.[249]

Eine zweite Chance in der Wissenschaft eröffnete sich auch für Isabella Rüttenauer (geb. Papmehl, 1909-). Die in Berlin promovierte Germanistin hatte im Dezember 1933 eine Beschäftigung als wissenschaftliche Mitarbeiterin in der von Max Vasmer gegründeten Slawischen Kommission (1932) gefunden, an den Vorarbeiten zum Russischen Geographischen Namenbuch teilgenommen, diese Tätigkeit jedoch als langweilig und eintönig empfunden.[250] Unzufrieden verließ sie die Akademie auf eigenen Wunsch und arbeitete als freiberufliche Publizistin. Seit 1936 war sie mit dem Redakteur Wolfgang Rüttenauer († 1957) verheiratet; beide hatten fünf Kinder. Nach dem Tod ihres Ehepartners sah sie sich aus finanziellen Gründen nach einer Anstellung um. Mit der persönlichen Empfehlung eines bekannten Barockforschers kehrte Isabella Rüttenauer 1958 in die Wissenschaft zurück, als Assistentin und ab 1960 als Dozentin an der Pädagogischen Akademie Münster. Sie lehrte zuletzt als Professorin für allgemeine Pädagogik an der Westfälischen

---

248 Wenzel 1999, S. 203-206; Wenzel 2003.
249 Wenzel 1999, 2003; Ruschhaupt/Reinsch 2003.
250 Rüttenauer 1983; zur Slawischen Kommission vgl. Zeil 1978.

Wilhelms-Universität Münster.[251] Ihr Wiedereinstieg in die Wissenschaft war mit einem Fachrichtungswechsel verbunden. In den Erziehungswissenschaften hatten Frauen bessere berufliche Chancen als in anderen Disziplinen, weil die Pädagogik für männliche Wissenschaftler weniger attraktiv war und die Lehre auf diesem Gebiet Frauen überlassen wurde. Pädagogische Lehrkräfte wurden gesucht, und die Habilitation war keine zwingende Voraussetzung, um als Professorin lehren zu können.

Nach 1945 wechselten erstmals Wissenschaftlerinnen aus der Akademie in die Hochschullaufbahn und beschritten damit einen Weg, der ihren männlichen Kollegen schon immer offen gestanden hatte. Unter ihnen war die Germanistin und freie Mitarbeiterin bei der Deutschen Kommission der PAW Marie-Luise Dittrich, die sich im Oktober 1945 in Göttingen habilitierte und zuletzt als ordentliche Professorin für Ältere Germanistik (Literatur des Mittelalters) an der Universität Münster lehrte.[252] An einer Hochschule setzte auch die 1929 in Göttingen promovierte Erziehungswissenschaftlerin Erika Hoffmann (1902-nach 1974) ihre Laufbahn fort, die bis dahin als Mitarbeiterin der Kommission für Erziehungs- und Schulgeschichte an der PAW tätig war. Von 1947 bis 1949 lehrte sie als außerordentliche Professorin an der Universität Jena, leitete außerdem die Fröbelforschungsstätte in Weimar und arbeitete im Goethe- und Schillerarchiv. 1951 ging sie nach Westdeutschland, wurde Dozentin an der Pädagogischen Hochschule Lüneburg und leitete von 1951 bis zu ihrer Pensionierung 1966 das Fröbel-Seminar in Kassel.[253] Männliche Wissenschaftler nutzten nach 1945 ebenfalls die Gelegenheit, um in die Hochschullaufbahn zu wechseln. Ihre genaue Anzahl ist nicht bekannt. Fest steht, daß von sieben wissenschaftlichen Beamten im erwerbsfähigen Alter fünf ihre Laufbahn an Universitäten fortsetzten.[254]

Angeordnet nach dem Grad ihrer Verankerung in der Wissenschaft, betrachte ich zunächst zwei institutionell eher wenig verankerte Wissenschaftlerinnen, im dritten Abschnitt die zahlenmäßig größere Gruppe der an der PAW integrierten Forscherinnen und im vierten Abschnitt zwei habilitierte Wissenschaftlerinnen, die sowohl an der Akademie als auch an der Universität verankert waren.[255]

---

251 Harders 2004, S. 124-130.

252 IGL, Bd. 1, S. 393f.

253 Boedeker/Meyer-Plath 1974.

254 Günther Klaffenbach, Johannes Haas, Josef Ehrenfried Hofmann, Herbert Nesselhauf, Walther Eltester.

255 Inspirierend war für mich die von Jutta Allmendinger und ihrer Arbeitsgruppe vorgenommene Unterscheidung von interner und externer bzw. einfacher und doppelter Verankerung in der Wissenschaft. Ich verwende

4.2 FORSCHEN UND PUBLIZIEREN

Seit der Aufklärung hatte sich Publizieren als eine Strategie bewährt, mit der Frauen Beachtung in der Wissenschaft finden konnten. In einer Zeit, als gebildeten Frauen nur wenige Berufsmöglichkeiten offenstanden, konnten sie als Übersetzerinnen, Schriftstelle-
rinnen oder Publizistinnen sichtbar hervortreten und Anerkennung
erwerben.[256] Daran knüpften in der ersten Hälfte des 20. Jahrhunderts auch promovierte Wissenschaftlerinnen an, weil akademische
Karrieren ihnen noch versperrt waren und sich nur wenige Verankerungsmöglichkeiten boten. Die Wege von Sigrid von der Schulenburg und Anneliese Maier waren mit der PAW verbunden, aber institutionell waren sie dort nur schwach integriert. Die Philosophin
Sigrid von der Schulenburg[257] veröffentlichte *Briefe Wilhelm Diltheys
an Bernhard und Luise Scholz 1859-1864* in den *Sitzungsberichten
der PAW* 1933.[258] Die Briefe von Wilhelm Dilthey an seinen Jugend-
freund, den Musiker Bernhard Scholz und seine Frau Luise umfassen die Zeit bis zur Promotion und Habilitation des Philosophen
und geben Einblick in die Anfänge seiner Karriere, seine wissenschaftlichen Absichten und inneren Stimmungen. Um in den Akademieschriften publizieren zu können, brauchte die Herausgeberin
als Nichtakademiemitglied die Fürsprache eines Mitglieds.[259] Diese
Aufgabe übernahm der Philosoph Eduard Spranger.[260]

Als Eduard Spranger die Veröffentlichung der Studie in den
Akademieschriften unterstützte, hatte sich ihre Verfasserin bereits
einen Namen als Dilthey-Forscherin erworben. 1923 hatte Sigrid
von der Schulenburg den *Briefwechsel zwischen Wilhelm Dilthey
und dem Grafen Paul Yorck von Wartenburg* herausgegeben, der als

---

die Begriffe hier jedoch mit anderen Bezügen. Vgl. Allmendinger/Stebut/
Fuchs/Hornung 1998; Allmendinger/Fuchs/Stebut 1999; Stebut 2003.

256 Oelsner 1894; Hahn 1994; Honegger/Wobbe 1998. Für die schöngeistige
Literatur vgl. Kaufmann 1988.

257 Sigrid von der Schulenburg war die Tochter von Graf Dietrich J.F. von der
Schulenburg (1849-1908) und Hedwig von Saldern (1854-?); Gymnasium
Berlin Reife 1910, Studium in Berlin, Tübingen, Straßburg; Freiburg i.Br.,
Phil. Diss. 1920 (1921).

258 SB PAW 1933, phil.-hist. Klasse, S. 416-471.

259 Hartkopf/Wangermann 1991, S. 311, Grundsätze für die Redaktion der
akademischen Schriften, §2: „Nichtmitglieder haben hierzu die Vermittlung eines ihrem Fache angehörenden ordentlichen Mitgliedes zu benutzen." Grau/Schlicker/Zeil 1979, S. 239 zufolge waren Veröffentlichungen
von Nichtakademiemitgliedern in den Akademieschriften erst seit den
1930er Jahren möglich.

260 SB PAW 1933, S. 372, E. Spranger legte die Briefe in der Sitzung der phil.-
hist. Klasse am 23. März 1933 vor.

erster Band in der von Erich Rothacker in Verbindung mit Heinrich Maier, Georg Misch, Eduard Spranger und Emil Wolff herausgegebenen Schriftenreihe *Philosophie und Geisteswissenschaften* erschien. Seit langem stand die Aristokratin im geistigen und persönlichen Austausch mit Heinrich Graf Yorck von Wartenburg, dessen Vater Graf Paul Yorck von Wartenburg (1835-1897) eng mit Wilhelm Dilthey befreundet war. Heinrich Graf Yorck von Wartenburg war zum Verwalter des Dilthey-Nachlasses eingesetzt worden.[261] Durch ihre persönlichen Kontakte erhielt Sigrid von der Schulenburg Zugang zu den nachgelassenen Materialien und konnte daraus publizieren. In ihrer Abhandlung aus dem Jahre 1933 nutzte sie außerdem auch ungedrucktes Material aus dem Dilthey-Archiv der PAW heran.[262]

Zur wissenschaftlichen Beschäftigung mit dem Dilthey-Nachlaß gelangte Sigrid von der Schulenburg auch über Paul Ritter, mit dem sie seit 1926 verheiratet war. Ihr Ehemann war nicht nur ein Schüler von Max Lenz, sondern auch ein enger Mitarbeiter und Freund von Wilhelm Dilthey in dessen letzten Lebensjahren. Als 1913 die Dilthey-Kommission gegründet wurde, die eine Edition Gesammelter Schriften herauszugeben beabsichtigte, wurde Paul Ritter als Verwalter des Dilthey-Archivs an der PAW eingesetzt. Seinen Lebensunterhalt verdiente er indes als hauptamtlicher wissenschaftlicher Hilfsarbeiter bei der Leibniz-Kommission der PAW. Dort wurde Paul Ritter 1910 in die Position eines wissenschaftlichen Beamten berufen, nachdem er im Auftrag der Kommission bereits wichtige Vorarbeiten für die interakademische Leibniz-Ausgabe durchgeführt und 1908 den *Kritischen Katalog der Leibniz-Handschriften* veröffentlicht hatte. Das Forscherpaar verband somit nicht nur das gemeinsame Interesse für die philosophischen Arbeiten von Wilhelm Dilthey, sondern auch für die von Gottfried Wilhelm Leibniz (1646-1716).

Leibniz-Studien betrieb Sigrid von der Schulenburg seit 1929, ab 1934 offiziell als „freie Mitarbeiterin ohne Vertrag und Honorar" bei der Leibniz-Kommission der PAW.[263] Dieser Mitarbeiterstatus verschaffte ihr den nötigen Forschungsfreiraum, denn die Wissenschaftlerin hatte ungehinderten Zugang zu den nachgelassenen Leibniz-Manuskripten, konnte diese wissenschaftlich auswerten und die Ergebnisse ihrer Untersuchungen publizieren. Neues entdecken und der Öffentlichkeit mitteilen – das entsprach ihren Wünschen und ihrer „Strategie". Unaufgefordert reichte sie ihre Manuskripte zur Begutachtung bei der PAW ein. Eine wissenschaftliche

---

261   Rodi 1988.

262   SB PAW 1934, phys.-math. Klasse, S. LXXV, Bericht v. C. Stumpf.

263   ABBAW, II-VIII-177, Bl. 226, Bericht des Vorsitzenden der Leibniz-Kommission an das RMfWEV v. 13. Oktober 1938.

Edition wollte sie vermutlich nicht herausgeben, und niemand erwartete eine solche von ihr. Als freie Mitarbeiterin hatte sie einen Spielraum, den die vertraglich verpflichteten Editoren bei der Leibniz-Kommission nicht hatten. Editionsarbeit war und ist langwierig. Nicht selten arbeiteten Editoren jahrelang selbstlos, ohne zu Lebzeiten die fertige Edition in den Händen halten zu können. Die Arbeit erforderte zudem Disziplin, hinter der Forscherdrang und Entdeckerfreude oft zurücktreten mußten. Dieses frustrierende Los teilte Sigrid von der Schulenburg nicht; sie konnte ohne Zwänge und Verpflichtungen wissenschaftlich arbeiten. In die Arbeitsgruppe wurde sie aber nicht integriert. Vielleicht gehörte es zu ihrem aristokratischen Lebensstil, keine formale Position in der Wissenschaft anzustreben. Möglicherweise akzeptierte sie die Vorstellung, einer Arbeitsgruppe anzugehören und einer Erwerbsarbeit nachzugehen, ebenso wenig wie die, unter der Leitung ihres Ehemannes zu arbeiten. Auf eine Erwerbstätigkeit zur Absicherung ihres Lebensunterhaltes war sie vermutlich nicht angewiesen, die ökonomisch privilegierte Situation erlaubte es ihr, finanziell unabhängig ihren wissenschaftlichen Neigungen nachzugehen.

Reisende Stipendiatin: Die Wissenschaftshistorikerin Anneliese Maier hatte Physik, Mathematik und Philosophie studiert und 1930 mit einer Arbeit über *Kants Qualitätskategorien* bei Eduard Spranger in Berlin promoviert. Im Anschluß daran wollte sich die Tochter des Philosophieprofessors Heinrich Maier (1867-1933, OM 1922) und seiner Frau, der Tübinger Professorentochter Anna Sophie Elisabeth Sigwart (1870-1953), habilitieren und die Hochschullaufbahn einschlagen. Unter den NS-Bedingungen verzichtete sie darauf.[264] Von 1933 bis 1936 wurden nur drei Habilitationsverfahren von Frauen im Deutschen Reich abgeschlossen, keines davon in Berlin.[265] Mit der Einführung der Reichshabilitationsordnung im Dezember 1934 wurden Habilitation und Erwerb der Lehrberechtigung (Venia legendi) getrennt. Für die Ernennung als Dozent reichte die mit der Habilitation nachgewiesene wissenschaftliche Befähigung allein nicht mehr aus, sondern wurde an eine politische Bewährung der Kandidaten in sogenannten Dozentenlagern geknüpft, die den Charakter paramilitärischer Schulungen trugen. Außerdem hatte der NS-Dozentenführer der jeweiligen Fakultät ein Mitspracherecht. Die Dozentur wurde zu einem Instrument der politischen Auslese des Hochschullehrernachwuchses während des Nationalsozialismus. Dies alles konnte habilitierwillige Wissenschaftler und Wissenschaftlerinnen abschrecken.[266]

---

264 Schmaus 1972; NDB, Bd. 15, S. 696 (Beitrag v. M. Renneberg); Vogt 2004; Vogt 2007.

265 Boedeker/Meyer-Plath 1974; Vogt 1997c; Vogt 2007.

266 Losemann 1980; Lösch 1999; Marggraf 2002.

Nach dem Tod ihres Vaters und der Herausgabe seiner Schriften[267] bewarb sich Anneliese Maier 1936 um eine Beschäftigung als wissenschaftliche Mitarbeiterin bei der Leibniz-Ausgabe. Mit einem Zwei-Monatsvertrag ausgestattet, der nach der Probezeit um ein Jahr verlängert wurde, hatte sie sich „an den laufenden Arbeiten für die im Druck oder in Vorbereitung befindlichen Bände der Leibniz-Ausgabe" zu beteiligen.[268] Sie reiste nach Italien, um im Auftrag der Kommission die Leibniz-Handschriften in den Archiven aufzunehmen. 1937 veröffentlichte sie die *Leibnizbriefe in italienischen Bibliotheken und Archiven.*[269] Eine Leibniz-Forscherin wurde sie jedoch nicht. 1938 ließ sich Anneliese Maier zunächst für ein halbes Jahr von der Akademie beurlauben, um am Kaiser-Wilhelm-Institut für Kulturwissenschaften (der Bibliotheca Hertziana) in Rom eigene Forschungsarbeiten durchzuführen.[270] Sie beschäftigte sich mit den Wandlungen der Naturauffassung im 14. Jahrhundert, der Geschichte der Naturwissenschaften in der Frühscholastik und untersuchte die Anfänge der mechanischen Naturbetrachtung in der Spätscholastik, wobei Themenwahl und Fragestellungen von ihrem Vater beeinflußt worden waren. Heinrich Maier hatte als Mentor die ersten Schritte seiner Tochter in die Wissenschaft begleitet und ihr geistige Anregungen gegeben. Einer These ihres Vaters war Anneliese Maier auch in ihrer Dissertation nachgegangen.[271]

Die 1938 am KWI für Kulturwissenschaften begonnene Forschungsarbeit setzte Anneliese Maier in den Folgejahren fort. Gefördert wurde ihr Aufenthalt am KWI mit DFG-Stipendien, die sie über die KWG (1939/40) und die PAW (1941-43) erhielt. Die Stipendien waren befristet und mußten jährlich verlängert werden, doch sie ermöglichten die freie Forschungsarbeit. Unterstützungsleistungen forderte Anneliese Maier aktiv und selbstbewußt ein, wobei ihre soziale Herkunft nicht unwichtig war. An der PAW vertrat ihr Doktorvater Eduard Spranger das Anliegen der „frühere[n] Mitarbeiterin der Leibniz-Ausgabe" und „Tochter des verstorbenen Mitglieds der

---

267 Heinrich Maier, Philosophie der Wirklichkeit, Bd. 2.1 Die Realität der physischen Welt; 2.2 Der Aufbau der physischen Welt, Tübingen 1934; Bd. 3 Die physisch-geistige Wirklichkeit, Tübingen 1935.

268 ABBAW, II-VIII-177, Bl. 15 Arbeitsvertrag zwischen der Kommission und A. Maier v. 29. Januar 1936; Bl. 41 Vertragsverlängerung v. 6. April 1936.

269 Quellen und Forschungen aus italienischen Archiven und Bibliotheken, 27 (1937), S. 267-282.
Eine Bibliographie der Schriften von Anneliese Maier ist zusammengestellt in A. Maierù (Hrsg.), Studi sul XIV secolo in memoria di Anneliese Maier (Storia e Letteratura, 151), Roma 1981.

270 ABBAW, II-VIII-177, Bl. 192 A. Maier an Leibniz-Kommission v. 22. Dezember 1937.

271 NDB, Bd. 15, S. 696.

Akademie" – so seine Formulierung, als er 1941 für die Klassensitzung einen Verlängerungsantrag für die Wissenschaftlerin anmeldete.[272] Auf der Basis ihrer bisherigen kleineren Einzeluntersuchungen wollte Anneliese Maier „eine größere Studie" schreiben über die Vorstufen und Anfänge der exakten Naturwissenschaften, insbesondere der Physik, im späten Mittelalter und dabei zugleich die wichtigsten Quellentexte edieren und erläutern. Da bei „den zahlreichen, fast nur in Handschriften vorliegenden und noch kaum durchforschten Material" die Aufgabe mehrere Jahre dauern werde, suchte sie mit Unterstützung der Akademie einen längerfristigen Auftrag zu bekommen.[273] Anneliese Maier wollte sich einem wenig bearbeiteten Gebiet zuwenden, und dieses Anliegen wurde von der PAW gefördert. Die Akademie hatte darüber hinaus ein Interesse daran, für gelegentliche Rechercheaufträge verschiedenster Art im Vatikanischen Archiv eine „ständige Vertreterin" der PAW und der übrigen deutschen Akademien vor Ort zu haben, d.h., „dort dauernd einen Gelehrten zur Verfügung zu haben, der in Archivarbeiten geschult ist."[274] Die Versuche, das DFG-Stipendium in einen langfristigen Auftrag umzuwandeln, blieben jedoch erfolglos.[275]

Anneliese Maier war wie Sigrid von der Schulenburg eine freie Forscherin. Als Stipendiatin am KWI konnte sie arbeiten und die institutionellen Ressourcen nutzen, ohne sich an den unmittelbaren Institutsaufgaben beteiligen zu müssen.[276] In der Schriftenreihe des KWI für Kulturwissenschaften erschienen in rascher Folge ihre Monographien *Die Mechanisierung des Weltbildes im 17. Jahrhundert* (1938), *Das Problem der intensiven Größe in der Scholastik* (1939) und *An der Grenze zur Scholastik* (1943). 1943 erhielt Anneliese Maier eine Assistentenstelle beim KWI und teilte der Akademie mit:

„In meinen Verhältnissen hier ist neuerdings insofern eine Änderung eingetreten, als der letzte Assistent unseres Instituts jetzt auch einberufen worden ist und ich infolgedessen habe einspringen müssen. Unter diesen Umständen hat mich das Institut nun auch finanziell ganz übernommen, sodass ich die For-

---

272 ABBAW, II-IV-125, Bl. 33, E. Spranger an [H. Grapow] v. 16. November 1941.

273 ABBAW, II-IV-125, Bl. 37 u. 38, A. Maier an [H. Scheel] v. 10. Januar 1942.

274 ABBAW, II-IV-125, Bl. 33, E. Spranger an [H. Grapow] v. 16. November 1941; Bl. 34 Protokollauszug Sitzung der phil.-hist. Klasse v. 20. November 1941.

275 ABBAW, II-IV-125, Bl. 41-43; Bl. 44, Antrag A. Maier an die DFG v. 20. Februar 1942; Bl. 48, Bewilligung DFG-Stipendium v. 14. März 1942; Bl. 52 Bewilligung DFG-Stipendium v. 9. März 1943. Die Höhe des Stipendiums betrug zwischen 300-350 RM monatlich, dazu wurde eine Reisebeihilfe in Höhe von 200 RM gezahlt.

276 Zum Status von Stipendiaten bei der KWG: Vogt 2007.

schungsgemeinschaft gebeten habe, das Stipendium vorläufig zu suspendieren und es später (nach dem Krieg oder wenn sonstige Änderungen eintreten) wieder aufzunehmen. Es war nach Lage der Dinge nichts anderes zu machen. Selbstverständlich werde ich auch künftig eventuelle Recherchen für die Akademie ausführen können, sodass in dieser Beziehung sich nichts ändern wird. Und was die übrigen Arbeitspläne anbelangt, hoffe ich, dass sie künftig doch noch einmal realisiert werden können."[277]

Auf die mit der Übernahme der Vertretungsassistenz verbundene bessere Verankerung am KWI reagierte Anneliese Maier zurückhaltend. Daß ihre verhaltene Reaktion einen politischen Hintergrund hatte, lag am Leiter dieser Abteilung, dem NSDAP-Mitglied Werner Hoppenstedt. Der überzeugte Nationalsozialist unterstützte jedoch die NS-Gegnerin Anneliese Maier.[278] Sie blieb in Rom, auch als ihre Kollegen 1944 nach Deutschland gingen, und arbeitete unter dem Schutz vom Vatikan 1945 bis 1950 in der Biblioteca Vaticana.

„Nischenstrategie": Ein Einzelforscherdasein führten beide Wissenschaftlerinnen, Anneliese Maier und Sigrid von der Schulenburg. Sie verfolgten eigene Interessen, wollten Neues entdecken, publizieren und fanden bei der Leibniz-Kommission eine Art „Nische".[279] Sigrid von der Schulenburgs Forschungen standen außerhalb der Arbeitsschwerpunkte der Kommission. Die Leibniz-Gesamtausgabe der PAW war in acht thematisch geordnete Reihen gegliedert, wobei nicht alle Reihen gleichmäßig bearbeitet wurden.[280] Bis heute erschien kein Band der Reihe V, der die historischen und sprachwissenschaftlichen Arbeiten umfassen soll. Indem sich Sigrid von der Schulenburg mit den philologischen Schriften von Leibniz befaßte, widmete sie sich einem nicht bearbeiteten Forschungsfeld. Als ein Ergebnis ihrer langjährigen Forschungsarbeit erschien 1937 die Studie *Leibnizens Gedanken und Vorschläge zur Erforschung der deutschen Mundarten* in den *Abhandlungen der PAW.*[281] Der Germanist Julius Petersen legte sie der philosophisch-historischen Klasse

---

277 ABBAW, II-IV-125, Bl. 59, A. Maier an Professor [H. Scheel] v. 13. April 1943.

278 Vogt 2004, S. 397f.

279 Zur Nischenstrategie vgl. Rossiter 1982.

280 Publikationsübersicht: Reihe I Allgemeiner politischer und historischer Briefwechsel, Bde. 1-17 (1923-2001); Reihe II Philosophischer Briefwechsel, 1 Bd. (1926); Reihe III Mathematischer, naturwissenschaftlicher, technischer Briefwechsel, Bde. 2-4 (1987-1995); Reihe IV Politische Schriften, Bde. 1-4 (1931-2001); Reihe V Historische und sprachwissenschaftliche Schriften, nicht begonnen; Reihe VI Philosophische Schriften, Bde. 1-6 (1930-1962), Reihe VII Mathematische Schriften, Bde. 1-2 (1990-1996); Reihe VIII Naturwissenschaftliche und technische Schriften.

281 Abhandlungen der PAW, Jg. 1937, phil.-hist. Klasse Nr. 2, S. 1-37.

vor.[282] Diese Abhandlung war als Vorstudie zu einer größeren Untersuchung über Leibniz als Sprachforscher gedacht. Ende der 1930er und Anfang der 1940er Jahre hatte Sigrid von der Schulenburg wohl mehrere Arbeiten und Entwürfe mit philologischer Thematik zur Herausgabe vorbereitet.[283] Dazu selbst ist es jedoch nicht mehr gekommen. Im Zuge der politisch motivierten Umstrukturierung der Leibniz-Ausgabe und ihrer naturwissenschaftlichen Ausrichtung wurde Paul Ritter 1939 durch den Mathematikhistoriker Josef Ehrenfried Hofmann (1900-1973, KM 1957, AM 1969) ersetzt.[284] Ritter war 1937 mit dem Erreichen der Altersgrenze pensioniert worden, hatte aber die Leitung der Arbeiten ehrenamtlich weiter geführt. Seine Frau Sigrid arbeitete nach 1939 ebenfalls nicht mehr an den Leibniz-Manuskripten. Sie starb im Jahre 1943.

Einer breiten Öffentlichkeit waren ihre Leibniz-Studien kaum bekannt und fanden daher nur wenig wissenschaftliche Beachtung. Erst dreißig Jahre nach ihrem Tod erfuhr ihr letztes Werk eine postume Anerkennung, als 1973 der Leibniz-Forscher Kurt Müller (1907-1983) die Monographie *Leibniz als Sprachforscher* unverändert aus dem „verwaisten Nachlaß" herausgab. Die Arbeit wurde – das ist bemerkenswert – „nicht als historisches Dokument, sondern als wissenschaftlichen Beitrag zur historischen etymologischen Sprachforschung der Gegenwart" veröffentlicht.[285] Demnach waren die Schulenburgschen Untersuchungen noch nicht durch neuere Forschungen überholt. Zugleich bedeutete das aber auch, daß ihre Studien vereinzelt standen und Jahrzehnte nach dem Tod ihrer Verfasserin keine Fortsetzung gefunden hatten. Die Monographie basierte auf nicht edierten Handschriften des Leibniz-Nachlasses, von denen einige während des Zweiten Weltkriegs vernichtet wurden. Auch das Manuskript hatte den Krieg nicht unbeschadet überstanden:

> „Als 1946 die während des 2. Weltkrieges von der Berliner Akademie der Wissenschaften ausgelagerten Materialien der Leibniz-Kommission zurückkamen, mußte ich [Kurt Müller] feststellen, daß eine der Kisten gewaltsam geöffnet war. Nicht nur Leibnizmanuskripte fehlten, sondern auch Blätter der hier vorgeleg-

---

282 ABBAW, Nl. Ritter, Nr. 23, Brief von J. Petersen an S. v.d. Schulenburg v. 10. März 1937. Petersen lobte das Manuskript, „das so außerordentlich viel Neues und Interessantes enthält. Ich werde die Abhandlung der Akademie morgen zur Vorlage bringen." – SB PAW 1937, phil.-hist. Klasse, S. 21, J. Petersen legte die Abhandlung der philosophisch-historischen Klasse in der Sitzung am 11. März 1937 vor; zum Druck genehmigt am gleichen Tage, ausgegeben am 19. Juni 1937.

283 Müller 1973, S. IX.

284 Poser 2000, S. 385.

285 Müller 1973.

ten Arbeit, andere waren zerrissen oder beschmutzt und nur noch schwer lesbar. Dem fast achtzigjährigen Paul Ritter gelang es, aus Notizzetteln, Exzerpten und Konzepten seiner verstorbenen Frau, die meisten Lücken wieder zu schließen. Verbliebene offene Stellen wurden von mir [Kurt Müller] durch Text oder, wenn keine Aufzeichnungen erhalten waren, durch drei Punkte in eckigen Klammern kenntlich gemacht."[286]

Während häufig Witwen die nicht vollendeten Werke ihrer verstorbenen Ehemänner aus dem Nachlaß herausgeben, ist dies ein Beispiel für den umgekehrten Fall. Der hochbetagte Paul Ritter ergänzte das von der Kriegsauslagerung beschädigte oder verlorene Material. Nach seinem Tod 1954 setzte Kurt Müller diese Arbeit fort. Beide drückten damit ihre Wertschätzung für die Leistungen der Wissenschaftlerin aus.

Anneliese Maier hat der Forschung wichtige Quellen zugänglich gemacht und war eine sehr produktive Wissenschaftlerin. Ihre Bücher wurden rezipiert und ihre Forschungen weltweit beachtet. 1951 zeichnete sie der Kultusminister des Landes Nordrhein-Westfalen mit dem Professorentitel aus. Sie wurde Mitglied mehrerer in- und ausländischer Wissenschaftsakademien, so in Mainz (1949), Göttingen (KM 1962), München (KM 1966), Paris und in den USA. Ihre Ernennung zum Wissenschaftlichen Mitglied der MPG war mit einer Akademiemitgliedschaft vergleichbar.[287] Doch unterschied sich ihr Weg von dem vieler (männlicher) Akademiemitglieder. Anneliese Maiers wissenschaftliche Karriere verlief weitgehend außerhalb der Universität. Es waren mit der PAW, der KWG beziehungsweise MPG außeruniversitäre Forschungseinrichtungen, in denen sie Freiräume und Gelegenheiten fand, um eigene Forschungsprojekte durchzuführen und wissenschaftliche Anerkennung zu erwerben. Institutionell war Anneliese Maier vor 1945 nur schwach verankert. Auch später zog es die Forscherin nicht an die Universität, obwohl ihr in der frühen Bundesrepublik die Gelegenheit zu einer stärkeren Anbindung gegeben wurde.

1950 nahm Anneliese Maier einen Lehrauftrag an der Universität Köln an und war einige Zeit als Honorarprofessorin tätig, doch verzichtete sie schließlich auf die Professur, weil sie andere Pläne hatte. Die Hintergründe für diese Entscheidung sind vor wenigen Jahren von der Wissenschaftshistorikerin Annette Vogt geklärt worden. Der frühere KWI-Abteilungsleiter Werner Hoppenstedt schlug Anneliese Maier 1950 als seine Nachfolgerin vor, die eine eigene

---

286   Müller 1973, S. IXf. – Offenbar bestanden auch „unerledigte Fragen", denen S. von der Schulenburg noch hatte nachgehen wollen. Sie hatte zudem wohl weitere Sonderabhandlungen zur Klärung von Detailfragen geplant, z.B. nach dem Beginn der intensiven Sprachforschung bei Leibniz.

287   Vogt 2008, S. 122-125.

Forschungsabteilung aufbauen wollte und ihre Pläne in einer Denkschrift verfaßt hat.[288] Doch als die Bibliotheca Hertziana im Oktober 1953 als MPI wiedereröffnet wurde, lehnte der neue Direktor, der Kunsthistoriker Metternich (1893-1978), Anneliese Maier ab. Das sogenannte Harnack-Prinzip ließ dem Direktor bei Personalentscheidungen freie Hand. Mit Forschungsbeihilfen aus Sonderfonds setzte Maier ihre Studien in Rom fort. Ab 1950 erhielt sie Forschungsbeihilfen von der Max-Planck-Gesellschaft, der Nachfolgeeinrichtung der Kaiser-Wilhelm-Gesellschaft. Mit diesen und mit ihrer Ernennung zum Wissenschaftlichen Mitglied der MPG 1954 konnte die Forscherin weiterhin überaus aktiv und produktiv arbeiten. Aber das in der Denkschrift 1954 skizzierte Forschungsprogramm blieb unverwirklicht.[289] Eine Folge davon war, daß Anneliese Maier weitgehend allein arbeitete[290] und in der Bundesrepublik ihre Wirkung auf einen kleinen Kreis von Mittelalterhistorikern begrenzt blieb, wohingegen sie in den USA bis heute eine bekannte Wissenschaftshistorikerin ist. Als erste Wissenschaftlerin wurde sie dort 1966 mit der „Sarton Medal" ausgezeichnet, die für Wissenschaftshistoriker den Rang des Nobelpreises hat.[291]

4.3 VERBLEIB AN DER AKADEMIE

Eine größere Gruppe von 20 Wissenschaftlerinnen war dauerhaft in den Forschungsprojekten tätig und institutionell an der Akademie verankert. Fünf Frauen erreichten im Laufe ihres Berufslebens den Status von Abteilungsleiterinnen. Die seit 1916 als erste Wissenschaftlerin beim Thesaurus linguae Latinae beschäftigte klassische Philologin Ida Kapp war als Artikelverfasserin und ab 1930 zugleich als Redaktorin (Bd. V 2) tätig.[292] Spuren ihrer Arbeit sind noch heute auffindbar. Lange fand beim Thesaurus keine intensive Betreuung durch den zuständigen Bandredaktor statt, weil man davon ausging, daß ausgebildete Philologen ihr Handwerk verstehen müßten und der Thesaurus genügend Anschauungsmaterial bot. Es waren zuerst die Redaktoren des E-Bandes Ida Kapp und Gustav Meyer (1897-1966), die sich seit den 1930er Jahren systematisch

---

288   Vogt 2004 mit Abdruck der Denkschrift.

289   Vogt 2007.

290   „Die Begegnung mit Anneliese Maier war schwierig", heißt es in einem Nachruf, „soweit Gespräche über die vielen Freuden und Leiden des Alltags geführt wurden, ergiebig immer, wenn der Gesprächsinhalt ein wissenschaftliches Thema war. Die private Sphäre galt ihr wenig, die Betätigung in wissenschaftlichen Unternehmungen alles." (Lehmann-Brockhaus 1972, S. 9; Ritter 1972; Schmaus 1972).

291   Vogt 2004, S. 403.

292   Krömer 1995a, S. 23; Krömer/Flieger 1996, Anhang, S. 196.

um die Anleitung neuer Mitarbeiter bemühten und auf diese Weise einen neuen Leitungsstil beim ThlL einführten, woraus sich allmählich die heute noch gültige Redaktionspraxis entwickelte, „nach der viele Artikel im Grunde als ein Gemeinschaftswerk von Mitarbeiter und Redaktor entstehen."[293] Ergänzt wurde dieses Verfahren dadurch, daß die Artikel von unbefangenen dritten Personen mitgelesen wurden, etwa von einem anderen Redaktor oder einem erfahrenen Mitarbeiter, der die besonderen Probleme des Artikels nicht genauer kannte. Das war zwar zeitaufwendig und erforderte eine intensive Zusammenarbeit, aber sowohl Anfänger als auch erfahrene Mitarbeiter profitierten davon, denn beim Thesaurus wurden die „Methoden und Erfahrungen weitgehend mündlich tradiert" und es war daher wichtig, „daß die Kontinuität des Gesprächs gewahrt bleibt."[294]

Nach 1945 wurden die Germanistinnen Ingeburg Kühnhold und Anneliese Märkisch (1912-) wissenschaftliche Arbeitsleiterinnen im Institut für deutsche Sprache und Literatur der DAW zu Berlin, das 1952 unter der Leitung von Theodor Frings gegründet wurde.[295] Die Mathematikerin Erika Pannwitz, die 1947 an ihren alten Arbeitsplatz zurückgekehrt war, leitete von 1953 bis zu ihrer Verrentung 1969 das inzwischen am Institut für Mathematik der DAW institutionell angebundene Zentralblatt für Mathematik und ihre Grenzgebiete.[296] Die Dialektologin Anneliese Bretschneider (1898-1984), die ihre wissenschaftliche Laufbahn beim Hessen-Nassauischen Volkswörterbuch begann, leitete später das Brandenburg-Berlinische Wörterbuch bei der Sächsischen Akademie der Wissenschaften in Leipzig.[297]

Gipfelpositionen im deutschen Wissenschaftssystem waren das nicht. Die Frauen hatten sich nicht für die auf das Ordinariat hin ausgerichtete Hochschullaufbahn entschieden, sondern für einen Weg im außeruniversitären Wissenschaftsbereich, der nicht der traditionellen Form der Ausübung von Wissenschaft als Beruf entsprach. Ein Vorzug dieses Weges lag sicherlich in der ungehinderten Ausübung einer mitunter sehr speziellen Forschertätigkeit, wofür die im deutschen Wissenschaftssystem traditionell geforderte Habilitation erwünscht, aber nicht zwingend erforderlich war. Ihre Forschungsarbeit war ziemlich einseitig auf die Akademiepublikationen ausgerichtet, doch die Leistungen der Akademiewissenschaftler und -wissenschaftlerinnen wurden anerkannt. Denn die mit hohem

293 Flury 1995, S. 41f. [42].
294 Ebd.
295 Zum Institut und seiner inhaltlichen Ausrichtung vgl. Dornhof 1997.
296 Vogt 1999a; Köthe 1976.
297 Wiese 1999; Simon 1998 mit Blick auf A. Bretschneiders umstrittene NS-Vergangenheit.

Aufwand und großer Sorgfalt hergestellten Publikationen besaßen wegen ihrer Genauigkeit und Vollständigkeit international ein hohes Ansehen.

Die Wissenschaftlerinnen waren aufgrund ihrer langjährigen Berufserfahrungen, ihrer Vertrautheit mit der Materie und ihrer Spezialkenntnisse in den Unternehmungen verankert und gehörten zur Stammbelegschaft. Stammbelegschaften waren für das Erreichen der Unternehmensziele von großer Bedeutung.[298] Die praktischen Erfahrungen bei der Bewältigung der Wörterbucharbeit hatten beispielsweise schon wenige Jahre nach dem Beginn der Arbeiten am Deutschen Rechtswörterbuch Richard Schröder zu der Einsicht geführt, daß es „für uns fortan die Hauptsache sein [wird], hier einen tüchtigen Generalstab zusammen zu haben, der weit mehr wert ist, als eine sehr viel größere Zahl fremder Mitarbeiter."[299] Auch der Kommissionsvorsitzende für das zoologische Nomenclator-Unternehmen, Karl Heider, bedauerte den häufigen Personalwechsel, „was verzögernd wirkte; denn das Einarbeiten in die Methode und die Aneignung hinlänglicher bibliographischer Kenntnisse erfordert jedes Mal viele Monate."[300] Vor allem aus Effizienzgründen war es notwendig, eingearbeitete und erfahrene Mitarbeiter in den Unternehmungen zu haben.

Frauen hatten zwei Möglichkeiten, um sich im Mitarbeiterstamm eines Unternehmens zu verankern. Die erste bestand im internen Hocharbeiten von der Studentin oder Promovendin zur Wissenschaftlerin. Diesen Weg beschritten viele Akademiewissenschaftlerinnen. Für sie war das oft die einzige Chance, um beruflich in der Wissenschaft Fuß zu fassen, da Frauen, wie erwähnt, zumeist auf niedrigen Einstiegspositionen als studentische Hilfen und Berufsanfängerinnen in die Projekte eintraten. Beim DRW wurden wissenschaftliche Mitarbeiter und Mitarbeiterinnen bevorzugt aus der Gruppe der studentischen Hilfen rekrutiert und weiterbeschäftigt.

In der Heidelberger Arbeitsstelle absolvierten Frauen wie Männer alle Stationen der Wörterbucharbeit. So heißt es über einen wissenschaftlichen Hilfsarbeiter beim DRW: „Er hat jegliche Stufe lexikalischer Arbeit, vom Sammeln und Ordnen bis zum Ausarbeiten wissenschaftlicher Artikel und deren Korrektur durchlaufen."[301] Einer Mitarbeiterin wird im Arbeitszeugnis bescheinigt:

---

298 Vgl. Matthies/Kuhlmann/Oppen/Simon 2001.

299 ABBAW, II-VIII-245, unpag., R. Schröder an H. Brunner v. 15. April 1909.

300 Heider 1926, S. IX.

301 AdW Heidelberg, Forschungsstelle DRW, Ordner Personalien vor 1941, E. Frh. v. Künßberg, Professor der PAW und Professor an der Universität Heidelberg, Auskunft über Dr. phil. Otto Ludwig v. 21. Dezember 1935.

„Sie hat in dieser Zeit als erste Assistentin alle Stadien einer großen wissenschaftlichen Wörterbucharbeit mitgemacht, von der Sammlung urkundlichen Materials und dem archivmäßigen Zubereiten desselben angefangen bis zum Ausarbeiten druckfertiger Artikel. In unserem Dienste kommt es auf vielseitige Interessen, auf ein rasches Einfühlen und Einstellen auf stets neue Probleme an; ferner auf Genauigkeit, peinliche Ordnung, Geduld und Ausdauer in entsagungsvoller Kleinarbeit."[302]

Eine mit einem DFG-Stipendium beschäftigte Mitarbeiterin berichtete:

„Um die ganze Anlage von dem Betrieb im Archiv des Rechtswörterbuches kennen zu lernen, wurde ich für alle Art von Sammlungs- und Ordnungsarbeit eingesetzt und habe auf diese Weise ein Bild von den besonderen Aufgaben der rechtssprachlichen Lexikographie bekommen. Auch für das Korrekturlesen anderer Artikel wurde ich verwendet, um in die Technik der Wörterbucharbeit eingeführt zu sein und mich den Traditionen des Unternehmens einzufügen. [...] Meine Hauptaufgabe war, mich an der Ausarbeitung des Manuskriptes zu beteiligen und zwar wurde mir der Stoff von g e b e r bis g e b r ü d e r zugewiesen. Größeren Umfang hatten dabei die Worte gebiet, gebieten, gebot, gebrauch, gebrauchen, gebrechen, die in der Rechtssprache ein reiches Leben zeigen."[303]

Neue Mitarbeiter und Mitarbeiterinnen wurden rasch eingearbeitet und zum selbständigen Verfassen von Wörterbucheinträgen befähigt. Auf diese Weise sammelten jüngere Wissenschaftler und Wissenschaftlerinnen Erfahrungen in der praktischen Wörterbucharbeit, wurden umfassend geschult und zu qualifizierten Lexikographen herangebildet. Sogenannte Alleskönner, die nicht nur einzelne Tätigkeiten ausführen konnten, sondern das Gesamtspektrum der lexikographischen Arbeit beherrschten, waren auf allen Arbeitsplätzen innerhalb des Unternehmens einsetzbar, daher im Mitarbeiterstamm willkommen und unentbehrlich. In dieser Hinsicht waren für Wissenschaftlerinnen die Bedingungen beim DRW günstig.

Um sich in die Stammbelegschaft eines Forschungsprojektes zu integrieren, hatten Wissenschaftlerinnen zweitens die Möglichkeit, unvorhergesehene Gelegenheiten zu nutzen, wobei das Ausmaß des Handlungsspielraums vom jeweiligen unternehmensspezifischen Arbeitskontext abhing. Da die Arbeitsgruppen klein und die Hierarchien relativ flach waren, zwischen den Wissenschaftlern oft nur graduelle Unterschiede bestanden und der Formalisierungsgrad insgesamt eher gering war, konnten sich stets individuelle Gestal-

---

302 Zeugnis für Dr. E. Dörschel v. 18. November 1924. – Für eine Kopie aus seinem Privatbesitz danke ich Dr. W. Deeters/Aurich.

303 AdW Heidelberg, Forschungsstelle DRW, Ordner Personalien vor 1941, Bericht H. Gädeke an die DFG v. 3. September 1936.

tungsspielräume eröffnen. Die Mathematikerin Erika Pannwitz hatte aufgrund mündlicher Abmachungen mit dem damaligen Schriftleiter ihre Tätigkeit in der Redaktion des Jahrbuchs über die Fortschritte der Mathematik aufgenommen. Da die getroffenen Vereinbarungen nicht schriftlich fixiert wurden, konnten sie von der Unternehmensleitung relativ leicht abgeändert und flexibel veränderten Anforderungen angepaßt werden.[304] Aber auch die Mitarbeiterin selbst konnte diese verändern.

Erika Pannwitz erledigte nicht nur die von ihr erwarteten Redaktionsaufgaben, sie referierte auch Neuerscheinungen auf ihrem Spezialgebiet, der Topologie, wo sie mit einer herausragenden Dissertation promoviert worden war.[305] Die Mathematikerin orientierte sich an dem, was beim Jahrbuch üblich war, d.h. an dem, was ihre männlichen Vorgesetzten taten. Unaufgefordert machte sie mehr als von ihr erwartet wurde; von den Redaktionsmitarbeitern scheint in den späten 1930er Jahren nicht mehr regelmäßig verlangt worden zu sein, die Forschungen auf ihren mathematischen Spezialgebieten zu verfolgen und im Jahrbuch zu referieren. Im Laufe der Jahre erweiterte Erika Pannwitz ihren Aufgabenbereich, bewies ihre Leistungsfähigkeit und fachliche Kompetenz. Sie machte sich als Mitarbeiterin in gewisser Weise „unentbehrlich" und sicherte sich dadurch die inoffizielle Stellvertreterposition in der Jahrbuch-Redaktion.

Für Verbleib und Aufstieg im Unternehmen waren praktische Berufserfahrungen und fachliches Können bedeutsam. Obgleich sich Frauen häufig länger als ihre männlichen Kollegen in der Praxis „bewähren" und ihre Fähigkeiten unter Beweis stellen mußten, hatten sie immerhin die Möglichkeit, ohne Habilitationsnachweis Abteilungsleiterinnen zu werden und eine „kleine" Leitungsposition in einem Akademieprojekt zu erhalten. Ein „Frauensonderweg" war das nicht. Nimmt man die quellenmäßig gut dokumentierte und mit Leitungskompetenz ausgestattete Gruppe der wissenschaftlichen Beamten an der PAW, so wurden dreizehn im Zeitraum von 1921 bis 1945 berufen. In elf Fällen rückten frühere langjährige Mitarbeiter aus den Stammbelegschaften von Akademieprojekten auf; nur sieben waren habilitiert.[306]

Damit ist nicht gesagt, daß die Habilitation als formales Qualifikationskriterium bei der Besetzung von Leitungspositionen keine Rolle spielte. 1939 waren schätzungsweise 80 Prozent aller Inhaber von Leitungsfunktionen mit Personalverantwortung beziehungsweise Leiter von Arbeitsstellen in den Unternehmungen (N=29) habili-

---

304 Vgl. dazu am Beispiel von Siemens: Kocka 1969.
305 Vogt 1999a.
306 Amburger 1950, S. 170-172; eigene Recherchen.

tiert.[307] Leitungsfunktionen in den Forschungsprojekten übernahmen entweder die Ordentlichen Mitglieder selbst oder die außerakademischen Kommissionsmitglieder, die in der Regel wie die OM zugleich Universitätsprofessoren waren, oder sie wurden mit zumeist habilitierten Wissenschaftlern besetzt, die aber weder Akademie- noch Kommissionsmitglieder waren. Die Habilitation stellte ein wesentliches Auswahlkriterium bei der Besetzung von Leitungspositionen in den Akademieprojekten dar. Demnach muß eine fehlende Habilitation auch als ein Aufstiegshindernis für Frauen in der Wissenschaft angesehen werden.

Die Akademie und „Wissenschaft als Beruf": Wissenschaftler und Wissenschaftlerinnen, die weder ein Lehramt an einer Schule noch eine Hochschullaufbahn anstrebten, konnten an der PAW eine außeruniversitäre wissenschaftliche Berufsarbeit ausüben. Hier konnten sie forschen, ohne Lehrverpflichtungen nachgehen zu müssen. Die „Akademielaufbahn" war eine Alternative, aber keine Konkurrenz zur auf das Ordinariat hin ausgerichteten Hochschullaufbahn. Sie eröffnete den Inhabern von wissenschaftlichen Beamtenstellen bei der Akademie auch ohne Habilitation den Zugang zum Professoren*titel*.[308] Von insgesamt 25 wissenschaftlichen Beamten an der PAW waren 12 habilitiert.

Aus der Sicht vieler damaliger Akademiemitglieder war eine solche Laufbahn nicht unbedingt erstrebenswert und schon gar nicht zu verallgemeinern. Dauerstellen bei der Akademie sollten nur ganz wenigen Wissenschaftlern offeriert werden. Führende Akademiemitglieder sparten nicht mit ihrer Kritik an der starken Spezialisierung der Akademieforschung, die zwar unausweichlich geworden war, um mit der Wissenschaftsentwicklung Schritt halten zu können, aber auch die Gefahr der Vereinseitigung hatte. Es war vor allem diese Schattenseite der Spezialisierung, die von den Akademiemitgliedern beklagt wurde. Sie trauerten einem verlorenen Wissenschaftsideal nach und standen nicht uneingeschränkt zu den Differenzierungsprozessen, die sich im Bereich der Akademieforschung vollzogen hatten. Manche sahen gar in den Hilfsarbeitern „gebrochene Existenzen", die wegen ihrer zu großen Spezialisierung Gefahr liefen, außerhalb der Akademie keine Beschäftigungsmöglichkeiten mehr zu finden und in den Akademieprojekten zu „versanden" drohten.[309] Mit dieser Einschätzung bestimmten die Akade-

---

307 Jb. PAW 1939. Inhaber von Leitungsfunktionen mit Personalverantwortung bzw. Leiter von Arbeitsstellen (N=29): OM: 11, Prof.: 13, Dr./StR: 5. Inhaber von Positionen mit hoher Entscheidungs- und Anweisungsbefugnis und/oder Personalverantwortung für nachrangige Mitarbeiter (N=56): OM: 12, Prof.: 22, Dr. habil.: 2, Dr./StR: 20; 64 Prozent waren habilitiert.

308 Jessen 2002, S. 101.

309 Zit. nach Grapow 1950, S. 24.

miemitglieder das Image der neuen Berufsbilder mit. Beim Jahrbuch über die Fortschritte der Mathematik vermied man es tun-
lichst, zum Berufsreferententum überzugehen. Dem Kommissionsvorsitzenden Ludwig Bieberbach zufolge müsse im Interesse des
Jahrbuches „Wert darauf gelegt werden, daß der Schriftleiter nicht
durch Überlastung gehindert werde, ein produzierender Forscher zu
bleiben."[310] Das Berufsbild des wissenschaftlichen Berichterstatters
für Mathematik besaß wegen seines hohen Spezialisierungsgrades
und seiner Einseitigkeit ein geringes Prestige und für jüngere Wissenschaftler nur wenig Anziehungskraft.[311]

Die berufliche Anerkennung der Akademiemitarbeiter war gering. Die Stellen für wissenschaftliche Beamte entsprachen im Gehalt denen von Gymnasialoberlehrern und im Prestige vielleicht denen von Extraordinarien.[312] Die Beamteneigenschaft der Positionsinhaber ergab sich aus ihrer Akademietätigkeit und gestattete – in
eingeschränktem Umfang –, auch das Abhalten von Lehrveranstaltungen an einer Universität. Von den wissenschaftlichen Beamten
und den Akademiemitarbeitern in Leitungsfunktionen wurde das
sogar erwartet, denn idealerweise sollten sie zum „akademischen
Nachwuchs" gehören und zugleich nebenberuflich an einer Universität Lehrverpflichtungen übernehmen, vorzugsweise an der Berliner Friedrich-Wilhelms-Universität, weil die meisten Akademieprojekte in Berlin untergebracht waren. Wissenschaftler, die sich nicht
mehr für einen vollständigen Wechsel in die Hochschullaufbahn
entscheiden konnten oder wollten und eine Forscherstelle an der
Akademie bevorzugten, mußten jedoch wissen, daß ihrem Aufstieg
an der Universität deutliche Grenzen gesetzt waren. Aus beamten-
rechtlichen Gründen konnten sie lediglich im Status von Extraordinarien oder Honorarprofessoren an der Universität lehren. Gleichzeitig konnte niemand wissenschaftlicher Beamter (oder wissenschaftlicher Mitarbeiter im Angestelltenverhältnis) bei der Akademie
und Ordinarius an der Universität sein. Es gab nur einen einzigen
Präzedenzfall: Der Harnack-Schüler Carl Schmidt (1868-1938), der
im Jahre 1900 wissenschaftlicher Beamter bei der Kirchenväterkommission wurde und diese Stelle bis zu seiner Pensionierung innehatte, lehrte zugleich an der Theologischen Fakultät der Berliner
Universität, wo ihm auf Harnacks Antrag hin ein persönliches Ordinariat verliehen wurde.[313]

---

310 SB PAW 1930, S. XXXIII, Bericht v. L. Bieberbach.
311 Siegmund-Schultze 1993.
312 Forschungen dazu fehlen bislang. Ich orientiere mich an Annette Vogt,
     die den Status von KWI-Abteilungsleitern mit dem von Extraordinarien
     vergleicht.
313 ABBAW, II-IV-162, Bl. 36, 37, 42.

Daß sich Wissenschaftler damals für eine „Akademielaufbahn"
entschieden, obwohl selbst die besten Mitarbeiterpositionen an der
PAW keine Schaltstellen im deutschen Wissenschaftssystem waren
und überdies die Akademie für die Mehrzahl ihrer Mitarbeiter häufig nur unsichere und schlechte Beschäftigungs- und Absicherungsverhältnisse anzubieten hatte, ist mit Blick auf die Arbeits-
marktlage insgesamt zu verstehen. Für Geisteswissenschaftler gab
es damals nur wenige Forschungsmöglichkeiten im außeruniversitären Bereich. Das Angebot war im Unterschied zu dem für Naturwissenschaftler und Mediziner bedeutend geringer, oft fehlten Alternativen ganz. Die Akademie bot reine Forschungsstellen in der
historisch-philologisch orientierten Grundlagenforschung. Um hier
tätig sein und wissenschaftlichen Neigungen nachgehen zu können,
nahmen Wissenschaftler und Wissenschaftlerinnen materielle Ein-
bußen und eine geringe berufliche Anerkennung in Kauf. Und sie
riskierten, in der Auseinandersetzung mit den Unternehmenszielen
und den eigenen Karriereabsichten aufgerieben zu werden oder in
den Hierarchien hängenzubleiben.

Mitte der 1930er Jahre stellte die Akademieleitung resigniert
fest, daß „die Vermehrung der Arbeit bei den einzelnen Kommissionen seit dem Ende der Inflationszeit praktisch überall dahin geführt
[hat], daß die als ‚nichtvollbeschäftigt' bezeichneten Hilfsarbeiter
tatsächlich ihre ganze Arbeitskraft in den Dienst der Akademie stellen müssen."[314] Ursprünglich waren diese Stellen für „jüngere Leute"
gedacht,

„die sie vorübergehend inne hatten, um dann entweder in die planmäßigen Stellen der vollbeschäftigten Hilfsarbeiter aufzurücken oder außerhalb des Dienst-
bereiches der Akademie bessere Posten zu erlangen. Die Praxis hat sich indessen anders gestaltet: die meisten dieser Hilfskräfte sind dauernd im Dienst der
Akademie verblieben, aber nicht in planmäßige Stellen für vollbeschäftigte
Hilfsarbeiter aufgerückt, weil bei den betreffenden Kommissionen, bei denen
sie tätig sind, schon ein solcher planmäßiger vollbeschäftigter Hilfsarbeiter
oder ein wissenschaftlicher Beamter oder gar beides vorhanden war, und weil
die freiwerdenden Stellen für wissenschaftliche Beamte und planmäßige Hilfsarbeiter anderen Kommissionen zugeteilt werden mußten, bei denen ein drin-
genderes Bedürfnis hierfür vorlag, [....]; die Akademie ist in der besonderen Lage, daß die Zahl ihrer Unternehmungen größer ist, als die Zahl der verfügbaren
Stellen für wissenschaftliche Beamte und wissenschaftliche Hilfsarbeiter. Daher
werden freiwerdende Stellen je nach Bedarf bald der einen bald der anderen
Kommission zugeteilt. Sind sie aber einmal besetzt, so ist für alle anderen
Hilfskräfte der Akademie die Aussicht auf Aufrückung für absehbare Zeit beseitigt. Das trifft zurzeit auf nahezu alle Inhaber solcher Stellen für nichtvollbe-
schäftigte Hilfsarbeiter zu."[315]

---

314 ABBAW, II-IV-25, Bl. 180, PAW an RuPrMfWEV v. 1. Juli 1937.
315 Ebd.

In ihrer Ratlosigkeit bat die Akademieleitung 1937 das Wissenschaftsministerium darum, die Stellen der nichtvollbeschäftigten Hilfsarbeiter in Stellen für vollbeschäftigte Hilfsarbeiter umzuwandeln. Dahinter steckte auch die Enttäuschung darüber, daß sich die jungen Wissenschaftler anders verhielten als erwartet. Sie betrachteten nämlich ihre Tätigkeit an der Akademie häufig nicht mehr als eine befristete und vorübergehende Episode; sie habilitierten sich oft nicht mehr, wechselten nicht, stiegen nicht auf und verstopften somit den ohnehin schmalen Aufstiegskanal. Möglicherweise war dies eine Folge der sich verschlechternden Aussichten auf dem akademischen Arbeitsmarkt respektive der erhöhten Akademikerarbeitslosigkeit in den 1930er Jahren. Das ließ sich für die PAW quellenmäßig nicht überprüfen. Fest steht, daß für alle Akademiemitarbeiter und -mitarbeiterinnen kaum Gelegenheiten vorhanden waren, innerhalb der Unternehmungen aufzusteigen, den Status zu verbessern und ins Angestellten- oder Beamtenverhältnis aufzurücken.

Obgleich beim Aufstieg in Leitungsfunktionen Probleme für Frauen fortbestanden und ihnen auch an der PAW nicht alle Wege offen standen, konnten Frauen hier „Wissenschaft als Beruf" ausüben und einer wissenschaftlichen Forschungsarbeit nachgehen. In den Akademieprojekten eröffneten sich ihnen Integrationsmöglichkeiten. Dabei konnten sie bis zu einem bestimmten Grad die für die wissenschaftliche Hochschullaufbahn notwendige Habilitation umgehen, die für sie bekanntlich eine Hürde darstellte. Insofern waren für Frauen die Bedingungen im außeruniversitären Bereich wohl etwas günstiger als an einer Universität. Für das berufliche Fortkommen in der Wissenschaft war die Habilitation jedoch entscheidend.

Einige Wissenschaftlerinnen profitierten von der Aufwertung der Akademieforschung in der DDR nach 1945. Angesichts der massiven Abwanderung von Wissenschaftlern in die Westzonen wurden die Akademiewissenschaftler Ende der 1940er Jahre finanziell privilegiert und gegenüber der Universität aufgewertet. Der Privilegien und einer größeren Forschungsfreiheit wegen war die Akademie für Wissenschaftler in der DDR in den 1950er und 1960er Jahren attraktiv und stellte eine echte Konkurrenz zur Universität dar.[316]

---

316 Jessen 2002; zu Frauen an der Akademie Budde 2003, S 191-198.

4.4 Habilitierte Wissenschaftlerinnen: Zwischen Akademie und Universität

Vor 1945 habilitierten sich nur zwei von 90 Wissenschaftlerinnen an der Akademie, nämlich die Germanistin Luise Berthold 1923 in Marburg und die Orientalistin Annemarie von Gabain 1940 in Berlin. Luise Berthold entschied sich nach ihrer Doktorprüfung im Wintersemester 1917/18 nicht für den Schuldienst, sondern folgte ihren wissenschaftlichen Neigungen auf dem Gebiet der Dialektologie, ohne genau zu wissen, wohin sie ihr Weg führen wird. Das in Marburg angesiedelte Hessen-Nassauische Volkswörterbuch bot eine Beschäftigungsmöglichkeit, aber keine sichere berufliche Perspektive und konnte in dieser Hinsicht nicht einmal annäherungsweise mit der Schullaufbahn konkurrieren.[317] Das Mundartwörterbuch wurde seit 1911 von der Deutschen Kommission der PAW betreut. Die finanzielle Ausstattung des Unternehmens war bescheiden. Es existierte von Zuschüssen der PAW sowie der Bezirksverbände Hessen und Nassau. Rechtlich und finanziell war das Wörterbuch zunächst unabhängig von der Philipps-Universität Marburg, dann eine „mit der Universität in Arbeitsgemeinschaft verbundene Anstalt"; später wurde es in die Universität integriert.[318] Wie bei allen Wörterbuchprojekten standen auch hier viele freie Mitarbeiter und Mitarbeiterinnen, vor allem Lehrer und Lehrerinnen, ehrenamtlich im Dienst.[319]

Marburg galt als Zentrum der Dialektforschung, das Hessen-Nassauische Wörterbuch und sein wissenschaftlicher Leiter nahmen hier eine führende Rolle ein.[320] Nachdem Ferdinand Wrede 1920 zum persönlichen ordentlichen Professor für deutsche Philologie an der Universität Marburg und zum Direktor der neugegründeten Zentralstelle für den Sprachatlas und der Deutschen Mundartforschung befördert worden war, delegierte er einen Großteil der Wörterbucharbeit an Luise Berthold. Anfang der 1920er Jahre waren in die Wörterbuch-Sammlung etwa 150 freie Mitarbeiter einbezogen, die jeden Monat von der Marburger Arbeitsstelle einen Fragebogen erhielten und ausgefüllt zurückschickten. Auf diese Weise kam eine Sammlung von rund 200.000 Zetteln zustande und dazu eine größere Anzahl wortgeographischer Kartenbilder. Dieses Material lieferte den Grundstock für ein allgemeinverständliches Idiotikon, bei dessen Ausarbeitung Luise Berthold den Hauptanteil trug.

---

317 Berthold 1969.

318 Friebertshäuser 1976, S. 91.

319 Berthold 1943, S. IV.

320 Friebertshäuser 1976. Durch ministerielle Verfügung wurde 1921 das Marburger Institut zu einer Zentralstelle der deutschen Dialektforschung erhoben und als Institut der Universität Marburg angegliedert.

Um sie fester an das Wörterbuch zu binden, wollte Ferdinand Wrede 1922 einen Privatdienstvertrag mit ihr abschließen. Auf dem Höhepunkt der Inflation war das aber kein leichtes Unterfangen. In einem Schreiben an die beiden Landeshauptleute in Hessen-Nassau schilderte er die finanzielle Notlage und bat um eine beträchtliche Erhöhung des Zuschusses für das Wörterbuch, die auch für die bessere Bezahlung der Mitarbeiter gedacht war.

„Ich darf hinzufügen, dass meine Person dabei nicht in Betracht kommt, da ich die Leitung des Unternehmens im Nebenamt ohne jede Vergütung leiste und weiter zu leisten bereit bin. Um so dringender ist die Fürsorge für meine hiesigen Hilfskräfte. Es muss darauf ankommen, wenigstens eine von diesen dem Unternehmen dauernd zu erhalten. Das wäre in erster Linie Fräulein Dr. Berthold, die seit 6 Jahren eingearbeitet ist und den grossen Apparat bis in alle Einzelheiten kennt und beherrscht. Der mittellosen Dame ist soeben eine gute Stellung als Bibliothekarin und Archivarin in einem Reichsamte in Berlin angeboten worden, durch die sie für Lebenszeit versorgt sein würde. Trotzdem ist sie aus wissenschaftlichem Idealismus und treuer Anhänglichkeit an die ihr lieb gewordene Arbeit bereit, auf das Berliner Angebot zu verzichten, wenn ihr bei unserem Wörterbuch nur so viel geboten würde, dass sie leben kann, und wenn wenigstens für eine Reihe von Jahren eine relative Sicherheit für ihre hiesigen Bezüge geschaffen werden könnte. Die Akademie kann es bei ihren festgelegten, nicht automatisch steigenden und ihr nur von Jahr zu Jahr zugewiesenen Mitteln nicht leisten. Deshalb wende ich mich im Augenblick der höchsten Not an die Provinz mit der Bitte, [...] Mittel gewähren zu wollen, die es mir gestatten, mit Fräulein Dr. Berthold einen Privatdienstvertrag abzuschliessen."[321]

Die Deutsche Kommission, deren außerakademisches Mitglied Ferdinand Wrede seit 1921 war, befürwortete den Antrag bei den Provinzen und beschloß, den eigenen Beitrag für das Wörterbuch noch im laufenden Jahr auf 8.000 Mark zu verdoppeln. An den Kosten für den Privatdienstvertrag wollte sich die PAW aber in keiner Weise beteiligen. In der Kommission vertrat man die Ansicht, „dass Personen, die bereits anstellungsfähig sind, (im höheren Schuldienst oder sonst) für aussertarifmässige Hilfsarbeiterstellen im ganzen nicht herangezogen werden sollen."[322] Luise Berthold galt als „anstellungsfähig", und so ließ die Deutsche Kommission Ferdinand Wrede wissen, daß die PAW erstens finanziell nicht in der Lage sei, an solchen Abmachungen teilzunehmen; zweitens trage man „aber überhaupt Bedenken dagegen, Personen zu beschäftigen, die anderswo eine bessere Stellung bekommen könnten [...] nur zu oft haben wir später damit die übelsten Erfahrungen gemacht. So haben wir uns im-

---

321 ABBAW, Bestand PAW, Deutsche Kommission 16, unpag., F. Wrede an die Landeshauptleute in Hessen-Nassau v. 2. Oktober 1922.

322 ABBAW, Bestand PAW, Deutsche Kommission 16, unpag., Sitzungsprotokoll Deutsche Kommission (Auszug) v. 2. November 1922.

mer an jüngere, noch nicht anstellbare Leute gehalten wenn wir Hilfsarbeiter suchten."[323]

Daß die PAW den Abschluß eines Privatdienstvertrages ablehnte, entsprach den Prinzipien ihrer Personalpolitik und war weniger ein Ausdruck möglicherweise (auch) bestehender Ressentiments gegenüber einer Frau in der Wissenschaft. Da Ferdinand Wrede nicht mit der Unterstützung der Akademie rechnen konnte, sein Antrag aber ohne ihre Fürsprache kaum eine Erfolgsaussicht hatte, entschloß er sich zu einem anderen Schritt. Er ermunterte Luise Berthold zur Habilitation. In ihrer Autobiographie hat sie geschrieben: „Wrede erschien nun in meinem Arbeitsraum und erklärte mir mit einem Anflug von Feierlichkeit und mit Nachdruck dies: ‚Ich werde Ihnen mal was sagen: wir müssen Sie habilitieren. Das Zeug dazu haben Sie. Und dann können wir Ihnen wenigstens das Privatdozentenstipendium geben."[324] Zu Beginn der 1920er Jahre war das für Wissenschaftlerinnen ein ungewöhnlicher Schritt, dessen Erfolg nicht garantiert war. Ob Ferdinand Wrede dabei das berufliche Fortkommen seiner Kandidatin am Herzen lag, ist ungewiß. Im Interesse der personellen Absicherung des Unternehmens lag es auf jeden Fall. Es war eine Alternative, wollte Wrede seine Hauptarbeitskraft beim Wörterbuch nicht verlieren und den Fortgang des Unternehmens gefährden. Die Parallelen zu seinem eigenen Karriereverlauf waren nicht zu übersehen. Auch er hatte sich habilitiert und anschließend viele Jahre als Privatdozent seine hauptamtliche Tätigkeit als Mitarbeiter am renommierten Sprachatlas fortgesetzt. Schließlich spielte in den Überlegungen auch eine Rolle, daß Wrede die Dialektgeographie als neuen und damals noch „umkämpften" Zweig „auf einem weiteren Katheder" an der Universität etablieren wollte.[325]

Als erste Frau habilitierte sich Luise Berthold an der Marburger Universität und erhielt im Dezember 1923 die Venia legendi für Deutsche Philologie.[326] Das schriftliche Habilitationsthema hatte sie aus dem Umkreis der Wörterbucharbeit beziehungsweise Mundartforschung gewählt. Luise Berthold war die erste Wissenschaftlerin, die sich aus einem Akademieprojekt heraus habilitierte und die Lehrbefähigung an der Universität erwarb. Sie wechselte danach nicht vollständig in die Hochschullaufbahn, sondern ihr beruflicher Werdegang blieb eng mit der Akademie verbunden und das Wörterbuch weiterhin das Arbeitszentrum für Luise Berthold. Zusätzlich zu ihrem Honorar für die Wörterbucharbeit (200 RM) erhielt sie ab

323 ABBAW, Bestand PAW, Deutsche Kommission 16, unpag., Deutsche Kommission an F. Wrede v. November 1922.

324 Berthold 1969, S. 28.

325 Berthold 1969, S. 29.

326 Lemberg 1997, S. 22f.; Oertzen 2002.

1924 mehrmals ein Privatdozentenstipendium in Höhe von ca. 130 RM.

Einsame Spitze – Wörterbuchleiterin und Professorin: Die Rechnung von Ferdinand Wrede ging auf, was die personelle Absicherung des Unternehmens betraf. Schrittweise zog er sich von der eigentlichen Wörterbucharbeit zurück und überließ wichtige Aufgaben und Entscheidungen Luise Berthold. Sie war für ihn zur unentbehrlichen Mitarbeiterin geworden – „ein famoses Frauenzimmer und fürs Wörterbuch meine Hauptkraft", so Ferdinand Wrede in einem Brief an seinen Berliner Kollegen Wilhelm Schulze.[327] Luise Berthold trug die Hauptlast der Arbeiten und leitete mindestens seit 1932 das Wörterbuch inoffiziell. Die offizielle Leitung beanspruchte sie nach Wredes Tod 1934. Bei ihrem Besuch in Berlin teilte Luise Berthold dem Vorsitzenden der Deutschen Kommission unmißverständlich mit, daß in Sachen des Wörterbuchs nunmehr sie die Kundigste sei und sich keinem anderen unterzuordnen gedächte.[328] Am Verbleib der langjährigen Mitarbeiterin war auch die Deutsche Kommission interessiert, und die PAW bemühte sich um ein beamtetes Extraordinariat für die Wissenschaftlerin an der Marburger Universität.[329] Zweifellos hätte das eine bessere finanzielle Absicherung bedeutet und der neuen Wörterbuchleiterin mehr Anerkennung verschafft, doch dieses Vorhaben scheiterte. Zu anderen Formen der Anerkennung war die PAW nicht bereit. Mitglied der Deutschen Kommission wurde Luise Berthold nicht. Zwar stellte eine Akademiemitgliedschaft keine notwendige Voraussetzung dar, um in das Leitungsgremium gewählt zu werden, doch blieben hier die Wissenschaftsmänner unter sich. Vor 1945 wurde keine Frau zur Mitarbeit in einer akademischen Kommission aufgefordert. Wredes Nachfolger in der Deutschen Kommission und zuständig für die von ihr betreuten Mundartwörterbücher wurde Eduard Schwyzer (OM 1937).

Nach der Übernahme der Wörterbuchleitung 1934 änderte sich für Luise Berthold wenig. Wichtige Entscheidungen, die Anlage des Wörterbuchs oder den Artikelaufbau betreffend, hatte sie vorher schon selbständig getroffen. Ihre Leistung war es, daß sie „die am Deutschen Sprachatlas entwickelte dialektgeographische Methode in das Hessen-Nassauische Volkswörterbuch übertragen und dort

---

327 ABBAW, Bestand PAW, Deutsche Kommission 16, unpag., F. Wrede an W. Schulze v. 22. Juli 1925.

328 Berthold 1969, S. 42.

329 ABBAW, II-VIII-25, Bl. 80, Protokoll Kommissionssitzung v. 8. Februar 1934; Bl. 81, Vorsitzender der Deutschen Kommission an Ministerialrat Prof. Dr. Vahlen v. 9. Februar 1934; Bl. 82, Vorsitzender der Deutschen Kommission an Ministerialrat Prof. Achelis v. 9. Februar 1934.

fruchtbar angewandt" hat.[330] Als eine zusätzliche Aufgabe kam die
Verwaltung finanzieller Mittel hinzu. Erwartet wurde die Herstellung
und Publikation des Wörterbuchs. Viel Handlungsspielraum blieb
da nicht. Luise Berthold arbeitete überwiegend allein und leitete das
Vorhaben als „Ein-Frau-Betrieb" (Friebertshäuser), unterstützt von
gelegentlichen Hilfskräften und nebenberuflichen Mitarbeitern wie
Dr. Kroh, ein ehemaliger Assistent Wredes, der mittlerweile Lehrer
im Schuldienst geworden war, Anneliese Bretschneider und Emmi
Mertes, zwei frühere Doktorandinnen von Ferdinand Wrede, und
später Hans Friebertshäuser, der ihr Nachfolger beim Wörterbuch
wurde. Schüler und Schülerinnen, die für die Tradierung und Wei-
tergabe ihres Wissens hätten sorgen und auch als Hilfskräfte beim
Wörterbuch rekrutiert werden können, hatte sie kaum. Da Luise
Berthold so gut wie keine Personalverantwortung trug, erübrigt sich
hier die Frage, ob Frauen einen anderen Führungsstil entwickelten
als Männer.[331]

Für Luise Berthold bedeutete die doppelte Verankerung an der
Marburger Universität und beim Hessen-Nassauischen Volkswörterbuch in erster Linie eine arbeitsmäßige Doppelbelastung. Denn
sie war weder hier noch da gut abgesichert. An der Universität zählte sie zur Gruppe der Nichtordinarien, hatte den Status einer Pri-
vatdozentin und war auf die Einkünfte aus ihren Lehrveranstaltungen angewiesen. Für ihre Arbeit beim Wörterbuchprojekt erhielt sie
ein Honorar, auf das sie aber aus einem heute nur noch schwer
nachvollziehbaren Ehrgefühl verzichtete, nachdem sie Wörterbuchleiterin geworden war. In dieser Position habe sie ein Honorar als
„unpassend empfunden".[332] Eine der wenigen Hilfsarbeiterstellen bei
der Akademie bekam Luise Berthold nicht. Die Deutsche Kommission verfügte nur über eine einzige Stelle in der Kategorie wissenschaftlicher Beamter. Diese war 1933 an Paul Piur vergeben worden, den langjährigen Mitarbeiter von Konrad Burdach beim bil-
dungsgeschichtlichen Forschungsprojekt Vom Mittelalter zur Reformation. Darüber hinaus wurden 1939 bei der Deutschen Kommission achtzehn Mitarbeiter im Angestelltenverhältnis beschäftigt,
davon vierzehn in der Arbeitsstelle DWB, drei beim Handschriftenarchiv und eine Mitarbeiterin beim Projekt Goedekes Grundriß. Die
Mundartwörterbücher wurden nebenamtlich von Universitätsprofessoren betreut, lediglich das Rheinische Wörterbuch leitete mit
Josef Müller ein vom Schuldienst beurlaubter Studienrat. Die Situa-

---

330 Friebertshäuser 1976, S. 98.
331 Das Phänomen der geringen Personalverantwortung von Frauen in Füh-
     rungspositionen ist in der Literatur beschrieben, bislang aber nicht
     schlüssig erklärt worden (vgl. Lorber 1999).
332 Berthold 1969, S. 42; ABBAW, Bestand PAW, Deutsche Kommission 16,
     unpag., L. Berthold an O. Neuendorff v. 5. Juni 1944.

tion von Luise Berthold unterschied sich auf den ersten Blick nicht wesentlich von der Beschäftigungssituation anderer Leiter, auf den zweiten Blick aber doch. Denn die Wissenschaftlerin hatte zwar die Lehrberechtigung an einer Hochschule erworben, aber keine Professur oder ein persönliches Ordinariat wie ihr Vorgänger Ferdinand Wrede erhalten. So blieb das Absicherungsverhältnis der Wörterbuchspezialistin stets prekär. Sie finanzierte mit der Lehrtätigkeit an der Universität ihren Lebensunterhalt, während ihre Hauptarbeit am Wörterbuch praktisch unbezahlt und ehrenamtlich blieb.

Hinzu kam, daß sich Luise Berthold Ende der 1930er Jahre aus politischen Gründen von der Universität zurückzog und die Akademie als Nische schätzte, in der sie ungestört wissenschaftlich arbeiten konnte.[333] Sie trug sich sogar mit dem Gedanken, ihre Dozentur aufzugeben, um sich ganz der Wörterbucharbeit widmen zu können. Aus der Sicht der meisten Kommissionsmitglieder ging das aber so einfach nicht. Denn fielen Bertholds Einkünfte aus der Lehrtätigkeit weg, hätten zum Ausgleich die Zuwendungen für das Wörterbuch erhöht werden müssen, dafür aber fehlten die Mittel. Die Deutsche Kommission lehnte „jede Verantwortlichkeit für die materielle Sicherung der Antragstellerin" ab und versuchte, Luise Berthold im Interesse des Unternehmens von der „Unzweckmäßigkeit dieses Schrittes zu überzeugen."[334] Der Akademiejustitiar Ernst Heymann leistete in einem persönlichen Schreiben eindringliche Überzeugungsarbeit:

„Meiner Meinung nach dürfen Sie die festen und heute sehr gesicherten Einnahmen aus dem Lehrauftrag nicht aufgeben. Mit dieser meiner Meinung stimmten alle Kommissionsmitglieder überein, [...]. Für Sie bedeutet das ja eine Ordnung der Verhältnisse für die ganze Zukunft, und ich habe die Verpflichtung, Sie vor einem Schritt, den Sie später doch einmal bereuen könnten, zu warnen. Alle waren einig in der Anerkennung Ihre grossen Selbstlosigkeit und Ihrer Hingabe an die Sache, aber alle meinten, dass das Richtige wäre, wenn Sie sich in der Dozententätigkeit etwas entlasteten; was von hier dazu beigetragen werden

---

333 In der Zeit des Nationalsozialismus blieb Luise Berthold nach eigener Aussage „unbehelligt" und wurde nicht bedrängt (Berthold 1969, S. 49). In Marburg waren die Auswirkungen des Berufsbeamtengesetzes geringer als etwa in Heidelberg, Frankfurt und Göttingen. Zur Mehrheit der Professoren und Dozenten, die nach dem „ersten Sturm der ‚nationalen Bewegung'" wieder zur Tagesordnung übergingen (Nagel 2000, S. 45), gehörte wahrscheinlich auch L. Berthold. Als Mitarbeiterin in einem Prestigeobjekt der PAW war sie zudem in gewisser Weise vor Belästigungen sicher. Oertzen 2002, S. 15 vermutet, Berthold wurde als Hochschullehrerin nicht entlassen, weil sie eine nicht verbeamtete Stellung, keine jüdischen Vorfahren und den Schutz der Akademie hatte.

334 ABBAW, Bestand PAW, Deutsche Kommission 16, unpag., Sitzungsprotokoll Deutsche Kommission (Auszug) v. 29. Juni 1939.

kann, soll sicher geschehen. Wenn Sie eine Honorarprofessur bekommen, so freuen wir uns natürlich darüber sehr. Nur darf Ihnen die Remuneration für die Zukunft nicht entgehen."[335]

Das Schreiben verfehlte seine Wirkung nicht. Für das Wintersemester 1939 bot Luise Berthold wieder Lehrveranstaltungen an der Marburger Universität an, stellte alle Bedenken gegen die Doppelarbeit zurück und setzte ihre Arbeit in der gewohnten Weise fort. Eine unter Mitwirkung der Akademie ausgehandelte Honorarprofessur lehnte sie ab und akzeptierte sogar eine Erhöhung ihres Lehrauftrages. Unter diesen Bedingungen stellte sie bis Ende 1942 den zweiten Wörterbuchband fertig. Hilfskräfte hatte sie in dieser Zeit kaum, lediglich ihr bewährter Dauerhelfer Dr. Kroh unterstützte die Arbeiten nebenberuflich und gegen ein bescheidenes Honorar, ehe er 1942 kriegsbedingt nach Luxemburg versetzt wurde.

Mit Blick auf die Akademie war Luise Berthold eine paßfertige und ideale Mitarbeiterin. Während jedoch ihre männlichen habilitierten Kollegen stets die Option hatten, zwischen der Universitätslaufbahn und dem Verbleib in einem Akademieprojekt zu wählen, hatten Wissenschaftlerinnen diese Möglichkeit nicht. Vor 1945 gelang es keiner Wissenschaftlerin, von einem Akademieprojekt in die Hochschullaufbahn zu wechseln. Somit scheint die doppelte Verankerung für Luise Berthold erst einmal *eine* Möglichkeit gewesen zu sein, um sich erfolgreich in der Wissenschaft integrieren zu können. Von der Universität aus gesehen, erfolgte nach der Habilitation kein regulärer Einstieg in die Hochschullaufbahn. Ein Grund dafür lag auch darin, daß die Dialektologie zwar seit der Jahrhundertwende eine zunehmende staatliche Förderung erfahren hatte und viele neue Projekte, wie die Mundartwörterbücher, entstanden waren, aber eine universitäre Etablierung der Dialektologie in Forschung und Lehre letztlich nicht gelang.[336]

Auf Wredes Antrag wurde Luise Berthold im März 1930 zur nichtbeamteten, außerordentlichen Professorin ernannt. 1940 erfolgte die Umwandlung der Stelle in die einer außerplanmäßigen Professorin, wodurch Luise Berthold Beamtin auf Widerruf wurde. 1952 erhielt sie den Status einer beamteten außerordentlichen Professorin an der Universität Marburg.[337] Nach ihrer Emeritierung 1957 blieb sie ehrenamtlich für das Wörterbuch tätig. Ausgerechnet in einer Jubiläumsfestschrift für Luise Berthold formulierte ihr Nachfolger Hans Friebertshäuser, [ich] „konnte [...] durch die Berufung als Professor [...] nur einen Teil meiner Arbeitszeit dem Wör-

---

335 ABBAW, Bestand PAW, Deutsche Kommission 16, unpag., E. Heymann an L. Berthold v. 3. Juli 1939.

336 Bremer/Hoffmann 1982; Dainat 2000, S. 179.

337 IGL, Bd. 1, S. 160f.

terbuch widmen. Schon wegen dieser personellen Situation ist die Tätigkeit der Jubilarin unersetzlich."[338] Auch wenn er das in guter Absicht meinte, deutlicher konnte der Unterschied zwischen Luise Berthold und ihren männlichen Kollegen nicht gesagt werden. Es war sowohl Ferdinand Wrede als auch Hans Friebertshäuser gelungen, ihrer Kollegin die Arbeit zuzuschieben, wofür sie als Professoren keine Zeit mehr hatten. Luise Berthold fügte sich und erfüllte diszipliniert die Erwartungen. Das Wörterbuch war ihr Lebenswerk und seit 1927 ihre Hauptpublikation.[339] Die selbstlose und akribische Arbeit am Hessen-Nassauischen Volkswörterbuch durchzog ihre berufliche Laufbahn wie ein roter Faden und „wurde zum Unterpfand von Luise Bertholds Karriere an der Universität."[340] Die auffallend starke Identifizierung mit der Wörterbuchaufgabe ließe sich so erklären. Die Arbeit am Wörterbuch gab Sicherheit, ließ aber zugleich wenig Zeit für andere Themen und eigene Fragestellungen. Einen größeren Forschungsfreiraum konnte die Berliner Orientalistin Annemarie von Gabain nutzen.

Von der Mitarbeiterin zum Akademiemitglied: In einer 1992 ausgestrahlten Radiosendung erzählte Annemarie von Gabain folgende Geschichte: Sie habe ihren Lehrer, Professor Willy Bang-Kaup, gefragt, ob er eine mit dem Studium verbundene Arbeit vermitteln könne.

„,Oh', sagte der, ,die Handschriften aus Zentralasien, die Anfang dieses Jahrhunderts nach Berlin gekommen sind, die liegen seitdem im Archiv. Und da kümmern Sie sich mal dadrum: Einige von ihnen sind alttürkisch. Seh'n Sie mal, daß Sie die finden. Und dann gehen Sie zum Präsidenten[341] und sagen, daß Sie dafür die geeignete Person sind, weil Sie nicht nur Turksprachen, sondern auch Chinesisch machen, daß Sie dafür angestellt werden können'. Na, also, zitternd ging ich zum hochbedeutenden Geheimrat Lüders, vor dem jeder Dampf hatte, und sagte ihm, ich wäre also für diese Handschriften die geeignete Persönlichkeit. Er lächelte und sagte: ,Na ja, darüber müssen wir mal sprechen'. Er sprach aber nicht mit mir. Nach vierzehn Tagen traf ich ihn Unter den Linden [...]. Er [...] hatte 'ne Zigarre im Mund und sagte: ,Na, ham Se angefangen?' Das ist der Anfang meiner großartigen Existenz."[342]

---

338   Friebertshäuser 1976, S. 92.
339   Hessen-Nassauisches Volkswörterbuch, Bd. 2 (L-R) (1943), Bd. 3 (S) (1967), Bd. 4, Lfg. 1-8 (T-Wanst) (1969-1983) gemeinsam mit Hans Friebertshäuser; Bd. 1 bisher nicht ersch., wird fortges. v. Hans Friebertshäuser u. Heinrich J. Dingelein.
340   Oertzen 2002, S. 11.
341   Einen Präsidenten hatte die Akademie erst seit 1939. Heinrich Lüders, den Gabain vermutlich hier meinte, war damals einer der vier ständigen Sekretare der Akademie und Mitglied der Orientalischen Kommission.
342   Zit. nach Laut 1994, S. 370f.

Ein Anfang, möchte man fortsetzen, der filmreif war. Vom Orientalisten Heinrich Lüders, *der* wissenschaftlichen Autorität an der Akademie schlechthin, hörte sie ein eher beiläufig hingeworfenes „Na, ham Se angefangen?", aber das angekündigte Gespräch mit ihm fand nicht statt. Irgendwelche arbeitsvertraglichen Vereinbarungen wurden ebenfalls nicht getroffen. Aber sie besaß genügend Selbstvertrauen und den Willen, wissenschaftlich zu arbeiten.

Ihrer ungewöhnlichen Fächerkombination wegen wurde Annemarie von Gabain bereits als Studentin 1925/26 an der Bearbeitung der Turfan-Handschriften beteiligt.[343] Sie studierte an der Berliner Universität Sinologie bei Otto Franke (1863-1946, OM 1923)[344] und Erich Haenisch (1880-1967, OM 1942-1966)[345], hörte die Vorlesungen, die Friedrich Wilhelm Karl Müller (1863-1930, OM 1906)[346] als lesendes Akademiemitglied hielt und besuchte seit 1923 die Übungen in Alttürkisch bei Willy Bang-Kaup, der – wie erwähnt – als Lehrer und Mentor einen entscheidenden Einfluß auf die berufliche und wissenschaftliche Entwicklung seiner Studentin nahm. Nach ihrer Promotion 1930 wurde Annemarie von Gabain wissenschaftliche Mitarbeiterin bei der Orientalischen Kommission. Nahtlos erfolgte der Übergang von der studentischen Hilfskraft zur wissenschaftlichen Mitarbeiterin. Im Auftrag der Orientalischen Kommission bearbeitete Annemarie von Gabain den Bestand türkischer Handschriften aus dem Turfan, der in zehn Holzkisten lagerte. In den ersten Jahren arbeiteten Schülerin und Lehrer eng zusammen:

„Und mein geliebter Lehrer Bang-Kaup, der hielt natürlich die Hand darüber, und ich zeigte ihm, was ich hatte, und gelegentlich sagte er: ‚Halt, diese beiden Handschriften geben Sie her, die werden wir zusammen publizieren!' Zusammen mit dem Professor – und dann wurde es auch was Gescheites! Und dann wurde es von der Akademie publiziert und gebilligt."[347]

Bangs Tod 1934 bedeutete einen Einschnitt. Relativ schnell setzte jedoch Annemarie von Gabain die mit dem Lehrer begonnene Publi-

---

343 Laut 1994; Zieme 1994, 1996; Jonker 2002.

344 O. Franke: 1907 Priv.-Doz. in Berlin, 1910 Prof. f. Sinologie Universität Hamburg, 1923-31 Prof. f. Sinologie Universität Berlin, OM 1923 (Hartkopf 1992).

345 E. Haenisch: 1904-11 Lehrer im chinesischen Schuldienst, 1912 wiss. Hilfsarbeiter am Museum f. Völkerkunde Berlin, 1913 Priv.-Doz., 1920 Prof. f. Sinologie Univ. Berlin, 1925 Prof. f. Sinologie Univ. Göttingen, 1925 Prof. f. Sinologie Univ. Leipzig, 1932 Prof. f. Sinologie Univ. Berlin, 1947 Prof. f. Sinologie Univ. München, OM 1942 (Hartkopf 1992).

346 F.W.K. Müller: 1887 Hilfsarbeiter, später Dir. d. Ostasiatischen Abt. am Museum f. Völkerkunde Berlin, Professor, OM 1906 (Hartkopf 1992).

347 Zit. nach Laut 1994, S. 371.

kationsstrategie allein fort. Den Erwartungen der Kommission entsprach das nicht unbedingt, denn diese wollte einen Katalog sehen.

„Das wurde mir immer wieder gesagt" – so Annemarie von Gabain rückblickend – „„Machen Sie 'nen Katalog!' Ich sagte: ‚Ja, ja', und machte es nicht, denn das kostete furchtbar viel Zeit; da mußte man jedes Manuskriptchen interpretieren, und wenn ich hundert so kleine Fetzchen habe, bin ich noch nicht weit gekommen. Sondern man machte Arbeitsökonomie, wobei was herauskommt: Das übrige kann ich noch später machen. [...] Ich mußte immer was zeigen."[348]

Der Aufforderung zur Katalogisierung der alttürkischen Handschriften konnte sich die junge Wissenschaftlerin entziehen. Sie machte nicht das, was von ihr erwartet wurde, wollte viel lieber Neues erforschen und die bedeutsamsten Stücke der sensationellen Funde aus dem Turfan publizieren.[349] Diese Gelegenheit fand sie bei der Orientalischen Kommission, die „zum Mittelpunkt der zentralasiatischen Studien in Deutschland geworden" war.[350] Annemarie von Gabain, die zur ersten Generation der Forscher an den Turfan-Handschriften zählte, machte hier ihre entscheidenden wissenschaftlichen Sozialisationserfahrungen. Dazu gehörte auch, daß sich die Turfan-Texte nur in einer engen kollegialen Zusammenarbeit erschließen ließen. Wegen der Fülle und Mannigfaltigkeit des Materials blieb der Mitarbeiterkreis zu keinem Zeitpunkt auf die wenigen Wissenschaftler beschränkt, die direkt im Auftrag der Kommission bestimmte Aufgaben bearbeiteten. Kennzeichnend für die Turfan-Forschung war die enge Kooperation zwischen Universitätswissenschaftlern, leitenden Museumsangestellten sowie freien Gelehrten, wie etwa dem Missionar August Hermann Francke, der die tibetischen Texte bearbeitete.[351] Die Orientalistik war noch ein Feld mit vielen Unbekannten. Es gab viel Neues zu entdecken, dem Forscherdrang waren kaum Grenzen gesetzt und die Karrierewege wenig formalisiert. Wissenschaftliche Anerkennung erwarb man über die Mitteilung neuer Funde und das Publizieren von vorläufigen Ergebnissen. Dazu wurde Annemarie von Gabain bereits sehr früh Gelegenheit gegeben, als sie mit Willy Bang-Kaup gemeinsam erste Forschungsergebnisse publizierte.

Annemarie von Gabains Position bei der Orientalischen Kommission entsprach der einer Abteilungsleiterin. Da bei den orientalischen Unternehmungen das zu bearbeitende Material in Sprachabteilungen aufgeteilt und einzelnen Bearbeitern zugewiesen wurde,

---

348 Ebd.
349 Jonker 2002; vgl. BBAW 2002b, S. 10-16 u. 25ff.
350 SB PAW 1936, phys.-math. Klasse, S. XXVI-XXXI [XXVII], Bericht v. H. Lüders über die Arbeiten der Orientalischen Kommission.
351 Gabain 1991.

war das Aufgabengebiet von Annemarie von Gabain umfassend. Sie bearbeitete die türkischen Turfan-Funde selbständig und eigenverantwortlich.[352] Ihr Mitarbeiterstatus bei der Orientalischen Kommission war der einer wissenschaftlichen Hilfsarbeiterin. Sie bezog ein gehaltsähnliches Honorar in Höhe von monatlich 315 RM – das entsprach einem üblichen Hilfsarbeitergehalt an der PAW – und wurde aus dem etwas irreführenden „Titel für Aushilfskräfte" der PAW sowie aus Sachmitteln der Orientalischen Kommission bezahlt.[353] 1939 wurde die Orientalistin ins Angestelltenverhältnis bei der PAW übernommen.[354]

Die Tätigkeit bei der Orientalischen Kommission eröffnete Annemarie von Gabain einen relativ großen individuellen Handlungsspielraum und Forschungsmöglichkeiten, die sich in einer hohen wissenschaftlichen Produktivität niederschlugen; ihre Bibliographie zählt insgesamt 344 Titel. Zu diesem Freiraum gehörte, daß sie zahlreiche Forschungsreisen unternehmen konnte. 1931 führte sie ihr Weg nach Peking, wo sie sich auf dem Gebiet der chinesischen Sprache fortbildete und die Schrift- und Kulturdenkmäler des Buddhismus studierte; 1933 weilte sie in Paris und arbeitete im Musée Guimet; 1941 unternahm sie eine Studienreise nach Schweden. Im Ausland erfuhr Annemarie von Gabain eine Bestätigung und Anerkennung für ihre Leistungen. Sie wurde zu Gast- und Forschungsaufenthalten eingeladen. So nahm sie von 1935 bis 1937 auf Einladung der türkischen Regierung eine Gastprofessur in Ankara wahr, wo an der Fakultät für Geschichte, Sprachen und Geographie der Universität gerade eine Professur für Sinologie neu eingerichtet worden war und wo auch ihr Berliner Studienkollege Gabdul Raschid Rachmati lehrte. Die PAW förderte die Auslandsaufenthalte mit Stipendien, Beurlaubungen und Freistellungen.[355]

Nach ihrer Rückkehr aus der Türkei 1937 nahm die Orientalistin parallel zu ihrer Arbeit an der Akademie einen Lehrauftrag für

---

352 Ein Beleg dafür ist, daß sie die Berichte über ihre Arbeit an den uigurischen Handschriften für die *Sitzungsberichte der PAW* selbst verfaßte und nicht wie üblich ein Kommissionsmitglied. Exemplarisch SB PAW 1930, phys.-math. Klasse, S. LXXII.

353 ABBAW, II-IV-59, Bl. 19, Bezüge Oktober 1935: 194,50 RM aus Fonds f. Aushilfskräfte, 120 RM aus Fonds der Orientalischen Kommission, zusammen 314,50 RM. Für die Bearbeitung des wissenschaftlichen Nachlasses von Prof. F.W.K. Müller erhielt sie 1931 ein einmaliges Honorar von 1.080 RM. (Bl. 3).

354 ABBAW, II-IV-59, Bl. 24, Arbeitsvertrag v. 15.Mai 1939. – Ihre Einreihung erfolgte in die für Wissenschaftler bei der PAW übliche Gruppe III mit einer Grundvergütung nach der Tarifordnung für Angestellte in Höhe von 484 RM, mit Zuschlägen 570,52 RM.

355 ABBAW, II-IV-59.

Türkische Sprachwissenschaft an der Berliner Universität wahr. Auf Antrag der Philosophischen Fakultät der Universität wurde Annemarie von Gabain beauftragt, im Sommersemester 1938 und im Wintersemester 1938/39 am Orientalischen Institut der Universität Vergleichende türkische Sprachwissenschaft, zentralasiatische Geschichte und vorislamisches Türkentum in Vorlesungen und, soweit nötig, in Übungen zu vertreten.[356] Ohne Auftrag hatte sie bereits nach Bangs Tod vorläufig seine Übungen an der Universität übernommen.[357] 1940 habilitierte sich Annemarie von Gabain für Türkische Sprachwissenschaft an der Berliner Universität und wurde 1941 zur Universitätsdozentin ernannt. Ihre als schriftliche Habilitationsleistung verfaßte *Alttürkische Grammatik* (1941), die als eine Synthese aus der Beschäftigung mit den türkischen Turfan-Funden entstanden ist, gilt bis heute als Standardwerk und ist in mehreren Auflagen erschienen.[358]

Annemarie von Gabain war eine von vier Wissenschaftlerinnen, die sich zwischen 1937 und 1945 an der Philosophischen Fakultät der Friedrich-Wilhelms-Universität zu Berlin habilitierten,[359] nachdem die rigiden Habilitationsbestimmungen von 1934 angesichts des drohenden Nachwuchsmangels etwas gelockert und das Verfahren verkürzt worden war. Mit ihr gelang der zweiten Wissenschaftlerin der Sprung aus einem Akademieprojekt heraus in die Hochschullaufbahn. Wie Luise Berthold wechselte auch sie nicht vollständig an die Universität, sondern blieb doppelt verankert. Für die Orientalistin war die Akademie das attraktivere Arbeitsumfeld, denn die Forschungsbedingungen waren hier ungleich besser als an der Universität. Dort stand die Turkologie als ein eher kleines und junges Fach häufig zwischen den etablierten Disziplinen und wurde kaum über Ordinariate vertreten.[360]

Die an der PAW betriebene orientalische Forschung nahm eine Spitzenstellung ein und war von internationaler Kooperation und Zusammenarbeit gekennzeichnet. Über die Akademieforschung erhielt Annemarie von Gabain Zugang zu Ressourcen und Netzwerken und zur wissenschaftlichen Gemeinschaft. In den 1940er Jahren erweiterte Annemarie von Gabain ihr Arbeitsfeld über das Alttürkische hinaus und begann an einer „Özbekischen Grammatik" zu arbeiten. Außerdem beschäftigte sie sich nicht mehr nur mit philologischen Fragen, sondern wandte sich auch kunstwissenschaftlichen Problemen zu. Von 1941 bis 1943 gehörte sie als ehrenamtliches

---

356   ABBAW, II-IV-59, Bl. 20, RuPrMfWEV an A. von Gabain v. 22. Februar 1938; Bl. 21, Verlängerung des Lehrauftrags v. 20. Januar 1939.

357   ABBAW, II-IV-59, Bl. 29-32, Lebenslauf v. 19. Januar 1940.

358   Hazai 1996.

359   Vogt 2007, Tabelle 2.3, S. 467.

360   Zieme 1996.

Mitglied dem Beirat für die Ostasienabteilung beim Museum für Völkerkunde in Berlin an. Erneut führten sie in diesen Jahren Forschungsaufenthalte ins Ausland, sie hielt 1942 Gastvorlesungen an der Universität Budapest und unternahm 1943 eine Vortragsreise in die Türkei.

In der NS-Zeit setzte Annemarie von Gabain ihre wissenschaftliche Karriere scheinbar ohne größere Einschnitte ungehindert fort. Sie genoß den Schutz der Akademie. Ihre wissenschaftliche Integrität stand außer Frage, denn die Akademieforschung stand im Ruf bester philologischer Tradition. Eine erfolgreiche wissenschaftliche Karriere unter den Bedingungen der NS-Diktatur war jedoch für jeden Wissenschaftler und jede Wissenschaftlerin eine Gratwanderung. Politische Bekenntnisse wurden auch von Annemarie von Gabain erwartet. Eine Anpassungsleistung erbrachte sie mit dem Eintritt in die NSV im Frühjahr 1938.[361] Nach 1945 galt sie deswegen als politisch belastet. Erst ein Anfang 1948 in München ausgestellter „Sühnebescheid" – sie hatte bei Verwandten in Bayern das Kriegsende 1945 erlebt – machte den Weg für ihre Beschäftigung an der DAW in Berlin frei. 1949 an die Universität Hamburg umhabilitiert, wechselte Annemarie von Gabain wenige Jahre später an die westdeutsche Universität und lehrte dort als Professorin für Turkologie und buddhistisches Chinesisch.[362]

Über wechselnde politische Topographien hinweg pflegte Annemarie von Gabain zeitlebens Beziehungen zur Berliner Akademie. Diese führte nach 1945 einige traditionsreiche wissenschaftlichen Unternehmungen, darunter die Turfan-Forschung, fort. 1959 wurde die in Hamburg lebende Orientalistin als Korrespondierendes Mitglied in die Deutsche Akademie der Wissenschaften zu Berlin gewählt. Dieser Status wurde wie der von allen in der Bundesrepublik und in West-Berlin lebenden Akademiemitgliedern 1969 in den eines Auswärtigen Mitglieds umgewandelt. Die Wahl von in der Bundesrepublik und in West-Berlin lebenden Wissenschaftlern hatte wie die Wahl von Ausländern einen hohen politischen Symbolwert.[363] Bis 1969 galt die Akademie als gesamtdeutsch, weil sich die Wohnsitze der Ordentlichen Mitglieder in allen vier Besatzungszonen Deutschlands und in den vier Sektoren Berlins befanden und einige wissenschaftliche Unternehmungen im gesamtdeutschen Rahmen fortgeführt wurden. Infolge der in den letzten Kriegsmonaten und nach 1945 einsetzenden Migrationsströme lebte 1951 die Hälfte aller Ordentlichen Mitglieder in der Bundesrepublik und in

---

361 ABBAW, II-IV-59, Bl. 22, Personalfragebogen v. 15. Mai 1939.
362 Boedeker/Meyer-Plath 1974, S. 147f., 1952 außerplanmäßige Professorin, 1965 wissenschaftliche Rätin, 1965 außerordentliche Professorin, 1966 Emeritierung.
363 Walther 2002, S. 130.

West-Berlin, 1968 waren es immerhin noch etwa 15 Prozent. Der gesamtdeutsche Status war „für das Renommee und den Schutz der Akademie sowie für den Zugang zur scientific community außerhalb der DDR von großer Bedeutung."[364]

Annemarie von Gabains Wahl in die Akademie unterstrich ihre Zugehörigkeit zu den herausragenden Spitzenwissenschaftlern. Nur wenige schafften den Sprung vom Akademiemitarbeiter zum Akademiemitglied. Frühere Mitarbeiter in Akademieprojekten waren nach meiner Schätzung nur rund 20 spätere Akademiemitglieder.[365] Zu ihnen gehörten der Historiker Otto Hintze (OM 1914), der klassische Philologe Johannes Mewaldt (KM 1924), der Germanist Arthur Hübner (OM 1932), der Ägyptologe Hermann Grapow (OM 1938), der Slawist Hans-Holm Bielfeldt (OM 1953), der Epigraphiker Günther Klaffenbach (1890-1972, OM 1953), der Mathematikhistoriker Josef Hofmann (KM 1957) und der Althistoriker Herbert Nesselhauf (1909-1995, KM 1960). In der Regel waren die Akademiemitglieder zugleich Lehrstuhlinhaber an einer Universität. Annemarie von Gabain nicht. Sie war in der wissenschaftlichen Gemeinschaft verankert, besaß eine hohe internationale Reputation, aber war keine Universitätsprofessorin der höchsten Kategorie.[366] Ihr Beispiel zeigt, daß es in methodischer Hinsicht zu kurz greifen kann, die wissenschaftliche Anerkennung einer Person nur nach ihrer Position im Universitätssystem zu beurteilen, wie das in der deutschen Wissenschaftsforschung häufig geschieht.

Resümee

Im frühen 20. Jahrhundert fanden Wissenschaftlerinnen ohne größere Probleme Zugang zur Forschungsarbeit der PAW. Durch den Ausbau der Akademieforschung bestand auf dem Gebiet der historisch-philologischen Grundlagenforschung eine größere Nachfrage nach qualifizierten wissenschaftlichen Arbeitskräften. Wie die Mehrzahl ihrer männlichen Kollegen wurden Frauen aus den Universitätsseminaren für die Mitarbeit in einem Forschungsprojekt gewonnen. Die Startbedingungen waren für alle Berufsanfänger ähnlich. Als studentische oder wissenschaftliche Hilfskräfte erledigten sie oft einfache und sogenannte Anfängerarbeiten; die Einstiegspositionen waren niedrig, das Austrittsrisiko war relativ hoch. Wegen des prinzipiellen Projektcharakters der Akademieforschung fehlte häufig eine Möglichkeit für die dauerhafte Anbindung der Mitarbeiter und Mitarbeiterinnen.

---

364 Kocka/Nötzoldt/Walther 2002, S. 424.

365 Eigene Auszählung nach Hartkopf 1992.

366 Das trifft auch auf die Biologiehistorikerin Ilse Jahn zu (Hoffmann 1999).

In der Arbeitswelt der Wissenschaft traten Wissenschaftlerinnen seltener als Autorinnen von Akademiepublikationen hervor als Männer. Frauen wurden häufig nichtpublizierende Tätigkeiten zugewiesen und anspruchsvolle wissenschaftliche Aufgaben nicht übertragen. In den Arbeitsgruppen nahmen Wissenschaftlerinnen tendenziell randständige beziehungsweise nachrangige Positionen ein, die zugleich mit schlechten oder unsicheren finanziellen Absicherungen verbunden waren, was den Verbleib der Frauen in der Wissenschaft nicht förderte. Frauen hatten durchweg Schwierigkeiten beim Aufstieg in Leitungspositionen. Bei Beförderungen wurden sie übergangen oder zurückgesetzt; sie mußten länger warten und kamen häufig nicht so weit wie ihre männlichen Kollegen. Auch an der Preußischen Akademie der Wissenschaften stießen die Wissenschaftlerinnen an die sogenannte gläserne Decke. Mit diesem Begriff werden in der Forschungsliteratur die oft unsichtbaren und schwer überwindbaren Aufstiegshürden für Frauen (in der Wissenschaft) bezeichnet. Das Phänomen beruht auf intransparenten und informellen Mechanismen und läßt sich nur im jeweils konkreten Bezugsrahmen beschreiben.

Aufgrund der lockeren Kommissionsstruktur konnten sich in den Forschungsprojekten der Akademie aber auch jederzeit unvorhergesehene Gelegenheiten für die Mitarbeiter und Mitarbeiterinnen eröffnen. Für Wissenschaftlerinnen war es wichtig, individuelle Handlungsspielräume und Chancen zu erkennen und zu nutzen. Ihr Wille zu beruflicher Anerkennung und Aufstieg spielte dabei eine Rolle, was auch bedeutete, sich nicht auf bestimmte Tätigkeiten festlegen zu lassen und Unterstützungsleistungen aktiv einzufordern. Das taten nur wenige.

Eine größere Anzahl von Wissenschaftlerinnen konnte sich erfolgreich in die Mitarbeiterstämme von Unternehmungen integrieren. Diese Frauen verfügten über langjährige Berufserfahrungen und waren hochspezialisierte Forscherinnen. Nach dem Universitätsstudium hatten sie als Berufsanfängerinnen eine Tätigkeit in den Akademieprojekten aufgenommen, sich dort mit Beharrlichkeit, Ausdauer sowie Fleiß hochgearbeitet und an der Akademie institutionell verankert. Einige von ihnen wurden Abteilungsleiterinnen, nahmen aber keine Schaltstellen in der Wissenschaft ein. Die Wissenschaftlerinnen waren Expertinnen auf ihren fachlichen Spezialgebieten, aber habilitiert war keine. In der fehlenden Habilitation wird ein Aufstiegshindernis für die Frauen im deutschen Wissenschaftssystem gesehen, obgleich bei Beförderungen die formale Qualifikation allein oft nicht ausschlaggebend war und fachliches Können, Berufserfahrung sowie Spezialisierung eine Rolle spielten.

Nur zwei Wissenschaftlerinnen unternahmen vor 1945 einen echten Karriereschritt, indem sie sich aus Akademieprojekten heraus habilitierten. Nach der Habilitation wechselte keine vollständig in die Hochschullaufbahn. Beide nahmen an der PAW Leitungspositionen in den Forschungsprojekten ein und zugleich an einer Universität Lehrverpflichtungen wahr. Ihre Werdegänge stellen eine interessante Verknüpfung von universitärer Sozialisation und außeruniversitären Berufs- und Karrieremöglichkeiten dar. Aus der Perspektive der Akademie gesehen, war die doppelte Verankerung von Wissenschaftlern üblich und hatte sich bei der personellen Absicherung von Unternehmungen bewährt. Das konkrete Arbeitsumfeld und der disziplinäre Kontext beeinflußten in hohem Maße die Situationen beider Frauen. Die Germanistin Luise Berthold hatte beim Hessen-Nassauischen Wörterbuch einen eher geringen individuellen Handlungsspielraum und wenig Forschungsfreiraum. Die Turkologin Annemarie von Gabain hatte an der Akademie stets die besseren Forschungsbedingungen als an der Universität. Sie fand bei der Orientalischen Kommission eine günstige Gelegenheitsstruktur vor, die es ihr erlaubte, einen relativ großen Forschungsfreiraum auf dem Gebiet der Turfan-Forschung individuell zu nutzen und erfolgreich in wissenschaftliche Anerkennung umzusetzen.

ZUSAMMENFASSUNG

Die Ergebnisse dieser Studie belegen die Fruchtbarkeit der Perspektive von *Wissenschaft als Arbeitssystem* für die Geschlechter- und die Wissenschaftsforschung. Der methodische Ansatz zum Arbeitssystem liefert Aufschluß über die faktische Einbeziehung von Frauen in die Wissenschaft und trägt dazu bei, das Verhältnis von Frauen und Wissenschaft historisch zu spezifizieren und institutionell zu konkretisieren. Die zentrale Frage nach der Teilnahme von Frauen an der wissenschaftlichen Arbeit bedeutet eine Modifizierung vom einfachen Ausschluß-Ansatz hin zur Frage nach den Formen der Berücksichtigung von Frauen in der Wissenschaft und führt zu neuen Erkenntnissen für die Geschlechterforschung. Denn erst dadurch wird es möglich festzustellen, in welchem Ausmaß es zu einer Abmilderung der Geschlechterdifferenz kam und zu rekonstruieren, auf welchen Ebenen sie fortbestand.

Für die Berliner Akademie der Wissenschaften wurde exemplarisch gezeigt, daß im frühen 20. Jahrhundert gravierende Geschlechterunterschiede in der Wissenschaft abgemildert wurden. Frauen konnten durch ihre verbesserte Ausbildung den Bildungsvorsprung der Männer verkürzen und im Universitäts- und Wissenschaftsbereich an Boden gewinnen. Aber die Geschlechterdifferenz verschwand nicht. Sie war komplex und vielgestaltig und konnte sich auf unterschiedlichen Ebenen manifestieren: beim Zugang, auf der Repräsentationsebene und in der Arbeitswelt der Wissenschaft. Bereits beim Zugang widerspiegelten sich deutliche Geschlechterunterschiede, wenn diese auf beruflicher Segregation beruhten. An der PAW war das auf dem Gebiet der wissenschaftlich-technischen Assistenz der Fall. Dieses neue Berufs- und Tätigkeitsfeld war in seinem Entstehungszusammenhang weiblich konnotiert und etablierte sich als ein Frauenberuf.

Auf der Ebene der Repräsentation von Wissenschaft bestand die enge Koppelung von Männlichkeit und Wissenschaftlichkeit fort. Diese zeigte sich in der geschlechtshomogenen männlichen Zusammensetzung der Gelehrtengesellschaft. Zu ihren Mitgliedern zählte die Preußische Akademie der Wissenschaften angesehene Forscher des In- und Auslands. Sie wählte bevorzugt die Inhaber von wissenschaftlichen Spitzenpositionen, nahm aber keine Wissenschaftlerinnen als Mitglieder auf. Auf der repräsentativen Ebene der Akademie wurden vor 1945 die Leistungen von Frauen nicht anerkannt, was in dieser Studie mit dem Festhalten an den traditionellen Zuwahlprinzipien, mit der fehlenden Bereitschaft, diese zu ändern und mit bestehenden Ressentiments der Akademiemitglieder gegenüber der Aufnahme sowohl von Frauen als auch Spezialisten erklärt wurde.

In der Arbeitswelt der Wissenschaft wurden Geschlechterunterschiede zum Beispiel in den Förderbeziehungen, in der Qualität von Beschäftigungs- und Absicherungsverhältnissen und in der Arbeitsbewertung nachgewiesen. Für die Wissenschaft traf somit das zu, was in der Forschungsliteratur bereits für andere Segmente der Arbeitswelt festgestellt wurde, nämlich daß Wettbewerbsvorteile für Männer bestanden und Frauen Probleme hatten, beruflich anerkannt zu werden. Frauen waren in der Wissenschaft vertreten, aber nicht in Schaltstellen. Nur einzelne fanden Anerkennung für ihre wissenschaftlichen Leistungen und stiegen in Leitungspositionen auf.

Im frühen 20. Jahrhundert wurde eine Gleichheit zwischen den Geschlechtern weitgehend vermieden und die Aufrechterhaltung der Geschlechterdifferenz vielfach für notwendig erachtet. Reproduziert wurden die Unterschiede in der Arbeitswelt der Wissenschaft, und zwar über Interaktionen und das Forschungshandeln, wobei sich die Reorganisation der geschlechtsspezifischen Arbeitsteilung als ein flexibles und anpassungsfähiges Strukturierungsinstrument erwies und im unterschiedlichen Nutzungsverhältnis männlicher und weiblicher Arbeitskraft zum Ausdruck kam.[1] Frauen standen nicht alle Aufgaben- und Tätigkeitsbereiche offen. Ihnen wurden bevorzugt prestigeärmere Aufgaben im Bereich der Zu-, Vor- und Endarbeiten zugewiesen. Sie erledigten häufig konkrete, begrenzte und klar umrissene Aufgaben. Zumeist wurden nur bestimmte fachliche Kompetenzen nachgefragt, Leitungskompetenz gehörte in der Regel nicht dazu. Indem Frauen eine gewisse Anspruchslosigkeit unterstellt wurde, ließ sich rechtfertigen, daß Männer die attraktiveren Arbeitsplätze für sich reklamierten. In das Forschungshandeln flossen traditionelle Überzeugungen und Denkmuster ein, die in ihren Auswirkungen alle Frauen betrafen. Frauen wurden einseitig auf die Familienrolle festgelegt, die eine Investition in ihre Arbeitskraft nicht als lohnenswert erscheinen ließ. Doch der empirische Befund spricht auch für die Annahme, daß in der Arbeitswelt die Ungleichheit oft kontextabhängig hergestellt oder aufrechterhalten wurde, d.h. abhängig von konkreten Arbeitskontexten und Organisationsstrukturen.[2]

---

1   Hausen 1993a; Gottschall 1995.
2   Heintz 2001a, S. 9 spricht von konditionalen Ungleichheiten, die von „spezifischen Bedingungskonstellationen" abhängig sind.

An der PAW waren Frauen nicht in allen Akademieprojekten gleichmäßig vertreten. Eher selten wurden sie in den auf Einzelarbeit ausgerichteten Unternehmungen nachgewiesen, etwa in den Editionsprojekten. Diese Vorhaben waren gering formalisiert, die Forscher arbeiteten überwiegend allein, der Zwang zur Kooperation war in diesem Arbeitskontext gering, was sich in einer relativ hohen Personalisierung der Mitarbeiterauswahl widerspiegelte und dazu führen konnte, daß Frauen bei Personalentscheidungen seltener berücksichtigt wurden.[3] Wenn Wissenschaftlerinnen in den Editionsprojekten beschäftigt wurden, dann häufig nicht mit solchen Aufgaben, die sich gewinnbringend für das eigene berufliche Fortkommen verwerten ließen. In den Unternehmungen mit teamartigem Arbeitskontext waren dagegen Frauen regelmäßig und häufig vertreten, etwa in den Projekten Deutsches Rechtswörterbuch, Deutsches Wörterbuch, Leibniz-Ausgabe, Das Tierreich, Nomenclator animalium generum et subgenerum und Geschichte des Fixsternhimmels. Arbeitsbüros mit formaler Mitarbeiterstruktur deuteten darauf hin, daß diese Vorhaben stärker formalisiert waren. In Forschungsprojekten mit Teamstruktur herrschte ein größerer Kooperationszwang. Da man bei der Durchführung der Forschungsarbeit auf andere angewiesen war, war man eher bereit, Mitarbeiter aufgrund ihrer fachlichen Leistung und Kompetenz auszuwählen und persönliche Kriterien oder existierende Vorbehalte in den Hintergrund treten zu lassen. Von der geringen Personalisierung bei der Mitarbeiterauswahl profitierten Frauen insofern, als sie in die stärker formalisierten und arbeitsteiligen Forschungsprojekte leicht Zugang fanden. Aber bessere Aufstiegsmöglichkeiten hatten sie hier nicht.

Ob und inwiefern das mit dem Prestige der Fächer respektive Disziplinen in Verbindung zu bringen ist, müßte genauer überprüft werden. Vermutlich spielte auch der mangelnde Aufstiegswille von Frauen eine Rolle. Aus meiner Sicht traf jedoch am meisten zu, daß sich ein konsensfähiger Gleichheitsgrundsatz damals noch nicht als verbindlich durchgesetzt hatte. Gleichberechtigter Zugang zur Wissenschaft bedeutete eben nicht automatisch die Gleichbehandlung von Frauen in der Arbeitswelt der Wissenschaft. Insbesondere beim Zugang zu Spitzenfunktionen bewiesen die Differenzvorstellungen eine ungebrochene Wirkungskraft. Im frühen 20. Jahrhundert wurden Führungspositionen weitgehend mit Männern besetzt, und aus Traditions- und Prestigegründen sollten ihnen diese vorbehalten sein. Das entsprach nicht nur den Erwartungen von Männern, son-

---

3 Verkürzt und vereinfacht beziehe ich mich auf die von Heintz/Merz/Schumacher 2004, 2007 sowie Heintz 2008 beschriebenen drei Konstellationen, bei denen die Tendenz zur personalisierenden Beurteilung in der Wissenschaft abgeschwächt ist: Standardisierung der wissenschaftlichen Verfahren, rollenspezifische Inklusion, Kooperationszwang.

dern wurde vielfach auch von Frauen als selbstverständlich akzeptiert. Erfolgreiche Wissenschaftlerinnenkarrieren waren nicht unmöglich, aber der berufliche Aufstieg von Frauen hing vom Zufall und von einer günstigen Gelegenheitsstruktur ab. Das traf ohne Einschränkung auf alle hier vorgestellten Wissenschaftlerinnen zu.

Exemplarisch wurde an den Werdegängen von Wissenschaftlerinnen belegt, daß Frauen unvorhergesehene Gestaltungsspielräume individuell für sich nutzten, um sich in der Wissenschaft zu verankern und Anerkennung zu erwerben. In der Arbeitswelt der Wissenschaft konnten sich jedem Mitarbeiter und jeder Mitarbeiterin unternehmensspezifische Handlungsspielräume eröffnen. An der PAW wurde die Entstehung von Gelegenheitsstrukturen durch den insgesamt relativ geringen Formalisierungsgrad der Akademieprojekte und die Kleinheit der Arbeitsgruppen begünstigt. In den Akademieprojekten zeichneten sich Formalisierungstendenzen ab, doch blieben Intransparenz und Informalität in der Arbeitswelt oft vorherrschend. Gegenwärtig kann der Einfluß von Informalität und Formalität nicht sicher beurteilt werden. Das Vorhandensein formaler Strukturen begünstigte den Zugang von Frauen zur Wissenschaft. Informalität trug zur Aufrechterhaltung von Geschlechterdifferenzen bei, aber auch zur Eröffnung von nicht vorhersehbaren Optionen und Gelegenheiten in der Arbeitswelt der Wissenschaft. Frauen konnten davon profitieren. Informalität mußte sich somit nicht durchweg nachteilig auf die Situation von Frauen in der Wissenschaft auswirken. Weitere Forschungen hierzu sind notwendig, wobei der Arbeitssystem-Ansatz zur Erkenntnisgewinnung beitragen kann.

Mit dem methodischen Ansatz konnte die Heterogenität der in die Wissenschaft einbezogenen Frauen belegt werden, womit ein Beitrag zur Dekonstruktion des Konzepts „Frau" insofern geleistet wird, als es nicht mehr um „die Frau" in der Wissenschaft schlechthin geht. Von mir wurden drei Gruppen von Frauen identifiziert, die im frühen 20. Jahrhundert in die Akademieforschungsarbeit einbezogen wurden: erstens die zahlenmäßig stärkste Gruppe der vom akademischen Arbeitsmarkt rekrutierten Wissenschaftlerinnen und Studentinnen; zweitens die über den Arbeitsmarkt für mittlere Angestellte gewonnenen Bürohilfsarbeiterinnen; drittens weibliche Familienangehörige. Je nach Rekrutierungsfeld besaßen die Frauen bei ihrem Eintritt in die Unternehmungen verschiedene Spezialkenntnisse, fachliche Kompetenzen und Fertigkeiten; ihre Ausbildungen hatten sie auf unterschiedlichen Wegen erworben. Von allen drei Frauengruppen hatten die Wissenschaftlerinnen die größten Aufstiegs- und Karrierechancen. Als formal Gleichberechtigte konkurrierten sie zumindest theoretisch mit den Männern um die besten Arbeitsplätze und Positionen. Die Akademieprojekte stellten vor allem für Wissenschaftlerinnen mit einer philologischen oder historischen Fächerkombination ein günstiges Berufsfeld dar.

Im Bereich der wissenschaftlich-technischen Assistenz gab es kaum Verwertungsgelegenheiten für die geleistete Arbeit in der Wissenschaft. Die wissenschaftlich-technischen Angestellten erhielten eine berufliche, aber keine wissenschaftliche Anerkennung. Mit der Ausdifferenzierung dieses Berufsfeldes und seiner Ansiedlung am unteren Rand des Wissenschaftssystems verschwand die Arbeit der wissenschaftlich-technischen Mitarbeiterinnen und Mitarbeiter zunehmend aus dem Blickfeld der Wissenschaft. In der Gesamtschau trifft die von Bildungssoziologen vertretene Annahme eines engen Zusammenhangs von Ausbildungsniveau und Berufschancen zu. Im Ausbildungsverhalten und in der Berufswahl wird daher eine wichtige Schaltstelle für das Fortbestehen der geschlechtsspezifischen Segregation in der Arbeitswelt gesehen, da Frauen häufiger in die sogenannten Frauenberufe einmünde(te)n, also in Berufe im Niedriglohnsektor und mit geringen Aufstiegsmöglichkeiten.[4]

Im frühen 20. Jahrhundert nahmen auch Familienangehörige von Akademiemitgliedern an der Forschungsarbeit teil. Mit ihnen konnten – im begrenzten Maße – finanzielle Engpässe in den Unternehmungen oder ein fehlendes Arbeitskräfteangebot vorübergehend ausgeglichen werden. Die Familienmitglieder standen außerhalb der beruflichen Gliederung und nahmen in den Arbeitsgruppen eine Sonderstellung ein. Gleichwohl konnten sie aufgrund ihrer geleisteten Arbeit in der und für die Wissenschaft Anerkennung erwerben, deren Formen von der finanziellen Anerkennung und Förderung wissenschaftlicher Vorhaben über die Ehrenpromotion an einer Universität bis zur Mitgliedschaft in wissenschaftlichen (Fach-)Gemeinschaften reichten. Die informale Einbeziehung von Ehefrauen und weiblichen Familienangehörigen in die Wissenschaft wurde in dieser Studie als ein historisches Übergangsphänomen diskutiert.

Die Jahre von 1890 bis 1945 wurden von mir in bezug auf die Frauen als eine Übergangsperiode ins Wissenschaftssystem dargestellt. In dieser Zeit überschritten Frauen die Enge ihres häuslichen Wirkungskreises, gewannen in allen Bereichen des öffentlichen Lebens, in Politik, Wirtschaft, Kultur und in der Wissenschaft an Präsenz. Zugleich läßt sich diese Periode als eine Transformationsphase des Wissenschaftssystems und der Akademie im besonderen charakterisieren. Spezialisierung und Expansion der Wissenschaft, ihre institutionelle Differenzierung und ihre Reorganisierung erhalten im Kontext der Akademie in spezifischer Weise Gestalt. An der Transformation der Gelehrtengesellschaft in eine moderne Forschungsorganisation hatten die Forschungsprojekte einen großen

---

4   Mayer/Allmendinger/Huinink 1991; Blossfeld 1991.

Anteil. Denn mit ihrem Ausbau seit dem späten 19. Jahrhundert veränderte sich die Organisation der Forschungsarbeit grundlegend. Obgleich weniger deutlich als an anderen Wissenschaftseinrichtungen, bildeten sich die allgemeinen Merkmale des arbeitsorganisatorischen Wandels an der PAW ab. Mit dem Wachstum der Forschungsarbeit wandelte sich die Arbeitskräftenachfrage, Barrieren fielen und zogen eine soziale und geschlechtliche Öffnung nach sich. Es kam zur Herausbildung einer differenzierten Mitarbeiterstruktur und zu einer stärkeren Abgrenzung der unterschiedlichen Funktionsbereiche. Tendenziell ging in dieser Zeit die Arbeit in den Forschungsprojekten auf Mitarbeiter über, die nicht zugleich Akademiemitglieder waren.

In dieser Studie wurde der spezielle Bereich der Akademieforschungsarbeit betrachtet. Nach meiner Einschätzung hatten Wissenschaftlerinnen an der Akademie nicht durchweg bessere Chancen als an Universitäten. Die PAW stellte Ressourcen und Netzwerke zur Verfügung und ermöglichte jüngeren Wissenschaftlern und Wissenschaftlerinnen nach der Universitätsausbildung einen Forschungszugang. Seit ihrer Entstehung am Anfang des 19. Jahrhunderts waren Universitätsseminare und Akademieprojekte eng miteinander verknüpft, und die Forschungsprojekte bildeten eine wichtige Schaltstelle beim Übergang von der Universität in die Wissenschaft. Wissenschaftler und Wissenschaftlerinnen konnten an der PAW einer wissenschaftlichen Berufstätigkeit nachgehen und sich auf ein Forschungsgebiet spezialisieren oder beziehungsweise und die Zeit für eine berufliche Qualifizierung nutzen.

Um in Spitzenpositionen des Wissenschaftssystems aufzusteigen, mußten sie sich an einer Universität habilitieren. Dabei standen sie teilweise vor anderen Herausforderungen als ihre Berufskollegen an den Universitäten. Denn die Wissenschaftler und Wissenschaftlerinnen an einer außeruniversitären Forschungseinrichtung unterlagen in hohem Maße der Dualität von Berufsausübung und Qualifikationserwerb und hatten ihre eigenen Karriereabsichten mit den Unternehmenszielen zu vereinbaren, was oft individuelle Lösungsstrategien erforderte.[5]

Die beruflichen Rahmenbedingungen waren für die Mitarbeiterinnen und Mitarbeiter an der PAW insgesamt wenig günstig. Die Wissenschaftler und Wissenschaftlerinnen bei den akademischen Kommissionen wurden oft unterbezahlt; ihre berufliche Anerkennung war gering, weil sie überwiegend als Privatangestellte galten und nicht als Behördenangestellte wie die Beschäftigten im administrativen Bereich der PAW. Interne Verankerungsmöglichkeiten und Karrierepfade gab es kaum. Im Forschungsbereich konnte nur

---

5   Allmendinger/Fuchs/Stebut 1999; Matthies/Kuhlmann/Oppen/Simon2001.

eine sehr begrenzte Anzahl von Stellen für wissenschaftliche Beamte eingeführt werden, die Mitarbeitern in Leitungsfunktionen vorbehalten waren. Als nach dem Ersten Weltkrieg die Mitarbeiterverhältnisse neu geordnet wurden, übernahm das Preußische Kultusministerium die Finanzierung von zumeist langjährigen Mitarbeitern bei den Kommissionen und wendete auf sie die Tarifsätze für Angestellte im öffentlichen Dienst an. Im Laufe der Jahre entstand daraus eine Art Bewilligungsautomatismus, wodurch die PAW neben den wissenschaftlichen Beamten stets auch einige Mitarbeiter und Mitarbeiterinnen im Angestelltenverhältnis beschäftigen konnte.

Die Personalpolitik der PAW nahm in dieser Zeit ihren Anfang. Die Prinzipien der Stellenvergabe entwickelten sich allmählich und waren von akademiespezifischen Besonderheiten geprägt. Anciennität und – anfangs auch – Parität spielten bei Beförderungen oft eine größere Rolle als das Leistungsprinzip, obgleich in den 1920er Jahren staatliche normative Vorgaben zunehmend an Bedeutung gewannen. Mitarbeiterstellen waren an der PAW stets eine knappe Ressource und wurden willkürlich nach dem Gießkannenprinzip sowie nach „Bedürfnis" verteilt. In die Vergabepraxis wurden Wissenschaftlerinnen erst Ende der 1930er Jahre einbezogen. Wegen ihrer späten beziehungsweise verzögerten Zulassung zur Wissenschaft war es für sie zum einen schwierig, die Vergabekriterien zu erfüllen; zum anderen konnten sie aufgrund der bestehenden Intransparenz bei der Stellenvergabe leicht diskriminiert werden. Erreichten Frauen jedoch ein relativ sicheres Beschäftigungsverhältnis bei der PAW, stärkte dies ihre Integration und erhöhte die Wahrscheinlichkeit, in der Wissenschaft zu bleiben.

Bezogen auf die Kernstellung der Universität als Forschungs- und Ausbildungsort, stellte die Akademie eine besondere Gelegenheitsstruktur für Frauen dar, sie bildete aber nicht den Hauptpfad ihrer Chancen. Die Akademielaufbahn blieb ein Nebenschauplatz und stellte keine Konkurrenz zu der auf das Ordinariat hin ausgerichteten Hochschullaufbahn dar. Aufgrund ihrer Spezialkenntnisse und ihres Expertenwissens waren berufserfahrene Akademiewissenschaftlerinnen und -wissenschaftler in den scientific communities anerkannt – im (deutschen) Wissenschaftssystem gelangten sie aber oft nicht in Spitzenpositionen. In der ersten Hälfte des 20. Jahrhunderts schaffte keine Wissenschaftlerin den Karrieresprung aus einem Akademieprojekt heraus auf ein Ordinariat an einer Universität. Sich zu habilitieren, war für Wissenschaftlerinnen vor 1945 generell schwierig und die Aussicht auf ein Ordinariat sehr gering. Dieser allgemeine Trend widerspiegelte sich auch an der PAW. Ein Beschäftigungsverhältnis an einer außeruniversitären Wissenschaftseinrichtung konnte jedoch Frauen die Habilitation beziehungsweise das Privatdozentendasein ermöglichen: 28 Prozent der habilitierten Frauen an der Berliner Friedrich-Wilhelms-Universität waren mit einer außeruniversitären Forschungseinrichtung verbunden.[6] Die Berliner Forschungslandschaft mit der Universität, der Akademie, der Kaiser-Wilhelm-Gesellschaft und weiteren Einrichtungen bot den Wissenschaftlern und Wissenschaftlerinnen einen großen Gelegenheitsraum. Weitere Forschungen zur Verflechtung von universitärer Sozialisation und außeruniversitären Berufs- und Karrieremöglichkeiten sind wünschenswert.

---

6 Sechs Wissenschaftlerinnen waren an Instituten der KWG beschäftigt: Lise Meitner, Mathilde Hertz, Elisabeth Schiemann, Erika Cremer, Luise Holzapfel, Else Knake (Vogt 2008). Annemarie von Gabain hatte eine Stelle an der PAW.

DANK

Die Studie wurde vom Arbeitskreis „Frauen in Akademie und Wissenschaft" bei der Berlin-Brandenburgischen Akademie der Wissenschaften angestoßen. In einer anregenden Arbeitsatmosphäre und im konstruktiven Austausch mit den Mitarbeiterinnen des Arbeitskreises wurden hier die grundlegenden Überlegungen entwickelt und zügig die Weichen für das Projekt gestellt. Dafür danke ich Britta Görs, Kira Kosnick, Ina Lelke, Annemarie Lüchauer, Monika Mommertz und der Koordinatorin des Arbeitskreises, Professorin Dr. Theresa Wobbe, sehr herzlich. Darüber hinaus danke ich Professor Dr. Dr. h.c. Hartmut Kaelble, Professorin Dr. Karin Hausen und Professor Dr. Rüdiger vom Bruch für die Gelegenheiten, in ihren universitären Forschungskolloquien erste Ergebnisse vorzutragen und mit den Teilnehmerinnen und Teilnehmern zu diskutieren.

Von meinen Lehrerinnen und Lehrern aus der Studienzeit hat Professor Dr. Dr. h.c. Hartmut Kaelble meinen beruflichen Werdegang am längsten und stets wohlwollend begleitet. Ihm danke ich besonders herzlich für seinen methodischen und pädagogischen Rat sowie für seine umfangreiche Gutachtertätigkeit. Für Gutachten und kritische Hinweise zum Manuskript danke ich ebenso Professor Dr. Rüdiger vom Bruch und Professorin Dr. Theresa Wobbe, die dafür gesorgt hat, daß die große Linie der Studie aufscheint, wo immer es nötig ist. Dr. Annette Vogt und Dr. Peter Th. Walther haben sich für die Durchsicht des Manuskripts Zeit genommen, auf die Tücken zeitgeschichtlicher Quellen hingewiesen und auf Schwächen im Detail aufmerksam gemacht. Vielen Dank ihnen beiden!

Finanziell wurde das Projekt in seiner Entstehungsphase von der Berlin-Brandenburgischen Akademie der Wissenschaften gefördert, in späteren Phasen mit Mitteln des Berliner Programms zur Förderung der Chancengleichheit von Frauen in der Wissenschaft und der Humboldt-Universität. Die Fazit-Stiftung hat eine Druckbeihilfe zur Verfügung gestellt. Ich danke allen Geldgebern für ihre Unterstützung.

Für ihren umsichtigen und schnellen Service sowie eine stets angenehme Arbeitsatmosphäre danke ich den Mitarbeiterinnen und Mitarbeitern des Archivs und der Bibliothek der BBAW. Für ihr freundliches Entgegenkommen danke ich den Mitarbeiterinnen und Mitarbeitern der Forschungsstelle Deutsches Rechtswörterbuch bei der AdW Heidelberg sowie den Arbeitsstellen Die Griechischen Christlichen Schriftsteller und Deutsche Texte des Mittelalters bei der BBAW.

Jutta Hoffmann hat geduldig zugehört, wenn ich neue Ideen entwickelt habe, um mich schließlich mit Ruhe und Besonnenheit auf den Hauptpfad zurückzuführen. Sie hat die verschiedenen Fassungen des Manuskripts zuerst gelesen und korrigiert. Für ihre klugen Kommentare danke ich meiner Schwester sehr. Meine Eltern Ernst und Gisela Hoffmann haben sich für die Arbeit interessiert, bei den Korrekturarbeiten geholfen und immer gewußt, daß sie eines Tages beendet sein wird. Ihnen danke ich vor allem für ihre großzügige finanzielle Unterstützung.

Dem transcript Verlag danke ich für die Aufnahme des Buches in sein Programm, der Lektorin Jennifer Niediek für ihren prüfenden Blick und ihre Hilfe bei der Fertigstellung des Manuskripts.

Berlin, im Frühjahr 2010   Petra Hoffmann

TABELLENVERZEICHNIS

Tabelle 1, S. 32:   Stellenplan der Ordentlichen und Korrespondierenden Mitglieder der philosophisch-historischen Klasse

Tabelle 2, S. 33:   Stellenplan der Ordentlichen und Korrespondierenden Mitglieder der physikalisch-mathematischen Klasse

Tabelle 3, S. 35:   Anzahl der Korrespondierenden Mitglieder in der physikalisch-mathematischen und in der philosophisch-historischen Klasse (1901-1932)

Tabelle 4, S. 36:   Verhältnis zwischen den Wahlen ausländischer und deutscher Korrespondierender Mitglieder (1900-1932)

Tabelle 5, S. 42:   Verhältnis zwischen den Wahlen ausländischer und deutscher Korrespondierender Mitglieder (1933-1945)

Tabelle 6, S. 102:   Beamte und Angestellte an der PAW (1931)

Tabelle 7, S. 104:   Mitarbeiter an der Akademie (1939)

Tabelle 8, S. 104:   Positionsstruktur der Forschungsprojekte (1939)

Tabelle 9, S. 162:   Angestellte im Bereich der Verwaltung des Preußischen Ministeriums für Wissenschaft, Kunst und Volksbildung (Stand 29. November 1921)

Tabelle 10, S. 200:   Angestelltenklassen an der PAW (Stand 31. Januar 1921)

Tabelle 11, S. 205:   Mitarbeiter und Mitarbeiterinnen im Beamten- und Angestelltenverhältnis in den Akademieprojekten (1922/23)

Tabelle 12, S. 238:   Verteilung der Stellen für wissenschaftliche Beamte auf die Akademieprojekte (1900-1945)

Tabelle 13, S. 243:   Wissenschaftlerinnen an der PAW nach der disziplinären Zuordnung der Akademieprojekte

Tabelle 14, S. 251:   Wissenschaftlerinnen an der PAW nach Projektarten und Arbeitskontexten

Tabelle 15, S. 288:   Mitarbeiter und Mitarbeiterinnen bei den akademischen Kommissionen (1939)

Tabelle 16, S. 298:   Verbleib der Wissenschaftlerinnen (um 1950)

ABKÜRZUNGSVERZEICHNIS

ABBAW	Archiv der Berlin-Brandenburgischen Akademie der Wissenschaften
Abhh.	Abhandlungen
AdW	Akademie der Wissenschaften
AM	Auswärtiges Mitglied
ÄWB	Ägyptisches Wörterbuch
BBAW	Berlin-Brandenburgische Akademie der Wissenschaften
CIL	Corpus Inscriptionum Latinarum
CMG	Corpus Medicorum Graecorum
DAW	Deutsche Akademie der Wissenschaften zu Berlin
DBE	Deutsche Biographische Enzyklopädie
DFG	Deutsche Forschungsgemeinschaft
DHB	Datenhandbuch zur deutschen Bildungsgeschichte
DLZ	Deutsche Literaturzeitung
DRW	Deutsches Rechtswörterbuch
DWB	Deutsches Wörterbuch
EM	Ehrenmitglied
GCS	Die Griechischen Christlichen Schriftsteller
GFH	Geschichte des Fixsternhimmels
HUB	Humboldt-Universität zu Berlin
IAA	International Association of Academies
IG	Inscriptiones Graecae
IGL	Internationales Germanistenlexikon
Jb.	Jahrbuch
KGK	Kürschners Gelehrtenkalender, Kürschner's Deutscher Gelehrten-Kalender
KM	Korrespondierendes Mitglied
KVK	Kirchenväterkommission
KWG	Kaiser-Wilhelm-Gesellschaft
KWI	Kaiser-Wilhelm-Institut
MB	Monatsbericht
MfWKV	Ministerium für Wissenschaft, Kunst, Volksbildung
MGH	Monumenta Germaniae Historica
MPG	Max-Planck-Gesellschaft
Ms.	Manuskript
NDB	Neue Deutsche Biographie

Nl.	Nachlaß
NS	Nationalsozialismus, nationalsozialistisch
NSDAP	Nationalsozialistische Deutsche Arbeiterpartei
NSV	Nationalsozialistische Volkswohlfahrt
OM	Ordentliches Mitglied
PAW	Preußische Akademie der Wissenschaften
PIR	Prosopographia Imperii Romani
REM	Reichsministerium für Wissenschaft, Erziehung und Volksbildung
RM	Reichsmark
RuPrMfWEV	Reichs- und Preußisches Ministerium für Wissenschaft, Erziehung und Volksbildung
SB	Sitzungsbericht(e)
ThlL	Thesaurus linguae Latinae
UA	Universitätsarchiv
UB	Universitätsbibliothek
ZiF	Zentrum für interdisziplinäre Frauenforschung

Quellen und Literatur

1. Archivalien

<u>ABBAW Berlin</u>
Bestand PAW, II-III-130 (Mitglieder).
Bestand PAW, II-IV-12. 15 (Mitarbeiter, wissenschaftliche Beamte).
Bestand PAW, II-IV-22 bis 26 (Mitarbeiter, Angestellte).
Bestand PAW, II-IV-28/1. 29. 31. 32. 38. 39. 42. 45. 46. 48. 50. 57. 59. 64. 66. 70. 75. 76. 78/1. 78/2. 86. 87. 93. 98. 102. 103. 105/1. 109. 111. 117/1. 118. 120. 121. 122. 125. 132. 134. 142. 145/1. 149/1. 150. 154. 157. 158. 158/1. 159. 162. 164. 168. 169. 170. 171. 172/2. 178. 178/1. 180. 181. 181/1. 186. 186/1. 187. 200. 204. 206 (Personalakten).
Bestand PAW, II-V-126. 135 (Sitzungsprotokolle phys.-math. Klasse).
Bestand PAW, II-V-176 (Sitzungsprotokolle Sekretariat).
Bestand PAW, II-VII-18 bis 20 (Das Tierreich).
Bestand PAW, II-VII-21 bis 29/4 (Geschichte des Fixsternhimmels).
Bestand PAW, II-VII-34 bis 40 (Nomenclator animalium generum et subgenerum).
Bestand PAW, II-VIII-22. 23. 25. 38. 39 (Deutsche Kommission).
Bestand PAW, II-VIII-177 (Leibniz-Edition).
Bestand PAW, II-VIII-241 bis 246 (Wörterbuch der deutschen Rechtssprache).
Bestand PAW, II-XI-1 (Akademische Jubiläumsstiftung).
Bestand PAW, II-XIII-1 (Jubiläums-Kommission).
Deutsche Kommission 16.
(Teil-)Nl. Scheel, Nr. 6.
Nl. Ritter.
Bestand Akademieleitung 670, Personalia.
Bestand Mag. IIIa, Reg. 29, 30, 30a.
Bestand Akademieleitung 144, Institut für deutsche Sprache und Literatur.

<u>BBAW Berlin</u>
Forschungsstelle GCS, Ordner 1, 5, 7.

AdW Heidelberg
Forschungsstelle DRW, Ordner Personalien vor 1941, Ordner PAW 1941-1945, Mappe Abrechungsunterlagen Künßberg und vorher.

HUB, UA
Philosophische Fakultät, Nr. 403, 565, 702, 704, 726, 744/3, 744/11, 779, 806, 808, 816, 834, 857 (Akten der Königlichen Friedrich-Wilhelms-Universität zu Berlin, betreffend die Durchführung von Promotionen).
Gasthörerinnenverzeichnis 1896-1901, 1901-1904/5.

UA Heidelberg
Akten der Naturwissenschaftlich-mathematischen Fakultät 1899-1900: III, 7a, Nr. 16b.
Akten der Philosophischen Fakultät: H-IV-757/16, H-IV-757/34, H-IV-757/36a, H-IV-757/37, H-IV-757/40, H-IV-757/41, H-IV-757/46.

UA Rostock
Ehrenpromotion 1919.

Museum für Naturkunde [MfN] der HUB
Historische Bild- und Schriftgutsammlungen, Bestand: Zool. Mus., S II: Akte Nomenclator-Archiv/Lebensläufe u. Korrespondenzen.

2. Veröffentlichte Quellen und Literatur

Abhandlungen der Königlich Preußischen Akademie der Wissenschaften zu Berlin, Berlin 1804ff.
Abir-Am, Pnina G./Dorinda Outram (Hrsg.) (1987): Uneasy Careers and Intimate Lives: Women in Science 1789-1979, New Brunswick, London.
Achatz, Juliane/Stefan Fuchs/Nina von Stebut/Christine Wimbauer (2002): „Geschlechterungleichheit in Organisationen. Zur Beschäftigungslage hochqualifizierter Frauen", in: Allmendinger/Hinz (Hrsg.) (2002), S. 284-318.
Aland, Kurt (Hrsg.) (1979): Glanz und Niedergang der deutschen Universität. 50 Jahre deutscher Wissenschaftsgeschichte in Briefen an und von Hans Lietzmann (1892-1942), Berlin, New York.
Allmendinger, Jutta (2003): „Strukturmerkmale universitärer Personalselektion und deren Folgen für die Beschäftigung von Frauen", in: Wobbe (Hrsg.) (2003), S. 259-277.

Allmendinger, Jutta/Stefan Fuchs/Janina von Stebut (1999): „Drehtüre oder Pater Noster? Zur Frage der Verzinsung der Integration in wissenschaftlichen Organisationen im Verlauf beruflicher Werdegänge von Wissenschaftlerinnen und Wissenschaftlern", in: Claudia Honegger/Stefan Hradil/Franz Traxler (Hrsg.), Grenzenlose Gesellschaft? Verhandlungen des Soziologentages 1998, Teil 2, Opladen, S. 96-107.

Allmendinger, Jutta/Thomas Hinz (Hrsg.) (2002): Organisationssoziologie, Sonderheft 42, Kölner Zeitschrift für Soziologie und Sozialpsychologie, Wiesbaden.

Allmendinger, Jutta/Thomas Hinz (2002a): „Perspektiven der Organisationssoziologie", in: diess. (Hrsg.) (2002), S. 9-28.

Allmendinger, Jutta/Janina von Stebut/Stefan Fuchs/Hannah Brückner (1999): „Eine Liga für sich? Berufliche Werdegänge von Wissenschaftlerinnen in der Max-Planck-Gesellschaft", in: Neusel/Wetterer (Hrsg.) (1999), S. 193-220.

Allmendinger, Jutta/Nina von Stebut/Stefan Fuchs/Marion Hornung (1998): „Berufliche Werdegänge von Wissenschaftlerinnen in der Max-Planck-Gesellschaft", in: Erwerbsarbeit und Erwerbsbevölkerung im Wandel. Anpassungsproblem einer alternden Gesellschaft, hg. vom INIFES Stadtbergen, ISF München, SÖSTRA Berlin, Frankfurt/Main, New York, S. 143-152.

Alsdorf, Ludwig (1960): „Die Indologie in Berlin von 1821-1945", in: Studium Berolinense. Aufsätze und Beiträge zu Problemen der Wissenschaft und zur Geschichte der Friedrich-Wilhelms-Universität zu Berlin, hg. v. Hans Leussink/Eduard Neumann/Georg Kotowski, Berlin, S. 567-580.

Altenstraßer, Christina (2010): „Umstrittene Anerkennung: Habilitation und Geschlecht. Das Beispiel der Berliner Staatswissenschaften 1920-1933", in: Auga/Bruns/Harders/Jähnert (Hrsg.) (2010), S. 237-257.

Altmann-Gottheiner, Elisabeth (1930): „Frauen in der Nationalökonomie", in: Ada Schmidt-Beil (Hrsg.), Die Kultur der Frau. Eine Lebenssymphonie der Frau des 20. Jahrhunderts, Berlin-Frohnau, S. 211-218.

Amann, Klaus/Karin Knorr-Cetina (1991): „Qualitative Wissenschaftssoziologie", in: Flick u.a. (Hrsg.) (1991), S. 419-423.

Amburger, Erik (1950): Die Mitglieder der Deutschen Akademie der Wissenschaften zu Berlin (1700-1950), Berlin.

Andresen, Sünne/Maria Oppen/Dagmar Simon (1999): Karrieren und Barrieren im Wissenschaftsbetrieb. Geschlechterdifferenz als Ergebnis von Aushandlungsprozessen in Organisationen, Wissenschaftszentrum Berlin für Sozialforschung, Discussion Paper P 99-601, Berlin.

[Anzeiger] Akademie der Wissenschaften in Wien, Philosophisch-historische Klasse, Anzeiger, Wien u. Leipzig.

Asen, Johannes (1955): Gesamtverzeichnis des Lehrkörpers der Universität Berlin, Bd. 1, Leipzig.

Auga, Ulrike/Claudia Bruns/Levke Harders/Gabriele Jähnert (Hrsg.) (2010): Das Geschlecht der Wissenschaften. Zur Geschichte von Akademikerinnen im 19. und 20. Jahrhundert, Frankfurt/Main, New York.

Ausstellungsgruppe an der Humboldt-Universität zu Berlin/Zentrum für interdisziplinäre Frauenforschung (Hrsg.) (2003): Von der Ausnahme zur Alltäglichkeit. Frauen an der Berliner Universität Unter den Linden, Berlin.

Baumgarten, Marita (1997): Professoren und Universitäten im 19. Jahrhundert. Zur Sozialgeschichte deutscher Geistes- und Naturwissenschaftler, Göttingen.

BBAW (Hrsg.; Stephan J. Seidlmayer) (1999): Altägyptisches Wörterbuch, Berlin.

BBAW (Hrsg.; Red. Hans Schilar, Johanna Wördemann) (2000a): Langzeitvorhaben Berlin-Brandenburgische Akademie der Wissenschaften, Berlin.

BBAW (Hrsg.; Red. Steffen Wawra) (2000b): „...Eine Stütze des Gedächtnisses". Die Akademiebibliothek in Geschichte und Gegenwart, Berlin.

BBAW (Hrsg.; Manfred G. Schmidt) (2001a): Corpus Inscriptionum Latinarum, Berlin.

BBAW (Hrsg.; Text u. Red. Maria R.-Alföldi, Ulrike Peter, Holger Komnick) (2001b): Griechisches Münzwerk, Berlin.

BBAW (Hrsg.; R. Malcolm Errington, Klaus Hallof) (2002a): Inscriptiones Graecae, Berlin.

BBAW (Hrsg.; P. Zieme unter Mitarbeit von D. Durkin-Meisterernst, Chr. Reck, J. Taube) (2002b): Turfanforschung, Berlin.

BBAW (Hrsg.; Text u. Red. Jutta Kollesch, Diethard Nickel) (2004): Corpvs Medicorvm Graecorvm / Latinorvm, Berlin.

Begehr, Heinrich (Hrsg.) (1998): Mathematik in Berlin. Geschichte und Dokumentation, 2 Halbbde., Aachen.

Behrends, Elke (1997): „Die Auswirkungen des Boykotts der deutschen Wissenschaft nach dem Ersten Weltkrieg auf das Referatewesen: Die Reichszentrale für naturwissenschaftliche Berichterstattung", in: Christoph Meinel (Hrsg.), Fachschrifttum, Bibliothek und Naturwissenschaft im 19. und 20. Jahrhundert, Wiesbaden, S. 53-66.

Benker, Gitta/Senta Störmer (1991): Grenzüberschreitungen. Studentinnen in der Weimarer Republik, Pfaffenweiler.

Berger, Heike Anke (2007): Deutsche Historikerinnen 1920-1970. Geschichte zwischen Wissenschaft und Politik, Frankfurt/Main, New York.

Bergmann, Jörg R. (1991): „Studies of Work' – Ethnomethodologie", in: Flick u.a. (Hrsg.) (1991), S. 269-272.

Berthold, Luise (1943): „Vorwort", in: Hessen-Nassauisches Volkswörterbuch, i.A. und mit Unterstützung der PAW zu Berlin, des Hessischen Bezirksverbandes zu Kassel und des Nassauischen Bezirksverbandes zu Wiesbaden, aus den für ein Hessen-Nassauisches Wörterbuch [...] von Ferdinand Wrede (†) angelegten und verwalteten Sammlungen ausgewählt und bearbeitet von Luise Berthold, Bd. 2 (L-R), Marburg, S. III-VII.

Berthold, Luise (1969): Erlebtes und Erkämpftes. Ein Rückblick, Marburg.

Bielby, William T. (2000): „Geschlecht und Karriere: Ist die Wissenschaft ein Sonderfall?", in: Krais (Hrsg.) (2000), S. 55-81.

Biermann, Kurt-R. (1988): Die Mathematik und ihre Dozenten an der Berliner Universität 1810-1933, Berlin.

Blanckenhorn, Max (1911): „Allgemeine Betrachtungen über die wissenschaftlichen Ergebnisse der Selenka-Trinil-Expedition", in: Selenka/Blanckenhorn (Hrsg.) (1911), S. 258-268.

Bleker, Johanna (Hrsg.) (1998): Der Eintritt der Frauen in die Gelehrtenrepublik. Zur Geschlechterfrage im akademischen Selbstverständnis und in der wissenschaftlichen Praxis am Anfang des 20. Jahrhunderts, Husum.

Blesken, Hans (1970): „Aus der Arbeit der Heidelberger Akademie der Wissenschaften. Das Deutsche Rechtswörterbuch. Wörterbuch der älteren deutschen Rechtssprache", in: Heidelberger Jahrbücher XIV, S. 171-199.

Blosser, Ursi/Franziska Gerster (1985): Töchter der Guten Gesellschaft. Frauenrolle und Mädchenerziehung im schweizerischen Grossbürgertum um 1900, Zürich.

Blossfeld, Hans-Peter (1991): „Der Wandel von Ausbildung und Berufseinstieg", in: Mayer/Allmendinger/Huinink (Hrsg.) (1991) S. 1-22.

Bock, Gisela/Barbara Duden (1977): „Arbeit aus Liebe – Liebe als Arbeit: Zur Entstehung der Hausarbeit im Kapitalismus", in: Berliner Dozentinnen (Hrsg.), Frauen und Wissenschaft. Beiträge zur Berliner Sommeruniversität 1976, Berlin, S. 118-199.

Bock, Klaus Dieter (1972): Strukturgeschichte der Assistentur. Personalgefüge, Wert- und Zielvorstellungen in der deutschen Universität des 19. und 20. Jahrhunderts, Düsseldorf.

Bock, Ulla/Dagmar Jank (1990): Studierende, lehrende und forschende Frauen in Berlin. 1908-1945 Friedrich-Wilhelms-

Universität zu Berlin, 1948-1990 Freie Universität Berlin, Berlin.

Boden, Petra/Rainer Rosenberg (Hrsg.) (1997): Deutsche Literaturwissenschaft 1945-1965. Fallstudien zu Institutionen, Diskursen, Personen, Berlin.

Boedeker, Elisabeth (1939): 25 Jahre Frauenstudium in Deutschland. Verzeichnis der Doktorarbeiten 1908-1933, Bd. 1, Göttingen.

Boedeker, Elisabeth/Maria Meyer-Plath (1974): 50 Jahre Habilitation von Frauen in Deutschland (1920-1970), Göttingen.

Boehm, Laetitia (2000): „Langzeitvorhaben als Akademieaufgabe. Geschichtswissenschaft in Berlin und München", in: Fischer (Hrsg.) (2000), S. 391-434.

Braun, Wilhelm (1987): „Das Deutsche Wörterbuch seit seiner Übernahme durch die Akademie der Wissenschaften zu Berlin 1908 bis zu seinem Abschluß 1960", in: Dückert (Hrsg.) (1987), S. 125-152.

Bremer, Ernst/Walter Hoffmann (1982): „Wissenschaftsorganisation und Forschungseinrichtungen der Dialektologie im deutschen Sprachgebiet", in: Dialektologie. Ein Handbuch zur deutschen und allgemeinen Dialektforschung, hg. v. Werner Besch/Ulrich Knoop/Wolfgang Putschke/Herbert Ernst Wiegand, Berlin, New York, S. 202-231.

Brenner, Peter J. (1993): „Habilitation als Sozialisation", in: ders. (Hrsg.), Geist, Geld und Wissenschaft. Arbeits- und Darstellungsformen von Literaturwissenschaft, Frankfurt/Main 1993, S. 318-356.

Brinkschulte, Eva (Hrsg.) (1994): Weibliche Ärzte. Die Durchsetzung des Berufsbildes in Deutschland, Berlin.

Brothun, Mechtild (1988): „Ursachen der Unterrepräsentanz von Frauen in universitären Spitzenpositionen", in: Kölner Zeitschrift für Soziologie und Sozialpsychologie 40, (2), S. 316-336.

Budde, Gunilla-Friederike (1994): Auf dem Weg ins Bürgerleben. Kindheit und Erziehung in deutschen und englischen Bürgerfamilien 1840-1914, Göttingen.

Budde, Gunilla-Friederike (Hrsg.) (1997): Frauen arbeiten. Weibliche Erwerbstätigkeit in Ost- und Westdeutschland nach 1945, Göttingen.

Budde, Gunilla-Friederike (2000): „Bürgerinnen in der Bürgergesellschaft", in: Peter Lundgreen (Hrsg.), Sozial- und Kulturgeschichte des Bürgertums. Eine Bilanz des Bielefelder Sonderforschungsbereichs (1986-1997), Göttingen, S. 249-271.

Budde, Gunilla-Friederike (2002): „Geglückte Eroberung? Frauen an Universitäten des 20. Jahrhunderts – Ein Forschungsüberblick", in: Feministische Studien 20, (1), S. 98-112.

Budde, Gunilla-Friederike (2003): Frauen der Intelligenz. Akademikerinnen in der DDR 1945 bis 1975, Göttingen.

Burchardt, Lothar (1975): „Deutsche Wissenschaftspolitik an der Jahrhundertwende. Versuch einer Zwischenbilanz", in: Geschichte in Wissenschaft und Unterricht 5, S. 271-289.

Burdach, Konrad (1935/36): „Vorwort", in: Deutsche Texte aus schlesischen Kanzleien des 14. und 15. Jahrhunderts, [2 Hälften], hg. v. Helene Bindewald, Berlin.

Busch, Alexander (1956): „Die Assistentur", in: Helmuth Plessner (Hrsg.), Untersuchungen zur Lage der deutschen Hochschullehrer, Bd. II, Göttingen, S. 65-96.

Busch, Alexander (1959): Die Geschichte des Privatdozenten. Eine soziologische Studie zur großbetrieblichen Entwicklung der deutschen Universitäten, Stuttgart.

Cahan, David (1992): Meister der Messung. Die Physikalisch-Technische Reichsanstalt im Deutschen Kaiserreich, Weinheim, New York, Basel, Cambridge.

Chemiker über Chemiker. Wahlvorschläge zur Aufnahme von Chemikern in die Berliner Akademie 1822-1925. Von Eilhard Mitscherlich bis Max Bodenstein. Berlin 1986.

Christie, Agatha (1977): Meine gute alte Zeit. Die Autobiographie einer Lady, Bern, München, Wien.

Chronik der Königlichen Friedrich-Wilhelms-Universität zu Berlin, Goslar 1888ff.

Clark, William (1989): „On the Dialectical Origins of the Research Seminar". In: History of Science 27, S. 111-154.

Cockburn, Cynthia (1988): Die Herrschaftsmaschine. Geschlechterverhältnisse und technisches Know-how, Berlin, Hamburg.

Cole, Jonathan/Harriet Zuckerman (1987): „Ehe, Mutterschaft und Forschungsleistung", in: Spektrum der Wissenschaft, April 1987, S. 42-49.

Cole, Jonathan/Harriet Zuckerman (1991): „Marriage, Motherhood, and Research Performance in Science", in: Zuckerman/Cole/Bruer (Hrsg.) (1991), S. 157-170.

Conze, Werner/Jürgen Kocka (Hrsg.) (1985): Bildungsbürgertum im 19. Jahrhundert, T. I, Bildungssystem und Professionalisierung in internationalen Vergleichen, Stuttgart.

Costas, Ilse (2001): „Genderparadoxien in der geschlechtlichen Normierung von Studienfächern und Karrieren", in: Zur Geschichte des Frauenstudiums und Wissenschaftlerinnenkarrieren an deutschen Universitäten, Bulletin Nr. 23, hg. v. Zentrum für interdisziplinäre Frauenforschung, Berlin, S. 11-31

Costas, Ilse (2002): „Women in Science in Germany", in: Science in Context 15, (4), 557-576.

Creese, Mary R.S. (1991): „British Women in the Nineteenth and early Twentieth Centuries who contributed to Research in the chemical sciences", in: British Journal of the History of Sciences 24, S. 275-305.

Creese, Mary R.S./Thomas M. Creese (1994): „British Women who contributed to Research in the Geological Sciences in the Nineteenth Century", in: British Journal of the History of Sciences 27, S. 23-54.

Dainat, Holger (2000): „Die paradigmatische Rolle der Germanistik im Bereich der Philologien. Die Deutsche Kommission im interdisziplinären Kontext", in: Fischer (Hrsg.) (2000), S. 169-196.

Damaschun, Ferdinand/Gottfried Böhme/Hannelore Landsberg (2000): „Naturkundliche Museen der Berliner Universität – Museum für Naturkunde: 190 Jahre Sammeln und Forschen", in: Horst Bredekamp u.a. (Hrsg.), Theater der Natur und Kunst. Essays, Berlin, S. 86-106.

Daston, Lorraine (1994): „Enlightenment Calculations", In: Critical Inquiry 21, S. 182-202.

Daston, Lorraine (1999): „Die Akademien und die Einheit der Wissenschaften. Die Disziplinierung der Disziplinen", in: Kocka (Hrsg.) (1999), S. 61-84.

Daston, Lorraine (2003): „Die wissenschaftliche Persona. Arbeit und Berufung", in: Wobbe (Hrsg.) (2003), S. 109-136.

Daston, Lorraine/Karin Hausen/Theresa Wobbe (2000): „Arbeitskreis Frauen in Akademie und Wissenschaft", in: Berlin-Brandenburgische Akademie der Wissenschaften, Jahrbuch 1999, Berlin, S. 257-270.

Daston, Lorraine/Theresa Wobbe (1999): „Arbeitskreis Frauen in Akademie und Wissenschaft, in: Berlin-Brandenburgische Akademie der Wissenschaften", Jahrbuch 1998, Berlin, S. 293-303.

Datenhandbuch zur deutschen Bildungsgeschichte, Bd. I: Hochschulen, T. 1: Das Hochschulstudium in Preußen und in Deutschland 1820-1944. T. 2: Wachstum und Differenzierung der deutschen Universitäten 1830-1945. Von Hartmut Titze unter Mitarbeit von Hans-Georg Herrlitz, Volker Müller-Benedict und Axel Nath, Göttingen 1987. Bd. II: Höhere und mittlere Schulen, T. 1: Sozialgeschichte und Statistik des Schulsystems in den Staaten des Deutschen Reiches 1800-1945, T. 3: Sozialgeschichte und Statistik des Mädchenschulwesens in den deutschen Staaten 1800-1945. Von Detlef K. Müller, Bernd Zymek und Gabriele Neghabian, Göttingen 1987-2005.

Deichmann, Ute (1992): Biologen unter Hitler. Vertreibung, Karrieren, Forschung, Frankfurt/Main, New York.

Deichmann, Ute (1997): „Frauen in der Genetik, Forschung und Karrieren bis 1950", in: Tobies (Hrsg.) (1997), S. 221-251.

Deichmann, Ute (2008): „Frauen in der Genetik: Forschung und Karrieren bis 1950", in: Tobies (Hrsg.) (2008), S. 245-282.

Deutsche Biographische Enzyklopädie, hg. v. Walther Killy/Rudolf Vierhaus, 12 Bde., München u.a. 1995-2000.

Deutsches Wörterbuch von Jacob Grimm und Wilhelm Grimm. Quellenverzeichnis, hg. v. der DAW zu Berlin in Zusammenarbeit mit der AdW Göttingen, Leipzig 1971.

Dickel, Günther/Heino Speer (1979): „Deutsches Rechtswörterbuch. Konzeption und lexikographische Praxis während acht Jahrzehnten (1897-1977)", in: Helmut Henne (Hrsg.), Praxis der Lexikographie. Berichte aus der Werkstatt, Tübingen, S. 20-37.

Dickmann, Elisabeth/Eva Schöck-Quinteros (Hrsg.) unter Mitarbeit von Sigrid Dauks (2000): Barrieren und Karrieren. Die Anfänge des Frauenstudiums in Deutschland, Berlin.

Diels, Hermann (1906): „Die Organisation der Wissenschaft", in: Die allgemeinen Grundlagen der Kultur der Gegenwart v. W. Lexis u.a., [Die Kultur der Gegenwart, Ihre Entwicklung und ihre Ziele, hg. v. Paul Hinneberg, T. I, Abt. 1], Berlin, Leipzig.

Dietzen, Agnes (1990): „Universitäre Sozialisation: Zur Problematik eines heterosexuellen Beziehungsmodells: Mentor-Protégée", in: Die Philosophin 1, (1), S. 18-40.

Dokumente einer Freundschaft. Briefwechsel zwischen Hermann von Helmholtz und Emil du Bois-Reymond. 1846-1894, bearbeitet von einem Herausgeberkollektiv unter Leitung von Christa Kirsten, Berlin 1986.

Dornhof, Dorothea (1997): „Von der ‚Gelehrtenrepublik' zur marxistischen Forschungsgemeinschaft an der Deutschen Akademie der Wissenschaften. Das Institut für deutsche Sprache und Literatur", in: Boden/Rosenberg (Hrsg.) (1997), S. 173-201.

Drüll, Dagmar (1986): Heidelberger Gelehrtenlexikon 1803-1932, Berlin, Heidelberg, New York, Tokyo.

Dückert, Joachim (Hrsg.) (1987): Das Grimmsche Wörterbuch. Untersuchungen zur lexikographischen Methodologie, Leipzig.

Dunken, Gerhard (1960): „Zur Geschichte der akademischen Stiftungen - Die Wentzel-Heckmann-Stiftung", in: MB der DAW, Bd. 2, S. 637-643.

Elbert, J[ohannes] (1911): „Die Selenka'sche Trinil-Expedition und ihr Werk", in: Centralblatt für Mineralogie und Paläontologie Nr. 23, S. 736-741.

Eltester, Walther (1968): „Zur Geschichte der Berliner Kirchenväterkommission anlässlich der 75. Wiederkehr ihres Gründungsjahres", in: Theologische Literaturzeitung 93, (1), Sp. 11-20.

Engelhardt, Dietrich von (Hrsg.) (2003): Biographische Enzyklopädie deutschsprachiger Naturwissenschaftler, 2 Bde., München.

Erben, Wilhelm (1913): „Die Entstehung der Universitätsseminare", in: Internationale Monatsschrift für Wissenschaft, Kunst und Technik 7, Sp. 1247-1264, 1335-1347.

Erman, Adolf (1929): Mein Werden und mein Wirken. Erinnerungen eines alten Berliner Gelehrten, Leipzig.

Erman, Adolf †/Hermann Grapow (1953): Das Wörterbuch der Ägyptischen Sprache. Zur Geschichte eines großen wissenschaftlichen Unternehmens der Akademie, Berlin. (DAW zu Berlin, Vorträge und Schriften; 51).

Esch, Arnold (1998): „Die Gründung deutscher Institute in Italien 1870-1914. Ansätze zur Institutionalisierung geisteswissenschaftlicher Forschung im Ausland", in: Jahrbuch der Akademie der Wissenschaften zu Göttingen 1997, Göttingen.

Etzkowitz, Henry/Carol Kemelgor/Michael Neuschatz/Brian Uzzi (1992): „Athena Unbound: Barriers to Women in Academic Science an Engineering", in: Science and Public Policy 19, (3), S. 157-179.

Eulenburg, Franz (1908): Der „akademische Nachwuchs". Eine Untersuchung über die Lage und die Aufgaben der Extraordinarien und Privatdozenten, Leipzig, Berlin.

Felker, Kerstin/Stefan Fuchs (2005): „Geschlechterdifferenzierungen und Prozesse der Re-Institutionalisierung: Karrieren von Wissenschaftlern und Wissenschaftlerinnen in der Tiermedizin", in: Peter A. Berger/Heike Kahlert (Hrsg.), Institutionalisierte Ungleichheiten. Wie das Bildungswesen Chancen blockiert, Weinheim u. München, S. 215-232.

Felt, Ulrike/Helga Nowotny/Klaus Taschwer (1995): Wissenschaftsforschung. Eine Einführung. Frankfurt/Main, New York.

Feyl, Renate (1981): Der lautlose Aufbruch. Frauen in der Wissenschaft, Berlin.

Fischer, Wolfram (Hrsg.) (2000) unter Mitarbeit von Rainer Hohlfeld und Peter Nötzoldt: Die Preußische Akademie der Wissenschaften zu Berlin 1914-1945, (Forschungsberichte der Interdisziplinären Arbeitsgruppen der Berlin-Brandenburgischen Akademie der Wissenschaften, Bd. 8), Berlin.

Fischer, Wolfram/Rainer Hohlfeld/Peter Nötzoldt (2000): „Die Berliner Akademie in Republik und Diktatur", in: Fischer (Hrsg.) (2000), S. 517-566.

Flick, Uwe/Ernst von Kardorff/Heiner Keupp/Lutz von Rosenstiel/Stephan Wolff (Hrsg.) (1991): Handbuch Qualitative Sozialforschung. Grundlagen, Konzepte, Methoden und Anwendungen, München.

Flury, Peter (1995): „Vom Tintenfaß zum Computer", in: Krömer (Hrsg.) (1995), S. 29-56.

Fölsing, Ulla (1999): Geniale Beziehungen. Berühmte Paare in der Wissenschaft, München.

Frederiksen, Elke (Hrsg.) (1981): Die Frauenfrage in Deutschland 1865-1915. Texte und Dokumente, Stuttgart.

Freudenthal, Margarete (1986 [1934]): Gestaltwandel der städtischen, bürgerlichen und proletarischen Hauswirtschaft zwischen 1760 und 1910, hg. u. mit e. Vorwort v. Katharina Rutschky, Frankfurt/Main, Berlin.

Frevert, Ute (1986): Frauen-Geschichte. Zwischen bürgerlicher Verbesserung und neuer Weiblichkeit, Frankfurt/Main.

Frevert, Ute (Hrsg.) (1988): Bürgerinnen und Bürger. Geschlechterverhältnisse im 19. Jahrhundert, Göttingen.

Frevert, Ute (1995): „Mann und Weib, und Weib und Mann". Geschlechter-Differenzen in der Moderne, München.

Frevert, Ute (1998): „Geschlechter-Identitäten im deutschen Bürgertum des 19. Jahrhunderts", in: Aleida Assmann/Heidrun Friese (Hrsg.), Identitäten. Erinnerung, Geschichte, Identität 3, Frankfurt/Main, S. 181-216.

Friebertshäuser, Hans (1976): „Hessen-Nassauisches Volkswörterbuch", in: ders. (Hrsg.), Dialektlexikographie. Berichte über Stand und Methoden Deutscher Dialektwörterbücher. Festgabe für Luise Berthold zum 85. Geburtstag am 27. 1. 1976, Wiesbaden, S. 91-103.

Fritz, G. (1907): „Frauen im Bibliotheksdienst", in: Zentralblatt für Bibliothekswesen XXIV, (5), S. 217-229.

Fuchs, Werner/Rolf Klima u.a (Hrsg.) (1988): Lexikon zur Soziologie, Opladen.

Fuhrmann, Horst (1996) unter Mitarbeit von Markus Wesche: „Sind eben alles Menschen gewesen". Gelehrtenleben im 19. und 20. Jahrhundert, dargestellt am Beispiel der Monumenta Germaniae Historica und ihrer Mitarbeiter, München.

Gabain, Annemarie von (1974): „Persönliche Erinnerungen an W. Bang-Kaup", in: Georg Hazai/Peter Zieme (Hrsg.), Sprache, Geschichte und Kultur der altaischen Völker. Protokollband der XII. Tagung der Permanent International Altaistic Conference 1969 in Berlin, Berlin, S. 51-55.

Gabain, Annemarie von (1991): „Die erste Generation der Forscher an den Turfan-Handschriften", in: Horst Klengel/Werner Sundermann (Hrsg.), Ägypten, Vorderasien, Turfan. Probleme der Edition und Bearbeitung altorientalischer Handschriften, Berlin, S. 98-105.

Galison, Peter (Hrsg.) (1996): The disunity of science: boundaries, contexts, and power, Stanford.

Gerhard, Ute (1990): Gleichheit ohne Angleichung. Frauen im Recht, München.

Gerstengarbe, Sybille/Heidrun Hallmann/Wieland Berg (1995): „Die Leopoldina im Dritten Reich", in: Scriba u.a. (Hrsg.) (1995), S. 167-212.

Gierl, Martin (2004): Geschichte und Organisation. Institutionalisierung als Kommunikationsprozess am Beispiel der Wissenschaftsakademien um 1900, Göttingen.

Gilcher-Holtey, Ingrid (1992): „Modelle ‚moderner' Weiblichkeit. Diskussionen im akademischen Milieu Heidelbergs um 1900", in: M. Rainer Lepsius (Hrsg.), Bildungsbürgertum im 19. Jahrhundert, Teil III, Lebensführung und ständische Vergesellschaftung, Stuttgart, S. 176-205.

Glaser, Edith (1992): Hindernisse, Umwege, Sackgassen. Die Anfänge des Frauenstudiums in Tübingen 1904-1934, Weinheim.

Görs, Britta (2002): „Die chemisch-technische Assistenz. Zur Entwicklung eines neuen beruflichen Tätigkeitsfeldes in der Chemie zu Beginn des 20. Jahrhunderts", in: Wobbe (Hrsg.) (2002), S. 169-195.

Gottschall, Karin (1990): Frauenarbeit und Bürorationalisierung. Zur Entstehung geschlechtsspezifischer Trennungslinien in großbetrieblichen Verwaltungen, Frankfurt/Main, New York.

Gottschall, Karin (1995): „Geschlechterverhältnis und Arbeitsmarktsegregation", in: Regina Becker-Schmidt/Gudrun-Axeli Knapp (Hrsg.) (1995), Das Geschlechterverhältnis als Gegenstand der Sozialwissenschaften, Frankfurt/Main, New York, S. 125-162.

Grapow, Hermann (1940): „Über die Unternehmungen der philosophisch-historischen Klasse", in: Wesen und Aufgabe der Akademie. Vier Vorträge von Th. Vahlen, E. Heymann, L. Bieberbach und H. Grapow, Berlin, S. 30-43.

Grapow, Hermann (1950): Die Begründung der Orientalischen Kommission von 1912. Aus der Geschichte der Akademie in den letzten fünfzig Jahren, Berlin. (DAW, Vorträge und Schriften; 40).

Grapow, Hermann (1952): „Wie ein Wörterbuch entsteht", in: Wissenschaftliche Annalen 1, S. 28-34.

Grau, Conrad (1975): Die Berliner Akademie der Wissenschaften in der Zeit des Imperialismus, Teil I: Von den neunziger Jahren des 19. Jahrhunderts bis zur Großen Sozialistischen Oktoberrevolution, Berlin.

Grau, Conrad (1988): Berühmte Wissenschaftsakademien. Von ihrem Entstehen und ihrem weltweiten Erfolg, Leipzig, Thun, Frankfurt/Main.

Grau, Conrad (1992): „Die Stiftung der Leibniz-Medaille der Preußischen Akademie der Wissenschaften zu Berlin und ihre erste

Verleihung im Jahre 1907", in: Zeitschrift für Geschichtswissenschaft 40, S. 269-280.

Grau, Conrad (1993): Die Preußische Akademie der Wissenschaften zu Berlin. Heidelberg, Berlin, Oxford.

Grau, Conrad (1996): „Genie und Kärrner – zu den geistesgeschichtlichen Wurzeln des Harnack-Prinzips in der Berliner Akademietradition", in: vom Brocke/Laitko (Hrsg.) (1996), S. 139-144.

Grau, Conrad/Wolfgang Schlicker/Liane Zeil (1979): Die Berliner Akademie der Wissenschaften in der Zeit des Imperialismus, Teil III: Die Jahre der faschistischen Diktatur 1933-1945, Berlin.

Greven-Aschoff, Barbara (1981): Die bürgerliche Frauenbewegung in Deutschland 1894-1933, Göttingen.

Habermann, Alexandra/Rainer Klemmt/Frauke Siefkes (1985): Lexikon deutscher wissenschaftlicher Bibliothekare 1925-1980, Frankfurt/Main.

Habermas, Rebekka (2000): Frauen und Männer des Bürgertums. Eine Familiengeschichte (1750-1850), Göttingen.

Häntzschel, Hiltrud (1997): „Zur Geschichte der Habilitation von Frauen in Deutschland", in: Häntzschel/Bußmann (Hrsg.) (1997), S. 84-104.

Häntzschel, Hiltrud/Hadumod Bußmann (Hrsg.) (1997): Bedrohlich gescheit. Ein Jahrhundert Frauen und Wissenschaft in Bayern, München.

Hagemann, Karen/Jean H. Quataert (Hrsg.) (2008): Geschichte und Geschlechter. Revisionen der neueren deutschen Geschichte, Frankfurt/Main, New York.

Hahn, Barbara (Hrsg.) (1994): Frauen in den Kulturwissenschaften. Von Lou Andreas-Salomé bis Hannah Arendt, München.

Hahn, Claudia (1981): „Der öffentliche Dienst und die Frauen – Beamtinnen in der Weimarer Republik", in: Frauengruppe Faschismusforschung, Mutterkreuz und Arbeitsbuch. Zur Geschichte der Frauen in der Weimarer Republik und im Nationalsozialismus, Frankfurt/Main, S. 49-78 u. 339-341.

Hammerstein, Notker (1999): Die Deutsche Forschungsgemeinschaft in der Weimarer Republik und im Dritten Reich. Wissenschaftspolitik in Republik und Diktatur 1920-1945, München.

Handbuch der Editionen. Deutschsprachige Schriftsteller Ausgang des 15. Jahrhunderts bis zur Gegenwart, bearbeitet von Waltraud Hagen, Berlin 1979.

Happel, Hans-Gerd (1989): Die wissenschaftlichen Bibliotheken im Nationalsozialismus unter besonderer Berücksichtigung der Universitätsbibliotheken, München.

Harders, Levke (2004): Studiert, promoviert: Arriviert? Promovendinnen des Berliner Germanischen Seminars (1919-1945), Frankfurt/Main.

Harders, Levke (2010): „Disziplin(ierung) und Geschlecht in den Geisteswissenschaften in den USA und Deutschland", in: Auga/Bruns/Harders/Jähnert (Hrsg.) (2010), S. 259-279.

Harnack, Adolf von (1900): Geschichte der Königlich Preußischen Akademie der Wissenschaften, 3 Bde., Berlin.

Harnack, Adolf (1905): „Vom Großbetrieb der Wissenschaft", in: Preußische Jahrbücher CXIX, (2), S. 193-201.

Harnack, Adolf von (2000): Protokollbuch der Kirchenväter-Kommission der Preußischen Akademie der Wissenschaften 1897-1928. Diplomatische Umschrift von Stefan Rebenich, Einleitung und kommentierende Anmerkungen von Christoph Markschies, Berlin, New York.

Hartkopf, Werner (1975): Die Akademie der Wissenschaften in der DDR. Ein Beitrag zu ihrer Geschichte, Berlin.

Hartkopf, Werner (1992): Die Berliner Akademie der Wissenschaften. Ihre Mitglieder und Preisträger 1700-1990, Berlin.

Hartkopf, Werner/Gert Wangermann (1991): Dokumente zur Geschichte der Berliner Akademie der Wissenschaften von 1700 bis 1990, Berlin, Heidelberg, New York.

Harwood, Jonathan (1993a): Styles of Scientific Thought. The German Genetics Community, 1900-1933, Chicago, London.

Harwood, Jonathan (1993b): „‚Mandarine' oder ‚Aussenseiter'? Selbstverständnis deutscher Naturwissenschaftler (1900-1933)", in: Schriewer/Keiner/Charle (Hrsg.) (1993), S. 183-212.

Harwood, Jonathan (2000): „Das Selbstverständnis des Naturwissenschaftlers im Wandel. Die Lage innerhalb und außerhalb der Akademie zu Beginn des 20. Jahrhunderts", in: Fischer (Hrsg.) (2000), S. 143-168.

Harwood, Jonathan (2002): „Forschertypen im Wandel 1880-1930", in: vom Bruch/Kaderas, (Hrsg.) (2002), S. 162-168.

Hattenhauer, Hans (Hrsg.) (1987): Rechtswissenschaft im NS-Staat. Der Fall Eugen Wohlhaupter, Heidelberg.

Hausen, Karin (1976): „Die Polarisierung der ‚Geschlechtscharaktere' – Eine Spiegelung der Dissoziation von Erwerbs- und Familienleben", in: Werner Conze (Hrsg.), Sozialgeschichte der Familie in der Neuzeit Europas. Stuttgart, S. 367-393.

Hausen, Karin (1986): „Warum Männer Frauen zur Wissenschaft nicht zulassen wollten", in: Hausen/Nowotny, S. 31-40.

Hausen, Karin (1988): „‚... eine Ulme für das schwanke Efeu'. Ehepaare im deutschen Bildungsbürgertum", in: Frevert (Hrsg.) (1988), S. 85-117.

Hausen, Karin (Hrsg.) (1993): Geschlechterhierarchie und Arbeitsteilung. Zur Geschichte ungleicher Erwerbschancen von Männern und Frauen, Göttingen.

Hausen, Karin (1993a): „Wirtschaften mit der Geschlechterordnung. Ein Essay", in: dies. (Hrsg.) (1993), S. 40-67.

Hausen, Karin (1994): Die „Frauenfrage" war schon immer eine „Männerfrage". Überlegungen zum historischen Ort von Familie in der Moderne, o. O.

Hausen, Karin (1997): „Frauenerwerbstätigkeit und erwerbstätige Frauen. Anmerkungen zur historischen Forschung", in: Budde (Hrsg.) (1997), S. 19-45.

Hausen, Karin (2000): „Arbeit und Geschlecht", in: Jürgen Kocka/Claus Offe (Hrsg.) unter Mitarbeit von Beate Redslob: Geschichte und Zukunft der Arbeit, Frankfurt/Main, New York, S. 343-361.

Hausen, Karin/Gertraude Krell (Hrsg.) (1993): Frauenerwerbsarbeit. Forschungen zu Geschichte und Gegenwart, München.

Hausen, Karin/Helga Nowotny (Hrsg.) (1986): Wie männlich ist die Wissenschaft?, Frankfurt/Main.

Hausen, Karin/Heide Wunder (Hrsg.) (1992): Frauengeschichte – Geschlechtergeschichte, Frankfurt/Main, New York.

Hazai, Georg (1996): „Annemarie von Gabain und die türkische Sprachwissenschaft", in: Turfan, Khotan und Dunhuang. Vorträge der Tagung „Annemarie v. Gabain und die Turfanforschung", veranstaltet von der BBAW in Berlin (9.-12.12.1994), hg. v. Ronald E. Emmerick u.a., Berlin, S. 165-174.

Heider, Karl (1926): „Einleitung", in: Nomenclator animalium generum et subgenerum, im Auftrage der PAW zu Berlin hg. v. F.E. Schulze (†), W. Kükenthal (†), fortgesetzt von K. Heider, Bd. 1, Berlin, S. I-XXIV.

Heindl, Waltraud/Marina Tichy (Hrsg.) (1990): ‚Durch Erkenntnis zu Freiheit und Glück...'. Frauen an der Universität Wien ab 1897, Wien.

Heintz, Bettina (1993a): Die Herrschaft der Regel. Zur Grundlagengeschichte des Computers, Frankfurt/Main, New York.

Heintz, Bettina (1993b): „Wissenschaft im Kontext. Neuere Entwicklungstendenzen der Wissenschaftssoziologie", in: Kölner Zeitschrift für Soziologie und Sozialpsychologie 45, (3), S. 528-552.

Heintz, Bettina (1998): „Die soziale Welt der Wissenschaft. Entwicklungen, Ansätze und Ergebnisse der Wissenschaftsforschung", in: Bettina Heintz/Bernhard Nievergelt (Hrsg.): Wissenschafts- und Technikforschung in der Schweiz, Zürich, S. 55-94.

Heintz, Bettina (Hrsg.) (2001): Geschlechtersoziologie, Sonderheft 41, Kölner Zeitschrift für Soziologie und Sozialpsychologie, Wiesbaden.

Heintz, Bettina (2001a): „Geschlecht als (Un-)Ordnungsprinzip. Entwicklungen und Perspektiven der Geschlechtersoziologie", in: dies. (Hrsg.) (2001), S. 9-29.

Heintz, Bettina (2008): „Ohne Ansehen der Person? De-Institutionalisierungsprozesse und geschlechtliche Differenzierung", in: Wilz (Hrsg.) (2008), S. 231-251.

Heintz, Bettina/Martina Merz/Christina Schumacher (2004): Wissenschaft, die Grenzen schafft. Geschlechterkonstellationen im disziplinären Vergleich, Bielefeld.

Heintz, Bettina/Martina Merz/Christina Schumacher (2007): „Die Macht des Offensichtlichen. Bedingungen geschlechtlicher Personalisierung in der Wissenschaft", in: Zeitschrift für Soziologie 36, 4, S. 261-281.

Heintz, Bettina/Eva Nadai (1998): „Geschlecht und Kontext. De-Institutionalisierungsprozesse und geschlechtliche Differenzierung", in: Zeitschrift für Soziologie 27, (2), S. 75-93.

Heintz, Bettina/Eva Nadai/Regula Fischer/Hannes Hummel (1997): Ungleich unter Gleichen. Studien zur geschlechtsspezifischen Segregation des Arbeitsmarktes, Frankfurt/Main, New York.

Henning, Uwe (1996): „Eine Mäzenin. Elisabeth Wentzel Heckmann und ihre Stiftungen für die Akademie der Künste", in: „Die Kunst hat nie ein Mensch allein besessen". Eine Ausstellung der Akademie der Künste und Hochschule der Künste. 9. Juni bis 15. September 1996, Berlin, S. 361f.

Herrmann, Dieter B. (1975): Geschichte der Astronomie von Herschel bis Hertzsprung, Berlin.

Hervé, Florence/Ingeborg Nödinger (1996): Lexikon der Rebellinnen. Von A bis Z, Dortmund.

Hobsbawm, Eric J. (1988): „Kultur und Geschlecht im europäischen Bürgertum 1870-1914", in: Frevert (Hrsg.) (1988), S. 175-189.

Hoffmann, Petra (1997): Medizinstudentinnen an der Berliner Friedrich-Wilhelms-Universität 1908-1933. Magisterarbeit HU Berlin.

Hoffmann, Petra (1999): „Ilse Jahn – Biologin: „... ich habe immer den Wunsch gehabt, in einem Team als Mitarbeiter zu arbeiten...'", in: Simone Kreher (Hrsg.), An ihnen wird Geschichte deutlich. Sieben Porträts ehemaliger Wissenschaftlerinnen der Humboldt-Universität. Berlin, S. 47-67.

Hoffmann, Petra (2002): „Innenansichten der Forschungsarbeit an der Akademie. Zur Geschichte von Mitarbeiterinnen in den wissenschaftlichen Projekten der Preußischen Akademie der Wissenschaften zu Berlin (1890-1945)", in: Wobbe (Hrsg.) (2002), S. 93-123.

Hohlfeld, Rainer/Jürgen Kocka/Peter Th. Walther (1999): „Vorgeschichte, Struktur, wissenschaftliche und politische Bedeutung der Berliner Akademie im Kaiserreich", in: Kocka (Hrsg.) (1999), S. 399-463.

Hohlfeld, Rainer (2000): „Die Differenzierung der Naturwissenschaften und ihre Repräsentation in der Akademie 1914-1945", in: Fischer (Hrsg.) (2000), S. 459-481.

Holtgrewe, Ursula/Stephan Voswinkel/Gabriele Wagner (Hrsg.) (2000): Anerkennung und Arbeit, Konstanz.

Honegger, Claudia (1991): Die Ordnung der Geschlechter. Die Wissenschaften vom Menschen und das Weib 1750-1850, Frankfurt/Main.

Honegger, Claudia/Theresa Wobbe (Hrsg.) (1998), Frauen in der Soziologie. Neun Portraits, München.

Hradil, Stefan (2002): „Soziale Ungleichheit, soziale Schichtung und Mobilität", in: Hermann Korte/Bernhard Schäfers (Hrsg.), Einführung in Hauptbegriffe der Soziologie, 6. Auflage, Opladen, S. 205-227.

Hübner, Arthur (1930): „Die Lage des Deutschen Wörterbuches", in: Anzeiger für Deutsches Altertum und Deutsche Litteratur, XLIX, S. 73-90 und S. 163.

Hübner, Arthur (1937): Gustav Roethe als wissenschaftlicher Organisator. Rede beim Grimm-Fest der Gesellschaft für deutsche Philologie am 9. Januar 1937, Berlin.

Huerkamp, Claudia (1994): „Jüdische Akademikerinnen in Deutschland 1900-1938", in: Theresa Wobbe/Gesa Lindemann (Hrsg.) (1994), Denkachsen. Zur theoretischen und institutionellen Rede vom Geschlecht, Frankfurt/Main, S. 86-111.

Huerkamp, Claudia (1996): Bildungsbürgerinnen. Frauen im Studium und in akademischen Berufen 1900-1945, Göttingen.

Hunger, Herbert (1965): „Johannes Mewaldt" [Nachruf], in: Österreichische Akademie der Wissenschaften, Almanach für das Jahr 1964, 114. Jg., Wien, S. 261-266.

Huttner, Markus (2000): „Disziplinentwicklung und Professorenberufung. Das Fach Geschichte an der Universität Leipzig im 19. Jahrhundert", in: Neues Archiv für sächsische Geschichte 71, S. 171-238.

Internationales Germanistenlexikon 1800-1950, hg. u. eingel. v. Christoph König, 3 Bde., Berlin, New York 2003.

Irmscher, Johannes (1984): „Die Begründung des Corpus Medicorum Graecorum", in: Eirene 21, S. 95-99.

Jacobeit, Wolfgang (1987): „Die Auseinandersetzung mit der NS-Zeit in der DDR-Volkskunde", in: Helge Gerndt (Hrsg.), Volkskunde und Nationalsozialismus, München, S. 301-318.

Jacobi, Juliane (1994): „Zwischen Erwerbsfleiss und Bildungsreligion – Mädchenbildung in Deutschland", in: Georges Duby/Michelle Perrot (Hrsg.), Geschichte der Frauen, Bd. 4, Frankfurt/Main, New York, Paris, S. 267-281.

Jacobi-Dittrich, Juliane (1983): „‚Hausfrau, Gattin und Mutter'. Lebensläufe und Bildungsgänge von Frauen im 19. Jahrhundert", in: Ilse Brehmer/Annette Kuhn (Hrsg.), ‚Wissen heißt leben...'. Beiträge zur Bildungsgeschichte von Frauen im 18. und 19. Jahrhundert, Düsseldorf, S. 262-281.

Jahn, Ilse (1996): „Die Ehefrau in der Biographie des Gelehrten", in: Meinel/Renneberg (Hrsg.) (1996), S. 110-116.

Jahn, Ilse (Hrsg.) (1998) unter Mitwirkung von Erika Krauße, Rolf Löther, Hans Querner, Isolde Schmidt, Konrad Senglaub: Geschichte der Biologie. Theorien, Methoden, Institutionen, Kurzbiographien, Jena, Stuttgart, Lübeck, Ulm.

Jahrbuch der Deutschen Akademie der Wissenschaften zu Berlin, Berlin 1946/49 (1950)ff.

Jahrbuch der Preußischen Akademie der Wissenschaften. 1939-1943, Berlin 1940ff.

Jarausch, Konrad H. (1991): „Universität und Hochschule", in: Handbuch der deutschen Bildungsgeschichte, Bd. IV: 1870-1918. Von der Reichsgründung bis zum Ende des Ersten Weltkrieges, hg. v. Christa Berg, S. 313-345.

Jarausch, Konrad H. (1995): Die Vertreibung der jüdischen Studenten und Professoren von der Berliner Universität unter dem NS-Regime, Berlin. (= Öffentliche Vorlesung v. 15. Juni 1993).

Jessen, Ralph (2002): „Akademie, Universitäten und *Wissenschaft als Beruf*. Institutionelle Differenzierung und Konflikt im Wissenschaftssystem der DDR 1949-1968", in: Kocka (Hrsg.) (2002), S. 95-113.

Jochmann-Döll, Andrea/Gertraude Krell (1993): „Die Methoden haben gewechselt, die ‚Geschlechtsabzüge' sind geblieben. Auf dem Weg zu einer Neubewertung von Frauenarbeit?", in: Hausen/Krell (Hrsg.) (1993), S. 133-148.

Jochum, Uwe (1999): Kleine Bibliotheksgeschichte, 2. Aufl., Stuttgart.

Johnson, Jeffrey A. (1997): „Frauen in der deutschen Chemieindustrie, von den Anfängen bis 1945", in: Tobies (Hrsg.) (1997), S. 253-271.

Jonker, Gerdien (1998): Die Unternehmungen der Orientalischen Philologie an der Preußischen Akademie der Wissenschaften zwischen 1897 und 1945. Ihr Aufbau und ihre Arbeitsorganisation unter besonderer Berücksichtigung der Leistungen von Frauen, Recherchebericht an den Arbeitskreis „Frauen in Akademie und Wissenschaft", BBAW, Ms.

Jonker, Gerdien (2002): „Gelehrte Damen, Ehefrauen, Wissenschaftlerinnen. Die Mitarbeit der Frauen in der Orientalischen Kommission der Preußischen Akademie der Wissenschaften zu Berlin (1907-1945)", in: Wobbe (Hrsg.) (2002), S. 125-166.

Judersleben, Jörg (2000): Philologie als Nationalpädagogik. Gustav Roethe zwischen Wissenschaft und Politik, Frankfurt/Main.

Juschke, Barbara (1930): „Die Bibliothekarin", in: Ada Schmidt-Beil (Hrsg.), Die Kultur der Frau. Eine Lebenssymphonie der Frau des 20. Jahrhunderts, Berlin-Frohnau, S. 222-227.

Kaelble, Hartmut (1983): Industrialisierung und soziale Ungleichheit. Europa im 19. Jahrhundert. Eine Bilanz, Göttingen.

Kätzel, Ute (2001): „A Radical Women's Rights and Peace Activist: Margarethe Lenore Selenka, Initiator of the First Worldwide Women's Peace Demonstration in 1899", in: Journal of Women's History 13, (3), S. 46-69.

Kanter, Rosabeth Moss (1977): Men und Women of the Corporation, New York.

Kaufmann, Doris (Hrsg.) (2000): Geschichte der Kaiser-Wilhelm-Gesellschaft im Nationalsozialismus. Bestandsaufnahme und Perspektiven der Forschung, 2 Bde., Göttingen.

Kirchhoff, Arthur (Hrsg.) (1897): Die akademische Frau. Gutachten hervorragender Universitätsprofessoren, Frauenlehrer und Schriftsteller über die Befähigung der Frau zum wissenschaftlichen Studium und Berufe, Berlin.

Kirsten, Christa (Hrsg.) (1985): Die Altertumswissenschaften an der Berliner Akademie. Wahlvorschläge zur Aufnahme von Mitgliedern von F. A. Wolf bis zu G. Rodenwaldt 1799-1932, Berlin.

Kleinau, Elke/Claudia Opitz (Hrsg.) (1996): Geschichte der Mädchen- und Frauenbildung, 2 Bde., Frankfurt/Main, New York.

Klika, Dorle (1996), „Die Vergangenheit ist nicht tot. Autobiographische Zeugnisse über Sozialisation, Erziehung und Bildung um 1900", in: Kleinau/Opitz, Bd. 2, 283-296, 592-595.

Knorr Cetina, Karin unter Mitwirkung von K. Amann, S. Hirschauer, K.-H. Schmidt (1988): „Das naturwissenschaftliche Labor als Ort der ‚Verdichtung' von Gesellschaft", in: Zeitschrift für Soziologie 17, (2), S. 85-101.

Koch, Sonja (1994): „Frauen in Männerinstitutionen: Liselotte Welskopf-Henrich – eine biographische Skizze", in: Birgit Bütow/Heidi Stecker (Hrsg.), EigenArtige Ostfrauen. Frauenemanzipation in der DDR und den neuen Bundesländern, Bielefeld, S. 111-120.

Kocka, Jürgen (1969): Unternehmensverwaltung und Angestelltenschaft am Beispiel Siemens 1847-1914. Zum Verhältnis von Kapitalismus und Bürokratie in der deutschen Industrialisierung, Stuttgart.

Kocka, Jürgen (1972): „Angestellter", in: Geschichtliche Grundbegriffe, Bd. 1, S. 110-128.

Kocka, Jürgen (1981): Die Angestellten in der deutschen Geschichte 1850-1980. Vom Privatbeamten zum angestellten Arbeitnehmer, Göttingen.

Kocka, Jürgen (1982): „Familie, Unternehmer und Kapitalismus. An Beispielen aus der frühen deutschen Industrialisierung", in: Heinz Reif (Hrsg.), Die Familie in der Geschichte, Göttingen, S. 163-186.

Kocka, Jürgen (Hrsg.) (1999) unter Mitarbeit von Rainer Hohlfeld und Peter Th. Walther: Die Königlich Preußische Akademie der Wissenschaften zu Berlin im Kaiserreich (Forschungsberichte der Interdisziplinären Arbeitsgruppen der Berlin-Brandenburgischen Akademie der Wissenschaften 7), Berlin.

Kocka, Jürgen (Hrsg.) (2002) unter Mitarbeit von Peter Nötzoldt und Peter Th. Walther: Die Berliner Akademien der Wissenschaften im geteilten Deutschland 1945-1990 (Forschungsberichte der Interdisziplinären Arbeitsgruppen der Berlin-Brandenburgischen Akademie der Wissenschaften; 9), Berlin.

Kocka, Jürgen/Peter Nötzoldt/Peter Th. Walther (2002): „Die Berliner Akademien der Wissenschaften 1945-1990", in: Kocka (Hrsg.) (2002), S. 363-457.

König, Mario/Hannes Siegrist/Rudolf Vetterli (1985): Warten und Aufrücken. Die Angestellten in der Schweiz 1870-1950, Zürich.

König, Wolfgang (1999): „Die Akademie und die Technikwissenschaften. Ein unwillkommenes königliches Geschenk", in: Kokka (Hrsg.) (1999), S. 381-398.

Köthe, Gottfried (1976): „Erika Pannwitz †", in: Zentralblatt für Mathematik und ihre Grenzgebiete, 309 (1976), S. 3f.

Kohlstedt, Sally Gregory (Hrsg.) (1999): History of Women in the Sciences. Readings from Isis, Chicago, London: The University of Chicago Press.

Kracauer, Siegfried (1971 [1929]): Die Angestellten. Aus dem neuesten Deutschland, Frankfurt/Main.

Krais, Beate (Hrsg.) (2000): Wissenschaftskultur und Geschlechterordnung. Über die verborgenen Mechanismen männlicher Dominanz in der akademischen Welt, Frankfurt/Main.

Krais, Beate/Margaret Maruani (Hrsg.) (2001): Frauenarbeit – Männerarbeit. Neue Muster der Ungleichheit auf dem europäischen Arbeitsmarkt, Frankfurt/Main, New York.

Kraul, Margret (1991): „Höhere Mädchenschulen", in: Handbuch der deutschen Bildungsgeschichte, Bd. IV: 1870-1918. Von der Reichsgründung bis zum Ende des Ersten Weltkrieges, hg. v. Christa Berg, München, S. 279-295.

Krell, Gertraude (1994): „Die Verfahren der Arbeitsbewertung – Kritische Bestandsaufnahme und Perspektiven", in: Winter (Hrsg.) (1994), S. 43-55.

Krömer, Dietfried (Hrsg.) (1995): Wie die Blätter am Baum, so wechseln die Wörter. 100 Jahre Thesaurus linguae Latinae. Vorträge und Veranstaltungen am 29. und 30. Juni 1994 in München. Mit einem Anhang: Materialien zur Geschichte des Thesaurus linguae Latinae, Stuttgart, Leipzig.

Krömer, Dietfried (1995a): „Ein schwieriges Jahrhundert", in: ders. (Hrsg.) (1995), S. 13-28.

Krömer, Dietfried/Manfred Flieger (Hrsg.) (1996): Thesaurus-Geschichten. Beiträge zu einer Historia Thesauri linguae Latinae von Theodor Bögel (1876-1973). Mit einem Anhang: Personenverzeichnis 1893-1945 (v. Georg Eder), Stuttgart, Leipzig.

Künßberg, Eberhard Freiherr von (1932): „Zur Einführung", in: Deutsches Rechtswörterbuch. Wörterbuch der älteren deutschen Rechtssprache, hg. v. der Preußischen Akademie der Wissenschaften, Bd. 1, Aachenfahrt bis Bergkasten, bearbeitet von Richard Schröder † und Eberhard Freiherrn von Künßberg, Weimar 1914-1932, S. VII-XVII.

Kürschners Deutscher Gelehrten-Kalender, Berlin u.a. 1925ff.

Kundt, Marie (1930): „Die Frau als technische Assistentin", in: Ada Schmidt-Beil (Hrsg.), Die Kultur der Frau. Eine Lebenssymphonie der Frau des 20. Jahrhunderts, Berlin-Frohnau, S. 228-232.

Lack, H. Walter (1990): „Opera magna der Berliner Systematischen Botanik", in: Claus Schnarrenberger/Hildemar Scholz (Hrsg.), Geschichte der Botanik in Berlin, Berlin, S. 265-296.

Laitko, Hubert (1991): „Das Buch als Element der wissenschaftlichen Kommunikation", in: Annette Vogt/Regine Zott (Hrsg.), Probleme der Kommunikation in den Wissenschaften, S. 1-34.

Laitko, Hubert (1999): „Die Preußische Akademie der Wissenschaften und die neuen Arbeitsteilungen. Ihr Verhältnis zum ‚Kartell' der deutschsprachigen Akademien und zur Kaiser-Wilhelm-Gesellschaft", in: Kocka (Hrsg.) (1999), S. 149-173.

Laut, Jens Peter (1994): „Annemarie von Gabain 1901-1993" [Nachruf], in: Finnisch-Ugrische Forschungen. Zeitschrift für finnisch-ugrische Sprach- und Volkskunde 52, (1-3), S. 367-374.

Leemann, Regula Julia (2005): „Geschlechterungleichheiten in wissenschaftlichen Laufbahnen", in: Peter A. Berger/Heike Kahlert (Hrsg.), Institutionalisierte Ungleichheiten. Wie das Bildungswesen Chancen blockiert, Weinheim u. München, S. 179-214.

Lehmann, Paul (1961 [1956]): „Geisteswissenschaftliche Gemeinschafts- und Kollektivunternehmungen in der geschichtlichen Entwicklung", in: ders., Erforschung des Mittelalters. Ausgewählte Abhandlungen und Aufsätze, Bd. IV, Stuttgart, S. 353-385.

Lehmann-Brockhaus, Otto (1972): „Anneliese Maier 17.11.1905-2.12.1971. Gedenkwort von Professor Otto Lehmann-Brockhaus am Grabe (Rom, Campo Santo Teutonico)", in: Mitteilungen aus der MPG, Jg. 1972, H. 1, S. 9-11.

Lelke, Ina (2002): „Die Berliner Akademie der Wissenschaften und die ‚arbeitende Geselligkeit'", in: Wobbe (Hrsg.) (2002), S. 65-91.

Lelke, Ina (2005): Die Brüder Grimm in Berlin. Zum Verhältnis von Geselligkeit, Arbeitsweise und Disziplingenese im 19. Jahrhundert, Frankfurt/Main.

Lembeck, Elisabeth (1993): Frauenarbeit bei Vater Staat. Weibliche Behördenangestellte in der Weimarer Republik, Pfaffenweiler.

Lemberg, Ingrid (1996a): „Die Belegexzerption zu historischen Wörterbüchern am Beispiel des FRÜHNEUHOCHDEUTSCHEN WÖRTERBUCHES und des DEUTSCHEN RECHTSWÖRTERBUCHES", in: Wörterbücher in der Diskussion II: Vorträge aus dem Heidelberger Lexikographischen Kolloquium, hg. v. Herbert Ernst Wiegand, Tübingen, S. 83-102.

Lemberg, Ingrid (1996b): „Die Entstehung des Deutschen Rechtswörterbuches", in: Lexicographica 12, S. 105-124.

Lemberg, Ingrid/Heino Speer (1997): „Bericht über das Deutsche Rechtswörterbuch", in: Zeitschrift der Savigny-Stiftung für Rechtsgeschichte 114, Germ. Abt., S. 679-697.

Lemberg, Margret (Hrsg.) (1997): Es begann vor hundert Jahren. Die ersten Frauen an der Universität Marburg und die Studentinnenvereinigungen bis zur „Gleichschaltung" im Jahre 1934, Marburg.

Lenz, Ilse/Hildegard Maria Nickel/Birgit Riegraf (Hrsg.) (2000): Geschlecht – Arbeit – Zukunft, Münster.

Lenz, Max (1910): Geschichte der Königlichen Friedrich-Wilhelms-Universität zu Berlin, Halle/Saale.

Lindsay, Debra (1998): „Intimate Inmates. Wives, Households, and Science in Nineteenth-Century America", in: Isis 89, S. 631-652.

Lixfeld, Hannjost (1991): „Adolf Spamers Rolle als Wegbereiter einer nationalsozialistischen Volkskundewissenschaft", in: Kai Detlev Sievers (Hrsg.), Beiträge zur Wissenschaftsgeschichte der Volkskunde im 19. und 20. Jahrhundert, Neumünster, S. 91-119.

Lochner, Johannes (1913): „Die Tätigkeit der Zentralsammelstelle des DWB seit ihrer Gründung", in: Neue Jahrbücher für das klassische Alterthum, Geschichte und deutsche Litteratur und für Pädagogik 16, S. 74-81.

Lösch, Anna-Maria Gräfin von (1999): Der nackte Geist. Die Juristische Fakultät der Berliner Universität im Umbruch von 1933, Tübingen.

Lohschelder, Britta (1994): „Die Knäbin mit dem Doktortitel." Akademikerinnen in der Weimarer Republik, Pfaffenweiler.

Long, J. Scott (1990): „The Origins of Sex Differences in Science", in: Social Forces 68, S. 1297-1315.

Long J. Scott/Mary Frank Fox (1995): „Scientific Careers: Universalism and Particularism", in: Annual Review of Sociology 21, S. 45-71.

Lorber, Judith (1999): Gender-Paradoxien, Opladen.

Lorenz, Charlotte (1953): Entwicklung und Lage der weiblichen Lehrkräfte an den wissenschaftlichen Hochschulen Deutschlands, hg. v. DAB, Berlin.

Losemann, Volker (1980): „Zur Konzeption der NS-Dozentenlager", in: Manfred Heinemann (Hrsg.), Erziehung und Schulung im Dritten Reich, Bd. 2, Stuttgart, S. 87-109.

Lüchauer, Annemarie (1998): Die Herausbildung von Sekretariaten und der Berufsposition der Sekretärin an der Universität. – Arbeitsteilung und wissenschaftliche Arbeit von Männern im Privathaushalt. Rechercheberich an den Arbeitskreis „Frauen in Akademie und Wissenschaft", BBAW, Ms.

Lüchauer, Annemarie (2002): „Arbeitssysteme als Karrierekontexte. Erfahrungen von Biologinnen", in: Wobbe (Hrsg.) (2002), S. 197-227.

Lüdtke, Helga (Hrsg.) (1992): Leidenschaft und Bildung. Zur Geschichte der Frauenarbeit in Bibliotheken, Berlin.

Lüsebrink, Karin (1993): Büro via Fabrik. Entstehung und Allokationsbedingungen weiblicher Büroarbeit 1850 bis 1933, Berlin.

Lundgreen, Peter (1991): „Schulsystem, Bildungschancen und städtische Gesellschaft", in: Handbuch der deutschen Bildungsgeschichte, Bd. IV: 1870-1918. Von der Reichsgründung bis zum Ende des Ersten Weltkrieges, hg. v. Christa Berg, München, S. 304-313.

Lundgreen, Peter (2000): „Bildung und Bürgertum", in: ders. (Hrsg.), Sozial- und Kulturgeschichte des Bürgertums. Eine Bilanz des Bielefelder Sonderforschungsbereichs (1986-1997), Göttingen, S. 173-194.

Lundgreen, Peter/André Grelon (Hrsg.) (1994): Ingenieure in Deutschland, 1770-1990, Frankfurt/Main, New York.

Lundgreen, Peter/Bernd Horn/Wolfgang Krohn/Günter Küppers/Rainer Paslack (1986): Staatliche Forschung in Deutschland 1870-1980, Frankfurt/Main, New York.

Mann, Gunter/Rolf Winau (Hrsg.) (1977): Medizin, Naturwissenschaft, Technik und das Zweite Kaiserreich, Göttingen.

Marggraf, Stefanie (2002): „Sonderkonditionen. Habilitationen von Frauen in der Weimarer Republik und im Nationalsozialismus an den Universitäten Berlin und Jena", in: Feministische Studien 20, (1), S. 40-56.

Martin, Leonore (1998): Frauen in Akademie und Wissenschaft: Das Deutsche Wörterbuch, Rechercheberich an den Arbeitskreis „Frauen in Akademie und Wissenschaft", BBAW, Ms.

Matthies, Hildegard/Ellen Kuhlmann/Maria Oppen/Dagmar Simon (2001): Karrieren und Barrieren im Wissenschaftsbetrieb. Geschlechterdifferente Teilhabechancen in außeruniversitären Forschungseinrichtungen, Berlin.

Maul, Bärbel (2002): Akademikerinnen in der Nachkriegszeit. Ein Vergleich zwischen der Bundesrepublik Deutschland und der DDR, Frankfurt/Main, New York.

Mayer, Karl Ulrich/Jutta Allmendinger/Johannes Huinink (Hrsg.) (1991): Vom Regen in die Traufe. Frauen zwischen Beruf und Familie, Frankfurt/Main, New York.

Mehrtens, Herbert (1986): „Angewandte Mathematik und Anwendungen der Mathematik im nationalsozialistischen Deutschland", in: Geschichte und Gesellschaft 12, S. 317-347.

Meinel, Christoph/Monika Renneberg (Hrsg.) (1996): Geschlechterverhältnisse in Medizin, Naturwissenschaften und Technik, Stuttgart.

Mertens, Lothar (2004): „Nur politisch Würdige". Die DFG-Forschungsförderung im Dritten Reich 1933-1937, Berlin.

Merton, Robert K. (1985 [1968]): „Der Matthäus-Effekt in der Wissenschaft (1968)", in: ders., Entwicklung und Wandel von Forschungsinteressen. Aufsätze zur Wissenschaftssoziologie, Frankfurt/Main, S. 147-171.

Mommertz, Monika (2002): „Schattenökonomie der Wissenschaft. Geschlechterordnung und Arbeitssysteme in der Astronomie der Berliner Akademie der Wissenschaften im 18. Jahrhundert", in: Wobbe (Hrsg.) (2002), S. 31-63.

Mommsen, Adelheid (1937): Theodor Mommsen im Kreise der Seinen. Erinnerungen seiner Tochter Adelheid Mommsen, 2. Ausgabe, Berlin.

Monatsbericht der Königlich Preußischen Akademie der Wissenschaften zu Berlin, Berlin 1856-1881.

Mühl-Benninghaus, Sigrun (1996): Das Beamtentum in der NS-Diktatur bis zum Ausbruch des Zweiten Weltkrieges. Zu Entstehung, Inhalt und Durchführung der einschlägigen Beamtengesetze, Düsseldorf.

Müller, Kurt (1973): „Vorwort", in: Sigrid von der Schulenburg, Leibniz als Sprachforscher, mit einem Vorwort herausgegeben von Kurt Müller, Frankfurt/Main, S. VII-XI.

Müller, Ursula (1995): „Frauen und Führung. Fakten, Fabeln und Stereotypisierungen in der Frauenforschung", in: Wetterer (Hrsg.) (1995), S. 101-117.

Müller, Walter/Angelika Willms/Johann Handl (1983): Strukturwandel der Frauenarbeit 1880-1980, Frankfurt/Main, New York.

Murray, K. M. Elisabeth (1977): Caught in the Web of Words. James A. H. Murray and the Oxford English Dictionary, New Haven, London.

Nagel, Anne Christine (Hrsg.) (2000): Die Philipps-Universität Marburg im Nationalsozialismus. Dokumente zu ihrer Geschichte, Stuttgart.

Nagel, Anne Christine (2005): Im Schatten des Dritten Reichs. Mittelalterforschung in der Bundesrepublik Deutschland 1945-1970, Göttingen.

Neue Deutsche Biographie, hg. v. der Historischen Kommission bei der Bayerischen Akademie der Wissenschaften, Bd. 1ff., Berlin 1953ff.

Neugebauer, Wolfgang (1999): „Zum schwierigen Verhältnis von Geschichts-, Staats- und Wirtschaftswissenschaften am Beispiel der Acta Borussica", in: Kocka (Hrsg.) (1999), S. 235-275.

Neusel, Aylâ/Angelika Wetterer (Hrsg.) (1999): Vielfältige Verschiedenheiten. Geschlechterverhältnisse in Studium, Hochschule und Beruf, Frankfurt/Main, New York.

Nienhaus, Ursula (1982): Berufsstand weiblich. Die ersten weiblichen Angestellten, Berlin.

Nienhaus, Ursula (1995): Vater Staat und seine Gehilfinnen. Die Politik mit der Frauenarbeit bei der deutschen Post (1864-1945), Frankfurt/Main, New York.

Nötzoldt, Peter (1997): „Der Weg zur ‚sozialistischen Forschungsakademie'. Der Wandel des Akademiegedankens zwischen 1945 und 1968", in: Dieter Hoffmann/Kristie Macrakis (Hrsg.), Naturwissenschaft und Technik in der DDR, Berlin, S. 125-146.

Nötzoldt, Peter (2000): „Strategien der deutschen Wissenschaftsakademien gegen Bedeutungsverlust und Funktionsverarmung", in: Fischer (Hrsg.) (2000), S. 237-277.

Nötzoldt, Peter (2002): „Die Deutsche Akademie der Wissenschaften zu Berlin in Gesellschaft und Politik. Gelehrtengesellschaft und Großorganisation außeruniversitärer Forschung 1946-1972", in: Kocka (Hrsg.) (2002), S. 39-80.

Nolte, Paul (1996): „1900: Das Ende des 19. und der Beginn des 20. Jahrhunderts in sozialgeschichtlicher Perspektive", in: Geschichte in Wissenschaft und Unterricht 47, S. 281-300.

Nowotny, Helga (1986): „Gemischte Gefühle. Über die Schwierigkeiten des Umgangs von Frauen mit der Institution Wissenschaft", in: Hausen/dies. (Hrsg.) (1986), S. 17-30.

Oelsner, Elise (1894): Die Leistungen der deutschen Frau in den letzten vierhundert Jahren. Auf wissenschaftlichem Gebiete, Guhrau.

Oertzen, Christine von (2002): „Luise Berthold: Hochschulleben und Hochschulpolitik zwischen 1909 und 1957", in: Feministische Studien 20, (1), S. 8-22.

Ogilvie, Marilyn Bailey (1996): „Patterns of Collaboration in Turn-of-the-Century Astronomy. The Campbells and the Maunders", in: Pycior/Slack/Abir-Am (Hrsg.) (1996), S. 254-266.

Ostwald, Wilhelm (1909): Große Männer [1], Leipzig.

Panke-Kochinke, Birgit (1993): Göttinger Professorenfamilien. Strukturmerkmale des weiblichen Lebenszusammenhangs im 18. und 19. Jahrhundert, Pfaffenweiler.

Pasternak, Luise (Hrsg.) (2004): Wissenschaftler im biomedizinischen Forschungszentrum, Frankfurt/Main u.a.

Pataky, Sophie (Hrsg.) (1898): Lexikon deutscher Frauen der Feder: eine Zusammenstellung der seit dem Jahre 1840 erschienenen Werke weiblicher Autoren, nebst Biographieen der Lebenden und einem Verzeichnis der Pseudonyme, 2 Bde., Berlin.

Pensel, Franzjosef (1965): „Zur Katalogisierung deutschsprachiger mittelalterlicher Handschriften in der DDR", in: Forschungen und Fortschritte 39, (11), S. 348-350.

Pettke, Sabine (Hrsg.) (1995): Biographisches Lexikon für Mecklenburg, Bd. 1, Rostock.

Physiker über Physiker. Wahlvorschläge zur Aufnahme von Physikern in die Berliner Akademie 1870 bis 1929 von Hermann v. Helmholtz bis Erwin Schrödinger, bearb. v. Christa Kirsten und Hans-Günther Körber. Mit einer Einleitung von Hans-Jürgen Treder, Berlin 1975.

Plehn, Marianne (1896): Die Polycladen der Plankton-Expedition, Kiel, Leipzig.

Poser, Hans (2000): „Langzeitvorhaben in der Akademie. Die Geschichte der Leibniz-Edition zwischen Kaiserreich und geteiltem Deutschland", in: Fischer (Hrsg.) (2000), S. 375-389.

Pretzel, Ulrich (1981): „Zur Geschichte des Deutschen Wörterbuches", in: Brüder Grimm Gedenken 3, S. 216-248.

Peukert, Detlev J. K. (1987): Die Weimarer Republik. Krisenjahre der Klassischen Moderne, Frankfurt/Main.

Pycior, Helena M./Nancy G. Slack/Pnina G. Abir-Am (Hrsg.) (1996): Creative Couples in the Sciences, New Brunswick, New Jersey.

Rauh-Kühne, Cornelia (2000): „Zwischen ‚verantwortlichem Wirkungskreis' und ‚häuslichem Glanz'. Zur Innenansicht wirtschaftsbürgerlicher Familien im 20. Jahrhundert", in: Dieter Ziegler (Hrsg.), Großbürger und Unternehmer, Göttingen, S. 215-248.

Rebenich, Stefan (1997): Theodor Mommsen und Adolf Harnack. Wissenschaft und Politik im Berlin des ausgehenden 19. Jahrhunderts. Mit einem Anhang: Edition und Kommentierung des Briefwechsels, Berlin, New York.

Rebenich, Stefan (1999): „Die Altertumswissenschaften und die Kirchenväterkommission an der Akademie. Theodor Mommsen und Adolf Harnack", in: Kocka (Hrsg.) (1999), S. 199-233.

Rebenich, Stefan (2001): „Zwischen Anpassung und Widerstand? Die Berliner Akademie der Wissenschaften von 1933 bis 1945", in: Beat Näf (Hrsg.) unter Mitarbeit von Tim Kammasch, Antike und Altertumswissenschaft in der Zeit von Faschismus und Nationalsozialismus, Mandelbachtal, Cambridge, S. 203-244.

Rex, Joachim (2002): Die Berliner Akademiebibliothek. Die Entwicklung der Bibliothek der Akademie der Wissenschaften in drei Jahrhunderten, anhand der Quellen dargestellt, Wiesbaden.

Rheinberger, Hans-Jörg (2006): Experimentalsysteme und epistemische Dinge. Eine Geschichte der Proteinsynthese im Reagenzglas, Frankfurt/Main.

Ridgeway, Cecilia L. (2001): „Interaktion und die Hartnäckigkeit der Geschlechter-Ungleichheit in der Arbeitswelt", in: Heintz (Hrsg.) (2001), S. 250-275.

Riecke, Anne-Beate (1999): „Das Handschriftenarchiv der Berlin-Brandenburgischen Akademie der Wissenschaften", in: Rita Schlusemann/Jos. M. M. Hermans/Margriet Hoogvliet (Hrsg.), Sources for the History of Medieval Books an Libraries, Groningen, S. 365-383.

Riese, Reinhard (1977): Die Hochschule auf dem Wege zum wissenschaftlichen Großbetrieb, Stuttgart.

Rife, Patricia (1992): Lise Meitner. Ein Leben für die Wissenschaft, Hildesheim.

Ringer, Fritz (1987 [1969]): Die Gelehrten. Der Niedergang der deutschen Mandarine 1890-1933, München.

Ringer, Fritz (1988): „Das gesellschaftliche Profil der deutschen Hochschullehrerschaft 1871-1933", in: Schwabe (Hrsg.) (1988), S. 93-104.

Ringer, Fritz K. (1993): „A Sociography of German Academics, 1863-1938", in: Central European History 25, S. 251-280.

Ritter, Gerhard A. (1992): Großforschung und Staat in Deutschland. Ein historischer Überblick, München.

Ritter, Joachim (1972): „Nachruf auf Anneliese Maier", in: AdW u. der Literatur Mainz, Jahrbuch 1972, S. 73.

Rodi, Frithjof (1988): „Die Anfänge der Dilthey-Ausgabe, gespiegelt in Mitteilungen und Dokumenten von Arthur Stein", in: Dilthey-Jahrbuch für Philosophie und Geschichte der Geisteswissenschaften 5, S. 167-177.

Roethe, Gustav (1913): „Die Deutsche Kommission der KPAW, ihre Vorgeschichte, ihre Arbeiten und Ziele", in: Neue Jahrbücher für das klassische Alterthum, Geschichte und deutsche Litteratur und für Pädagogik 16, S. 37-74.

Rosenbaum, Heidi (1978): „Einleitung", in: Heidi Rosenbaum (Hrsg.), Seminar: Familie und Gesellschaftsstruktur, Materialien zu den sozioökonomischen Bedingungen von Familienformen, Frankfurt/Main, S. 9-54.

Rosenbaum, Heidi (1982): Formen der Familie. Untersuchungen zum Zusammenhang von Familienverhältnissen, Sozialstruktur und sozialem Wandel in der deutschen Gesellschaft des 19. Jahrhunderts, Frankfurt/Main.

Rossiter, Margaret W. (1980): „'Women's Work' in Science, 1880-1910", in: Isis 71, S. 381-398.

Rossiter, Margaret W. (1982): Women Scientists in America. Struggles and Strategies to 1940, Baltimore, London.

Rossiter, Margaret W. (2003 [1993]): „Der Matthäus Matilda Effekt in der Wissenschaft", in Wobbe (Hrsg.) (2003), S. 191-210.

Roth, Frank (1990): Psychologische Analyse und Gestaltung Partner- und aufgabenmotivierter Motivation im Leitungsprozeß, Diss. A, Friedrich-Schiller-Universität Jena.

Rüegg, Walter (Hrsg.) (2003): Geschichte der Universität in Europa. Bd. 3: Vom 19. Jahrhundert zum Zweiten Weltkrieg (1800-1945), München.

Rüttenauer, Isabella (1983): „Die Zeit des Entsetzens und des kleinen privaten Glücks – Ein Rückblick auf Hochschulausbildung und Familienalltag im Dritten Reich", in: Frauenforschung. Informationsdienst des Forschungsinstituts Frau und Gesellschaft 1, (2), S. 23-29.

Ruschhaupt, Ulla/Heide Reinsch (2003): „Die ersten Jahre nach der Wiedereröffnung der Universität 1946-1951", in: Ausstellungsgruppe an der Humboldt-Universität zu Berlin/Zentrum für interdisziplinäre Frauenforschung, S. 151-171.

Salomon, Alice (1997 [1906]): Die Ursachen der ungleichen Entlohnung von Männer- und Frauenarbeit [=Berlin, Phil. Diss.], in: Alice Salomon, Frauenemanzipation und soziale Verantwortung. Ausgewählte Schriften, Bd. 1: 1896-1908, hg. v. Adriane Feustel, Neuwied, Kriftel, Berlin, S. 280-296 u. 580-582.

Satzinger, Helga (1998): Die Geschichte der genetisch orientierten Hirnforschung von Cécile und Oskar Vogt in der Zeit von 1895 bis ca. 1927, Stuttgart.

Schäfer, Dietrich (1926): Mein Leben. Berlin, Leipzig.

Schäfer, Michael (2000): „Herren im eigenen Haus. Leipziger Unternehmerfamilien und Familienunternehmen zwischen Jahrhundertwende und 1920er Jahren", in: Dieter Ziegler (Hrsg.), Großbürger und Unternehmer, Göttingen, S. 144-166.

Schepers, Heinrich (1999): „Zur Geschichte und Situation der Akademie-Ausgabe von Gottfried Wilhelm Leibniz", in: Kurt Nowak/Hans Poser (Hrsg.), Wissenschaft und Weltgestaltung. Gottfried Wilhelm Leibniz zum 350. Geburtstag. Internationales Leibniz-Symposion Leipzig 9.-11. April 1996, Hildesheim, S. 291-298.

Schiebinger, Londa (1993): Schöne Geister. Frauen in den Anfängen der modernen Wissenschaft, Stuttgart (engl. Orig. Cambridge 1989).

Schiebinger, Londa (2000): Frauen forschen anders. Wie weiblich ist die Wissenschaft? München (engl. Orig. Cambridge 1999).

Schiebinger, Londa (2002): „European Women in Science", in: Science in Context 15, (4), S. 473-481.

Schipper, Bernd U. (Hrsg.) (2006): Ägyptologie als Wissenschaft: Adolf Erman (1854-1937) in seiner Zeit, Berlin, New York.

Schirmacher, Käthe (1979 [1909]): „Wie und in welchem Maße läßt sich die Wertung der Frauenarbeit steigern? (1909)", in: Gisela Brinker-Gabler (Hrsg.), Frauenarbeit und Beruf, Frankfurt/Main, S. 199-210.

Schlicker, Wolfgang (1975): Die Berliner Akademie der Wissenschaften in der Zeit des Imperialismus, Teil II: Von der Großen Sozialistischen Oktoberrevolution bis 1933, Berlin.

Schlüter, Anne (Hrsg.) (1992): Pionierinnen Feministinnen Karrierefrauen? Zur Geschichte des Frauenstudiums in Deutschland, Pfaffenweiler.

Schlüter, Anne (1996): „Die ersten Nachkriegsprofessorinnen und die Situation von Wissenschaftlerinnen bis in die siebziger Jahre", in: Kleinau/Opitz, Bd. 2, S. 449-464.

Schmaus, Michael (1972): „Anneliese Maier 17.11.1905-2.12.1971" [Nachruf], in: Jahrbuch der bayerischen AdW, S. 250-258.

Schmeiser, Martin (1994): Akademischer Hasard. Das Berufsschicksal des Professors und das Schicksal der deutschen Universität 1870-1920, Stuttgart.

Schmidt, Manfred G. (Hrsg.) (2009): Hermann Dessau (1856-1931). Zum 150. Geburtstag des Berliner Althistorikers und Epigraphikers. Beiträge eines Kolloquiums und wissenschaftliche Korrespondenz des Jubilars, Berlin, New York.

Schönert, Jörg (1993): „Konstellationen und Perspektiven Kooperativer Forschung", in: Peter J. Brenner (Hrsg.), Geist, Geld und Wissenschaft. Arbeits- und Darstellungsformen von Literaturwissenschaft, S. 384-408.

Schriewer, Jürgen/Edwin Keiner/Christophe Charle (Hrsg.) (1993): Sozialer Raum und akademische Kulturen, Frankfurt/Main.

Schroeder-Gudehus, Brigitte (1999): „Die Akademie auf internationalem Parkett. Die Programmatik der internationalen Zusammenarbeit wissenschaftlicher Akademien und ihr Scheitern im Ersten Weltkrieg", in: Kocka (Hrsg.) (1999), S. 175-195.

Schubring, Gert (2000): „Kabinett – Seminar – Institut: Raum und Rahmen des forschenden Lernens", in: Berichte zur Wissenschaftsgeschichte 23, S. 269-285.

Schubring, Walther [1945]: „Else Lüders" [Nachruf], in: Zeitschrift der Deutschen Morgenländischen Gesellschaft, Bd. 99, N.F. Bd. 24 (1945-1949), H. 1, S. 1-3.

Schultz, Dagmar (1991) unter Mitarbeit von Carol Hagemann-White: Das Geschlecht läuft immer mit... Die Arbeitswelt von Professorinnen und Professoren, Pfaffenweiler.

Schultze, Emmy (1926): „Frauen im Bibliotheksdienst", in: Arbeit und Beruf, Ausgabe A, Nr. 22, 23 u. 24, Jg. 5, S. 665-668, 698-701, 732-734.

Schulze, Franz Eilhard (1910): „Das zoologische Institut", in: Lenz (1910), Bd. 3, S. 363-372.

Schulze, Franz Eilhard (1913): Nomenclator animalium generum et subgenerum, o.O.

Schwabe, Klaus (Hrsg.) (1988): Deutsche Hochschullehrer als Elite 1815-1945, Boppard am Rhein.

Scriba, Christoph J. u.a. (Hrsg.) (1995): Leopoldina-Symposion: Die Elite der Nation im Dritten Reich. Das Verhältnis von Akademien und ihrem wissenschaftlichen Umfeld zum Nationalsozialismus (= Acta historica Leopoldina, Nr. 22), Leipzig.

Seeliger, H. (1915): „Arthur v. Auwers [Nachruf]", in: Astronomische Nachrichten, Bd. 200, Nr. 4788, Sp. 185-190.

Selenka, M. Lenore (1911): „Einleitung", in: dies./Blanckenhorn (Hrsg.) (1911), S. I-XXV.

Selenka, M. Lenore/Max Blanckenhorn (Hrsg.) (1911): Die Pithecanthropus-Schichten auf Java. Geologische und paläontologische Ergebnisse der Trinil-Expedition (1907 und 1908). Ausgeführt mit Unterstützung der Akademischen Jubiläumsstiftung der Stadt Berlin und der Königlich Bayerischen Akademie der Wissenschaften, Leipzig.

Sexl, Lore/Anne Hardy (2002): Lise Meitner, Reinbek b. Hamburg.

Shteir, Ann (1987): „Botany in the breakfast room: women and Early Nineteenth-Century British plant study", in: Abir-Am/Outram (Hrsg.) (1987), S. 31-43.

Sieder, Reinhard (1998): „Besitz und Begehren, Erbe und Elternglück. Familien in Deutschland und Österreich", in: André Burguière/Christiane Klapisch-Zuber/Martine Segalen/Françoise Zonabend (Hrsg.), Geschichte der Familie, Bd. 4, Frankfurt/Main, New York, S. 211-284.

Siegmund-Schultze, Reinhard (1993): Mathematische Berichterstattung in Hitlerdeutschland. Der Niedergang des „Jahrbuchs über die Fortschritte der Mathematik", Göttingen.

Siegmund-Schultze, Reinhard (1998): Mathematiker auf der Flucht vor Hitler. Quellen und Studien zur Emigration einer Wissenschaft, Braunschweig.

Siegrist, Hannes (Hrsg.) (1988): Bürgerliche Berufe. Zur Sozialgeschichte der freien und akademischen Berufe im internationalen Vergleich, Göttingen.

Sime, Ruth Lewin (2001): Lise Meitner. Ein Leben für die Physik. Biographie, Frankfurt/Main, Leipzig. (engl. Orig. 1996).

Simon, Dieter (1999): Akademie der Wissenschaften. Das Berliner Projekt. Ein Brevier. Berlin.

Simon, Gerd (1998): Blut- und Boden-Dialektologie. Eine NS-Linguistin zwischen Wissenschaft und Politik. Anneliese Bretschneider und das „Brandenburg-Berlinische Wörterbuch", Tübingen.

Sitzungsberichte der Königlich Preußischen Akademie der Wissenschaften zu Berlin. 1882-1938, Berlin.

Slack, Nancy G. (1996): „Botanical and Ecological Couples. A continuum of relationships", in: Pycior/Slack/Abir-Am (Hrsg.) (1996), S. 235-253.

Speer, Heino (1994): „DRW to FAUST. Ein Wörterbuch zwischen Tradition und Fortschritt", in: Lexicographica 10, S. 171-213.

Staa, Wolf Meinhard von (1930): „Aufbau und Bedeutung der deutschen Universitätsinstitute und Seminare", in: Das akademische Deutschland III, S. 263-276.

Stache-Rosen, Valentina (1990): German Indologists, New Delhi, 2. Aufl.

Stagl, Justin (1994): „Die Ehre des Wissenschaftlers", in: Ludgera Vogt/Arnold Zingerle (Hrsg.), Ehre – archaische Momente in der Moderne, Frankfurt/Main, S. 35-55.

Stark, Isolde (Hrsg.) (2005): Elisabeth Charlotte Welskopf und die Alte Geschichte in der DDR. Beiträge der Konferenz vom 21. bis 23. November 2002 in Halle/Saale, Wiesbaden, Stuttgart.

Stebut, Nina von (2003): Eine Frage der Zeit? Zur Integration von Frauen in die Wissenschaft. Eine empirische Untersuchung der Max-Planck-Gesellschaft, Opladen.

Sthamer, Eduard (1994 [1931]): „Aufzeichnung über meinen wissenschaftlichen Lebenslauf (1931)", in: ders., Beiträge zur Verfassungs- und Verwaltungsgeschichte des Königreichs Sizilien im Mittelalter, hg. u. eingel. v. Hubert Houben, Aalen, S. XIX-XXX.

Stichweh, Rudolf (1994): Wissenschaft, Universität, Professionen. Soziologische Analysen, Frankfurt/Main 1994.

Stichweh, Rudolf (1999): „Der Wissenschaftler", in: Ute Frevert/Heinz-Gerhard Haupt (Hrsg.), Der Mensch des 20. Jahrhunderts, Frankfurt/Main, New York, S. 163-196.

Stolleis, Michael (1989): „Fortschritte der Rechtsgeschichte in der Zeit des Nationalsozialismus?", in: ders./Dieter Simon (Hrsg.), Rechtsgeschichte im Nationalsozialismus. Beiträge zur Geschichte einer Disziplin, Tübingen, S. 177-197.

Strauss, Herbert A. (Hrsg.) (1987): Emigration. Deutsche Wissenschaftler nach 1933. Entlassung und Vertreibung. List of Displaced German Scholars 1936. Supplementary List of Displaced Scholars 1937, Berlin.

Strohmeier, Renate (1998): Lexikon der Naturwissenschaftlerinnen und naturkundigen Frauen Europas: von der Antike bis zum 20. Jahrhundert, Thun u.a.

Stutz, Ulrich (1917): „Richard Schröder" [Nachruf], in: Zeitschrift der Savigny-Stiftung für Rechtsgeschichte, Germanistische Abteilung, 38, S. VII-LVIII.

Süersen, Elisabeth (1920): Die Frau im deutschen Reichs- und Landesstaatsdienst, Mannheim, Berlin, Leipzig.

Süle, Tibor (1986): „Die Militäranwärter als Personalproblem der zivilen Staatsverwaltung im wilhelminischen Preußen", in: Die Verwaltung 19, S. 197-212.

Suttner, Bertha von (1900): Die Haager Friedenskonferenz. Tagebuchblätter, Dresden.

Szöllösi-Janze, Margit (1996): „Geschichte der außeruniversitären Forschung in Deutschland", in: Christian Flämig u.a. (Hrsg.): Handbuch des Wissenschaftsrechts, Bd. 2, Berlin, Heidelberg ²1996, S. 1187-1210.

Szöllösi-Janze, Margit (1998): Fritz Haber 1868-1934. Eine Biographie, München.

Szöllösi-Janze, Margit (2002): „Die institutionelle Umgestaltung der Wissenschaftslandschaft im Übergang vom späten Kaiserreich zur Weimarer Republik", in: vom Bruch/Kaderas (Hrsg.) (2002), S. 60-74.

Szöllösi-Janze, Margit/Helmuth Trischler (Hrsg.) (1990): Großforschung in Deutschland, Frankfurt/Main, New York.

Thiel, Jens (2000): „Paul Abraham. Ein vergessener Mitarbeiter der Preußischen Akademie der Wissenschaften", in: Fischer (Hrsg.) (2000), S. 435-458.

Thor[kelson], Sig[vart]/Carl Willmann (1947): Das Tierreich. Eine Zusammenstellung und Kennzeichnung der rezenten Tierformen, Bd. 71: Acarina; 3, Berlin.

Timm, Angelika (1992): „Zur Biographie jüdischer Hochschullehrerinnen in Berlin bis 1933. Nach Materialien des Archivs der

Humboldt-Universität zu Berlin", in: Tel Aviver Jahrbuch für Deutsche Geschichte 1992, S. 243-258.

Timm, Angelika (1996): „Zwischen Emanzipation und Emigration – Jüdische Hochschullehrerinnen an der Berliner Universität bis 1933", in: Zur Geschichte des Frauenstudiums und weiblicher Berufskarrieren an der Berliner Universität, hg. v. Zentrum für interdisziplinäre Frauenforschung und der Frauenbeauftragten der Humboldt-Universität zu Berlin, Berlin, S. 79-99.

Tobies, Renate (Hrsg.) (1997): „Aller Männerkultur zum Trotz": Frauen in Mathematik und Naturwissenschaften, Frankfurt/Main, New York.

Tobies, Renate (1997a): „Einführung: Einflußfaktoren auf die Karriere von Frauen in Mathematik und Naturwissenschaften", in: dies. (Hrsg.) (1997), S. 17-67.

Tobies, Renate (Hrsg.) (2008): „Aller Männerkultur zum Trotz": Frauen in Mathematik, Naturwissenschaften und Technik, Frankfurt/Main, New York.

Tobies, Renate (2008a): „Einführung: Einflussfaktoren auf die Karriere von Frauen in Mathematik, Naturwissenschaften und Technik", in: dies. (Hrsg.) (2008), S. 21-80.

Tomaskovic-Devey, Donald/Sheryl Skaggs (2001): „Führt Bürokratisierung zu geschlechtsspezifischer Segregation?", in: Heintz (Hrsg.) (2001), S. 308-331.

Trischler, Helmuth (1999): „Geschichtswissenschaft – Wissenschaftsgeschichte: Koexistenz oder Konvergenz?"; in: Berichte zur Wissenschaftsgeschichte 22, S. 239-256.

Turner, R. Steven (1980): „The Prussian Universities and the Concept of Research", in: Internationales Archiv für Sozialgeschichte der Literatur 5, S. 68-93.

Twellmann, Margrit (1993 [1972]): Die deutsche Frauenbewegung. Ihre Anfänge und erste Entwicklung 1843-1889, Frankfurt/Main.

Vahlen, Johannes (1910): „Das philologische Seminar", in: Lenz (1910), Bd. 3, S. 208-216.

Vierhaus, Rudolf/Bernhard vom Brocke (Hrsg.) (1990): Forschung im Spannungsfeld von Politik und Gesellschaft. Geschichte und Struktur der Kaiser-Wilhelm/Max-Planck-Gesellschaft, Stuttgart 1990.

Vogt, Annette (1997a): „Die Kaiser-Wilhelm-Gesellschaft wagte es: Frauen als Abteilungsleiterinnen", in: Tobies (Hrsg.) (1997), S. 203-219.

Vogt, Annette (1997b): „Vom Hintereingang zum Hauptportal – Wissenschaftlerinnen in der Kaiser-Wilhelm-Gesellschaft", in: Dahlemer Archivgespräche 2, S. 115-139.

Vogt, Annette (1997c): Findbuch (Index-Book). Die Promotionen von Frauen an der Philosophischen Fakultät von 1898 bis 1936 und an der Mathematisch-Naturwissenschaftlichen Fakultät von 1936 bis 1945 der Friedrich-Wilhelms-Universität zu Berlin sowie die Habilitationen von Frauen an beiden Fakultäten von 1919 bis 1945, Max-Planck-Institut für Wissenschaftsgeschichte, Preprint 57.

Vogt, Annette (1998): „Aufbruch und Verdrängung. Wissenschaftlerinnen an der Berliner Universität zwischen 1918 und 1945/46", in: Frauen an der Humboldt-Universität 1908-1998, S. 21-48.

Vogt, Annette (1999a): „Von der Hilfskraft zur Leiterin. Die Mathematikerin Erika Pannwitz", in: Berlinische Monatsschrift 8, (5), S. 18-24.

Vogt, Annette (1999b): „Eine seltene Karriere. Die Turkologin Annemarie von Gabain", in: Berlinische Monatsschrift 8, (6), S. 24-31.

Vogt, Annette (2000): „Elena A. Timoféeff-Ressovsky – weit mehr als die ‚Frau ihres Mannes'", in: Karl-Friedrich Wessel/Jörg Schulz/Sabine Hackethal (Hrsg.), Ein Leben für die Biologie(geschichte). Festschrift zum 75. Geburtstag von Ilse Jahn, Bielefeld, S. 148-169.

Vogt, Annette (2003): „Von der Ausnahme zur Normalität? Wissenschaftlerinnen in Akademien und in der Kaiser-Wilhelm-Gesellschaft (1912 bis 1945)", in: Wobbe (Hrsg.) (2003), S. 159-188.

Vogt, Annette (2004): „Von Berlin nach Rom – Anneliese Maier (1905-1971)", in: Marc Schalenberg/Peter Th. Walther (Hrsg.), „... immer im Forschen bleiben". Rüdiger vom Bruch zum 60. Geburtstag, Stuttgart, S. 391-414.

Vogt, Annette (2007): Vom Hintereingang zum Hauptportal? Lise Meitner und ihre Kolleginnen an der Berliner Universität und in der Kaiser-Wilhelm-Gesellschaft, Stuttgart.

Vogt, Annette (2008): Wissenschaftlerinnen in Kaiser-Wilhelm-Instituten. A-Z, 2., erweiterte Aufl., Berlin.

Vogt, Annette/Peter Th. Walther (2003): „Emigration und Widerstand", in: Ausstellungsgruppe an der Humboldt-Universität zu Berlin/Zentrum für interdisziplinäre Frauenforschung (Hrsg.) (2003), S. 123-132.

vom Brocke, Bernhard/Hubert Laitko (Hrsg.) (1996): Die Kaiser-Wilhelm/Max-Planck-Gesellschaft und ihre Institute. Das Harnack-Prinzip, Berlin, New York 1996.

vom Brocke, Bernhard (1999): „Verschenkte Optionen. Die Herausforderung der Preußischen Akademie durch neue Organisationsformen der Forschung um 1900", in: Kocka (Hrsg.) (1999), S. 119-147.

vom Bruch, Rüdiger (1984): „Universitätsreform als soziale Bewegung. Zur Nicht-Ordinarienfrage im späten deutschen Kaiserreich", in: Geschichte und Gesellschaft 10, S. 72-91.

vom Bruch, Rüdiger (1999a): „Gelehrtes und geselliges Berlin. Urban-elitäre Zirkel als kommunikative Schnittpunkte für Akademiemitglieder und Universitätsprofessoren", in: Kocka (Hrsg.) (1999), S. 85-100.

vom Bruch, Rüdiger (1999b): „Friedrich-Wilhelms-Universität Berlin. Vom Modell ‚Humboldt' zur Humboldt-Universität 1810 bis 1949", in: Alexander Demandt (Hrsg.), Stätten des Geistes. Große Universitäten Europas von der Antike bis zur Gegenwart, Köln, Weimar, Wien, S. 257-278.

vom Bruch, Rüdiger/Uta Gerhardt/Sandra Pawliczek (Hrsg.) (2006): Kontinuitäten und Diskontinuitäten in der Wissenschaftsgeschichte des 20. Jahrhunderts, Stuttgart.

vom Bruch, Rüdiger/Brigitte Kaderas (Hrsg.) (2002): Wissenschaften und Wissenschaftspolitik. Bestandsaufnahmen zu Formationen, Brüchen und Kontinuitäten im Deutschland des 20. Jahrhunderts, Stuttgart.

vom Bruch, Rüdiger/Rainer A. Müller (Hrsg.) (1990): Formen außerstaatlicher Wissenschaftsförderung im 19. und 20. Jahrhundert, Stuttgart.

Waldschmidt, Ernst (Hrsg.) (1965) unter Mitarbeit von Walter Clawitter und Lore Holzmann: Sanskrithandschriften aus den Turfanfunden, Teil 1, Wiesbaden. (Verzeichnis der Orientalischen Handschriften in Deutschland Bd. X, 1).

Walther, Peter Th. (1999): „Honoratiorenklub oder Forschungsstätte. Die Statutendebatte der Akademie 1874 bis 1881", in: Kocka (Hrsg.) (1999), S. 103-118.

Walther, Peter Th. (2000): „‚Arisierung', Nazifizierung und Militarisierung. Die Akademie im Dritten Reich", in: Fischer (Hrsg.) (2000), S. 87-118.

Walther, Peter Th. (2002): „Zur Zuwahlpraxis neuer Akademiemitglieder", in: Kocka (Hrsg.) (2002), S. 117-131.

Weber, Marianne (1919 [1904]): „Die Beteiligung der Frau an der Wissenschaft (1904)", in: dies., Frauenfragen und Frauengedanken. Gesammelte Aufsätze, Tübingen, S. 1-9.

Weber, Marianne (1919 [1905]): „Beruf und Ehe (1905)", in: dies., Frauenfragen und Frauengedanken. Gesammelte Aufsätze, Tübingen, S. 20-37.

Weber, Marianne (1919 [1917]): „Vom Typenwandel der Studierenden Frau (1917)", in: dies., Frauenfragen und Frauengedanken. Gesammelte Aufsätze, Tübingen, S. 179-201.

Weber, Marianne (1930): „Das alte und das neue Frauenideal", in: Ada Schmidt-Beil (Hrsg.), Die Kultur der Frau. Eine Lebenssymphonie der Frau des 20. Jahrhunderts, Berlin-Frohnau, S. 17-28.

Weber, Max (1992 [1917/1919]): „Wissenschaft als Beruf (1917/1919)", hg. v. Wolfgang J. Mommsen/Wolfgang Schluchter in Zusammenarbeit mit Birgitt Morgenbrod, in: Max Weber Gesamtausgabe, Bd. 17, Tübingen, S. 71-111.

Weber-Kellermann, Ingeborg (1990 [1976]): Die Familie. Geschichte, Geschichten und Bilder, Frankfurt/Main.

Webler, Meike (2005): Leben und Werk des Heidelberger Rechtslehrers Richard Carl Heinrich Schroeder (1838-1917). Ein Rechtshistoriker an der Schwelle vom 19. zum 20. Jahrhundert, Berlin.

Wehler, Hans-Ulrich (1995): Deutsche Gesellschaftsgeschichte. Bd. 3. Von der „Deutschen Doppelrevolution" bis zum Beginn des Ersten Weltkrieges: 1849-1914, München.

Wehler, Hans-Ulrich (2003): Deutsche Gesellschaftsgeschichte. Bd. 4. Vom Beginn des Ersten Weltkriegs bis zur Gründung der beiden deutschen Staaten: 1914-1949, München.

Weingart, Peter/Wolfgang Prinz/Maria Kastner/Sabine Maasen/Wolfgang Walter (1991): Die sog. Geisteswissenschaften: Außenansichten. Die Entwicklung der Geisteswissenschaften in der BRD 1954-1987, Frankfurt/Main.

Wenzel, Catherina (1999): Von der Leidenschaft des Religiösen. Leben und Werk der Liselotte Richter (1906-1968), Köln, Weimar, Wien.

Wenzel, Catherina (2003): „Frau Prof. D.* Dr. theol., Dr. phil. habil. Liselotte Richter als Grenzgängerin par excellence", in: Ausstellungsgruppe an der Humboldt-Universität zu Berlin/Zentrum für interdisziplinäre Frauenforschung (Hrsg.) (2003), S. 197-202.

Wetterer, Angelika (Hrsg.) (1992): Profession und Geschlecht. Über die Marginalität von Frauen in hochqualifizierten Berufen, Frankfurt/Main, New York.

Wetterer, Angelika (Hrsg.) (1995): Die soziale Konstruktion von Geschlecht in Professionalisierungsprozessen, Frankfurt/Main, New York.

Wetterer, Angelika (1999): „Theoretische Entwicklungen der Frauen- und Geschlechterforschung über Studium, Hochschule und Beruf – ein einleitender Rückblick", in: Neusel/Wetterer (Hrsg.) (1999) S. 15-34.

Wetterer, Angelika (2002): Arbeitsteilung und Geschlechterkonstruktion. „Gender at work" in theoretischer und historischer Perspektive, Konstanz.

Who is Who in America, 14 (1926/1927), Chicago.

Wiemeler, Mirjam (1996): „Zur Zeit sind alle für Damen geeignete Posten besetzt' – promovierte Chemikerinnen bei der Badischen Anilin- und Sodafabrik (1918-1933)", in: Meinel/Renneberg (Hrsg.) (1997), S. 237-244.

Wiese, Joachim (1999): „Brandenburg-Berlinisches Wörterbuch. Geschichte, Aufgaben, Darstellungsform", in: Heinz Penzlin (Hrsg.), Sächsische Akademie der Wissenschaften zu Leipzig. Geschichte ausgewählter Arbeitsvorhaben, Stuttgart, Leipzig, S. 123-129.

Willms-Herget, Angelika (1985): Frauenarbeit. Zur Integration der Frauen in den Arbeitsmarkt, Frankfurt/Main, New York.

Wilz, Sylvia Marlene (Hrsg.) (2008): Geschlechterdifferenzen – Geschlechterdifferenzierungen. Ein Überblick über gesellschaftliche Entwicklungen und theoretische Positionen, Wiesbaden.

Wimbauer, Christine (1999): Organisation, Geschlecht, Karriere. Fallstudien aus einem Forschungsinstitut, Opladen.

Wimbauer, Christine (2005): „Liebe, Arbeit, Anerkennung: Intersubjektive Anerkennung in Dual Career Couples", in: Heike Solga/Christine Wimbauer (Hrsg.), „Wenn zwei das Gleiche tun..." – Ideal und Realität sozialer (Un-)Gleichheit in Dual Career Couples, Opladen, S. 187-212.

Winau, Rolf (1995): „Die Preußische Akademie der Wissenschaften im Dritten Reich", in: Scriba u.a. (Hrsg.) (1995), S. 75-88.

Wininger, Salomon (1979 [1931]): Große Jüdische National-Biographie, 8 Bde., Nendeln/Liechtenstein, Neudruck.

Winter, Regine (Hrsg.) (1994): Frauen verdienen mehr. Zur Neubewertung von Frauenarbeit im Tarifsystem, Berlin.

Winter, Regine (1998): Gleiches Entgelt für gleichwertige Arbeit. Ein Prinzip ohne Praxis, Baden-Baden.

Wiswede, Günter (1980): Motivation und Arbeitsverhalten. Organisationspsychologische und industriesoziologische Aspekte der Arbeitswelt, München u.a.

Witt, Peter-Christian (1990): „Wissenschaftsfinanzierung zwischen Inflation und Deflation: Die Kaiser-Wilhelm-Gesellschaft 1918/19 bis 1934/35", in: Vierhaus/vom Brocke (Hrsg.) (1990), S. 579-656.

Wobbe, Theresa (1994): „Von Marianne Weber zu Edith Stein: Historische Koordinaten des Zugangs zur Wissenschaft", in: dies./Gesa Lindemann (Hrsg.) (1994), Denkachsen. Zur theoretischen und institutionellen Rede vom Geschlecht, Frankfurt/Main, S. 15-68.

Wobbe, Theresa (1996): „Aufbrüche, Umbrüche, Einschnitte. Die Hürde der Habilitation und die Hochschullehrerinnenlaufbahn", in: Kleinau/Opitz (Hrsg.) (1996), Bd.2, S. 342-353.

Wobbe, Theresa (1997): Wahlverwandtschaften. Die Soziologie und die Frauen auf dem Weg zur Wissenschaft, Frankfurt/Main, New York.

Wobbe, Theresa (2000): „Generation und Anerkennung: Wissenschaftlerinnen im frühen 20. Jahrhundert", in: Dickmann/Schöck-Quinteros (Hrsg.) (2000), S. 103-119.

Wobbe, Theresa (Hrsg.) (2002): Frauen in Akademie und Wissenschaft. Arbeitsorte und Forschungspraktiken 1700-2000 (Forschungsberichte der Interdisziplinären Arbeitsgruppen der Berlin-Brandenburgischen Akademie der Wissenschaften; 10), Berlin.

Wobbe, Theresa (2002a): „Die *longue durée* von Frauen in der Wissenschaft. Orte, Organisationen, Anerkennung" in: dies. (Hrsg.) (2002), S. 1-28.

Wobbe, Theresa (Hrsg.) (2003): Zwischen Vorderbühne und Hinterbühne. Beiträge zum Wandel der Geschlechterbeziehungen in der Wissenschaft vom 17. Jahrhundert bis zur Gegenwart, Bielefeld.

Wobbe, Theresa (2003a): „Instabile Beziehungen. Die kulturelle Dynamik von Wissenschaft und Geschlecht", in: dies. (Hrsg.) (2003), S. 13-38.

Wobbe, Theresa 2008: „Umbrüche in Wissenschaft und Geschlechterordnung: Max Weber im ‚Lebensbild' Marianne Webers", in: Alf Lüdtke/Reiner Prass (Hrsg.), Wissenschaftspraxis und Gelehrtenleben – in Selbstzeugnissen, Weimar, S. 65-86.

Zachmann, Karin (2004): Mobilisierung der Frauen. Technik, Geschlecht und Kalter Krieg in der DDR, Frankfurt/Main.

Zeil, Liane (1978): „Gründung und Tätigkeit der ‚Slavischen Kommission' an der Berliner Akademie der Wissenschaften (1932-1945)", in: Zeitschrift für Slawistik XXIII, (1), S. 120-131.

Zeil, Liane (1989): „Frauen in der Berliner Akademie der Wissenschaften (1700-1945)", in: Informationen des Wissenschaftlichen Rates „Die Frau in der sozialistischen Gesellschaft", H. 6, Berlin, S. 57-72.

Zentrum für interdisziplinäre Frauenforschung/Frauenbeauftragte der Humboldt-Universität zu Berlin (Hrsg.) (1996): Zur Geschichte des Frauenstudiums und weiblicher Berufskarrieren an der Berliner Universität, Berlin.

Zentrum für interdisziplinäre Frauenforschung (Hrsg.) (2001): Zur Geschichte des Frauenstudiums und Wissenschaftlerinnenkarrieren an deutschen Universitäten, Bulletin Nr. 23, Berlin.

Zieme, Peter (1994): „In memoriam Annemarie von Gabain (4.7.1901-15.1.1993)", in: Zeitschrift der Deutschen Morgenländischen Gesellschaft, Bd. 144, H. 2, S. 239-249.

Zieme, Peter (1996): „Annemarie v. Gabain und die Turfanforschung", in: Turfan, Khotan und Dunhuang. Vorträge der Tagung „Annemarie v. Gabain und die Turfanforschung", veranstaltet von der BBAW in Berlin (9.-12.12.1994), hg. v. Ronald E. Emmerick u.a., Berlin, S. 409-415.

Zierold, Kurt (1968): Forschungsförderung in drei Epochen. Deutsche Forschungsgemeinschaft, Geschichte, Arbeitsweise, Kommentar, Wiesbaden.

Zimmeck, Meta (1995): „‚The Mysteries of the Typewriter‘: Technology and Gender in the British Civil Service, 1870-1914", in: Gertjan de Groot/Marlou Schrover (Hrsg.), Women Workers and Technological Change in Europe in the Nineteenth and Twentieth Centuries, London, S. 67-96.

Zuckerman, Harriet/Jonathan R. Cole/John T. Bruer (Hrsg.) (1991): The Outer circle: Women in the scientific community, New York, London.

ANHANG

Tabelle A.1: Wissenschaftliche Unternehmungen und Kommissionen der Preußischen Akademie der Wissenschaften (1815-1945)

Unternehmung/Kommission	Jahr
Griechisch-römische Altertumskunde	1921
- Inscriptiones Graecae/Griechische Inschriften*	1815
- Corpus Inscriptionum Latinarum*	1847/1853
- Prosopographia Imperii Romani saec. I.II.III.*	1874
- Aristoteles-Kommentare	1874
- Griechisches Münzwerk*	1888
- Corpus Inscriptionum Etruscarum[1]	1891/1893
- Rhetores Graeci	1932
- Fronto-Ausgabe	1895
- Strabo-Ausgabe	
- Index rei militaris imperii Romani	1898
Aristoteles-Ausgabe	1817
Sternkarten	1825-1859
Corpus Scriptorum Historiae Byzantinae	1831
Ausgabe der Werke Friedrichs II.	1837/1840
Preußische Staatsschriften des 18. Jahrhunderts	1874
Kirchenväter-Kommission (1940 Kommission für spätantike Religionsgeschichte)	1891
- Die Griechischen Christlichen Schriftsteller der ersten drei Jahrhunderte*	1891/1896
- Prosopographia Imperii Romani saec. IV.V.VI.	1901
- Athanasius-Ausgabe	1929
- Itala-Ausgabe	1937
- Liste der neutestamentlichen Handschriften	
- Texte und Untersuchungen zur Geschichte der altchristlichen Literatur	
- Lichtbildarchiv	
Thesaurus linguae Latinae[2]	1893
Ausgabe der Werke von Weierstraß	1893/1897
Kant-Ausgabe*	1894/1896

395

Wörterbuch der deutschen Rechtssprache	1896
Ausgabe der Werke von Leopold Kronecker	1897
Wörterbuch der ägyptischen Sprache (Altägyptisches Wörterbuch)[2] *	1897
Ibn-Saad-Ausgabe	1897
Codex Theodosianus	1898
Vocabularium iurisprudentiae Romanae	1887
Neubearbeitung von Gustav Homeyers „Die deutschen Rechtsbücher des Mittelalters"	um 1905
Herausgabe der Werke Wilhelm von Humboldts*	1900
Geschichte des Fixsternhimmels	1900
Das Tierreich	1900
Das Pflanzenreich	1900
Leibniz-Ausgabe[3] *	1901
Deutsche Kommission	1903
- Inventarisation der deutschen Handschriften des Mittelalters (Handschriftenarchiv)	1903
- Deutsche Texte des Mittelalters*	1903
- Deutsches Wörterbuch (Grimmsches Wörterbuch)*	1908
- Rheinisches Wörterbuch	1909
- Hessen-Nassauisches Wörterbuch	1911
- Preußisches Wörterbuch	1911
- Westfälisches Provinzialwörterbuch	1927
- Frankfurter Wörterbuch	1940
- Wörterbuch der deutschen Pflanzennamen	1935
- Wörterbuch des mittelhochdeutschen Sprachschatzes	1936
- Wieland-Ausgabe*	1903
- Hamann-Ausgabe	um 1926
- Jean-Paul-Ausgabe*	um 1925
- Goedekes Grundriß zur Geschichte der deutschen Dichtung N. F.*	1929
- Jahresbericht über die wissenschaftlichen Erscheinungen auf dem Gebiete der neueren deutschen Literatur (Literaturarchiv)	um 1925
- Vom Mittelalter zur Reformation (Burdachs Forschungen zur neuhochdeutschen Sprach- und Bildungsgeschichte)	1903
Corpus Medicorum Graecorum/Corpus Medicorum Latinorum[3] *	1901/1907
Septuaginta-Ausgabe[3]	1907
Nomenclator animalium generum et subgenerum	1911/1913
Bearbeitung der Flora von Papuasien und Mikronesien	1911
Orientalische Kommission (mit Turfan-Forschung)	1912

- Tocharisch	
- Indisch/Sanskrit	
- Iranisch	
- Türkisch	
- Koptisch	
- Arabisch	
- Kurdisch-Persische Forschungen	1918
Texte zur Geschichte des römischen und kanonischen Rechts im Mittelalter	1912
Dilthey-Kommission	1913
Arbeiten für das Decretum Bonizonis	1913
Germanisch-slawische Altertumsforschung (Ausgrabungen Carl Schuchardts)	1914
Deutsches Biographisches Jahrbuch[2]	1919
Reichszentrale für (natur-)wissenschaftliche Berichterstattung	1920
Kommission für öffentliche Vorträge	1920
Deutsche Literaturzeitung[2]	1922
Preußische Kommission	1923
- Politische Korrespondenz Friedrichs des Großen	1874
- Acta Borussica. Denkmäler der preußischen Staatsverwaltung im 18. Jahrhundert (Protokolle des Preußischen Staatsministeriums 1817-1934/8)*	1887/1888
- Urkunden und Aktenstücke zur Geschichte des Großen Kurfürsten Friedrich Wilhelm von Brandenburg	1864
- Deutsche Geschichtsquellen des 19. Jahrhunderts (für die Preußische Kommission vorgesehen, als Editionsprojekt in München realisiert)	1919
Erforschung der Geschichte der Nationalitätengrenze (Forschungen zum Deutschtum der Ostmarken)	1914/1924
Spanische (ab 1936 Romanische) Kommission	1927
Schleiermacher-Ausgabe*	1927
Jahrbuch über die Fortschritte der Mathematik	1928
Atlas des deutschen Volkes in Mitteleuropa (1934 Atlas des deutschen Lebensraumes in Mitteleuropa)	1930
Kommission für ozeanographische Forschungen	1930
Kommission für die Herausgabe einer Klimakunde Deutschlands	1931-1934
Assyrisches Handwörterbuch	1931
Slawische Kommission	1932
- Wendischer Sprachatlas	
- Kaschubisches Wörterbuch	
- Russisches Ortsnamenbuch	
Sammlung der deutschen Inschriften des Mittelalters	1933

und der Neuzeit	
Mommsen-Biographie	1934
Basiliken-Ausgabe	1935
Corpus Vasorum Antiquorum[3]	1919/1936
Katalog der alchimistischen Handschriften	1936
Mittellateinisches Wörterbuch[3]	1937
Kehrs Papsturkunden	1937
Kommission für die Geschichte des Deutschtums im Ostraum (ehem. Forschungen zum Deutschtum der Ostmarken, 1924ff.)	1938-1945
Ernest-Solvay-Forschungsstelle	1938
Kommission für deutsche Erziehungs- und Schulge-schichte	1939
Arbeitsgemeinschaft Evolutionsforschung	1939
Kopernikus-Kommission	1940
Kommission für die Erforschung Weißafrikas	1941-1945
Archiv zur Sammlung von Lichtbildern mittelalterlicher orientalischer Handschriften mathematischen und na-turwissenschaftlichen Inhalts	1941
Kommission für die Herausgabe eines Mathematischen Wörterbuchs	1941

Quellen: SB PAW; Jb. PAW; ABBAW (Findbuch); Hartkopf 1975, S. 42; Hartkopf/Wangermann 1991, S. 459; vom Brocke 1999, S. 127; Rebenich 1999, S. 224-233; Boehm 2000, S. 425f.

1) mit der Sächsischen AdW und in internationaler Zusammenar-beit
2) Unternehmen des Kartells der deutschen Akademien
3) Unternehmen der IAA bzw. Union Académique Internationale
*) BBAW

Nicht enthalten sind die Unternehmungen in Kooperation mit ande-ren wissenschaftlichen Institutionen (Deutsches Archäologisches Institut Rom, Deutsche Historisches Institut Rom, Monumenta Ger-maniae Historica, Reichslimeskommission).

Tabelle A.2: *Wissenschaftliches und technisches Personal an der PAW zu Berlin (Stand: 1. Juli 1945)*

	Positionsbezeichnung	Männer	Frauen	Summe
Akademieprojekte	Wissenschaftliche Beamte	5	-	5
	Wissenschaftliche Mitarbeiter	8	2	10
	Wissenschaftliche Hilfsarbeiter	-	6	6
	Technisch-wissenschaftliche Hilfsarbeiter	-	2	2
	Technische Angestellte	-	3	3
	Angestellte	-	1	1
	Technische Hilfs-arbeiterin	-	1	1
	Büroleiterin	-	1	1
	Sekretärin	-	1	1
	Stenotypistin	-	2	2
	Mitarbeiter	1	-	1
		$\sum 14$	$\sum 19$	$\sum 33$
Verwaltung	Amtsrat	1	-	1
	Büroangestellte	-	1	1
	Akademiegehilfe	2	-	2
	Hausmeister	1	-	1
	Pförtner	1	-	1
	Zimmerpolier	1	-	1
	Reinemachfrau	-	2	2
		$\sum 6$	$\sum 3$	$\sum 9$
		20	22	42

Quelle: *ABBAW, Bestand Akademieleitung, Personalia Nr. 670.*

NAMENVERZEICHNIS

Amira, Karl von 94, 250

Apstein, Carl 173, 186, 201

Apstein, Charlotte 186

Arend, Emma 245, 274f.

Auwers, Arthur von 49, 98f., 189, 194f.

Bagensky, Clara 175, 189f., 194f.

Bang-Kaup, Willy 244f., 276f., 332-336

Becker, Dora 173, 191ff.

Beckmann, Bernhard 274

Becquerel, Henri Antoine 43

Berthold, Luise 246, 273-277, 325-332, 336, 340

Beyschlag, Siegfried 274

Bezold, Wilhelm von 49, 155, 195

Bieberbach, Ludwig 38f., 42, 69, 92, 280ff., 322

Bielfeldt, Hans Holm 274, 338

Bilger, Ferdinand 137, 252

Bindewald, Helene 254f., 262

Blanckenhorn, Max 142, 157f.

Bluhm, Agnes 46

Boas, Franz 40

Böckh, August 60, 244

Boegehold, Clemens 195

Boer, Emilie 262

Bogen, Alexandrine Frfr. von 175, 190, 194

Born, Helene 170, 173, 185, 199, 202, 213, 215

Born, Max 39

Boutroux, Emile 75

Brackmann, Albert 71

Bretschneider, Anneliese 317, 329

Bringemeier, Martha 302f.

Brunner, Heinrich 86, 93f., 123f., 131, 137, 145f., 174, 191, 193, 252, 318

Brzoska, Maria 259

Bücheler, Franz 74

Burdach, Konrad 37, 77, 254f., 262, 329

Bywater, Ingram 76

Carthaus, Emil 143, 158

Christie, Agatha 135

Curie, Marie 43, 47

Curie, Pierre 43

Dahl, Friedrich 123f., 129, 148ff.

Dahl, Maria (geb. Grosset) 118, 123, 129-132, 136, 138, 147-150, 159ff., 206

Debye, Peter 72

Diels, Hermann 29f., 51, 55f., 59, 65, 74, 76, 128, 242-245, 263

Dilthey, Wilhelm 75, 308f.

Dittrich, Marie-Luise 249, 259, 274, 307

Dörschel, Edith 256, 259, 287, 319

Du Bois-Reymond, Emil 112

Dubois, Eugène 133f., 141

Dümmler, Ernst 94

Düring, Karla von 213, 220-224

Ehelolf, Luise 184

Einstein, Albert 37f., 44

Eltester, Walther 267f., 275, 307

Engler, Adolf 57, 83, 242, 247

Erman, Adolf 38, 114f., 122, 172

Erman, Käthe 114f., 135

Feigl, Georg 280

Fischer, Emil 45, 130
Fischer, Eugen 41, 71
Foerster, Hulda 121
Förster-Nietzsche, Elisabeth 152
Franck, James 39
Franke, Otto 277, 333
Frensdorff, Ferdinand 94, 252
Friedrich, Hermann 177-179, 184
Fuchs, Lazarus 50
Gabain, Annemarie von 244f., 276f.,
    287, 325, 332-338, 340, 348
Gädeke, Hannah 249, 259, 283f., 319
Geiger, Hans 72
Geppert, Harald 70, 297
Gierke, Otto von 94, 252
Gilg, Ernst 260
Goldschmidt, Adolf 39
Golther, Wolfgang 151
Gomperz, Theodor 76
Gothein, Marie Luise 117f., 152
Grade, Charlotte s. Oesterlein
Graeber, Hedwig 170, 185, 196, 202,
    206, 213-215
Grapow, Hermann 42, 71, 275f., 312,
    338
Grube, Ada-Elise 259
Grunsky, Helmut 69f., 273, 280, 282,
    297f.
Guthnick, Paul 96, 209f., 245
Haas, Johannes 210f., 307
Haas, Liselotte 207
Haber, Fritz 38, 44
Haecker, Elisabeth s. Holl
Haenisch, Erich 244, 333
Hagemann, Erna 170, 213, 224-227
Hahn, Otto 43ff.
Harnack, Adolf (von) 7, 49, 51, 64f.,
    75, 78, 122, 166, 241f., 262f., 322
Hartel, Wilhelm von 74
Hartmann, Alma von 152
Hartmann, Max 40, 72
Hartmann, Nicolai 40, 220ff.
Hase, Renate von 284
Häsler, Margarete 244f., 275
Hausser, Isolde 47

Hedicke, Hans 127
Hedicke, Käthe 127, 138
Heiberg, Johan Ludvig 76
Heider, Karl 96, 318
Heinemann, Grete 173
Heinemann, Margret 264
Heinrich, Erna s. Löffler
Heisenberg, Werner 40
Helmholtz, Anna von (geb. von Mohl)
    112f.
Helmholtz, Hermann von 112f.
Hensen, Victor 248
Hertz, Martin 73
Hesse, Richard 67, 72, 218ff.
Heymann, Ernst 38, 42f., 71, 94,
    252, 281, 293-296, 330f.
Hintze, Otto 39, 198, 338
His, Rudolf 94, 131, 237, 252, 292
Hoffmann, Erika 307
Hoffmann, Käthe 247
Hofmann, Josef Ehrenfried 307, 314,
    338
Hofmann, Josepha 250
Holl, Elisabeth 244f., 249, 264-268,
    274
Holl, Karl 249, 265, 268f.
Horn, Liselotte s. Haas
Huber, Eugen 94
Hübner, Arthur 81, 245, 302, 338
Hügeler, Paul 207-211, 213
Ilberg, Johannes 76
Jacoby, Felix 39
Jaeger, Werner 40, 245
Janisch, Alfred 178
Jellinek, Camilla 117f.
Joffé, Abram F. 39
Joliot-Curie, Frédéric 47
Joliot-Curie, Irène 47
Kapp, Ida 244f., 316
Katharina II. von Rußland 50
Kehr, Paul Fridolin 65
Keibel, Franz 95f.
Kienast, Richard 274
Kienle, Richard von 256, 292
Kieselack,; 175, 194

Kilian, Johanna 185f.
Klaffenbach, Günther 307, 338
Klapálek, Franz 132
Klare, Margarete s. Simon
Klein, Felix 50
Klostermann, Erich 275
Koch, Robert 37
Köhnke, Otto 176, 184f., 225
Koenigs, Elise 46, 51f.
Kopff, August 245
Koser, Reinhold 75, 155
Kowalewskaja, Sofja 47
Krebs, Norbert 245
Krüger, Anna 245, 259
Krumbacher, Karl 76
Kuhlgatz, Theodor 96, 285
Kühnhold, Ingeburg 287, 290-292, 305, 317
Kükenthal, Willy 147, 196, 201, 214, 285f.
Kummlé, Lucia 177
Kunisch, Hermann 274
Kunith, Helene s. Ristenpart
Künßberg, Eberhard Frhr. von 84f., 94, 107, 137, 174, 212, 239, 250, 252, 256, 284, 287, 292ff., 301
Kurz, Isolde 152
Laue, Max von 44
Lenz, Max 75, 309
Leo, Friedrich 74, 76
Levi-Città, Tullio 39
Lietzmann, Hans 122, 249, 264f., 274
Lietzmann, Regina 122
Lilia, Elisabeth 261
Linden, Maria Gräfin von 47
Lippert, Elsbeth s. Spindler
Loch, Alfred 293-296
Loeschcke, Gerhard 264
Löffler, Erna 213, 215
Lonsdale, Kathleen 47
Lüders, Else (geb. Peipers) 118, 121, 128f., 130-133, 136, 138, 140f., 150-154, 159f.

Lüders, Heinrich 38, 71, 121, 123, 128f., 130, 140f., 153f., 184, 277, 332f.
Ludwig, Gerda 259, 301
Ludwig, Otto 301, 318
Luther, Johannes 185, 216f.
Luther, Martha 170, 173, 185, 199, 202f., 213f., 216-220, 224, 345
Mackensen, Lutz 256, 292
Maehrenthal, Fritz von 217
Maier, Anneliese 245, 249, 308, 310-313, 315f.
Maier, Heinrich 249, 309-311
Mallowan, Max 135
Märkisch, Anneliese 317
Martens, Karl 195, 199
Masuch, Clara 245
Meitner, Lise 43-47, 130, 348
Menzel, Hildegund 250
Mewaldt, Christiane 242, 244, 262f., 299
Mewaldt, Johannes 76, 263, 338
Meyer, Elfriede 170, 178f., 186
Meyer, Gustav 316
Meyer, Hans Horst 39
Mittermaier, Mathilde 125f., 129
Mommsen, Adelheid 114, 121f.
Mommsen, Luise 121
Mommsen, Theodor 57, 61-64, 74, 78, 89f., 114, 122
Morgenstern, Elisabeth 172, 193, 213
Möring, Walter 202, 221f.
Moszkowski,; Dr. 143
Müller, Friedrich Wilhelm Karl 333
Müller, Gustav 127
Müller, Johanna 127, 138, 207
Müller, Kurt 314f.
Munk, Hermann 50
Nack, Margarethe 170, 174, 191, 197, 212
Nesselhauf, Herbert 307, 338
Neuendorff, Otto 290-292
Neumann, Hans 274
Norden, Eduard 39, 245, 249, 265
Nowacki, Helene 211, 245

Oesterlein, Charlotte 184
Paetsch, Hans 211
Pannwitz, Erika 245, 273, 280-283, 287, 296f., 305, 317, 320
Papmehl, Isabella s. Rüttenauer
Pax, Ferdinand 247
Penck, Albrecht 71
Perels, Leopold 137, 252, 292
Perey, Marguerite 47
Perkins, Janet R. 242, 260
Petersen, Julius 245, 290, 313f.
Pietsch, Hans 280, 296
Piur, Paul 255, 262, 329
Planck, Max 38f., 44ff., 51, 75, 151, 198, 214, 303
Plehn, Marianne 247f., 260
Poincaré, Henri 75
Pretzel, Charlotte 249
Pretzel, Ulrich 249, 274
Pyritz, Hans 274, 290
Remane, Adolf 202, 286
Ribbeck, Otto 74
Richter, Liselotte 246, 305f.
Ristenpart, Friedrich 82, 99f., 174f., 188ff., 194ff., 207, 213
Ristenpart, Helene 175, 185, 190, 195, 213, 207-210, 213f.
Ristenpart, Paula 175, 185
Ritter, Paul 75, 221, 309, 314f.
Roethe, Eva 181, 186
Roethe, Gustav 51, 65, 71, 77, 84, 94, 173, 179, 252, 256, 278
Roloff, Maria 175
Rosenthal, Käthe 247
Rosenthal, Marie-Luise 302
Ruge, Gerda s. Ludwig
Rust, Bernhard 37
Rüttenauer, Isabella 245, 303, 306f.
Sachau, Dorothea 121
Saunier, Albert 125
Saunier, Leon 125
Saunier, Mathilde s. Mittermaier
Schadewaldt, Wolfgang 40
Schäfer, Dietrich 115
Schäfer, Wilhelmine 115

Schlenk, Wilhelm 44
Schmidt, Carl 322
Schmidt, Erhard 245, 296
Schmidt, Erich 75, 79, 244
Schneemelcher, Wilhelm 275
Schrader, Elsa 212
Schröder, Anna (geb. Poppe) 125
Schröder, Edward 173, 191f.
Schröder, Frida (verw. Saunier) 118, 123, 125f., 129ff., 136-140, 144-147, 150
Schröder, Gertrud s. Wunderlich
Schröder, Ida 125f., 129, 137
Schröder, Ludwig 125
Schröder, Margarete s. Häsler
Schröder, Richard 94, 123ff., 131, 138-140, 144-147, 174, 237, 318
Schrödinger, Erwin 40
Schulenburg, Sigrid von der 249, 308-310, 313-315
Schultze, Emmy (Emmi) 176, 185f.
Schulze, Franz Eilhard 49, 83, 95, 164, 172, 217, 253f.
Schulze, Wilhelm 245, 275, 328
Schur, Issai 38f.
Schwarz, Hermann Amandus 75
Schwerin, Claudius Frhr. von 94, 252
Schwind, Ernst Frhr. von 94, 252
Seckel, Emil 261, 198, 216
Seebohm, Liselotte 186
Selenka, Emil 122f., 134, 159
Selenka, Margarethe Lenore 118, 122, 129, 133ff., 141-144, 151, 154-159
Sering, Max 39
Seuffert, Bernhard 249, 262, 278f.
Seuffert, Margarete 249, 262, 278f.
Siegling, Wilhelm 107, 132, 140, 199
Simmel, Gertrud 121
Simon, Margarete 259
Simon, Werner 274
Spamer, Adolf 41
Spindler, Elsbeth 259, 284, 293-296, 300
Spranger, Eduard 245, 308ff.

Stendell, Margarita (geb. Schüler) 199, 206, 249, 285f.

Sthamer, Eduard 181, 185, 225

Stiasny-Wijnhoff, Gerarda 253f., 260

Stille, Hans 40, 72

Streit, Maria von 175, 190

Stroux, Johannes 40, 266, 268f.

Stumpf, Carl 75

Stutz, Ulrich 94, 140

Timme, Hertha 187, 213, 215

Ulrici, Dora 173, 197

Vahlen, Theodor 42, 70

Vasmer, Max 245, 306

Verschuer, Otmar von 41

Virchow, Rudolf 50

Vogt, Cécile 47f.

Vogt, Oskar 48

Volmer, Max 41

Wachter, Margarete 259, 284

Wagner, Cosima 152

Wagner, Dorothea 207, 210f.

Wahl, Gustav 137

Wahl, Hans 210f., 213

Waldeyer(-Hartz), Wilhelm von 49, 51, 143, 155, 157, 195

Wanstrat, Louise 245

Weber, Marianne 116ff., 121, 152

Weber, Max 118, 121, 232

Wedel, Christiane von s. Mewaldt

Weinhold, Karl 79, 94

Welskopf-Henrich, Liselotte 48

Wendland, Rose 175, 185, 194

Wentzel Marie Elisabeth (geb. Heckmann) 48-52

Wettstein, Fritz von 72

Wilamowitz-Moellendorff, Dorothea von 121

Wilamowitz-Moellendorff, Ulrich von 74, 76, 242, 244f.

Willstätter, Richard 39

Wissmann, Wilhelm 274

Wölfflin, Eduard 74

Wrede, Ferdinand 246, 276f., 325-332

Wunderlich, Gertrud 125f.

Histoire

THOMAS ETZEMÜLLER
Die Romantik der Rationalität
Alva & Gunnar Myrdal –
Social Engineering in Schweden

2010, 502 Seiten, kart., zahlr. Abb., 35,80 €,
ISBN 978-3-8376-1270-7

BETTINA HITZER,
THOMAS WELSKOPP (HG.)
Die Bielefelder Sozialgeschichte
Klassische Texte zu einem
geschichtswissenschaftlichen
Programm und seinen Kontroversen

2010, 464 Seiten, kart., 25,80 €,
ISBN 978-3-8376-1521-0

ANNE KWASCHIK,
MARIO WIMMER (HG.)
Von der Arbeit des Historikers
Ein Wörterbuch zu Theorie und Praxis
der Geschichtswissenschaft

2010, 244 Seiten, kart., 23,80 €,
ISBN 978-3-8376-1547-0

**Leseproben, weitere Informationen und Bestellmöglichkeiten
finden Sie unter www.transcript-verlag.de**

Histoire

ALEXANDER MESCHNIG
Der Wille zur Bewegung
Militärischer Traum und totalitäres
Programm. Eine Mentalitätsgeschichte
vom Ersten Weltkrieg zum
Nationalsozialismus

2008, 352 Seiten, kart., 29,80 €,
ISBN 978-3-89942-955-8

STEFANIE SAMIDA (HG.)
Inszenierte Wissenschaft
Zur Popularisierung von Wissen
im 19. Jahrhundert

Juli 2011, ca. 329 Seiten,
kart., zahlr. Abb., ca. 29,80 €,
ISBN 978-3-8376-1637-8

ACHIM SAUPE
**Der Historiker als Detektiv –
der Detektiv als Historiker**
Historik, Kriminalistik und der
Nationalsozialismus als Kriminalroman

2009, 542 Seiten, kart., 44,80 €,
ISBN 978-3-8376-1108-3

**Leseproben, weitere Informationen und Bestellmöglichkeiten
finden Sie unter www.transcript-verlag.de**

Histoire

Nicole Colin,
Beatrice de Graaf,
Jacco Pekelder,
Joachim Umlauf (Hg.)
**Der »Deutsche Herbst« und
die RAF in Politik,
Medien und Kunst**
Nationale und internationale
Perspektiven
2008, 232 Seiten, kart., 22,80 €,
ISBN 978-3-89942-963-3

Claudia Dittmar
Feindliches Fernsehen
Das DDR-Fernsehen und
seine Strategien im Umgang
mit dem westdeutschen Fernsehen
2010, 494 Seiten, kart., 34,80 €,
ISBN 978-3-8376-1434-3

Thomas Etzemüller (Hg.)
Die Ordnung der Moderne
Social Engineering
im 20. Jahrhundert
2009, 366 Seiten, kart.,
zahlr. Abb., 29,80 €,
ISBN 978-3-8376-1153-3

Alexandra Klei, Katrin Stoll,
Annika Wienert (Hg.)
Die Transformation der Lager
Annäherungen an die Orte
nationalsozialistischer
Verbrechen
Februar 2011, 318 Seiten, kart., 31,80 €,
ISBN 978-3-8376-1179-3

David Kuchenbuch
Geordnete Gemeinschaft
Architekten als Sozialingenieure
– Deutschland und Schweden
im 20. Jahrhundert
2010, 410 Seiten, kart., 37,80 €,
ISBN 978-3-8376-1426-8

Timo Luks
Der Betrieb als Ort der Moderne
Zur Geschichte von
Industriearbeit, Ordnungs-
denken und Social Engineering
im 20. Jahrhundert
2010, 336 Seiten, kart.,
zahlr. Abb., 35,80 €,
ISBN 978-3-8376-1428-2

Stefanie Michels
**Schwarze deutsche
Kolonialsoldaten**
Mehrdeutige Repräsen-
tationsräume und früher
Kosmopolitismus in Afrika
2009, 266 Seiten, kart.,
zahlr. z.T. farb. Abb., 28,80 €,
ISBN 978-3-8376-1054-3

Nina Möllers
Kreolische Identität
Eine amerikanische ›Rassen-
geschichte‹ zwischen
Schwarz und Weiß.
Die Free People of Color
in New Orleans
2008, 378 Seiten, kart., 33,80 €,
ISBN 978-3-8376-1036-9

Thomas Müller
Imaginierter Westen
Das Konzept des »deutschen
Westraums« im völkischen
Diskurs zwischen Politischer
Romantik und National-
sozialismus
2009, 434 Seiten, kart., 33,80 €,
ISBN 978-3-8376-1112-0

**Leseproben, weitere Informationen und Bestellmöglichkeiten
finden Sie unter www.transcript-verlag.de**